Nina Franz
Militärische Bildtechniken

Undisziplinierte Bücher

Gegenwartsdiagnosen und ihre historischen
Genealogien

Herausgegeben von
Iris Därmann, Andreas Gehrlach and Thomas Macho

Band 13

Nina Franz

Militärische Bildtechniken

Von der frühen Neuzeit bis ins Computerzeitalter

DE GRUYTER

Gedruckt mit freundlicher Unterstützung der Geschwister Boehringer Ingelheim Stiftung für Geisteswissenschaften in Ingelheim am Rhein.

Überarbeitete Fassung der im Jahr 2021 unter dem Titel *Bild und Gehorsam* von der Kultur-, Sozial- und Bildungswissenschaftlichen Fakultät der Humboldt-Universität zu Berlin im Fach Kulturwissenschaft als Dissertation zur Erlangung des akademischen Grades doctor philosophiae (Dr. phil.) angenommenen Arbeit.

ISBN 978-3-11-128513-9
e-ISBN (PDF) 978-3-11-128758-4
e-ISBN (EPUB) 978-3-11-128835-2
ISSN 2626-9244

Library of Congress Control Number: 2024949420

Bibliografische Information der Deutschen Nationalbibliothek
Die Deutsche Nationalbibliothek verzeichnet diese Publikation in der Deutschen Nationalbibliografie; detaillierte bibliografische Daten sind im Internet über http://dnb.dnb.de abrufbar.

© 2025 Walter de Gruyter GmbH, Berlin/Boston
Einbandabbildung: Abbildungen der Sequenz aus: Jacob de Gheyn: *Waffenhandlung von den Rören, Musquetten und Spieesen*. Gedruckt in Gravenhagen in Hollandt, 1608. Quelle: Universitätsbibliothek der Humboldt-Universität zu Berlin, Historische Sammlungen: Hs 36151:F2.
Satz: Integra Software Services Pvt. Ltd.

www.degruyter.com
Fragen zur allgemeinen Produktsicherheit:
productsafety@degruyterbrill.com

Dank

Mein Dank gilt der Gerda Henkel Stiftung für die Unterstützung durch ein dreijähriges Promotionsstipendium, dem Exzellenzcluster Bild Wissen Gestaltung für die finanzielle und inhaltliche Förderung des Projekts, der Geschwister Boehringer Ingelheim Stiftung für die Förderung des Drucks, dem Familienbüro der Humboldt-Universität zu Berlin für ein Abschlussstipendium, der Humboldt Graduate School für die Bereitstellung eines Arbeitsraums in der Schlussphase der Dissertation, als die Bibliotheken geschlossen hatten, und der Staatsbibliothek Berlin dafür, dass sie die Türen seither offen halten. Im Lesesaal von Hans Scharoun in der Potsdamer Straße ist der größte Teil dieses Buchs entstanden. Ich danke sehr herzlich Anne Stroka für den Satz des Buchs und Stella Diedrich und Anja Michalski vom De Gruyter Verlag, bei denen ich mich mit meinem Manuskript in besten Händen gewusst habe.

Mein besonderer Dank gilt Iris Därmann, die die Dissertation über den Zeitraum von zehn Jahren betreut und mich auf vielfache Weise auf meinen Wegen und Umwegen unterstützt hat.

Ulrich Bröckling danke ich für seine wertvolle Rückmeldung auf einen frühen Entwurf der Arbeit, Katherine Chandler für den beständigen inhaltlichen Austausch zum Thema der Kriegführung im Zeitalter „unbemannter Systeme", Norbert Franz für seinen kritischen Blick aus Sicht eines Historikers, Kathrin Friedrich, Moritz Queisner und Matthias Bruhn, denen ich im Rahmen des Projekts „Image Guidance" des Exzellenzclusters Bild Wissen Gestaltung wichtige Anregungen verdanke, Andreas Gehrlach für gute Ratschläge, Bernard Geoghegan für den wertvollen Austausch über die Geschichte des Bildschirms, Lina Grumm für ihre Gabe, in Bildern zu denken, Christian Kehrt für wichtige Hinweise zum Kapitel über den Ersten Weltkrieg, Sami Khatib, Rebekka Ladewig, Angelika Seppi und Stephan Zandt für ihre kritischen Lektüren, Thomas Macho für wichtige Impulse zum Thema des Befehlens, für inspirierende Gespräche und sein Zweitgutachten, das genügend Ideen für ein zweites Buch liefern würde. Moritz Queisner für die gemeinsame Forschung zum Drohnencockpit, einschließlich einer Recherchereise in die USA. Cecilia Valenti verdanke ich die Ermutigung, an das Projekt der „militärischen Bildtechniken" nach Abschluss dieser Studie unter neuer Perspektive anzuschließen. Ich danke Eva Wilson: Für unsere wöchentlichen Gespräche zwischen London und Berlin, das gemeinsame Nachdenken und ihre unersetzliche Gabe beim Redigieren.

Christian Naujoks danke ich für Liebe und Freundschaft, für seine Bestärkungen und seine klugen Rückmeldungen zu den Kapiteln dieses Buchs.

Mila und Nikita dafür, dass sie den Blick immer auf das Wesentliche und auf die Zukunft lenken.

https://doi.org/10.1515/9783111287584-202

Inhalt

Teil III: **Vom Bild zum Bildschirm**

Einleitung

> Man wird sich fragen müssen, ob die militärischen Institutionen und die zu ihnen gehören-
> den Praktiken – und allgemeiner alle Verfahren, die eingesetzt werden, um Krieg zu füh-
> ren – mittelbar oder unmittelbar den Kern der politischen Institutionen ausmachen.[1]

Am Anfang dieser Untersuchung steht die Beobachtung, dass Bilder in der Kriegführung heute eine auf neue Weise besonders zentrale Rolle spielen. Dies gilt
nicht nur für den militärischen, sondern auch für den zivilen Kontext, seit Bildschirme – und damit die grafische Benutzeroberfläche des Computers sowie alle
anderen Arten von digital zirkulierenden Bildern – einen neuen Stellenwert für
praktisch jeden Lebensbereich gewonnen haben. In der Kriegführung stellt die
Bildschirm-vermittelte Distanzierung von Handlungen eine besondere Herausforderung dar, die in vielerlei Hinsicht auch als Zuspitzung der Probleme der „zivilen" Nutzung computerisierter und Bildschirm-basierter Medien verstanden werden kann. Auf der einen Seite verfügen moderne Militärs über nie dagewesenen
Möglichkeiten der Bildgebung zum Zweck der Aufklärung und Überwachung:
Hochauflösende Kameras, die, mit Satelliten- und Drohnentechnologien über globale geografische Distanzen, zur Erde, im Ozean und in der Luft[2] und, über das
gesamte elektromagnetische Spektrum hinweg, zeitlich praktisch unbegrenzt spähen und beobachten können. Über diese vernetzten Sehmaschinen werden uner-
messliche Mengen an Bilddaten erzeugt, die häufig in Echtzeit und durch Einsatz
künstlicher Intelligenz ausgewertet und interpretiert werden müssen.

Über die Folgen dieser Bilderflut und über die ethischen Fragen der distanzierten Kriegführung allgemein wurde seit Beginn der US-amerikanischen Drohnenkriege in den frühen 2000er Jahren viel diskutiert. Auch in den deutschsprachigen Geisteswissenschaften und den englischsprachigen Humanities gab es ein
diskursives Echo auf die Problematik der „Drohnen", wie ein kurzer Publikations-
boom Mitte der 2010er Jahre belegt.[3] Aber die neuen ethischen Fragen der distan-

---

1 Michel Foucault: *In Verteidigung der Gesellschaft. Vorlesungen am Collège de France 1975–1976*.
Übersetzt von Michaela Ott. Suhrkamp, Frankfurt a. M., 2001, S. 62.
2 „The U. S. military defines *full spectrum dominance* as the control of all the physical domains of
the earth – from the seas to the skies." Siehe: Ian G. R. Shaw: *Predator Empire. Drone Warfare
and Full Spectrum Dominance*. University of Minnesota Press, Minneapolis, 2016, S. 4.
3 Um nur einige zu nennen: Grégoire Chamayou: *A Theory of the Drone*. Aus dem Französischen
von Janet Lloyd. The New Press, New York, 2015, S. 27; Medea Benjamin: *Drone Warfare. Killing
by Remote Control*. Verso, London, 2013; Derek Gregory: „From a View to a Kill. Drones and Late
Modern War". In: *Theory, Culture & Society*, 28.7–8, 2012, S. 188–215; Zygmunt Bauman, David
Lyon: *Daten, Drohnen, Disziplin. Ein Gespräch über flüchtige Überwachung*. Aus dem Englischen
von Frank Jakubzik. Suhrkamp, Frankfurt a. M., 2013; Armin Krishnan: *Gezielte Tötung. Die Zu-*

https://doi.org/10.1515/9783111287584-001

zierten und autonomisierten Kriegführung und die scheinbar unbegrenzten Möglichkeiten visueller Informationsgewinnung und Computer-gestützter Interpretation sind nur eine Seite der großen Veränderung, die ein am Bildschirm geführter Krieg mit sich bringt. Auf der anderen Seite gewinnt das Bild über die grafische Benutzeroberfläche des Computers auch einen zentralen Stellenwert für die operativen Abläufe des Militärs. Was bedeutet es, wenn Befehle und Informationen, die für Tötungsentscheidungen relevant sind, nicht nur im Medium der Schrift und der Sprache, sondern über digitale Fotografien, Video Feeds, Visualisierungen, sowie synthetische und automatisierte Echtzeit-Simulationen übermittelt werden? Was bedeutet es, wenn das Konglomerat dieser Visualisierungsformen in den Cockpits und Kontrollstationen der Kriegführenden eine nahezu unhintergehbare Wahrnehmungsumgebung schaffen? Wer sind die Produzenten dieser visuellen Umgebungen, und was macht den Status ihrer Rezeption aus?

Wenn heute von einer „Herrschaft des Bildes"[4] gesprochen werden kann, die mit der Ubiquität des Bildschirms im 21. Jahrhunderts in einen neuen Wirkungsgrad getreten ist, so gilt es, die Art dieser Herrschaft und die genaue Funktionsweise der Bilder in dieser Herrschaftsform zu untersuchen. Diese Arbeit beschäftigt sich mit einem Typus von Bildern, die, so die leitmotivische These dieser Untersuchung, als Handlungsanweisungen auf die Wahrnehmung einwirken. In extremer Form finden sich diese Bilder und ihre spezifische Wirkweise in Zusammenhängen der „Gehorsamsproduktion",[5] in denen Körper diszipliniert, Befehle ausgeführt und, wie in militärischen Zusammenhängen, Menschen ultimativ dazu angeleitet werden zu töten. Beispiele hierfür finden sich in der Frühgeschichte des modernen Militärs bis hin zu den heutigen Bildschirm-geführten Kriegen, wo sie, so die hier verfolgte These, inzwischen die wichtigste Kontaktzone für die Ausführung von militärischen Operationsketten bilden. Als Bestandteile von Kriegstechnologien erfüllen diese „operativen Bilder"[6] eine entschei-

---

kunft des Krieges. Matthes und Seitz, Berlin, 2012; Lucy Suchman, Jutta Weber: „Human-Machine Autonomies". In: Nehal Bhuta et al. (Hg.): *Autonomous Weapons Systems – Law, Ethics, Policy.* Cambridge University Press, Cambridge, 2016, S. 75–102.

4 Marie-José Mondzain: *Können Bilder töten?* Aus dem Französischen von Ronald Voullié. Diaphanes, Berlin, 2006, S. 7.

5 Zum Begriff der Gehorsamsproduktion siehe: Ulrich Bröckling: *Disziplin. Soziologie und Geschichte militärischer Gehorsamsproduktion.* Fink, München, 1997.

6 Zum Begriff des operativen Bilds siehe v. a.: Harun Farocki: „Phantom Images". In: *Public 29* (2004), S. 12–24; Volker Pantenburg: *Film als Theorie. Bildforschung bei Harun Farocki und Jean-Luc Godard.* Transcript, Bielefeld, 2006, S. 189–234; Sybille Krämer: „Operative Bildlichkeit. Von der ‚Grammatologie' zu einer ‚Diagrammatologie'? Reflexionen über erkennendes ‚Sehen". In: Martina Hessler, Dieter Mersch (Hg.): *Logik des Bildlichen. Zur Kritik der ikonischen Vernunft.* Transcript, Bielefeld, 2009, S. 94–123.

dende Funktion für das Gewaltmonopol des Staates, das erst durch die – legitime und angemaßte – Macht, das Töten zu befehlen, seine Wirksamkeit erlangt.[7] Ausgehend von dieser Beobachtung schließen sich die hier verfolgten Fragestellungen an: Gibt es so etwas wie einen Bildergehorsam? Was ist notwendig, damit Bilder auf diese Weise wirken? Und wie und in wessen Diensten werden sie angewendet?

In den hier beschriebenen Bildanordnungen verschmelzen faktische und normative Elemente auf eine Weise, die vielleicht gar nicht so neuartig, in jedem Fall aber prägend ist und deren Implikationen weit über den militärischen Kontext hinaus gehen. In der vorliegenden Arbeit werden unterschiedliche Arten der Instrumentalisierung von Bildern durch befehlsgebende Mächte an fünf historischen Fallstudien untersucht werden, die ein weites Spektrum westlich-geprägter Kriegs- und Herrschaftstechniken abstecken: von der Modernisierung der Kriegführung um 1600 (Kapitel 1), über die Gehorsamspraktiken der katholischen Kirche (Kapitel 2) zu den militärischen Bildtechniken von der frühen Fliegerei (Kapitel 3) und der Psychotechnik (Kapitel 4) bis zum Computer-gestützten Drohnenkrieg (Kapitel 5). In je verschiedener Weise werden Bilder in diesen historischen Kontexten zu Schlüsseltechnologien für kriegerische Gewalt. Sie können unter bestimmten Bedingungen Menschen dazu bewegen, zu töten und ihr eigenes Leben zu riskieren: Um nichts anderes geht es bei der Produktion von militärischem Gehorsam. Zu analysieren sind hierbei eben jene Bedingungen, die notwendig sind, damit ein Bild eine solche Macht entfalten kann.

Die militärischen Bildtechniken werden hier im Kontext von Theorien betrachtet, die die Gebrauchsweisen von Bildern schon seit vielen Jahrhunderten begleiten und regulieren. Insbesondere in der europäisch-christlichen Tradition sind diese theoretischen Auseinandersetzungen mit dem Status des Bildes schon seit der Antike eng an Fragen der Herrschaft und des Gehorsams geknüpft – ein Faden, der bis in die Bild- und Bildschirm-gesättigte Alltagskultur des 21. Jahrhunderts nicht abreißt. Die französische Philosophin und Bildtheoretikerin Marie-José Mondzain hat diese christlichen Ursprünge in ihren Forschungen zur byzantinischen Bildökonomie[8] und in einem programmatischen Essay zur Frage der „Herrschaft des Bil-

---

7 In diesem Sinne definiert Max Weber den Staat als „diejenige menschliche Gemeinschaft, welche innerhalb eines bestimmten Gebietes [...] das Monopol legitimer physischer Gewaltsamkeit für sich (mit Erfolg) beansprucht". Siehe: Max Weber: *Wirtschaft und Gesellschaft. Grundriß der verstehenden Soziologie*. Mohr Siebeck, Tübingen 1980, S. 822.
8 Marie Marie-José Mondzain: *Bild, Ikone, Ökonomie. Die byzantinischen Quellen des zeitgenössischen Imaginären*. Übersetzt von Heinz Jatho. Diaphanes, Zürich/Berlin, 2011, im französischen Original: Marie-José Mondzain: *Image, Icône, économie. Les sources byzantines de l'imaginaire*

des" nachgezeichnet,[9] der für die vorliegende Untersuchung wichtige Impulse gelie-
fert hat. Mondzain unterscheidet dabei zwei distinkte Gebrauchsweisen von Bildern – *Inkorporation* und *Inkarnation* –, die es jeweils erlauben, das heutige Regime der Bildschirme und Bilder an die Tradition des westeuropäischen (das heißt
vor allem des christlichen) Bildverständnisses anzuschließen, das von den Lehren
der Kirchenväter bis in die Gegenwart reicht. Angefangen mit der Menschwerdung
Christi als Abbild Gottes, ist das Bild für Mondzain nicht nur als Wahrzeichen
christlicher Herrschaft zu verstehen, sondern auch als Instrument des katholischen
Machtanspruchs und der daraus folgenden Eroberungen. Mit dem Begriff der „Inkorporation" beschreibt Mondzain demnach eine Unterwerfungs- und Herrschaftstechnik, die auf eine totale Identifikation mit dem Bild abzielt. Eingebettet in eine
spezifische Argumentation über den autoritativen Status bestimmter Bilder, konnte
jene verinnerlichende Identifizierung mit dem Bild eine solche Macht über die
Gläubigen entfalten, dass sie bereit waren, dafür in den Tod zu gehen.

Die „Inkarnation" beschreibt demgegenüber einen Umgang mit dem Bild, der
eine kritische Distanz, einen Abstand zum Bild zulässt und das Bild in seiner Gemachtheit erkennbar werden lässt. Dieses inkarnierende Sehen zeigt eine mögliche
Gegentechnik der Bildbetrachtung auf, der aber im von Mondzain behandelten
Kontext des katholischen Bildergebrauchs mit Skepsis zu begegnen ist, wie hier am
Beispiel der jesuitischen Gehorsamsproduktion aufgezeigt wird. Mondzains Ansatz
weist jedoch auf die Notwendigkeit einer Bildpädagogik, einer „Bildung" im buchstäblichen Sinn hin, die den gewaltsamen Potenzialen der Nachahmung und Identifikation einen bewussten Umgang mit Bildern entgegenstellt. Hier zeichnen sich
Möglichkeiten ab, wie der bildlichen Disziplin zu entgehen ist, denn das Gebot des
Gehorsams ist niemals absolut, vielmehr zeichnen die Gehorsamstechniken immer
schon *ex negativo* die Widerständigkeiten und Entgegnungen gegen den Zugriff der
Machthabenden nach. Handlungsoptionen ergeben sich demzufolge immer auch
da, wo die Bedingungen der Konstruktion bestimmter Sichtbarkeiten erkennbar gemacht werden. Denn Bild, Auge und handelnder Körper hängen nicht wie bei einer
Maschine in einem zwangsläufigen Programmierungsablauf zusammen. Ebenso ist
auch der militärische Gehorsam, wie in den folgenden Kapiteln immer wieder beobachtet werden kann, kein Automatismus, auch wenn es schon immer im Interesse von Feldherren und Befehlshabern gelegen haben mag, die militärische
Gehorsamsproduktion dem Ideal einer menschlichen Automatik anzunähern.

---

contemporain. Editions du seuil, Paris, 1996. Marie-José Mondzain, Rico Franses: „Iconic Space
and the Rule of the Lands". *Hypatia*, 15(4), 2000, S. 58–76.
9 Mondzain, Können Bilder töten, 2006, S. 7.

Dennoch: Dass Bilder für die militärische Disziplinierung – die Produktion von Gehorsam und die Übermittlung von Befehlen – eingesetzt werden, ist in der Militärgeschichte eine Ausnahme, auch wenn dies in den zeitgenössischen, bildschirmgestützten Technologien mehr und mehr die Regel zu werden scheint. Die historischen Stationen dieser Arbeit stehen daher zunächst für sich. Es wird nicht versucht, eine zwingende historische Kontinuität im Sinne einer linearen Entwicklung zu konstruieren oder ein alles erklärendes Narrativ zu entwickeln. Vielmehr sollen die ausgewählten Beispiele gerade in ihrer Unterschiedlichkeit im Hinblick auf die je verschiedenen kulturellen und historischen Ermöglichungsbedingungen und technologischen Möglichkeiten hin untersucht und beschrieben werden, die die Anwendung bestimmter Bildtechniken plausibel machen. Zwischen der jeweiligen technologischen Entwicklung und den sie umgebenden Theorien und Gebrauchsweisen wird dabei kein determinierendes Verhältnis unterstellt. Vielmehr werden diese Faktoren im Sinne einer selbstreflexiven historischen Kulturwissenschaft und somit als Bestandteile komplexer sozialer Gefüge und Wissenskulturen perspektiviert und analysiert. Insbesondere die kultur- und medienwissenschaftlichen Techniktheorien der vergangenen Jahrzehnte, die viele der hier beschriebenen Phänomene zu erklären versucht haben, sollen dabei mitreflektiert werden.

Folgende Forschungsfragen haben die Untersuchung geleitet und motiviert:

Was ist notwendig, um einen Bildbefehl wirksam zu machen? Was sind die je spezifischen Bedingungen der Unmittelbarkeit seiner Umsetzung?

Welches Bildverständnis und welche sprachlichen Hinweise, welche Pädagogiken und Formen des Einübens machen den Bildergehorsam wirksam?

Welche Theorien und Sinneslehren begleiten diese Vorgänge und wie sind sie in die je eigenen kulturellen und historischen Zusammenhänge eingebunden? Was sind die Bruchstellen des Gehorsams, die Szenen der Verweigerung und des Versagens und was sagen diese über die zugrundeliegenden Machtansprüche aus?

Welche Rolle kommt den Bildern bei dieser Aufteilung von Handlungsmacht zu?

Die vorliegende Arbeit befasst sich somit *erstens* mit einem Problem der Bildtheorie. Methodisch schließt sie dabei einerseits kritisch an die Theorien des *Bildakts*[10] an und andererseits an philosophische Auseinandersetzungen mit der Wirkweise von Bildern, die hauptsächlich in der Phänomenologie verortet sind.[11]

---

10 Hierzu v. a.: Horst Bredekamp: *Theorie des Bildakts*. Suhrkamp, Berlin, 2010.
11 Hierzu v. a.: Iris Därmann: *Tod und Bild. Eine phänomenologische Mediengeschichte*. Fink, München, 1998; Maurice Merleau-Ponty: Das Auge und der Geist. In: Hans Werner Arndt, Christian

Dabei kann es nicht darum gehen, jene Ansätze, die die Aktivität von Bildern betonen gegen solche, die an der rezeptiven Wirkung, also deren „Pathos"[12] interessiert sind, gegeneinander auszuspielen; vielmehr lässt sich die Frage nach dem Bildergehorsam nur durch Aufmerksamkeit für beide dieser Perspektiven beantworten. *Zweitens* analysiere ich in den historischen Fallstudien die den unterschiedlichen Ausformungen bildhafter Gehorsamsproduktion zugrunde liegende *visuelle Kultur* und die Annahmen über epistemische Kapazitäten und autoritäre Potenziale von Bildern. *Drittens* werden die behandelten bildtheoretischen Probleme in ihrem jeweiligen historischen Kontext zu Fragen der politischen Philosophie, insofern es bei dem u. a. von Theoretiker*innen wie Marie-José Mondzain, Donna Haraway und Roland Barthes unterstellten „Herrschaftsanspruch des Bildes"[13] um reale Kriegstechniken geht. Dabei gilt es zu verstehen, was die zugrundeliegenden Mechanismen und Diskurse sind, die diese Herrschaft untermauern und die unterstellte Eigentätigkeit von Technologien und Bildern infrage zu stellen.

Das erste Kapitel widmet sich der Entwicklung neuer Techniken des Drills während der oranischen Heeresreform um 1600, die auch als Geburtsstunde der modernen militärischen Disziplin verstanden werden kann. Die verfügbaren Feuerwaffen – Muskete und Luntenrohr – waren kompliziert in der Handhabung und machten eine exakte Einübung der Handgriffe erforderlich, damit die gedrillten Soldaten synchron und maschinengleich auf dem Schlachtfeld agieren konnten. Die richtigen Körperhaltungen und Griffe wurden in reich bebilderten Exerzierreglements festgehalten, jedem Befehlswort entsprach dabei eine Körperhaltung, die auf präzise Weise bildlich repräsentiert wurde. Für die Anfertigung dieser Bilder war der angesehene Maler und Kupferstecher Jacob de Gheyn verantwortlich, der, wie gezeigt wird, eine äußerst interessante Schlüsselposition zwischen Kunst, Wissenschaft und militärischer Disziplin einnahm. Nicht zuletzt über die Bildmanuale der Exerzierreglements verbreiteten sich diese Drilltechniken über ganz Europa und fanden in den preußischen „Uhrwerk-Armeen" ihre konsequenteste Ausformung.

An diesem Beispiel kann aufgezeigt werden, dass sich in der speziellen historischen Situation in den Niederlanden zu Beginn des sogenannten „Goldenen Zeitalters" ein konkretes militärisches Interesse mit einer visuellen Kultur verbindet, die Bildern ein solches autoritäres Potenzial zugesteht, dass sie nicht nur als Träger von Wissen, sondern als Übermittler von Befehlen eingesetzt werden kön-

---

Bermes (Hg.): *Das Auge und der Geist. Philosophische Essays*. Hamburg, Felix Meiner, 2003; sowie Linda Hentschel: *Schauen und Strafen. Nach 9/11*. Kadmos, Berlin, 2020.

12 Siehe: Kathrin Busch, Iris Därmann: Einleitung. In: Dies. (Hg.): *„pathos". Konturen eines kulturwissenschaftlichen Grundbegriffs*. Transcript, Bielefeld, 2007, S. 7–31.

13 Roland Barthes: *Sade – Fourier – Loyola*. Übersetzt von Maren Sell und Jürgen Hoch. Suhrkamp, Frankfurt a. M., 1986, S. 78.

nen. Die Genese der wissenschaftlich geprägten, modernen militärischen Disziplin, die mit einer neuen Rationalität, einem neuen Wissenschaftsverständnis
und den viel gerühmten ästhetischen Errungenschaften des „Goldenen Zeitalters"
einherging und eine ganz bestimmte militärische Bildkultur hervorbrachte, muss,
wie gezeigt wird, im Kontext der kolonialen Landnahme, der Unterwerfung und
Versklavung ganzer Bevölkerungsgruppen und der sich gerade neu herausbildenden bürgerlich geprägten kapitalistischen Akkumulation betrachtet werden.

Das zweite Kapitel beschäftigt sich mit einer auf der Zeitachse etwas früher
zu verortenden, militärisch geprägten Bildtechnik, deren Einfluss, etwa auf die
Kunst des Barocks oder auf die gewaltsamen katholischen Missionierungsversuche in aller Welt, nicht weniger prägnant ist, als die im ersten Kapitel behandelten verwissenschaftlichten Drilltechniken. Mitte des 16. Jahrhunderts entwickelte
der Jesuitenorden im Zuge der sogenannten katholischen „Gegenreformation"
eine eigene, ganz anders geartete Form der bildhaften Gehorsamsproduktion. Die
Gründung der Societas Jesu unter dem spanischen Ordensgeneral Ignatius von
Loyola erfolgte um 1540 durch die päpstliche Bulle *Regimini militantis ecclesiae*
(„Zur Regierung der Streitenden Kirche"). Der explizit militärisch ausgerichtete
Jesuitenorden entstand im Zeichen eines unerbittlichen Territorialkampfes um
konfessionelle Hoheitsgebiete innerhalb Europas und über seine Grenzen hinaus.
Gegen die bilderfeindlichen protestantischen Reformer zogen die jesuitischen
Streiter der Kirche mit einer programmatischen Bejahung und machttechnischen
Instrumentalisierung des Bildes ins Feld. Zentral für die jesuitische Strategie war
ein militärisch disziplinierender Bildbegriff, der sich zum einen an der jesuitisch
geprägten Malerei nachvollziehen lässt, und zum anderen am Einsatz spektakulä-
rer Bildtechniken wie der Camera Obscura und Laterna Magica, die durch die Simulation religiöser Bildszenen Erweckungserlebnisse und religiösen Gehorsam
herbeiführen sollten. In der jesuitischen Mission, zum Beispiel in Japan, forderten
bebilderte Heiligen- und Märtyrergeschichten, die an die Situation vor Ort angepasst waren, zur Nachahmung auf. Die so missionierten Gläubigen gingen für die
Sache der Christianisierung buchstäblich in den Tod. Zum anderen zeigt sich die
jesuitische Technik des Bildgehorsams in den Übungen, mit denen der Orden innerhalb der eigenen Reihen für spirituelle Bereitschaft und „freien" Gehorsam
sorgte. Die *Exerzitien des Loyola*, die bis heute von Jesuiten praktiziert werden,
können in diesem Sinn als eine an *inneren* (also mentalen) und *äußeren* Bildern
angelegte Technik des Drills verstanden werden.

Der zweite Teil der Untersuchung beginnt mit einem Sprung in die technologisch
hochgerüstete Kriegführung des 20. Jahrhundert und einer Blickwendung um neunzig Grad. Mit der frühen militärischen Fotografie, die mit dem „Blick von oben" den
Gegenstand des dritten Kapitels bildet, wirkt das Bild abermals als „Instrument einer

Macht über Körper und Geist",[14] nun allerdings unter den Bedingungen moderner Technologien. Die Kopplung von frühem motorisiertem Flug und Fotografie führt im frühen 20. Jahrhundert zu einschneidenden Veränderungen und Verunsicherungen der menschlichen Wahrnehmung. Als *Wahrnehmungstechniken* können dabei in doppeldeutiger Weise sowohl die zur „Bildproduktion notwendigen Apparate als auch die durch diese Apparate hervorgerufenen neuartigen Wahrnehmungen"[15] verstanden werden. Wenn schon die durch Bildgebung in ihre Bestandteile zerlegten Bewegungsabläufe der Exerziertechniken des 17. Jahrhunderts der menschlichen Wahrnehmung ein analytisches Wissen zugänglich machen konnten, das ihr bisher verschlossen blieb, dann gilt dies umso mehr für die Fotografie und den Film, die der menschlichen Wahrnehmung, wie Walter Benjamin formuliert hat, „durch das Dynamit der Zehntelsekunde" den Zugang zum *Optisch-Unbewussten* erschließt.[16]

Nicht nur auf der Ebene der Zeit, auch und gerade in räumlicher Hinsicht wurden durch die Kombination von Kamera und Flugzeug buchstäblich neue Perspektiven eröffnet. Antizipiert wurde dies, wie hier gezeigt wird, durch Versuche der terrestrischen Fotogrammetrie im damaligen Deutsch-Südwestafrika, die unter anderem von deutschen Truppen während der Niederschlagung des Aufstands der Herero und Nama zum Einsatz kommen sollte, der als erster Genozid des 20. Jahrhunderts in die Geschichte einging. Der erste Einsatz der militärischen Luftfotografie erfolgte dagegen während der italienischen Kolonialinvasion in Libyen, die als „Geburtsstunde" des Luftkriegs gilt. Mit der phantasmatischen Vorstellung einer allumfassenden, von oben blickenden Herrschaft geraten Donna Haraways Überlegungen zum „situierten Wissen"[17] in den Fokus des theoretischen Interesses. Für Haraway ist der „Blick von oben", als *god trick* einer vertikalen, alles erfassenden Perspektive, durch die eine Illusion entkörperlichter Objektivität alles „von oben, von nirgendwo" zu sehen beansprucht, untrennbar mit der Gewaltgeschichte einer westlichen, militärisch-epistemischen Herrschaftspraxis verbunden, die, „im Interesse der Macht das wissende Subjekt von jedem und allem zu distanzieren sucht".[18]

---

14 Mondzain, Können Bilder töten, 2006, S. 11.

15 Stefan Siemer: „Bildgelehrte Geotechniker: Luftbild und Kartographie um 1900". In: Alexander Gall (Hg.): *Konstruieren, kommunizieren, präsentieren. Bilder von Wissenschaft und Technik.* Wallstein, Göttingen, 2007, S. 70.

16 Walter Benjamin: „Das Kunstwerk im Zeitalter seiner technischen Reproduzierbarkeit" (Erste Fassung), in: Rolf Tiedemann, Hermann Schweppenhäuser (Hg.), *Gesammelte Schriften*, Band 1.2., Frankfurt am Main 1991, S. 431–469, hier: S. 461.

17 Donna Haraway: „Situated Knowledges: The Science Question in Feminism and the Privilege of Partial Perspective". In: *Feminist Studies* 14(3), Herbst 1988, S. 575–599.

18 Ebd., S. 585.

Der „Blick von oben" veränderte auch und vor allem die Beschaffenheit des Schlachtfelds, das im modernen Krieg um die Dimension des Luftraums erweitert und damit räumlich entgrenzt wurde. Aus der Kamera an Bord des Flugszeugs wurde während des Ersten Weltkriegs eine kriegsentscheidende Technologie. Eine wahre Bilderflut ergoss sich auf beiden Seiten der Front, wodurch die Überführung der Bilddaten in interpretierte Information zu einem zentralen Problem wurde – ein Problem das nicht technisch, sondern nur organisatorisch gelöst werden konnte. Das „Deutsche Luftbildwesen", das im Zentrum des dritten Kapitels steht, entwickelte hierfür Ansätze, die hier exemplarisch und stellvertretend für andere Anwendungsfelder untersucht werden. Für ein Verständnis der Situation im 21. Jahrhundert ist das analoge Bildverarbeitungssystem des frühen 20. Jahrhunderts insofern interessant, als sich schon hier eine operative Verschaltung von Information und Anweisung – das heißt hier von Bild und Befehl – ausmachen lässt, die für die Bildschirm-geführten Kriege des 21. Jahrhunderts paradigmatisch sein wird. Ich kann dabei zeigen, wie schon aus den frühen Verfahren der Bildinterpretation ersichtlich wird, auf welche Weise aus Bilddaten Informationen extrahiert und in sogenannte „Bildmeldungen" übersetzt werden, die zuletzt die Form von Handlungsanweisungen in Form von Bild*befehlen* annehmen.

Ein Exkurs führt mich im Anschluss zur Rezeption des Luftbilds in der Weimarer Zeit, wo der „Blick von oben" nicht nur in der Landschaftsfotografie des *Neuen Sehens* verarbeitet wird, sondern auch in national-identitären Konzepten „deutscher Landschaft" mündet. Im Gegensatz dazu rückt Kurt Lewins Phänomenologie der Kriegslandschaft hier als situierte Praktik in den Fokus, die sich in begrenztem Umfang dem verdinglichenden vertikalen Blick widersetzt, ohne sich jedoch der „destruktiven Aktivität"[19] des Tötens selbst zu entziehen. In den essayistischen und literarischen Fiktionen des national-reaktionären Weltkriegsveteranen Ernst Jüngers hingegen erscheint die bildtechnische Distanzierung als Ausdruck einer Pathologie, in der das mechanische Sehen als Akt der Gewalt verherrlicht wird, das in den Worten Helmuth Lethens, eine Entlastung „von den Einsprüchen der Moral"[20] verspricht. Eine kritische Diskussion von Jüngers Erzählung *Gläserne Bienen* bildet den Übergang zu den in der zweiten Hälfte des 20. Jahrhunderts prävalent werdenden kybernetischen Theorien der Militärwissenschaft und der Problematik der automatisierten Kriegführung. Mithilfe von algorithmischen und AI-gestützten Verfahren wird die Bildinterpretation im 21. Jahrhundert zur zentralen Technologie eines entgrenzten Zugriffs auf die gesamte Bevölkerung, die die Methoden der *Polizey* über die Grenzen

---

19 Siehe: Thomas Macho: *Vorbilder*. Fink, München, 2011, S. 436–438.
20 Helmut Lethen: *Verhaltenslehren der Kälte. Lebensversuche zwischen den Kriegen*. Suhrkamp, Frankfurt am Main, 1994, S. 190.

des staatlichen Territoriums hinaus zu einem Mittel der Kriegführung macht. Diese werden im dritten mit dem Themenkomplex des „Blicks von oben" verbundenen Abschnitt mit Siegfried Kracauer als neue „Ornamente der Masse" beschrieben: Als algorithmisch errechnete Lebensmuster, die „von oben" sichtbar sind, ohne dass die Menschen, die sie hervorbringen, sich ihrer bewusst sein können.

Während im dritten Kapitel mit dem vertikalen visuellen Zugriff vor allem die fotografischen Techniken der Observation und die Prozesse der Bildinterpretation im Zentrum stehen, verschiebt sich die Sichtachse im vierten Kapitel zurück in die Horizontale. Bei der Untersuchung der im frühen 20. Jahrhundert konzipierten Methoden der Psychotechnik geht es darum, deren Wirkungshorizont im Sinne der Ausrichtung auf die Steuerung und Kontrolle menschlicher Wahrnehmung nachzuzeichnen. Dieser reicht, wie hier argumentiert wird, von der Berufseignungsauslese und Gestaltung von Anzeigen und Steuerungskonsolen über die Einführung Computer-gestützter automatisierter Systeme bis zur totalen Bildschirm-basierten Wahrnehmungsumgebung der Hochtechnologie. Dabei wird schon im Einsatz visueller Medien in den psychotechnischen Experimentalanordnungen ein grundsätzlicher Zusammenhang von visuellen „Anzeigen" und Gehorsamsproduktion im weiteren Sinn erkennbar.

Anhand der Schriften eines der Begründer der Psychotechnik, Hugo Münsterberg, der auch als Verfasser der ersten Filmtheorie gilt, wird das Primat des Visuellen in der angewandten Psychologie als eine Form der psychotechnischen Gehorsamsproduktion erkennbar, die hier als Vorgeschichte einer auf Effizienz und störungsfreie Funktion ausgerichtete Gestaltung heutiger Hochtechnologie gelesen wird. In Münsterbergs Schriften finden sich dabei Ansätze zu einer Psychologie des (militärischen) Gehorsams, die für das Verständnis der psychotechnischen Zielsetzung als grundlegend gelten können. Diese Untersuchungen werden mit Sigmund Freuds Idee des Reizschutzes und Walter Benjamins Überlegungen zum „optischen Unbewußten"[21] um kritische Perspektiven ergänzt, die nicht nur methodisch in radikaler Opposition zum Projekt der Psychotechnik stehen, sondern zudem aufzeigen, dass sich diese einer ganz bestimmten Logik des Instrumentellen andient, in der Widerstände prinzipiell unterlaufen, gebrochen oder unwahrnehmbar gemacht werden sollen. Wie besonders anhand der Schriften Münsterbergs deutlich wird, verfolgt das Projekt der psychotechnischen Gehorsamsproduktion nicht zuletzt das Ziel, die Idee eines widerständigen Unbewussten kategorisch zum Verschwinden zu bringen.

---

21 Walter Benjamin: „Das Kunstwerk im Zeitalter seiner technischen Reproduzierbarkeit" (Dritte Fassung). In: Rolf Tiedemann, Hermann Schweppenhäuser (Hg.): *Walter Benjamin: Abhandlungen. Gesammelte Schriften, Band 1.2.*, Suhrkamp, Frankfurt a. M., 1991, S. 471–508, hier: S. 500.

Das fünfte Kapitel überträgt einige der hier entwickelten Genealogien in das Zeitalter der Computation und damit in die Gegenwart. Militärische Verfahren der Visualisierung, die eng mit Prozessen der rechnergestützten Automation verbunden sind, bilden den Kern dieses Themenfelds. Der Bildschirm wird zunächst von seinen militärischen Anfängen her auf seine technischen Funktionen des „commands", der Datenein- und ausgabe, der Anzeige und Abschirmung von technischen Vorgängen, des „Screenings" als Vorgang des Filterns und als Form der Überwachung hin theoretisch und historisch situiert. Die technologischen und rhetorischen Figuren der Entfernung des Menschen, die die Entwicklung neuer Technologien und insbesondere Kriegstechnologien stets begleiten, werden im Hinblick auf Konzepte militärischer Gemeinschaft am Beispiel US-amerikanischer Policy-Dokumente untersucht. Doch die Bildschirmanordnungen der distanzierten Kriegführung gehen nicht nur mit einer Entfernung menschlicher Akteure aus den Entscheidungsschleifen der militärischen Anordnungen einher, sondern vor allem mit neuen Arbeitsteilungen, die diese den Diskursen um Automation und Arbeit in der ökonomischen Theorie annähern.

Für die Recherchen zu den Kontexten und Praktiken heutiger Bildschirmbasierter Kriegführungen habe ich verschiedene internationale Rüstungsmessen und Flugshows mit militärischen Sektionen besucht, darunter die IDEX Abu Dhabi, UMEX Abu Dhabi, ILA Berlin, Farnborough Airshow und Unmanned Systems in Bad Godesberg, Bonn. Zudem basieren einige der im fünften Kapitel vorgestellten Beobachtungen auf dem Austausch mit Drohnenpilot*innen der US Air Force während eines eintägigen Workshops an der Air University der Maxwell Air Force Base in Montgomery, Alabama im Februar 2017. Von diesen Diskussionen und den Gesprächen mit Vertreter*innen von Rüstungskonzernen wie Raytheon, General Atomics, Rheinmetall Defense, BAE Systems oder Rafael Defense konnte nur wenig direkt in diese Arbeit einfließen.[22] Allerdings bilden sie den Hintergrund für viele der Fragen, die im Rahmen dieser Untersuchung gestellt wurden und schärften den Blick insbesondere für die rüstungsökonomischen Zusammenhänge, die sonst in einer bildtheoretischen ausgerichteten kulturwissenschaftlichen Forschungsarbeit vermutlich weniger Beachtung gefunden hätten, insofern sie auch in den aktuellen geisteswissenschaftlichen Forschungen kaum reflektiert werden. Vielmehr scheint es, als würde die Realität der Kriegführung, die in Form von Rüstungsexporten an Konfliktländer auch einen erheblichen Fak-

---

22 Eine Ausnahme stellt die Diskussion des Drohnen-Cockpits von General Atomics dar, die auf Film- und Tonaufnahmen beruht, die ich am Messestand im Rahmen der Farnborough Airshow im Jahr 2016 machen konnte.

tor für den Wirtschaftsstandort Deutschland darstellt,[23] in der aktuellen kultur-theoretischen Forschung bislang vernachlässigt.

Eine Fülle von bemerkenswerten Auseinandersetzungen findet sich hingegen in Bezug auf die bildtheoretischen Fragen, die in dieser Untersuchung immer wieder eine Rolle spielen. Wenn in diesen Theorieansätzen das Verhältnis von Repräsentation und Gegebenem im Bild immer schon als problematisch vorausgesetzt wird, so gilt dies in besonderem Maß in der Gegenwart, in der die Bildgebung typischerweise von technologischen Prozessen abhängt, die sich prinzipiell der menschlichen Wahrnehmung entziehen. Eine Herausforderung für das Denken der bildvermittelten Gewalt stellen zudem die an einer Phänomenologie des Fremden geschulten (bild-)theoretischen Überlegungen über Krieg und Gewalt dar, denen sich der Exkurs am Ende des fünften Kapitels widmet. Während die fünf historischen Fallstudien den Schwerpunkt auf die Techniken der Gehorsamsproduktion und damit auf die Seite der Macht und der ausführenden Gewalt legen, wird in diesen Überlegungen auch der Möglichkeit einer ungehorsamen, widerständigen oder versagenden Bildbetrachtung Rechnung getragen.

Im Schlussteil werden die in den vorangegangenen Kapiteln herausgearbeiteten Funktionen militärischer Bildtechniken zunächst überblickshaft zusammengeführt und voneinander unterschieden. Dabei wird erkennbar, dass in den Bildschirmumgebungen der Gegenwart wesentliche Elemente der in den historischen Stationen zuvor identifizierten Funktionsweisen wiederkehren. Zudem gibt sich das Feld des Visuellen als zentraler Austragungsort für die Umverteilung militärischer Handlungsmacht im 21. Jahrhundert zu erkennen. Die Studie schließt mit einem Postskriptum zur Aktualität der hier behandelten Technologien. In den Bildern militärischer Drohnenfeeds, die auf unterschiedliche Weise an die Öffentlichkeit gelangen, manifestiert sich heute die Sichtweise hochgerüsteter Militärs. Mehr als je zuvor ergibt sich dabei das Paradox, dass technologischer Fortschritt auf dem Gebiet der militärischen Sehapparate, die mit immer größerer Präzision die Sphären des Gegebenen durchdringen, dennoch mit hohen zivilen Opferzahlen einhergeht. Bildgebende Verfahren, sowie Systeme der AI-gestützten Zielerkennung nach den Bildern, erscheinen hier endgültig als Apparaturen zur Produktion von nichtbetrauerbarem Leben.

---

[23] Trotz Pandemie genehmigte die Bundesregierung im Jahr 2020 Rüstungsexporte für mehr als eine Milliarde Euro allein an Länder, die in die Konflikte im Jemen und in Libyen verwickelt waren, wie aus einer Antwort des Bundeswirtschaftsministeriums auf Anfrage des Bundestagsabgeordneten der Grünen, Omid Nouripour hervorgeht. Siehe: O. V.: „Rüstungsexporte in Milliardenhöhe: Deutsche Waffen für Krisenregion". *Tagesschau* vom 3. Januar 2021, URL: https://www.tagesschau.de/inland/ruestungsexporte-deutschland-107.html [abgerufen am 7. Juni 2021].

Teil I: **Bild und Gehorsam**

1 Die Reglementierung des Drills. Visuelle Kultur und Militärwissenschaft in den Niederlanden um 1600

Die oranischen Heeresreformen in den Niederlanden um 1600 markierten den Beginn einer neuen Wissenschaft der Kriegführung. Hier entstanden jene Techniken der militärischen Disziplinierung, die sich bald danach in ganz Europa verbreiten sollten. Bilder spielten, wie das folgende Kapitel zeigen wird, in dieser Innovationsphase eine zentrale Rolle, und zwar sowohl als wissenschaftliche Instrumente, anhand derer eine neue Form des Wissens und des Zugriffs auf soldatische Körper möglich wurde, alsa uch als Mittel der Einübung einer „sozialen Synchronisation"[1], die eine neue Form der Steuerung des soldatischen Kollektivs zur Folge hatte. Kulturhistorisch rahmen lassen sich diese Reformen der Kriegführung durch die Spezifik des niederländischen Kontexts, der zum einen in der kolonialen Expansion und zum anderen in einem speziellen Verhältnis zum Bild besteht, das in der niederländischen Kultur um 1600 fest verankert war.

In den militärischen wie auch zivilen Innovationen, die diesen Kontext auszeichnet, kommt dem Bild eine besondere Autortät zu. Im Bild ließ sich nicht nur Wissen konservieren und kommunizieren, zum Beispiel durch die Abbildung und visuelle Klassifizierung von Pflanzen, Tieren oder der menschlichen Anatomie. Wissen ließ sich auch durch Bilder erst herstellen, indem sie sichtbar machten, was dem bloßen Auge entging, etwa durch präzise Abbilder, Karten und Diagramme – alles Bildtypen, die in den Niederlanden um 1600 florierten. Der Kupferstecher Jacob de Gheyn, dessen Werk hier genauer betrachtet werden soll, nimmt dabei eine Schlüsselposition zwischen Kunst, Wissenschaft und militärischer Reform ein.

Was waren die besonderen Bedingungen und Voraussetzungen für diese Entwicklung? Ein Aspekt, der die Synchronisation militärischer Körper überhaupt erst so dringend notwendig machte, war der Stand der Waffentechnik um 1600. Die verfügbaren Feuerwaffen – Muskete und Luntenrohr – waren kompliziert in der Handhabung und machten eine lange Abfolge von Handgriffen erforderlich. Es lag daher nahe, den Gebrauch der Waffen gründlich einzuüben, damit Soldaten sich auf dem Schlachtfeld nicht gegenseitig gefährdeten. Sie sollten zudem möglichst geordnet und gleichartig auf Befehle reagieren, da die Gefahr bestand, dass Schüsse die eigenen Reihen trafen. Für die Einübung der Körperhaltungen und Griffe auf

---

1 Thomas Macho, Christian Kassung (Hg.): *Kulturtechniken der Synchronisation*, Fink, München, 2013.

https://doi.org/10.1515/9783111287584-002

dem Exerzierplatz kamen reich bebilderte Drillbücher zum Einsatz. In der historisch wirkmächtigen Neuerfindung militärischer Disziplin im Rahmen der niederländischen Militärreform nahmen diese eine zentrale Rolle ein. Jedem Befehlswort entsprach darin einer Körperhaltung, die aus der Bewegungssequenz herausgelöst und auf äußerst präzise Weise bildlich festgehalten wurde. Mit der Anfertigung dieser Bilder war der Schüler des Manieristen Hendrick Goltzius, Jacob de Gheyn beauftragt. Er steht, wie hier gezeigt wird, für einen neuen Typus des Künstlers, der an einer zentralen politischen Scharnierstelle zwischen Kunst, Wissenschaft und militärischer Macht operierte. De Gheyns Bildgebung im Medium des Kupferstichs diente nicht nur der Generierung von neuem naturwissenschaftlichem Wissen, sondern wurde zum Instrument einer neuen militärischen Wissenschaft zur Abrichtung menschlicher Körper.

Wie die folgende Untersuchung zeigt, kann die Genese der modernen europäischen militärischen Disziplin – ein Konnex von Wissen und Macht, der sich parallel zu einer neuen Rationalität, einem neuen Wissenschaftsverständnis und den viel gerühmten ästhetischen Errungenschaften des „Goldenen Zeitalters" entwickelte –nur im Kontext der sogenannten „niederländischen Akkumulation" verstanden werden, also der territorialen Landnahme, die den Weg bereitete für die koloniale Ausbeutung einer ganzen Weltregion, und die Niederlande für einige Zeit global als militärische und ökonomische Führungsmacht etablierte. Der Bedeutung der militärischen Bildtechniken im Zusammenhang dieses historischen Horizonts europäischer Gewaltkultur widmet sich das vorliegende Buch aus unterschiedlichen Perspektiven. Der niederländische Kontext um 1600 nimmt dabei eine zentrale Stellung ein, da sich hier die Funktionen von Bildlichkeit und Kriegstechnik auf besonders anschauliche Weise zusammenfügen.

Disziplin und Vernichtungswille gehören, dem Historiker Wolfgang Reinhard zufolge, zur Spezifik der europäischen Gewaltkultur. Im kriegerischen Konflikt mit anderen Kulturen, besonders im Zuge der Kolonialexpansion, begründet diese Spezifik die Übermacht der Europäer und wog dabei, wie Reinhard argumentiert, schwerer als die technische Überlegenheit, die den europäischen Armeen häufig nachgesagt wird.[2]

Mit Gerhard Oestreichs bis heute einschlägigen Studie zur oranischen Heeresreform lässt sich dies noch genauer fassen. Sie führt deren Innovationen auf eine frühneuzeitliche „Sozialdisziplinierung" zurück,[3] die sich nicht auf das Mili-

---

[2] Siehe: Wolfgang Reinhard: *Geschichte der Staatsgewalt. Eine vergleichende Verfassungsgeschichte Europas von den Anfängen bis hin zur Gegenwart*. C.H. Beck, München, 1999, S. 343.
[3] Gerhard Oestreich: „Strukturprobleme des europäischen Absolutismus". *Vierteljahresschrift für Sozial- und Wirtschaftsgeschichte* 55, 1969, S. 329–347 und Gerhard Oestreich: *Antiker Geist*

tärische beschränkte, sondern alle Bereiche des gesellschaftlichen Lebens erfasste. Im Vordergrund stand dabei, wie Oestreich betont, „die im Sinne der werdenden politischen Gebilde und Formen geforderte Unterordnung", das heißt, „das Prinzip des Gehorsams".[4]

Doch der spezifische historische Kontext der Niederlande um 1600 kann nicht allein im Sinne einer europäischen Kontinuität der Geschichte von Gewalt, Disziplin und Gehorsam seit der Antike gedeutet werden, wie sie von Oestreich und anderen beschrieben wurden. Diese Entwicklungen sind vielmehr nur mit Blick auf den entstehenden bürgerlichen Handelskapitalismus in den niederländischen Provinzen zu verstehen, wo sich ökonomische Ausbeutungspraktiken und militärischer Vernichtungswille zum ersten Mal im Zeichen einer global agierenden bürgerlichen Handelsmacht entfalteten. Mit den militärischen Erfolgen der niederländischen Republiken um 1600 ging die Führung der europäischen Expansion von den Spaniern auf die Niederländer über. Dabei blieben die beiden verfeindeten Mächte wirtschaftlich veflochten. Doch das Haus Oranien-Nassau und die großbürgerliche Oligarchie der niederländischen Provinzen gingen nicht nur in militärischer, sondern auch in ökonomischer Hinsicht als Gewinner aus diesem Konflikt hervor.[5]

In seiner für die vorliegende Untersuchung einschlägigen Studie zur *Soziologie und Geschichte militärischer Gehorsamsproduktion* untersucht der Soziologe Ulrich Bröckling historische Stationen der militärischen Disziplin vom 16. bis ins späte 20. Jahrhundert.[6] Darin begreift er im Rückgriff auf Michel Foucault „die Disziplin als Ensemble von Machtpraktiken und Diskursen",[7] deren Wandel er am Beispiel der Praktiken der Rekrutierung, der Mobilisierung und Zurichtung darstellt. Diese rekonstruiert er anhand von Exzerzierreglements, Traktaten zur soldatischen Erziehung, sowie der militärspsychiatrischen und -juristischen Literatur. Die im Zuge der niederländischen Reformen entwickelten Verfahren des Drills und der Disziplinierung der Körper wertet Bröckling als Ausgangspunkt für ein militär- und disziplinartechnisches Paradigma der Neuzeit. Die Exerzierplätze der Oranier werden so auch zum Laborraum für eine einsetzende „Verwissenschaftlichung des Kriegs".[8]

---

und moderner Staat bei Justus Lipsius. 1547–1606. [Habilitationsschrift von 1954], Duncker und Humblot, Berlin, 1989.

4 Oestreich, Antiker Geist und moderner Staat, 1989, S. 236.

5 Siehe: Wolfgang Reinhard: Die Unterwerfung der Welt. Globalgeschichte der europäischen Expansion 1415–2015. C. H. Beck, München, 2016, S. 179–204.

6 Ulrich Bröckling: Disziplin. Soziologie und Geschichte militärischer Gehorsamsproduktion. Fink, München, 1997.

7 Bröckling, Disziplin, 1997, S. 26.

8 Bröckling, Disziplin, 1997, S. 31; siehe auch: Wolfgang Schäffner: „Operationale Topographie. Repräsentationsräume in den Niederlanden um 1600". In: Hans-Jörg Rheinberger, Michael Ha-

So wichtig Bröcklings genaue Beobachtungen zur „politischen Orthopädie" des frühneuzeitlichen Drills für die vorliegende Untersuchung sind, so blind erscheinen sie für die wichtige Rolle, die Bilder dabei einnahmen.[9] Im zentralen Kapitel zur oranischen Heeresreform finden sie keine Erwähnung. Doch tatsächlich handelte es sich bei den von Bröckling analysierten Drillbüchern in erster Linie um Bild-Manuale. Wie hier gezeigt werden soll, konnte es erst durch das Zusammenspiel bildlicher und diskursiver Elemente im Kontext einer spezifischen visuellen Kultur, die dem Bild eine besondere Autorität als Wissensobjekt zuspricht, zur Umsetzung der neu entwickelten Techniken der Disziplin kommen. Gerade für die „Erfindung" und Umsetzung der neuen Techniken zur Produktion von Gehorsam waren Bilder unverzichtbar.

Mit Blick auf den hier beschriebenen Nexus von militärischer Autorität, künstlerischer Bildtechnik und wissenschaftlicher Wissensgenese, stehen die folgenden Fragen im Fokus dieses Kapitels: *Erstens*, welche besondere Auffassung des Bildes liegt den oranischen Exerzierreglements zugrunde? Welche Bedingungen sorgten *zweitens* dafür, dass es gerade in den Vereinigten Niederlanden um 1600 zu einer solchen Indienstnahme des Bildes für die Zwecke einer neuen Kriegstechnik kommen konnte? Welche Art der (Bild-)Pädagogik und welche Stellung des Bildes als Wissensvermittler waren notwendig, damit die Bilder eine solchermaßen befehlsmächtige Autorität entfalten konnten? Schließlich gilt es *drittens* zu bedenken, welche Vorannahmen die Deutung dieser Ereignisse aus heutiger Sicht leiten, und welche Metaphern und Paradigmen besonders die medien- und kulturtheoretische Interpretation dieser historischen Ereignisse bestimmt haben.

---

gner, Bettina Wahrig-Schmidt (Hg.): *Räume des Wissens. Repräsentation, Codierung, Spur.* Akademie, Berlin, 1997; Bröckling, Disziplin, 1997, S. 31. Für Oestreich stellen die niederländischen Reformen das „erste moderne Beispiel enger Zusammenarbeit zwischen Wissenschaft und Wehrmacht" dar. Siehe: Gerhard Oestreich: „Justus Lipsius als Theoretiker des neuzeitlichen Machtstaates". In: *Geist und Gestalt des frühmodernen Staates*, Duncker und Humblot, Berlin, 1969, S. 67, zitiert nach Schäffner, Operationale Topographie, 1997, S. 68. Und Maurice Kirby sieht in den Innovationen der Oranier, insofern sie auf „Beobachtungen und Messungen in Bezug auf die Entwicklung fortgeschrittener Waffen" beruhten, einen Vorläufer des Operational Research, siehe: Maurice W. Kirby: *Operational Research in War and Peace. The British Experience from the 1930s to 1970*. Imperial College Press, London, 2003, S. 31.

9 Tatsächlich erwähnt Bröckling die in den Exerzierreglements enthalten Bilder, aus denen sie bis auf wenige schriftliche Erläuterungen bestanden, nur ein einziges Mal, und dabei in Klammern. Siehe: Bröckling, Disziplin, 1997, S. 49. Für ihn fungieren die Reglements ausschließlich – und buchstäblich – schriftlich: „ihr Text wurde Hunderttausenden in den Körper eingeschrieben. [...] Die königliche Macht rückte ihren militärpflichtigen Untertanen buchstäblich auf den Leib." Siehe: Bröckling, Disziplin, 1997, S. 69.

Dabei soll zunächst in die historischen Zusammenhänge der Heeresreform in den Niederlanden im ausklingenden 16. und beginnenden 17. Jahrhundert eingeführt werden (1.1), bevor mit dem von Jacob de Gheyn gestalteten oranischen Exerzierreglement das Medium des bild- und körpertechnischen Drills eingehender analysiert wird (1.2). Anhand des von Marcel Mauss entwickelten Begriffs der Körpertechniken wird in Abschnitt (1.3) zunächst der grundlegende Zusammenhang von Bildtechnik und Vorbildlichkeit in der Neuerfindung körperlicher Disziplin diskutiert. Daran anschließend werden in Abschnitt (1.4) und (1.5) einige der medien- und kulturtheoretischen Positionen, die wichtige Impulse für die vorliegende Arbeit lieferten, kritisch hinterfragt und neu kontextualisiert. Mit Svetlana Alpers' kunsthistorischer Untersuchung der niederländischen Seh- und Wissenskultur um 1600[10] lässt sich schließlich der Status des Kupferstechers Jacob de Gheyn als Schlüsselfigur zwischen Kunst, Wissenschaft und militärischer Gehorsamsproduktion im Zeitalter der „niederländischen Akkumulation"[11] genauer bestimmen. Dabei wird ersichtlich, dass sich Alpers' Thesen zur bildlichen Proliferation im sogenannten „Goldenen Zeitalter" nur halten lassen, wenn sie mit Jaleh Mansoor um die Dimension der „visuellen Militanz"[12] ergänzt werden (1.6).

1.1 Die oranische Heeresreform

Moritz von Oranien, der Oberbefehlshaber der Streitkräfte der Vereinigten niederländischen Provinzen, begann um 1580 mit der Neuorganisation der niederländischen Armee. Er wurde dabei von Wilhelm Ludwig von Nassau-Dillenburg und Johann VII. von Nassau Siegen unterstützt. Es ist gut belegt, dass ein maßgeblicher Einfluss für die Reform in der neustoischen Philosophie von Justus Lipsius bestand, dessen Schüler Moritz an der Universität zu Leiden gewesen war.[13]

---

10 Svetlana Alpers: *The Art of Describing. Dutch Art in the Seventeenth Century*. Penguin Books, London, 1989.

11 Giovanni Arrighi: „The Second (Dutch) Systemic Cycle of Accumulation". In: Ders.: *The Long Twentieth Century. Money, Power, and the Origins of Our Times*. Verso, London, 2010, S. 130–147.

12 Jaleh Mansoor: „Militant Landscape. Notes on Counter-Figuration from Early Modern Genre Formation to Contemporary Practices, or, Landscape After the Failure of Representation". In: *ARTMargins* 10 (1), 2021, S. 20–38.

13 Im Gegensatz zu Oestreich, der die oranische Heeresreform als ein „ideengeschichtliches Ereignis unter der Leitung von Justus Lipsius" darstellt, kehrt Hahlweg, wie Wolfgang Schäffner betont hat, den nicht weniger bedeutenden Einfluss des Ingenieurs und Mathematikers Simon Stevin hervor. Siehe: Schäffner, Operationale Topographie, 1997, S. 68, und Werner Hahlweg: *Die Heeresreform der Oranier. Das Kriegsbuch des Grafen Johann von Nassau-Siegen*. Historische Kommission für Nassau, Wiesbaden, 1973, S. 11 ff. Hahlwegs Rolle als militärischhistorischer

Durch seine programmatischen Schriften zum antiken Kriegswesen und dessen zeitgenössischer Anwendung, rückte Lipsius die oranische Heeresreform, Ulrich Bröckling zufolge, in den Zusammenhang einer „Tugendlehre aus dem Geist der römischen Stoa".[14]

Praktisch bedeutete dies für Lipsius, dass die Soldaten einerseits durch Disziplin bei der Ausbildung zum Gehorsam erzogen werden sollten, neben harter Strafen sollte dafür vor allem aber die für damalige Verhältnisse gute Behandlung der Soldaten sorgen, auch hier setzte Lipsius auf Beständigkeit: „Regelmäßigkeit des Dienstes, der Soldzahlungen sowie der Strafen und Belohnungen sollten die militärische Ordnung herstellen."[15] Wichtige Voraussetzung für das Gelingen der militärischen Reformen war darum nicht zuletzt die ökonomische Überlegenheit der niederländischen Provinzen, die es der aufstrebenden Wirtschaftsmacht erlaubte, die aus verschiedenen anderen Teilen Europas angeworbenen Söldnertruppen in „vertraglich geregelter Lohnarbeit" verlässlich zu besolden und so – im Gegensatz zu den ständig aufbegehrenden spanischen Truppen – „aus einer bei jeder Gelegenheit plündernden, periodisch meuternden und auch das Territorium ihrer Kriegsherren verheerenden Soldateska disziplinierte Soldaten zu machen, denen tägliches Exerzieren [...] zugemutet werden konnten".[16] Es ist in diesem Zusammenhang wichtig festzuhalten, dass die Truppen der niederländischen Provinzen nicht, wie zu dieser Zeit durchaus üblich, unter Todesdrohung zwangsrekrutiert und im Dienst gehalten wurden, sondern aus freien Stücken bei den Niederländern in Lohn und Brot standen. Auch hierin kann, wie zuerst von Max

---

Stichwortgeber des NS, dessen hier zitierte Habilitationsschrift 1941 bei der Wehrmacht großen Anklang fand, bleibt sowohl bei Bröckling und Ehlert als auch bei Schäffner unkommentiert. Dies deckt sich mit Hahlwegs weiterer unkritischer Rezeption und unhinterfragter Rehabilitierung als Militärhistoriker der Bundesrepublik, dem im Jahr 1978 das Bundesverdienstkreuz verliehen wurde.

14 Bröckling, Disziplin, 1997, S. 41 u. 46. Wie Bröckling hier ebenfalls vermerkt, war Lipsius in seiner Konzeption militärischer Disziplin durch die Gehorsamsdoktrin der Jesuiten vorgeprägt. Oestreich bemerkt zudem, dass Oestreichs Neustoizismus auf seine jesuitische Erziehung zurückgehe: „Die täglich bis ins kleinste geübte Selbstzucht und der Kampf gegen die Leidenschaften, die harte Selbstbeherrschung, die Lipsius bei den Jesuiten gelernt hat, bleiben sein Leben lang für ihn vorbildliche Tugenden, die er später in seiner stoischen Philosophie nach dem Vorbild Senecas auch seinen Zeitgenossen preisen wird". Siehe: Oestreich, Antiker Geist und moderner Staat, 1989, S. 50. Zur jesuitischen Gehorsamsdoktrien siehe: Kapitel 2 dieser Untersuchung.

15 Bröckling, Disziplin, 1997, S. 45.

16 Bröckling, Disziplin, 1997, S. 34 f. Siehe auch: Georg Ortenburg: *Waffe und Waffengebrauch im Zeitalter der Landsknechte*. Bernard & Graefe, Koblenz, 1984, S. 89. Dazu auch: Maury D. Feld: *The Structure of Violence. Armed Forces as Social Systems*. Sage, London, 1977.

Weber festgestellt wurde, ein Attribut des ersten „modern disziplinierten"[17] Militärs ausgemacht werden, das für Weber den Wandel vom feudalen Gehorsamsregime hin zu einer rationalen, kapitalistischen Arbeitsethik markiert, mit der eigene Mechanismen der Gehorsamsproduktion und Disziplinierung im Sinne der Effizienzsteigerung einhergehen.[18] Diesen Kontext gilt es zu beachten, wenn die niederländische Drillschule, mit Wolfgang Schäffner, als „Geburtsort des disziplinierten Körpers" betrachtet werden kann, „der mit seiner Waffe zu einem funktionalen Bewegungsablauf verbunden wird und Befehlstakt für Befehlstakt seine Operation vollzieht".[19]

Bröckling schildert, wie die europäischen Heere vor der Einführung der gedrillten Formationen durch ihre schiere Masse und eher ungezielte mechanische Stoßwirkung agierten, die schwer zu kontrollieren waren:

> Seit die Haufen der Lanzenträger im ausgehenden 14. Jahrhundert sich gegenüber den eher für den Zweikampf ausgerüsteten Rittern als überlegen erwiesen hatten, war – wie in griechischer und römischer Zeit – die Infanterie zur wichtigsten Waffengattung aufgerückt. Die Haufen funktionierten, ähnlich der antiken Phalanx, nach dem Prinzip eines Hammers: Ihr Gewaltpotential lag in erster Linie in der Wucht des Stoßes, im mechanischen Druck der aus etwa 2.500 Mann in quadratischer Anordnung bestehender Körpermasse.[20]

Waren sie einmal in Bewegung gesetzt, waren diese „Haufen" praktisch navigationsunfähig und für die Kriegführung, nach der Verbreitung von Schusswaffen, die flexible Truppenbewegungen ohne Auflösung der Formation verlangten, nicht geeignet. Diese wurden erst mit einer zur Beweglichkeit gedrillten Formation möglich, in der jeder einzelne Soldat in der Lage war, die gegebenen Befehle unmittelbar in Bewegungen umzusetzen. Bröckling beschreibt diese Formation synchronisierter Soldaten als „Körper*maschine*", die im Unterschied zur „Körper*masse*", ein „perfektes

---

17 Max Weber: „Die Disziplinierung und die Versachlichung der Herrschaftsformen". In: Ders.: *Wirtschaft und Gesellschaft. Grundriß der verstehenden Soziologie*. Mohr Siebeck, Tübingen, 1980, S. 683. Bei Weber heißt es weiter: „Für die Möglichkeit der Entwicklung der Disziplin war die ökonomische Basis, auf welcher die Heeresverfassung jeweils ruhte, nicht allein bestimmend, aber doch von sehr erheblicher Bedeutung. Noch mehr aber beeinflußte umgekehrt die größere oder geringere Rolle, welche die Disziplin einexerzierter Heere in der Kriegführung spielte, auf das Nachhaltigste die politische und soziale Verfassung". Siehe: Max Weber: *Wirtschaft und Gesellschaft. Grundriß der verstehenden Soziologie*. Mohr Siebeck, Tübingen, 1980, S. 684.
18 Siehe auch: Philippe Rogger, Regula Schmid (Hg.): *Miliz oder Söldner? Wehrpflicht und Solddienst in Stadt, Republik und Fürstenstaat 13.–18. Jahrhundert*. Ferdinand Schöningh, Leiden, 2019, S. 74 f.
19 Schäffner, Operationale Topographie, 1997, S. 69.
20 Bröckling, Disziplin, 1997, S. 32.

Ineinandergreifen sämtlicher ‚Rädchen‘ verlangte"[21] und durch die systematische Einübung des Gebrauchs von Pike, Luntenrohr und Muskete, sowie exakter Bewegungsabläufe auf Kommando, auch ermöglichte. Das von den Oraniern bei der *Taktik* des griechischen Militärtheoretikers Ailianos entlehnte Modell des Kontremarschs[22] etwa, brachte die antiken Praktiken des Drills auf den Stand der zeitgenössischen Waffentechnik. Diese setzte aufgrund der komplexen Bauweise der Musketen ein stark verfeinertes und komplexes Kommandovokabular voraus. Das oranische Exerzierreglement, das im Fokus des folgenden Kapitels steht, „weist 43 Handgriffe und entsprechend 43 Kommandos auf, bis ein Musketier zum Schuss bereit war."[23] Das hier entwickelte Programm mit seinen speziellen Verfahren des Drills entfaltete seinen Einfluss in ganz Europa und wirkte vor allem in Schweden, Frankreich und Preußen prägend auf die weitere Entwicklung der militärischen Disziplin.[24]

---

21 Bröckling, Disziplin, 1997, S. 33. Zum Problem der Masse in der Kriegführung siehe auch das Kapitel 5.2 dieser Untersuchung.

22 Das „Verkehren der Reihen und Glieder", mit dem Wilhelm Ludwig das griechische Vorbild des chorischen Kontremarsches aufgriff, stellte eine der wichtigsten Innovationen der Reform dar. Der Militärhistoriker Hans Ehlert beschreibt den Kontremarsch folgendermaßen: „Dabei feuerte von den hintereinander in Reihen aufgestellten Gliedern zunächst das erste vom linken Flügel beginnend. Hatte es abgeschossen, machten die Soldaten kehrt und marschierten an den Reihen entlang nach hinten, während das zweite und die folgenden Glieder nach vorne rückten. Dieses Manöver altgriechischer Provenienz verschaffte dem Soldaten genügend Zeit, den umständlichen Ladevorgang zu wiederholen und seine Waffe schußbereit zu machen, während andere weiterfeuerten. Es war gewährleistet, daß stets Soldaten mit fertig geladenen Waffen in der ersten Linie standen, ein kontinuierliches Feuer war damit jederzeit sichergestellt." Siehe: Hans Ehlert: „Ursprünge des modernen Militärwesens. Die nassau-oranischen Heeresreformen". In: *Militärgeschichtliche Mitteilungen.* 01–01 (2), 1985, S. 27–56, hier: S. 43. Siehe auch: Wolfgang Reinhard: ‚Humanismus und Militarismus. Antike-Rezeption und Kriegshandwerk in der oranischen Heeresreform'. In: *Krieg und Frieden im Horizont des Renaissancehumanismus.*

23 Bröckling, Disziplin, 1997, S. 49. Bröckling bezieht sich mit dieser Angabe auf Hahlweg, der die Beschreibungen einem Instruktionsbuch aus dem Besitz Moritz' von Oranien entnimmt. In der deutschen Fassung *Waffenhandlung von den Rören, Musquetten und Spiesen.* Gravenhagen, 1608, auf die sich die vorliegende Untersuchung hauptsächlich bezieht, finden sich 42 Befehlsworte und Abbildungen für die Arkebuse, 43 für die Muskete, und 32 für den Spieß. Das *Kriegsbuch* von Johann von Nassau, auf dessen Grundlage die *Waffenhandlung* basiert, enthält dagegen nur 15 Zeichnungen für die Pike, 25 für die Arkebuse und 35 für die Muskete. Siehe: Geoffrey Parker: *The Military Revolution. Military Innovation and the Rise oft he West, 1500–1800.* Cambridge, Cambridge University Press, 1988, S. 20 f.

24 Zur historischen Entwicklung soldatischer Disziplin und Waffentechnik im Übergang von den Söldnertruppen zum stehenden Heer siehe u. a.: Peter Burschel: „Krieg, Staat, Disziplin. Die Entstehung eines neuen Söldnertypus im 17. Jahrhundert". *Geschichte in Wissenschaft und Unterricht* 48, 1997, S. 640–652; Georg Ortenburg: Waffe und Waffengebrauch, 1984, insb. S. 81–137; Bröckling, Disziplin, 1997, insb. S. 33–38.

Die Vereinigten Niederlande befanden sich um 1608 in einer Notlage, in der sie gegen die zahlenmäßig überlegenen Spanier und deren auf Masse setzende Infanterie eine taktische Lösung entwickeln mussten, mithilfe derer sie sich gegen die aus massiven Haufen von bis zu 3000 Pikenieren und Musketieren bestehenden „Tercios" militärisch durchsetzen konnten.[25] Dazu wurden die großen Truppenhaufen des oranischen Heeres zunächst in kleinere, getrennte, aber unter zentralem Oberbefehl operierende Teile untergliedert.[26] Diese als Regimenter bezeichneten Einheiten wurden schachbrettartig versetzt in den Kampf geführt, was den Vorteil größerer Beweglichkeit gegenüber den starren, spanischen Tercios mit sich brachte, aber „einen detaillierten Einsatzplan und den unbedingten Gehorsam der einzelnen Kämpfer" voraussetzte, die „nur als Angehörige eines Kämpferverbandes, nicht jedoch als Einzelkämpfer etwas würden ausrichten können".[27] Damit aus den oranischen Truppen eine solche, im Raum bewegliche und in steuerbaren Einheiten gegliederte Formation werden konnte, wurden zunächst die Handfeuerwaffen vereinheitlicht.[28] Dann mussten die auf Kommando zu vollziehenden Bewegungsabläufe in systematischem Drill eingeübt werden. Dies galt sowohl für die Bewegung im Raum, als auch für den Gebrauch der Waffen. „Hier ging es darum, jeden Soldaten die entsprechenden Handgriffe und ihre folgerichtige Anordnung im Sinne der Konstruktion der Waffe so lange wiederholen zu lassen, bis er sie automatisch und synchron zu den übrigen Soldaten seiner Formation handhaben konnte."[29] Moritz von Oraniens *Schule des Trillens* sah daher die Einübung der „exakten Gleichheit in den einzelnen Tempos und ,Waffenhandlungen'"[30] vor.

Jeder Handgriff erhielt ein Kommandowort und eine „Instruktionen für das Rekrutenpersonal", sodass jeder Soldat systematisch „bis zur völlig sicheren Beherrschung der Handhabung seiner Waffe gedrillt" werden konnte.[31] Die absolut

---

25 Siehe: Harald Kleinschmidt: *Tyrocinium Militare. Militärische Körperhaltungen und -bewegungen im Wandel zwischen dem 14. Und dem 18. Jahrhundert.* Autorenverlag, Stuttgart, 1989, S. 97.
26 Ebd., S. 98.
27 Ebd., S. 98 und Ortenburg, Waffe und Waffengebrauch, 1984, S. 94.
28 Vor der Heeresreform hatten sich die Söldner ihre Waffen selbst beschaffen müssen. Um die Synchronisation der Truppen zu ermöglichen, begann Moritz von Oranien um 1600 damit, die Kontrolle über Waffenlieferungen und -herstellung selbst zu übernehmen und ließ auch das Gewicht der Musketen herabsetzen. Siehe: Orgenburg, Waffe und Waffengebrauch, 1984, S. 55.
29 Bröckling, Disziplin, 1997, S. 33.
30 Werner Eckhardt: „Ladebewegungen von der Muskete bis zum Gewehr 98". *Zeitschrift für Heeres- und Uniformkunde* H. 94/96, 1936, zitiert nach Hahlweg, Die Heeresreform der Oranier und die Antike, 1941, S. 109.
31 Hahlweg, Die Heeresreform der Oranier und die Antike, 1941, S. 32 f.

synchrone Handhabung „in bestimmter Gleichheit und mit größter Sicherheit"[32] war nicht zuletzt auch deswegen notwendig, damit sich die Soldaten nicht gegenseitig in der Formierung der „Schützenhaufen" behinderten. Die noch wenig ausgereifte Waffentechnologie der Musketen, bei denen mit Pulver und brennenden Lunten hantiert werden musste (das Steinschloss hatte sich zu diesem Zeitpunkt in der Waffentechnik noch nicht durchgesetzt), machte die sichere Handhabung und Einübung der zum Laden und Verstauen der Waffe notwendigen Abläufe notwendig, auch zum Schutz der eigenen Soldaten. Darüber hinaus passte Moritz von Oranien die taktischen Einheiten insoweit an, dass keine von ihnen mehr als 440 Männer zählte. So konnte jeder von ihnen die Stimme des Kommandanten hören und seinen Befehlen Folge leisten.[33] Damit die Söldner, aus denen sich das niederländische Heer zum größten Teil zusammensetzte, die Anweisungen verstehen konnten, mussten sie in mehrere Muttersprachen übersetzt werden, was die Aufteilung der Truppen in Gruppen der jeweiligen Herkunftsländer zur Folge hatte. Wie Georg Ortenburg hervorhebt, bestand eine Herausforderung für die Aufstellung neuer Truppen darin, „schnell und effektiv bisher unerfahrenen Leuten den richtigen Umgang mit der Waffe zu lehren", weshalb die „ersten Vorschriften für den sytematischen und zweckgemäßen Umgang mit der Waffe, das ‚Manuale' verfaßt" wurden, die „Teil des großen Werks der oranischen Heeresreform" ausmachten.[34]

Die unter Moritz von Oranien innerhalb weniger Jahre umgesetzte Militärreform stellte, wie deutlich wird, allen voran eine organisatorische Leistung dar. Zwar beruhten die Innovationen zum Teil auf der Wiederentdeckung griechischer und römischer Vorbilder womit sie sich, wie vielfach betont worden ist, in den Kontext einer umfassenden humanistischen Antikenrezeption in Europa einfügt.[35] Sie können aber nicht auf diese „Wiederentdeckung" der griechisch-römischen Disziplin reduziert werden, sondern spiegeln zum einen den Effekt des mit Verbreitung der Handfeuerwaffen – Muskete und Luntenrohr – vor allem technisch be-

---

32 Hahlweg, Die Heeresreform der Oranier und die Antike, 1941, S. 32 f.

33 Siehe: William McNeill: *Keeping together in Time. Dance and Drill in Human History.* Harvard University Press, Cambridge, 1995, S. 130.

34 Ortenburg, Waffe und Waffengebrauch, 1984, S. 94.

35 Harald Kleinschmidt hat anhand der Militärliteratur um 1600 gezeigt, dass der Rückgriff auf die römischen Vorbilder (vor allem Vegetius) kein singuläres Ereignis war, vielmehr war die Forderung nach „Disziplin", unbedingtem Gehorsam und besserer Ausbildung für Soldaten (permanentes Exerzieren), weit verbreitet. Durch Justus Lipsius und Francesco Patrizi sei das antike Exerzieren, auch durch Hinzunahme griechischer Quellen, allerdings systematisiert worden. Siehe: Kleinschmidt, *Tyrocinium Militare*, 1989, S. 100–103 und 105. Zur Antikerezeption militärischer Quellen in der Renaissance siehe auch: J. R. Hale: „A Humanistic Visual Aid. The Military Diagram in the Renaissance". *Renaissance Studies*, Oktober 1988, S. 280–298.

dingten Wandels der Kriegführung. Zum anderen müssen sie im kulturellen Zusammenhang der niederländischen Provinzen um 1600 behandelt werden, wo sich in Abgrenzung zum feudalen katholischen Spanien eine bürgerlich geprägte Wissens- und Gewaltkultur formierte, die sich einerseits Rationalität und ökonomischen Pragmatismus auf die Fahnen geschrieben hatte, und andererseits als aufstrebende Kolonialmacht eine Gehorsamskultur mit neuer kapitalistischer Prägung an den Tag legte.

1.2 Das Exerzierbuch Jacob de Gheyns

Die übergeordnete Rolle, die dem soldatischen Exerzieren in den Niederlanden während der Militärreformen zukam, wird aus einem Reisebericht Philip von Hainhofers ersichtlich, der sich im Jahr 1598 für einige Tage am Hof Moritz von Oraniens aufhielt, und dort miterlebte, wie Wilhelm Ludwig von Nassau-Dillenburg, Johann von Nassau-Siegen und der Fürst von Oranien selbst an der Unterweisung und Übung der Soldaten mitwirkten:

> Den 20 Augusti [1598], am Donnerstag haben wir gesehen alles fues volckh ins feldt ziehen mit fliegenden fähnlein in der schlacht ordnung, ist ihr excellenz, mit graff wilhelm (so gubernator in frieszlandt ist) und mit graf johan, (der in deutschlandt wohnt) auch rausz khomen da haben sie sich auf allerley weiß mussen uben, sich kehren und wenden, von und zu einander lauffen, schiessen und stechen, als wan sie den feindt vor ihn hatten, gar lustig und schon zu sehen gwest, hats dan der Capitein nit recht gemacht oder gewisen, so hat ihms ihr excellenz under sagt, und anderst zeigt [...].[36]

Die wichtigsten Instrumente in der Herausbildung und Verbreitung der neuen Wissenschaft vom Exerzieren waren Handbücher und Reglements, die unter der Ägide der Fürsten verfasst worden waren und den Drillmeistern als Anleitung dienten. Kurz nachdem Johann von Naussau-Siegen, Moritz von Oranien und Wilhelm-Ludwig von Nassau-Dillenburg sich zur Ausarbeitung ihrer militärwissenschaftlichen Reformen zusammengefunden hatten, wurde Jacob de Gheyn damit beauftragt, die Figuren für zwei Bücher mit militärischen Darstellungen der Kavallerie und Infanterie zu zeichnen und zu stechen. Das erste wurde um 1599 angefertigt und enthielt zweiundzwanzig Abbildungen der Kavallerie, mit einer umfangreichen Darstellung der damals üblichen Waffentypen. Beim zweiten handelte es sich

---

36 Zitiert nach Johan Quirijn van Regteren Altena: *The Drawings of Jacques de Gheyn. Bd. I. An Introduction to their Study With a Biography of the Artist and a Survey of His Paintings, Followed by an Essay on his Son Jacques the Younger.* Amsterdam N.V., Swets & Zeitlinger, 1936, S. 53.

um die *Wapenhandelinghe van Roers, Musquetten ends Spiessen*,[37] von der im Folgenden hauptsächlich die Rede sein soll. Das im Zusammenhang der oranischen Heeresreform entwickelte Exerzierreglement fand in Europa weite Verbreitung und erschien in französischer, deutscher, englischer und dänischer Übersetzung. Günstig hergestellte Kopien des Reglements zirkulierten in einer Art „Paperback-Version" in hoher Auflage und handlicher Größe, und konnten von den Rekruten selbst als Anleitung benutzt werden. Eine günstig hergestellte, viersprachige Ausgabe (Französisch, Deutsch, Niederländisch und Englisch) wurde um 1619 in Zuthpen herausgegeben.[38] Eine später gedruckte, deutsch-französische Fassung im Querformat (20 x 16 cm), bei der pro Seite jeweils zwei Abbildungen neben den ihnen zugehörigen Beschreibungen und Befehlsworten gedruckt sind und die nur die Anleitungen für Musketen und Spieße enthält, befindet sich heute im Bestand der Lipperheid'schen Kostümbibliothek in Berlin.[39]

Der medialen Vermittlung der Praktiken des Drills und der Proliferation dieses neuen Wissens,[40] kommt daher eine entscheidende Bedeutung zu. Zwar „müssen Befehle mündlich gegeben werden", und bei ihrer Befolgung darf es „keine merkliche Verzögerung zwischen Befehl und Ausführung" geben, damit sie ihre Funktion der sozialen Synchronisation wirksam erfüllen, wie Thomas Macho zu denken gegeben hat.[41] Aber ohne eine eingeübte Verbindung zwischen Befehls-

---

37 Auf Deutsch: Jacob de Gheyn: *Waffenhandlung von den Rören, Musquetten und Spieesen*. Gedruckt in Gravenhagen in Hollandt, 1608. Auf Niederländisch: Jacob de Gheyn: *Wapenhandelinghe van roers, musquetten ende spiessen*. Amsterdam, 1607.

38 J. B. Kist (Hg.): Jacob de Gheyn: *Wapenhandelinghe van roers, musquetten ende spiessen*. Amsterdam, (1607), New York, 1971. Siehe auch: David Kunzle: *From Criminal to Courtier. The Soldier in Netherlandish Art 1550–1672*. Brill, Leiden/Boston, 2002, S. 207.

39 Jacques de Gheyn: *Die Drillkunst. Das ist Kriegsübliche Waffenhandlung der Musqueten und Piquen. Allen Tapfern Soldaten zu nutzlicher beliebüng mit vielen Kupfern deütlichst vorgestellet*. Paulus Fürst, Nürnberg, 1664. Obwohl nicht eindeutig geklärt werden kann, wie lange die Bücher eingesetzt wurden, widersprechen diese Funde der Vermutung Bröcklings, dass die Reglements nur in kleiner Auflage verfügbar waren. Dies stimmte sicher noch zu Beginn, aber nicht für den weiteren Verlauf ihrer Proliferation im europäischen Raum. Vgl. Ulrich Bröckling: „Der Stachel des Befehls. Mechanismen militärischer Gehorsamsproduktion". In: Mihran Dabag, Antje Kapust, Bernhard Waldenfels (Hg.): *Gewalt. Strukturen, Formen, Repräsentationen*. Fink, München, 2000, S. 221–236, hier: S. 224.

40 Die Verbreitung des durch die oranischen Reformen entwickelten Systems verlief, wie Hahlweg festhält, außerordentlich schnell: „1589 haben die Anfänge der oranischen Arbeit begonnen, zu Anfang des Dreißigjährigen Krieges sind die neuen Lehren mehr oder weniger von den wichtigsten europäischen Ländern übernommen" Siehe: Hahlweg, Die Heeresreform der Oranier und die Antike, 1941, S. 136. Siehe auch: Parker, Military Revolution, 1988, S. 20.

41 Thomas Macho: „Befehlen. Kulturtechniken der sozialen Synchronisation". In: Christian Kassung, Thomas Macho (Hg.): *Kulturtechniken der Synchronisation*. Fink, München, 2013, S. 59.

macht und ihrer ausführenden Gewalt, zwischen Kommandeur und dem ihm gehorchenden Verbund aus Waffentechnik und menschlichen Körpern, ist die spezifische Operationalität dieser militärischen Epoche nicht denkbar. Es ist in dieser Schlüsselfunktion für die Implementierung des Drills, dass das Exerzierreglement als eine Form der militärischen Bildtechnik, im Verbund mit der bildenden Kunst auf der Höhe ihrer Zeit, für uns hier relevant ist.

Noch im *Handbuch der gesamten Militärwissenschaften* von 1877 gelten Exerzierbücher als unverzichtbare Instrumente der Disziplinierung. Dort heißt es, das Exerzierreglement sei die „Grundlage für die Tätigkeit der Truppen auf dem Übungs- und Gefechtsfelde" und „die bindende Vorschrift für alles Exerzieren. Es regelt alle Formen, Bewegungen und Kommandos von der Ausbildung des einzelnen Mannes bis zum Exerzieren der größten Truppenverbände einer Waffe [...] Ohne diese bindende Vorschrift würde eine Gleichmäßigkeit in den notwendigen Formen nicht zu erreichen sein und jeder Wechsel in der Befehlsgebung würde Verwirrung und Unordnung erzeugen".[42] Die Reglements führen die Befehlsworte auf, jene „verabredete Kurzsprache", die „den jedesmaligen Befehl in knappester aber unzweideutigster, darum ein für allemal feststehender und auswendig zu lernender Form geben soll und muß", wie Wilhelm von Scherff es um 1876 in der *Lehre von der Truppenverwendung* formuliert.[43]

Den oranischen Militärreformern war die außerordentliche Schlagkraft der von ihnen entwickelten Drilltechniken bewusst. Sie wurden daher anfangs behandelt wie Geheimwaffen. So wurden die ersten Tabellen der Kommandoworte für Waffenhandgriffe und Elementarbewegungen auch aus Gründen der Geheimhaltung zunächst nicht gedruckt. Sie finden sich ab Anfang der 1590er Jahre in den Briefen und einem Instruktionsbuch Moritz von Oraniens und im Kriegsbuch Johann von Nassaus.[44] Ebenso wurde das bei de Gheyn in Auftrag gegebene *Wapenhandelinghe van Roers, Musquetten ends Spiessen* zwölf Jahre lang unter Verschluss gehalten, da wie Johann von Nassau in einem Brief 1608 offenbarte, Wilhelm Ludwig es „damals nicht vor gut gefunden solches in Druck gehen zu lassen".[45] Die anfängliche Geheimhaltung der neuen Kampftechniken wich der

---

42 Bernhard von Poten: „Exerzirreglement". In: Ders.: *Handwörterbuch der gesamten Militärwissenschaften*. Velhagen und Klasing, Bielefeld/Leipzig, 1877, S. 195. Siehe auch Hahlweg, Die Heeresreform der Oranier und die Antike, 1941, S. 113,

43 Wilhelm von Scherff: *Die Lehre von der Truppenverwendung als Vorschule für die Kunst der Truppenführung*. Barth, Berlin, 1876. Zitiert nach Hahlweg, Die Heeresreform der Oranier und die Antike, 1941, S. 113.

44 Hahlweg, Das Kriegsbuch, 1973.

45 Brief des Grafen Johann von Nassau an Wilhelm Ludwig vom 10.12.1608, zitiert nach Hahlweg, Die Heeresreform der Oranier und die Antike, 1941, S. 115. Siehe auch: Regteren Altena, Drawings of Jacques de Gheyn, 1936, S. 13: „This was a work of practical utility in training an

strategischen Verbreitung unter den Verbündeten. Aber auch innerhalb der Landesgrenzen war man auf die Weitergabe des standardisierten Detailwissens angewiesen. Deren Medium waren die bild-textlichen Manuale, deren Ur-Fassung das von Jacob de Gheyn illustrierte *Wapenhandelinghe* darstellt. Es diente der Vereinheitlichung der Bewegungsmuster und der „Normierung der Handgriffe und Marschschritte", und lieferte eine „identische Vorlage", nach deren Muster die Ausbilder ihre Soldaten zu exerzieren hatten.[46]

Bröckling notiert eine direkte Verbindung zwischen dem Erfolg der neuzeitlichen Militärreformen und der um 1600 schon weit entwickelten Technik des Buchdrucks,[47] denn die Standardisierung der Bewegung der Soldatenkörper war abhängig von der exakten Reproduzierbarkeit von Information. Hier ist, Bröckling zufolge, der paradigmatische Umschlag vom „Erfahrungswissen" der mittelalterlichen Truppen zur „Verwissenschaftlichung des Kriegs" in der Neuzeit zu sehen, die den niederländischen Kriegsschauplatz um 1600 zum „Labor militärischer Disziplinierung" werden ließ.[48] Anders als in der Darstellung Bröcklings, der die Drillbücher als reine Textquellen behandelt, kommt den Bildern dabei sowohl die Rolle eines analytischen Instruments für die Generierung von Wissen zu als auch die eines Übertragungsmediums dieses Wissens auf die Körper der Soldaten. Bild und Schrift sind dabei stets aufeinander angewiesen. Denn die akribischen Details der auf den Kupferstichen der Reglements festgehaltenen Körperhaltungen versperren sich einerseits der sprachlichen Vermittlung. Andererseits sind die Bilder, um verstanden werden zu können, auf die hinweisende Funktion der Erklärungen angewiesen.

Bei den oranischen Drillbüchern handelt es sich in erster Linie nicht um Schriftstücke, sondern um Bildsammlungen. Der „sukzessiven Abfolge von Bildern",[49] auf denen jeweils ein Soldat vor leerem Bildhintergrund in einer bestimmten Haltung zu sehen ist, sind jeweils kurze erklärende Sätze beigefügt, jedem Bild entspricht ein Befehlswort. Das Ikonische überwiegt über dem Sprach-

---

army and was first published in 1607, accompanied by the privilege of May 29th 1606, ten years at least after the commission for it was given, as Prince Willem Lodewijk seems to have judged it unsafe to give it to the public before the armistice was in sight".

46 Bröckling, Disziplin, 1997, S. 49.

47 „Ohne die Serialität des Buchdrucks kein Gleichschritt der Soldaten", kommentiert dies Bröckling – das Buch als wurde damit zum Medium der Proliferation der neuen Kriegstechnik. Siehe: Bröckling, Disziplin, 1997, S. 49.

48 Bröckling, Disziplin, 1997, S. 31.

49 Yannis Hadjinicolaou: „Das allumfassende Auge. Zur Bildsukzession bei Jacques de Gheyn II". In: Ulrike Feist, Markus Rath (Hg.): *Et in imagine ego. Facetten von Bildakt und Verkörperung. Festgabe für Horst Bredekamp*. Akademie Verlag, Berlin, 2012, S. 93–116, hier: S. 106.

lichen, wie der Kunsthistoriker Yannis Hadjinicolauou hervorgehoben hat.[50] Die schriftlichen Erläuterungen sind als Anleitungen für den richtigen Bildgebrauch zu verstehen. So ist den Kupferstichen der *Wapenhandelinghe* ein Index vorangestellt, der entsprechende Anweisungen für den Gebrauch des Buchs gibt, nämlich als

> Kurzer Bericht auff die Abbildung der Figuren betreffend den rechten brauch des Rhors für die junge oder unerfahrne Schützen welche anweisung den den ziffern auff jede figur nacheinander zutrifft dieweil dan noch etliche stillstehende Figuren zu den Schiltwachten hierbey gefügt sind zu beweisen wie ein jeder Soldat zur zeit der noht mit seinem Rohr fertig und gefast stehen soll so hat man für gut angesehen daß die schrifften einer jeden manier auff die figur nach ein ander in der zall zu treffen und accordiren sollen.[51]

Es fällt auf, wie detailliert die Anweisungen in Bezug auf Körperhaltungen sind. Obwohl diese in den Abbildungen minutiös festgehalten sind, werden die Einzelheiten, auf die es ankommt, im Medium der Schrift noch einmal hervorgehoben. So lautet das erste der hier festgehaltenen 42 Kommandos „auff euer schulter das Rohr wohl haldt und marcchiert". Die Körperhaltung der Schützen – der Träger der „Rören" und „Musquetten" –, das Halten der Waffe bis zur Stellung der Fingerglieder wird im Text beschrieben, wie um das Auge beim Betrachten auf die wichtigen Details zu lenken.

> Zum Ersten wird jedem Schützen in dieser Figur gezeiget, wie er rechtschaffen stehen und auch Marchiren oder zugleich auch sein Gewehr neblich Rohr Lonten und Rappier halten und tragen solle. Führnehmblich wirdt er das Rohr mit dem Schlüssel dicht bey der Schultern kommen lassen und dasselbige mit der lincken handt nicht zu underst am ende der laden sonder omb das Daumloch halten und dasselbige alzeit empor tragen damit mann das Rohr unversehens los gehen würde, er seiner Gesellen keinem Schaden thete, und die Lonten soll anbeyden enden angezündt sein, zwischen die zween kleynste Finger derselben Handt fuegen, und dieselbige innerhalb der laden niederwerts hengen lassen, damit dieselbe zu jederzeit lenger köndte gemacht werden, und er dan ein theylumbs ander gebrauchen und abwechseln möge [...].[52]

In welcher Hand und zwischen welchen Fingern die glühende Luntenschnur zu halten ist, an welcher Stelle das Rohr gefasst und wird und in welche Richtung es zeigen soll, ist im Drillbuch genauestens angewiesen.[53]

---

50 Hadjinicolaou, Bildsukzession, 2012, hier: S. 106.
51 de Gheyn, *Waffenhandlung*, 1608 [ohne Seitenangabe].
52 Ebd.
53 Die Beschreibung spiegelt sich noch in einer Szene des Waffendrills am Gewehr aus Hubert Treibers soziologischen Studie *Wie man Soldaten macht* über die Bundeswehr der 1970er Jahre: „Der Gruppenführer steht dabei vor den Soldaten, die in einer Linie nebeneinander stehen. Er gibt zum Beispiel das Kommando: ‚Gewehr teilladen!', worauf die Rekruten das Kommando wie-

Abb. 1: Jacob de Gheyn: „Auf ewer Schulter das Rohr wol haldt und Marschiert", *Waffenhandlung von den Rören, Musquetten und Spieesen*. 1608.[54]

Wie in der *Wapenhandelinghe* zu sehen ist, wurden die soldatischen Körperhaltungen und -bewegungen unter Moritz von Oranien zum Gegenstand einer genauen Analyse und akribischen Aufzeichnung im Medium des Bilds. Darin weisen

derholen und die dazugehörige Tätigkeit verrichten. Nach vollzogener Tätigkeit wird die Meldung des Zustandes erstattet, der durch die vorangegangene Tätigkeit hergestellt worden ist. Diese Meldung hat jeder der Soldaten fehlerfrei herzusagen. Der Gruppenführer: ‚Sie sollen das Gewehr so halten, daß das Rohr nach oben zeigt. Die rechte Hand ist dabei am Griff, der Zeigefinger ausgestreckt am Abzugsbügel. Müller, wo ist denn rechts bei Ihnen?'". Siehe: Hubert Treiber: *Wie man Soldaten macht. Sozialisation in ‚kasernierter Vergesellschaftung'*. Bertelsmann Universitätsverlag, Düsseldorf, 1973, S. 26.

54 Jacob de Gheyn: *Waffenhandlung von den Rören, Musquetten und Spieesen*. Figurlich abgebildet durch Jacob de Geyn, gedruckt ins Grauen Hagen in Hollandt, 1608, Die hier verwendeten Abbildungen sind dem Digitalisat des Münchener Digitalisierungszentrum (MDZ) entnommen. Im Original steht eine Ausgabe des Buchs von 1608 im Forschungslesesaal der Universitätsbibliothek der Humboldt-Universität zu Berlin zur Verfügung. Weitere Ausgaben waren über das Kupferstichkabinett der Kunstbibliothek bzw. die Lipperheid'schen Kostümbibliothek zugänglich.

sie eine Ähnlichkeit zu den im frühen 20. Jahrhundert unter Einfluss des Taylorismus entwickelten Gilbreth'schen fotografischen Bewegungsstudien auf. Auch hier
wurden Bewegungsabläufe in ihre elementaren Einheiten zerlegt und bildhaft fixiert, um einen Vorbildcharakter zur effizienzsteigernden Nachahmung durch
die von den Gilbreths untersuchten Arbeiter*innen zu haben.[55] Zurecht können
die Drillmanuale so innerhalb einer Genealogie psychotechnischer Effizienzsteigerung im Medium des Bildes verortet werden, die in Abschnitt 1.5 dieses Kapitels
noch näher diskutiert wird.

Das von de Gheyn illustrierte Buch ist in drei Sektionen geteilt, die je einem Waf-
fentyp (Arkebuse, Muskete und und Pike, bzw. „Rohr", „Musquett" und „Spiess")
entsprechen. Der Vorgang vom Marschieren zum Bereitmachen der Arkebuse bis
zum Schuss und der notwendigen Nachbereitung – Ausdrücken der Lunten und
Verstauen der Pulverpfannen – umfasst bei de Gheyn 42 „wörtter des befehlichs",
bei der Muskete sind es 43, und 32 für den Spieß.[56] Jedem dieser Befehlsworte
und -sätze ist eine kunstvoll ausgeführte Abbildung der Körperhaltung im Kupferstich beigefügt und eine schriftliche Schilderung, die sich explizit als Ergänzung
der Abbildung versteht und erkennen lässt, dass diese nicht ohne den Gebrauch
des Bildes zu verstehen ist.[57]

---

55 Siehe: Frank Bunker Gilbreth, Collin Ross: *Bewegungsstudien Vorschläge zur Steigerung der
Leistungsfähigkeit des Arbeiters.* Springer, Berlin, 1921; Frank Bunker Gilbreth, Lillian Moller Gilbreth: *Die Magie des Bewegungsstudiums. Photographie und Film im Dienst der Psychotechnik und
der Wissenschaftlichen Betriebsführung.* Herausgegeben von Bernd Stiegler. Fink, München, 2012.
Friedrich Kittler weist in den *Optischen Medien* auch darauf hin, dass der Assistent von Étienne
Jules Marey, dem Erfinder der Chronophotographie, vom französischen Generalstab beauftragt
worden sein soll, den standardisierten Marschschritt der Soldaten chronophotographisch festzuhalten und zu optimieren. Siehe: Friedrich Kittler: *Optische Medien. Berliner Vorlesung 1999.*
Merve, Berlin, 2011, S. 205.
56 de Gheyn, Waffenhandlung, 1608 [ohne Seitenangabe].
57 Wie Suzanne J. Walker konstatiert, „Jacques de Gheyn's images, rather than the words of
Durch soldiers and officers, represent the great contribution of the Netherlands to ongoing military debates". Siehe: Suzanne J. Walker: „Arms and the Man. Constructing the Soldier in Jacques
de Gheyn's Wapenhandelinghe". In: Ann-Sophie Lehmann, Herman Roodenburg (Hg.): *Body and
Embodiment in Netherlandish Art*, Nederlands Kunsthistorisch Jaarboek 58, 2008, S. 138–161, hier:
S. 140. Auch Kleinschmidt weist darauf hin, dass die Abbildungen „integraler Bestandteil" der
Reglements waren und Text und Bild in einer Weise aufeinander abgestimmt wurden, „dass die
Abbildungen Aussagen enthalten, die aus den schriftlichen Teilen der Reglements nicht zu gewin-
nen sind". Siehe: Kleinschmidt, Tyrocinium Militare, 1989, S. 139.

1.3 Vorbildlichkeit und Erfindung: Bild- und Körpertechnik

Mit Marcel Mauss lässt sich die für den Drill notwendige Einübung von Bewegungen im Sinne der „Techniken des Körpers" theoretisch bestimmen.[58] Mauss versteht darunter zunächst „die Weisen, in der sich die Menschen in der einen wie der anderen Gesellschaft traditionsgemäß ihres Körpers bedienen".[59] Darunter fallen alle erlernten, gesellschaftlich und kulturell spezifischen Arten der körperlichen Bewegung und Haltung, sowie, wie Menschen sich ihres Körpers bedienen, denn „[d]er Körper ist das erste und natürlichste Instrument des Menschen [...], das erste und natürlichste technische Objekt".[60] Seinem ethnologischen Interesse folgend, die unterschiedlichen Ausprägungen dieser Körpertechniken – als Beispiele führt Mauss das Schwimmen, das Laufen, das Sitzen, aber auch das militärische Marschieren an – zu benennen, beschreiben und zu vergleichen, interessiert er sich besonders für die Erziehung. Mauss zufolge sind, bis auf die wenigsten rein biologischen Funktionen, keine der Gebrauchsweisen des Körpers „natürlich", sondern immer erlernt, zumeist durch Nachahmung: „Das Individuum übernimmt den Bewegungsablauf aus dem Verhalten, das von anderen vor ihm oder mit ihm praktiziert wird"[61] oder durch Drill und Dressur: „die Mütter dressierten [...] ihre Töchter auf diese Gangart".[62]

Dabei fällt auf, dass er die beschriebenen Phänomene einerseits als „traditionsgemäß" definiert und andererseits gerade den etwa von „Schicklichkeiten und Moden"[63] abhängigen Wandel der Körpertechniken hervorhebenswert findet. So ist das erste von Mauss erbrachte Beispiel das Schwimmen, an dem ihm gerade die radikale Veränderung der Schwimmtechnik von einer Generation zur nächsten interessant erscheint.[64] Mauss verortet die Körpertechniken also einer-

---

58 Dazu siehe auch: Macho, Befehlen, 2014, S. 61.

59 Marcel Mauss: „Der Begriff der Technik des Körpers". In: Ders.: *Soziologie und Anthropologie, Bd. 2: Gabentausch – Todesvorstellung – Körpertechniken*. VS Verlag für Sozialwissenschaften, Wiesbaden, 2010, S. 199.

60 Mauss, Technik des Körpers, 2010, S. 206. Es ist Mauss' Verdienst, als Technik nicht allein die mechanischen und konstruierten Gegenstände und „Erweiterungen des Körpers" zu fassen, sondern jede „traditionelle, wirksame Handlung", siehe: Mauss, Technik des Körpers, 2010, S. 205.

61 Ebd., S. 203.

62 Ebd., S. 204. Mauss geht so weit, die Techniken des Körpers insgesamt als Leistungen der Dressur aufzufassen und entsprechend zu klassifizieren: „Die Techniken des Körpers können nach ihrer Leistung, nach den Resultaten der Dressur klassifiziert werden" (ebd.).

63 Mauss, Technik des Körpers, 2010, S. 202.

64 „Früher lernte man tauchen, nachdem man schwimmen gelernt hatte. Und als man uns tauchen lehrte, lehrte man uns, die Augen zu schließen und dann im Wasser zu öffnen. Heute ist die Technik genau umgekehrt." Siehe: Mauss, Technik des Körpers, 2010, S. 200.

seits in den „Gewohnheiten"[65] und „Normen"[66] der Tradition, und belegt andererseits die einschnittartigen Veränderungen unter dem Einfluss neuer Ideale und autoritärer Vorbilder. Die „Gesamtheit der Körperhaltungen" sei als „eine Technik" zu verstehen, „die gelehrt wird und deren Entwicklung nicht abgeschlossen ist", wie es im Mauss'schen *Handbuch der Ethnographie* heißt.[67] An anderer Stelle erwähnt er die veränderte Gangart der französischen Frauen, die er auf den Einfluss des amerikanischen Films zurückführt.[68] Damit liefert Mauss ein Beispiel für die bildlich-mimetische Verbreitung körpertechnischer Innovation, die, wie auch das Beispiel der Exerzierreglements zeigt, gerade nicht über sprach- oder schriftbasierten Medien verlaufen kann, sondern die immer visuell, also entweder direkt von Körper zu Körper oder Bildmedien übertragen wird. Analog dazu ist auch die ethnographische Erfassung der Techniken des Körpers für Mauss nur „mit Hilfe der Photographie und wenn möglich des Films" umsetzbar.[69]

Die schriftlichen Ergänzungen der im *Handbuch der Ethnographie*[70] unterschiedenen Merkmale, die der Ethnograph festhalten soll, stehen den in den Exerzierreglements enthaltenen Erörterungen in Akribie und Detailreichtum in nichts nach. Sie reichen bis zur exakten Haltung der einzelnen Finger und sogar der Zehen:

> Die Untersuchung der Körperbewegungen umfasst die der Bewegungen des gesamten Körpers: Wird gekrochen? Geht man auf allen vieren? [...] Auf welche Weise erfolgen zwanghafte Bewegungen? Wie drückt man, zieht man, hebt man, wirft man? Man sollte den Gebrauch der Finger und der Zehen notieren [...].[71]

Im Exerzierreglement de Gheyns, das in der Forschungsliteratur auch als „Bildmanual"[72] bezeichnet wird, wird folglich schon die herausragende Rolle deutlich, die dem Bild für die Vermittlung der neu zu erlernenden Körpertechniken zu-

---

65 Ebd., S. 202.

66 Ebd., S. 208.

67 Marcel Mauss: *Handbuch der Ethnographie.* Herausgegeben von Iris Därmann und Kirsten Mahlke. Fink, München, 2013, S. 74. [Originalausgabe: Mauss, Marcel: *Manuel d'ethnographie.* Editions Payot, Paris, 1967.]

68 Mauss, Technik des Körpers, 2010, S. 202.

69 Mauss, Handbuch, 2013, S. 75. Für den Hinweis auf die Vorbildhaftigkeit und Autorität des Bilds bei Mauss danke ich Iris Därmann.

70 Tatsächlich handelt es sich bei dem *Handbuch* um die zwischen zwischen 1926 bis 1939 am Institut d'Ethnologie gehaltenen Vorlesungen, die 1947 auf Basis von Mitschriften veröffentlicht wurden. Siehe die Einführung von Därmann und Mahlke in: Mauss, Handbuch, 2013, S. 12.

71 Mauss, Handbuch, 2013, S. 76.

72 Hadjinicolaou, Bildsukzession, 2012, S. 111.

kommt, da diese sich im Augenblick ihrer Neuerfindung ja gerade nicht auf die Nachahmung schon eingeübter Körpertechniken stützen konnte.

Zum Beispiel heißt es in der dritten Anweisung des Exerzierbuchs:

> Zum 3.: Wie er das Rohr regieren und halten soll ehe er dasselbige in die lincke Handt nimbt/Neblich soll er das Rohr mit der rechten Hand in die hoehe, ohne anruerhung deß Leibs im Gewicht halten/und die lincke Handt fertig haben/dem damit zu steuren, und dasselbige darinnen zulassen.[73]

Die Umsetzung einer solchen komplexen Anweisung wäre allein aufgrund schriftlicher oder gesprochener Beschreibungen für jemanden, die oder der noch nicht im Gebrauch des Rohrs geübt ist, nicht möglich. Wie um dies zu unterstreichen, finden sich in den schriftlichen Erläuterungen zahlreiche Hinweise auf die zentrale Stellung, die den Abbildungen in der Anweisung zur „richtigen" Haltung und Befehlsausführung zukommt. So heißt es etwa in der Erklärung zur ersten Abbildung, analog zum Befehl „Auff ewer Schulter das Rohr wol haldt und Marschiert": „in dieser Figur gezeiget, wie er rechtschaffen stehen und auch Marchiren oder zugleich auch sein Gewehr neblich Rohr Lonten und Rappier halten und tragen solle".[74] Auch alle weiteren Beschreibungen beziehen sich auf die Abbildungen, indem erst auf diesen zu sehen sei *wie* die Anweisung auszuführen sei:

> Wie ein Schuetz im fortgeehen wan er sich zum Schiessen fertig soll machen, sein Rohr vom Halß muss abnehmen […] Wie er das Rohr regieren und halten soll ehe er dasselbige in die lincke Handt nimbt […] Wie er das Rohr wan ers in der lincken Handt helt, im stehen und forgehen, nicht allein seichtlich und woll tragen […].[75]

Während einige der beigegebenen Textpassagen stark ins Detail gehen und auch Bewegungsabläufe beschreiben, die in der statischen, einen Moment fixierenden Abbildung nicht darstellbar sind, enthalten die meisten lediglich den Hinweis auf die Information, die sich erst am Bild erschließt. So enthält die Beschreibung zum 13. Befehlssatz („Euer Lonten abnemt") zwar die Bezeichnung des dargestellten Vorgangs, „[w]ie er die Lonten rechschaffen und damit er sie selbst nicht außlesche mit den fingern, mit denen er sie auffgesetzt, von dem hanen herab nehmen, und nicht wegrucken muß",[76] die einzunehmende Körperhaltung, die Stellung der Finger einschließlich der zwischen den Fingern der linken Hand eingeklemm-

---

73 De Gheyn, Wapenhandelinghe, 1607, Ergänzungen der Abbildungen 1–11, [ohne Seitenangabe].
74 De Gheyn, Waffenhandlung, 1608, Ergänzungen der Abbildungen 1–11, [ohne Seitenangabe].
75 Ebd.
76 Ebd.

ten glühenden Luntenschnur und der Position des Gewehrs, können jedoch nur direkt dem Bild entnommen werden.

Abb. 2: Jacob de Gheyn: „Ewer Lonten abnemt". *Waffenhandlung von den Rören, Musquetten und Spieesen*, 1608.

Mit Harald Kleinschmidt kann der im Laufe der oranischen Reform entstandene Genus von Bildquellen, die den Kämpfer in „normgerechter Haltung" darstellen, „als Typ, der in seinem Umgang mit der Waffe Vorbildcharakter haben sollte", verstanden werden. Damit fügt er sich in den Wandel „hin zur Disziplinierung des Kämpfers, zu dessen Einordnung in ein System von Befehl und Gehorsam".[77] Als Techniken des Körpers im Sinne von Mauss geben diese „normgerechten" Haltungen und Bewegungen zudem Aufschluss über den nachahmenden, inhärent visuel-

---

[77] Kleinschmidt, Tyrocinium Militare, 1989, S. 146; siehe auch Walker, Arms and the Man, 2008, S. 142 ff.

len Charakter der Einübung, da die „Norm" erst durch den Drillmeister anhand der Bilder erfasst und sodann im Exerzieren auf die Körper der Soldaten übertragen werden musste. Die Signifikanz der Bilder für die Produktion des Gehorsams kann dann eben im Moment des Wandels, bzw. dem der Erfindung verstanden werden, da das normgerechte Verhalten nicht einfach durch mimetisches Kopieren der anderen, durch Tradition und Überlieferung geübten und erfahrenen Soldaten produziert werden konnte, sondern erst über die Bilder der Exerzierreglements als Übertragungsmedien der neuen Normen erfolgte. Die Kupferstiche „mitt beygefugten schrifftlichen Untersichtungen" waren dabei, wie betont werden muss, nicht dafür vorgesehen, direkt von den auszubildenden Rekruten betrachtet zu werden, sondern sollten den Drillmeistern zur Anleitung bei der Abrichtung dienen, nämlich, „zum dienst aller und iedem Hauptloüte, und befehlichhabere, damit sie aus dieser anzeigung Ihro Junge und unerfahrne Soldaten zur volkommenen handtlung derselben Waffen desto besser abrichten könden",[78] wie es in der Einleitung heißt.

Mauss zufolge beziehen Körpertechniken ihr Potenzial zur Wandlung und Erlernung aus der Vorbildlichkeit von Personen mit „Autorität",[79] bzw. aus dem sozialen Kapital medialer Bilder, die auf Grundlage dieser Autorität selbst schon die Form von Handlungsanweisungen annehmen. Die Kupferstiche de Gheyns figurieren eine solche *bildhafte Autorität* in zweifacher Weise. Einmal auf Ebene der vordergründigen Darstellung, die die Embleme der Befehlsgewalt tragen. Wie Suzanne Walker erläutert, sind die Figuren de Gheyns in der Uniform der Garde Moritz von Oraniens dargestellt und so für seine Zeitgenossen als Angehörige der oranischen Armee erkennbar. Durch ihre realistische Darstellung, die sich am lebenden Original orientiert,[80] verfügten sie so über militärische Autorität:

> Its claim is that a real army – a real set of bodies – has successfully performed the actions that are carried out by the black-and-white figures, which thereby acquire the authority of illustrations, in the strongest sense of the word: the techniques depicted have been validated on the battlefield.[81]

78 De Gheyn, Waffenhandlung, 1608, Einführung, [ohne Seitenangabe].
79 „Das Kind, auch der Erwachsene, imitiert Handlungen, die Erfolg hatten, die zudem bei Personen Erfolg hatten, in die es Vertrauen setzt, und die Autorität auf es ausüben. [...] Genau in diesem Begriff des Prestiges der Person, die im Hinblick auf das nachahmende Individuum befielt, herrscht, bestimmt, befindet sich das ganze soziale Element." Siehe: Mauss, Handbuch, 2010, S. 203 und: Iris Därmann, Kirsten Mahlke: „Das Notebook von Marcel Mauss. Eine Einführung in eine ‚impressionistische Kladde'". In: Mauss, Handbuch, 2013, S. 9–45, hier: S. 23.
80 Constantijn Huygens zufolge handelt es sich bei einem der Modelle um Pierre du Moulin, einen Offizier der oranischen Armee. Siehe: Walker, Arms and the Man, 2008, S. 160.
81 Ebd., S. 143 f.

Die Betrachter der Stiche waren damit dazu aufgefordert, die hier abgebildeten Handlungen mit ihren „eigenen Körpern nachzuahmen" um eine „lebende Reflexion"[82] der Abbildungen zu verkörpern. Stilistisch wird die Autorität des Bildes Walker zufolge dadurch unterstrichen, dass sie im Werk de Gheyns eine Abkehr vom manieristischen Stil hin zur „empirischen Exaktheit"[83] markierten.

Yannis Hadjinicolaou beschreibt die Funktion der oranischen Exerzierreglements als eine „Interaktion zwischen Bild und Betrachter", bei der „,Befehle' vom Bild aus gegeben" werden „damit Betrachter und Nutzer diese anhand der Bildschemata auf ihr eigenes Körperschema anwenden können".[84] Anhand eines von de Gheyn gezeichneten Blattes mit *Vier Studien einer nackten Figur die ihre Haare kämmt*, sowie am Beispiel der Kupferstiche aus dem Exerzierbuch zeigt er, dass de Gheyn in dieser Phase seines Schaffens die Umsetzung einer solchen „bewegenden" Funktion von Bildserien verfolgte, die „eine ikonische, nicht-sprachliche Qualität besitzen,"[85] nämlich in Form einer „durch eine Sukzession von Bildern entstehende Bewegung, welche der Betrachter selbst hervorbringt".[86] Darin erkennt Hadjinicolaou eine „kinematographische Struktur", bei der, ähnlich dem Daumenkino, dem Betrachter die Aufgabe zukommt, „die Lücken der motorischen Bewegung"[87] zu ergänzen. Hadjinicolaou bezeichnet dies als einen „coup d'oeil der Augenbewegung im Zusammenspiel mit der sukzessiven Folge der Bilder": „Anhand seines Körperschemas kann der Betrachter die Simulation der Bewegung nachvollziehen."[88] Anders als etwa beim Betrachten von Bildsammlungen anderen Typs, entsteht hier schon im Durchblättern des Buchs eine animierte zeitliche Struktur, die im Effekt der Handlungsanweisung eine kontinuierliche Bewegung hervorbringt.

In einem anderen Zusammenhang, nämlich in einer Analyse der von Freud angefertigten Umrisszeichnungen von Michelangelos *Moses*, auf die sich Hadjinicolaou ebenfalls bezieht, hat Horst Bredekamp diese Art der Sequenzbilder als „Gedankenfilm" bezeichnet, „der die Lücken der Momentaufnahmen durch seine Eigentätigkeit füllt [...]."[89] Die Handlung vollzieht sich nach dieser Schilderung also in der Wahrnehmung, die ein bewegtes Bild hervorbringt, wo nur Einzelbilder sind – das Bild fungiert als Handlungsanweisung, der sich die oder der

---

82 [Eigene Übersetzung], ebd., S. 143.
83 Ebd., S. 143.
84 Hadjinicolaou, Bildsukzession, 2012, S. 93–116.
85 Ebd., S. 106.
86 Ebd., S. 111.
87 Ebd.
88 Ebd., S. 107.
89 Horst Bredekamp: *Michelangelo. Fünf Essays*, Wagenbach, Berlin, 2009, zitiert nach Hadjinicolaou, Bildsukzession, S. 107 und S. 113.

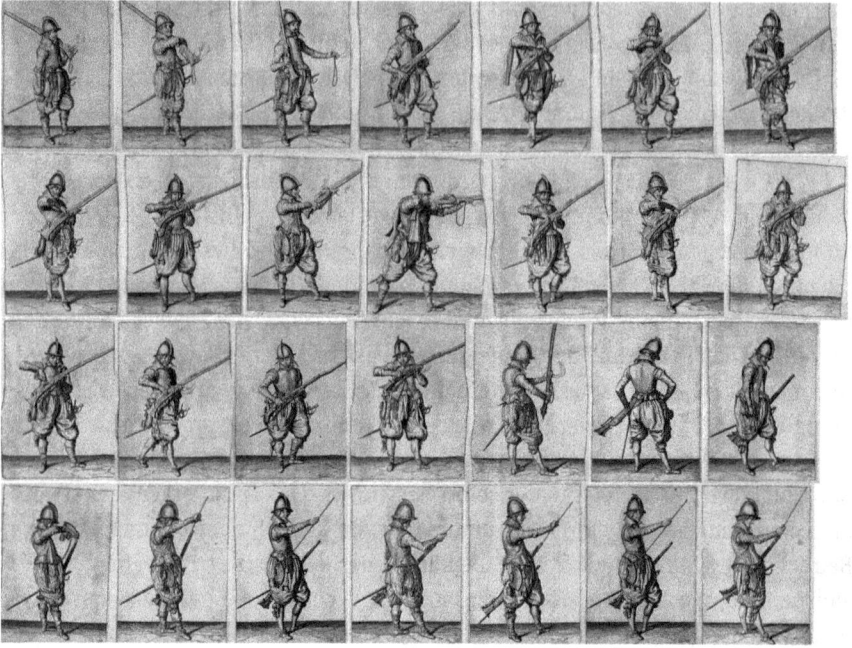

Abb. 3: Ausschnitt aus der Sequenz zur Handhabung des Rohrs, 1–29 (Ausschnitt der Bildserie, von der Autorin zusammengestellt). Aus: Jacob de Gheyn: *Waffenhandlung von den Rören, Musquetten und Spieesen*. Gravenhagen, 1608. Quelle: Universitätsbibliothek der Humboldt-Universität zu Berlin, Historische Sammlungen: Hs 36151:F2.

Betrachter*in nicht entziehen kann. Entgegen einem engeren Verständnis des „Bildakts",[90] bei dem Bilder quasi eigentätig handeln, bekennen sich Bredekamp und Hidjiniclaou, wie hier auffällt, indirekt zu einer Theorie der Wahrnehmung, die in dieser einen kreativen Prozess erkennt und die Bildwahrnehmung im Speziellen als „produktives Sehen"[91] fasst. Das Bild hat, durch die Suggestionskraft der zeitlichen Abfolge als künstlerisches Mittel, in dieser Konstellation einen auslösenden Charakter, der jedoch, entgegen der Rede vom *Bildakt*, selbst gerade nicht als Handlung bezeichnet werden kann. Zentral für diese, vor allem durch die Phänomenologie Maurice Merleau-Pontys in der Nachfolge von Edmund Husserl vertretene Wahrnehmungstheorie, ist die Überzeugung, dass „der Bezug des

---

90 Horst Bredekamp: *Theorie des Bildakts*. Frankfurter Adorno Vorlesungen 2007. Suhrkamp Verlag, Frankfurt a. M., 2010.
91 Siehe Bernhard Waldenfels: „Bildhaftes Sehen. Merleau-Ponty auf den Spuren der Malerei". In: Antje Kapust, Bernhard Waldenfels (Hg.): *Kunst. Bild. Wahrnehmung. Blick. Merleau-Ponty zum Hunderdsten*. Fink, München, 2010, S. 31–50, hier: S. 41.

Subjekts zur Welt" durch ein „Primat der Wahrnehmung gesichert wird".[92] Wahrnehmungen werden hier nicht als passiv gegenüber der von außen kommenden Sinneseindrücke verstanden, sondern als Teil einer „mitstrukturierende Einheit",[93] die der Organismus mit der Außenwelt eingeht.

Mit diesem Ansatz scheint eine Alternative auf nicht nur zu jenen Theorien des „Bildakts", wo es die Bilder selbst sind, die handeln, statt über die Wahrnehmung menschliche Handlungen auszulösen und im Sehen produktiv zu werden, sondern auch zu der im Kontext der existierenden Forschungsliteratur virulenten Beschreibungen der militärischen Disziplin entlang der Metaphern von Maschine, Automat und Algorithmus. Wenn der Drill mit anderen Techniken der Unterwerfung und Beherrschung gemein hat, dass der Mensch zum Objekt gemacht und verdinglicht wird – ob als Werkzeug, Maschine oder komplexer Körperautomat – dann schreibt sich auch ein Diskurs, der menschliche Verbünde zu Automaten und Körpermaschinen erklärt, in diese Herrschaftstechniken ein. Der Vorgang, durch den Menschen zu einem Werkzeug, zu einem Teil eines mechanisch-funktionalen Verbundes gemacht werden können, der sich automatisch bewegt, oder auf Befehl in Bewegung setzt, entspricht der Gehorsamsproduktion nach dem Schema der Maschine. Eine an der Wahrnehmung ansetzende, theoretische Untersuchung der Kulturtechniken muss diesen Vorgang genauer betrachten, ohne ihn dabei auf die subjektive Sinneserfahrung zu reduzieren. Was genau ist notwendig, um einen Menschen diskursiv sowie auf dem Schlachtfeld in eine dergestalt gehorsame Maschine zu verwandeln?

1.4 Maschinewerden. Gehorsam als Phantasma der Automation

Nicht nur der aus vielen Männern zusammengesetzte Truppenkörper, sondern auch der einzelne Soldat verwandelt sich unter dem Prinzip des Drills scheinbar in eine Körpermaschine, die, gesteuert durch die Befehlsworte des Kommandeurs, automatischen Handlungsabläufen folgt.[94] Max Weber sieht folglich im

---

92 Alexandre Métraux: „Zur Wahrnehmungstheorie Merleau-Pontys". In: Ders., Bernhard Waldenfels (Hg.): *Leibhaftige Vernunft. Spuren von Merleau-Pontys Denken.* Fink, München, 1986, S. 218–235, hier: S. 225.
93 Métraux, Wahrnehmungstheorie, 1986, S. 226.
94 Siehe auch: Harald Kleinschmidt: „Mechanismus und Biologismus im Militärwesen des 17. und 18. Jahrhunderts. Bewegungen – Ordnungen – Wahrnehmungen". In: Daniel Hohrath, Klaus Gerteis (Hg.): *Die Kriegskunst im Lichte der Vernunft. Militär und Aufklärung im 18. Jahrhundert I.* Hamburg, 1999, S. 51–73, hier: S. 58.

„Kriegsmaschinenwesen" der militärischen Disziplinierung die Grundlage, auf der sich das „Schießpulver und alles, was an Kriegstechnik an ihm hing"[95] erst entfalten konnte. Ulrich Bröcklings Interesse gilt entsprechend der maschinenartigen Abrichtung des „Heereskörpers" als Ursprungsort einer (militär-)historischen Herausbildung der Disziplin im Sinne von staatlichen „Steuerungsmechanismen",[96] deren spezifische Technologien des Körpers er über den preußischen Militärabsolutismus des 18. Jahrhunderts und den Befreiungsnationalismus des 19. Jahrhunderts bis zum Maschinenkrieg des 20. Jahrhunderts verfolgt. Der Befehl funktioniert entlang dieser Metaphorisierungen nach dem Prinzip der Fernsteuerung, die den gedrillten Heereskörper gleich einer menschlichen Robotik in Bewegung setzt.

Es ist bekannt, dass René Descartes, der als Kind im gerade neu gegründeten Jesuitenkolleg von la Flèche zur Schule gegangen war und dort eine spezielle religiös-militärisch geprägte Gehorsamskultur kennengelernt hatte, auf die im folgenden Kapitel noch näher eingegangen wird, sich um 1618 in der niederländischen Kriegstechnik ausbilden ließ. Der von Wolfgang Schäffner in seinem einschlägigen Aufsatz „Operationale Topographie. Repräsentationsräume in den Niederlanden um 1600" suggerierte Zusammenhang von Descartes' mechanistischem Weltbild mit seiner Erfahrung im niederländischen Militärwesen ergibt daher ein schlüssiges Argument.[97] In den räumlichen, „topographischen" Prinzipien der oranischen Innovationen erkennt Schäffner zudem „Organisationsprinzipien des Wissens", die „sowohl für die Formierung des modernen Staates als auch für die Wissenschaften grundlegend werden".[98] Hier bilden die von Gemma Frisius und Snell van Royen im 16. Jahrhundert eingeführten Methoden der Triangulation für die Erstellung von Landkarten, sowie die von Simon Stevin entwickelte Navigationstheorie und dessen Innovationen im Festungsbau, zusammen mit der oranischen „Mechanik der Befehlssprache" ein topographisches Dispositiv, das sich für Schäffner durch seinen „operationalen Charakter"[99] auszeichnet. Die Ausbildung dieses operationalen Dispositivs setzt Schäffner in den Zusammenhang der von Foucault in der *Ordnung der Dinge* beschriebenen Übergang vom Ähnlichkeitsdenken der Renaissance zur „Episteme der Repräsentation" des klassischen Zeitalters, also von einer „empirische[n] und murmelnde[n] Ähnlichkeit der Dinge" zu den „zu analytischen

---

95 Weber, *Wirtschaft und Gesellschaft*, 1980, S. 684.

96 Bröckling, Disziplin, 1997, S. 9.

97 Schäffner, Operationale Topographie, 1997, S. 67. Tatsächlich ließ sich Descartes für den Rest seines Lebens in den Niederlanden nieder, vermutlich da hier das politische Klima seinem Denken zuträglicher war als in Frankreich, das von religiöser Intoleranz geprägt war.

98 Ebd., S. 62.

99 Ebd., 1997, S. 73.

Instrumenten gewordenen Zeichen als Markierungen der Identität und des Unterschiedes, als Prinzipien des Ordnens".[100]

Die identifizierenden „Zeichen", etwa als Punkte auf einer Landkarte, sind von den performativen Worten der Befehlssprache zunächst dadurch unterschieden, dass erstere die Dinge einteilen und vor allem als ein „Verhältnis eines Merkmals oder Zeichens zu dem bezeichneten Objekt"[101] zu verstehen sind, während die Kommandoworte der Drillbücher darauf angelegt sind, etwas buchstäblich *in Bewegung* zu setzen. Beide Arten von Zeichen – abbildende wie performative – sind in Schäffners Verständnis „operational" in dem Sinne, dass sie ihre Gegenstände in der Repräsentation erst hervorbringen – Repräsentation und Intervention werden zu zwei Seiten der selben „operationalen Konstellation".[102] Diese *Operationalität* ist der durch die Sprechakttheorie[103] erfassten Art der Performativität (von Worten, die einer Haltung oder einem Willen Ausdruck verleihen und dadurch Handlungen konstituieren) verwandt, geht aber über diese hinaus: Das „Dargestellte, die Landschaft, der menschliche Körper usw." sei Schäffner zufolge „Produkt und nicht Ursprung der topographischen Repräsentation",[104] und der „operationale Charakter, wie er im militärischen Befehl paradigmatisch aufscheint" damit nicht weniger als „konstitutiv für die Repräsentationsräume des Wissens um 1600".[105]

Die „Worte, die Körperbewegungen erzeugen, ganze Schlachtordnungen aufstellen und bewegen oder auch Schüsse auslösen, bezeichnen nichts".[106] Sie sind im Sinne John L. Austins performativ, und zwar auf die spezifische Art, die Austin als „exerzitive" Äußerung beschrieben hat, nämlich als eine Entscheidung, „dass etwas so zu sein hat".[107] Doch die Voraussetzung für das Funktionieren dieser „exerzitiven Äußerung" ist, wie schon die von Austin gewählte Bezeichnung nahelegt, dass sie buchstäblich *exerziert* werden muss. Diese Dimension der *Übung* als Voraussetzung des performativen Sprechens wird allerdings sowohl in Austins Sprechakttheorie, als auch in der am Bild der Maschine ausgerichteten Beschreibungen der militärischen Disziplin nivelliert. Sie ist mit Blick auf die historische

---

100 Michel Foucault: *Die Ordnung der Dinge. Eine Archäologie der Humanwissenschaften.* Suhrkamp, Frankfurt a. M., 1974, S. 91.

101 Foucault, Ordnung der Dinge, 1974, S. 94.

102 Schäffner, Operationale Topographie, 1997, S. 64.

103 Siehe: J. L. Austin: *How to do Things With Words. The William James Lectures delivered at Harvard University in 1955.* Oxford University Press, London, 1962, S. 154.

104 Schäffner, Operationale Topographie, 1997, S. 66.

105 Ebd., 1997, S. 67.

106 Ebd., 1997, S. 71 f.

107 „It is a decision that something is to be so". Siehe: Austin, How to do Things With Words, 1962, S. 154.

Genese der exerzitiven Befehlssprache aus der Praxis des Drillens und Exerzierens jedoch zentral: Würde man an eine beliebige Menschenansammlung die Worte adressieren „Rechts euer Glider mit halben Reyen doppelt", so würde man damit kaum dieselbe Reaktion bewirken, die ein oranischer Befehlshaber von seiner Truppe zu erwarten hatte. Die Kommandoworte, die an sich „nichts bezeichnen", können nicht aus sich selbst heraus die befohlenen Körperhaltungen hervorbringen: sie sind keine Zauberworte. Vielmehr wird um 1600 gerade das Exerzieren, also das Einüben von bestimmten Bewegungen auf Befehl, zum Gegenstand einer sich neu herausbildenden Militärwissenschaft, die sich erst mit der Verfeinerung, Anwendung und Vermittlung einer intrikaten Übungspraxis durchsetzen wird.

Was für ein spezifisches Denken des Bildes liegt dieser exerzierenden Operationalität der oranischen Drillschule zugunde? Welche Bedingungen sorgten dafür, dass es gerade in den Vereinigten Niederlanden um 1600 zu einer solchen Indienstnahme des Bildes für die Zwecke einer neuen Militärwissenschaft kommen konnte? Welche (Bild-)Pädagogiken und Diskurse bemächtigten Bilder also dazu, eine quasi-befehlsmächtige Autorität zu entfalten? Für Schäffner ist es nicht erstaunlich, dass Descartes um 1617 in die Niederlande ging, um sich dort unter Moritz von Oranien zum Soldaten ausbilden zu lassen und nebenbei noch „Malerei und Festungsbau" zu studieren, „angezogen von einem Krieg, der hier wie sonst nirgendwo die Wissenschaften in seine Logistik einbindet".[108] Denn Schäffner zufolge verarbeitet Descartes seine in den Niederlanden gemachten Erfahrungen in dem 1644 verfassten *Traité de l'homme*: Analog zur gehorsamen Körpermaschine der niederländischen Drillformation, die sich auf Befehl der Hauptleute in Bewegung setzt, empfängt der menschliche Körper, der eine Maschine ist, seine Befehle von den „esprits animaux". Diese Körpermaschine sei

> [...] zugleich der Soldat, von dem die oranischen Heeresreformer träumen und dessen Disziplin seinen Körper in Form von Geistern und Nervenfasern durchzieht. Dieser Befehlskörper ist immer bereit, allen Befehlen der ‚esprits' und Kommandanten zu gehorchen, die die Bewegungen seiner Glieder vorschreiben.[109]

Im Gegensatz zu Schäffner, der in der Cartesianischen Körpermaschine ein hierarchisches Verständnis von Befehl und Gehorsam ausmacht, sieht George Canguilhem in seinem berühmten Essay zu „Maschine und Organismus"[110] im *Traité*

---

108 Ebd., S. 82.

109 Schäffner, Operationale Topographie, 1997, S. 84.

110 Im fanzösischen Original: „Machine et organisme", zuerst erschienen in Georges Canguilhem: *La connaissance de la vie*. Librairie Hachette, Paris, 1952; hier zitiert nach der deutschen Übersetzung von Lea Haller, siehe: Georges Canguilhem: „Maschine und Organismus". In: David

de l'homme schon einen Vorgriff auf das Modell einer quasi-internalisierten Befehlsfunktion. Canguilhem zufolge hatte Descartes die Vorstellung einer auf den Befehl gegründeten Operationalität im *Traité des Hommes* schon abgelegt und durch die Idee der Selbst-Steuerung ersetzt. Die Bewegung des Körpers durch die Seele geschehe nicht „wie in der volkstümlichen Vorstellung ein König oder ein General seine Untertanen oder Soldaten befiehlt." Vielmehr wolle Descartes mit seinem Vergleich des Körpers mit einem Uhrwerk zeigen, „dass die Bewegungen der Organe sich gegenseitig steuern, wie Zahnrädchen, die ineinandergreifen":

> Descartes ersetzt also das politische Bild des Befehlens – eine magische Kausalität der Worte oder Zeichen – durch das technologische Bild der ‚Steuerung', einer sachlichen Kausalität des Apparats, des mechanischen Zusammenspiels [...]. Ein mechanischer Ausführungs-Apparat ersetzt die steuernde und befehlende Macht.[111]

Gerade aber die von Canghuilhem identifizierte „magische Kausalität der Worte oder Zeichen",[112] kann mit Blick auf die oranischen Techniken der Abrichtung ihrer Magie entledigt werden, ohne sie dabei jedoch durch das proto-kybernetische Modell der Selbst-Steuerung zu ersetzen, das Canguilhem in der Cartesianischen Uhrwerk-Metapher erkennen will.

Denn der Gehorsam der gedrillten Körpermaschine bedarf einer vorangegangenen Verkörperlichung und Einübung, die die Vorstellung einer menschlichen Automatik und das damit einhergehende, geometrisierte Verhältnis von Zeichen und „Operation" verkompliziert oder sogar auflöst. „Ein Wort wird dann zum Befehl, wenn es seine eigene Realität hervorbringt," schreibt Schäffner.[113] Aber so wenig, wie die Befehlsworte von sich aus Körper in Bewegung setzen, bringen die Kupferstiche de Gheyns die ihnen entsprechenden Körperhaltungen quasi-automatisch hervor. Vielmehr müssen sie mühsam auf die Körper übertragen und verinnerlicht werden. Sowohl die Idee eines hierarchisch organisierten menschlichen Automaten, als auch die einer selbst-steuernden Körpermaschine werden hier als wirkmächtige Phantasmen erkennbar, die von Descartes über die Weber'sche Soziologie, die französische Epistemologie bis in die deutsche Medientheorie der 1990er

---

Gugerli, Michael Hagner, Michael Hampe, Barbara Orland, Philipp Sarasin, Jakob Tanner (Hg.): *Nach Feierabend.* Diaphanes, Zürich/Berlin, 2007, S. 185–212.

111 „‚Die Seele', schreibt Descartes weiter, ‚kann im Körper keine Bewegung hervorrufen, wenn nicht alle für diese Bewegung erforderlichen körperlichen Organe dazu prädisponiert sind. Umgekehrt aber braucht der Körper, wenn alle seine Organe zu irgendeiner Bewegung prädisponiert sind, keine Seele, um diese hervorzubringen.'" Siehe: Canguilhem, Maschine und Organismus, 2007, S. 196.

112 Ebd.

113 Schäffner, Operationale Topographie, 1997, S. 72.

Jahre reichen. Aber die folgenreiche Metaphorisierung des Menschen als Maschine (wahlweise nach Modell des Uhrwerks, Programms, oder kybernetischen Systems) kann auf die Frage nach der Funktionsweise der am Bild orientierten Gehorsamsproduktion um 1600 nur eine vorläufige Antwort geben und sagt womöglich mehr über den Kontext ihrer Interpretation innerhalb einer Faszinationsgeschichte der Maschine, als über die beschriebenen Begebenheiten selbst aus. Demgegenüber gilt es hier, wie auch in den noch folgenden Begegnungen mit der Denkfigur einer menschlichen Maschine, den Bedingungen dieses scheinbaren Automatismus genauer auf den Grund zu gehen.

1.5 Vom Automatismus der Repräsentation zur Arbeit des Sehens

Wenn Maurice Merleau-Ponty in seinem späten Essay „Das Auge und der Geist" (1960)[114] ein Denken der „Operationalität" kritisiert, das zu einer „absoluten Künstlichkeit" geworden sei und damit einer „kybernetischen Ideologie" diene, in der „die menschlichen Schöpfungen aus einem Naturprozess von Informationen abgeleitet werden, der jedoch selbst nach dem Modell menschlicher Maschinen konzipiert wird",[115] dann kritisiert er damit auch eine Auffassung des Sehens, das gleich dem militärstrategischen Blick, „von oben" schaut:[116] „ein Denken im Überflug, ein Denken des Gegenstandes im allgemeinen" – eben jenes topographische Dispositiv das Schäffner mit seinen Ausführungen zu Descartes im Kontext der niederländischen Reformen beschreibt. Dem gegenüber fordert Merleau-Ponty eine Verortung „in die Landschaft und auf den Boden der wahrnehmbaren Welt und der ausgestalteten Welt, wie sie in unserem Leben, für unseren Leib da sind.[117] „Jede Technik ist Technik des Körpers"[118] und damit, so muss hier hinzugefügt werden, Gegenstand einer Einübung. Die „magische Kausalität",[119] die die Grundlage für das Paradigma der Repräsentation bildet, wird damit durch eine „Arbeit des Sehens"[120] verkompliziert, die sich einem einfachen Schematismus

---

114 Maurice Merleau-Ponty: „Das Auge und der Geist". In: Hans Werner Arndt, Christian Bermes (Hg.): *Das Auge und der Geist. Philosophische Essays*. Hamburg, Felix Meiner, 2003.
115 Merleau-Ponty, Das Auge und der Geist, 2003, S. 276.
116 Hier gleicht Merleau-Pontys Position Donna Haraways Forderung nach einem „situierten Wissen", die im dritten Kapitel dieser Arbeit über den „Blick von oben" noch ausführlicher adressiert wird. Siehe: Haraway, Situated Knowledges, 1988.
117 Merleau-Ponty, Das Auge und der Geist, 2003, S. 277.
118 Ebd., S. 287.
119 Canguilhem, Maschine und Organismus, 2007, S. 196, siehe oben.
120 Merleau-Ponty, Das Auge und der Geist, 1961, S. 287.

versperrt. Doch wodurch zeichnet sich diese „Arbeit", diese *Einübung* bestimmter Techniken des Sehens aus? Wie sind sie speziell in der historischen Situation der Erfindung eines neuen – über Bilder vermittelten – disziplinarisch-militärischen Regimes zu verstehen?

Die Kunsthistorikerin Svetlana Alpers hat in ihrer klassischen Studie *The Art of Describing*[121] aus dem Jahr 1988 die Merkmale einer für den niederländischen Kontext des 17. Jahrhunderts spezifischen visuellen Kultur[122] freigelegt, die helfen können, jene Umstände im Welchselverhältnis der subjektiven Wahrnehmungsebene, für die sich die Phänomenologie interessiert mit den sie umgebenden historischen Bedingungen und kulturellen Prägungen dieser Wahrnehmung zu bestimmen. Als Vertreterin einer neuen Kunstgeschichte, die entgegen dem „entkörperlichten Begehren nach Objektivität" für ein Sehen als „situierter Praxis"[123] eintritt und soziale Umfelder und kulturelle Kontexte in die historische Betrachtung von Kunstwerken einführt, wendet sie sich wie Merleau-Ponty gegen ein vertikal-objektivierendes Wissenschaftsverständnis „im Überflug".[124]

In *The Art of Describing* geht es Alpers zunächst darum, der von Leon Battista Alberti ausgehenden, an der italienischen Renaissance geschulten Kunstgeschichte, die die niederländische Kunst den Deutungsmustern einer „narrative Kunst" zu unterwerfen sucht, die Idee einer „beschreibenden Kunst" entgegenzuhalten, deren klarste Ausformung sie in der niederländischen Malerei des sogenannten Goldenen Zeitalters findet. Hier trifft für Alpers eine Kultur des Bildgebrauchs, die dem Visuellen über das Textuelle den Vorzug gibt und die tief in das gesellschaftliche Leben und seine Traditionen eingebettet ist, mit einer neuen, an wissenschaftlicher Erkenntnis ausgerichteten *Schule des Sehens* zusammen:

> The Dutch present their pictures as describing the world seen rather than as imitations of significant human actions. Already established pictorial and craft traditions, broadly reinforced by the new experimental science and technology, confirmed pictures as the way to new and certain knowledge of the world. [...] In Holland, if we look beyond what is normally considered to be art, we find that images proliferate everywhere.[125]

---

121 Svetlana Alpers: *The Art of Describing. Dutch Art in the Seventeenth Century.* Penguin Books, London, 1989 [1983].
122 Zur Relevanz von Alpers als Stichwortgeberin der „Visual Culture Studies" siehe: Susanne von Falkenhausen: „Zwischen Präsenz und Repräsentation – Svetlana Alpers' ‚The Art of Describing'". In: Dies.: *Jenseits des Spiegels. Das Sehen in Kunstgeschichte und Visual Culture Studies.* Fink, München, 2015, S. 66–80.
123 Falkenhausen, Jenseits des Spiegels, 2015, S. 67.
124 Merleau-Ponty, Das Auge und der Geist, 2003, S. 277, siehe oben.
125 Alpers, Art of Describing, 1989, S. xxv. In der deutschen Übersetzung heißt es: „In Holland war die Sehkultur ein zentrales Element des gesellschaftlichen Lebens. Das Auge, so könnte man sagen, war ein zentrales Instrument der Selbstdarstellung und die visuelle Erfahrung eine zent-

Alpers unterstreicht, dass es sich hier um eine spezifisch „visuelle" Kultur handele, im Kontrast zu einer „textuellen" Kultur, wie man sie in den calvinistisch geprägten Niederlanden vermuten könnte. Was paradox scheint – die Zentralität der Bilder und das Vertrauen, das in sie gelegt wird, die zur reformatorischen Präferenz für das Wort im Kontrast steht – ist für Alpers nur mehr ein Hinweis darauf, dass diese kulturellen Prägungen „schon vor der Reformation in Erscheinung" getreten und nicht auf konfessionelle Unterschiede und Einflüsse reduzierbar seien.[126]

Wie Schäffner bezieht sich Alpers auf Foucault, wenn sie die in Holland zu beobachteten Phänomene auf den Umschlag vom auf „Lesen und Interpretation" gerichteten Ähnlichkeitsdenken der Renaissance zu einem dem „Sehen und der Darstellung" [„seeing and representation"] verpflichteten 17. Jahrhundert sieht.[127] Dabei kritisiert sie Foucault dafür, die Ordnung der Dinge zwar mit der „bemerkenswerten neuen Sicht von Velázquez' Las Meninas" zu beginnen, sich jedoch ansonsten ausschließlich auf schriftliche Quellen berufen zu haben, so dass „die zentrale Bedeutung des Bildes für die neue Erkenntnisweise niemals klar" geworden sei.[128] Zudem sei nicht einmal im 17. Jahrhundert die Repräsentation, „wie Foucault meint, ein geschlossenes System,"[129] sondern zeichne sich durch unterschiedliche Modi aus, die von Konzepten menschlichen Maßes abhängig seien, von denen Velázquez in diesem Gemälde mindestens zwei auf besondere Weise

---

rale Form von Selbstbewußtsein. Das elisabethanische England brachte seine umfassende Selbstdarstellung auf dem Theater hervor. In Holland fiel diese Rolle den Bildern zu. [...] Blicken wir über das, was man normalerweise als Kunst bezeichnet, hinaus, so stellen wir fest, daß in Holland Bilder überall geradezu wuchern und alles durchsetzen." Siehe: Svetlana Alpers: Kunst als Beschreibung. Holländische Malerei des 17. Jahrhunderts. Aus dem Amerikanischen von Hans Udo Davitt. Dumont Buchverlag, Köln, 1985, S. 35. Susanne von Falkenhausen hat darauf hingewiesen, dass die deutsche Übersetzung von „visual culture" in „Sehkultur" nicht korrekt ist. (Siehe: Falkenhausen, Jenseits des Spiegels, 2015, S. 69). Im Folgenden beziehe ich mich, wo nicht anders gekennzeichnet, auf den englischen Originaltext und gebrauche den Ausdruck „visuelle Kultur".

126 Alpers, Kunst als Beschreibung, 1985, S. 36. Alpers, Art of Describing, 1989, xxvi.

127 Alpers, Art of Describing, 1989, S. xxiv. Wie schon Wolfgang Kemp im Vorwort der deutschen Übersetzung bemängelt, gibt „die deutsche Übersetzung Darstellung den Kern und Bedeutungsreichtum des englischen representation nicht angemessen" wieder. (Kemp in Alpers, Kunst als Beschreibung, 1985, S. 18). Im Folgenden wird auch im Deutschen der Ausdruck „Repräsentation" gebraucht, um diese Nebenbedeutungen zu bewahren, eine Entscheidung, die auch etwa in der deutschen Übersetzung von Foucaults Ordnung der Dinge getroffen wurde, auf das Alpers sich u. a. bezieht.

128 Alpers, Kunst als Beschreibung, 1985, S. 157.

129 [Eigene Übersetzung] Alpers, Art of Describing, 1989, S. 70. Die offizielle deutsche Übersetzung (Alpers, Kunst der Beschreibung, 1985, S. 143) ist hier unvollständig und ungenau, „notions of human measure" wurde nicht übersetzt.

in Einklang bringe. Hiermit meint Alpers konkret die zwei gegensätzlichen, aber für Velázquez eng miteinander verbundenen Weisen wie Bild, Betrachterin und Welt miteinander in Beziehung stehen, nämlich als Zusammenfallen der

> northern mode (the world prior to us made visible) and the southern mode (we prior to the world and commanding its presence) [...] the world seen is before us because we (and the king and queen as noted in the distant mirror) are what commanded its presence.[130]

Bildhafte Repräsentation wird so zu einem *sozialen Zusammenhang*, der nicht allein durch den oder die Maler*in, noch weniger aber nur durch das Bild zustande kommt. Vielmehr visualisiert Velázquez hier ein Konzept der Repräsentation, das die weltliche Macht, der sie dient, mit der Bildgebung (*picturing*, wie Alpers sagen würde) und der Tätigkeit des betrachtenden Wahrnehmens vereint. Die Verbindung dieser drei Instanzen von (befehlsgebender) Macht, Bildgebung und Bildwahrnehmung macht, wie die folgenden Überlegungen zeigen, die eigentliche *Arbeit des Sehens* aus.

Alpers Untersuchung der *Kunst als Beschreibung* hebt ab mit einem Zitat aus Constantijn Huygens zwischen 1629 und 1631 verfassten autobiografischen Aufzeichnungen.[131] Huygens bringt darin seine Bewunderung für das Mikroskop des Erfinders Cornelis Drebbel zum Ausdruck, der unter anderem für seine Linsen berühmt war und die Camera Obscura in die Niederlanden gebracht hatte, und mit dem Jacob de Gheyn bekannt war.[132] Huygens bedauert in seinen Ausführungen, dass de Gheyn zum Zeitpunkt der Erfindung des Mikroskops schon verstorben war, denn für ihn verlangen die durch die Vergrößerung sichtbar gewordenen Dinge nach einer verfeinerten Darstellung, deren er nur de Gheyn für fähig hält:

> Indeed, material objects that till now were classified among atoms, since they far elude all human eyesight, presented themselves [...] clearly to the observer's eye [...]. For in fact this concerns a new theater of nature, another world, and if our revered predecessor De Gheyn had been allotted a longer life-span, I believe he would have advanced to the point to which I have begun to push people [...]: namely, to portray the most minute objects and insects

---

130 Alpers, Art of Describing, 1989, S. 70.
131 Alpers bezieht sich auf die von Worp herausgegebene lateinische Fassung aus dem Jahr 1897. Siehe: J. A. Worp: „Fragment eener Autobiographie". *Bijdragen en Mededeelingen van het historisch Genootschap*, Utrecht, 1897, S. 1–122. Das Originalmanuskript befindet sich in der Königlichen Bibliothek in Den Haag.
132 Regteren Altena spekuliert, dass Cornelis Drebbel einer von De Gheyns Schülern gewesen sein könnte, dass er sich aber über dessen Identität nicht sicher sein könne. Siehe: Regteren Altena, The Drawings of Jacques de Gheyn, 1936, S. 31, 32.

with a finer pencil, and then to compile these drawings into a book to be given the title of *The New World*, from which examples could be incised in metal.[133]

„Huygens looks into a lens and calls for a picture",[134] kommentiert Alpers diese Passage und führt hier sogleich ihre Kernthese in Bezug auf den „kulturellen Raum" ein, den die Bilder im Holland des 17. Jahrhunderts einnahmen: Indem Huygens gleich nach dem Blick durch das Mikroskop nach der Aufzeichnung des Gesehenen durch de Gheyn verlangt, zeigt er, dass er der Bildgebung eine deskriptive Funktion zuspricht.

De Gheyn was an artist who had drawn both flora and fauna in minute detail, and Huygens seeks to bind his skills to the new optical technology and the knowledge gained from it. [...] This invocation of De Gheyn's skills is supported by a certain notion of picturing and of sight: we draw what we see and conversely to see is to draw.[135]

Für Huygens sind Sehen und Zeichnen Teile desselben Vorgangs der Wissensproduktion. Nicht nur setzt die niederländische Bildkultur das Sehen mit dem Zeichnen gleich, vielmehr besteht hier, wie Alpers zeigt, eine enge Verbindung zwischen Sehen und Wissen, sowie zwischen Abbilden und Wissensvermittlung – und genau darin liegt das autoritäre Potenzial der Bilder in diesem kulturellen Kontext begründet.

Alpers These lässt sich am Beispiel der *Wapenhandelighe* noch zuspitzen. Nicht nur wird hier das Wissen um die exakten Details der soldatischen Körperhaltungen im Bild eingefangen und visualisiert. Dieses Wissen wird erst durch die Abbildung, d. h. durch die Analyse der den Befehlsworten entsprechenden Darstellungen, erzeugt. Die von Alpers eingeschlagene kulturhistorische Perspektive macht es möglich, das für die Gehorsamsproduktion vorausgesetzte autoritäre Potenzial der Bilder der *Wapenhandelighe* im Kontext der sie umgebenden Bildkultur und in ihrer direkten Verbindung zu einem neuen Wissenschaftsverständnis zu verstehen: Bilder werden hier zu Experimenten und Modellen, sie werden produktiv, in dem Sinn, dass hier eine „Wissenschaft im Bild"[136] praktiziert wird.

---

133 Huygens in: J. A. Worp: „Fragment eener Autobiographie", in: *Bijdragen en Mededeelingen van het historisch Genootschap*, Utrecht, 1897, S. 112, übersetzt und zitiert in Alpers, Kunst als Beschreibung, 1985, S. 6–7.
134 Alpers, Art of Describing, 1989, S. 7.
135 Alpers, Art of Describing, 1989, S. 8.
136 Kemp in Alpers, Kunst als Beschreibung, 1985, S. 18.

1.6 Jacob de Gheyn als Schlüsselfigur der Bildkultur frühkapitalistischer Expansion

Wenn de Gheyn mit Alpers als zentrale Figur innerhalb der hier beschriebenen historischen Entwicklungen bestimmt werden kann, da sich in der Tätigkeit dieses Künstlers die Zusammenhänge von Bildgebung, visueller Kultur und befehlsgebender Macht besonders eindrücklich nachvollziehen lassen, dann lohnt sich ein genauerer Blick auf dessen Position und Bedeutung im historischen Gefüge der niederländischen Reformen. Jacob de Gheyn (1565–1629) hatte in der Werkstatt des großen Meisters des holländischen Manierismus, Hermann Goltzius, gelernt. Seine Zeichnungen, Kupferstiche und Malereien wurden schon bald als den Werken seines Lehrers ebenbürtig angesehen. Ab 1585 arbeiteten de Gheyn und Goltzius gemeinsam an den Darstellungen militärischer „Typen", die wegen der Kriegserfolge des niederländischen Staatenbunds hoch im Kurs standen. Goltzius übertrug de Gheyn auch die Arbeit an einer Serie von 12 Soldaten unterschiedlichen Rangs.[137] Diese frühen Stiche, die als Vorgänger der für die *Wapenhandelinghe* angefertigten Soldatenfiguren gesehen werden können, sind noch ganz Goltzius' spät-manieristischen Stil verpflichtet. Der Gegensatz zwischen de Gheyns späteren *disziplinierten* und nüchtern-wissenschaftlichen Darstellungen der soldatischen Körperhaltungen und den zur Übertreibung neigenden, voluminösen Haltungen und tänzelnden Posen der früheren Darstellungen der Haarlemer Miliz könnte nicht größer sein. So machen diese beiden Werke auch klar den stilistischen Bruch mit der älteren Tradition nachvollziehbar, den Goltzius selbst nach einer Italienreise in den Jahren 1590/91 zugunsten einer neuen, rationaleren Auffassung bildhafter Darstellung vollzog.[138]

Die während seiner Lehrzeit angefertigten Porträts angesehener Militärs brachten de Gheyn mutmaßlich schon früh in Kontakt mit den Mitgliedern der niederländischen Führungselite unter Moritz von Oranien. Regteren Altena liegt sicher nicht falsch, wenn er in den Porträts zudem ein Indiz für de Gheyns Begeisterung für die Sache des niederländischen Befreiungskriegs sieht. Tatsächlich übernahmen diese frühen Stiche, dank ihrer Bildunterschriften, die Funktion von Propagandabildern, die für die niederländischen Truppen werben sollten.[139]

---

137 „All the sitters belonged to the Haarlem militia and some of their names have come down to us; they obviously took great pride in showing off their luxurious equipment. Their classification differs entirely from the scheme followed in De Gheyn's later manual of the Exercise of Arms, but in a sense we may regard this series as a preliminary to the later, more ambitious enterprise." Siehe: Johan Quirijn van Regteren Altena: *Jacques de Gheyn. Three Generations. Bd I*, Martinus Nijhoff Publishers, The Hague, Boston, London, 1983, S. 14–18.
138 Hierzu; Regteren Altena, Jacques de Gheyn. Three Generations, 1983, S. 18.
139 Regteren Altena, Jacques de Gheyn. Three Generations, 1983, S. 18.

Diese werbende Funktion der Darstellungen hatte nicht zuletzt auch kriegswirtschaftliche Gründe, denn die Militärs waren dringend auf die Unterstützung des wohlhabenden städtischen Bürgertums angewiesen, das Moritz' Kriegsbemühungen gegen Spanien finanzierte und damit erst ermöglichte. Der Künstler de Gheyn wurde so schon früh in die rüstungspolitischen Beziehungen zwischen Bürgertum und Kriegsherren eingebunden und es ist dieser machtpolitische Hintergrund, vor dem auch seine künstlerische Arbeit an den Exerzierbüchern und die spezifische Operativität dieser Bilder betrachtet werden muss.

Im Jahr 1593 erhielt de Gheyn, der zu dieser Zeit in Amsterdam lebte, mit der *Belagerung von Geertruidenberg* (Abb. 4) seinen ersten Auftrag.[140] De Gheyn gelang mit dieser kartographisch exakt gemessenen Schlachtendarstellung, bei der das Ereignis der Schlacht auf eine Karte der Niederlande „projiziert" zu sein scheint, eine neue handwerklich-technische Spezialisierung.[141] Die Darstellung eines erhöhten, beherrschenden Blickwinkels kann mit Martin Warnke als eine Innovation der modernen Kriegführung verstanden werden. Hatten die Schlachtenbilder des Mittelalters noch auf „Einzelkämpfe zwischen Individuen fokussiert [...] kommt jetzt die Masse an Leuten zur Geltung, die im modernen Krieg zum Einsatz gelangen".[142] Der Blickwinkel des Feldherrn in erhöhter Gesamtansicht, abseits der eigentlichen Kampfhandlung und wie über dem Schlachtfeld schwebend, ist dabei Ausdruck des modernen militärischen Selbstverständnisses, bei dem der Befehlshaber nicht mehr an der Schlacht teilnimmt, sondern kommandierend auf diese herabschaut. „Auf dem Schlachtfeld dagegen kämpfen die mobilen, anonymen, durchgedrillten Massen".[143]

In ihrer Doppelfunktion als Karte und Kunstwerk entspricht de Gheyns Darstellung der *Belagerung von Geertruidenberg* genau der Funktion der herrschenden Bestandsaufnahme, die Warnke dem militärischen Landschaftsgemälde zuspricht: Demzufolge hat der Feldherr zum Landschaftsbild ein Verhältnis, „bei dem sich die Erinnerung an vollbrachte Taten mit einer dokumentarischen Versicherung

---

140 Wie Regteren Altena bemerkt, ist es bezeichnend für die politische Kultur Hollands in dieser Zeit, dass diese spektakuläre und sehr hoch dotierte Kommission nicht vom Monarchen selbst, sondern von der zivilen Stadtverwaltung von Amsterdam ausging.

141 Regteren Altena, The Drawings of Jacques de Gheyn, 1936, S. 37–39. Solche „topographisch-analytischen" Schlachtenmalereien, die den Anforderungen eines militärischen Fachpublikums genügten und, neben der offensichtlichen propagandistischen Wirkung, der Dokumentation der Ereignisse dienten, hatten besonders im 17. Jahrhundert Konjunktur. Siehe: Gerhard Paul: *Bilder des Krieges. Krieg der Bilder. Die Visualisierung des modernen Kriegs.* Fink, München, 2004, S. 28–29.

142 Martin Warnke: *Politische Landschaft. Zur Kunstgeschichte der Natur.* Hanser, München, 1992, S. 68.

143 Ebd.

Abb. 4: Jacob de Gheyn: *Belagerung von Geertruidenberg*, 1593
Gravur im Tiefdruckverfahren, 700 mm x 550 mm
Rijksmuseum, Amsterdam.[144]

---

144 Ein detaillierter Scan des Drucks ist einsehbar auf der Webseite des Rijksmuseums unter
URL: https://www.rijksmuseum.nl/nl/collectie/RP-P-OB-80.138 [abgerufen am 15. April 2021].

der Ergebnisse verbindet."[145] Indem die Landschaftsansicht und Karte übereinanderprojiziert werden, wird die Landschaft „gleichsam memoriert, der Herrscher hat sie zu kennen, zu ‚überblicken', sie disponibel zu halten".[146] Besitztümer sind „in den Blick zu nehmen" und damit „als zu verwaltende, zu bewirtschaftende, auszubeutende Größe wahrzunehmen."[147]

Ähnlich wie Warnke argumentiert auch die Kunsttheoretikerin Jaleh Mansoor, dass dieser Blick auf die Landschaft nicht zufällig gerade in diesem Moment ihren Weg in die niederländische Kunst findet.[148] Darin spiegelt sich, wie Mansoor ausführt, die Haltung des niederländischen Staatenbunds auf dem Weg zur globalisierten, auf Kapital gegründeten Weltmacht. Im Jahr 1595 verabschiedete Moritz von Oranien von Amsterdam aus die erste niederländische Handelsflotte nach Asien, aus der wenige Jahre später die Ostindische Kompanie hervorging. Schon für Karl Marx galten im ersten Band des *Kapitals* die Niederlande als „kapitalistische Musternation des 17. Jahrhunderts" und in der niederländischen Kolonialwirtschaft sah er „die Morgenröte der kapitalistischen Produktionsära".[149] Tatsächlich wurde Amsterdam im 17. Jahrhundert zum größten Warenmarkt und maßgebenden Kapitalmarkt Europas.[150] Die *Vereenigde Oost-Indische Compagnie* (V.O.C.) war ein Zusammenschluss ehemals konkurrierender niederländischer Händler, die sich zu

---

145 Warnke, Politische Landschaft, 1992, S. 65.

146 Ebd. „Dem Feldherren aber ist Landschaft nur konkretisierte Karte, so wie ihm die Karte operationalisierte Landschaft ist." Ebd. S. 72.

147 Warnke, Politische Landschaft, 1992, S. 65. Mehr zu der Funktion des Landschaftsbilds und dem imaginierten, besitzergreifenden Blick von oben in Kapitel 4 dieser Untersuchung.

148 Mansoor, Militant Landscape, 2021, S. 20–38.

149 Karl Marx, Friedrich Engels: *Das Kapital. Kritik der politischen Ökonomie. Band 1: Der Produktionsprozess des Kapitals. Marx Engels Werke, Band 23.* Karl Dietz, Berlin, 1962, darin: „Die sogenannte ursprüngliche Akkumulation", S. 741–789, hier: 779. Dagegen ließe sich einwenden, dass es sich bei der niederländischen Spielart nicht so sehr um Produktion, als um Handelskapitalismus handelte, der sich bald schon auf die größte Handelsflotte der Epoche stützte. Siehe: Stephan Conermann: „Südasien und der Indische Ozean". In: Akira Iriye, Jürgen Osterhammel (Hg.): *Geschichte der Welt 1350–1750. Weltreiche und Weltmeere.* C. H. Beck, München, 2014, S. 495–497. Schon vor dem Ausbau der Flotte waren die Niederlande aber etwa durch den Getreidehandel aus dem Ostseeraum ökonomisch in Führung getreten, und auch das befeindete Spanien blieb auf Warenlieferungen aus den Niederlanden angewiesen. Siehe: Wolfgang Reinhard: „Europäer an Asiens Küsten. Niederländer und Engländer, Franzosen und andere". In: Ders.: *Die Unterwerfung der Welt. Globalgeschichte der europäischen Expansion 1415–2015.* C. H. Beck, München, 2016, S. 177–254, hier: S. 179–180. Neben Handel und Finanz stellte die durch Eindeichung und Landgewinn intensivierte Landwirtschaft sowie und ländliche Gewerbe wie Spinnen und Weben wichtige Einnahmequellen dar. Siehe: Michael North: *Geschichte der Niederlande.* C. H. Beck, München, 2013, S. 22–23.

150 Reinhard, Unterwerfung der Welt, 2016, S. 180.

einem Handelsmonopol im Indischen Ozean zusammengeschlossen hatten. Jeder Einwohner der Niederlande durfte in der Kompanie, die einer modernen Aktiengesellschaft ähnelte, Kapital anlegen. Wie Wolfgang Reinhard kommentiert besaß die koloniale Chartergesellschaft zwar noch „halbstaatlichen Charakter", konnte „in ihrer Eigenschaft als höher entwickelte Form finanzieller Organisation" jedoch „weit größere Kapitalmengen für die europäische Expansion mobilisieren als der monarchische Kapitalismus" der Spanier und Portugiesen.[151] Mit den Iberiern befand man sich auch in den Kolonien im Kriegszustand und es war offensichtlich, dass der niederländische Vorstoß von einer starken Militärmacht begleitet sein mussten.[152] Im Jahr 1602 stellten die Generalstaaten ein Patent aus, dass der V.O.C. „das Monopol des niederländischen Handels zwischen dem Kap der Guten Hoffnung und der Magellanstraße verlieh, mit dem Recht, Krieg zu führen, Verträge zu schließen, Land in Besitz zu nehmen und Festungen zu bauen".[153] Drei Jahre später erreichte die Ostindienkompanie die Kapitulation des portugiesischen Forts auf der molukkischen Insel Ambon im heutigen Indonesien und begründete damit das niederländische Kolonialreich.[154]

Mit Mansoor lässt sich das Genre der niederländischen Landschaftsmalerei als Ausdruck dieser neuen Verhältnisse beschreiben, in dem sich eine „visueller Militanz" artikulierte,[155] die sich insbesondere als Zeichen des Wandels von den feudalen zu den modernen ökonomischen Beziehungsgefügen des 16. und 17. Jahrhunderts herauskristallisiert. Der „niederländische Akkumulationszyklus"[156] markiert den Beginn der kapitalistischen Landnahme, die von Marx als „ursprüngliche Akkumulation"[157] beschrieben wurde und die mit ungeheurer Grausamkeit in Form von Ausbeutung, Unterwerfung, Versklavung und Vertreibung der ein-

---

151 Ebd., S. 187–188.
152 Wie Gerrit Knaap schreibt, war es „more than obvious that trade could only burgeon when it was protected by well-drilled weaponry". Siehe: Gerrit Knaap: *Genesis and Nemesis of the First Dutch Colonial Empire in Asia and South Africa, 1596–1811*. Brill, Leiden, 2023, S. 22.
153 Ebd., S. 185. Lars Clausen bezeichnet die Seefahrt in einem ähnlichen Zusammenhang treffend als „Dreieinigkeit von Krieg, Piraterie und Handel". Siehe: Lars Clausen: *Produktive Arbeit – destruktive Arbeit*. De Gruyter, Berlin, 1988, S. 57.
154 Knaap, First Dutch Colonial Empire, 2023, S. 34–35.
155 Mansoor, Militant Landscape, 2021, 2021, S. 20.
156 [Eigene Übersetzung] Arrighi, The Long Twentieth Century, 1994, zitiert nach Mansoor, Militant Landscape, 2021, S. 21.
157 Darunter verstand Marx, der sich damit auf Adam Smith Ausdruck der „previous accumulation" bezieht, die Akkumulation, „welche nicht das Resultat der kapitalistischen Produktionsweise ist, sondern ihr Ausgangspunkt" (Marx, Kapital, 1. Bd., S. 741). Die Geschichte dieser Expropriation sei eine der Gewalt, die „in die Annalen der Menschheit" mit „Zügen von Blut und Feuer" eingeschrieben sei (Marx, Kapital, 1. Bd., S. 743).

heimischen Bevölkergung vor allem in den Kolonien durchgeführt wurde.[158] In der Marx'schen Analyse zählten aber auch die vom niederländischen Staatenbund gegen die spanische Krone geführten Befreiungskriege zu diesem Prozess ursprünglicher Akkumulation, insofern sie als Emanzipationsbestrebung einer durch Kapital anstatt durch Gottes Gnade legitimierten Macht gelten konnten.[159]

Die ursprüngliche Akkumulation im Sinne einer Landnahme hatte in den Vereinigten Niederlanden durchaus auch eine buchstäbliche Bedeutung. Seit dem späten 16. Jahrhundert unternahm man hier das umfangreichste Landgewinnungsprojekt, das jemals unternommen wurde. Über 110,000 Hektar Land wurden dem Meer durch Deiche und Entwässerungssysteme abgerungen, wodurch die Landmasse Nordhollands um mehr als 50 Prozent anwuchs.[160] Diese artifizielle Landschaft konnte militärisch genutzt werden. So blockierten die Niederländer den Zugang zum Fluss Schelde, wodurch das Habsburgische Antwerpen vom Seeweg abgeschnitten und Amsterdams Aufstieg zur florierenden Handelsmetropole zementiert wurde.[161] Aber, wie Ann Jensen Adams ausführt, führte diese physische Herstellung der Niederlande nicht nur zu einer ständigen Beschäftigung mit dem *Land*, sondern auch zu einer politischen Struktur, die sich radikal von der der anderen europäischen Länder unterschied:

> Because desolate dunes and marshy peat bogs constituted much of the land that composed Holland before the seventeenth century, the region had little appeal to prospective feudal lords who ruled elsewhere in Europe. While nominally under the rule of the dukes of Burgundy from 1428, and united with sixteen other provinces under Charles V, they were governed from a distance through appointed stadholders. [...] Having never been subservient to a lord, the inhabitants had never been subservient to their land. From the beginning they owned and worked the land as their own [...].[162]

Landschaftsmalerei hatte demzufolge die Funktion einer visuellen Aneignung und Beherrschung des Landes "a visual variation of an economic relation that by the seventeenth century was firmly established"[163] und die, im Rahmen der Kolonialexpansion, auf die Ländereien anderer Erdteile ausgeweitet werden konnte.

---

158 Wie Reinhard betont, waren alle niederländischen Kolonialstädte Sklavengesellschaften. Der niederländische Handel mit kriegsgefangenen oder gekauften versklavten Menschen blühte zur Mitte des 17. Jahrhunderts. Siehe Reinhard, Unterwerfung der Welt, 2016, S. 195.
159 Marx, Kapital, 1962, S. 779.
160 Ann Jensen Adams: „Competing Communities in the ‚Great Bog of Europe'. In: W. J. T. Mitchell (Hg.): Landscape and Power. University of Chicago Press, Chicago, 1994/2002, S. 35–76, hier: S. 41.
161 Adams, Great Bog, 2002, S. 41.
162 Adams, Great Bog, 2002, S. 42.
163 Adams, Great Bog, 2002, S. 58.

Die von Mansoor beschriebene visuelle Militanz bezeichnet in diesem Sinne die Kehrseite der von Alpers noch ganz im Register der zivilen Rationalität beschriebenen visuellen Kultur der Niederlande, in deren kunsthistorischer Einordnung diese Zusammenhänge – wie in nahezu allen älteren Standardwerken der niederländischen Kulturgeschichte des „Goldenen Zeitalters" – eine auffällige Leerstelle bildet.[164] Tatsächlich erwähnt Alpers die niederländische Kolonialgeschichte, die für den von ihr adressierten Zeitraum bestimmend ist, nur an einer Stelle, die allerdings bezeichnend ist für die Größe dieses blinden Flecks.[165] Dort preist sie die bildlichen Beschreibungen, die die Niederländer in der brasilianischen Kolonie anfertigten für ihren angeblich neutralen Standpunkt – „a detached or perhaps even a culturally unbiased view of what is to be known in the world":

> The unprecedented team of observers or describers (if we may call them that) that Prince Maurits assembled included men trained in natural knowledge and mapping and also in draftsmanship and painting. The skills predictably overlapped and have not yet been sorted out to our satisfaction. They assembled a unique pictorial record of the Brazilian land, its inhabitants, the flora and fauna. The basic mode was portraiture of previously unknown or unprecedented things.[166]

In Kontrast zu Alpers' Darstellung einer besonnenen, aufgeschlossenen Wissenskultivierung mithilfe bildlicher Mittel lässt sich die niederländische Landschaftsmalerei mit Mansoor dagegen treffender als Medium einer „expliziten und militanten"[167] politischen Praktik beschreiben, indem sie die durch neue Besitzrelationen bedingte

---

164 Wie Susan Buck-Morrs hervorhebt, fehlt die Benennung der Sklaverei als Ursache für den Wohlstand der Niederländer, so wie auch jede andere Erwähnung der führenden Rolle im globalen Sklavenhandel, die die Niederländer von den Spaniern übernahmen, in Simon Schamas klassischer Studie *The Embarrassment of Riches. An Interpretation of Dutch Culture in the Golden Age*. Alfred A. Knopf, New York, 1988. Die Geschichte der massenhaften Versklavung und brutalen Ausbeutung von Menschen in den Kolonien stellt, wie Buck-Morrs aufgezeigt hat, in der gesamten europäischen Denktradition einen blinden Fleck gewaltigen Ausmaßes dar. Sie spricht in diesem Zusammenhang von „partial blindness in a sea of percipacity" [parzielle Blindheit in einem Meer von Scharfsichtigkeit]. Siehe: Susan Buck-Morrs: *Hegel, Haiti and Universal History*. University of Pittsburgh Press, Pittsburgh, 2009, S. 23–26, hier: S. 26.
165 Wie Emma Barker in einer kunsthistorischen Auseinandersetzung jüngeren Datums hervorhebt: "Only comparatively recently have scholars started to examine how overseas trade and the colonial activity that accompanied it might more directly have shaped Dutch art and to ask how far the violence and exploitatioin involved should be taken into account in the writing of art history. (…) drawing, painting and engraving served a range of purposes in which art, commerce and science were closely intertwined." Emma Barker: „The Golden Age revisited: Dutch art in global perspective". In: Dies. (Hg.): Art, Commerce and Colonialism 1600–1800. Manchester University Press, Manchester, 2017, S. 75–113, hier: 76.
166 Alpers, Art of Describing, 1989, S. 163.
167 Mansoor, Militant Landscape, 2021, S. 21.

radikale Veränderung im Verhältnis zur Natur verbildlicht, wo nicht mehr der Mensch als von der Natur beherrscht, sondern als Herrscher über die Natur lanciert wird:[168]

> The inception of the genre of landscape and its historical elaboration run curiously parallel to the origins and extensions of the great cycles of capitalist accumulation, in this case the Dutch and British world financial systems, which relied heavily on the extraction of wealth, indeed plunder, from land in their farthest colonies. [...] This relation to natural resources, then, may offer an explanation for the cultural motivation for and collective drive behind the interest in land as a proper subject of representation, and in landscape as such.[169]

Für Mansoor, die sich auf den Aspekt der malerischen Abstraktion im Verhältnis zur „realen Abstraktion"[170] der kapitalistischen Produktion fokussiert und die Belege hierfür vor allem in der Malerei von Hercules Sehgers und J. M. W. Turner findet, tritt die Funktion der militanten, das heißt hier, *militärischen* Beherrschung der Landschaft in den Kriegslandschaften de Gheyns noch klarer zu Tage, als in den von Mansoor behandelten „zivilen" Landschaften. Dies geschieht bei de Gheyn zudem in affirmativer Weise, indem dieser sich und seine Kunst als funktionalen Teil der dargestellten Zusammenhänge begreift, während die von Mansoor diskutierten Künstler sich diesen eher auf reflektierende Weise nähern. In der von der Stadt Leiden, den Staaten Westfrieslands, und dem Grafen von Hohenlohe um 1597 in Auftrag gegebenen Darstellung von Moritz von Oraniens siegreicher Schlacht bei Turnhout (Abb. 5) wählt de Gheyn einen imaginären Blickwinkel aus der Höhe, um die Truppen, getreu der Berichte der Kommandeure, von oben in der Landschaft abzubilden. Während in der bereits erwähnten *Belagerung von Geertruidenberg* die Kampfhandlung abstrahiert mit den Mitteln der Kartographie stark senkrecht und aus scheinbar großer Höhe dargestellt ist, was den strategischen Blick eines Befehlshabers auf das Gelände emuliert, ist die *Schlacht bei Turnhout* aus einer mittleren, schrägen Vogelperspektive dargestellt.

---

168 Hierzu auch: Simon Schama: *Überfluss und schöner Schein - zur Kultur der Niederlande im Goldenen Zeitalter*. Frankfurt a. M., 1989. Zur Kritik an Schama siehe FN 182.

169 Mansoor, Militant Landscape, 2021, S. 37–38.

170 „The mode of abstraction defined thereby is [...] that which the capitalist mode of production unleashes into the object world and, more significantly, into the field of social relations, rendering motive and manner even more opaque than if they were attributed to mere subjective experience. It is this opacity through which the artists who have contributed to the elaboration of landscape in a militant vein, from Segers and Turner to the present, have sought to convey the machinations of real abstraction as a function of the shifting dialectical relationships between the perceiving viewer and the object under observation: in this case, forms of landscape that are militant insofar as they address and politicize the radical shift in the ontological relation between man and nature, brought to bear on radical seismic changes in the modes of production and communication." Mansoor, Militant Landscape, 2021, S. 23.

Dies erweckt den Eindruck, der oder die Betrachter*in stünde auf einer Erhöhung, die zwar imaginär, aber dennoch näher an der menschlichen Dimension
ist als die hohe Draufsicht der *Belagerung von Geertruidenberg*. Die Natur der
Landschaft ist hier dem Kriegsgeschehen gänzlich untergeordnet. Bäume und Ve-
getation sind auf geradezu verarmte Weise dargestellt oder nur angedeutet, das
Gelände dient einzig als Aufmarschgebiet der Truppen.

Abb. 5: Jacob de Gheyn: *Die Schlacht bei Turnhout*, 1597
Kupferstich, 134 mm x 160 mm
Rijksmuseum, Amsterdam.[171]

Der von Mansoor hervorgehobene Aspekt der Naturbeherrschung drückt sich jedoch nicht wie hier allein in der Darstellung der Landschaft aus, sondern kann
auch dem neuen, an Bilder gekoppelten Wissenschaftsverständnis der Niederländer zugeschrieben werden, für das de Gheyns Werke ebenfalls beispielhaft sind.
Um 1596 traf de Gheyn in Leiden auf den jungen Hugo Grotius, der wenige Jahre
später mit *De Indis* und *Mare Liberum* nicht nur das grundlegende Werk zum See-
recht, sondern auch eine implizite Rechtfertigung für die niederländische Expan-

---

171 Ein detaillierter Scan des Drucks ist einsehbar auf der Webseite des Rijksmuseums unter
URL: https://www.rijksmuseum.nl/nl/collectie/RP-P-OB-80.322 [abgerufen am 15. April 2021].

sion in Asien liefern sollte.[172] Grotius verfasste Verse zu einigen Stichen de Gheyns.[173] Parallel zu seiner Arbeit an den Exerzierreglements begann de Gheyn damit, naturwissenschaftliche Bilder im Auftrag des Anatomikers und Botanikers Pieter Pauw an der Universität Leiden anzufertigen.[174] Pauw hatte kurz vor de Gheyns Ankunft in Leiden einen botanischen Garten und ein anatomisches Theater eröffnet – zwei Wissenschaftszweige, die für Pauw eng miteinander verwandt waren, wie Claudia Swan hervorhebt.[175] De Gheyn, der sich in den folgenden Jahren sowohl auf anatomische, als auch auf botanische Zeichnungen spezialisierte, schien diese Auffassung zu teilen. Durch den Einfluss Pauws und seine Tätigkeit an der Universität erhielt sein künstlerisches Schaffen eine wissenschaftliche Ausprägung.[176]

Ein im Auftrag Pauws ausgeführter Stich des botanischen Gartens in Leiden (Abb. 6) zeigt diesen in senkrechter Draufsicht, sodass die akkurat rechteckig angeordneten Gärten ein ordentliches Raster ergeben. Die zwischen den Beeten flanierenden Menschen sind dagegen in schräger Perspektive dargestellt, was dem Bild zwar eine unrealistische Erscheinung gibt, aber eine pragmatische Lösung darstellt, nach der die Funktion der Karte erfüllt wird und die Figuren trotzdem als solche erkennbar bleiben und mit feinen Details Kleidung und Körperhaltung ausgeführt werden können. Die verschiedenen Teile des Gartens sind mit Buchstaben und Zahlen gekennzeichnet, sodass über eine Legende die einzelnen Teile des wissenschaft-

---

172 Von 1604 bis 1605 verfasste Grotius das Werk *De Indis*, aus dessen zwölften Kapitel ein Jahr später das *Mare Librum* hervorgehen sollte. Entstanden in der entscheidenden Gründungsphase der VOC, kann das Werk als juristische Rechfertigung der privatisierten, dabei aber staatlich sanktionierten Kriegführung gelten, wie sie durch die Kompanien vor allem in Auseinadersetzung mit den Portugiesen praktiziert wurde. Siehe: Eric Wilson: *Savage Republic. De Indis of Hugo Grotius, Republicanism and Dutch Hegemony Within the Early Modern World-System (c. 1600–1619)*. Martinus Nijhoff Publishers, Leiden, 2008, S. 138 ff. Eric Wilson sieht in dieser juristisch legitimierten Verschränkung staatlicher und privater militärischer Gewalt – als eine Form staatlich sanktionierter Freibeuterei – und kolonialer Expansion den Beginn der frühen kapitalistischen Weltwirtschaft. Dazu auch: Marten Praag: *The Dutch Republic in the Seventeenth Century*. Cambridge University Press, Cambridge, 2023, S. 180 ff.
173 Regteren Altena, The Drawings of Jacques de Gheyn, 1936, S. 42 f und 53.
174 Ebd., S. 45–46.
175 Siehe: Pieter Pauw: *Primitiae anatomicae de humani corporis ossibus*, 1615, preface, zitiert nach: Claudia Swan: *Art, Science and Witchcraft in Early Modern Holland. Jacques de Gheyn II (1565–1629)*. Cambridge University Press, Cambridge, 2005, S. 56.
176 Swan vermutet, dass die Skizzen für de Gheyns „Studien eines Schädels" in Pauws anatomischen Theater entstanden sind. Ein Kupferstich aus dem Jahr 1615 nach einer Zeichnung de Gheyns zeigt eine Anatomievorlesung Pieter Pauws (Andries Stock after Jacques de Gheyn II, Anatomy Lesson of Dr. Pieter Pauw, 1615, engraving, with verses by Petrus Scriverius. Engraving, 29 x 22,5 cm, Gemeentearchief Leiden. Siehe: Swan, Art, Science and Witchcraft, 2005, S. 60.

lichen Gartens aufgeschlüsselt werden können. In diesem Bild zeigt sich abermals der am Beispiel der militärischen Landschaftsdarstellung geschilderte visuelle Zugriff von oben. Der hier dargestellte analytische Blick auf die Natur ist ein beherrschender Blick. Die Perspektive dieses schwebenden Auges ist fiktiv, aber darin drückt sich die Haltung eines forschenden, dingfest machenden Wissens aus, für das das Bild als Instrument unverzichtbar ist.

Neben der topographisch-akkuraten Kartierung der *Belagerung von Geertruidenberg*, gibt also auch de Gheyns Beschäftigung mit botanischen und anatomischen Zeichnungen für wissenschaftliche Zwecke Zeugnis für das von Alpers charakterisierte epistemische Verständnis des Bildes, sowie für das von Mansoor beschriebene militante Sehen. Jenseits der Sphäre der Kunst, oder vielmehr in der Verbindung der Kunst mit dem Anspruch einer sich neu formierenden Wissenschaft, ging es hier nicht nur um die Vermittlung von Wissen durch Bilder (etwa, als Ersatz für das „echte" Objekt der Anschauung innerhalb der Lehre), sondern um eine Art der Produktion von Wissen, die erst im Zustand der bildhaften *Feststellung* möglich wurde.

Gerade im Bereich der anatomischen Zeichnung im Dienst der medizinischen Wissenschaft vollzogen sich in der frühen Neuzeit Veränderungen, die das historisch bedingte Selbstverständnis des Menschen an die bildliche Darstellung des menschlichen Körpers banden. Wie Marielene Putscher in ihrer *Geschichte der medizinischen Abbildung*[177] gezeigt hat, hatten Kunst und Medizin im 16. Jahrhundert erstmals „den lebendigen Körper und seine Ausdrucksmöglichkeiten in Bewegung und Gebärde" und „den toten Körper in seinem Formenbestand studiert"[178] und bildhaft dargestellt. De Gheyns Abbildungen der bewegten Soldatenkörper schreiben sich hier ein. Wie Alpers kommt auch Putscher zu dem Schluss, dass die Bildgebung in diesem neuen Wissenskontext als eine „Kunst der Beschreibung" fungiert. Und wie oben schon mit Blick auf die Drillmanuale ausgeführt wurde, gewinnt das Bild hier als Wissensobjekt Bedeutung, das mehr zeigt als sprachlich vermittelt werden kann:

> Der Mensch kennt nun seinen Körper – dieses *ist* sein Körper. Nun überholt das *Bild* die *Beschreibung*, wie sie vor allem in den Schriften Galens überliefert war. Es kann für sie eintreten, da es nun mehr bietet als die [schriftliche] Beschreibung.[179]

In der anatomischen Zeichnung, genau wie in den figürlich dargestellten Körperhaltungen der Drillbücher, die in den ihnen beigefügten Beschreibungstexten nicht aufgehen, wächst das Bild über die sprachliche Beschreibung hinaus, indem es ein analytisches Wissen zugänglich macht, das sprachlich und textlich nicht zu vermitteln ist.

---

177 Marielene Putscher: *Geschichte der medizinischen Abbildung. Von 1600 bis zur Gegenwart.* Heinz Moos Verlag, München, 1972.
178 Putscher, Medizinische Abbildung, 1972, S. 14.
179 Ebd., S. 14.

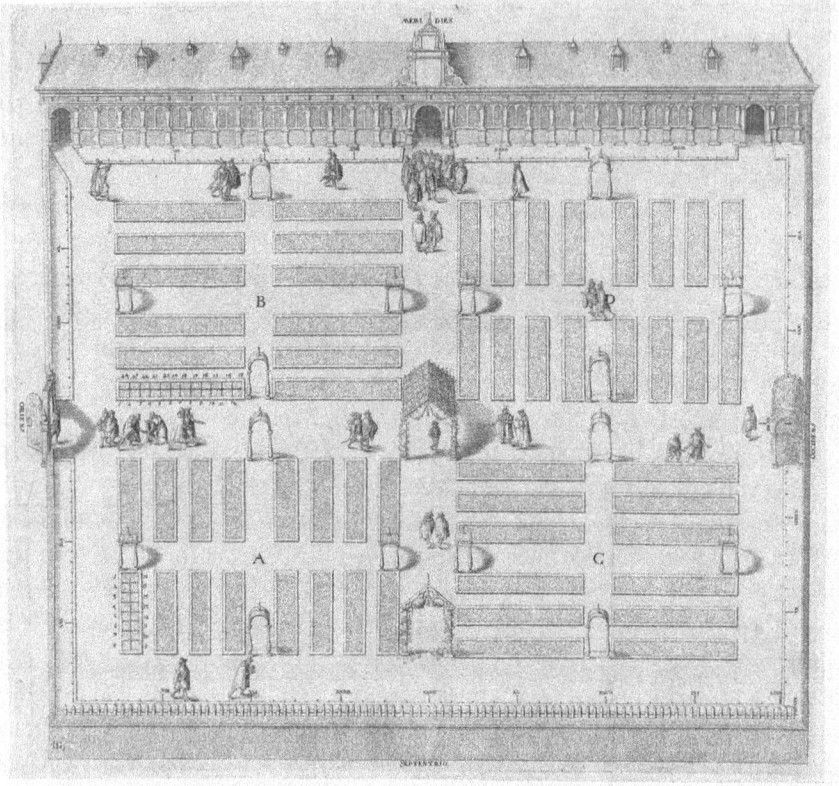

Abb. 6: Jacob de Gheyn: *Blick auf den Kräutergarten (Hortus Botanicus) der Universität Leiden*, 1601
Kupferstich, 134 mm x 160 mm
Rijksmuseum, Amsterdam.[180]

Foucault hat in seiner Beschreibung von Velázquez' *Las Meninas* auf diese „un-endliche Beziehung" der Sprache zur Malerei hingewiesen, die sich „zueinander irreduzibel" verhalten.[181] Das, was man sieht, ist in dem was man sagt, nicht voll-ständig enthalten. Die Bedeutung, die diese den Bildern eigene Funktion für die

---

180 Ein detaillierter Scan des Drucks ist einsehbar auf der Webseite des Rijksmuseums unter URL: http://hdl.handle.net/10934/RM0001.COLLECT.336341 [abgerufen am 10. Mai 2021].
181 Weiter heißt es dort: „Aber die Beziehung der Sprache zur Malerei ist eine unendliche Bezie-hung; das heißt nicht, daß das Wort unvollkommen ist und angesichts des Sichtbaren sich in einem Defizit befindet, das es vergeblich auszuwetzen versuchte.: vergeblich spricht man das aus, was man sieht: das, was man sieht, liegt nie in dem, was man sagt; und vergeblich zeigt man

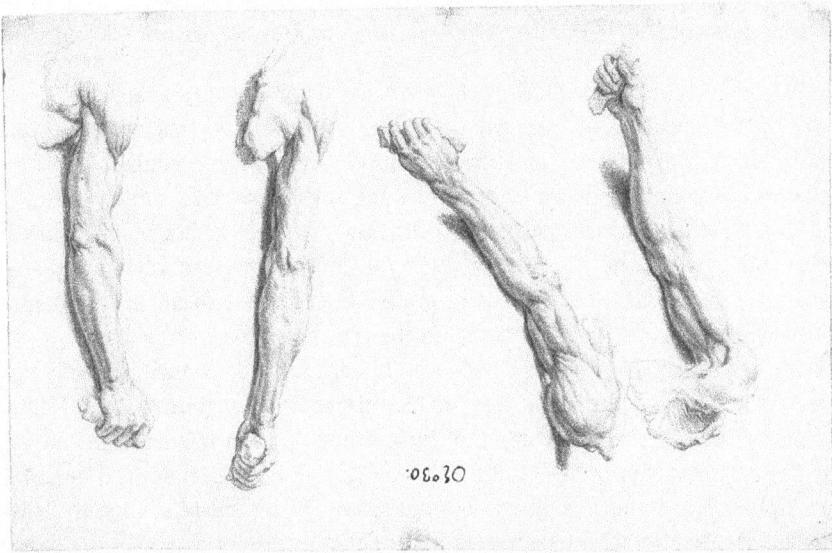

Abb. 7: Jacob de Gheyn: *Vier anatomische Studien eines rechten Arms*
1575–1626 [Datierung unklar]
Kohlezeichnung, 232 mm x 360 mm
Rijksmuseum, Amsterdam.[182]

Wissenschaft hat, gerät, Putscher zufolge, gerade in den anatomischen Zeichnungen des 16. Jahrhunderts in den Fokus. In Foucaults Worten ist „die Naturgeschichte nichts anderes als die Benennung des Sichtbaren".[183] Durch das Benennen der Teile, die wissenschaftliche Nomenklatur, zeichnete sich das gewandelte Verhältnis von Sprache und Bild im Wissensraum um 1600 aus, das, wie Putscher ausführt, in der anatomischen Zeichnung „von der subjektiven Benennung" zur „objektiven Bezeichnung" führte:

Nicht nur die Möglichkeit des simultanen Erfassens größerer Zusammenhänge durch das Auge ist es, was dieses ‚Mehr' [des Bilds] ausmacht: Es ist vor allem das Abbilden, das Abgebildet-Sein. Erst damit ist der Mensch imstande, alles das an sich selber zu entdecken, nachzuprüfen und im einzelnen noch genauer festzustellen, was durch das Bild angehalten ist und so erst

---

durch Bilder, Metaphern, Vergleiche das, was man zu sagen im Begriff ist." Foucault, Ordnung der Dinge, 1974, S. 38.

182 Ein detaillierter Scan des Drucks ist einsehbar auf der Webseite des Rijksmuseums unter der URL: http://hdl.handle.net/10934/RM0001.COLLECT.29286 [abgerufen am 10. Mai 2021].

183 Foucault, Ordnung der Dinge, 1970, S. 137; siehe auch: Swan, Art, Science and Witchcraft, 2005, S. 43.

sichtbar wird. [...] Muskel- und Skellettanatomie sowie die Formbeschreibung der inneren Organe sind mit dem 16. Jahrhundert vollendet. Die Wandlung um 1600 setzt beides voraus.[184]

Dieser Wandel besteht zum einen im Blick auf das Detail, das „Feststellen des Blicks" durch die Nomenklatur, die „das einzeln Erkannte mit Namen versieht".[185] Ebenfalls signifikant ist, wie Putscher unterstreicht, ein Wechsel in der Technik der Darstellung, vom Holzschnitt, der die Plastizität betont, zum Kupferstich, der eine feinere, grafischere Darstellung ermöglichte, den Blick auf die Details lenkte, und zudem einfacher und günstiger herstellbar war.[186] De Gheyn kann insofern schon qua seiner primären Tätigkeit als Kupferstecher als prädestiniert für eine solche Indienstnahme seiner Fähigkeiten durch die wissenschaftliche Forschung seiner Zeit gelten.

Die Speicherung von neuem Wissen in Bildern sollte aber auch besonders im Zuge der Kolonialexpansion gängige Praxis werden. Besonders im 16. und 17. Jahrhundert wurde die Vermehrung und Verbreitung von Natur-Wissen in Europa, wie Swan betont, durch die Produktion von Bildern angetrieben, wie auch die von Alpers' erwähnten malenden holländischen Forschungsreisenden in Brasilien belegen. Die Niederlande spielten dabei eine zentrale Rolle. So wie die in den Niederlanden gedruckten Atlanten und Karten „den Europäern die Welt beschrieben",[187] stieg die Nachfrage besonders nach botanischen Bildern in dem Maße, als insbesondere die Erfahrungen in den Kolonien zeigten, dass die von den kanonischen Autoren beschriebenen Arten bei Weitem nicht mit der in der Welt vorhandenen Diversität mithalten konnten.[188] Direkt im Anschluss an die Arbeit an den *Wapenhandelinghe*, zwischen 1600 und 1603, stellte de Gheyn sein berühmtes Lugt-Album fertig, in dem er Darstellungen von Insekten und Tieren mit den botanischen Darstellungen und Blumen-Stillleben verband.[189] De Gheyns Freund und Unterstützer Karel van Mander beschrieb diese in seinem kritischen Werk *Schilder-Boeck* aus dem Jahr 1604, als „naer het leven" [ad vivum]. Damit führte

---

184 Putscher, Medizinische Abbildung, 1972, S. 14 f.
185 Ebd., S. 15–16. „Dies aber bedeutet den entscheidenden Übergang von einer gleichsam subjektiven Benennung der morphologisch abgrenzbaren Körperteile – Kopf Arm Hand, Rumpf Beine Fuß usw. – zu einer objektiven Bezeichnung. Erstere ist an den als Einheit erlebten Gliedern orientiert, wie die Künstleranatomie an der Gliederpuppe; letztere erst erlaubt, die einprägsamste Beschreibung auch der tieferen Muskelschichten, zwischen Muskelrelief und Skelett."
186 „[...] weil der Blick auf die Wirklichkeit sich geändert hat." Putscher, Medizinische Abbildung, 1972, S. 18.
187 Alpers, Art of Describing, 1989, S. xxv.
188 Siehe: Swan, Art, Science and Witchcraft, 2005, S. 9.
189 Swan sieht in diesen Studien de Gheyns „empirischen Naturalismus" verwirklicht, womit sie sich auf den älteren, von Ernst Kris geprägten Begriff des „wissenschaftlichen Naturalismus" bezieht. Siehe: Swan, Art, Science and Witchcraft, 2005, S. 53.

er den ursprünglich wissenschaftlichen Terminus zur Bestimmung des Wahrheitsgehalts von Bildern erstmals in die Kunsttheorie ein.[190]

Wenn in der *Wapenhandelinghe*, wie oben bereits erörtert wurde, die Bewegungsabläufe in ihre, den jeweiligen Befehlsworten entsprechenden Elemente zerlegt werden, dann wird dies nun auch im Kontext von de Gheyns intensiver Beschäftigung mit botanischen und anderen (natur)wissenschaftlichen Bildern verstehbar. Aus der Bezeichnung der Nomenklatur wird in den Drillbüchern das Befehlswort. Analog dazu beschreibt Alpers das analytische Sehen, das seine Objekte in ihre Einzelteile zerlegt, als eines der Hauptmerkmale der niederländischen Kunst im 17. Jahrhundert. Diese analytische Art des Sehens zielt darauf ab, Dinge zu öffnen, um ihr Inneres sichtbar zu machen, wie Früchte im niederländischen Stilleben, oder die Darstellung zerlegter Uhren, die, Alpers zufolge, ihre Struktur und Funktionsweise zum Vorschein bringen. Alpers benennt diese Methode als „Division", und sie zitiert Francis Bacon, in dessen *Novum Organum* es heißt, „to resolve nature into abstractions is less to our purpose than to dissect her into parts".[191] Kein anderer niederländischer Künstler setzt, Alpers zufolge, dieses aufmerksame, analytische Sehen so konsequent ins Bild wie de Gheyn, dessen „ernsthafte beschreibende Aufmerksamkeit sich gleichermaßen auf Pflanzen, wie auf die menschliche Form richtet".[192]

In den Exerzierreglements verwirklichte de Gheyn die wissenschaftlich-sehende Aufmerksamkeit zu einer militärischen Bildtechnik. Die Erfindung dieser Technik ist dabei, wie gezeigt wurde, zum einen auf die traditionell verankerte visuelle Kultur der Niederlande zurückzuführen, in der Bilder proliferierten, und zum anderen auf ein neues, ordnendes Verständnis des Bildes, bei dem das Bild als Instrument der Erkenntnis und des Zugriffs fungiert. Bei den Kupferstichen der *Wapenhandelinghe* handelt es sich sowohl um analytische Instrumente für die Generierung von Wissen – analog zur bezeichnenden Nomenklatur – als auch um vorbildlich-autoritäre Instrumente für die Übertragung dieses Wissens auf die Körper der Soldaten – analog zu den handlungsanweisenden Befehlsworten. Der von Foucault und anderen aufgezeigte Zusammenhang in den frühneuzeitlichen Transformationen der Wissenskultur mit der Entwicklung eines modern zu nennenden Konzepts militärischer Disziplin wird am Beispiel dieses Bildgebrauchs deutlich.

Deutlich wird zudem auch, dass die in der theoretisch-kulturwissenschaftlichen Reflexion dominante Metaphorisierung der militärischen Verbünde als „Maschine" und „Automat" den Zeitgenossen keineswegs so geläufig gewesen sein dürfte, wie es aus heutiger Sicht naheliegend scheint. Die künstlerisch-wissenschaftliche Abbildung

---

190 Siehe: Swan, Art, Science and Witchcraft, 2005, S. 10.
191 Alpers, Art of Describing, 1989, S. 91.
192 [Eigene Übersetzung] Alpers, Art of Describing, 1989, S. 89.

„nach dem Leben", die am Beispiel de Gheyns unmittelbar mit der Methode des Drills verknüpft ist, verfolgte jedoch sehr wohl das Ziel der Feststellung, der Fixierung und des Zugriffs auf den Körper, so wie die Schlachtendarstellungen und Landschaftsbilder auf eine Art des Zugriffs auf die Natur rekurieren, der diese „als zu verwaltende, zu bewirtschaftende, auszubeutende Größe"[193] wahrnimmt. Beherrschung der Körper und Beherrschung der Natur gehen in den Werken de Gheyns, als Schlüsselfigur einer rüstungspolitischen sowie militärwissenschaftlichen Indienstnahme der künstlerischen Bildproduktion im Nexus von Expansion, Disziplinierung und operativer Kriegführung, fließend ineinander über.

---

193 Warnke, Politische Landschaft, 1992, S. 65.

2 Christlicher Bildgehorsam und Iko-Nomia: Der Herrschaftsanspruch des Bildes

Faire voir, c'est faire croire;
faire croire, c'est faire obéir.[1]

Während für den Bildgebrauch innerhalb der im vorangegangenen Kapitel behandelten Exerzierbücher der oranischen Heeresreform so gut wie keine zeitgenössische theoretische oder diskursive Kontextualisierung vorliegt und diese nur nachträglich aus ihrem kulturhistorischen Zusammenhang heraus rekonstruiert werden kann, ist die jesuitische Bildpraxis, die den Gegenstand des folgenden Kapitels bildet, durch eine Vielzahl von Quellen belegt. Spätestens seit der Orden in der zweiten Hälfte des 16. Jahrhunderts „zu einer hinlänglichen Ausstattungspolitik" und zu „festgefügten Riten um die Bilder gefunden" hatte, wurden diese auch theoretisch gerahmt.[2] Die Jesuiten, insbesondere nach dem Konzil von Trient, produzierten eine eigene instruktive Bildtheorie, die der im Kontext des Ordens entwickelten Bildpraxis zur Seite stand. Diese Auseinandersetzung schöpfte sich zum Teil aus den Schriften des 600 Jahre zurück liegenden byzantinischen Bilderstreits. Die bildtheoretischen Streitschriften des Konzils hatten dabei nicht nur anleitenden Charakter, sondern entwickeln eine eigene *Sinneslehre*, die sich zum Teil auf antike Vorbilder bei Aristoteles und Platon stützte.

Die Jesuitische Disziplin entfaltete ihren Einfluss auf die politischen Eliten Europas und inspirierte, wie Ulrich Bröckling mutmaßt, auch die Drilltechniken der oranischen Heeresreform, die im vorangegangenen Kapitel behandelt wurde: Justus Lipsius, der die theoretischen Grundlagen für die Reform legte, hatte die Jesuitenschule in Köln besucht und ursprünglich dem Jesuitenorden beitreten wollen. Während Lipsius Werk über die *Constantia* noch eher calvinistische Züge trug, wird in seinen Ausführungen über die Disziplin eine Verwandtschaft zur jesuitischen Gehorsamsproduktion erkennbar:

> Für sein Programm zur Erneuerung des Kriegswesens übernahm Lipsius [...] die beiden Grundpfeiler des nach militärischem Vorbild aufgebauten Ordens. Mit ihrer streng hierar-

---

1 Marie-José Mondzain: *L'image, une affaire de zone*. D-Fiction, Paris, 2014.
2 Ilse von zur Mühlen: „Imaginibus honos – Ehre sei dem Bild. Die Jesuiten und die Bilderfrage". In: Reinhold Baumstark (Hg.): *Rom in Bayern. Kunst und Spiritualität der ersten Jesuiten*. Katalog zur Ausstellung des Bayerischen Nationalmuseums, Hirmer Verlag, München, 1997, S. 161–170, hier: S. 166

https://doi.org/10.1515/9783111287584-003

chischen Organisation und den regelmäßigen Exerzitien dienten die Vorkämpfer der ecclesia militans als Modell für das Offizierskorps des souveränen Machtstaats.[3]

Sowohl das Gehorsamsgebot des jesuitischen *miles christianus* als auch die Disziplin des weltlichen Soldaten bezeichnet Bröckling als „Effekte einer parallelen gleichermaßen körper- wie psychotechnischen Prozedur".[4] Während Bröckling die zentrale Rolle der Bilder für diese beiden historischen Stationen der militärischen Gehorsamsproduktion vollständig ausblendet, bietet die Fragestellung der vorliegenden Untersuchung hierfür den geeigneten Raum.

Dabei treten zwei unterschiedliche Modi des jesuitischen Gehorsams zum Vorschein, der „freie" Gehorsam, der eine kritische Distanz zum Bild wahrt und für die Erziehung der Elite vorgesehen ist, und der „absolute" Gehorsam, der auf Identifikation mit dem Bild beruht. Die unterschiedlichen Legitimationsstrategien dieser Bild- und Gehorsamspraktiken und die Argumente, aus denen diese ihre Autorität beziehen, werden im Folgenden als vom Ursprung her „militärische" Form der disziplinierenden Bildpraxis näher bestimmt. Während im vorangegangenen Kapitel, mit dem Beispiel der oranischen Exerzierreglements, das Bild als Medium des Drills behandelt wurde und hierbei vor allem die Frage der Umsetzung von Befehlen als bild- und körpertechnischen Übertragung auf ein Körperschema im Vordergrund stand, geht es bei den Jesuiten noch um eine andere Art der bildtechnischen Gehorsamsproduktion. Auch hier werden Befehl und Bild funktional verschränkt, indem das dem Bild eigentümliche Vermögen, unmittelbar auf die menschliche Wahrnehmung zu wirken, für die Zwecke der Disziplinierung genutzt wird. Beide Formen werden in diesem Sinn als Instrumente einer Militarisierung des Bildes aufgefasst, die über unterschiedliche Arten der bildlichen Abrichtung in ihrem historischen Kontext über ein entscheidendes (kriegs-)strategisches Potenzial verfügten. Wie es dazu kam, dass das Bild im religiös-geführten Territorialkrieg über die Grenzen Europas hinweg eine solche quasi-befehlsgebende Autorität erlangen konnte, und welche Folgen für die west-

---

3 Ulrich Bröckling: *Disziplin. Soziologie und Geschichte militärischer Gehorsamsproduktion*. Fink, München, 1997, S. 46. Auch Oestreich hat den Einfluss der jesuitischen Erziehung auf Lipsius' militärischen Neustoizismus betont: „Die täglich bis ins kleinste geübte Selbstzucht und der Kampf gegen die Leidenschaften, die harte Selbstbeherrschung, die Lipsius bei den Jesuiten gelernt hat, bleiben sein Leben lang für ihn vorbildliche Tugenden, die er später in seiner stoischen Philosophie nach dem Vorbild Senecas auch seinen Zeitgenossen preisen wird". Siehe: Oestreich, Antiker Geist und moderner Staat, 1989, S. 50. Siehe dazu: Kapitel 1 dieser Untersuchung.
4 Bröckling, Disziplin, 1997, S. 47. Auf den Zusammenhang Psychotechnik und Gehorsam wird im 5. Kapitel dieser Arbeit mit Blick auf den Bildgebrauch in der frühen angewandten Psychologie im 20. Jahrhundert zurückgekommen.

lich-christlichen Kulturen des Bildgebrauchs daraus abzuleiten sind, soll im Folgenden näher untersucht werden.

Friedrich Kittler macht in den Vorlesungen zu *Optischen Medien*[5] mehr oder weniger *en passant* eine neue Form der Bildgebung für den Erfolg der Gegenreform unter jesuitischer Führung verantwortlich. Der für Kittler charakteristische Technik-Determinismus, der auch in seiner Darstellung eines impliziten Automatismus der Wirkung „optischer Aspekte" mitwirkt, gilt es hier kritisch zu überprüfen. Vielmehr sollen die Bedingungen und Praktiken der Einübung – der buchstäblichen *Exerzitien* – betrachtet werden, die den unwahrscheinlichen Fall eines Gehorsams vor dem Bild erst möglich werden lassen. Fest steht, dass sich auf dem Schauplatz der protestantischen Reformation und der als katholische „Gegenreformation" bezeichneten Transformationen im Europa des frühen 17. Jahrhunderts ein Konflikt entfaltete, bei dem Bilder eine zentrale Rolle einnahmen.[6] Auf die Bilderfeindlichkeit der von Luther, Calvin, Zwingli und anderen angestoßenen Reformen antwortete die Gegenreformation unter der Ägide der Jesuiten mit einer programmatischen Bejahung und machttechnischen Instrumentalisierung des Bildes. Im Folgenden soll, nach einer kurzen historischen Verortung zunächst die spezielle Rolle der Bilder im Kontext der jesuitischen Disziplin skizziert (2.1) und am Beispiel der *Exerzitien* des Ordensgründers Ignatius von Loyola genauer untersucht werden (2.2). Dabei tritt ein für die jesuitische Bildtheorie zentrales Konzept „innerer" und „äußerer" Bilder in den Vordergrund (2.3), sowie das Verhältnis von „Prototyp" und Abbild, auf das sich die Autorität des Bildes gründet. Die differenziert ausgeführten Funktionsweisen dieser Bildkonzepte im Dienste der jesuitischen Gehorsamsproduktion können nur vor dem Hintergrund der Beschlüsse des Tridentinischen Konzils verstanden werden. Marie-José Mondzains Unterscheidung von *Inkarnation* und *Inkorporation* eröffnet schließlich die Möglichkeit einer Bild-pädagogischen Praktik jenseits des absoluten militärisch-religiösen Gehorsams (2.4), die zwar den katholisch-christlichen Denktraditionen verhaftet bleibt, aber dennoch über diese hinausweist.

---

5 „Daß die Gegenreformation in Österreich, Böhmen, Mähren, Schlesien und halb Süddeutschland triumphierte, lag nicht nur an den Millionen Toten ihres Dreißigjährigen Krieges, also an den dunklen oder negativen Seiten der Macht; es lag ebensosehr an ihren hellen und das heißt optischen Aspekten, an einer neuen Bildgebung." Siehe: Friedrich Kittler: *Optische Medien. Berliner Vorlesung 1999*. Merve, Berlin, 2011, S. 95.
6 Hierzu u. a.: H. Frh. V. Campenhausen: „Die Bilderfrage in der Reformation". In: *Zeitschrift für Kirchengeschichte* 68, 1957, S. 96–128; David Freedberg: „Art and Iconoclasm, 1525–1580. The Case of the Northern Netherlands". In: J. P. Filedt Kok et al. (Hg.): Kunst voor de beeldenstorm, Rijksmuseum, Amsterdam, 1986, S. 69–84; Ders.: *The Power of Images. Studies in the Theory and History of Response*. University of Chicago Press, Chicago, 1989. Über die daran anschließende Auseinandersetzung auf katholischer Seite (im Vorfeld und während des Konzils von Trient) u. a.: Giuseppe Scavizzi: *The Controversy on Images from Calvin to Baronius*. Peter Lang, New York, 1992.

2.1 Bildgebrauch und jesuitische Gehorsamsproduktion

Im Jahr 1521 wurde der junge baskische Offizier Iñigo López de Loyola während des Angriffs französischer Truppen auf die belagerte Stadt Pamplona in der Provinz Navarra schwer verletzt. Eine Kanonenkugel zerschmetterte sein Bein und nach einer Serie misslungener Operationen und schmerzhafter medizinischer Prozeduren, bei denen unter anderem sein mehrmals gebrochenes, verkrüppeltes und inzwischen verkürztes Bein in eine Streckbank gespannt wurde, fand er sich auf dem Krankenbett wieder, wo ihm allein die Lektüre der *Vita Christi* des Kartäusers Ludolf von Sachsen und einiger Heiligenlegenden eine zeitweise Ablenkung während seiner langsamen Genesung versprach.[7] Durch die eindrücklichen Schilderungen der heiligen Heldengeschichten, in denen er ein neues Ideal der Ritterlichkeit erkannte, bekehrte sich der bisher eher weltlichen Genüssen zugewandte Loyola zu tiefer Frömmigkeit und „gelobte, fortan als treuer Soldat unter der königlichen Fahne Christi dienen zu wollen".[8] Die Bekehrung Loyolas kann, wie Nikolaus Pevsner hervorhebt, als beispielhaft gelten für den historischen Umbruch vom humanistischen Ideal individueller Selbstverwirklichung zur neuen Frömmigkeit der katholischen Gegenreformation.[9] Loyola, der aus einer einflussreichen Familie stammte und selbst eine ritterliche Erziehung erhalten hatte, erlebte eine göttliche Erleuchtung, lebte fortan abgeschieden, fastete und unterzog sich schwerster Selbstgeißelungen, während derer er Visionen erlebte, die er bald zum Gegenstand geistiger Übungen machte. Zuletzt sei er „imstande gewesen, die Bilder seiner einst so zügellosen Phantasie ebenso im Zaum zu halten wie seine Empfindungen der Trauer oder des Jubels; es gelang ihm, sich selbst so vollständig umzuformen, daß er im Laufe der Jahre zu einem ganz anderen Menschen mit anderen Affekten und Gedanken wurde."[10] Auf der Basis seiner eigenen Gewissensforschung und peinlich genauen asketischen Selbstbeobachtungen – die mit einigem Recht als Wahrnehmungsexperimente bezeichnet werden können – entstanden in den 1520er Jahren die im Zeitraum von zwei Jahren verfassten *Exerzitien*, in denen Loyola die Anleitungen für ein vierwöchiges, an das vier-

---

7 Bei der *Vita Christi* handelte es sich um die 1502 gedruckte kastilische Übersetzung und die Heiligenlegenden entstammten den *Flos Sanctorum* von Jacobus a Voragine. Siehe: Dieter J. Weiß: *Katholische Reform und Gegenreformation.* Wissenschaftliche Buchgesellschaft, Darmstadt, 2005, S. 75.

8 René Fülöp-Miller: *Macht und Geheimnis der Jesuiten. Eine Kultur- und Geistesgeschichte.* Knaur, Berlin, 1929, S. 60.

9 Nikolaus Pevsner: „Gegenreformation und Manierismus". In: *Repertorium für Kunstwissenschaft*, 45, 1925, S. 243–262, hier: S. 248.

10 Fülöp-Miller, Macht und Geheimnis, 1929, S. 66.

zigtägige Fasten Jesu in der Wüste angelehntes Programm von Meditation und Gebet festhielt.

Weil er in Spanien während seines Theologiestudiums aufgrund seiner Nähe zu mystischen Konventikeln mit der Inquisition in Konflikt geraten war, floh er nach Frankreich und setzte seine Studien an der Sorbonne fort. Hier traf er auf seine späteren Mitstreiter Peter Faber, Franz Xaver, Diego Laínez und Alfonso Salmeròn, mit denen er im Jahr 1534 auf dem Montmartre ein gemeinsames Gelübde ablegte, das den Zusammenschluss zur Gesellschaft Jesu markieren sollte. Sechs Jahre später gab Papst Paul III. durch die Bulle *Regimini militantis ecclesiae* [Zur Regierung der Streitenden Kirche] von 1540 sein Einverständnis zur Gründung des Jesuitenordens unter dem Ordensgeneral Ignatius von Loyola. Die kriegerische Orientierung, die den „Streitern Gottes"[11] schon durch die Herkunft ihres Gründers mitgegeben wurde, sollte für die Entstehung des Ordens und die Weiterentwicklung seines zentralen „Aktivitäts- und Kampfesmotiv[s]"[12] maßgeblich werden. Sie schlug sich in der hierarchischen Organisation in militärischen Rängen nieder – Loyola selbst und seine Nachfolger an der Spitze des Ordens erhielten den Titel des „Generals" und uneingeschränkte Regierungsgewalt, um mit „militärischer Geschlossenheit und strengem Gehorsam"[13] wirken zu können.

Der christliche Gehorsam[14] erhielt bei den Jesuiten eine explizit militärische Prägung, und wurde schließlich zum „Hauptprinzip" des Ordens. Im 1553 verfass-

---

11 Die metaphorische Bestimmung des „miles christianus", des christlichen Soldaten, reicht bis in die ersten Jahrhunderte des Christentums zurück und wandelte sich im Mittelalter, im Zuge der Kreuzzüge, zu einer wörtlich verstandenen Idee eines real kämpfenden christlichen Rittertums, wie u. a. Andreas Wang gezeigt hat. Siehe: Andreas Wang: *Der „miles Christianus" im 16. und 17. Jahrhundert und seine mittelalterliche Tradition.* Herbert Lang, Bern, 1975.
12 Mabel Lundberg: *Jesuitische Anthropologie und Erziehunglehre in der Frühzeit des Ordens (ca. 1540–ca. 1650).* Almqvist & Wiksells, Uppsala, 1966, S. 333.
13 Weiß, Katholische Reform und Gegenreformation, 2005, S. 76. Für Arnold Hauser markiert die Gründung des Ordens in Rom nicht nur das Umschlagen der humanistischen Ideale der Renaissance in den Anti-Humanismus und die fanatische Strenge der Gegen-Reformation, den Jesuitenorden bezeichnet er zudem als „Modell der dogmatischen Strenge und kirchlichen Disziplin und die erste Verkörperung der totalitären Idee". Arnold Hauser: *The Social History of Art.* Bd. 1. Routledge, London, 1951, S. 372 [eigene Übersetzung].
14 Die Entstehung der Gehorsamskultur im frühen Christentum hat Michel Foucault in den Vorlesungen am Collège de France 1979–1980 untersucht. Im Zentrum stehen für ihn die Selbst- bzw. Regierungstechniken der Gewissensprüfung und der Zusammenhang zwischen Macht und Wahrheit. Siehe: Michel Foucault: *Die Regierung der Lebenden. Vorlesungen am Collège de France 1979–1980.* Aus dem Französischen von Andrea Hemminger. Suhrkamp, Berlin, 2020. Stephan Zandt hebt hervor, dass die „Pflicht zum Gehorsam und das Geständnis wie auch die Selbstprüfung" für Foucault den „Kern jener Praktiken ausmachen, „die die christliche Subjektivität her-

ten, an die Ordensgenossen in Portugal adressierten *Gehorsamsbrief,* der zu den berühmtesten Schriften Loyolas zählt und als „wichtigste Quelle für die jesuitische Lehre des Gehorsams"[15] gelten kann, hebt der Ordensgeneral hervor, dass der totale Gehorsam als Alleinstellungsmerkmal den Jesuitenorden vor allen anderen christlichen Gemeinschaften auszeichnete:

> Daß andere Orden es uns in Fasten, Nachtwachen und anderen Strengheiten zuvortun, die jeder seiner Eigenart entsprechend heilig hält, können wir uns schon gefallen lassen; aber im reinen und vollkommenen Gehorsam, der wahrhaften Verzicht auf unseren Eigenwillen und Verleugnung unseres eigenen Urteils einschließt: darin, teuerste Brüder, wünsche ich dringend diejenigen ausgezeichnet zu wissen, die sich in dieser Gesellschaft Gott unserm Herrn geweiht haben [...].[16]

Der unbedingte jesuitische Gehorsam machte sich auch in einem besonderen Gehorsamsgelübde gegenüber dem Papst bemerkbar.[17] Wie der Jesuitenorden als Ganzes dem Papst gehorsam war, so schuldete jedes einzelne Mitglied seinem Oberen, jeder Obere dem General blinden Gehorsam.[18] Nicht umsonst geht die Rede vom „Kadavergehorsam" auf ein Diktum aus den von Loyola verfassten jesuitischen Ordenskonstitutionen von 1541 zurück, in deren sechster Regel es heißt: „der Niedere ist ein Leichnam in der Hand des Höheren".[19]

Wem genau ist dieser Gehorsam zu leisten? Schon die von Loyola getroffene Unterscheidung von „Niederem" und „Höherem" macht deutlich, dass es dabei nicht allein um das Abstractum „Gott" oder „Gewissen" gehen kann. In den in den *Exerzitien* enthaltenen achtzehn Regeln „Um die wahre Gesinnung zu erlangen, die wir in der streitenden Kirche haben sollen" schreibt Loyola:

---

vorbringen und rahmen". Siehe: Stephan Zandt: *Die Kultivierung des Geschmacks. Eine Transformationsgeschichte der kulinarischen Sinnlichkeit,* de Gruyter, Berlin/Boston, 2019, S. 151.

15 Ernst Schoell: *Der jesuitische Gehorsam. Aus den Quellen dargelegt, beurteilt, nach seinen Konsequenzen geschildert und mit Bezug auf die gegenwärtigen Verhältnisse in der römisch-katholischen Kirche besprochen.* Verlag Eugen Strien, Halle a. S., 1891, S. 1.

16 Ignatius von Loyola: „Den Ordensgenossen von Portugal (und der gesamten Gesellschaft Jesu)", 1553. In: Hugo Rahner (Hg.): *Ignatius von Loyola: Geistliche Briefe.* Benziger Verlag, Einsiedeln, 1956, S. 240–256, hier: 244.

17 Lundberg, Jesuitische Anthropologie, 1966, S. 333 und Pevsner, Gegenreformation und Manierismus, 1925, S. 248–249.

18 Siehe Loyola, Briefe, 1956, S. 255. Siehe dazu auch: Pevsner, Gegenreformation und Manierismus, 1925, S. 249.

19 Konst. VI zitiert nach Manfred Barthel: *Die Jesuiten. Legende und Wahrheit der Gesellschaft Jesu Gestern – Heute – Morgen.* Ullstein, Frankfurt a. M./Berlin/Wien, 1984, S. 76. In anderer Übersetzung heißt es: „[...] daß alle, die unter dem Gehorsam leben, sich von der Göttlichen Vorsehung durch den Obern so tragen und lenken lassen müssen, als wären sie ein Leichnam". Siehe: Loyola, *Briefe,* 1956, S. 255.

Jedes Urteil müssen wir beiseite setzen und die Seele bereit und willig halten, in allem zu gehorchen der wahren Braut Christi unseres Herrn, die da ist unsere heilige Mutter, die hierarchische Kirche.[20]

Gegen Ende des Übungszyklus wird dem Exerzitianten hier, wie Helmut Feld kommentiert, vor Augen geführt, „dass er nicht nur in spirituelle Kämpfe verwickelt ist, sondern einer militanten Organisation angehört. Deren hauptsächliche Gegner, die Häretiker Luther und Calvin, werden zwar nicht namentlich genannt",[21] sind aber für jeden offensichtlich, der den Hinweis auf die spezifisch katholische Heiligkeit der Mutter Gottes, der der „wahre" Gehorsam zusteht, deuten kann. Dieser absolute, wenn auch taktisch „freie" Gehorsam gegenüber den Interessen der „hierarchischen Kirche" sollte den „Soldaten Jesu" zur Erfüllung ihres umfassenden Programms der Machtgewinnung und -erhaltung dienen.

Das Gehorsamsgebot kann darüber hinaus als ein distinktives Merkmal der gesamten europäischen Frühmoderne begriffen werden, in der „die Beschränkungen des Selbst", wie Silvia Mostaccio erläutert, nicht nur „durch eine strukturelle und notwendige Bindung an die Gemeinschaft, an Gott und an verschiedene politische und religiöse Mächte definiert war",[22] sondern auch als Ausdruck einer neuen Ausformung des Individuums verstanden werden kann. Diese trug zum einen den neuen protestantischen Ideen Rechnung und fand zum anderen – auf katholischer Seite – ihren Raum in einer neuen Form der Spiritualität, wie das Beispiel der Ignatianischen Lehre zeigt.[23] Dabei stand der absolute Gehorsam nur in scheinbarem Widerspruch zur jesuitischen Lehre der Willensfreiheit, die stark am Individuum ausgerichtet war. Zwar sollte der Gehorsam gegenüber Gott, beziehungsweise gegenüber seinen weltlichen Stellvertretern, ungebrochen sein und der Jesuit sollte „bereitwilliger dem Urteil der Kirche als dem Eindruck seiner eigenen Sinne" folgen,[24] doch Loyola selbst machte schon in der Ordensverfassung eine Einschränkung: der Verzicht auf das eigene Urteil gegenüber dem Oberen sei nur dann angebracht, wenn an demjenigen, dem gegenüber der Gehorsam zu leisten sei, „nicht irgendein Schein der Sünde ist".[25] Die jesuitische

---

20 Loyola, *Exerzitien*, 1991, S. 185.

21 Helmut Feld: *Ignatius von Loyola. Gründer des Jesuitenordens.* Böhlau, Köln, 2006, S. 68.

22 Silvia Mostaccio: *Early Modern Jesuits between Obedience and Conscience during the Generalate of Claudio Acquaviva (1581–1615).* Ashgate, Farnham, 2014, S. 5 [eigene Übersetzung].

23 Mostaccio, Early Modern Jesuits, 2014, S. 6.

24 Lundberg, Jesuitische Anthropologie, 1966, S. 337.

25 „ubi peccatum non cernetur", siehe Lundberg, Jesuitische Anthropologie, 1966, S. 336. Siehe Ordensregel 6: Ignatius von Loyola: „Die Satzungen der Gesellschaft Jesu". Aus dem Spanischen übersetzt von Mario Schoenenberger und Robert Stalder. In: Hans-Urs von Balthasar: *Menschen der Kirche in Zeugnis und Urkunde. VIII. Band.* Bezinger, Einsiedeln, 1948, S. 318.

Gehorsamsproduktion zielte also offenbar gar nicht darauf ab, den einzelnen willenlos zu machen. Dieser sollte sich vielmehr den Willen des Ordens zu eigen machen, „wodurch der einzelne, von sich selbst losgelöst, besser im Dienste an Christus verwendet werden konnte."[26] Wirklich gehorsam sein bedeutet hier nicht, mechanisch Anweisungen zu befolgen – der unter Zwang erbrachte „Gehorsam der Tat"[27] stellt nur die unterste Stufe der Gehorsamslehre dar –, sondern sich den Willen des Oberen so weit anzuzeigen, dass kein Befehl mehr nötig ist. Im *Gehorsamsbrief* erläutert Loyola seinen Ordensbrüdern die Vorzüge dieser freiwilligen Willensaufgabe:

> Dadurch verlieren Sie [den freien Willen] nicht; nein, Sie vervollkommnen ihn, indem Sie Ihren Willen ganz und gar mit dem sichersten Richtmaß allen rechten Handelns in Einklang bringen, mit dem göttlichen Willen, dessen Dolmetscher für Sie der Obere ist, der an seiner Stelle Sie leitet.[28]

Auch vergleicht Loyola, in scheinbarem Widerspruch zu der oben zitierten Rede vom gehorsamen Kadaver, die Gesellschaft Jesu in den *Konstitutionen* mit einem lebendigen Körper, dessen Teile dem Kopf (Rom) zu gehorchen hätten, wobei jede Provinz und jede Gemeinschaft, gleich den Gliedern, eine gewisse Autonomie behalte.[29] Auch im *Gehorsamsbrief* findet sich diese Metapher des Körpers und seiner ihm untergeordneten Glieder. Nicht nur der Wille, sondern auch der Verstand und alle Verstandesurteile haben dem Oberen Gehorsam zu leisten:

„... daß wir in allen Dingen, auf welche sich der Gehorsam mit der Liebe erstrecken kann (das sind alle jene, wo keine offensichtliche Sünde vorliegt), auf seine Stimme hin mit größter Bereitschaft zur Stelle seien, als ginge sie von Christus Unserem Herrn aus, denn an Seiner Statt und um Seiner Liebe und Ehrfurcht willen leisten wir Gehorsam." (Loyola, Satzungen, in: Balthasar, Menschen der Kirche, 1948, S. 318).

26 Lundberg, Jesuitische Anthropologie, 1966, S. 337.

27 Schoell, Der jesuitische Gehorsam, 1891, S. 2. Schoell zitiert einen Ausspruch Loyolas wonach „wer sich damit begnügt [...] ‚unter die Sklaven und Tiere gezählt werden'" soll. Siehe: Ebd. S. 58.

28 Loyola in: Rahner, Ignatius von Loyola: Geistliche Briefe, 1956, S. 247. Der historische Hintergrund des *Gehorsamsbrief* erklärt die Dringlichkeit dieser Erläuterung, wandte sich Loyola doch an die portugiesischen Ordensbrüder aufgrund von einem Führungswechsel, der zur Abtrünnigkeit einer Reihe von Ordensmännern, die daraufhin entlassen wurden. Siehe Rahner, Ignatius von Loyola: Geistliche Briefe, 1956, S. 243.

29 Siehe: Jeffrey Chipps Smith: *Sensuous Worship. Jesuits and the Art of the Early Catholic Reformation in Germany*. Princeton University Press, Princeton/Oxford, 2002, S. 6. Zum Vergleich mit den Himmelskörpern im *Gehorsamsbrief*: „so muß bei der Bewegung eines vernunftbegabten Wesens durch ein anderes, die im Gehorsam geschieht, das bewegte untertan und untergeordnet sein, um den Antrieb und die Stoßkraft des Bewegers zu erhalten." Siehe Loyola, 1553, in: Rahner, Ignatius von Loyola: Geistliche Briefe, 1956, S. 249.

Wenn aber das Haupt und die Glieder eines Sinnes sein sollen, so ist leicht einzusehen, ob billigerweise das Haupt mit den Gliedern eines Sinnes sein soll oder diese mit dem Haupt. Daher ist aus dem Gesagten klar, wie notwendig der Gehorsam des Verstandes ist.[30]

Im selben Absatz schreibt Loyola, dass „der Gehorsame sich dadurch gänzlich zu einem lebendigen und der göttlichen Majestät wohlgefälligen Brandopfer macht, in dem nichts vom eigenen Ich zurückbleibt".[31] Dennoch: ein nicht unerheblicher Rest intellektueller Eigenständigkeit bleibt auch in diesen total anmutenden Anweisungen des Ordensgenerals bestehen. So räumt Loyola dem Untergebenen durchaus das Recht ein, Zweifel gegenüber der Auffassung eines Oberen zu artikulieren, solange er in der Lage sei „vor und nach einer solchen Aussprache den inneren Gleichmut" zu bewahren und dadurch „innerlich ganz damit einverstanden zu sein, alles, was der Obere anordnet, für das Beste zu halten."[32]

Die missionarische Arbeit der durch „intellektuelle, literarische und geographische Mobilität"[33] geprägten Jesuitenpater erstreckte sich über mehrere Kontinente und eilte den europäischen Kolonialunternehmungen dabei vielerorts voraus. Ihr Einflussgebiet innerhalb Europas bildete ein engmaschiges responsives Netzwerk, wo Entscheidungen von Einzelnen oftmals weitreichende politische Folgen hatten. All dies legt nahe, dass die Ordensbrüder eine eigene und keineswegs widerspruchsfreie Form der *Verinnerlichung* des Gehorsams entwickeln mussten, um ihren anspruchsvollen Aufgaben als Erzieher und Beichtväter der weltlichen Führungselite und als politische Berater und Lenker der Geschicke des katholischen Europas im Auftrag des Papsts gerecht zu werden: Der gehorsame „Kadaver" der Jesuiten war auf eigentümliche Weise belebt.

Neben den Aufgaben der „Vertiefung des schwindenden kirchlichen Lebens im Volk, Predigt, Erteilung der Exerzitien an weitere Kreise, intensive Beicht- und Gewissenspflege, Erziehung, Heidenmission auf allen Teilen der Erde",[34] mit denen die Jesuiten den eigenen Reformbestrebungen der Kirche entgegenkamen, war es vor allem die Führungsrolle im Kampf gegen die erstarkenden protestanti-

---

30 Loyola, 1553, in: Rahner, Ignatius von Loyola: Geistliche Briefe, 1956, S. 251.
31 Ebd., S. 251 f.
32 „Bei alledem ist Ihnen keineswegs verwehrt, wenn Sie eine Sache anders auffassen als der Obere und wenn Ihnen im Gebet vor Gottes Angesicht eine Gegenvorstellung am Platze erscheint, das zu tun." Loyola, *Briefe*, 1956, S. 254–245.
33 [Eigene Übersetzung] Mostaccio, Early Modern Jesuits, 2014, S. 8.
34 Ferdinand Weinhandl: „Über Ignacio de Loyola. Leben und Werk". In: *Ignacio de Loyola: Die Exerzitien und aus dem Tagebuch*. Matthes und Seitz, München, 1991, S. 17. Christoph Asendorf sieht im Mobilitätsauftrag des Jesuitenordens einen Vorboten der Globalisierung. Siehe: Christoph Asendorf: „Die Jesuiten als Avantgarde der Globalisierung". In: Ders.: *Planetarische Perspektiven. Raumbilder im Zeitalter der frühen Globalisierung*. Fink, München, 2017, S. 195–214.

schen Strömungen. Dem Orden oblag die Wiedereroberung des protestantischen Europas, in einem bitteren Territorialkrieg, der mit den unterschiedlichsten Waffen geführt wurde und bei dem es, vor allem nach Ausbruch des Dreißigjährigen Kriegs, um weit mehr als Glaubensfragen allein ging. Neben den Schriften, die sich an die Gesellschaft Jesu selbst und deren innere Organisation richteten, predigten die Jesuiten den Gehorsam an eine Vielzahl unterschiedlicher Rezipienten:

> From the College of Salamanca to the Collegio Romano, from writings intended for the novices of the *Societas* to those for Catholic soldiers and for princes, from catechisms for the *rudes* to the texts for those given mystical gifts, [...] Jesuit men had to adapt the obligation to obey based on a wide range of perspectives.[35]

Der Jesuitenorden entfaltete seinen Einfluss bald in den katholisch gebliebenen Ländern im Süden Europas sowie in den von Spanien besetzten Teilen der Niederlande,[36] wo sie als Beichtväter, Lehrer und engste Vertraute von Fürsten, Monarchen und Bürgern eine subtile Macht entfalteten.[37] Für Arnold Hauser bezeichnet der Aufstieg des Jesuitenordens den „höchsten Triumph des politischen Realismus", der die strikte Trennung von politischer Praxis und christlichen Idealen vorsah. Eine Haltung der Realpolitik also, die tief in die Strukturen einer von Außen bedrohten und auf Machterhalt bedachten Kirche reichte.[38] Wie Jean Baudrillard in seinen berühmten Thesen zu *Simulation und Simulacrum* erklärte, verbirgt sich hinter dem jesuitischen Gehorsam gegenüber Gott „die graue Eminenz der Politik".[39] Dieser „Krieg mit anderen Mitteln"[40] stand in direktem Zusammenhang mit

---

35 Mostaccio, Early Modern Jesuits, 2014, S. 8.

36 Weiß: Katholische Reform und Gegenreformation, 2005, S. 77.

37 Diese Machtpolitik stieß immer wieder auf heftige Widerstände, bis hin zum zeitweisen Verbot des Ordens in Frankreich und Portugal, wo die Jesuiten immer wieder in den Verdacht gerieten, gegen die Machthaber zu intrigieren und ihre eigenen Interessen, bzw. die des Papstes, über die der Landesherren zu stellen. Der Vorwurf, dass die Jesuiten Sakrament der Beichte zur Beeinflussung der Fürsten zu gebrauchten war nicht ganz von der Hand zu weisen und kann als Teil der Jesuitischen Machtstrategie verstanden werden. Dazu: Robert Bireley: *The Jesuits and the Thirty Years War. Kings, Courts and Confessors.* Cambridge University Press, 2003, S. 3.

38 Hauser, Social History of Art, 1951, S. 372–373.

39 [Eigene Übersetzung] „This was the approach of the Jesuits, who based their politics on the virtual disappearance of God and on the worldly and spectacular manipulation of conscience – the evansence of God in the epiphany of power – the end of transcendence, which no longer serves as alibi for a strategy completely free of influences and signs. Behind the baroque of images hides the grey eminence of politics". Jean Baudrillard: *Simulations.* Übersetzt aus dem Französischen ins Englische von Paul Foss, Paul Patton und Philip Beitchman. Semiotext[e], New York, 1983, S. 10.

40 Als solchen bezeichnet Foucault in Umkehrung des Clausewitzschen Dictums die Art von Machtpolitik, für die Unterdrückung und Repression keinen Missbrauch der Rechtsordnung dar-

dem sich im Zuge von Reformation und Gegenreformation entfaltenden Bilder-
krieg, bei dem die Jesuiten gegen den Ikonoklasmus der Reformatoren die Macht
der Bilderverehrung entfesselten. Dabei waren es zunächst die Ikonoklasten, die
die immense Potenz der Bilder anerkannten, nämlich die der „simulacra" innewoh-
nende Macht, die Existenz Gottes in Frage zu stellen:

> Their rage to destroy images rose precisely because they sensed this omnipotence of simula-
> cra, this facility they have of effacing God from the consciousness of men, and the overwhel-
> ming, destructive truth which they suggest: that ultimately there has never been any God,
> that only the simulacrum exists, indeed that God himself has only ever been his own simula-
> crum. [...] this death of the divine referential has to be exorcised at all cost.

> It can be seen that the iconoclasts, who are often accused of despising and denying images,
> were in fact the ones who accorded them their actual worth, unlike the iconolaters who saw
> in them only reflections and were content to venerate God at one remove.[41]

Demgegenüber sind die Jesuiten für Baudrillard die Vertreter einer Ikonolatrie,
die in ihrer Ersetzung Gottes durch seine bildhafte Erscheinung durchaus modern
genannt werden kann, denn verdeckt hinter der Idee einer Erscheinung Gottes
im Spiegel der Bilder „inszenierten sie schon seinen Tod und sein Verschwinden
in der Epiphanie seiner Repräsentation".[42] Selbst wenn sich Baudrillards radikale
Schlussfolgerung, dass in der jesuitischen Bilderverehrung bereits der Tod Gottes
gefeiert werde, keineswegs belegen lässt, so ist doch auch aus historischer Sicht
plausibel, dass hinter der Chiffre des Gottesgehorsams im Europäischen Glau-
benskrieg des 16. und 17. Jahrhunderts durchaus vor allem weltliche Mächte und
deren Interessen agierten.

2.2 Exerzitien und angeleitete Imagination – *Applicatio Sensuum*

Im Kern der jesuitischen Strategie der Gehorsamsproduktion liegt, so die hier verfolgte These, ein militärisch disziplinierender Begriff des Bildes, der sowohl medi-
entechnische, als auch *wahrnehmungstechnische* Anwendungen findet. Auf die religiös begründete Bilderfeindlichkeit, die nicht nur von der (calvinistischen und
lutherischen) Reformation ausging, sondern auch innerhalb der katholischen und

---

stellen, sondern deren Fortsetzung – um nichts anderes geht es bei der Gehorsamsdoktrin. Siehe:
Michel Foucault: *In Verteidigung der Gesellschaft. Vorlesungen am Collège de France (1975–76)*.
Aus dem Französischen von Michaela Ott. Suhrkamp, Frankfurt a. M., 1999, S. 32–34.
41 Baudrillard: Simulations, 1983, S. 8–9.
42 [Eigene Übersetzung] Baudrillard: Simulations, 1983, S. 9.

orthodoxen Kirche ein diskursives Erbe bildete,[43] reagierte die Lehre des Ignatius, wie Roland Barthes formuliert hat, mit dem „radikalen Herrschaftsanspruch des Bildes".[44] Dieses spezielle Verständnis für die Wirkmacht des Bildes macht sich, wie vielfach hervorgehoben wurde,[45] nicht nur in der jesuitisch geprägten Kunst des Barocks bemerkbar, die seit dem gegenreformatorischen Konzil von Trient um 1563 von einer eigens ausformulierten „Sinneslehre" begleitet wurde,[46] sondern auch im Einsatz von Medientechniken.[47] Zu diesen zählen neben den Gemälden etwa auch das von den Jesuiten entwickelte Theater[48] sowie optische Illusionen, Bühnentricks und Bildmaschinen, wie die Laterna Magica von Athanasius Kircher, die Bilder der Qualen der Hölle projizierte.[49] Durch die beeindruckenden Simula-

---

43 Zum byzantinischen Bilderstreit im 8. und 9. Jahrhundert ausführlich: Marie Marie-José Mondzain: *Bild, Ikone, Ökonomie. Die byzantinischen Quellen des zeitgenössischen Imaginären.* Übersetzt von Heinz Jatho. Diaphanes, Zürich/Berlin, 2011.

44 Roland Barthes: *Sade – Fourier – Loyola.* Übersetzt von Maren Sell und Jürgen Hoch. Suhrkamp, Frankfurt a. M., 1986, S. 78.

45 Neben Jean Baudrillard und Friedrich Kittler verfolgte auch Manuel de Landa zu Beginn der 1990er Jahre diese Spur. Siehe: *Simulations.* New York, Semiotexte, 1989, S. 87–88; Friedrich Kittler: *Optische Medien. Berliner Vorlesung 1999.* Merve, Berlin, 2011, S. 95 ff.; Manuel de Landa: *War in the Age of Intelligent Machines.* Zone Books, 1991, S. 187–192.

46 Siehe dazu: Hauser: Social History of Art, 1951, S. 376–377; von zur Mühlen, Ehre sei dem Bild, 1997, S. 161–170; Sibylle Appuhn-Radtke: *Visuelle Medien im Dienst der Gesellschaft Jesu. Johann Christoph Storer (1620–1671) als Maler der Katholischen Reform.* Schnell + Steiner, Regensburg, 2000, S. 20–25. Für verschiedene Autoren markiert der Einfluss der Jesuiten vor allem den Stil des Manierismus, den sie vom Barock abgrenzen und der für sie den Übergang zwischen Renaissance und Barock darstellt. Siehe u. a.: Pevsner, Gegenreformation und Manierismus, 1925; Walter Friedlaender: *Mannerism and Anti-Mannerism in Italian Painting.* Columbia University Press, New York, 1957; Hauser, Social History of Art, 1951, S. 373–396.

47 Im Kontext dieser Arbeit beschränke ich mich auf die bildlichen Darstellungen. Auch wenn der Sehsinn von den Jesuiten favorisiert wurde, wurden die anderen leiblichen Sinne nicht vernachlässigt. Zur Musik im „Jesuitenstaat" in Paraguay siehe: Karin Harrasser: „Sweet Trap, Dangerous Method. Musical Practice in the Jesuit Reductions of Chiquitos and Moxos in the Eighteenth Century". In: Ulrike Bergermann et al. (Hg.): *Connect and Divide. The Practice Turn in Media Studies.* Diaphanes, Berlin, 2021, S. 209–225. Zu Schmecken und Geschmack bei Baltasar Gracián siehe: Zandt, Geschmack, 2019, S. 39–188. Zu den weiteren Medientechniken siehe: Kittler, Optische Medien, 2011, S. 86–89; 90–96; zu Architektur, Malerei und Theater siehe: Asendorf, Jesuiten als Avantgarde, 2017, S. 204–210.

48 Fidel Rädel: „Das Jesuitentheater in der Pflicht der Gegenreform". In: Jean-Marie Valentin: *Gegenreformation und Literatur. Beiträge zur interdisziplinären Erforschung der katholischen Reformbewegung.* Amsterdam, Daphnis, 1979, S. 167–199.

49 Athanasius Kircher: „Zauberlaterne". in: Ders.: *Ars Magna Lucis et Umbrae.* Amsterdam, 1671, S. 769, zitiert nach: Lucas Burkart: „Bewegte Bilder – Sichtbares Wissen. Athanasius Kircher und die Sichtbarmachung der Welt". In: Horst Bredekamp, Christiane Kruse, Pablo Schneider: *Imagination und Repräsentation. Zwei Bildsphären der Frühen Neuzeit.* Fink, München, 2010, S. 335–352.

tionen religiöser Bildszenen sollten Erweckungserlebnisse und religiöser Gehorsam herbeigeführt werden.

Auch innerhalb der *Exerzitien* ist bereits die am Bild orientierte jesuitische Sinneslehre angelegt, und sie entwickelt hier ihre klarste Ausformung als eine Methode des Drills, die über die Kraft des Bildes direkt disziplinierend auf die Wahrnehmung des Exerzitianten wirken kann: „[A]ls Produkt einer angeleiteten Imagination ist das Bild die beständige Materie der Exerzitien".[50] Für den amerikanischen Medientheoretiker Manuel DeLanda, der, ähnlich wie Friedrich Kittler, in den 1990er Jahren eine große Faszination für die militärisch-medientechnisch-religiösen Feldzüge der Jesuiten erkennen lässt, bildete der Jesuitenorden die „paramilitärische Speerspitze einer spirituellen Gegenoffensive". Er spricht im Zusammenhang der Ignatianischen Exerzitien von einem „taktischen Trainingsprogramm":

> The Exercises cunningly used images to create in the recruit an esprit de corps and to elicit from him a voluntary renunciation of the will.[51]

Die (zumeist) vierwöchigen Meditationsübungen unter Anleitung eines als „Direktor" bezeichneten geistlichen Exerzitienmeisters bilden als „Instrument der Seelenführung"[52] den Kern der Gehorsamsproduktion in der jesuitischen Elite. Sie sind „für alle Jesuiten verpflichtend, für die übrigen Gläubigen anempfohlen"[53] und werden bis heute zum einen in der Ausbildung der angehenden Ordensmitglieder erteilt, von denen verlangt wird, die Exerzitien für die Dauer ihres Lebens in regelmäßigen Abständen zu wiederholen, und zum anderen an weltliche Personen (Frauen und Männer) innerhalb des weitverzweigten jesuitischen Ausbildungssystems. Dabei liest der Exerzitiant den Text der Exerzitien nicht selbst, vielmehr wird er von dem Direktor vorgelesen, der auch die „Führung" durch Meditation und Gebet übernimmt. Dies geschieht zumeist an einem abgeschiedenen Ort, wie den den Jesuitenschulen eigens angegliederten Exerzitienhäusern.

Das Ziel der geistigen Übungen – der absolute Gehorsam gegenüber Gott beziehungsweise der Kirche – soll durch die intensive Praxis angeleiteter Imagination erreicht werden. Schon in der ersten Vorbemerkung heißt es bei Ignatius, dass die geistlichen Übungen „jede Art der Gewissenserforschung, Betrachtung,

---

Zum Mediengebrauch der Jesuiten und im Besonderen Athanasius Kircher siehe auch: Kittler, Optische Medien, 2011, S. 86–89; 90–96.

50 Barthes, Sade – Fourier – Loyola, 1986, S. 78.
51 DeLanda, War in the Age of Intelligent Machines, 1991, S. 188.
52 Weiß, Katholische Reform und Gegenreformation, 2005, S. 76.
53 von zur Mühlen, Ehre sei dem Bild, 1997, S. 163.

Beschauung, mündliches und innerliches Beten und andere geistliche Tätigkeiten" umfassen,

[d]enn gleichwie Gehen, Vorwärtsschreiten und Laufen körperliche Übungen sind, so nennt man auch geistliche Übungen eine jede Weise, welche die Seele vorbereitet und in die rechte Verfassung bringt, alle ungeordneten Neigungen von sich entfernen und, nachdem man sie entfernt hat, den göttlichen Willen zu suchen und zu finden in der Durchbildung des eigenen Lebens zum Heil der Seele."[54]

Die Übertragung des Prinzips des körperlichen Drills auf die Disziplinierung des Geistes tritt in diesen einführenden Worten offen zutage. Wie der Körper, der nach den Jesuitischen Prinzipien ebenfalls gepflegt und keinesfalls durch übertriebene Geißelungen geschwächt werden soll, durch Anstrengung gebildet und gestärkt und auf eine soldatisch-kampfbereite Verfassung hin abgerichtet werden kann, so soll auch das Innere, die „seelische" Verfassung der Jesuitenschüler durchbildet und geformt werden.

Wenn diese Darstellung den Eindruck vermittelt, Ignatius bestünde auf einer strengen Trennung von Körperlichem und Geistigem, Sinnlichem und Seelischem, so wird dieser Eindruck durch den Inhalt der Exerzitien verkompliziert, denn die „geistlichen Übungen" sind durchwirkt von körperlich-sinnlichen Erfahrungen und zielen auf die direkte Empfindung des Dargestellten durch den Rezipienten.[55] Tatsächlich geht es dabei um eine fast körperliche Erfahrung der Imagination, die ständig darauf bedacht ist, jeden körperlichen Sinn und jedes Wahrnehmungsorgan zu berühren. So empfanden schon die nächsten Jünger Loyolas, die die Übungen noch unter der Anleitung ihres Verfassers ausführten, die Exerzitien als eine „Anwendung der Sinne"[56], diese seien „bereits eine Art von Kontemplation [...],

---

54 Ignacio de Loyola: *Die Exerzitien und aus dem Tagebuch*. Aus dem Spanischen von Ferdinand Weinhandl. Matthes und Seitz, München, 1991, S. 64.

55 Der jesuitische Kirchenhistoriker Hugo Rahner (Bruder des einflussreichen jesuitischen Theologen Karl Rahner), nennt die *Exerzitien* eine „leibseelisch gewordene Weise des Betens" siehe Hugo Rahner: *Ignatius von Loyola als Mensch und Theologe*. Darin: Ders.: „Die ‚Anwendung der Sinne' in der Betrachtungsmethode des hl. Ignatius von Loyola". Herder, Freiburg/Basel/Wien, 1964, S. 344–369, hier: S. 345.

56 Auch in der heutigen Version der Exerzitien ist mehrmals von einer „Anwendung der Sinne" die Rede, die darin besteht, dass alle fünf Sinne auf die beschauten Gegenstände gerichtet sein sollen. Von der „Anwendung der Seelenkräfte" ist dagegen die Rede, wenn das Gedächtnis, der Verstand und der Willen auf einen Gegenstand gerichtet sind. Siehe: Loyola: *Exerzitien*, 1991, S. 84–85 und 106–109. Marxer führt dagegen aus, dass von der „Applicatio sensuum" erst in der von Frusius übersetzten lateinischen Version die Rede ist. Fridolin Marxer: *Die inneren geistlichen Sinne. Ein Beitrag zur Deutung Ignatianischer Mystik*. Herder, Freiburg, 1964, S. 16. Im Urtext von Loyola bezeichnet diese Methode das „Ziehen der fünf Sinne über den Gegenstand der (vor-

eine Gebetsweise, der es eigen ist, wie fixiert zu sein von dem Gegenstand, den man beschaut", ein „geistliches Schauvermögen", „geistliches Riechenkönnen", „ein Schmeckenkönnen" und „geistliches Tastvermögen",[57] die allein aus den, durchaus in der Art des Befehls verfassten Anleitungen zur Imagination heraus entstehen. Der Text der *Exerzitien* ist voller solcher Anweisungen zum Sehen, Hören, Riechen, Schmecken und Tasten, wie bei der Beschauung der Inkarnation am Ende des ersten Tages der zweiten Woche, in der der Exerzitiant angewiesen ist,

> [m]it der Sicht der Vorstellungskraft die Personen [zu] sehen [...] Mit dem Gehör hören, was sie sprechen oder sprechen können [...] Mit dem Geruch und mit dem Geschmack riechen und schmecken [...] Mit dem Tastsinn berühren, etwa die Orte umfangen und küssen [...].[58]

Schon die erste in den *Exerzitien* enthaltene Übung, die der Betrachtung der Sünden gewidmet ist, hebt mit einer genauen Anweisung für die Visualisierung eines „inneren Bildes" an. Sie besteht in der Vorstellung eines sichtbaren Gegenstands, in der Vergegenwärtigung eines Ortes. Diese wird in den Loyola-Kommentaren vielfach als Übung der *composito loci*, oder *Zurichtung des Ortes* beschrieben. Loyola bezieht die Inspiration für diese Übung, die die Vorstellungskraft auf bestimmte Räume richtet, offenbar aus den Mnemotechniken der Rhetorik, die den Vortragenden zur Memorierung langer Reden empfiehlt, sich sogenannte *loci* vorzustellen, also Gedächtnisorte, wie auffällige Gebäude, Säulenhallen oder Triumphbögen, in denen die *imagines*, die Gedächtnisbilder, platziert werden sollten.[59] Die bildhafte „Zurichtung des Ortes" in den Exerzitien hat Marxer zufolge das „Zubereiten in einem rein natürlichen, fast materiellen Sinn"[60] zum Ziel:

> Hier ist zu bemerken, daß bei einer Beschauung oder Betrachtung über einen sichtbaren Gegenstand, wie z. B. bei einer Betrachtung über unseren Herrn Jesum Christum, der anschaubar ist, diese Vorstellung darin besteht, daß ich mit dem Auge der Einbildungskraft den körperlichen Ort sehe, wo jener Gegenstand, den ich betrachten will, sich befindet. Ich

---

her geübten) Kontemplation", die als fünfte und letzte Kontemplationsstunde des Tages durchzuführen ist. Siehe: Rahner, Ignatius von Loyola als Mensch und Theologe, 1964, S. 344 und 349.
57 Juan de Polanco, zitiert nach Josef Sudbrack: „Die ,Anwendung der Sinne' als Angelpunkt der Exerzitien". In: Michael Sievernich, Günter Switek (Hg.): *Ignatianisch. Eigenart und Methode der Gesellschaft Jesu.* Herder, Freiburg, 1990, S. 96–119, hier: S. 97.
58 Siehe Sudbrack, Anwendung der Sinne, 1990, S. 101, wo dieser zudem Ignatius eine „erstaunliche Modernität" zuschreibt, die „die neuplatonische Theologie der Leib-Seele-Trennung und damit eine Mystik jenseits der Leiblichkeit überwunden" habe.
59 Siehe: Birgit Ulrike Münch: „Barocke Thesenblätter". In: Wolfgang Brassat: *Handbuch Rhetorik der Bildenden Künste.* De Gruyter, Berlin, 2017, S. 577–593, darin: „Ars Memorativa und Disputatio in der jesuitischen Rhetorik", S. 585–586, hier: hier: S. 585.
60 Marxer, Die inneren geistlichen Sinne, 1964, S. 19.

nenne einen körperlichen Ort, z. B. den Tempel oder Berg, wo Jesus Christus oder Unsere Liebe Frau gegenwärtig ist, je nach der Sache, welche ich zu betrachten gesonnen bin.[61]

Vor dem Auge der Einbildungskraft entsteht so der räumliche Eindruck von Landschaften, Gebäude und Personen. Diese „Vorübung" zur eigentlichen Übung der Vergegenwärtigung der eigenen Sünde, kann als eine Art Einstellung auf die innerliche Visualisierung verstanden werden, eine relativ einfach zu vollbringende Einstimmung auf die gleich danach folgende größere Herausforderung der Vorstellung abstrakterer, nicht sichtbarer Gegenstände:

> Bei der Betrachtung über einen unsichtbaren Gegenstand, wie z. B. hier über die Sünden, besteht die Vorstellung darin, daß ich mit dem Blicke der Einbildungskraft sehe und betrachte, wie meine Seele in diesem verweslichen Körper wie in einem Kerker eingeschlossen sei, und der ganze Mensch gleichsam ein Verbannter in diesem Tale unter unvernünftigen Tieren lebt. Ich meine den ganzen Menschen, Seele und Leib.[62]

Es fällt auf, dass für Loyola auch der Zusammenhang der „Sünde", der, wie er selbst anmerkt, eigentlich nicht „sichtbar" ist, dennoch über den Sehsinn vermittelt werden kann, nämlich einerseits über die *Versinnbildlichung* der Seele in einem metaphorischen Kerker, der vor dem geistigen Auge sichtbar gemacht wird, und andererseits über die Vergegenwärtigung des Menschen als leidenden Lebewesen (Seele *und* Leib) unter anderen auf der Erde lebenden Wesen; also als Visualisierung und sinnliche Erfahrung der Folgen des Sündenfalls nach der Vertreibung aus dem Paradies.

Die darauf folgende eigentliche Übung besteht in der Vergegenwärtigung der Sünde der aufbegehrenden Engel, der Stammeltern Adam und Eva und schließlich der gegenwärtigen menschlichen Sünde selbst, und sie endet mit einer weiteren bildhaften Visualisierung, von Jesus am Kreuz, und einer Blickwendung des Exerzitanten, auf sich selbst:

> Ich soll mir Christum unseren Herrn gegenwärtig und am Kreuze hängend vorstellen [...] Ähnlich soll ich auf mich selbst den Blick werfen und mich fragen, was ich für Christum getan, was ich für Christum tue, was ich für Christum tun soll. Und indem ich den Herrn so sehe, so ans Kreuz geheftet ihn betrachte, will ich jene Gedanken und Gefühle, welche sich mir darbieten, verfolgen.[63]

---

61 Loyola, Exerzitien, 1991, S. 84.
62 Ebd.
63 Ebd, S. 87.

Die Vorübung der „räumlichen Vergegenwärtigung" wird vor den meisten der Übungen vorbereitend wiederholt und nur manchmal um eine „Vorübung geschichtlicher Art" ergänzt (zum Beispiel während des vierten Tags der zweiten Woche: „wie Christus alle unter seine Fahne ruft und sammeln will und Luzifer hinwieder unter die seinige"[64]). Bei der zweiten Übung geht es um das „Verhör über meine Sünden", „indem ich alle Sünden meines Lebens mir ins Gedächtnis zurückrufe"[65]. Auch diese gewaltige Aufgabe kann nur über einen Akt der bildhaften Konkretion gelingen, nämlich indem erstens der „Ort und das Haus" betrachtet wird, „wo ich gewohnt; zweitens, der Umgang, den ich mit anderen gepflogen; drittens, der Beruf, in dem ich gelebt habe" um schließlich, im Vollzug der Disziplinierung, auch die absolute Niedrigkeit der eigenen Existenz im Eingeständnis der Sünden bildlich vor Augen zu führen:

[...] indem ich viertens alles Verderben und alle Häßlichkeit meines Leibes betrachte und indem ich fünftens mich als ein Geschwür und eine Beule ansehe, aus welcher so viele Sünden und so viele Schlechtigkeiten und ein so häßliches Gift hervorgebrochen ist.[66]

Nachdem die dritte und vierte Übung der ersten Woche vor allem in der Wiederholung der ersten beiden Übungen bestehen (auch in den folgenden Wochen dienen solche „Veranschaulichungen des Ortes"[67] der Einstimmung auf die Übungen, die der „Sichtbarmachung ‚eines unsichtbaren Stoffes'"[68] dienen), widmet sich die fünfte Übung der vielleicht berühmtesten Passage aus Loyolas Werk: der „Versinnlichung" der Hölle, die der Exerzitiant „mit dem Blicke der Einbildungskraft" in ihrer „Länge, Breite und Tiefe" zu sehen habe:

Der erste Punkt besteht darin, daß ich mit den Augen der Einbildungskraft jene unermeßlichen Feuergluten und die Seelen wie in feurigen Körpern sehe.

Der zweite Punkt besteht darin, daß ich mit den Ohren der Einbildungskraft das Weinen, Geheul, Geschrei, die Lästerungen gegen Christum unseren Herrn und gegen alle seine Heiligen höre.

Der dritte Punkt besteht darin, daß ich mit dem Geruchssinne der Einbildungskraft den Rauch, Schwefel, die Pfütze und Fäulnis der Hölle rieche.

Der vierte Punkt besteht darin, daß ich mit dem Geschmackssinne der Einbildungskraft die bitteren Dinge, die Tränen, die Traurigkeit, den Gewissenswurm in der Hölle koste.

---

64 Ebd., S. 112, auch siehe unten.
65 Ebd. S. 88.
66 Ebd., S. 89.
67 Ebd., S. 101. Siehe auch: S. 98, S. 101, S. 104, S.
68 Marxer, Die inneren geistlichen Sinne, 1964, S. 19.

> Der fünfte Punkt besteht darin, daß ich mit dem Tastsinne der Einbildungskraft jene Gluten berühre, die die Seelen erfassen und brennen.[69]

Jeder der fünf Punkte ist zu festgelegten Zeiten, von Mitternacht bis zum Abendessen vorzunehmen. Danach folgt die Veranschaulichung aller Menschen, die „sich auf der Oberfläche der Erde befinden" und der „drei göttlichen Personen", sowie der heiligen Maria, und deren Handlungen und die zweite Beschauung: Über die Geburt des Herren, welche in der fünften Beschauung „mit dem Gehöre", dem „Geruchs- und Geschmackssinne, dem Tastsinn" nachzuvollziehen sind. Stephan Zandt kommentiert treffend, dass die Übungen den Exerzitianten zwar

> auf die Welt vorbereiten sollen, aber die Übungen doch konsequent unter Ausschluss aller äußeren Einflüsse stattfinden. Um in der Welt bestehen zu können, inszenieren sie Anfechtungen und den Krieg zwischen Himmel und Hölle in einer Simulation, die die Versuchungen unter kontrollierten Bedingungen durchspielen und die Techniken der Abwehr lehren.[70]

Von der zweiten bis vierten Woche hat sich der Exerzitiant oder die Exerzitiantin ganz der Kontemplation, das heißt der „Betrachtung" zu widmen, die, Fridolin Marxer zufolge, der „Anwendung der Sinne" sehr nahe steht.[71] Zunächst besteht diese in der genauen Betrachtung des Lebens Christi, von der Fleischwerdung bis zum Tod. Diese sollen, dem Prinzip der *imitatio christi* folgend, erst möglichst genau imaginiert werden, um dann, mithilfe des Instruments der inneren Verbildlichung, auf das eigene Handeln übertragen zu werden. Über die drei Fähigkeiten der Seele (Gedächtnis, Verstand, Wille), die der augustinischen Seelenlehre entnommen sind[72] und die „Geistigkeit" des Menschen betreffen, sowie die „fünf Sinne des Leibes", (die Ausdruck der Sinnlichkeit sind[73]) hinaus, werden dabei auch die anderen seelischen Vermögen aktiviert: Die „schöpferische Phantasie" und der in den Schriften Loyolas häufig wiederkehrende „affectus", dem dort gegenüber dem „intellectus" ein höherer Stellenwert zukommt.[74]

Es fällt auf, dass ähnlich den Texterklärungen der oranischen Exerzierreglements, Loyolas Text formuliert, „wie" etwas aussieht, also eine bildhafte Darstellung beschreibt, ohne es dem geschriebenen Wort zu erlauben, an die Stelle des

---

69 Loyola, Exerzitien, 1991, S. 91.
70 Zandt, Geschmack, 2019, S. 151, S. 178.
71 Marxer, Die inneren geistlichen Sinne, 1964, S. 13.
72 Ebd., S. 12.
73 Ebd., S. 43.
74 Ebd., S. 13.

Bildes zu treten. Das innere Bild ist das eigentlich Hervorgebrachte, während der Text nur eine auslösende, hinweisende Funktion hat. Daher sollen die Exerzitien in der Regel auch nicht selbst gelesen, sondern von dem Direktor vorgelesen und evoziert werden. Nach der üblichen „Vergegenwärtigung des Ortes", soll sich der Exerzitiant genau vorstellen,

> wie Christus unser Herr sich in der großen Ebene der Umgebung von Jerusalem befindet, auf einem anspruchslosen Platze, schön und liebenswürdig von Gestalt.[75]

Der Prozess der *Imitatio* ist der im Kontext der militärischen Drillbücher beschriebenen körpertechnischen Mimesis nahe verwandt. Ebenso setzen die im Exerzitienbuch Loyolas formulierten Techniken des Drills auf die Methode der Wiederholung und „zusammenfassende Vertiefung". Darunter sei, Marxer zufolge, ein „‚Wiederaufnehmen' und zugleich ein ‚Zusammennehmen, in einem Wort: eine zusammenfassende Vertiefung der vorangegangenen Übungen", zu verstehen die die Wiederholung von zwei Übungen, die von eigentlich unterschiedlichen Gegenständen handeln, erlauben.[76]

2.3 Innere und äußere Bilder

> Neunte Regel. Man lobe [...] auch die Bilder und deren Verehrung wegen dessen, was sie vorstellen.[77]

Schon die Beschlüsse des im Jahr 787 abgehaltenen zweiten Konzils von Nizäa sahen konkrete Vorschriften für den christlichen Bildgebrauch vor. Zwei Arten der Verehrung wurden unterschieden: Die allein Gott vorbehaltenen „latria" auf der einen Seite und die als „proskynesis" bezeichnete, äußere Form der Bildverehrung auf der anderen.[78] Bilder hatten in dieser Auffassung vor allem eine pädagogische Funktion. Die Calvinisten des 16. Jahrhunderts lehnten die Beschlüsse des Konzils von Nizäa ab und beharrten auf dem durch die Zehn Gebote gegebe-

---

75 Loyola, Exerzitien, 1991, S. 113.

76 Marxer, Die inneren geistlichen Sinne, 1964, S. 13.

77 Loyola, Exerzitien, 1991, S. 187, darin: „Um die wahre Gesinnung zu erlangen, die wir in der streitenden Kirche haben sollen", S. 185–189.

78 Siehe: Jens Baumgarten: *Konfession, Bild und Macht. Visualisierung als katholisches Herrschafts- und Disziplinierungskonzept in Rom und im habsburgischen Schlesien (1560–1740)*. Dölling und Galitz Verlag, Hamburg/München, 2004, S. 35. Siehe auch: Mondzain, Bild, Ikone, Ökonomie, 2011.

nen Bilderverbot und der entsprechenden Entfernung aller Bilder aus den Kirchen und kirchlichen Schriften. Das Bilderdekret, das im Dezember 1563 während des Tridentinischen Konzils nach einer französischen Textverlage geschaffen und verabschiedet worden war, wandte sich direkt gegen diesen calvinistischen Vorwurf der Idolatrie, aber auch indirekt gegen die Nizänische „rein didaktische" Bewertung der Bilder.[79] Den bildhaften Darstellungen Christi, der Mutter Gottes und der Heiligen sollte weiterhin Ehre und Verehrung („honor et veneratio") entgegengebracht werden. Dies wurde, wie auch schon in Nizäa, damit begründet, dass „diese nicht auf das Bild in seiner Materialität abzielten, sondern auf die abgebildeten Prototypen" („honos refertur ad prototypa").[80] Aus diesem Argument bezogen die Bilder ihre Autorität und ihre Legitimierung.

In Gabriele Paleottis *Discorso intorno alle imagini sacre e profane*, das der Kardinal nach seiner Teilnahme am Konzil von Trient veröffentlichte, heißt es explizit, das Ziel des Malers christlicher Bilder habe zu sein: Menschen „zum richtigen Gehorsam und zur Unterwerfung unter Gott zu bewegen" [...]. Dies sei „der wahre und wichtigste Zweck solcher Darstellungen".[81] Die Kunsthistorikerin Ilse von zur Mühlen führt Paleottis Darlegungen auf die scholastisch geprägte Anthropologie der Jesuiten zurück, nach der jedem äußeren Sinneseindruck ein *phantasma* oder *simile* des Wahrnehmbaren im inneren Sinn (*sensus internus*) entspreche. Für den Bildgebrauch heiße dies:

> Wenn die Augen ein äußeres Bild aufgenommen haben und es durch das innere Gegenbild erkennbar geworden ist, wir die Ratio tätig (‚kognitive Potenz'); sie sucht den Bildinhalt und seine Details zu verstehen. Dieser Vorgang läuft schneller ab als ein Sinneseindruck über das Ohr.[82]

Schon Everard Mercurian, der vierte General des Jesuitenordens, hatte angemerkt, dass der Sinn des Exerzitienbuchs sich nicht durch einfaches Lesen erschließe. Ähnlich der Bibel, müsse sein Inhalt meditiert und reflektiert werden und erst bei der Durchführung der Übungen, in der aktiven Imagination, entfaltete es seine „machtvolle und effektive Kraft zur Konversion der Seelen und der

---

79 Baumgarten, Konfession, Bild und Macht, 2004, S. 35.

80 Concilium Tridentinum, S. 1078, Zeile 2 und 6, zitiert nach Baumgarten, Konfession, Bild und Macht, 2004, S. 36 f.

81 Gabriele Paleotti: *Discorso intorno alle imagini sacre e profane*. Herausgegeben von: Stefano della Torre, Gian Franco Freguglia, Carlo Cheni, Libreria editrice vaticana, Città del Vaticano, 2002, S. 215 [im Original herausgegeben von Alessandro Benacci, Bologna, 1582], zitiert und übersetzt von von zur Mühlen, Ehre sei dem Bild, 1997, S. 166.

82 von zur Mühlen, Ehre sei dem Bild, 1997, S. 166.

spirituellen Reifung".[83] Zweifellos bietet der Text der *Exerzitien* lediglich eine Anleitung zu einer dann im Vollzug stattfindenden Meditationspraxis, einer „Aktuierung innerer Sinne"[84], für die der Text allenfalls eine nebensächliche, auslösende Funktion hat.[85] Anders als die militärischen Exerzierbücher, die auf eine mimetische und synchronisierende,[86] nach Außen gerichtete „Anwendung des Körpers" abzielen, haben es die jesuitischen *Exerzitien* auf die nach innen gerichtete „Anwendung der Sinne" abgesehen. Deren Funktion besteht ebenfalls in gehorsamer Nachahmung und kann, im Gegensatz zu den Techniken des Körpers, als operative Wahrnehmungstechnik beschrieben werden.

In seiner Deutung der „inneren geistlichen Sinne" im Kontext jesuitischer Mystik beschreibt ein moderner Loyola Kommentator – der katholische Philologe Fridolin Marxer – die ignatianische Aktivierung der „inneren Sinne" in Abgrenzung zu den „äußeren Sinnen" folgendermaßen:[87]

> Von den äußeren Sinnen zu unterscheiden, wenn auch nicht sachlich restlos zu trennen, sind die imaginativen Sinne, die mit der Einbildungs- oder Vorstellungskraft zusammenfallen. Der schöpferischen Phantasie, wie sie auch genannt werden kann, kommt die Fähigkeit zu, die Empfindungen und Eindrücke der äußeren Sinne zu sammeln und auf intentionale Weise wiederzugeben. Die ordnende und reproduzierende Funktion der imaginativen Sinne stellt gegenüber dem bloßen Aufnehmen der äußeren Sinne einen Schritt nach innen dar. [...] Ihre Tätigkeit bleibt nie auf die bloße Wiedergabe der Eindrücke von außen im intentionalen Raum beschränkt. Die Seele gibt immer etwas Eigenes dazu. [...] Die Phantasie, die allzu leicht den Menschen irreführt [...] wird gezähmt und in den Dienst des Gebets gestellt.[88]

Viel mehr als nur als „Zähmung" der fleischlichen Phantasie, lässt sich diese Zurichtung der imaginativen Sinne folglich als ein Instrument der Disziplinierung und der Gehorsamsproduktion verstehen, das darauf ausgerichtet ist, alle Empfindungen einschließlich der äußeren Sinneseindrücke einer Intention nach zu ordnen und zu sammeln. Das „Eigene", das dabei von der Seele dazugegeben

---

83 [Eigene Übersetzung], zitiert nach: Smith, Sensuous Worship, 2002. Ursprünglich in: Martin E. Palmer: *On Giving the Spiritual Exercises: The Early Jesuit Manuscript Directories and the Official Directory of 1599*, St. Louis, Institute for Jesuit Sources, 1996, S. 101–102.

84 Marxer, Die inneren geistlichen Sinne, 1964, S. 9.

85 Eine radikal andere Interpretation liefert Roland Barthes, der in Loyola gerade den „Erfinder einer Sprache" sieht. Siehe: Barthes, Sade – Fourier – Loyola, 1986, S. 78.

86 Siehe: Thomas Macho: „Befehlen. Kulturtechniken der sozialen Synchronisation". In: Christian Kassung, Thomas Macho (Hg.): *Kulturtechniken der Synchronisation*. Fink, München, 2013, S. 57–74.

87 Ähnliche Versuche einer Typologisierung der inneren und äußeren Sinne im Werk Loyolas finden sich u. a. bei Rahner, Ignatius von Loyola als Mensch und Theologe, 1964 und Sudbrack, Anwendung der Sinne, 1990.

88 Marxer, Die inneren geistlichen Sinne, 1964, S. 18.

wird, ist nichts anderes als diese Intention: das „Schöpferische" erschließt sich in der Hervorbringung des gehorsamen Willens. Seit die Sinne fleischlich geworden seien, also seit Eva, „die sah, daß die Frucht des Baumes schön war" (Genesis 3,6) und in der Folge den Sündenfall herbeigeführt habe, stünden die leiblichen und imaginativen Sinne, wie Marxer ausführt, den inneren geistlichen Sinnen gegenüber und mit diesen im Widerstreit. Die leiblichen Sinne müssten daher „nach den zwei Grundbegriffen ignatianischer Aszese ‚geordnet', den inneren ‚gleichförmig' gemacht werden".[89]

Zur eigentlichen Entfaltung ihrer Wirkmacht kommt die schöpferische Phantasie Marxer zufolge demgemäß erst durch die „Sichtbarmachung eines ‚unsichtbaren Stoffes'", der nicht von vorneherein schon über die äußeren, d. h. leiblichen Sinneseindrücke gegeben ist, wie etwa die Loyola gegenwärtige und von ihm erinnerte Stadtlandschaft Jerusalems, sondern rein „symbolische" Qualität hat:

> In heilsgeschichtliche Dimensionen treten wir ein, wenn wir uns, wie etwa in der ‚Betrachtung über die zwei Banner' (Ex 136), symbolische Landschaften vor Augen führen sollen. Jerusalem und Babylon sind der sinnenfällige Ausdruck für den geistigen Kampf zwischen Christus und dem Antichrist. Von seinem geschichtlichen Standort aus soll der Beter am überzeitlichen Heilsereignis teilnehmen.[90]

Marxer betont, dass die Anwendung der Sinne zwar alle fünf Sinne beinhalte, „das Schauen" aber eine eindeutig bevorzugte Stellung innehabe. Mehr als zwanzigmal ist, wie Marxer herausgefunden hat, in den Exerzitien von einem „einfachen Sehen oder Schauen" die Rede, das „durch die Verbformen von ‚ver' sehr oft nach baskischer Art, im Gerund, ausgedrückt" sei. Zudem stellt Marxer fest, dass vom einfachen Schauen zum „festen Hinblicken" bis zum „vergleichenden und ermessenden Erwägen (considerar)" eine Intensivierung stattfinde, die ihren Höhepunkt im „Schauen der Personen mit der Schau der Einbildung" erreiche.[91] Im Zentrum der wahrnehmungstechnischen Übungen stehen also innere Bilder, die durch die Anweisung zum Sehen einerseits und durch die ordnende Imaginationsleistung des Exerzitianten andererseits hervorgebracht werden. Deren Wirkweise sei am folgenden Beispiel etwas detaillierter illustriert:

Die schon bei Marxer erwähnte erste Vorübung des vierten Tags zu der „Betrachtung über zwei Fahnen" enthält die Anweisung zu imaginieren „wie Christus alle unter seine Fahne ruft und sammeln will und Luzifer unter die seinige".[92]

---

89 Ebd., S. 44.
90 Ebd., S. 19.
91 Ebd., S. 82, auch S. 116.
92 Loyola, Exerzitien, 1991, S. 112.

Die zweite Vorübung sieht wieder eine „Vergegenwärtigung des Ortes" vor, wobei diese mehr beinhaltet als die Vorstellung einer Landschaft. In dieser Übung geht es vielmehr um die regelrechte *Rekrutierung* des Exerzitianten durch den christlichen Heerführer:

> Hier muß man sich vorstellen, als sehe man das große Feld der ganzen Gegend um Jerusalem, wo Christus, unser Herr, der oberste Heerführer aller Guten, sich befindet; das andere Feld aber in der Gegend von Babylon, wo Luzifer, der Häuptling der Feinde (der bösen Geister), seinen Platz einnimmt.[93]

Nach der Verbildlichung der beiden sich entgegenstehenden Heere, ist der Exerzitiant aufgefordert, um Aufnahme in die Streitmacht Gottes zu bitten:

> [...] daß ich unter seine Fahne aufgenommen werde, und zwar zuerst in der größten geistlichen Armut und, wenn es seiner göttlichen Majestät so gefallen und er mich dazu auserwählen und aufnehmen wollte, nicht minder in der wirklichen Armut; dann in der Ertragung von Schmach und Unbilden, um ihn hierin mehr nachzuahmen [...].[94]

Hier wird besonders deutlich, inwiefern die bildhafte Imagination die „Integration des Meditierenden in das von ihm vorgestellte Bild"[95] zum Ziel hat. Indem der Exerzitiant sich das christliche Heer und die feindlichen Truppen bildhaft vorstellt, wird er in die Lage versetzt, sich in die Streitmacht eingliedern zu können. Diese Übung lässt keinen Zweifel an den Konsequenzen dieser Entscheidung, die nicht nur eine Unterwerfung unter die Befehlsmacht eines zum Töten ermächtigten Herrschers bedeutet, sondern auch absoluten Gehorsam und die Aufgabe jeglicher weltlicher Bedürfnisse erfordert. In Analogie dazu wird über das zentrale Thema des Lebens von Jesus Christus (Geburt, Leben, Tod und Auferstehung) der absolute Gehorsam Christi gegenüber dem „himmlischen Vater" betont: „Er war gehorsam bis in den Tod, ja bis zum Tode am Kreuze". Der Exerzitiant ist aufgefordert, es ihm durch die „Gnade der Imitation"[96] gleichzutun. Die tiefere Bedeutung der Nachahmung Christi liegt also in der durch sie vermittelten Bereitschaft, auf Befehl einer hierarchisch höher gestellten, absoluten Macht das eigene Leben zu opfern. Hierin steht sie dem militärischen Gehorsam in nichts nach, der im Krieg eine ebensolche Gefügigkeit voraussetzt.

Was mit der in den geistlichen Übungen angestrebten mimetischen Identifikation mit Christus und der Indienstnahme des Exerzitianten in die „Armee des Herrn" buchstäblich durchexerziert wird – eine Art innerliche Gehorsamsproduk-

---

93 Ebd., S. 112.
94 Ebd., S. 114.
95 von zur Mühlen, Ehre sei dem Bild, 1997, S. 164.
96 Ebd., S. 334.

tion bildhafter Identifizierung –, geschieht an anderer Stelle durch die Verbreitung von Heiligengeschichten und Evangelienbüchern. Ihre Anwendung beschränkte sich nicht, wie Loyolas *Exerzitien*, auf den inneren Kreis der jesuitischen Elite, sondern wurde im Zuge der jesuitisch-katholischen Erziehungs- und Missionierungsanstrengung zur Rekrutierung neuer Gläubiger eingesetzt. Besonders eindrückliche Beispiele finden sich in der für die Jesuitenmission im 16. und 17. Jahrhundert produzierten Bekehrungsliteratur, die im Kontext der global ausgerichteten Machtanstrengung der Jesuiten gesehen werden muss. Deren Herrschaftsanspruch verband sich mit kolonialen Interessen und erstreckte sich vom katholischen Rom aus auf die ganze Welt.[97] So wurde das von Jerónimo Nadal in den 1590er Jahren produzierte Buch von Evangelienbildern,[98] das für jeden Tag im Jahreszyklus eine passende Bibelgeschichte enthielt, für die Jesuitischen Missionierungsversuche in Asien übersetzt und die Bilder mit „,chinesisch' angepassten Gesichtszügen" versehen.[99]

Nach Japan kamen die ersten jesuitischen Missionare bereits im Jahr 1549, also neun Jahre nach der Gründung des Ordens und nur fünf Jahre nachdem die ersten Europäer das Land betreten hatten. Bücher waren ein wichtiges Instrument in der missionarischen Strategie der Jesuiten, was sich in einer regen Publikationstätigkeit des Ordens niederschlug und zur Gründung des japanischen Jesuitenverlags im Jahr 1590 führte. Für die Produktion der jesuitischen Schriften wurden unter großem Aufwand Druckerpressen aus Portugal nach Japan importiert. Die *Kirishitanban* genannte „christliche Edition" wurde bis zur Vertreibung des Ordens im Jahr 1614 zwanzig Jahre lang regelmäßig aufgelegt. Eine der populärsten japanisch-adaptierten Heiligengeschichten ist die der heiligen Katherina von Alexandria, einer jungfräulichen Märtyrerin, die als gebildete Tochter eines römischen Kaufmanns gegen den heidnischen Kaiser rebellierte und auf grausame Weise hingerichtet wurde, nachdem sie nicht nur die Frau des Kaisers, sondern fünfzig kaiserliche Gelehrte zum Christentum bekehrte. Diese Heldinnengeschichte ist in jeder der drei heute erhaltenen Publikationen der *Kirishitanban* enthalten, woraus sich schließen lässt, dass sie für die japanische Mission von besonderer Bedeutung war.[100]

---

97 Siehe: Asendorf, Jesuiten als Avantgarde, 2017, S. 195–214

98 Dazu Maj-Brit Wadell: *Evangelicae Historiae Imagines. Entstehungsgeschichte und Vorlagen.* Göteborg, 1985.

99 von zur Mühlen, Ehre sei dem Bild, 1997, S. 164 u. 497–498.

100 Im Folgenden beziehe ich mich auf die Untersuchung von Haruko Nawata Ward: „Images of Incarnation in the Jesuit Japan Mission's Kirishitanban of Virgin Martyr St. Catherine of Alexandria". In: Walter S. Melion, Lee Palmer Wandel (Hg.): *Image and Incarnation. The Early Modern Doctrine of the Pictorial Image.* Brill, Leiden/Boston, 2015, S. 489–509.

Die Religionshistorikerin Haruko Nawata Ward vertritt die These, dass die Heilige Katherina in der Darstellung der Jesuiten mit dem Bild des menschgewordenen Christus verschmilzt und – angelehnt an die Imaginationstechniken der *Geistlichen Übungen* – über die durch sie erzeugten inneren Bilder ihre Wirkung entfalteten. Kulturspezifisch angepasst an die lokale Situation – die Verfolgung der Christinnen durch den japanischen Kaiser – und durch die hagiographische Ersetzung christlicher Begriffe durch ihre buddhistischen Äquivalente, richtete sich diese Erzählung gerade an weibliche Leser. Diese sollten sich mit der heiligen Katharina identifizieren und ihr, falls nötig, auf ihrem Weg des Martyriums folgen, um durch ihre Opferbereitschaft wiederum neue Nachahmer*innen für die Sache der Jesuiten zu rekrutieren. So wie in der biblischen Erzählung die Schwächsten durch Gottes Gnade zu den Stärksten werden können, so richtete sich, Ward zufolge, die aus dem Untergrund agierende jesuitische Missionierungsanstrengung an Frauen, um mit ihrer Hilfe die vorgefundene fremde Gesellschaft zu infiltrieren. Tatsächlich gründete sich in Japan bald eine Gruppe von Katechetinnen um die Predigerin Naito Julia, die unter dem Einfluss der Jesuitenmission stand.

Ward hebt hervor, dass, obwohl weder die *Exerzitien*, noch die japanischen Heiligenerzählungen Illustrationen enthielten, beide erst durch die Herstellung von (inneren) Bildern ihre Wirkmacht entfalteten. So ist die Beschreibung des Martyriums der japanischen Heiligen Katherina an die Kontemplationen zur dritten Woche der *Exerzitien* angelehnt, die die Passionsgeschichte Jesu enthalten. Damit überträgt sich das Gehorsamsgebot Jesu, der auf Gottes Befehl sein Blut vergießt, auf die heilige Katherina und ihre Nachahmerinnen. Das von Katherina vergossene Blut wird zu Milch, die „zugleich süß und bitter" ist[101] und die sinnlichen Qualitäten der dabei evozierten „inneren Bilder" gehen so, ähnlich der Anwendung der Sinne in den *Exerzitien*, noch über das Bildhafte hinaus und wirken auf den Geschmackssinn.

Obwohl sie mit rigider Unterdrückung und Gegenwehr durch die kaiserliche Autorität zu kämpfen hatte, war die missionarische Strategie der Jesuiten in Japan offenbar zumindest für die Dauer von fünfzig Jahren erfolgreich. Wie Ward festhält,

> [b]etween 1600 and 1650, the incarnational theology of the *Spiritual Exercises* and the Kirishitanban martyrology epitomized in the life and death of St. Catherine, guided tens of thousands of women and men, sustaining them in their resistance to the Japanese regime and giving them the courage to face execution.[102]

---

101 Ward, 2015, S. 506.
102 Ebd., S. 507.

Zudem finden sich in den Aufzeichnungen der Jesuiten die Namen und Geschichten einer Vielzahl japanischer Märtyrerinnen, die für die Sache der jesuitischen Christianisierungsanstrengung im frühen 17. Jahrhundert in den Tod gingen. In der Identifizierung mit den dargestellten Figuren einerseits und in der gefügigen Nachahmung bis in den Tod andererseits, ist die Gehorsamsproduktion in diesen Beschreibungen aufs Engste mit der bildhaft-imaginierten Wahrnehmung verbunden.

Im Europäisch-christlichen Kontext kann der in den *Exerzitien* ausgeführte Zusammenhang von Bild und Gehorsam zudem auf die Geschichte der Menschwerdung im Buch *Genesis* zurückgeführt werden, die Loyola in der zweiten Beschauung der vierten Woche, also gegen Ende der *Exerzitien*, thematisiert:

> Der zweite Punkt besteht darin, daß ich betrachte, wie Gott in den Geschöpfen wohnt: in den Elementen, indem er ihnen das Dasein gibt; in den Pflanzen, indem er ihnen Wachstum gewährt; in den Tieren, indem er ihnen das Gefühl verleiht; in den Menschen, indem er ihnen den Verstand mitteilt; und so auch in mir, indem er mir Sein, Leben, Fühlen und Einsicht gibt; ebenso wie er mich zu seinem Tempel macht, da ich nach dem Bilde und Gleichnisse seiner göttlichen Majestät geschaffen bin.[103]

Die für den christlichen Gehorsam vorausgesetzte Autorität gründet sich dabei einerseits auf die Allmacht Gottes, und andererseits auf die *bildhafte* Ähnlichkeit zu Gott: „Der Mensch ist Bild Gottes als Abbild Christi, der seinerseits das wesensgleiche Ebenbild des Vaters ist".[104] In den Worten Mondzains, ist „die Inkarnation nichts anderes als das Bildwerden des Undarstellbaren. Eben das bedeutet Inkarnieren: das Werden eines Bildes".[105] Der Menschwerdung als Abbild Gottes folgend, ist der Mensch also nur Mensch solange er diesem abbildhaft gleicht. Er muss wie Gott sein und – im Gegensatz zu den Elementen, Pflanzen und Tieren, denen nur eine bestimmte Seinsart verliehen wurde – diesem Bild gehorchen um nicht zu einer niedrigeren Form der Existenz herabzusinken. Darum kann, einer besonders unter Jesuiten verbreiteten Auffassung zufolge, im Bezug auf die Begriffe der *Imago* und der *Similitudo* von einer „ontologischen Struktur und deren Aktuation" die Rede sein.[106] Die *imitatio christi* als mimetisches Annähern an ein Urbild kann vor diesem Hintergrund als grundlegende Funktion der bildhaften Gehorsamsproduktion verstanden werden, wie sie in den *Exerzitien* anhand unterschiedlicher Szenen immer wieder über die „Anwendung der Sinne" vollzogen,

---

103 Loyola, Exerzitien, 1991, S. 141.
104 Marxer, Die inneren geistlichen Sinne, 1964, S. 167.
105 Mondzain, Die inneren geistlichen Sinne, 2006, S. 23.
106 Marxer findet hierfür Hinweise u. a. bei Gregor von Nyssa, Athanasius Kircher, Didymus. Siehe Marxer: Die inneren geistlichen Sinne, 1964, S. 167.

eingeübt und verinnerlicht wird.[107] Ilse von zur Mühlen bezeichnet diesen Vorgang als eine „Annäherung an den Prototyp", die sich „im Inneren des Menschen" abspielt.[108]

Das „Innere" dieser sinnlichen Verinnerlichung bezeichnet bei Loyola den Ort der Wahrnehmung und des „Empfangs der Tröstungen und Anregungen von Seiten Gottes", aber auch den Punkt „an dem die innere Umwandlung gespürt wird".[109] Während die Seele (*ánima*) eher durch Vollzüge des „Einströmens", der Empfänglichkeit und des Affekts gekennzeichnet ist, bezeichnet der verwandte Begriff des Geists (*ánimo*) eher das Aktive, das Strebevermögen und den Willen.[110] Durch die „inneren Sinne" – und den Vorgang des „sentido"[111] – kann Gott wahrgenommen und seine Befehle gleichermaßen empfangen werden. So heißt es in einem Nachtrag zu den *Exerzitien* mit Anweisungen zum Gebet „über die fünf Sinne des Leibes":

> Wer im Gebrauche seiner Sinne Christum unseren Herrn nachahmen will, empfehle sich im Vorbereitungsgebete seiner göttlichen Majestät und nachdem er jeden Sinn einzeln betrachtet, bete er ein Ave Maria oder ein Vaterunser.[112]

Ist die „Seele" einmal durch erfolgreiche „Anwendung der Sinne" entsprechend vorbereitet worden, wirkt der Gehorsam absolut und direkt; die „Seele", die den Willen Gottes sucht, findet diesen auf „unvermittelte" Weise („immediate obrar al Criador").[113] In einem seiner Briefe schreibt Loyola über diesen Zustand:

> [...] daß der Herr selbst unsere Seele bewegt und gleichsam zu diesem oder jenem Tun zwingt, indem er unsere Seele weit offen macht. Das heißt: er beginnt in unserem Inneren zu sprechen, ohne jedes Geräusch von Worten, er reißt die Seele ganz zu seiner Liebe empor und schenkt uns ein Wahrnehmen seiner selbst, so daß wir, selbst wenn wir wollten, dem gar nicht widerstehen könnten. Dieses innere Gefühl, dessen wir innewerden, besagt notwendig, daß wir uns seinen Geboten, den Vorschriften der Kirche und dem Gehorsam gegen unsere Oberen gleichförmig machen.[114]

---

107 Tatsächlich hatte das von Thomas à Kempis verfasste Meditationsbuch *De Imitatione Christi* Einfluss auf Loyolas Geistliche Übungen gehabt, wie Maj-Brit Wadell hervorgehoben hat. Siehe: Wadell, Evangelicae Historiae Imagines, 1985, S. 10.
108 von zur Mühlen, Ehre sei dem Bild, 1997, S. 167.
109 Marxer, Die inneren geistlichen Sinne, 1964, S. 187.
110 Ebd., S. 187–188.
111 Rahner, Ignatius von Loyola als Mensch und Theologe, 1964, S. 357.
112 Loyola, *Exerzitien*, 1994, S. 145.
113 Loyola zitiert nach Rahner, Ignatius von Loyola als Mensch und Theologe, 1964, S. 357.
114 Loyola, *Briefe*, 1956, S. 85.

Diese Form der *unmittelbaren, zwingenden Wahrnehmung*, die anhand der schriftlichen Anleitungen nur durch Übung und Wiederholung erreicht werden kann, bildet auch den Kern des jesuitischen Bildergehorsams. Die wahrnehmungstechnische Gehorsamsproduktion der Exerzitien – die für den engeren Kreis der Ordensgemeinschaft vorgesehen ist und damit die Ausbildung einer Elite der geistigen katholischen Streitmacht zum Ziel hat – muss, ähnlich den körpertechnischen Waffenübungen auf dem Exerzierfeld, intensiv gedrillt werden, damit die inneren Bilder in der Meditation ihre ordnende und unterordnende Macht widerstandslos entfalten können. Dies fordert vom Exerzitianten eine immense Vorstellungskraft, für die, wie eingeräumt wird, keineswegs alle Anwärter die gleichen Voraussetzungen mitbringen. Zudem werden auch die abstrakteren Themen der Ignatianischen Kontemplation nicht aus dem Nichts erschaffen, sondern orientieren sich an bekannten Sujets, „indem Begebenheiten und Orte abgerufen werden, welche durch jahrhundertelange Tradition bildhaft vorgeprägt sind".[115]

Die Überzeugung, dass Gott sich dem Menschen zum einen über die äußeren Sinne und zum anderen über die inneren Sinne, die Phantasie und das Gefühl wahrnehmbar mache, hat in der jesuitischen Theologie zentrale Bedeutung.[116] So unterschied der jesuitische Gelehrte Louis Lallemant zu Beginn des 17. Jahrhunderts drei verschiedene Arten, Gott und göttliche Dinge zu erkennen: An erster Stelle steht für ihn die Erkenntnis durch die Sinne, zu der die Anschauung „äußerer Bilder" zählt.[117] Diese, an Thomas von Aquin angelehnte Auffassung von der äußeren Schöpfung über die *sensu* als Weg zur Erkenntnis Gottes wurde von anderen bedeutenden jesuitischen Theologen wie Robert Bellarmin weiter ausgearbeitet und auf bildliche Darstellungen übertragen. Bellarmin verband dies mit der Einschränkung, dass „auch etwelche durch eine ausserordentliche Gnade Gottes auf einem anderen Wege in das Paradies gelangten [...] ,eben nicht emporgestiegen sondern dahin aufgerückt worden'"[118] seien. Damit ist gemeint, dass der Weg über die äußere Wahrnehmung den meisten Sterblichen vorbehalten ist, die nicht durch besondere Fähigkeiten (bzw. „Gnade") auch durch reine Innerlichkeit zum Ziel der „spirituellen Reifung" gelangen können.

Diese Einsicht ist für die Weiterentwicklung der jesuitischen Sinneslehre maßgeblich, hilft sie doch zur Klärung des Verhältnisses von „inneren" und „äußeren" Sinneseindrücken beizutragen. Darüber hinaus wirkte sie einer Diskreditierung der äußeren Bilder entgegen, die es im Zuge der katholischen Gegenre-

---

115 von zur Mühlen, Ehre sei dem Bild, 1997, S. 163.
116 Lundberg, Jesuitische Anthropologie, 1966, S. 161.
117 Ebd., S. 161.
118 Robert Bellarmin: „De ascensione mentis in Deum per scalas rerum creaturarum". Übersetzt von J. K. Dieringer, zitiert nach Lundberg, Jesuitische Anthropologie, 1966, S. 163.

form durch die strategischen Aufwertung des Bildes gegen das *sole scriptura* der Protestanten zu bekämpfen galt. Daraus lässt sich schließen, dass die jesuitische Bildpraxis weit über die von Gregor dem Großen propagierte pädagogische Funktion der Bilder als „Bibel der Analphabeten" hinaus geht. Dieses Argument der erzieherischen Wirkung der Bilder war schon im 6. Jahrhundert entwickelt worden, als, wie Hans Belting schreibt, „der Bildkult" Formen annahm, „die nicht mehr bagatellisiert werden" konnten.[119] Ihrem kriegerischen Auftrag gemäß, hatte die auf Gehorsam ausgerichtete Bild- und Wahrnehmungstheorie der „Soldaten Christi" dagegen nicht mehr einen nur pädagogischen, sondern einen explizit militanten Anspruch.

Nachdem in den vorangegangenen Absätzen die *inneren* Bilder als Instrumente eines wahrnehmungstechnischen Drills behandelt wurden, soll im Folgenden die Funktion der *äußeren* Bilder im Kontext jesuitischer Gehorsamsproduktion untersucht werden. Wichtige Denkansätze liefert hierfür die Arbeit der Kunsthistorikerin Sibylle Appuhn-Radtke, die im Rahmen einer Studie über den Maler Johann Christoph Storer[120] den Einsatz visueller Medien während der katholischen Reform behandelt und in diesem Zusammenhang die philosophischen Einflüsse und historischen Wegmarken einer Bildtheorie jesuitischer Prägung herausgearbeitet hat. Schon Loyola empfahl denjenigen, denen es schwerer fiel, sich eine Szene der *Exerzitien* auf angemessene Weise vorzustellen, die Verwendung von äußeren Bildern als Hilfsmittel[121] und Matteo Ricci, der Begründer der jesuitischen China-Mission, schrieb in seiner *Vita Domini Nostri Jesu Christi* um 1607: Loyola selbst habe eine Bildersammlung besessen, die er während seiner Meditationen betrachtete.[122] Dem Jesuitenbruder Jerónimo Nadal gab er den Auftrag zur Publikation eines illustrierten Meditationsbuchs unter dem Titel *Evangeliae Historiae Imagines*, das sich zwar nicht direkt auf die *Exerzitien* bezog, aber ebenfalls als Meditationsvorlage verwendet werden konnte.[123] Diese Illustrationen hatten, wie Nadal schrieb, durch ihre kunstvolle und fromme Anfertigung, die sich zudem ihrer historischen Genauigkeit rühmten,[124] „die Fähigkeit, den Betrachter dazu einzuladen, zur Meditation überzugehen".[125]

---

119 Hans Belting: *Bild und Kult. Eine Geschichte des Bildes vor dem Zeitalter der Kunst.* C.H. Beck, München, 2011 [1990], S. 166.

120 Sibylle Appuhn-Radtke: Visuelle Medien im Dienst der Gesellschaft Jesu, 2000.

121 Lundberg, Jesuitische Anthropologie, 1966, S. 164.

122 Matteo Ricci: Vita D. N. Jesu Christi, 1607, zitiert nach: von zur Mühlen, Ehre sei dem Bild, 1997, S. 164.

123 Siehe dazu ausführlich: Wadell: Evangelicae Historiae Imagines, 1985.

124 Ralph Dekoninck: „The Emblematic Conversion of the Biblical Image in Jesuit Literature". In: *Emblematica*, 16, 2008, S. 306–308.

125 Nadal zitiert nach von zur Mühlen, Ehre sei dem Bild, 1997, S. 169.

Auch Loyolas Gefährte Petrus Faber (1506–46) berichtet von einer gelungenen Meditationserfahrung unter dem Einfluss eines Bilds des leidenden Jesus am Kreuz:

> Wie ich mich dem Kruzifix zuwandte, um zu Christus zu beten, verspürte ich ein tiefes Verständnis für den Nutzen solcher Bilder, die man deshalb (das kam mir da zum erstenmal zu Bewußtsein) als *Dar-stellungen* bezeichnet, weil sie die dargestellten Personen wieder *dasein* lassen und gegenwärtig vor uns hinstellen.[126]

Der gewünschte Effekt der äußeren Bilder ist hier, wie Appuhn-Radtke mit Verweis auf die theologische Literatur zum Bildergebrauch in den Exerzitien bemerkt, „eine innere Beschauung auszulösen oder in der Erinnerung als imaginierte Bilder wiederaufzuscheinen".[127] Während manche Autor*innen darauf bestehen, dass es sich bei der in den *Exerzitien* vermittelten Erfahrung um ein rein innerliches Fühlen der „geistlichen Sinne" handelt, die „nicht bei der äußeren Anschauung beginnt",[128] scheinen die frühen Jesuiten weniger dogmatisch gewesen zu sein. Das ist, wie Appuhn-Radtkes vermerkt, insofern plausibel, als eine bildliche Imagination „ex nihilo", ohne reale bzw. erinnerte Vorbilder ohnehin nicht möglich wäre.[129] Den Zeitgenossen Loyolas schien es daher auch selbstverständlich oder zumindest nicht abwegig, die bildliche Vorstellungskraft durch externe Bilder anzuregen, auch wenn angenommen werden kann, dass dies nicht für zwingend notwendig erachtet wurde, da die im Buch beschriebenen Szenen jedem angehenden Jesuiten hinlänglich bekannt und durch die Erinnerung abrufbar gewesen sein müssen.[130]

Während die ursprüngliche gedruckte Fassung von 1548 noch ganz ohne Illustrationen auskam und lediglich mit einer Titelvignette verziert war, wurden dem Text der *Geistlichen Übungen* schon früh bildliche Illustrationen beigefügt, wie der jesuitische Historiker Heinrich Pfeiffer gezeigt hat. Diese ersten gedruckten Fassungen der *Exerzitien* waren noch nicht im eigentlichen Sinne bebildert

---

126 Peter Faber: *Memoriale. Das geistliche Tagebuch des ersten Jesuiten in Deutschland.* Übersetzt von Peter Henrici, Einsiedeln, 1963, S. 259, zitiert nach Appuhn-Radtke, Visuelle Medien im Dienst der Gesellschaft Jesu, 2000, S. 28.
127 Siehe Appuhn-Radtke, Visuelle Medien im Dienst der Gesellschaft Jesu, 2000, S. 20–25, hier: S. 20.
128 Marxer, Die inneren geistlichen Sinne, 1964, S. 183; siehe auch: Sudbrack, Anwendung der Sinne, 1990, S. 102.
129 In diesem Sinne muss Appuhn-Radtkes Kommentar verstanden werden, die in den metaphysischen Vorstellungen, die „allgemein durch Bilder geprägt" seien, eine anthropologische Konstante sieht. Siehe: Appuhn-Radtke, Visuelle Medien im Dienst der Gesellschaft Jesu, 2000, S. 29, Fußnote 98.
130 von zur Mühlen, Ehre sei dem Bild, 1997, S. 163.

sondern enthielten vor allem ornamentale Abwandlungen des Siegels (IHS für das griechische Wort Ihsus und die Initialen des Ausspruchs „Jesum Habemus Socium" [„wir haben Jesus zum Gefährten"]), symbolisch-metaphorisch angereicherte Vignetten[131] und nur einzelne bildliche Darstellungen der in den *Exerzitien* beschriebenen Szenen, die als konkrete Meditationsanregung für die *Composito loci* gebraucht werden konnten.

Die ersten illustrierten Fassungen der *Exerzitien* entstanden zu Beginn des 17. Jahrhunderts in Rom. Sie waren auf lose Blätter gedruckt, die der Exerzitienmeister einzeln zur Hand nahm oder an den Übenden aushändigte, damit dieser sich auf den jeweils aktuellen Teil der Übung konzentrieren konnte.[132] Im Gegensatz zu den im ersten Kapitel dieser Arbeit behandelten militärischen Exerzierreglements der Oranier, von denen nicht bekannt ist, wie genau sie verwendet wurden, ist der Umgang mit den frühen Fassungen der *Geistlichen Übungen* recht gut belegt. Dagegen wissen wir über den ausführenden Künstler der ersten Illustrationen wenig. Pfeiffer vermutet, dass es ein flämischer Jesuit war, da er die entsprechenden gebräuchlichen Ornamentformen der „Maureske, Groteske und Rollwerkkartusche" beherrschte.[133] Pfeiffer, der in seiner kunsthistorischen Interpretation die komplexen symbolischen Bedeutungsebenen der Ornamente freilegt, macht auf die Schwierigkeit der Rekonstruktion ihrer genauen Funktion im damaligen Gebrauch aufmerksam, wenn er zu bedenken gibt, dass es unklar sei, „ob die Bilder und die mit symbolischem Gehalt erfüllten Dekorationen dem Exerzitanten damals vom Exerzitiengeber erklärt worden sind, oder, ob diese nur auf den sich Übenden wirken sollten, ohne daß sie ihm in ihrer Bedeutung voll bewußt wurden".[134]

Der Einsatz von Bildern als Anregung der Imagination konnte in beiden Abschnitten der Mediation erfolgen, sowohl als initiale Inspiration, als auch als Hilfsmittel zur Erreichung größerer Imaginationstiefe. Während des vorbereitenden Teils – der *Composito loci* und „detaillierte Herrichtung eines ‚Schauplatzes' in der Imagination" – dienten bildhafte Darstellungen der jeweiligen Szene als Vorlage.[135] Bei der schwierigeren „Anwendung der Sinne" auf das in der Imagination Betrachtete, konnten diese dann, wie Appuhn-Radtke formuliert, zu „Trans-

---

131 Heinrich Pfeiffer: „Die ersten Illustrationen zum Exerzitienbuch". In: Michael Sievernich/Günter Switek (Hg.): *Ignatianisch. Eigenart und Methode der Gesellschaft Jesu*, Freiburg, 1990, S. 120–130, hier 120.

132 Appuhn-Radtke, Visuelle Medien im Dienst der Gesellschaft Jesu, 2000, S. 30.

133 Pfeiffer, 1990, S. 121.

134 Ebd., S. 126.

135 Appuhn-Radtke, Visuelle Medien im Dienst der Gesellschaft Jesu, 2000, S. 28.

portmitteln' der Imagination werden", durch und über welche selbst „Transzendentes" anschaulich werde.[136]

Erst gegen Ende des 17. Jahrhunderts erschien eine deutsche Ausgabe, mit einheitlich gestalteten ganzseitigen Kupfertafeln aus der Hand des Künstlers Andreas Trost, deren didaktischen Wert Appuhn-Radtke hervorhebt. Hier wurde der Exerzitiant bei der Verbildlichung der entsprechenden Szene gleich mit ins Bild gesetzt. Das Titelblatt „Die Wahl" zeigt ihn auf dem Scheideweg zwischen dem Aufstieg zum Himmel und dem Absturz ins Höllenfeuer, ein Engel links und ein Teufel rechts im Bild weisen den jeweiligen Weg, der Exerzitiant ist mit Körperhaltung und Gesicht dem Engel zugewandt. Wie Appuhn-Radtke erläutert, ist der klare, symmetrische Bildaufbau „mnemotechnisch geeignet, die Notwendigkeit zur ‚Wahl' zu popularisieren."[137]

Nach Inhalt und Form orientierten sich die illustrierten Exerzitienbücher des 17. Jahrhunderts am Andachtsbuch, das schon einen bestehenden Bildtypus des im Bild erscheinenden, zur Nachahmung angeregten Meditierenden vorstellt:

> Der Übende ist meist im Vordergrund des Bildes meditierend oder anbetend zu sehen, stellt dem Betrachter also eine deutlich erkennbare Identifikationsfigur zur Verfügung. Durch sie blickt der Betrachter in einen tiefen Bildraum, der jeweils Platz für mehrere Simultandarstellungen bietet, die sich argumentierend ergänzen können.[138]

Loyolas direkter Nachfolger als Ordensgeneral – Francisco Borja – ist auf einer Zeichnung von Clemens Beuttler dargestellt, die sich in der Kölner Jesuitensammlung befindet. Die Zeichnung aus dem Jahr 1671 belegt insbesondere die Funktion des Marienbilds in der jesuitischen Bildpraxis. Borja ist vor einem Altar kniend dargestellt, auf dem sich eine von einem Engel gehaltene Hostie befindet, die Strahlen in Richtung seines Brustkorbs aussendet. Über dem Altar befindet sich, als ein „Bild im Bild", eine Mariendarstellung, die ebenfalls von einem Engel getragen wird und vom Himmel her angestrahlt wird. Michael Venator betont, dass die tridentinische Regel, wonach nicht das Bild, sondern der dargestellte „Prototyp" Gegenstand der Anbetung sei, in dieser Zeichnung auf bemerkenswerte Weise ausgeführt wurde: Bei dem im Bild gezeigten Marienbild handelt es sich um die berühmte Marien-Ikone aus der Santa Maria Maggiore in Rom, die wäh-

---

136 Appuhn-Radtke beruft sich dabei auf Bellarmin, für den die Seele „über die ‚Treppe' der erschaffenen, sinnlich wahrnehmbaren Welt zu Gott gelangen könne". Siehe Appuhn-Radtke, Visuelle Medien im Dienst der Gesellschaft Jesu, 2000, S. 30.

137 Ebd., S. 31.

138 Ebd., 2000, S. 32.

INSIGNE ALTARE A PAVLO V. PONT. MAX. IN MAGNIFICENTISSIMO SVO BASILICÆ
LIBERIANÆ SACELLO EX INAVRATO DVNTAXAT ÆRE PVLCHERRIMAQ. VARIETATE PRETIOSORVM
LAPIDVM ATQVE GEMMARVM AD ORNATVM AVGVSTÆ IMAGINIS SANCTÆ MARIÆ A B. LVCA
PICTÆ CONSTRVCTVM

Abb. 1: Die Marienikone *Salus Populi Romani*, Santa Maria Maggiore, Rom. Gerahmt durch die
Altargemälde in der Capella Paolina.[139]

---

139 Siehe: Belting, Bild und Kult, 2011, S. 540.

Abb. 2: Die Marienikone *Salus Populi Romani*, 117 × 79 cm, ca. 6. Jhd., Santa Maria Maggiore, Rom.[140]

rend des Tridentischen Konzils als Form des *Vera ikon* diskutiert wurde.[141] Von der antiken Ikone hieß es, der Heilige Lukas selbst habe sie gemalt, weshalb sie als besonders nah am „Prototyp" der lebendigen Maria gelten konnte und auch als „Lukasikone" bezeichnet wurde.

Borja, von dem bekannt war, dass er regelmäßig vor der Ikone betete, gelang es nur durch seine Verbindungen zu Papst Pius V. und Carlo Borromeo, und gegen entschiedene Widerstände innerhalb der Kirche, sich eine Kopie der Ma-

---

140 Siehe: Noreen, The Icon of Santa Maria Maggiore, 2005, S. 661.
141 Michael Venator: „Bildanspruch und Wirklichkeit. Einblicke in die Zeuchnungssammlung der Kölner Jesuiten". In: Thomas Ketelsen, Ricarda Hüpel (Hg.): *Wir glauben Kunst. Bildermacht und Glaubensfragen. Meisterzeichnungen aus der Kölner Jesuiten-Sammlung Col.* Wallraf-Richartz-Museum, Köln, 2019, S. 14–25, hier: 16. Hierzu ausführlich auch: Belting, Bild und Kult, 2011, S. 60–86 und 540.

Abb. 3: Kopie der Marienikone *Salus Populi Romani* aus der Santa Maria Maggiore, 1569, Kapelle des St. Stanislaus Kostka, Sant' Andrea al Quirinale, Rom.
Foto: Soprintendenza Speciale per il Polo Museal Romano.[142]

donna anfertigen zu lassen, woraufhin er auch noch eine Vielzahl weiterer Kopien herstellen ließ, die im Umfeld des Ordens verschenkt und als diplomatisches Instrument eingesetzt wurden. Es gab schließlich kaum eine Niederlassung der Jesuiten, die nicht über eine Kopie des Bildes verfügte. Die Ikone der Santa Maria Maggiore wurde im Zuge der Gegenreform zu einer Art Markenzeichen des Jesuitenordens und innerhalb der Katholischen Kirche zu einem mächtigen Argument für die Authentizität heiliger Bilder sowie für die Autorität Roms. Nicht nur führte eine Kopie der Madonna zur Einrichtung der ersten jesuitischen Ordensdruckerei,[143] an ihr lassen sich zudem die Winkelzüge jesuitischer Bildpolitik ab-

---

142 Noreen, The Icon of Santa Maria Maggiore, 2005, S. 663.
143 Venator, Bildanspruch und Wirklichkeit, 2019, S. 18.

lesen, die einen besonderen Pragmatismus gegenüber Prototyp, Heiligenbild und Reproduktion – oder, moderner ausgedrückt, gegenüber Original und Kopie –, an den Tag legen. Mit den Reproduktionen der römischen Marienikone betrieben die Jesuiten fortan eine Art Politik mit anderen Mitteln: Sie wurden als diplomatische Geschenke an die Herrschenden Europas verschickt und schufen damit politische und theologische Verbindungen mit der christlichen Geschichte Roms zu einer Zeit, in der die katholische Vorherrschaft in den von den Empfängern kontrollierten Gebiete durch die Protestanten massiv bedroht wurde.[144] So gelangte eine Kopie der Ikone nach Ingolstadt, wo sie maßgeblich zur Verbreitung des bayrischen Marienkults beitrug. Sie kam aber auch in den missionarischen Bestrebungen der Jesuiten in Lateinamerika, Indien, China und Afrika zum Einsatz. In China machte sich Matteo Richi, der maßgeblich für die Verbreitung des katholischen Glaubens während der Ming-Dynastie verantwortlich war, angeblich die Ähnlichkeit der Marienikone mit der buddhistischen Gottheit *Guanyin* zunutze, um den missionierten Gläubigen Ehrfurcht vor dem Bild einzuflößen.[145]

Einen ähnlich anschaulichen Ansatz für die bildhafte Anleitung der Imagination beschreibt Appuhn-Radtke am Beispiel des im frühen 17. Jahrhundert erschienenen Andachtsbuchs *Via vitae aeternae*.[146] In ihm finden sich „Bilder im Bild", die den Übenden selbst beim Malen zeigen, wie etwa auf der von Boethius a Bolswert gestochenen Illustration der *Imitatio Christi* (Abb. 4). Hier ist im rechten Bildvordergrund ein Maler bei der Arbeit zu sehen, der auf einer herzförmigen Leinwand, die von einem Engel gehalten wird, die Lebensstationen Jesu buchstäblich nachzeichnet. Der Maler ist von hinten abgebildet und hat sein Gesicht der im Bildhintergrund befindlichen Krippenszene zugewandt. Vom oberen Teil des Bildes, auf dem eine dreidimensionale Himmelskuppel mit den hebräischen Schriftzeichen für „Yahwe" dargestellt ist, zielen drei beschriftete Strahlen auf das Jesuskind herab, auf denen die lateinischen Imperative „Crede" (Glaube), „Dilige" (Achte) und „Spera" (Hoffe) zu lesen sind. Appuhn-Radtke deutet dieses Andachtsbild dahingehend, dass der dargestellte Bildbetrachter, dem „sein Herz als Leinwand dient" sich hier in die Nachfolge Christi begebe, „während er die Geburt des Messias liebend meditiert, in sein Herz aufnimmt und darin ‚ein Abbild malt‘".[147]

---

144 Kirsten Noreen: „The Icon of Santa Maria Maggiore, Rome: An Image and Its Afterlife". In: *Renaissance Studies*, 19(5), 2005, S. 660–672, hier: S. 665.
145 Noreen, The Icon of Santa Maria Maggiore, 2005, S. 668.
146 Sucquet: *Via vitae aeternae*, Antwerpen, 1620, darin auf S. 654 die Abbildung „Imitatio Christi" von Boethius a Bolswert. Siehe Appuhn-Radtke, Visuelle Medien im Dienst der Gesellschaft Jesu, 2000, S. 32.
147 Ebd., S. 32.

Abb. 4: „Imitatio Christi". Illustration von Boethius a Bolswert zu: Antoine Sucquet SJ, Via, vitae aeternae, Antwerpen 1625, München, BStB.[148]

---

148 Appuhn-Radtke, Visuelle Medien im Dienst der Gesellschaft Jesu, 2000, S. 32.

Im Kontext der katholischen Bilderfrage verteidigt die Illustration auf diese Art das Bild gegen das *sole scriptura* der Protestanten, insofern es die göttliche Erfahrung nicht nur als bildvermitteltes Erlebnis zeigt, sondern auch die Imagination selbst als Bildproduktion.[149] Gleichzeitig wird das Gebot „Du sollst Dir kein Abbild Gottes machen" eingehalten, indem der Himmel als leere, weiße Fläche dargestellt ist (nicht einmal eine Schraffur ist zu sehen), auf der mittig das hebräische Wort für „Gott" [Jahwe, יהוה] an Stelle seiner Abbildung zu sehen ist. Gott ist nur in seiner menschlichen, inkarnierten, *abbildhaften* Form gezeigt: als kindlicher Jesus. Und nur in dieser Form erscheint er auch in der Imagination der Meditierenden. Durch den Rückbezug auf das strenge Bilderverbot des Judentums argumentiert die Illustration so für einen Bildgebrauch, der es bezüglich der Nichtabbildbarkeit Gottes nicht an Frömmigkeit mangeln lässt: Das Bild macht hier Propaganda für sich selbst.

In der „liebenden Meditation Christi" des im Bild selbst dargestellten Rezipienten des Andachtsbildes, erfährt dieser also nicht nur die Anweisung zum gehorsamen Glauben. Er wird zugleich in Konfrontation zum protestantischen Glauben gebracht, insofern er die katholische Lehre expliziert, die als wahre Fortführung der im Alten Testament festgelegten Gebote dargestellt wird. Dabei erfährt der/ die Bildbetrachter*in neben der Anweisung zur *imitatio christi* auch die wahrnehmungstechnische Instruktion, *wie* er/sie diese in der Imagination zu vollziehen habe, während er/sie seine eigene „malerische" Imaginationsleistung durch die imitierende Identifikation mit der im Bild befindlichen Figur schon beim Betrachten ausführt. Ralph Dekoninck bezeichnet dies als die „praktische" oder „pragmatische" Dimension jesuitischer Meditation: Über Bildern zu meditieren bedeutet, das Bild dessen zu werden, das meditiert wird. Das Bild wird hergestellt, um verkörpert zu werden, womit der/die Meditierende dem Beispiel Christi folgt, dem „wahren Abbild Gottes".[150]

Damit steht diese Art der Darstellung beispielhaft für die Umsetzung der im Bilderdekret des Tridentinischen Konzils festgelegten Beschlüsse, die *erstens* festhielten, dass die Verehrung von Bildern nicht gegen das biblische Gebot verstoße, *zweitens* Bilder den Nutzen haben sollen, den Menschen an das zu erinnern, was sie repräsentierten, und ihn zur Nachahmung Christi und der Heiligen zu animieren und *drittens* die Zerstörung von Bildwerken in Reaktion auf die calvinistischen

---

149 An dieser Stelle danke ich Tal Sterngast für das erhellende Gespräch über die Bildinterpretation am 15. November 2016.

150 [Eigene Übersetzung] „Meditating on Images is to become the image of what we are imitating. We compose images to embody them, following the example of Christ himself, the True Image of God". Siehe: Dekoninck, The Emblematic Conversion, 2008, S. 311.

Bilderstürme untersagten.[151] Es ist insbesondere der zweite Punkt, der den Bildge-brauch mit den Anweisungen Loyolas aus dem *Gehorsamsbrief* verbindet. Hier mahnte der Ordensgeneral, man solle nicht dem Oberen gehorchen, „insofern er Ihnen etwas befiehlt, nicht [als menschliche Stimme], sondern als die Christi":

> Wenn Sie also nicht mit den leiblichen Augen auf den Menschen, sondern mit den Augen des Geistes auf Gott sehen, so werden Sie keine Schwierigkeiten mehr darin finden, daß Sie Ihren Willen und Ihr Urteil mit jener Norm in Einklang bringen sollen, die Sie sich selber für Ihr Tun erkoren haben.[152]

Der Gehorsam hat nicht dem Ordensgeneral selbst zu gelten, nicht also dem *Abbild* Gottes – dem Repräsentierenden –, sondern durch dieses hindurch dem *Abgebildeten*. Diese Unterscheidung ist, wie im nächsten Abschnitt noch deutlicher werden soll, für die gesamte jesuitisch-katholische Bildtheorie zentral.

2.4 *Inkarnation* und *Inkorporation*. Bildkritik oder absoluter Gehorsam

Marie-José Mondzain hat in ihren Thesen zur Gewalt von Bildern hervorgehoben, dass es mit der Inkarnationslehre des Christentums innerhalb der griechisch-römischen Kultur zu einer Neudefinition des Bildes kam, „die zur ikonischen Matrix aller gemeinsamen Sichtbarkeit wurde".[153] Ihre Überlegungen sollen hier als Folie für eine Theorie bildlicher Gehorsamsproduktion genutzt werden. Mondzain unterscheidet zwischen zwei Bildoperationen, die in der kirchlichen Lehre praktiziert werden: *Inkarnation* und *Inkorporation*. Während die inkorporie-rende Operation, ähnlich einem Bildbefehl, einer Machtinstanz die Möglichkeit gibt „sich auf gewaltsamem Wege der Körper und Geister zu bemächtigen, die sie sich unterwerfen wollte"[154] bis der oder die solchermaßen Unterworfene „nur noch eins" sei mit dem Bild, kristallisieren sich im inkarnierten Bild dagegen „drei untrennbare Instanzen heraus: Das Sichtbare, das Unsichtbare und der Blick, der sie in Beziehung setzt."[155]

---

151 Baumgarten, Konfession, Bild und Macht, 2004, S. 35 f.
152 Loyola, 1553, in: Rahner, Ignatius von Loyola, 1956, S. 253.
153 Marie-José Mondzain: *Können Bilder töten?* Aus dem Französischen von Ronald Voullié. Dia-phanes, Berlin, 2006, S. 12.
154 Mondzain, Können Bilder töten, 2006, S. 24.
155 Ebd.

> Inkarnieren bedeutet weder zu imitieren, noch zu reproduzieren oder zu simulieren. Der christliche Messias ist kein Klon Gottes. Es bedeutet auch nicht, eine neue Realität zu produzieren, die den götzendienerischen Augen dargeboten wird. Das Bild ist von Grund auf irreal, und darin, in seiner Rebellion gegen jede Substantialisierung seines Inhalts, liegt seine Kraft. Inkarnieren bedeutet, Fleisch und nicht Körper zu geben. Es bedeutet, in Abwesenheit der Dinge wirksam zu sein. Das Bild verleiht einer Abwesenheit Fleisch, das heißt *Karnation* und Sichtbarkeit, in unüberwindlichem Abstand zu dem, was bezeichnet wird.[156]

In der oben behandelten Darstellung der „Imitatio Christi" werden die drei Instanzen von Sichtbarem, Unsichtbarem und Blickendem auf eindrückliche Weise dargestellt. Die Malerei, in metaphorischer wie auch wörtlicher Bedeutung, wird zum Medium der *Karnation*, die Abstand hält zu dem Unsichtbaren, das sie bezeichnet. Damit hat das Bild, Mondzain zufolge, „die Kraft, Gewalt in kritische Freiheit zu verwandeln":[157]

> Auf einem Bild von Gott ist Gott nicht präsent, und die Beziehung zu den Bildern ist weder magisch noch sakramental. Im Gegenteil, sie ist eine Beziehung ohne Mysterium, die ihren Wert nur aus der Freiheit des blickenden Subjekts bezieht, das frei ist, die Abwesenheit der Dinge, die man ihm zu betrachten gibt, zu sehen oder nicht zu sehen.[158]

Mondzain folgt hier der post-tridentischen Auffassung, die ihre Wurzeln in den byzantinischen Bildtheorien des 8. und 9. Jahrhunderts hat, und der zufolge nicht das Bild selbst, sondern das dadurch Repräsentierte, verehrt und damit wirksam werde, während in der Betrachtung der Unterschied zwischen Gezeigtem und Unsichtbaren als „Abstand" bestehen bleibe. Allerdings muss man gegen Mondzains Beschreibung einwenden, dass das ausdrückliche Ziel dieser *Sehübung* unweigerlich in der Unterwerfung bzw. dem Gehorsam gegenüber „Gott", bzw. Christus liegt. Gerade dies setzt jedoch der Verwandlung der vom Bild ausgehenden Gewalt in „kritische Freiheit" recht fest umrissene Grenzen. Dennoch birgt diese Form des Bildergehorsams zumindest das Potenzial einer distanzierenden Reflexion des Wahrnehmungsvorgangs und entspricht dem paradoxen Gehorsamspostulat der Jesuiten, das zuvor schon am Beispiel von Loyolas *Gehorsamsbrief* diskutiert wurde: Der Gehorsam ist zwar absolut, aber er ist gerade darum so vollkommen, da er auch verweigert werden könnte: Er erfolgt nicht automatisch, sondern aus freien Stücken.

Die Bildoperation der Inkorporation wirkt dagegen direkt und unmittelbar auf die sinnliche Wahrnehmung ein. Mondzain betont, dass das Sichtbare selbst

---

156 Mondzain, Können Bilder töten, 2006, S. 23.
157 Ebd.
158 Ebd., S. 25.

„von sich aus keinen Befehl" gibt, aber: „wer gibt ihn dann?"[159] Die Frage, wodurch ein Bild auf seine Weise „befielt" etwas zu tun, ist für das hier behandelte Problem des Bildergehorsams essentiell. Mondzain beantwortet sie zunächst mit dem Hinweis auf die magischen Gebrauchsweisen von Bildern, die auf der Identifikation beruhen: „Die Gewalt des Bildes wird entfesselt, sobald dieses die Identifikation des Undarstellbaren im Sichtbaren ermöglicht",[160] wenn also das Bild, als Unähnlichkeit und Abstand zum Repräsentierten, aufgehoben wird, wird es *als Bild* unsichtbar. Damit die befehlende (bzw. befohlene) Identifikation eintreten kann, muss der Abstand einer „substantiellen und fatalen Präsenz"[161] weichen. Mondzain zufolge, schaffte es das christliche Denken zunächst das Bild von dieser magischen und zugleich „tödlichen und verstörenden Potenz" zu befreien,[162] indem es das Bild in der Inkarnation legitimierte. Die Lehre des Johannes von Damaskus, den Hans Belting als „ersten Bildertheologen"[163] bezeichnet hat, drückt die grundsätzliche Differenz zwischen Bild und Dargestelltem aus, die fortan im Kern der ikonophilen christlichen Bilderlehre liegen wird: Im Zuge der Instrumentalisierung des Bildes für die Zwecke der Kirche, „[a]ls irdische Institution, die an die Macht kommen und sie bewahren wollte", kommt es jedoch zu einer Indienstnahme der Bilder durch die „Operationen der Inkorporation", die einer bildlichen Kriegstechnik gleichkommt:

> Das Bild wird absorbiert wie eine Substanz, mit der der Inkorporierte sich identifiziert und mit der er widerspruchslos und wortlos verschmilzt. Diese Bilder begleiteten die Eroberungen, sie ließen das schrecklichste Schweigen herrschen und erzwangen unter Ausschluß jeglicher Einwände die fügsamsten Unterwerfungen.[164]

Aus der „rettenden, erlösenden Macht" des inkarnierten Bildes, wurde eine bedingungslose Gehorsamsdoktrin der Inkorporation, die den Gläubigen und zu Bekehrenden „jegliches Denken, jegliche Freiheit" nahm, „von der sie sich einbildeten, sie vom Schöpfer durch die Gnade der Ähnlichkeit erhalten zu haben".[165] Die Mechanismen der Inkorporation sind klar erkennbar in den schon erwähnten Heiligendarstellungen, die von den Jesuiten in der Mission eingesetzt wurden.

---

159 Mondzain, 2006, S. 20.
160 Ebd., S. 21.
161 Ebd., S. 22.
162 Ebd., S. 23.
163 „Johannes von Damaskus, der erste Bildertheologe (um 680–749), formulierte [...] das, was eine Selbstverständlichkeit sein sollte, als seine Lehre ‚Das Bild ist eine Ähnlichkeit, die das Urbild so ausdrückt, daß zwischen beiden ein Unterschied bestehen bleibt'." Siehe: Belting, *Bild und Kult*, 2011, S. 166.
164 Mondzain, Können Bilder töten, 2006, S. 29.
165 Ebd., S. 30.

Über die Identifikation, etwa mit dem Bild der Heiligen Katharina, wurden die Bekehrten in die Lage versetzt, sich mit der Märtyrerin selbst zu identifizieren und ihrem Schicksal nachahmend bis in den Tod zu folgen. Keine kritische Distanz zum Bild trennt die Empfänger*innen dieser Instruktionen vom Medium der Intention. Diese Bildpraxis unterscheidet sich dagegen offensichtlich von derjenigen der *Exerzitien*, die in der jesuitischen Ausbildung mit dem Ziel eingesetzt wurde, den einerseits absoluten und andererseits freien Gehorsam zu etablieren.

Diese klar unterschiedenen Funktionen der Gehorsamsproduktion zeugen von einer streng regulierten bildhaften Herrschaftspraxis, die sich mit Mondzain unter den Begriff der „ikonischen Ökonomie" bringen lassen. In ihrem dem byzantinischen Bilderstreit des 8. und 9. Jahrhunderts gewidmeten Hauptwerk[166] leitet Mondzain die „subtile Gewichtung der Beziehung zwischen Sichtbarem und Unsichtbarem im Bild"[167] aus dem unter den Kirchenvätern gebräuchlichen und äußerst facettenreichen Schlüsselbegriffs der *oikonomia* her. Demzufolge geht es in der byzantinischen Kunst und der sie begleitenden gegen den kaiserlichen Machtanspruch formulierten Bildtheorie der Kirchenväter um eine „ökonomisch[e] Doktrin, die die Zirkulation der Blicke ebenso betrifft wie die Frage der Abstraktion selbst." Im Kern dieser Zirkulation der Blicke liegt einerseits die Anweisung „für eine aktive Kontemplation" und andererseits die „wirkungsvolle Evangelisierung",[168] worin sich schon die beiden Ausrichtung der siebenhundert Jahre später entwickelten Jesuitischen Bildpraxis abzeichnet. Das ökonomische Denken bezeichnet ein „Denken im Sinn einer klugen Anpassung an die Umstände"[169], eine Art Kriegslist, die Vorrang hat gegenüber der Akribie und kanonischen Strenge.[170]

Der kirchliche Bildgebrauch wurde zunächst durch den Vorwurf der Ikonolatrie herausgefordert, den Kaiser Konstantin V. im Namen der Ausdehnung der eigenen weltlichen Macht vertrat: an die Stelle der Ikonen verlangte er das Kreuz zu setzen, „weil es durch Verzicht auf sinnliche Übereinstimmung die göttliche Unsichtbarkeit" respektiere,[171] vor allem aber im Gegenzug dem Kaiser den Alleinanspruch auf die Macht der Bilder sicherte. Die Ikonoklasten wollten sich, wie Mondzain resümiert, das Monopol der Ikone aneignen „und es mit Hilfe theologi-

---

166 Mondzain: Bild, Ikone, Ökonomie, 2011.

167 Marco Baschera: „Marie-José Mondzain". In: Kathrin Busch, Iris Därmann (Hg.): *Bildtheorien aus Frankreich. Ein Handbuch.* Wilhelm Fink, München, 2011, S. 312–318, hier: 314.

168 „Die Probleme der formalen Übereinstimmung, der Wesensähnlichkeit und der Nachahmung (homoiosis, homouosia, mimesis) erscheinen sämtlich als Auftakt zum Handeln, als Horizont für das Wissen, als Weisung für eine aktive Kontemplation oder eine wirkungsvolle Evangelisierung". Siehe: Mondzain, Bild, Ikone, Ökonomie, 2011, S. 87.

169 Ebd., S. 19.

170 Ebd., S. 26.

171 Ebd., S. 89.

scher Argumentation der kirchlichen Macht entreißen".[172] Darauf reagierten die Kirchenväter mit einer bildökonomischen Doktrin, die Mondzain anhand der Streitschriften des theologischen Gelehrten Nikephoros nachvollzieht. Nikephoros war einer der Hauptprotagonisten im diskursiven Feldzug christlicher Bilderverehrung im 9. Jahrhunderts. Über die Verteidiung des Bildes hinaus, gelangte dieser zu der Einsicht, dass es unmöglich sei „ohne das Bild zu denken und zu regieren".[173] Damit sprach er im Gegenzug seinen ikonoklastischen Gegnern de facto die „Fähigkeit zum Denken und zum Regieren" ab.[174]

Worum geht es bei dieser ikonischen Ökonomie, die Mondzain auch als *Ikonomia*, als „Gesetz der Ikone" bezeichnet? Es geht um nicht weniger, als um die politische Verwaltung der Relation von Sichtbarem und Unsichtbarem, d. h. um eine Technik der bildlichen Gehorsamsproduktion, in der Sehen, Glauben und Gehorchen in eins fallen. Schon die Inkarnation ist in der ökonomischen Interpretation ein „Dienst", wie auch Christus, in seiner menschlichen Erscheinung, die „Gestalt eines Sklaven"[175] annimmt. Zu diesem Zweck transportierte der byzantinische Diskurs die aus dem griechischen Denken stammende „ontologische Spekulation über die *doxa*, die *mimesis* und das Phänomen" in die monotheistische Philosophie des Bildes. Hierbei führte sie eine „ökonomische Konzeption des künstlichen Bildes" ein, das, wie Mondzain darstellt, „seinerseits die temporale Macht begründet[e]".[176] Wie in der ursprünglichen griechischen Bedeutung der *oikonomia*, verbindet die ikonophile Ökonomie der Kirchenväter die materiellen und symbolischen Güter mit der Idee des Dienstes zum Zweck der Herstellung der „Ordnung im Hinblick auf einen materiellen und immateriellen Profit", der nicht zuletzt die Affekte miteinschließt.[177]

Der Diskurs über das Bild ersetzt dabei keinesfalls die ikonische Wirkung selbst, denn das Bild „macht etwas, was der Diskurs nicht macht".[178] Aber diese Wirkung entfaltet das Bild nur aufgrund des sprachlichen Diskurses. Die „ikonische Lehre" ist, wie Mondzain hervorhebt, dem sprachlichen Diskurs „aufgrund seiner Schnelligkeit und emotionalen Wirkung" überlegen.[179] Aber wie schon am Beispiel der oranischen Drillmanuale im vorangegangenen Kapitel diskutiert wurde, befinden sich auch hier Bild und Wort in einem Verhältnis wechselseiti-

---

172 Ebd., S. 26.
173 Ebd., S. 19.
174 Ebd.
175 Ebd., S. 31.
176 Ebd., S. 14.
177 Ebd., S. 30 und 72–73 [Affekte].
178 Ebd. S. 18.
179 Ebd.

ger Abhängigkeit. Das Bild allein *tut* nichts. Der ikonische Gehorsam erfolgt zwar direkt. Da das künstliche Bild aber nach der ikonophilen Auffassung Abstand hält zu dem, was es zeigt, erfordert es indexikalische Hinweise auf seinen Gebrauch: „Die Ikone entgeht der Designationsfunktion; sie ist es, die bezeichnet wird".[180] Die Designation aber ist dem Wort vorbehalten.

In der Bildtheorie der Jesuiten sind die Spuren dieser *Iko-Nomia*-Lehre klar erkennbar;[181] sie wird jedoch noch um die komplexe – und militante – ignatianische Gehorsamslehre erweitert. Wie die bisherigen Ausführungen gezeigt haben, entwickeln die Jesuiten, mit den *Spirituellen Übungen*, neben der inkorporierenden Praxis der äußeren Bilder, eine Iko-Nomie der inneren Bilder, deren Macht den gemalten Bildern in nichts nachsteht. Der Unterschied der beiden Bildpraktiken liegt in der Art des Gehorsams, den sie erzeugen: Während in der Ausbildung der Jesuiten durch die Exerzitien ein „freier" Gehorsam ein- und ausgeübt wird, der den Abstand zum Bild wahrt und die Inkarnation des Bildes als aktiven Willensakt trainiert, folgt der Einsatz der äußeren Bilder in der Mission und der damit einhergehenden Unterwerfung der übrigen Gläubigen dem Prinzip der Inkorporation. Sie hat die Identifizierung mit dem Bild zum Ziel, die einen Gehorsam bis zum Opfer des Lebens für die weltliche Macht der Kirche ermöglicht.[182]

Damit lässt sich auch der im holländischen Kontext von Lipsius entwickelte und jesuitisch inspirierte soldatische Drill dem Prinzip der Inkorporation zuordnen. Auch wenn nicht klar ist, ob die Soldaten selbst oder nur die Drillmeister die Bilder mit eigenen Augen zu sehen bekamen, spielt das Bildmedium und die Übertragung auf den Körper hier eine zentrale Rolle. Bröckling beschreibt diesen Drill mit Elias Canetti als ein „Werkzeug zur Produktion des allzeit im ‚Zustand bewuss-

---

180 Ebd., S. 81.

181 Wie Hecht ausführt, war es nach dem Konzil von Trient „eine Hauptintention aller beteiligten katholischen Theologen, die Tradition zu wahren, d. h. im Falle der Bilder, die während des byzantinischen Bilderstreites ausgeprägten klassischen bildertheologischen Vorstellungen weiterzugeben." Siehe: Christian Hecht: *Katholische Bildertheologie im Zeitalter von Gegenreformation und Barock. Studien zu Traktaten von Johannes Molanus, Gabriele Paleotti und anderen Autoren*. Gebr. Mann Verlag, Berlin, 1997.

182 Obwohl die Bestimmung der von Foucault bezeichneten Machtregime nicht den Fokus dieser Arbeit bilden, soll zumindest darauf hingewiesen werden, dass, wenn Mondzain hier im Vollzug der christlichen Inkarnation, die „Konstitution des irdischen Reichs nach dem Bild des himmlischen" ausmacht, in der Funktionalisierung der bildhaften Inkorporation eine säkularisierte Form der Macht erkennbar wird, die sich kurz vor dem Übergang der von Foucault so bezeichneten Pastoralmacht zum modernen Staat befindet. Die Pastoralmacht ist nach Foucault, nicht einfach eine Form der Macht, die befiehlt. Sie muss auch in die Lage versetzen, sich für das Wohl der Gemeinschaft zu opfern. Siehe: Michel Foucault: „The Subject and Power". In: James D. Faubion (Hg.): *Power*. Übersetzt aus dem Französischen ins Englische von Robert Hurley u. a., The New Press, New York, 2000, S. 327–348, hier: 332–333.

ter Befehlserwartung' auf seinem Posten verharrenden Soldaten".[183] Zwar haben die „Mechanismen der Disziplinierung" beider Auffassungen Gemeinsamkeiten – Bröckling nennt neben der strikten Einhaltung des Gehorsamsprinzips (das, wie weiter oben dargelegt wurde, im Fall der jesuitischen Elite allerdings freier ausgelegt wurde und durchaus auch Konflikte verursachen konnte), eine minutiöse Reglementierung des Tagesablaufs und der Körperhaltungen und eine bis ins Detail vorgeschriebene und durch stete Wiederholung automatisierte Ordnung –, jedoch lässt sich ein signifikanter Unterschied in der Qualität des Gehorsams feststellen, der nicht zuletzt die Konstitution eines rigiden Machtgefälles zur Folge hat.

Mondzain liefert selbst einen Schlüssel zum Verständnis dieses Unterschieds, der über die Differenzierung von Inkarnation und Inkorporation hinausgeht: In einem kurzen, auf Deutsch erschienenen Textausschnitt aus ihren Untersuchungen zum *Homo Spectator*[184] führt sie die Unterscheidung von Macht und Autorität in ihr Nachdenken über die „Krise in der Verwaltung des Sichtbaren" ein,[185] der sie sich bereits in ihren Forschungen vom byzantinischen Bilderstreit bis zu ihrer Kritik heutiger Bildschirm-Regime gewidmet hat. Nach dieser Unterscheidung ist der absolute Gehorsam der Macht zuzuordnen, die eine „irreduzible Ungleichheit" darstellt, „die es dem Machthaber erlaubt, von allen Mitteln Gebrauch zu machen, um die Unterwerfung und den Gehorsam der Anderen zu erlangen."[186]

Bei Alexandre Kojève findet Mondzain ein Verständnis der Autorität, die sich im Gegensatz zur Macht nicht des Zwangs bedient, und dennoch eine Form der Herrschaft beschreibt:

> Die Autorität ist die Möglichkeit, die eine Wirkkraft hat, um auf die Anderen (oder einen Anderen) einzuwirken, ohne dass diese Anderen auf ihn zurückwirken, obgleich sie vollkommen dazu in der Lage wären […]. Überall, wo die Menschen eine Handlung über sich ergehen lassen und dabei bewusst und freiwillig auf ihre Fähigkeit verzichten, ihr entgegenzuwirken, kann man die Intervention einer Autorität feststellen. Doch eingedenk dessen, dass die Reaktion immer *möglich* bleibt und der Verzicht bewusst und freiwillig erfolgt, ist es angebracht, die Frage nach dem Warum dieses Verzichts zu stellen.[187]

Diese Frage kann auch Mondzain nicht beantworten. In ihrer Unterscheidung von *autoritas* und *potestas*, gibt es keine Verweigerung und keinen Entzug der

183 Bröckling, Disziplin, 1997, S. 46.
184 Marie-José Mondzain: *Homo spectator*. Bayard, Paris, 2007.
185 Marie-José Mondzain: „Oikonomia und Exousia. Für eine neue Autorität des Betrachters". In: Emmanuel Alloa, Francesca Falk: *BildÖkonomie. Haushalten mit Sichtbarkeiten*. Eikones, Basel, 2013, S. 253–272, hier: S. 254.
186 Mondzain, Autorität, 2013, S. 255.
187 Alexandre Kojève: *La notion d'autorité*. Gallimard, Paris, 2004 [1942], S. 58, zitiert nach Mondzain, Autorität, 2013, S. 256.

Macht, sie unterscheidet lediglich zwischen einer absoluten und einer freieren Form des Gehorsams, einer zwanghaften und einer akzeptierten Form der Herrschaft. Ihre Forderung nach einer Bild-Pädagogik schließt zwar den „Abstand zum Bild", das Erkennen seiner Konstruktionsweise mit ein, aber letztlich nicht die Möglichkeit, sich dem „was sich als die Macht jener präsentiert, die Bilder machen"[188] zu entziehen. Dabei scheint ihr zu entgehen, dass jene Techniken, die sie als *Inkarnation* beschreibt, den katholischen Machteliten und damit den Herrschenden vorbehalten sind, die sich freiwillig unter die Autorität des Ordens begeben und Macht über andere ausüben. Genau darin besteht, wie im vorliegenden Kapitel gezeigt wurde, die jesuitische Iko-nomie, die ökonomische List der Verwaltung von Sichtbarkeit.

Auf die Gefahr hin, grob schematisch vorzugehen und die feineren Details der hierarchischen Verteilungen zu übergehen, kann hier dennoch grundsätzlich resümiert werden, dass sich innerhalb der jesuitischen Gehorsamstechniken die *Macht* des Sichtbaren bedient, während die *Autorität* im Unsichtbaren agiert. Anders ausgedrückt, während sowohl der soldatische Drill als auch die bildtechnische Disziplinierung der Gläubigen auf die Sichtbarkeit äußerer Bilder angewiesen waren, und damit offenkundig dem von Foucault so bezeichnete Regime der Disziplin zugeordnet werden können, trägt der an innerlichen Bildern orientierte freie Gehorsam, wie er unter den Ordensbrüdern der Jesuiten praktiziert wurde, schon die Züge der selbstregulierenden Kontrolle.

Für eine Betrachtung der unterschiedlichen Formen des Bildergehorsams bieten die jesuitischen Bildpraktiken, gerade weil sie in ihrem historischen Entstehungskontext und ihrer theoretisch-diskursiven Rahmung und Argumentation so gut nachvollziehbar sind, hervorragendes Anschauungsmaterial. An den Ignatianischen *Exerzitien* lässt sich in einzigartiger Weise die Konstruktion *innerer* Bilder und deren wahrnehmungstechnische-disziplinarische Wirkung nachvollziehen. Gleichermaßen offenbaren die theologischen Diskurse, die sich zum Teil an der byzantinischen Bildtheorie orientieren, und sich zum anderen Teil nach der proto-militärischen Gehorsamsdoktrin der Jesuiten richten, ein klares Verständnis der Instrumentalität der bildlichen Gehorsamsproduktion.

Obwohl dies nicht direkt belegt werden kann, lässt sich mit Bröckling argumentativ begründen, dass die jesuitische Bildpraxis über Lipsius auch den Bild-basierten Drill der Oranier inspirierte. In beiden Kontexten spielte das Bild eine Rolle, die zwischen *autoritas* und *potestas* changierte. Während die niederländische Bildkultur, wie im vorangegangenen Kapitel argumentiert wurde, dem Bild jenseits der protestantischen Bilderfeindlichkeit einen spezifischen Status als Wissensobjekt zusprach,

---

188 Mondzain, Autorität, 2013, S. 254.

die die analytischen Bilder des soldatischen Körperschemas hervorbrachte, spielte im Kontext der katholischen Gegenreformation der Glaube an die inkarnierende Wirkung des Bildes eine übergeordnete Rolle. Sehen, Glauben und Gehorchen bilden in beiden Fällen den Nexus der Instrumentalisierung des Bildes.

Allerdings fehlen in den hier behandelten Beispielen, wie auch in den theologisch-bildtheoretischen Schriften, jene Erzählungen der Gehorsamsverweigerung und Desertion, die das Versagen der Doktrin, die Nichtbeachtung des göttlichen Befehls und die Nicht-Identifikation mit dem Bild beschreiben. Die Widerstände und das Versagen, „die spezifische Kraft des Machtlosen"[189] lässt sich nur ex negativo aus den gewaltigen Anstrengungen rekonstruieren, die die katholische Gegenreform unter der Ägide der Jesuiten auf sich nehmen musste, um der protestantischen Herausforderung entgegenzutreten. Doch würde es zu kurz greifen, in der reformatorischen Ablehnung einer versinnlichten Glaubensvorstellung die einzige Form der Opposition zur bildlich-sinnlichen Herrschaftsdoktrin der Jesuiten zu sehen. Vielmehr sind auch Formen der Abwandlung und Aneignung, der wechselseitigen Einflussnahme und Verkomplizierung christlicher Normen nicht nur denkbar, sondern auch belegt. So zum Beispiel in der Politik der „Akkomodation" während der jesuitischen Mission in Paraguay, die von 1609 bis zur Vertreibung der Jesuiten aus Südamerika um 1768 währte. Hier konnte sich, wie Asendorf hervorhebt, mit dem sogenannten Jesuitenstaat für kurze Zeit „so etwas wie eine christlich-indianische Zivilisation" entwickeln.[190]

In ihrer Untersuchung musikalischer Praktiken in den „Reduktionen", den von den Jesuiten gegründeten Siedlungen für missionierte Indigene wirft Karin Harrasser ein Schlaglicht auf solche wechselseitigen Einflussnahmen und macht dabei deutlich, dass die Herrschaftstechniken sich keineswegs auf Bildtechniken beschränkten. Am Beispiel der instrumentalen Barockmusik und des Tanzes, die von jesuitischen Missionaren mit den Einheimischen eingeübt wurden, kann sie zeigen, dass die jesuitischen Regierungstechniken und „theo-politischen Konzepte"[191] nicht einseitig dominierend auf die Bevölkerung wirkten. Zwar warnt sie davor, die von der jesuitischen Propaganda verbreitete Idee einer „friedlichen und produktiven Strategie der Verführung und Anpassung"[192] in der lateinamerikanischen Mission kritiklos zu übernehmen, aber sie kann dennoch zeigen, dass sich die jesuitischen Normen im Austausch mit der vorgefundenen (Musik-)Kultur anpassten und transformierten. Dies geschah mitunter auch in Opposition zu katholischen Glaubenssätzen und Bestimmungen.

---

189 Mondzain, Autorität, 2013, S. 254.
190 Asendorf, *Jesuiten als Avantgarde*, 2017, S. 205.
191 Harrasser, Jesuit Reductions, 2021, S. 211.
192 Harrasser, 2021, S. 210.

Grundsätzlich gilt für die jesuitischen Regierungs- und Gehorsamstechniken – ob im Medium des Bildes, der Musik, der Architektur oder des Theaters – was für die meisten anderen Techniken der Disziplinierung und Beeinflussung auch gilt: Sie sind und waren stets abhängig von spezifischen Kontexten und Umgebungen, von je eigenen Bedingungen ihres Funktionierens. Auch der Bildergehorsam der Jesuiten hatte „seinen" Moment in der europäischen Geschichte, in dem die inneren und äußeren Bilder eine eigene Wirkmacht entfalten konnten. In den komplexen Verflechtungen von Politik, Machterhalt und versinnlichter Glaubenslehre erfanden die Jesuiten eine Bildpolitik als Krieg mit anderen Mitteln. Dabei belegt die Fülle der textlichen Begleitliteratur, der bildtheoretischen Traktate und letztlich auch der Text der *Exerzitien* selbst, dass die Bedingungen für den Bildergehorsam stets diskursiv hergestellt, und argumentativ erkämpft werden mussten. Wenn in den folgenden Kapiteln in eine vollkommen andere Logik der militärischen Bildtechniken eingeführt werden soll, die der religiös begründeten Bilddoktrin in scheinbar scharfem Kontrast gegenübersteht, so gilt es, die hier erarbeiteten Einsichten in die Funktionen von Bildergehorsam und Herrschaftstechnik, sowie der Verwaltung der Sichtbarkeiten auch im Hinblick auf diese modernen Bildtechnologien weiterzudenken.

Teil II: **Mobilmachung der Wahrnehmung**

3 Der Blick von oben. Fotografie als Kriegstechnik

> Vision is *always* a question of the power to see – and perhaps
> of the violence implicit in our visualizing practices.
> With whose blood were my eyes crafted?[1]

Der Blick von oben, das Phantasma des vertikalen, alles erfassenden Blicks, dieser *god trick*, durch den eine Illusion entkörperlichter Objektivität alles „von oben, von nirgendwo" zu sehen beansprucht,[2] ist für Donna Haraway untrennbar mit der Geschichte der Gewalt einer westlichen, militärisch-epistemischen Herrschaftspraxis verbunden, die „im Interesse ungehinderter Machtausübung" das wissende Subjekt von jedem und allem zu distanzieren sucht.[3] Für Haraway manifestiert sich diese Idee des panoptischen, körperlos-distanzierenden „view from above" heute vor allem in den Visualisierungsverfahren der Hochtechnologie. Das nicht einholbare Versprechen einer all-sehenden, Gott-gleichen Erkenntnis scheint mit ihnen in die Sphäre des Möglichen, des praktisch Umsetzbaren überführt worden zu sein:

> The visualizing technologies are without apparent limit. The eye of any ordinary primate like us can be endlessly enhanced by sonography systems, magnetic resonance imaging, artificial intelligence-linked graphic manipulation systems, scanning electron microscopes, computed tomography scanners, color-enhancement techniques, satellite surveillance systems [...]. Vision in this technological feast becomes unregulated gluttony; all seems not just mythically about the god trick of seeing everything from nowhere, but to have put the myth into ordinary practice.[4]

---

1 Donna Haraway: „Situated Knowledges: The Science Question in Feminism and the Privilege of Partial Perspective". In: *Feminist Studies* 14(3), Herbst 1988, S. 575–599, hier: S. 585.

2 „[B]eing nowhere while claiming to see comprehensively." Donna Haraway, *Situated Knowledge*, 1988, hier: S. 581, S. 589 und S. 584.

3 Zitiert aus der deutschen Übersetzung: Donna Haraway: „Situiertes Wissen. Die Wissenschaftsfrage im Feminismus und das Privileg einer partialen Perspektive". Übersetzung: Helga Kelle. In: Donna Haraway: *Die Neuerfindung der Natur. Primaten, Cyborgs und Frauen*. Campus, Frankfurt a. M., 1995, S. 73–97, hier: S. 80.

4 Haraway, *Situated Knowledge*, 1988, S. 581.

https://doi.org/10.1515/9783111287584-004

Die diesen Instrumenten eigene „Politik der Positionierung"[5] schlägt sich Haraway zufolge nieder in den allegorischen Umschreibungen jener Ideologien wissenschaftlicher Objektivität, die die Relationen zwischen Körper und Geist, Distanz und Verantwortung beherrschen.[6] Einen Körper, der sich als Objekt der Beschauung eignet, haben nur diejenigen, die von den Geräten erfasst werden.[7] Im imaginär-Körperlosen agieren dagegen die Beschauer, deren technisch erweiterte „Augen" von oben auf die Körper-Objekte blicken und dabei unbegrenzte Mobilität anstreben: „The Western eye has fundamentally been a wandering eye, a travelling lens".[8]

Mit der Entwicklung der vorwiegend Bildschirm-basierten Technologien des *Sensing*, die keineswegs nur rein optische Phänomene im Medium des Bilds visuell darstellbar (und damit erst sinnlich-wahrnehmbar) machen, wird der Wirkungsbereich des Visualisierbaren scheinbar grenzenlos. Die „unregulierte Maßlosigkeit"[9] des technologisch hochgerüsteten Blicks, der *von nirgendwo alles zu sehen* beansprucht, führt im 21. Jahrhundert zu jener Bilderflut, der nur noch durch automatisierte Verfahren der Selektion und Interpretation beizukommen ist. Gerade in dieser Wirkung und der ihr eigenen Verselbstständigung einer „Logik des Instrumentellen"[10], ist die *Arbeit der Visualisierung* nicht zu verwechseln mit der eigentlichen *Arbeit des Sehens*[11]: Wenn für Haraway Sehen und Visualisieren offenbar in eins fallen, gilt es hier, diese Unterscheidung zu treffen und sie in ihren Konsequenzen zu beleuchten. In der Sphäre des technologisch hervorgebrachten *god trick* gibt es keinen unvermittelten Blick. Alle von den Sensoren erfassten Phänomene werden zunächst

---

5 „Vision requires instruments of vision; an optics is a politics of positioning. Instruments of vision mediate standpoints; there is no immediate vision from the standpoints of the subjugated." Haraway, *Situated Knowledge*, 1988, S. 586.

6 „All Western cultural narratives about objectivity are allegories of the ideologies governing the relations of what we call mind and body, distance and responsibility." Haraway, *Situated Knowledge*, 1988, S. 583. Haraways Ausführungen gleichen Maurice Merleau-Pontys Kritik an einem „Denken im Überflug, ein Denken des Gegenstandes im allgemeinen", dem Merleau-Ponty, ähnlich Haraways Forderung nach einem „situierten Wissen", eine Verortung „in die Landschaft und auf den Boden der wahrnehmbaren Welt und der ausgestalteten Welt, wie sie in unserem Leben, für unseren Leib da sind" gegenüberstellt. Siehe: Maurice Merleau-Ponty: „Das Auge und der Geist". In: Hans Werner Arndt, Christian Bermes (Hg.): *Das Auge und der Geist. Philosophische Essays*. Hamburg, Felix Meiner, 2003, S. 277. Siehe: Kapitel 1.5 dieser Untersuchung, insb. S. 53.

7 „[...] the emodied others, who are not allowed *not* to have a body [...]." Haraway, *Situated Knowledge*, 1988, S. 575.

8 Haraway, *Situated Knowledge*, 1988, S. 586.

9 Haraway, *Situated Knowledge*, 1988, S. 581. Siehe Fußnote 4.

10 Siehe: Antonia Majaca, Luciana Parisi: „The Incomputable and the Instrumental Possibility". In: *e-flux Journal # 77*, November 2016.

11 Maurice Merleau-Ponty: *Das Auge und der Geist. Philosophische Essays*. Darin: „Das Auge und der Geist" (1961). Felix Meiner, Hamburg, 2003, S. 287. Dazu die Diskussion in Kapitel 1.

in Daten verwandelt und dann in Bilder übersetzt, und diese Bilder werden zu Instrumenten, die den Objekten und Körpern ihre Position zuweisen und sie in einer Hierarchie des Sensorischen einordnen.

Ausgehend von einigen Schlüsselszenen bildtechnischer Innovationen, wird im Folgenden die historische Entwicklung des militärischen „Blick von oben" im 20. und 21. Jahrhundert skizziert. Vor diesem Hintergrund und ergänzt um eine kurze Geschichte der psychotechnischen Bildtechniken (Kapitel 4) möchte ich im daran anschließenden Kapitel über die Kriegführung am Bildschirm (Kapitel 5) die Frage nach der militärischen Funktion der bildhaften Gehorsamsproduktion neu stellen. Tatsächlich erhält das Bild, als Medium des Blicks, des Befehls und als Mittel militärischer Dominanz schon während der technologischen Revolutionen des 19. und 20. Jahrhunderts einen vollkommen neuen Status. Hierum geht es im *ersten Teil* des folgenden Kapitels. Besonders seit der Verschränkung von operationaler Bildgebung und Luftfahrt wird das Bild mithilfe der Fotografie erstmals zu einer Art der Information, die den militärischen Blick in die Vertikale hebt. Während die Voraussetzungen hierfür erst durch technologische Entwicklungen erfüllt wurden, erschöpft sich die Untersuchung dieser neuen militärischen Bildgebungsverfahren allerdings nicht in der Beschreibung von Technologien. In militärischer Hinsicht mindestens ebenso wichtig wie die Weiterentwicklung der Waffen-, Luftfahrt- und Fototechnik wurden nach Beginn des Ersten Weltkriegs die organisatorischen Prozesse der fotografischen Interpretation.[12] Am Beispiel des „deutschen Luftbildwesens" von 1911–1918 wird erkennbar, dass das Luftbild nicht nur als Mittel der taktischen Aufklärung hervortritt, sondern einen Präzedenzfall für den militärischen Bildgebrauch an der Grenze von interpretierbarer Information und Handlungsanweisung bildet. Erst als interpretierte Information kann das Bild zur Grundlage strategischer und taktischer Entscheidungen werden und wird schließlich, wie im 5. Kapitel im Kontext der Bildschirm-basierten Kriegführung zu zeigen sein wird, selbst zum Medium des Befehls.

Die Kriegführung im 20. Jahrhundert beginnt also mit einer Blickwendung um neunzig Grad: dem Blick von oben. Dieser ermöglicht durch die „technologische Ko-Evolution"[13] von Luftfahrt und Fotografie im 19. und 20. Jahrhunderts nicht nur

---

12 Terrence J. Finnegan: *Shooting the Front. Allied Aerial Reconnaissance in the First World War.* The History Press, Gloucestershire, 2011, S. 14.

13 „The co-evolution of photography and flight would produce a dominant way of seeing and picturing the modern world of the twentieth and twenty-first centuries. The two histories are thus inextricable, and cannot be separated from questions of spatial cognition and representation that reach back much further than the inventive nineteenth century." Siehe: Denis Cosgrove, William L. Fox (Hg.): *Photography and Flight.* Reaktion Books, London, 2010, S. 8.

neue Arten des Sehens und Zeigens, sondern steht auch, wie Haraway nahelegt, im Zeichen einer „Politik der Positionierung"[14], die den Menschen imaginär über die Grenzen des Körperlichen hinaus erhebt. Für Christoph Asendorf steht der erste geglückte bemannte Ballonaufstieg der Gebrüder Montgolfier im Jahr 1783 im Zusammenhang mit der grundlegenden „historischen Differenz [...] von der ‚geschlossenen Welt' zum ‚unendlichen Universum'."[15] Diese von einer veränderten Wahrnehmungsperspektive herbeigeführte Erschütterung, die in der Kunst seit der ersten Weltumrundung durch Kolumbus und Magellan lange vorher schon imaginiert worden war, betraf Asendorf zufolge nicht nur die Raumauffassung, die mit dem „Blick von oben" um eine entscheidende (dritte) Dimension erweitert wurde, sondern die gesamte Vorstellung des Menschen von seiner Stellung in der Welt:

> Die Vogelperspektive differenziert sich im 19. Jahrhundert langsam aus und damit ein Sehen, das vielleicht am einfachsten negativ beschrieben werden kann: Hier ist der Blickpunkt nicht der jemandes, der mit beiden Beinen fest auf dem Boden steht, vor sich den vertrauten horizontalen Anschauungsraum, der über Vorder-, Mittel- und Hintergrund gleichsam betreten werden kann. Eine Vermittlungszone also zwischen Betrachter- und Bildraum fällt fort.[16]

Wenn die Luftfahrt (von den ersten Ballonflügen bis zum motorisierten bemannten Flug) an sich schon als Versuch gelten kann, die physiologischen Zwänge des aufrechten, vorwärts-gewandten und an die Erdoberfläche gebundenen menschlichen Körpers zu überwinden,[17] so ist der Blick von oben tatsächlich immer ein auf spezifische Weise entkörperlichter Blick. Dies macht sich auch daran bemerkbar, dass der an den Körper gebundene Wahrnehmungsapparat nicht auf den Umgang mit der vertikalen Sicht eingestellt ist und es für einen menschlichen Beobachter schwer ist, selbst kurze Distanzen nach oben und unten richtig einzuschätzen.[18]

---

14 Haraway: „Situiertes Wissen", 1995, S. 87.

15 Asendorf bezieht sich hier auf Alexandre Koyrés Beschreibungen zur Entwicklung der kosmologischen Vorstellungen. Siehe: Christoph Asendorf: „Bewegliche Fluchtpunkte – Der Blick von oben und die moderne Raumanschauung". In: Christa Maar, Hubert Burda (Hg.): *Iconic Worlds. Neue Bilderwelten und Wissensräume.* DuMont, Köln, 2006, S. 19–49, hier: S. 21.

16 Asendorf, Bewegliche Fluchtpunkte, 2006, S. 27.

17 „The purpose of flight, initially by balloon and, since the turn of the last century, by powered aircraft, is to overcome the physiological constraints that keep our upright, mobile, forwardlooking bodies tethered to the earth's surface." Siehe: Denis Cosgrove, William L. Fox (Hg.): Photography and Flight. Reaktion Books, London, 2010, S. 8. Hierzu auch: Rebekka Ladewig: *Vom unendlichen Raum zur geschlossenem Welt. Über die Phantasie der Rakete und ihrer Spur durch den Raum.* Unveröffentlichtes Manuskript, 1999.

18 Siehe: Wolfgang Metzger: *Gesetze des Sehens. Die Lehre vom Sehen der Formen und Dinge des Raumes und der Bewegung.* Waldemar Kramer, Frankfurt a. M., 1953, S. 151 f., in Asendorf, Bewegliche Fluchtpunkte, 2006, S. 30. Dies bedeutet jedoch nicht, dass die „Abstraktion von oben" nicht in

Dagegen bietet sich die vertikale Perspektive an für technische Verfahren der Messung und Erkundung, eines apparativen und technisch-operativen Sehens also, das aus dem Erkennen computierbarer Muster und Relationen besteht:

> What aerial photography does best perhaps, and what it shares with the map, is to establish a context for individual features on the ground, to place them in relationship to one another and to a broader topography, revealing patterns to the eye, or, we might say, to create geographies.[19]

Muster, die nur aus der Luft erkennbar sind, und für diejenigen, die sie hervorbringen unsichtbar bleiben, beschrieb schon Siegfried Kracauer auf metaphorische Weise mit den „Ornamenten der Masse". Damit meinte er die in den 1910er und 20er Jahren populären Tanz-Formationen wie die der *Tiller-Girls*, bei denen große Gruppen von Menschen in absoluter Synchronizität zu Figuren zusammengeschweißt wurden, die zu groß waren, um aus ebenerdiger Sicht noch ganz erfasst zu werden. Diesen Formationen entsprechen Kracauer zufolge die durch Taylorismus und Psychotechnik zugerichteten Massen, die sich der Ursprünge ihrer Verhaltensmuster nicht bewusst sind:

> Jeder erledigt seinen Griff am rollenden Band, übt eine Teilfunktion aus, ohne das Ganze zu kennen. Gleich dem Stadionmuster steht die Organisation über den Massen, eine monströse Figur, die von ihrem Urheber den Augen ihrer Träger entzogen wird und kaum ihn selbst zum Betrachter hat.[20]

Was durch das Bild des Massenornaments ausgedrückt wird ist einerseits eine pessimistische Zeitdiagnose über den „ästhetischen Reflex der von dem herrschenden Wirtschaftssystem erstrebten Rationalität"[21] während der Hochphase des Industriezeitalters. Es ist andererseits, wie Kracauer selbst bemerkt, indem er das Ornament

---

der Imagination gelingt. So merken Cosgrove und Fox an, dass schon Kleinkinder, obwohl sie solche Ansichten noch nie gesehen haben, in der Lage sind, anhand von Luftbildern etwa ihren Nachhauseweg nachzuvollziehen, und von vertrauten Orten aus mentale „Luftkarten" anzufertigen. Die Autoren bezeichnen dies als eine dem Menschen angeborene „geographical imagination". Die von den Autoren zitierten Beispiele für diese Art der geografischen Imagination reichen von den jahrtausendealten Felsmarkierungen australischen Ureinwohner, einer realitätsgetreuen Wandmalerei des neolithischen Dorfes Çatalöyük in der Türkei, die bei einer Ausgrabung gefunden wurde, bis zu den Stadtansichten aus der Vogelperspektive, die in der westlichen Kunst seit dem 14. Jahrhundert zu finden sind und bei Leonardo da Vinci zu besonderer Prominenz gelangen. Siehe: Cosgrove, Fox, Photography and Flight, 2010, S. 10–11.

19 Cosgrove, Fox, Photography and Flight, 2010, S. 9.

20 Siegfried Kracauer: „Das Ornament der Masse" [1927]. In: Ders.: *Das Ornament der Masse. Essays.* Suhrkamp Verlag, Frankfurt a. M., 1963, S. 50–63, hier: S. 54.

21 Kracauer, Ornament der Masse, 1963 [1927], S. 54.

der Masse mit von oben aufgenommenen Flugbildern vergleicht,[22] eine präzise Beschreibung der sich durch neue Sensor- und Bildtechniken ergebenden Hierarchien, und speziell des Umstands, dass durch den Blick von oben ein Zugriff auf eine Art von Wissen über Bevölkerungen möglich wird, das ihnen selbst verwehrt ist. Auf die Zuspitzung dieser Idee im Zeitalter vernetzter Computation wird im letzten Teil dieses Kapitels noch zurückzukommen sein (3.3). Die Frage, ob und wie der Kracauer'schen „Massenornamentik" durch situierte Praktiken des Sehens begegnet werden kann, die die gegebenen Hierarchien vielleicht nicht auflösen können, aber sich durch Verweigerung und Ungehorsam entziehen, wird die hier angestellten Überlegungen weiter begleiten. Neben den ordnenden Attributen des „Blicks von oben" steht die Fotografie aus der Luft aber auch im Zeichen einer ästhetischen Rezeption, für die gerade das Fremde und Disruptive dieser Wahrnehmungsweise attraktiv ist. Diese ästhetische sowie *aisthetische* Dimension des militärischen Blicks von Oben wird im *zweiten Teil* des Kapitels zum einen am Beispiel des „Neuen Sehens" und den unterschiedlichen Perspektiven eines durch den Krieg geprägten Phänomenologie der Landschaft in der Zwischenkriegszeit diskutiert (3.2.1 und 3.2.2), und zum anderen am Beispiel einiger medientechnischer Vorstellungen im Werk des rechtskonservativen Schriftstellers Ernst Jüngers (3.2.3 und 3.2.4), das hier als eine Art Pathologie des militärischen Sehens gelesen wird..

Als der französische Portraitfotograf Nadar im Jahr 1858 während einer Ballonfahrt die vertrauten Landmarken aus einer Entfernung von etwa 30 Metern anschaute, erschienen ihm diese zwar, nach eigener Aussage, „zweidimensional und ohne Höhendimension"[23], aber die auf dieser Fahrt entstandenen ersten Luftfotografien stellten „eine erstrangige optische Sensation"[24] dar, zeigten sie doch „Aspekte der Wirklichkeit, die bis dahin nahezu unsichtbar waren"[25]. Nadars Freund, der Schriftsteller Jules Verne, wurde, wie die Kultruwissenschaftlerin Rebekka Ladewig hervorgehoben hat, durch dessen Versuche zu seinem ersten Roman *Fünf Wochen im Ballon* (1863) inspiriert, und auch seine späteren Werke tragen die Signatur der Faszination mit der neuen vertikalen Perspektive: „[M]it der Bewegung des Ballons durch das Luftmeer beschreibt Verne zugleich die Anfänge eines ‚Blicks von Oben' auf die Welt", der in seinen späteren Erzählungen über die Reise zum Mond „in

---

22 Ebd., S. 52.
23 Félix Nadar: *Photographe, caricaturiste, journaliste.* Encre, Paris, 1979, S. 77 f, nach Stefan Siemer: „Bildgelehrte Geotechniker: Luftbild und Kartographie um 1900". In: Alexander Gall (Hg.): *Konstruieren, kommunizieren, präsentieren. Bilder von Wissenschaft und Technik.* Wallstein, Göttingen, 2007.
24 Asendorf, Bewegliche Fluchtpunkte, 2006, S. 29.
25 Ebd.

eine planetarische Sichtweise, einen ‚Blick von Außen' erweitert" wird.[26] Der sensationelle, wahrnehmungsverändernde Charakter dieser ersten Versuche, die Welt fotografisch von oben abzubilden, aktualisiert sich aufs Neue in dem Schock, den die von Astronauten der NASA auf der ersten bemannten Mondmission aufgenommenen *Earth Rise* Fotografien in den 1960er Jahren auslösten. Diese kehrten durch den Blick auf die „ganze Erde" den Effekt der ersten Luftbilder gewissermaßen wieder um, indem sie vom „unendlichen Universum" zurück auf die „geschlossene Welt" verwiesen.[27] Wie in Vernes Roman „Von der Erde zum Mond" (1865), in dem die Mondreisenden, vom wissenschaftlichen Wunsch nach Erkenntnis getrieben, zunächst in der Umlaufbahn des Mondes kreisend, zurück zur Erde geschleudert werden, ohne ihrem „Objekt" jemals wirklich nahe zu sein, verstärkt der Blick von Oben auf die Welt hier eher die Wahrnehmung der eigenen Begrenztheit, die für das Phantasma des *God Trick* symptomatisch ist: „Die imaginäre Transzendenz entpuppt sich als reine Immanenz, in der eine Wahrnehmung des Außen unmöglich ist".[28]

Zunächst blieb der Blick jedoch auf die Erdoberfläche gebannt. Durch den militärischen „Blick von oben" wurden schon zur Geburtsstunde des Luftkriegs Verfahren der Bildgebung mit den Technologien des Tötens impliziert. Dieser Zusammenhang bildet besonders seit Beginn der 1990er Jahre den Gegenstand einer medientheoretischen Faszination, die den Blick auf die militärischen Ursprünge bzw. Aneignungen der Medien der Fotografie und des Films lenkt. Die Thesen der hierzu einschlägigen historisch-medientheoretischen Untersuchungen haben innerhalb der deutschsprachigen Medienwissenschaft kanonischen Charakter.[29] Gegenüber den Theorieeinsätzen Paul Virilios und Friedrich Kittlers, die mit mediendeter-

---

26 Ladewig, Rakete, 1999, S. 33.
27 Dies zumindest ist eine der Thesen der 2013 von Diedrich Diederichsen und Anselm Franke kuratierten essayistische Ausstellung „The Whole Earth. Kalifornien und das Verschwinden des Außen" im Haus der Kulturen der Welt, Berlin. Siehe: Diedrich Diederichsen, Anselm Franke (Hg.): *The Whole Earth. Kalifornien und das Verschwinden des Außen.* Sternberg Press, Berlin, 2013; sowie eines populären Essayfilms von Adam Curtis unter dem Titel *All Watched Over by Machines of Loving Grace,* der 2011 für die BBC produziert wurde.
28 Ladewig, Rakete, 1999, S. 43.
29 Paul Virilio: *Krieg und Kino. Logistik der Wahrnehmung.* Aus dem Französischen von Frieda Grafe und Enno Patalas. Fischer, Frankfurt a. M., 1989. Daran anschließend: Friedrich Kittler: *Grammophon, Film, Typewriter.* Brinkmann & Bose, Berlin, 1986, darin: S. 177–203. Sowie: Bernhard Siegert: „Luftwaffe Fotografie. Luftkrieg als Bildverarbeitungssystem 1911 + 1921". In: *Fotogeschichte* Jg. 12, Heft 45/46, 1992, S. 41–54. Dazu auch: Carolin Höfler: „Eyes in the Sky'. Körper, Raum und Sicht im bildgeführten Krieg". In: Martin Scholz, Friedrich Weltzien (Hg.): *Design und Krieg,* Reimer, Berlin, 2015, S. 13–34. Antoine Bousquet: *The Eye of War. Military Perception from the Telescope to the Drone.* University of Minnesota Press, Minneapolis, 2018, S. 103.

ministischem Impetus allzu früh in der Heraufkunft einer neuen Technologie, im Fall Kittlers, das „Ende des Menschen"[30] erkennen wollen, oder, im Fall Virilios, die menschlichen „Wahrnehmungsfelder"[31] von einer autonom agierenden Technik erobert sehen, soll hier eine andere Blickrichtung vorgeschlagen werden. Während diese Denkschule, wie Peter Matussek schreibt, erkennbar noch unter dem „Schock" des technologisch Neuen steht, und diesem Schock einen „kulturkonservativen Affekt" verdankt, „der das Wesen des Menschen bedroht sieht, wenn dieser sich auf Neues einzustellen hat",[32] und damit eher in der Tradition Ernst Jüngers als Walter Benjamins steht, richtet sich der Fokus der vorliegenden Untersuchung auf die dezidiert menschlichen Dimensionen dieser Umbrüche, die im vorangegangen Kapitel mit der „Arbeit des Sehens" beschrieben wurden.

Die Entwicklung und Verfeinerung von Techniken der Bildgebung für die Zwecke der Kartografie und Luftaufklärung zu Anfang des 20. Jahrhunderts sind in der Militär- und Mediengeschichte bereits hinlänglich erforscht. Gegenüber der Chronologie technologischer Fortschritte hat die menschliche Dimension dieser Bildgebungsprozesse in der vorhandenen Literatur bisher verhältnismäßig wenig Aufmerksamkeit erhalten. Maßgeblich für den Kriegseinsatz der Kameratechnik waren jedoch die Methoden der Bildinterpretation, die sich im Verlauf des Ersten Weltkriegs auf beiden Seiten der Front in verschiedenen militärischen Abteilungen institutionalisierten. Während die Piloten aus 3000 Metern Höhe fast nichts sahen, erfasste die Kamera alle Veränderungen der Grabenführung, die Positionen der feindlichen Truppen und das genaue Ausmaß der zugefügten Zerstörung genau. Aber erst durch die kollektive Arbeit der Interpretation, die die entkörperlichte Sicht der Kamera dem menschlichen Blick verständlich macht, wird aus der mechanischen Abbildung eine Information. Manuel de Landa spricht in diesem Zusammenhang von einem „aerial visual-intelligence system", innerhalb dessen man verschiedene Elemente differenziert betrachten kann. Er unterscheidet zwischen der Plattform (das Flugzeug), dem Bildgebungsapparat (anfangs zunächst die Fotografie) und den (menschlichen) Techniken der Bildinterpretation.[33] Dieses Verhältnis zwi-

---

30 Dazu: Florian Sprenger: „Maschinen, die Maschinen hervorbringen. Georges Canguilhem und Friedrich Kittler über das Ende des Menschen". In: *Jahrbuch Technikgeschichte*, 3, 2016, S. 229–255.
31 Eine Affinität besteht an diesem Punkt zu Jünger, der ebenfalls in der Fotografie eine technische Wahrnehmungsform des modernen Menschen ausmacht. Siehe dazu: Bernd Stiegler: Ernst Jünger. Potographie und Bildpolitik. In: Natalia Borissova, Susi K. Frank, Andreas Kraft (Hg.): *Zwischen Apokalypse und Alltag. Kriegsnarrative des 20. und 21. Jahrhunderts*. Transcript, Bielefeld, 2009, S. 77–93, hier: S. 83.
32 Peter Matussek: „,Endzeiten' und ,Zeitenenden'. Figuren der Finalität". In: Omiya, Kan (Hg.): *Figuren des Transgressiven*. Iudicum, München, 2009, S. 17–40, hier: S. 27.
33 Manuel de Landa: *War in the Age of Intelligent Machines*. Swerve Editions, New York, 1991, S. 195.

schen technisch-mechanischer Bildgebung und menschlicher „Intelligenz" verkompliziert sich im 21. Jahrhundert durch die Einführung komplexer automatisierter, algorithmischer Interpretationsverfahren, die dem Menschen scheinbar nur noch eine passive, überwachende Funktion zuerkennen, ein Umstand, der im letzten Kapitel dieser Arbeit noch eingehender diskutiert wird.

Ausgehend von einigen Schlüsselszenen der militärischen Bildtechnik, wird im Folgenden die historische Entwicklung des militärischen „Blick von oben" im 20. und 21. Jahrhundert skizziert. Vor diesem Hintergrund, und ergänzt um eine kurze Geschichte der Psychotechnik im Dienst der militärischen Mobilisierung (Kapitel 4) möchte ich im daran anschließenden Kapitel über die Kriegführung am Bildschirm (Kapitel 5) die Frage nach der militärischen Funktion der bildhaften Gehorsamsproduktion neu stellen. Der Vergleich mit den in den ersten beiden Kapiteln herausgearbeiteten Anwendungsweisen des bildtechnischen Drills und der Funktionalisierung innerer und äußerer Bilder soll zum einen Aufschluss über den technologisch bedingten Wandel der militärischen „Operationalisierung der Wahrnehmung" geben; zum anderen soll er dabei helfen, die nun in ausdifferenzierter Form auftretenden Prozesse militärischen Bildoperation im Hinblick auf die im ersten und zweiten Kapitel identifizierten Bildkulturen verständlich zu machen.

3.1 Militärische Bildgebung im frühen 20. Jahrhundert

3.1.1 Vorspiele in den Kolonien: Fotogrammetrie und Luftbild

Zu Beginn des 20. Jahrhunderts ergaben sich drei mögliche militärische Anwendungen der Fotografie: Erstens zum Zweck der Landvermessung und Kartografie durch Fotogrammetrie, zweitens, die Nutzung der Fotogrammetrie zur Zielvermessung für schwere Artillerie und drittens, die Erstellung von Luftbildern zur taktischen Erkundung.[34] Ansätze zur fotografischen Kartografie existierten schon im 19. Jahrhundert. So führte der französische Offizier Ingenieur Aimé Laussedat im Jahr 1861 im Auftrag des Kriegsministeriums die erste fotogrammetrische Kartierung durch, die noch ohne Aufnahmen aus der Luft auskam.[35] Das Besondere an dieser Technik war, dass sie erlaubte, auf Basis von terrestrischen Bildern eine Ansicht von oben zu konstruieren: Anhand von vier vom Boden aus aufge-

---

34 Helmut Jäger: *Erkundung mit der Kamera. Die Entwicklung der Photographie zur Waffe und ihr Einsatz im 1. Weltkrieg.* Venorion VKA, München, 2007, S. 66.
35 Jäger, Erkundung mit der Kamera, 2007, S. 48–49 und Cosgrove, Fox, Photography and Flight, 2010, S. 24.

nommenen Fotografien war Laussedat in der Lage, eine exakte Karte eines 200 Hektar großen Gebiets um das französische Dorf Buc anzufertigen.[36]

In Preußen wurde zur gleichen Zeit die Fotogrammetrie mit der Entwicklung des Messbild-Verfahrens durch den Architekten Albrecht Meydenbauer angetrieben und im Jahr 1901 durch die Erfindung des „Stereokomparators" fortgeführt, einem von Carl Pulfrich für die Firma Zeiss in Jena entwickelten stereoskopischen Bildmessgerät, das die exakte Bestimmung von dreidimensionalen Bildkoordinaten auf fotografischen Platten oder Filmen möglich machte.[37] Etwa zur gleichen Zeit wurden bei der Königlichen Preußischen Landesaufnahme und unter Beteiligung Pulfrichs Versuche in der stereoskopischen Bildmessung durchgeführt, die dezidiert militärischen Zwecken dienten und die der an diesen Forschungen beteiligte Vermessungsdirigent für Fotogrammetrie, Paul Seliger, in den 1930er Jahren rückblickend skizziert hat.[38] Eine von Seliger verfasste Denkschrift aus dem Jahr 1903, die auch der Firma Zeiss „zur Kenntnis" übergegeben wurde, definierte als „nächstliegende Aufgaben für die Bildmessung [...] besonders die Kolonial- und Forschungstopografie sowie rein militärische Vermessungen, wie z. B. für artilleristische Zwecke".[39]

Militärisch genutzt wurde die stereoskopische Fotogrammetrie, entsprechend der Empfehlung Seligers zuerst im Jahr 1904 während des Kriegs gegen die Herero und Nama in der damaligen Kolonie Deutsch-Südwestafrika im heutigen Namibia. Seit 1885 war diese große Region deutsches „Schutzgebiet". Der erste Gouverneur Theodor Leutwein begann ab 1893 mit dem Aufbau einer Behördenstruktur, die, wie der Historiker Jürgen Zimmerer schreibt, „auf die Errichtung eines kolonialen Musterstaates auf rassischer Grundlage zielte".[40] Die Etablierung deutscher Herrschaft hatte von den Spannungen zwischen den beiden ethnischen Gruppen der Herero und Nama profitiert, die nach dem „System Leutwein" von deutscher Seite

---

36 Siehe: Bousquet, Eye of War, 2018, S. 89.

37 Siehe Jäger, Erkundung mit der Kamera, 2007, S. 55–58.

38 Paul Seliger: „Über die Entstehung der deutschen Heeresphotogrammetrie von 1901 bis zum Kriege 1914/18". In: *Bildmessung und Luftbildwesen*. Deutsche und österreichische Fachzeitschrift unter Mitarbeit der Internationalen Gesellschaft für Photogrammetrie, 6. Jhg., Heft 3, 1931, S. 115–125. Der Artikel behandelt ebenfalls kuriosere Themen, wie die „Topographie des Menschen", mit der Seliger die Vermessung des menschlichen Gesichts in vertikalen Schichtlinien beschreibt, die er am Beispiel einer Moltkebüste durchführte; die „Vermessung lebender Fische" und die Ballon-Fotografie, für die Seliger einige Verbesserungsvorschläge macht, die „auch im Kriege gute Dienste geleistet" habe. Siehe Seliger, Heeresphotogrammetrie, 1931, S. 118–119.

39 Seliger, Heeresphotogrammetrie, 1931, S. 116.

40 Jürgen Zimmerer: *Von Windhuk nach Auschwitz? Beträge zum Verhältnis von Kolonialismus und Holocaust*. Lit, Berlin, 2011, S. 45 f.

instrumentalisiert wurden.[41] Die Region wurde als deutsche Siedlerkolonie behandelt, 70% des Landes waren von der Kolonialregierung konfisziert worden und den etwa 14.000 deutschen Bauern zur Verfügung gestellt, die dorthin übergesiedelt waren.[42]

Im Januar 1904 eskalierte der antikoloniale Widerstand, der sich schon seit längerer Zeit formierte. Die ehemals wohlhabende Volksgruppe der OvaHerero sah sich durch gezielte Enteignungen, Landräumungen und der Ausweitung des deutschen Einflussgebiets ihrer ökonomischen Grundlage beraubt. Nach der Rinderpest von 1896–97, Dürre und verschiedene andere Katastrophen in Not geraten und zum Verkauf ihrer Ländereien an deutsche Siedler und Missionen gezwungen,[43] waren die nomadisch lebenden Herero im Jahr 1903, nach der Einführung von kartographisch festgelegten Reservatsgrenzen durch die deutsche „Schutztruppe", auf unbrauchbares Weideland zurückgedrängt und faktisch enteignet worden. Die Fertigstellung der Eisenbahnlinie entlang der Küste beschleunigte den Verdrängungsprozess, und eine neue Kreditverordnung setzte die hoch verschuldeten Bauern zusätzlich unter Druck.[44] Diese Faktoren, vor allem aber die von der Kolonialmacht auferlegte Rechtsunsicherheit, die zunehmend rassistisch verschärft wurde, zählen zu den Gründen für den antikolonialen Widerstand im damaligen Deutsch-Südwestafrika.[45]

Langfristiges Ziel des Befreiungskriegs von 1904 war die Beendigung deutscher Herrschaft. Zu den taktischen Zielen zählte die Besetzung deutscher Farmen und Stützpunkte und die Unterbrechung der Eisenbahnlinie und Telegraphenverbindung. 123 Angehörige der deutschen Siedler-Besatzung kamen bei den ersten Angriffen ums Leben, Frauen und Kinder sowie Missionare wurden von den Herero-Kämpfern bewusst verschont.[46] Dagegen mobilisierte die deutsche Kolonialregierung ein militärisches Aufgebot, das schließlich in einen Vernichtungskrieg

---

41 Siehe: Sebastian Conrad: *Deutsche Kolonialgeschichte.* C.H. Beck, München, 2008, S. 29.
42 Ebd.
43 Horst Gründer: *Geschichte der deutschen Kolonien.* Schöningh, Paderborn/München/Wien/Zürich, 2004, S. 117.
44 Winfried Speitkamp: *Deutsche Kolonialgeschichte.* Reclam, Stuttgart, 2005, S. 123.
45 Hierzu ausführlich: Jürgen Zimmerer: „Krieg, KZ und Völkermord in Südwestafrika. Der erste deutsche Genozid". In: Ders., Joachim Zeller (Hg.): *Völkermord in Deutsch-Südwestafrika. Der Kolonialkrieg (1904–1908) in Namibia und seine Folgen.* Weltbild, Augsburg, 2004, S. 45–63; Zimmerer, Von Windhuk nach Auschwitz?, 2011; Gründer, Deutsche Kolonien, 2004, S. 112–119; siehe auch u. a.: Florian Fischer, Nenad Čupić: *Die Kontinuität des Genozids. Die europäische Moderne und der Völkermord an den Herero und Nama in Deutsch-Südwestafrika.* AphorismA, Berlin, 2015, S. 43–45.
46 Sowie der ganze folgende Abschnitt: Speitkamp, 2005, S. 125–127, vgl. Gründer, Deutsche Kolonien, 2004, S. 120–123 und Zimmerer, Von Windhuk nach Auschwitz?, 2011, S. 46 f.

mündete, in dem 75.000 bis 80.000 Menschen ermordet wurden. Zu Recht gilt dieser als erster Völkermord des 20. Jahrhunderts und auf die Kontinuitäten der kolonialen deutschen „genozidalen Politik mit rassistischem und bevölkerungsökonomischen Denken" zu den Verbrechen des NS ist vielfach hingewiesen worden.[47] Aus dem Bericht der Kriegsgeschichtlichen Abteilung I des Großen Generalstabes aus dem Jahr 1906 geht die Verschränkung von wirtschaftlicher Ausbeutung mit den Mitteln der totalen Unterwerfung der einheimischen Bevölkerung hervor:

> Es lag auf der Hand, daß jede ernsthafte Kolonisation an solchen starken Eigenschaften der eingeborenen Stämme Widerstand finden mußte. [...] Der große unvermeidbare Kampf mit den Eingeborenen mußte früher oder später kommen, wollte anders Deutschland nicht auf eine wirtschaftliche Erschließung des Landes verzichten. Wer hier kolonisieren wollte, mußte zuerst zum Schwert greifen und Krieg führen – aber nicht mit kleinlichen und schwächlichen Mitteln, sondern mit starker, Achtung gebietender Macht bis zur *völligen Niederwerfung* der Eingeborenen. Erst dann war eine wirkliche Kolonisierung des Schutzgebietes möglich.[48]

---

[47] Siehe u. a.: Zimmerer, Von Windhuk nach Auschwitz?, 2011; Zimmerer, Der erste deutsche Genozid, 2004; Fischer, Čupić, Kontinuität des Genozids, 2015; Jörg Wassink: *Auf den Spuren des deutschen Völkermordes in Südwestafrika: der Herero-/Nama-Aufstand in der deutschen Kolonialliteratur; eine literarhistorische Analyse.* Meidenbauer, München, 2004; Matthew Fitzpatrick: „The pre-history of the holocaust? The Sonderweg and Historikerstreit debates and the abject colonial past". In: *Central European History*, September 2008, 41(3), S. 447–504; Christian Scherrer: „Towards a theory of modern genocide. Comparative genocide research: Definitions, criteria, typologies, cases, key elements, patterns and voids". In: *Journal of Genocide Research*, 1(1), 1999, S. 13–23; Matthias Häussler: *Der Genozid an den Herero. Krieg, Emotion und extreme Gewalt in Deutsch-Südwestafrika.* Velbrück, Weilerswist, 2018, S. 144–232; Jonas Kreienbaum: „Der ‚Herero-krieg' und die Genozidfrage. Ein Überblick über die neueren Forschungen". In: *Zeitschrift für Genozidforschung.* Jhg. 20, Heft 2, 2022, S. 254–266. Zur Anerkennung des Genozids hat sich im Mai 2021 auch die deutsche Bundesregierung entschlossen, allerdings ohne die daraus resultierende völkerrechtlichen Konsequenz der Wiedergutmachungspflicht. Statt Reparationen an die Nachkommen wurden mit der namibischen Regierung Entwicklungshilfeprojekte ausgehandelt. Dazu: Shelleygan Petersen, Charmaine Nagtjiheue: „German Genocide Offer ‚an Insult'". *The Namibian*, 28.05.2021, S. 1, URL: https://www.namibian.com.na/102012/read/German-genocide-offer-an-insult? fbclid=IwAR2RMqktwyArk_1604u46ZYWL6YZcvtFLT3CPtBCvgsUrbgWY8PH3RvL3e4 [abgerufen am 31. Mai 2021]; Dominic Johnson: „Kolonialverbrechen an Herero und Nama: Scharfer Protest". *taz*, 28. Mai 2021, URL: https://taz.de/Kolonialverbrechen-an-Herero-und-Nama/!5775510/ [abgerufen am 31. Mai 2021].

[48] Kriegsgeschichtliche Abteilung I des Großen Generalstabes: *Die Kämpfe der deutschen Truppen in Südwestafrika. Erstes Heft: Ausbruch des Herero-Aufstandes, Siegeszug der Kompagnie Franke.* Mittler und Sohn, Berlin, 1906, S. 4.

Der Kolonialkrieg in Deutsch-Südwestafrika war in vielerlei Hinsicht ein „Testfeld für die moderne Kriegführung".[49] Dies gilt auch für den Einsatz neuer Militärtechnologien. Sowohl die Funktechnik als auch das Maschinengewehr wurden hier zum ersten Mal von deutschen Truppen eingesetzt.[50] Seit 1894 war Theodor Leutwein federführender Kommandeur der Kaiserlichen Schutztruppe. Seine Versuche einer diplomatischen Lösung des Konflikts wurden ihm als Führungsschwäche ausgelegt, weshalb er im Mai 1904 von Generalleutnant Lothar von Trotha abgelöst wurde, der vorher schon an der Niederschlagung des Aufstands der Wahehe in Deutsch-Ostafrika und des sogenannten Boxeraufstands in China beteiligt gewesen war. Trothas Plan sah vor, die Herero, die sich zusammen mit ihren Familien auf den Weideflächen am Waterberg versammelt hatten, in einer Umzingelungsschlacht zu schlagen. Dieser Plan misslang, da die Herero-Kämpfer, die mit dem Gelände besser vertraut waren als die ortsunkundigen deutschen Militärs, zwar geschlagen wurden, aber ohne Gefangennahmen fliehen konnten.

Trotha reagierte darauf mit einem Verdrängungsfeldzug, der die Herero in die Halbwüste Omaheke trieb. Er ließ daraufhin die Wüste abriegeln, sodass die Flucht oder Zugang zu Wasser- und Nahrungsquellen unmöglich wurden. Am 2. Oktober, eineinhalb Monate nach der Schlacht am Waterberg, als die Herero schon faktisch besiegt waren,[51] erließ Trotha die Proklamation, die später als „Schießbefehl" oder „Vernichtungsbefehl" bekannt wurde.[52] In Folge wurden

---

49 Siehe: Gesine Krüger: *Kriegsbewältigung und Geschichtsbewußtsein. Realität, Deutung und Verarbeitung des deutschen Kolonialkriegs in Namibia 1904 bis 1907.* Vandehoeck & Ruprecht, Göttingen, 1999, S. 69.

50 Krüger, Kriegsbewältigung und Geschichtsbewußtsein, 1999, S. 69; Dürr: „Das Maschinengewehr". In: Conrad Rust (Hg.): *Krieg und Frieden im Hererolande. Aufzeichnungen aus dem Kriegsjahre 1904.* L. U. Kittler, Berlin, 1905, S. 415–421.

51 Krüger, Kriegsbewältigung und Geschichtsbewußtsein, 1999, S. 64.

52 „Die Herero sind nicht mehr deutsche Untertanen [...]. Innerhalb der Deutschen Grenze wird jeder Herero mit oder ohne Gewehr, mit oder ohne Vieh erschossen, ich nehme keine Weiber und Kinder mehr auf, treibe sie zu ihrem Volke zurück oder lasse auch auf sie schießen." Trotha zitiert nach Speitkamp, 2005, S. 126. In einem Brief Trothas vom 5. November 1904 an Gouverneur Theodor Leutwein heißt es „Ich kenne genug Stämme in Afrika. Sie gleichen sich alle in dem Gedankengang, daß sie nur der Gewalt weichen. Diese Gewalt mit krassem Terrorismus und selbst mit Grausamkeit auszuüben, war und ist meine Politik. Ich vernichte die aufständischen Stämme mit Strömen von Blut und Strömen von Geld. Nur auf dieser Aussaat kann etwas Neues entstehen, was Bestand hat." Trotha zitiert nach Fischer, Čupić, Kontinuität des Genozids, 2015, S. 43. Dass schon lange vor der Erteilung des Schießbefehls von einer Vernichtung der Herero die Rede war, beweist ein Brief Leutweins an die Kolonialabteilung vom 23.12.1904: „... auf der anderen Seite kann ich mich auch nicht mit denjenigen unüberlegten Stimmen einverstanden erklären, welche die Hereros nunmehr vollständig vernichtet sehen wollen. Abgesehen davon, daß ein Volk von 60.000 -70.000 Seelen sich nicht so leicht vernichten läßt, würde ich eine solche Maß-

zum ersten Mal unter deutscher Ägide Konzentrationslager eingerichtet, in denen Menschen in Massen durch Arbeit und Hunger zu Tode kamen.[53] Trothas rassistisch motivierter Vernichtungskrieg gegen die Herero gilt mit Recht nicht nur als erster Genozid des 20. Jahrhunderts, sondern auch als ein erster Vorbote des „totalen Kriegs".[54]

In dieser Situation eines „kolonialen Laboratoriums" rassistisch geprägter Gewalt sollten auch neue militärische Bildtechniken zum Einsatz kommen, die der Systematik des kolonialen „View from above" entsprachen. Die vorgefundene Landschaft stellte die Kolonialmacht vor eine Herausforderung, da sie für die deutschen Besatzer wenig Anhaltspunkte zur Orientierung lieferte. Bei der Niederschlagung der widerständigen Herero und Nama entpuppte sich dies als entscheidender Nachteil gegenüber den ortskundigen Einheimischen. Die Schilderungen der Ödnis und Gleichförmigkeit, die keinerlei Möglichkeiten zur Orientierung böten, formulieren einen Gemeinplatz des Narrativs des „Fremden", der in unterschiedlichen kolonialen Schauplätzen wiederkehrt:[55]

> Was im besonderen die Gestaltung des für die Kriegführung vorwiegend in Betracht kommenden Gebiets zwischen dem Küstenstreifen und der Kalaharisteppe anbelangt, so herrscht im äußersten Norden flaches Gelände vor, das indes allmählich in ein Gebirgsgelände übergeht, das seinen ausgesprochenen Ausdruck in den Paresisbergen und dem Waterberg fin-

---

regel für einen schweren wirtschaftlichen Fehler halten. Wir bedürfen der Hereros noch als kleine Viehzüchter und besonders als Arbeiter. Nur politisch tot muß das Volk gemacht werden. Wenn es einigermaßen zu erreichen ist, so dürfen sie keine Stammesregierung mehr besitzen und müssen in Reservate eingedämmt werden, welche für ihre Bedürfnisse gerade ausreichen." Leutwein zitiert nach Drechsler, 1966 in: Fischer; Čupić, Kontinuität des Genozids, 2015, S. 50.

53 Der Begriff „Konzentrationslager" wurde im Kontext dieses Krieges zum ersten Mal in einem Brief von Reichskanzler von Bülow an Trotha vom 11.12.1904 gebraucht, worin dieser angewiesen wurden, den „Vernichtungsbefehl" aufzuheben und die Herero in Konzentrationslager zu überführen. Siehe: Krüger, Kriegsbewältigung und Geschichtsbewußtsein, 1999, S. 53 und: S. 126–137.

54 Wie Krüger zeigt, bestand das Ziel des Kolonialkriegs nicht allein in der militärischen Niederlage, sondern zielte dezidiert „auf die Vernichtung der wirtschaftlichen, wie auch sozialen und politischen Grundlage der zu unterwerfenden Gesellschaft". Die totale Vernichtung der Herero-Bevölkerung, war demgemäß ein planmäßiger Bestandteil der Kolonialpolitik, die durch den Kaiser und den Generalstab gedeckt wurde. Wie auch Graf von Schlieffen zu Protokoll gab, war der „entbrannte Rassenkampf [...] nur durch die Vernichtung oder vollständige Knechtung abzuschließen." Schlieffen zitiert nach Schmitt-Egner, in: Krüger, Kriegsbewältigung und Geschichtsbewußtsein, 1999, S. 62. Siehe auch Matthias Häussler: „,Rassekämpfer? Lothar von Trotha in ‚Deutsch-Südwestafrika' (1904–1905). In: *Zeitschrift für Genozidforschung*. Jhg. 20, Heft 2, 2022, S. 204–220. Wie nach ihm die Nationalsozialisten, versuchte auch Trotha, wie Krüger belegt, die rassistische Vernichtungspolitik wissenschaftlich zu begründen. Siehe Krüger, Kriegsbewältigung und Geschichtsbewußtsein, 1999, S. 66.

55 Siehe hierzu auch die Abschnitte zum britischen Mandatsgebiet (3.3.1).

det. [...] Allen Teilen des Schutzgebiets gemeinsam ist die öde Gleichförmigkeit des Landschaftsbildes, selbst die Berge bringen wegen ihrer stets wiederkehrenden Formen keine
Abwechslung. Nichts erschwert dem Europäer, dessen Auge an die reichere Natur seiner
Heimat gewöhnt ist, mehr das Zurechtfinden im Gelände, als gerade diese eigentümliche,
starre Einförmigkeit des Landes. Nur der für die kleinsten Einzelheiten geschärfte Blick
des Eingeborenen findet auch hier noch die für die Orientierung nötigen Anhaltspunkte.
Die vorhandenen Karten beruhen auf mehr oder minder flüchtigen Routenaufnahmen,
ihr Wert und ihre Zuverlässigkeit ist gering, was der durch europäische Verhältnisse ver-
wöhnte Soldat sehr empfindet.[56]

Bei der Aufklärungsarbeit war man auf die Unterstützung der ortskundigen, „eingeborenen Hilfsvölker" angewiesen, die in der Darstellung des Generalstabs, „in
den früheren Kämpfen in SWA [...]eine bedeutende Rolle gespielt" hatten.

Ihre Zahl war oft derjenigen der Deutschen gleichgekommen, und ihre Mitwirkung hatte zu
der glatten Unterdrückung der Aufstände wesentlich beigetragen. Sie sind nicht nur als
Treiber, sondern auch als Kundschafter unentbehrlich und erleichtern der Truppe die für
Europäer in SWA so außerordentlich schwierige und verlustreiche Aufklärungstätigkeit.[57]

Allerdings traf die rassistische Siedlungspolitik der deutschen Invasoren auch die
ortskundigen Helfer*innen. Im Jahr 1904 war, wie der Generalstab notierte, die
Zahl der sogenannten „Eingeborenen", die willens waren, eine solche Tätigkeit zu
übernehmen, auch in Folge „des Übergreifens der Aufstandsbewegung auf andere
Stämme" stark gesunken, „ein Umstand, der uns die Führung des Kleinkrieges
wesentlich erschwert hat".[58] Diesem Verlust an menschlicher Expertise versuchte
man nun durch technische Lösungen zu begegnen. Wie in anderen kolonialen
Kontexten auch, gaben avancierte Bildtechniken eine scheinbare Antwort auf die
Probleme der Orientierungslosigkeit, die sich den Invasoren auf unvertrautem
Gelände stellten, für das bei Kriegsausbruch noch keine topographischen Karten
existierten.[59]

---

56 Kriegsgeschichtliche Abteilung I des Großen Generalstabes: *Die Kämpfe der deutschen Trup-*
pen in Südwestafrika. Erstes Heft: Ausbruch des Herero-Aufstandes, Siegeszug der Kompagnie
Franke. Mittler und Sohn, Berlin, 1906, S. 7.
57 Kriegsgeschichtliche Abteilung I des Großen Generalstabes, 1906, S. 16.
58 Kriegsgeschichtliche Abteilung I des Großen Generalstabes, 1906, S. 16.
59 Rudolf Hafeneder: „Der Beitrag des Militärs zur Kartographie Deutschlands im 19. Und
20. Jahrhundert". In: Beineke, Heunecke: *Festschrift für Kurt Brunner*, 2012, S. 78.
„Das Militär hat schließlich nur deshalb die Vermessung, Aufnahme und Kartierung von
DSWA ab 1905 in Angriff genommen, weil für den Herero-Krieg keine topographischen Karten
verfügbar waren. Statt nach dem bisherigen Prinzip ‚rasch und billig' mit einem Netz von Routenaufnahmen eine verlässliche Führungskarte zu schaffen, wandte die Königlich Preußische Landesaufnahme ihre gewohnten Methoden an: zuerst Triangulation, dann topographische Auf-

Der ehemalige Gouverneur und Kommandeur der Schutztruppe Theodor Leutwein hatte für genaue Kriegskarten keine Notwendigkeit gesehen, da er mit den einheimischen Volksgruppen diplomatische Beziehungen unterhielt: „Die verschiedenen Stämme achteten ihn als fairen Verhandlungspartner und einige Stämme, z. B. die Witbois, hatten sich sogar zur Stellung von Hilfstruppen bei kriegerischen Auseinandersetzungen verpflichtet".[60] Die Offiziere der von ihm befehligten Schutztruppe waren ortskundig und kamen auch ohne genaues Kartenmaterial aus. Aber die aufständischen Herero waren offensichtlich nicht mehr zur Kooperation bereit und Verluste unter den Führern der deutschen Truppen zu Beginn des Kriegs verstärkte den Mangel an ortskundigem Personal. Daraufhin wurden aus Deutschland weitere Truppen eingeführt und die Zahl der deutschen Militärangehörigen stieg auf 14 000 an.[61] Der Orientierungslosigkeit der deutschen Invasoren war nun akut und führte zur Neuorganisation des „Karten- und Vermessungswesens in Deutsch-Südwestafrika" und zur Einbeziehung der Königlichen Preußischen Landesaufnahme mit Sitz in Berlin, die die Kartierungs- und Vermessungsarbeiten forcierten.[62]

Der Vermessungsdirigent Paul Seliger sah hier die Stunde der „Kolonial- und Forschungstopographie" gekommen. Mit Hilfe der neuen Verfahren der stereoskopischen Fotogrammetrie sollten Kartenbilder erstellt werden, die die Ansicht auf das Gelände virtuell konstruierten und so einen systematischen militärischen Zugriff erlauben sollten:

> Kriegerkarten vom Einsatzgebiet waren nicht verfügbar. Eine eilends zusammengestellte und nach Afrika entsandte Gruppe von Topographen der pr. Landesaufnahme arbeitete zunächst mit dem hergebrachten Meßtisch – und scheiterte. [...] Mit Hilfe eines Doppel-Photo-Apparates zur Aufnahme stereoskopischer Rundbilder konnte ein Kartenbild im Maßstab 1:

---

nahme, daraus Aufnahmekarten 1:100.000, schließlich das endgültige Kartenwerk 1: 400.000. Die Kolonialverwaltung wartete ungeduldig auf Ergebnisse."

60 Jana Moser: *Untersuchungen zur Kartographiegeschichte von Namibia. Die Entwicklung des Karten- und Vermessungswesens von den Anfängen bis zur Unabhängigkeit 1990.* Der Fakultät Forst-, Geo- und Hydrowissenschaften der Technischen Universität Dresden vorgelegte Dissertation, Dresden, 2007, S. 78. Abrufbar unter: http://www.qucosa.de/fileadmin/data/qucosa/documents/766/1197214517582-8480.pdf [abgerufen am 31. Dezember 2017].

61 Moser, Untersuchungen zur Kartographiegeschichte von Namibia, 2007, S. 78.

62 „Die Kaiserliche Landesvermessung war für die Katastervermessung und alle damit in Zusammenhang stehenden Arbeiten zuständig. Die Preußische Landesaufnahme übernahm im Wesentlichen die Triangulationen, Höhenmessungen, Topographischen Aufnahmen und die Photogrammetrie. Durch diese Arbeitsteilung bestand in Südwestafrika, genau wie in Deutschland, eine zivile und eine militärische Organisation. Hinzu kamen weitere staatliche sowie private Einrichtungen, die sich an der topographischen Aufnahme des Landes beteiligten [...]." Siehe: Moser, Untersuchungen zur Kartographiegeschichte von Namibia, 2007, S. 71 und S. 109.

100 000 erzeugt werden, aus dem dann die Kriegskarte mit aufgedrucktem rechtwinkligen Koordinatengitter entstand.[63]

Diese Bemühungen begannen Monate nach den Kampfhandlungen am Waterberg. Die Erfahrung des zielgerichteten und überraschenden Widerstands der Herero gab den Anstoß für die systematische kartographische Erfassung des Geländes. Der Wechsel vom ebenerdigen, noch mit den Mitteln der Diplomatie auf Augenhöhe agierenden „System Leutwein" zum Regime Trothas, das vom imaginierten Standpunkt des Herrenmenschen auf „völlige Niederwerfung"[64] abzielte, erfolgte durch eine paradigmatische Verschiebung der Sichtachsen: Erste Voraussetzung für die absolute Herrschaft der Kolonialherren war die visuelle Erfassung des Gebiets durch eine großflächige Landesaufnahme „von oben". Durch die Herstellung militärisch brauchbarer Karten sollte „eine Grundlage für die wirtschaftlichen und militärischen Interessen der Kolonie" geschaffen werden, „und zwar in kürzester Zeit mit dem geringsten Aufwand".[65]

Die Vermessung von Landstrichen mit Mitteln der Triangulation und die topographische Aufnahme zur Herstellung von Landkarten war die Aufgabe der dem Großen Generalstab unterstellten Königlichen Preußischen Landesaufnahme, die gegen Ende 1904 den Feldvermessungstrupp (FVT) nach Südwestafrika entsandte. Die daran beteiligten Trigonometer, Kartographen und Topographen rekrutierten sich aus Offizieren und anderem militärischem Personal.[66] Den Methoden der ter-

---

63 Seliger, Heeresphotogrammetrie, 1931, S. 117. Siehe auch: Jäger, Erkundung mit der Kamera, 2007, S. 63.

64 Siehe Fußnote 41, Kriegsgeschichtliche Abteilung I des Großen Generalstabes: Die Kämpfe der deutschen Truppen in Südwestafrika. Erstes Heft: Ausbruch des Herero-Aufstandes, Sigenzug der Kompagnie Franke. Mittler und Sohn, Berlin, 1906, S. 4.

65 Bundesarchiv, R 1001/1814 (Reichskolonialamt, Grenz- und Vermessungssachen, Landesvermessung 1896–1938), S. 234, zitiert nach Moser, Untersuchungen zur Kartographiegeschichte von Namibia, 2007, S. 110. Wie Moser zeigt, folgte die Entwicklung der Landesaufnahmen und des amtlichen Kartenwesens in Europa und den Kolonien in dieser Phase vor allem militärischen Zielen.

66 „Nachdem bis 1903 topographische Aufnahmen durch die Kaiserliche Landesvermessung, Offiziere und private Reisende eher unkoordiniert und sporadisch stattfanden, begann mit dem Eintreffen des FVTrs. im Jahr 1905 erstmals eine systematische Aufnahme der Topographie des Schutzgebietes. Die bei Farmvermessungen durch Regierungslandmesser gemachten Aufnahmen erwiesen sich vor allem für militärische Bedürfnisse als völlig unzureichend. Zur Durchführung topographischer Arbeiten kamen mit dem FVTr. neben den Trigonometern auch mehrere Topographenoffiziere ins Land.

Nach Auffassung der Kgl. Pr. Landesaufnahme konnten militärisch und wirtschaftlich brauchbare topographische Aufnahmen nur im direkten Anschluss an eine Triangulation geschaffen werden. In einer Besprechung über die Vorgehensweise mit dem Dirigenten des FVTrs. Albert von Hahnke Anfang 1906 sprach sich Gouverneur von Lindequist dafür aus, ‚gleich mit gründlichen Auf-

restrischen Fotogrammetrie, insbesondere der bisher noch wenig erprobten Stereofotogrammetrie, kam hier ab November 1906 eine besondere Rolle zu, erlaubte sie doch die rasche Aufnahme größerer Gebiete, während die genaue Auswertung dem besser qualifizierten Personal in Berlin überlassen werden konnte: „Die Stereophotografien wurden mit Hilfe eines Stereokomparators zunächst in Südwestafrika ausgemessen. Anschließend fand eine zweite und genauere Ausmessung bei der Pr. Landesaufnahme in Berlin statt."[67] Paul Seliger, der die Arbeit der topographischen Abteilung in Deutsch-Südwestafrika von Berlin aus begleitete, notierte hierzu:

> Mein Vorschlag, die massenhaft aufgenommenen Wegeskizzen mit Hilfe stereoskopischer Punktbestimmungen, welche durch die wie Signale wirkenden vielen auffallenden Erhebungen erleichtert wurden, zu einem flüchtigen Kartenbilde 1:100 000 in der Heimat zusammenzustellen und die Lücken dieser ‚Krokierblätter' durch Erkundung der Schutztruppe schließen zu lassen, und dann in Berlin nach diesen Unterlagen eine Kriegskarte mit rechtwinkligem Koordinatennetz herzustellen, fand die Billigung des Chefs der Landesaufnahme. [...] Die ersten afrikanischen Stereogramme mußte ich noch selbst auswerten. Bald wurde mir ein verständnisvoller und eifriger Gehilfe zugeteilt, der damalige Topograph A. Schmidt. Schließlich jedoch wuchs der Betrieb zu einer am 1.4.1908 gegründeten, besonderen Sektion für Kolonial-Topographie an [...].[68]

Unbeeindruckt von den Geschehnissen um 1904–05 zeigt sich Seliger erfreut über die Erweiterung seines Zustandsbereichs in den Folgejahren und resümiert über die von ihm durch Anwendung des Messtisch-Verfahrens vorangetriebene Kolonial-Topografie:

> Das Wesentlichste bei der Aufnahme ist der Grundriß, d. h. die Lage der Ortschaften, Farmen, Wasserstellen, das Netz der Wege und Gewässer, die Bodenbedeckung. Militärisch sehr wichtig ist auch die Darstellung der Geländeformation, diese erfordert jedoch schon

---

nahmen zu beginnen, um allen Anforderungen zu genügen.' Dem stimmte v. Hahnke zu und plädierte für einen Aufnahmemaßstab von 1:50 000; für größere Ansiedlungen und für Kleinsiedlungen schlug er den Maßstab 1:25 000 vor. Die Bewältigung der riesigen Räume in so großen Maßstäben erwies sich bei der Arbeit in DSWA jedoch schnell als schwierig." Siehe: Moser, Untersuchungen zur Kartographiegeschichte von Namibia, 2007, S. 112.

67 Moser, Untersuchungen zur Kartographiegeschichte von Namibia, 2007, S. 113–114. „Die Fotobilder konnten in der Kolonie entwickelt und grob ausgemessen werden. Sie boten dem Vermesser, als Grundlage für seine Tätigkeit im Feld, eine Anzahl fester Punkte. Die zweite und ausführliche Auswertung der Bilder und der enthaltenen topographischen Details erfolgte bei der Kgl. Pr. Landesaufnahme in Berlin. Die daraus ermittelten Geländeinformationen kamen direkt der Kartenherstellung zugute." Siehe: Moser, Untersuchungen zur Kartographiegeschichte von Namibia, 2007, S. 66.

68 Seliger, Heeresphotogrammetrie, 1931, S. 117.

hohe Erfahrung und Geschicklichkeit. Man hüte sich hierbei vor Darstellungen, wie sie bei exakten Meßtisch-Aufnahmen gebräuchlich sind.[69]

Seligers technische Beschreibung der topographischen Geländeerfassung steht in starkem Kontrast zu der historischen Realität der misslungenen militärischen Strategie Trothas, die schließlich im nicht mehr als „militärisch" zu bezeichnenden genozidalen Kriegsverbrechen mündete. Doch vielmehr als der reale Einsatz der Technologie eines mit Mitteln der am Boden behafteten Fotografie konstruierten „Blicks von oben", deren Signifikanz für den Konflikt ohnehin eher in ihrem Zuspätkommen, als in einer tatsächlichen kriegsrelevanten Anwendung zu sehen ist,[70] ist es hier das offenkundige Phantasma einer rationalen, am Schreibtisch und mit wissenschaftlicher Exaktheit agierenden „all-sehenden" Militärmacht, das sich in Seligers Schilderung der Kolonialtopographie zwischen Deutsch-Südwestafrika und Berlin ausdrückt.

Das Ende des Widerstands und die fast vollständige Vernichtung der Volksgruppe der Ovaherero Ende 1904 machte für die Kolonialmacht „im Ergebnis eine zügige Besiedlung des Landes" möglich.[71] Nachdem die Königlich Preußische Landesaufnahme die Vermessungsarbeiten zur Erstellung von Kriegskarten übernommen hatte, konnte sich die Kaiserliche Landesvermessung auf die Katastervermessung und Ziehung von Grundstücksgrenzen für die Zwecke der Steuererhebung und Eigentumsnachweise konzentrieren.[72] Zwei diametral unterschiedliche Auffassungen von Landbesitz und Herrschaft sind in dieser Szene kolonialer Gewalt angelegt. Auf der einen Seite die Herero, deren traditionelle Lebensweise und ökonomische Grundlage mit der nomadischen Viehwirtschaft auf der freien Bewegung auf

---

69 Ebd.
70 Jana Moser schreibt dazu in ihrer einschlägigen Studie zur Kartografiegeschichte in DSWA: „Da das Gerät den Transportbedingungen in DSWA nicht standhielt und auch das für die Bedienung erforderliche Personal nicht zur Verfügung stand, wurde der Stereokomparator Anfang 1909 nach Berlin zurückgesandt. Dort wurde er bei der Topographischen Abteilung der Pr. Landesaufnahme zur Ausmessung der aus DSWA zahlreich eingehenden photographischen Platten als Grundlage für die Krokierblätter verwendet. Die Aufnahmen waren vor allem zur Verbesserung von Routenaufnahmen ein brauchbares Hilfsmittel. Daneben konnten sie mit ihrer guten Genauigkeit aber auch Detailtriangulationen ersetzen. Die Anwendung beschränkte sich jedoch auf kupiertes oder bergiges Gelände; in ebenen Gegenden konnte die Photogrammetrie nicht eingesetzt werden. Dadurch konnten zwar zahlreiche Gegenden des Landes effektiver und genauer bearbeitet werden. Für die flachen Wüsten und Halbwüstengebiete, u. a. die für die Farmwirtschaft geeigneten Ausläufer der Kalahari, gab es jedoch weiterhin keine geeignete Methode für eine zügige und wirtschaftliche Aufnahme." Siehe: Moser, Untersuchungen zur Kartographiegeschichte von Namibia, 2007, S. 113–114.
71 Ebd., S. 88.
72 Ebd., S. 71.

dem Land basierte und damit eine *horizontale* Perspektive darstellt. Wie Horst Gründer darlegt, sah das ökonomische System der Herero vor, dass das Vieh als „lebendes Kapital" primär keinen Marktwert darstellte, sondern die politische Macht und das soziale Prestige seines Besitzers signalisierte, so wie auch der Boden unverkäuflich und mit unumschränkter Bewegungsfreiheit verbunden war.[73] Diametral anders ausgerichtet war die mit den Mitteln der Kartografie umgesetzte „vertikale" Perspektive der deutschen Schutztruppe, deren Ziel der totalen Unterwerfung bzw. Vernichtung der einheimischen Bevölkerung rassistischen Motiven und wirtschaftlichen Interessen folgte, und deren vorderstes Interesse die rücksichtslose ökonomische Ausbeutung und Beherrschung des Landes war. Zoé Samudzi macht hier zurecht die „erste Materialisierung" der deutschen *Lebensraum*-Ideologie aus: „The first iteration of this settler colonial „living space" coupled territorial expansion with a biologization of Germanness as superior whiteness contra, here, to the barbarism of uncivilized Africans who held no legible claim to this *German land*."[74]

Auch diesseits der kolonialrassistischen Bestrebungen des Kaiserreichs schritt die Entwicklung des technologisch gerüsteten „Blick von oben" voran. Maßgeblich war dafür zunächst die Entwicklung der fotogrammatischen Erstellung von Bildkarten aus der Luft, die in Österreich durch Theodor Scheimpflug unter Mitwirkung von Gustav Kammerer von der Firma *Starke & Kammerer* in Wien vorangetrieben wurde.[75] Der Geodät und Marinekapitän Scheimpflug, der heute vor allem durch die von ihm geprägte *Scheimpflug'sche Regel* zur Parallelität der Schärfeebenen in der Fotografie bekannt ist, entwickelte eine Technik zur automatischen Korrektur der Perspektive von Ballonfotografien. Ziel und Ergebnis seiner Versuche war eine Methode zur Herstellung von Fotografien, die zugleich als Karten verwendet werden konnte. Dafür konstruierte er im Jahr 1907, gemeinsam mit Kammerer, eine *Photoperspektograph* genannte Panorama-Kamera, die eigentlich aus sieben zu einem Heptagon angeordneten Kameras bestand, die jeweils zu 25 Grad geneigt waren. In der Mitte befand sich eine weitere Kamera, die, am Boden des Ballon-Korbes hängend, genau vertikal nach unten gerichtet war. Die acht Fotografien, die zugleich geschossen wurden, konnten im Photoperspektograph perspektivisch umgebildet werden, wobei das mittlere Bild als Referenz diente.

---

73 Siehe: Gründer: Geschichte der deutschen Kolonien, 2004, S. 117.
74 Zoé Samudzi: „The Absentia of Black Study". *The New Fascism Syllabus*, 31. Mai 2021, URL: https://newfascismsyllabus.com/opinions/the-catechism-debate/in-absentia-of-black-study/.
75 Siehe: Theodor Scheimpflug: „Der Photoperspektograph und seine Anwendung". In: *Photographische Correspondenz*, 43. Jhg., Heft 554, Wien, 1906, S. 516–531; Franz Allmer: „Scheimpflug, Theodor". In: *Neue Deutsche Biographie* 22, 2005, S. 636–637 [Online-Version]; URL: https://www.deutsche-biographie.de/pnd119408449.html#ndbcontent.

Marina Pinsky   Four Color Theorem

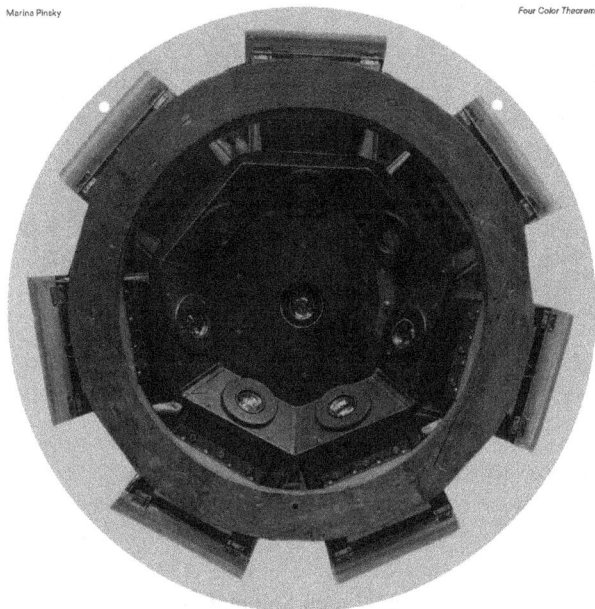

Abb. 1: Eine von der Künstlerin Marina Pinsky im Archiv des österreichischen Bundesamts für Eich- und Vermessungswesen aufgenommene Fotografie von Theodor Scheimpflugs Aerokamera auf dem Buchcover von Marina Pinskys *Four Color Theorem*, Brüssel, 2021.[76]

Scheimpflugs Luftfotografien versprachen eine korrigierte Wahrnehmung größerer Gebiete aus der Luft. Aber die Bilder erschienen immer noch flach und merkwürdig abstrakt. Der Blick von oben generierte eine glatt gebügelte Landschaft, der jegliche Dreidimensionalität abging. Zur Lösung dieses Problems ließ Scheimpflug sich von dem sogenannten *Stereokomparator* der Firma Zeiss in Jena dazu inspirieren, eine stereometrische Doppelprojektion des Luftbilds anzufertigen. Die Resultate waren vielversprechend und exakt, aber der technologische Aufwand war enorm hoch, was die praktische Anwendung und Massenproduktion solcher Bilder illusorisch machte.[77] Dennoch versuchte Scheimpflug die von ihm entwickelten Methode der *Aerophotogrammetrie* während eines Vortrags auf der ersten Internationalen Luftschiffahrt-Ausstellung (ILA) in Frankfurt am Main im Jahr 1909 einer militärischen Nutzung zuzuführen. Gerade in den Kolonien

---

76 Marina Pinsky: *Four Color Theorem*. Triangle Books, Brüssel, 2021. Zu Pinskys künstlerischer Auseinandersetzung mit Scheimpflugs Bildgebungsverfahren siehe: Darin: Nina Franz: „Perpendicular Views", S. 58–63.
77 Siehe: Siemer, Bildgelehrter und Geotechniker, 2007, S. 77–86.

Abb. 2: Eine von Marina Pinsky im Archiv des österreichischen Bundesamts für Eich- und Vermessungswesen aufgenommene Fotografie von Theodor Scheimpflugs Aerokamera mit perspektivisch korrigierter Luftaufnahme.[78]

könnte die Methode, im Dienste einer „Ausgedehnten Kolonial-Vermessung"[79] für die Kartierung unbekannter Territorien genutzt werden. Scheimpflug verstarb im Jahr 1911 und die Versuche der österreichischen Luft-Fotogrammetrie wurden endgültig beendet als Kammerer während eines Versuchsflugs zur Herstellung stereoskopisch erweiterter Aufnahmen mit einem Flugzeug zusammenstieß, was ihm und der gesamten Forschergruppe das Leben kostete.[80]

Versuche auf dem Gebiet der militärischen Photogrammetrie wurden erst auf Anregung der preußischen Fliegertruppe um 1913 wieder aufgenommen, was in der Entwicklung des Grundrissbildners mündete. Auch damit war es, wie bei dem von Scheimpflug konstruierten Vorgänger, möglich, durch Entzerrung aus schrägen Fliegeraufnahmen scheinbar senkrechte Aufnahmen zu erzeugen und diese „zu maßstabgerechten Luftbildkarten" umzubilden.[81] Ein ähnliches Gerät, der sogenannte „Photokartograph" wurde ein Jahr später unter der Leitung von Sebastian Finster-

---

78 Pinsky: *Four Color Theorem*, 2021, S. 8–9.

79 E. H. H., „Review of ‚Die Technischen und Wirtschaftlichen Chancen einer Ausgedehnten Kolonial-Vermessung' by Hauptmann Scheimpflug". *The Geographical Journal*, 38(2), 1911, S. 198–199.

80 Siemer, Bildgelehrte Geotechniker, 2007, S. 86, auch bei Jäger, Erkundung mit der Kamera, 2007, S. 57–61.

81 Siegert, Luftwaffe, 1989, S. 45 und Jäger, Erkundung mit der Kamera, 2007, S. 83.

walder in Bayern konstruiert.[82] Finsterwalder war Inhaber des Lehrstuhls für Mathematik an der Technischen Hochschule in München und Mitglied des 1889 gegründeten *Münchener Vereins für Luftschifffahrt*.[83] Gemeinsam mit dem Ingenieur Konrad von Bassus hatte dieser schon um 1899 einen „Photogrammetrischen Apparat für die Luftschifffahrt" konstruiert, bei dem auf ein Gewehr eine Kamera montiert war, die es erlaubte „mittels einer eingespiegelten Libelle den Winkel der Aufnahme vom Ballon aus zu bestimmen".[84] Anders als die Fotokarten Scheimpflugs, die das Luftbild selbst schon als Karte behandelten, und dabei erhebliche Schwierigkeiten verursachten,[85] schufen Finsterwalder und Bassus mit ihrer fotogrammetrischen Arbeit, wie Stefan Siemer ausführt, einen vollkommen neuen Bildtypus:

> Das photographische Bild war hier nicht Endprodukt, sondern Zwischenstufe auf dem Weg hin zu einem neuen, kartographisch korrigierten Raum. Im Messbild wurde das Motiv der Landschaft in einzelne Bildpunkte zerlegt und in anschließenden mathematischen Verfahren zu einem Kartenbild zusammengesetzt. Die Spuren des photographischen Bildes waren später in der Karte, wenn überhaupt, nur noch undeutlich erkennbar.[86]

Während die Techniken der Fotogrammetrie den Blick von oben zunächst „von unten" kartographisch konstruierten und sich erst im frühen 20. Jahrhundert auf reale Luftaufnahmen zu stützen begannen, kamen einfache Fluggeräte schon sehr viel früher in der militärischen Luftaufklärung zum Einsatz. Schon im Jahr 1794 nutzte die französische Revolutionsregierung zum ersten Mal Fesselballone zum Auskundschaften feindlicher Truppen. Im Jahr 1849, während des Ersten Italienischen Unabhängigkeitskriegs, setzten österreichische Truppen Heißluftballons zum Abwurf von Bomben über Venedig ein. Der taktische Effekt der aus rund 200 Ballons abgeworfenen Bomben war mäßig, da die meisten der Heißluftballons wieder zurück hinter die österreichischen Linien geweht wurden. Aller-

---

82 „Eine Karbid-Fahrradlampe diente als Lichtquelle, eine Laterna Magica als Projektor für die von den Fliegerplatten gefertigten Diapositive. Die Projektionsfläche war in zwei Ebenen schräg einstellbar. Mit einfachen mechanischen Kipp- und Schiebereglern konnte ein schräges Fliegerbild auf eine ebene Fläche so abgebildet werden, als wäre es senkrecht photographiert worden." Jäger, Erkundung mit der Kamera, 2007, S. 111.
83 Siehe: Siemer, Bildgelehrte Geotechniker, 2007, S. 74.
84 Siemer, Bildgelehrte Geotechniker, 2007, S. 75.
85 Nicht nur die Entzerrung und Horizontierung der Fotokarten bereitete Probleme, auch mussten verschattete Bereiche ausgeglichen werden und unsichtbare Details, wie Wasserläufe und Wege, die von Bäumen verdeckt wurden, sichtbar gemacht werden; störende Bildelemente oder temporäre Phänomene, wie Schlagschatten, mussten durch Retuschen beseitigt werden. Zudem enthielten die fotografischen Karten so viele Details, dass das gezielte Herauslesen von Informationen geradezu verhindert wurde. Dazu siehe: Siemer, Bildgelehrte Geotechniker, 2007, S. 80–84.
86 Siemer, Bildgelehrte Geotechniker, 2007, S. 77.

dings trug die demoralisierende Wirkung dieser furchterregenden Waffe offenbar zur Kapitulation der Venezianer bei.[87]

Auf der anderen Seite des Atlantiks kamen Ballons auf beiden Seiten des amerikanischen Sezessionskriegs (1861–1865) zum Einsatz. Dies wurde zum einen durch die telegraphische Kommunikation und zum anderen durch die Fotografie befördert. Während die Telegrafie die Kommunikation zwischen den Insassen und den Bodentruppen ermöglichte, wurde die Fotografie aus der Luft zu Aufklärungszwecken genutzt.[88] Ein General der Südstaatler bemerkte über den Einsatz des *Union Army Balloon Corps* um 1862: „[E]ven if the observer never saw anything, his ballons would have been worth all they cost, trying to keep our movements out of sight".[89]

Nadar, der für seine Fotografien aus der Luft unmittelbar nach den ersten Versuchen mit dem Fesselballon bereits einen hoch vergüteten Auftrag von Napoleon III erhalten hatte, um die Offensive gegen Österreich in Italien zu unterstützen (den er ausschlug),[90] gelang während der Besetzung von Paris um 1871 eine weitere militärische Innovation durch die Verbindung von Flug und Fotografie: Er stellte Mikrofilme von Briefen der eingeschlossenen Pariser her, die dann per Brieftaube oder Ballon aus der Stadt transportiert wurden.[91] Bis 1892 verfügten die Armeen Frankreichs, Großbritanniens, Russlands, Italiens, Spaniens, des Deutschen Reichs und der USA über Ballon-Einheiten.[92] Die preußische Armee erprobte schon seit den 1880er Jahren den Einsatz von Fotokameras mithilfe von Fesselballonen. Begünstigt wurden diese Versuche durch Fortschritte in der Fototechnik, wie der Entwicklung der panchromatischen Platte um 1902, die die Wiedergabe natürlicher Farben in Grautönen ermöglichte, was eine entscheidende Verbesserung für die detailreichere Auswertung militärischer Ziele bedeutete.[93]

---

87 Siehe: Yuki Tanaka: „Introduction". In: Yuki Tanaka, Marilyn B. Young (Hg.): *Bombing Civilians. A Twentieth-Century History*. The New Press, London/New York, 2009, S. 1–7, Hier: S. 8. Siehe auch: Russel Naughton et al.: „Remote Piloted Aerial Vehicles: An Anthology". *Hargrave Aviation and Aeromodelling – Interdependent Evolutions and Histories*, 2003, URL: http://www. ctie.monash.edu.au/hargrave/rpav_home.html#Beginnings [abgerufen am 2. Januar 2018].
88 Martin van Creveld: *The Age of Airpower*. Public Affairs, New York, 2011, S. 9.
89 J. A. Hennessy: *The United States Army Air Arm, April 1861 to April 1917*. Honolulu, University Press of the Pacific, 1985, S. 9, zitiert nach van Creveld, Age of Airpower, 2011, S. 9.
90 Bousquet, Eye of War, 2018, S. 90.
91 Siehe: Rolf Sachsse: *Fotografie. Vom technischen Bildmittel zur Krise der Repräsentation*. Deubner, Köln, 2003, S. 69.
92 Van Creveld, Age of Airpower, 2011, S. 9.
93 Oliver Frei: *Bilder für den Krieg. Die Tagebücher des Lichtbildoffiziers Erich Ewald. 1914–1918/19. Ein Beitrag zur Geschichte der Luftaufklärung und des militärischen Lichtbildwesens*. Militärhistorisches Museum der Bundeswehr, Luftwaffen Museum Berlin-Gatow, 2011.

Während man sowohl in Frankreich als auch im Deutschen Kaiserreich seit dem ersten geglückten Zeppelinflug um 1900 zunächst auf das Luftschiff als Mittel der militärischen Luftaufklärung und zum Abwurf von Bomben setzte, wurde bald klar, dass das motorisierte Flugzeug das eigentliche „Luftkriegsinstrument" des 20. Jahrhunderts werden würde.[94] Unter dem Eindruck der sich schnell entwickelnden französischen Luftflotte begannen auch die anderen Weltmächten mit der Produktion von Flugzeugen.[95]

Acht Jahre nachdem die Brüder Wright in den USA die ersten Versuche bei Kitty Hawk gemacht hatten, entstand das erste aus einem motorisierten Flugzeug aufgenommene militärische Luftbild. Während der italienischen Kolonialinvasion in Libyen (September 1911 bis Oktober 1912), als ebenfalls zum ersten Mal in der Geschichte der Kriegführung Motorflugzeuge zum Abwurf von Bomben eingesetzt wurden. Damit beginnt die zweite koloniale Ursprungsszene dieses Kapitels. Das italienische Militär verfügte über 20 Flugzeuge. Fünf dieser Flugzeuge wurden mit den Piloten Gulio Gavotti, Piazza, Moizo, Possi und Ruda zunächst zur Aufklärung eingesetzt. Am 1. November 1911 erfolgte der erste Bombenabwurf als Gulio Gavotti aus 300 bis 500 Metern Höhe vier kleine Kali-Nitrat-Bomben über den Dörfern Taguira und Ain Zara abwarf.[96] Dieses, für den weiteren Verlauf der sich im 20. Jahrhunderts entfaltenden kriegerischen Exzesse eher marginale Ereignis, gilt als Geburtsstunde des Luftkriegs und kann damit auch als Schlüsselmoment der modernen Kriegführung angesehen werden, deren wahrnehmungstechnische Perspektive sich mit der Erschließung des Luftraums zunehmend vertikalisierte.

Tatsächlich vereinen die für die italienischen Kolonisatoren verlustreichen und für die libysche Bevölkerung katastrophalen[97] Kriegshandlungen zu Beginn des Zeitalters der Weltkriege einige der Merkmale expansionistisch geführter

---

94 Olaf Groehler: *Geschichte des Luftkriegs 1910–1970*. Militärverlag der Deutschen Demokratischen Republik, Berlin, 1977, S. 12–13; zur Zentralität des Fleugzeugs auch: van Creveld, Age of Airpower, 2011.

95 Einer Übersicht über den Entwicklungsstand der Luftflotten der Welt zufolge, die der britische Marineschriftsteller F. T. Jane verfasste, verfügte im Jahr 1910 Frankreich über 36, Deutschland über 5, England über 4 und Italien, Österreich, Japan, Russland, Belgien und die USA über 3 oder weniger Flugzeuge. Ein Jahr später waren es schon 171 in Frankreich, gegenüber 88 in Großbritannien, 52 in Deutschland, 35 in Italien, 28 in Rußland, 14 in den USA, 8 in Japan und 1 in China. Zum Vergleich verfügten im Kriegsjahr 1916 Deutschland über 1200 Flugzeuge und Frankreich und England über etwa 2000. Siehe: Groehler, Geschichte des Luftkriegs, 1977, S. 15 f. und S. 37.

96 Siehe: Groehler, Geschichte des Luftkriegs, 1977, S. 9.

97 Siehe: John Wright: *Libya: A Modern History*. Croom Helm, London/Canberra, 1982, S. 27–41 und Christoph Marx: *Geschichte Afrikas. Von 1800 bis zur Gegenwart*. Schöningh, UTB, Paderborn, 2004, S. 149–151.

Kriege, die für den späteren Verlauf bis ins 21. Jahrhundert hinein symptomatisch sind. Das imperialistische Italien versprach sich zur Fünfzigjahrfeier seiner nationalen Einheit von der Libyen-Offensive die Erschließung einer „vierten Küste" in der strategisch wichtigen und geographisch nahegelegenen Region Nordafrikas.[98] Nach der gescheiterten italienischen Kolonialinvasion von 1895–1896 in Äthiopien, erhofften sich die Italiener in Libyen den Zugriff auf Bodenschätze und Land, das die italienische Auswanderungsbewegung auf ein neues, eigenes Territorium umlenken sollte. Für Bernhard Siegert beginnt die Geschichte der neuen Technologien des Luftkriegs demnach nicht zufällig in der libyschen Wüste: „moderne Waffen scheinen immer erst an den Reichsgrenzen zur Bekämpfung von ‚Barbaren' verwendet zu werden, bevor sie die Wüste, die Barbarei, in Staatenkriege tragen".[99] Die Allmachts-Phantasie des „Blicks von oben" unter dem Vorzeichen technologischer Überlegenheit und militärischer Überheblichkeit, die die Selbstüberschätzung der italienischen Generäle kennzeichnete, verweist auch auf die Realität des heutigen Libyens, das eines der Einsatzgebiete US-geführter Drohneneinsätze ist.[100]

„Das einzige, das wir mit Sicherheit wissen ist das, was unsere Flieger mit ihren eigenen Augen gesehen haben",[101] kommentierte der Oberbefehlshaber der italienischen Truppen, Carlo Caneva, den Einsatz seiner *Prima Flottiglia di Aeroplani*, und brachte damit die bis heute bestehende Ambivalenz menschlich-technischer Sehapparaturen zum Ausdruck. Denn, was die Augen der menschlichen Beobachter im Flug nur schwer einfangen konnten, wurde von den Linsen ihrer Kameras mechanisch genau erfasst und für die spätere Verarbeitung aufgezeichnet. Wie Siegert zusammenfasst, war das erste Resultat dieser Flüge

> [...] die Einsicht, daß die Aufgaben des Piloten und die Tätigkeit des Beobachtens einander tendenziell ausschließen. Also baute der vom militärischen Nutzen genauen Kartenmaterials überzeugte Hauptmann Piazza eine Kamera mit nach unten gerichtetem Objektiv ins Flugzeug ein.[102]

---

98 Der Militärflieger und futuristische Dichter Gabriele d'Annunzio träumte in seinen *Canzoni d'Oltremare* (1912) von „La grande patria delle quattro sponde". Zitiert nach Wright, Libya, 1996, S. 41.
99 Siegert, Luftwaffe, 1992, S. 42.
100 Um ständig aktualisierte, unabhängige Berichterstattung über militärische Luftangriffe in Libyen, Syrien und dem Irak bemüht sich das britische Projekt *Airwars*. Siehe: Chris Woods et al. (Hg.): *Airwars*, URL: https://airwars.org/.
101 Zitiert nach van Creveld, Age of Airpower, 2011, S. 21.
102 Siegert, Luftwaffe, 1992, S. 42.

Der offenkundigste, wenn auch unbeabsichtigte Effekt der von den italienischen Fliegern abgeworfenen Bomben bestand in der nachhaltigen Mobilisierung des Widerstands der einheimischen Bevölkerung gegen die Invasoren, die sich selbst als Befreier von osmanischer Herrschaft sahen und davon ausgegangen waren, die aus der Luft abgeworfenen Granaten würden einen „wunderbaren moralischen Effekt" auf die Libyer haben.[103] Doch während die Flugzeuge wegen ihrer begrenzten Tragfähigkeit nur sehr kleine, unwirksame Bomben mitnehmen konnten, diese zumeist ihre Ziele verfehlten und die gesamte Flotte zudem nur wenige Wochen nach ihrer Überführung aus Italien schon fast vollständig zu Bruch gegangen war,[104] war der strategische Nutzen der aus dem Flugzeug aufgenommenen Fotografien von Beginn an evident: Die Luftbilder ermöglichten – neben der Lokalisierung feindlicher Truppen – auch die genaue Erfassung des Terrains und wurden, wie Siegert hervorhebt, unmittelbar in den Dienst der kolonialen Kartierung gestellt.

> [D]ieses System der Erderkundung [hatte] im Unterschied zum Augenzeugenbericht den Vorteil, Fotografien mit einem aufgrund der Flughöhe und der Brennweite der Kamera berechenbaren Maßstab zu liefern. [...] Und bei Kriegsende war das Resultat von 316 Einsätzen des Geschwaders eine Karte im Maßstab von ca. 1: 100.000 von den Straßen und den angrenzenden Gebieten im gesamten Kriegsgebiet mit Angaben über die vermutliche Bodenbeschaffenheit und die in der Nähe von Straßen befindlichen Brunnen und Unterkünfte.[105]

Im Rückgriff auf Paul Virilios Thesen aus *Krieg und Kino*[106] ist für Siegert gerade der Einsatz von Bewegtbildern in den libyschen Aufklärungsflugzeugen bemerkenswert. Dass ein italienischer Kommandant im April 1912 einen Film in der Luft über gegnerischen Lagern drehte, und der italienische Futurist Filippo Tommaso Marinetti durch einen Frontbesuch zu einem Film über die *Schlacht von Tripolis*[107] angeregt wurde, bildet den Ausgangspunkt für die These, dass spätestens mit Beginn des Ersten Weltkriegs das „Flugzeug zum eigentlichen Mittel des

---

103 Siehe: David E. Omissi: *Air Power and Colonial Control. The Royal Air Force 1919–1939.* Manchester University Press, 1990, S. 5.
104 Groehler zufolge griffen die italienischen Militärs für die Luftaufklärung danach wieder auf Fesselballons zurück. Siehe: Groehler, Geschichte des Luftkriegs, 1977, S. 9.
105 Siegert, Luftwaffe, 1992, S. 42. Dieser bezieht sich in seinen Angaben auf: Clemente Prepositi: *Il Cavalieri deil aria. Il primato italiano nelia guerra aereal* (1911–1912: 1915–18), Bologna, 1933, S. 200–213.
106 Virilio, Krieg und Kino, 1989.
107 Siegert zitiert hier Virilio, der Marinettis „die Schlacht um Tripolis" in *Krieg und Kino* erwähnt (s. 29 f). Tatsächlich existiert kein solcher Film, sondern nur eine von Marinetti verfasste Reportage, die noch im selben Jahr in der französischen Zeitschrift *L'Intransigeant* erschien und wenig später in italienischer Sprache als Buch diesen Titels: Filippo Tommaso Marinetti: *La Battaglia di Tripoli (26 Ottobre 1911) vissuta e cantata da F. T. Marinetti.* Edizioni Futuriste di

Sehens" und der „Film zum eigentlichen Mittel des Fliegens" geworden sei.[108] Mit dieser Definition des Flugzeugs als „Sichtgerät", das das „Sichtbare über die Grenzen der menschlichen Wahrnehmung hinweg gnadenlos beschleunigte, zerstückelte, scrambelte und dekonturierte", folgt Siegert Paul Virilios Beschreibung des Schlachtfelds als „Wahrnehmungsfeld".[109] Er beruft sich wie dieser auf Walter Benjamins im Kunstwerk-Aufsatz vorgenommenen Analyse der „neuen Aufgaben der Apperzeption",[110] die sich sowohl den angehenden Piloten während der Berufseignungstests im Labor der experimentellen Psychologie, als auch Benjamins Zeitgenossen beim Kinobesuch stellten: Unter experimental-psychologischem Gesichtspunkt sind Film – laut Benjamin ,eigentliches Übungsinstrument' dieser Rezeptionsform – und Aufklärungsflug dasselbe".[111] Der Aufklärungsflieger wird zum Kameramann, der „tief ins Gewebe der Gegebenheit" eindringt und das von ihm aufgenommene Bild ist „ein vielfach zerstückeltes, dessen Teile sich nach einem neuen Gesetz zusammenfinden".[112] Was für die libyschen Kämpfer und die Zivilbevölkerung um 1912 noch ein singuläres Erlebnis war, wurde für die Frontsoldaten im Stellungskrieg des Ersten Weltkriegs zur bitteren Normalität. Unter der Beobachtung des Blicks von oben mussten sie sich immer weiter in den Boden graben. Sie wurden zu Darstellern für die ihrer Blicklinie enthobenen Aufnahmentechniken, die sie beständig anvisierten:

> Von Veteranen des Ersten Weltkriegs bekommt man immer wieder zu hören, daß sie den Feind, den sie töteten, nie gesehen hätten. Das besorgen von jetzt an andere für sie. [...] Die durch die indirekte Sicht bewirkte unerwartete Phasenverschiebung gab dem Soldaten das Gefühl, weniger zerstört als vielmehr entwirklicht, entmaterialisiert zu werden. Die sinnlich erfahrbare Realität verschwand hinter einer Überbetonung visueller Bezugspunkte.[113]

„Poesia", Milano, 1912. Siehe: Nil Santiáñez: „Colonial Violence and the Roots of Fascist Writing". *Romanistisches Jahrbuch*, Band 69, Heft 1, 2018, S. 383–401.

108 Siegert, Luftwaffe, 1992, S. 42 (dieser Gedanke findet sich sowohl bei Siegert als auch bei Virilio, dessen Thesen er nahezu unterschiedslos folgt. Analog heißt es bei Virilio: „Film und Luftfahrt traten gegen Ende des neunzehnten Jahrhunderts gleichzeitig in Erscheinung. Seit 1914 ist die Luftfahrt eigentlich kein Mittel mehr zum Fliegen [...] sie wird zu einer Sehweise oder vielmehr zum eigentlichen Mittel des Sehens überhaupt." Siehe: Virilio, Krieg und Kino, 1989, S. 30. Virilio bezieht sich stärker auf Giovanni Pastrones Filmepos „Cabiria", das 1912 unter Mitwirkung von Gabriele d'Annunzio gedreht wurde.

109 Virilio, Krieg und Kino, 1989, S. 35 und 78.

110 Walter Benjamin: „Das Kunstwerk im Zeitalter seiner technischen Reproduzierbarkeit" (Dritte Fassung). In: Rolf Tiedemann, Hermann Schweppenhäuser (Hg.): *Gesammelte Schriften*, Band 1.2., Frankfurt am Main 1991, S. 471–508, hier: S. 505.

111 Siegert, Luftwaffe, 1992, S. 43.

112 Benjamin zitiert nach Virilio, Krieg und Kino, 1989, S. 45.

113 Virilio, Krieg und Kino, 1989, S. 25–26.

Demgegenüber verfügten die Piloten der Fliegerstaffeln, die sich hoch oben frei im dreidimensionalen Raum bewegten und dort ihre Figuren drehten über eine „endoskopische Sicht", bei der es „keine visuelle Polarität" und „prinzipiell kein Oben und Unten mehr gab.[114]

3.1.2 Das deutsche Luftbildwesen 1911–1918

> [...] the ‚view from above' invites decipherment.[115]

Der Erste Weltkrieg war eine Materialschlacht nicht nur im Hinblick auf Waffen- und „Menschenmaterial", sondern auch in Hinblick auf die Massen von Bildern, die in der Folge des Krieges produziert und zirkuliert wurden:[116] „Einen ähnlichen Quotienten aus Ereignis und Bildern hatte es in der Weltgeschichte zuvor nicht gegeben" schreibt Bernd Hüppauf in seinen Beobachtungen zur *Fotografie im Krieg*.[117] Fotografien dienten der Propaganda, der privaten Erinnerung, sie wurden in der medizinischen Forschung eingesetzt, genauso wie in der Ballistik zur Waffenprüfung. Ihr wichtigstes Einsatzgebiet war jedoch in der Luftaufklärung.[118] Für den Ersten Weltkrieg ist die Luftaufnahme von großer Bedeutung. Im Zweiten Weltkrieg stellte sie keine zentrale Innovation mehr dar. Erst unter den Bedingungen digitaler Medien gegen Ende des 20. Jahrhunderts erfuhr sie weitere bedeutende Transformationen.[119] Das Luftbild bedingte im Ersten Weltkrieg eine neue Wahrnehmungsweise und eine neue Ästhetik, in der sich durch die Perspektive und die Darstellbarkeit der Waffenwirkung, wie Frank Hischer formuliert, „Elemente des modernen Kriegs verdichten", die darin „prototypischen Charakter" haben.[120] Besonders die

---

114 Ebd., S. 32.
115 Caren Kaplan: *Aerial Aftermaths. Wartime from Above*. Duke University Press, Durham/London, 2018, S. 4.
116 Siehe: Ludger Derenthal, Stefanie Klamm: „Bilderfluten – Bildermangel. Fotografie im Ersten Weltkrieg". In: Dies. (Hg.): *Fotografie im Ersten Weltkrieg*. Kunstbibliothek – Staatliche Museen zu Berlin, E.A. Seemann, Leipzig, 2014, S. 8–21, hier: S. 8.
117 Bernd Hüppauf: *Fotografie im Krieg*. Fink, München, 2015, S. 218. Hüppauf vernachlässigt in dieser Studie die Frage nach der operativen militärischen Fotografie zugunsten anderer Arten der Nutzung, wie Presse- und Propagandafotografien, Amateuraufnahmen und Schnappschüssen.
118 *Ebd.*
119 Siehe: Sachsse, Fotografie, 2003, S. 106, sowie Kapitel 3.3 dieser Untersuchung.
120 Frank Hischer: „Der Erste Weltkrieg. Langzeitwirkung des ersten Bilderkrieges". In: Claudia Gunz, Thomas F. Schneider (Hg.): *Wahrheitsmaschinen. Der Einfluss technischer Innovationen auf die Darstellung und das Bild des Krieges in den Medien und Künsten*. V&R unipress, Osnabrück, 2009, S. 217–231.

Verfahren der Bildinterpretation – wie aus Bilddaten Informationen extrahiert und aus diesen Informationen erst „Bildmeldungen" und schließlich Handlungsanweisungen bzw. Befehle werden – stehen im Fokus des folgenden Abschnitts. Luftfotografie und Luftbildinterpretation können dabei als wesentlicher Bestandteil moderner, zunehmend vertikalisierter Kriegführung gelten, und zudem als „Musterbeispiel" für die neuen Verfahren „der Vernetzung und Organisation von Informationen".[121]

Abb. 3: Julius Neubronner: „Schloss Friedrichshof bei Kronberg im Taunus", Brieftaubenfotografie, undatiert.
Foto: Stadtarchiv Kronberg.[122]

Obwohl die militärische Luftfahrt um 1914 technologisch noch unausgereift war und noch keine der kriegführenden Parteien über eine eigene Luftwaffe verfügte, traten, wie die amerikanische Militärhistorikerin Tami Biddle bemerkt hat, während des Ersten Weltkriegs schon alle späteren Praktiken des Luftkriegs, die für den historischen Verlauf des 20. Jahrhundert relevant werden sollten, auf rudimentäre Weise in Erscheinung.[123] Wie durch ein Brennglas können diese späteren Entwicklungen hier in ihren Anfängen betrachtet werden, weshalb der Fokus der vorliegenden Untersuchung militärischer Luftfotografie auch vorwiegend auf dem Ersten Weltkrieg liegt. Ab 1914 kamen die neuen Techniken der strategischen

---

121 Siemer, Bildgelehrte Geotechniker, 2007, S. 97.
122 Redaktion photoscala: Als die Brieftauben das Fotografieren lernten". *Photoscala*, 28.11.2014, URL: https://www.photoscala.de/2014/11/28/als-die-brieftauben-das-photographieren-lernten/ [abgerufen am 1. Mai 2020].
123 Tami Biddle: „Learning in Real Time: The Development and Implementation of Air Power in the First World War". In: Sebastian Cox, Peter Gray (Hg.): *Air Power History: Turning Points from Kitty Hawk to Kosovo*. Frank Cass, London, 2002, S. 3–20.

und taktischen Luftaufklärung bei allen Kriegsparteien zum Einsatz. Neben Fesselballons und Kuriositäten, wie mit Kleinkameras ausgestatteten Brieftauben,[124] war es vor allem die fotografische Luftaufklärung aus dem motorisierten Flugzeug, die während des Kriegs die „Bilderflut"[125] der militärisch-operativen Fotografien proliferierte.

Auf dem Höhepunkt des Krieges wurde die Luftfotografie und mit ihr die systematisch organisierte Bildauswertung zur Schlüsseltechnologie für alle Kriegsparteien,[126] was sich auch an der Quantität der anschwellenden Bilderflut bemessen lässt. Während des Kriegs wurden auf deutscher Seite durchschnittlich 4.000 Fotografien pro Tag angefertigt. Die französische fototechnische Luftaufklärung war zwar technisch etwas weniger versiert, lieferte aber mit 10.000 fast doppelt so viel Material und die britische lediglich 1.000 Bilder pro Tag.[127] Die Luftaufklärung des US-Militärs steckte bei Kriegseintritt noch in den Anfängen. Aber schon bald wurden die USA führend auf diesem Gebiet. In Vorbereitung der Maas-Argonnen-Offensive wurden innerhalb von vier Tagen 100.000 Bilder aufgenommen.[128] Besonders in Frankreich war die fotografische Lufterkundung spätestens seit 1915 eine feste Institution. Die *Plans Directeur* schufen detailreiche Karten, die die wichtigsten Punkte der feindlichen Verteidigung enthielten. Jeder Sektor der französischen Front hatte seinen eigenen „Chef de Cartographie", der mit der Gegend gut vertraut war und für die Analyse der Luftfotografien verantwortlich war.[129] Harwood zufolge verfügten die französischen Truppen in der Person Captain Eugene Marie Edmond Pepins über „einen der größten Pioniere in der Interpretation von Luftfotografien" des gesamten Krieges.[130]

---

124 Dazu: Julius Neubronner: „Mein Leben als Liebhaberphotograph". In: *Als Brieftauben das Photographieren lernten.* Edition Stadthaus, Bd. 16, zur Ausstellung November 2014 – Januar 2015 im Stadthaus Ulm, S. 22–25.

125 Hierzu: Derenthal, Klamm, Bilderfluten, 2014, S. 8–21.

126 Um den Rahmen der Untersuchung nicht zu sprengen, aber auch wegen der besseren Verfügbarkeit von Quellen für eine hauptsächlich in Berlin verfasste Dissertation, liegt der Fokus dieses Kapitels auf der Entwicklung auf deutscher Seite. Eine äußerst detailreiche Untersuchung der alliierten Luftaufklärung liefert Terrence J. Finnegan: *Shooting the Front. Allied Aerial Reconnaissance in the First World War,* The History Press, Stroud, 2011.

127 Charles J. Cohen: „Early History of Remote Sensing". In: *Proceedings of the 29th Applied Imagery Pattern Recognition Workshop,* 2000, S. 7, zitiert nach Bousquet, Eye of War, 2018, S. 10.

128 Finnegan, Shooting the Front, 2011, S. 114; siehe auch: Bousquet, Eye of War, 2018, S. 92.

129 Jeremy Harwood: *World War II From Above. An Aerial View of the Global Conflict.* Zenith Press, Minneapolis, 2014, S. 17.

130 „[I]n the person of Captain Eugene Marie Edmond Pepin, the French possessed one of the greatest pioneers of aerial photographic interpretation to emerge on either side during the course of the entire war." Harwood, World War II From Above, 2014, S. 17.

Während der Ausbau einer organisierten Luftflotte im Deutschen Reich zwar massiv, aber improvisiert und chaotisch ablief, war man auf englischer Seite schon früh von der Notwendigkeit einer eigenen Luftwaffe überzeugt.[131] Die erste Überquerung des Ärmelkanals im Flugzeug durch Louis Blériot weckte Ängste, „England sei keine Insel mehr" und würde damit auch seine durch die starke Marine gegebene Sicherheit verlieren.[132] Sporadische Angriffe von deutschen Luftschiffen ab 1914 richteten wenig materiellen Schaden an, hatten aber, wie die oben schon erwähnten älteren Formen der Luftbombardements, eine starke psychologische Wirkung auf die Zivilbevölkerung. Die Angriffe der Gotha-Bomber auf die Londoner Innenstadt im Jahr 1917 richteten dagegen erheblichen Schaden an und vergrößerten die Panik der Bevölkerung.

Das erste Luftbombardement des Weltkriegs lancierten deutsche Flugzeuge im Jahr 1914 auf die Stadt Paris.[133] Mit den „Fliegerassen" entstand zunächst ein neuer soldatischer Typus, der das Ethos des heroischen Zweikampfs, diesmal in der Luft, für kurze Zeit noch einmal beleben konnte. Aber wichtiger als die akrobatische Feuerkraft der in ritterlichem Zweikampf bestehenden Piloten,[134] waren schon zu diesem Zeitpunkt die Luftbildaufnahmen, die diese von ihren Einsätzen zurückbrachten. Den Stellenwert der fotografischen Aufnahme zweifelten selbst hoch dotierte Fliegerheroen wie Manfred von Richthofen nicht an. Dieser erklärte lakonisch, es sei zweifelhaft, ob es überhaupt jemanden gebe, „der etwas Genaues aus fünftausend Meter Höhe auf einer Chausse erkennt."[135] Eigentlicher Zweck der riskanten Flugmanöver schien auch für ihn die Fotografie zu sein: „Kommt man nach Hause und die Platten sind verunglückt, so ist der ganze Flug umsonst gewesen."[136] Siegert sieht hierin schon etwas voreilig ein Indiz für die „Obsoleszenz des Menschen als Beobachter der Welt".[137] Doch waren, entgegen Siegerts Befürchtung, durchaus menschliche Betrachter notwendig, um die mechanisch fotografierten Landstriche auszuwerten und in Information zu verwandeln, die für die Strategen

---

131 Die Royal Air Force wurde noch vor Kriegsende, im Frühjahr 1918 ins Leben gerufen und ist damit die älteste unabhängige Luftwaffe.
132 Tony Mason: „British Air Power". In: John Andreas Olsen (Hg.): *Global Air Power*. Potomac, Washington, 2011, S. 7 f.
133 Tanaka, Bombing Civilians, 2009, S. 2.
134 Besonders in Frankreich bildet dieser Mythos vom „Ritter der Lüfte", ein wichtiges Element der organisatorischen Identität der Luftwaffe. Dazu: Mathias Delori: „Was ist aus den Rittern der Lüfte geworden? Asymmetrische Kriege und das Ethos des Militärs". In: *Berliner Debatte Initial*, 25, 2014, S. 90–103.
135 Manfred Freiherr von Richthofen: *Der rote Kampfflieger* [Ullstein-Kriegsbücher, 1917]. Matthes und Seitz, München, 1977, S. 181, zitiert nach Siegert, Luftwaffe, 1992, S. 43.
136 Ebd.
137 Siegert, Luftwaffe, 1992, S. 43.

verstehbar waren. Aber auch das Fotografieren selbst verblieb zunächst noch in der Hand menschlicher Akteure. Vor allem das Wechseln der Platten während des Flugs, für das die „Bildflieger" teils während des Flugs aus dem Cockpit klettern mussten, bereitete Schwierigkeiten und erforderte waghalsigen Mut und Geschicklichkeit. Erst die Einführung von kardanisch aufgehängten Spiegelreflexkameras löste dieses Problem und machte Aufnahmen in regelmäßigen Abständen von etwa 20 Sekunden möglich. Auch wurde im zweisitzigen Flugzeug die Anordnung der Sitze getauscht, sodass der Beobachter um besser fotografieren zu können, nach hinten rückte, von wo er auch, nach der Einführung der mit Maschinengewehr bewaffneten Aufklärungsflugzeuge, schießen musste.[138]

Das Aufgabenprofil des Beobachters war komplex. Bis 1917 waren nur Offiziere zur Beobachterausbildung zugelassen, aufgrund des steigenden Bedarfs dann auch Unteroffiziere. Wenn es sich beim Piloten um einen Unteroffizier und beim Beobachter um einen Offizier handelte, fiel die Befehlsgewalt an den Offizier, was von diesem „Takt, Menschenkenntnis und längere Erfahrung in allen flugtechnischen Dingen" erforderte, wie ein noch vor Kriegsbeginn angefertigtes Manual zu bedenken gab.[139] Der Beobachter musste zudem über hohe Sachkenntnisse verfügen, damit er „in technischen Fragen als Fachmann richtige und ausführbare Befehle erteilen" konnte.[140] Die Ausbildung sah vor, nur unbedingt erforderliche Kenntnisse zu vermitteln, da zu viel Theorie als schädlich galt.[141] Er musste „schnell, ohne zeitraubende Überlegungen" handeln können und trotz der gleichzeitigen Belastung durch „feindliche Flugzeuge und Bombenabwehrkanonen, engen Beobachtersitz, starken Luftzug, böiges und unsichtiges Wetter, spritzendes Öl" seinen Aufgaben nachkommen. Die Bedienung der Kamera sollte quasi automatisch erfolgen und „exerziermäßig" geübt werden, um Fehler und Verzögerungen auszuschließen.[142] Neben der Kamera war der Beobachtungsoffizier aber auch noch für die Bedienung des Funkgeräts, des Maschinengewehrs, des Bombenabwurf und Zielgeräts zustän-

---

138 Jäger, Erkundung mit der Kamera, 2007, S. 115.

139 BA-MA PH 24/259 *Die Flugzeuginstrumente und ihr Einbau.* Um 1912 bis 1917, Zusammengestellt von der physikalischen Abteilung Gruppe 5, zitiert nach: Christian Kehrt: *Moderne Krieger. Die Technikerfahrungen deutscher Militärpiloten 1910–1945.* Ferdinand Schöningh, Paderborn, 2010, S. 173.

140 Erich Niemann: *Funkentelegraphie für Flugzeuge*, Verlag von Richard Carl Schmidt, Berlin, 1921, S. 7, zitiert nach: Kehrt, Moderne Krieger, 2010, S. 171.

141 BA-MA PH 17I/117 „Die Bildmeldung der Flieger". Teil II, in: *Flugoffizier*, vermutlich Berlin, 1917 [befindet sich im Bestand des Deutschen Technikmuseums, Berlin], zitiert nach: Kehrt, Moderne Krieger, 2010, S. 171.

142 Bildmeldung der Flieger, 1917, zitiert nach Kehrt, Moderne Krieger, 2010, S. 171.

dig, darüber hinaus für den Kompass und den Motor, der auch während des Flugs kontrolliert werden musste.[143]

Da es im Cockpit vor der Einführung entsprechender funktechnischer Lösungen aufgrund des Maschinenlärms unmöglich war, sich mündlich verständlich zu machen, fand die überlebenswichtige Kommunikation mit dem Flugzeugführer in kleineren Flugzeugen über ein System von beschrifteten Zetteln und Skizzen statt. Richtungsangaben erfolgten vor allem gestisch, durch Winken und Zeigen mit dem Arm, oder durch Klopfen auf die Schulter des Piloten.[144] Christian Kehrt beschreibt in seiner detaillierten Studie zur Technikerfahrung deutscher Militärpiloten ein vermutlich von der militärischen Versuchsstelle und Flugzeugmeisterei in Berlin-Adlershof konstruiertes „Befehlsgerät" für den Einsatz in größeren Bombenflugzeugen, das ein rudimentäres visuelles „Interface" zur Übermittlung von Befehlen im Cockpit darstellt, ein Vorgänger der heutigen militärischen Bildschirm-Anordnungen, von denen im 6. Kapitel noch ausführlicher die Rede sein wird:

> Der ‚Befehlsübermittler' stellte für die Kommunikation zwischen Pilot und Besatzung sieben Befehle zur Verfügung: ‚Links 1', ‚Links 2', ‚Gleiten', ‚Achtung', ‚Steigen', ‚Rechts 2' über bunt aufleuchtende, auch bei Nacht sichtbare Lämpchen und war auch mit Handschuhen zu bedienen.[145]

Im Cockpit vermischten sich, wie Kehrt hervorhebt, die Grenzen zwischen technischer und militärischer Handlungsmacht. Die Tatsache, dass der Flugbeobachter dem Piloten rangmäßig überlegen war, sorgte demnach für Spannungen, wenn sich der steuernde Pilot auf seine Intuition verließ und über die Anweisungen des Beobachters hinwegsetzte. „Einerseits sollte der Beobachter, vor allem, wenn der Pilot ein Unteroffizier war, diesen in technischen Fragen überwachen. Andererseits musste er dem Piloten die Verantwortung überlassen."[146] Einem Vorschlag der Marine, den Beobachter durch den Einbau eines Reihenbildners zu ersetzen, erwehrte sich die militärische Erprobungsstelle in Johannisthal mit dem Hinweis, dass zwei Personen eher die Nerven behalten würden als eine. Stattdessen baute man den Reihenbildner in zweisitzige Flugzeuge.

Die britischen Streitkräfte nutzten als erste Kriegspartei die Möglichkeiten der Luftfotografie auf koordinierte Weise: Vor der Schlacht bei Neuve Chapelle im März 1915 fotografierten zwei britische Staffeln das deutsche Verteidigungssystem in seiner Gänze, woraufhin die auf den Fotografien sichtbaren Gräben auf

---

143 Ebd.
144 Siehe: Kehrt, Moderne Krieger, 2010, S. 172.
145 Ebd., S. 173.
146 Ebd., S. 174.

Kriegskarten eingetragen werden konnten und die Grundlage für den britischen Angriffsplan bildeten.

> It was the start of a process that was to lead to the development of a whole new science of photographic interpretation, which was to play a major part in the future military direction of the war.[147]

Doch die Aufnahmeverfahren wurden – im Rahmen des Möglichen – schon während des Ersten Weltkriegs zum Teil automatisiert. So entwickelte der Optiker, Kinobetreiber und Produzent der Kriegswochenschauen Oskar Messter mit dem Reihenbildner eine Kamera, die „bei einem Flug in 2500 m Höhe Aufnahmen eines Geländestreifens von 2,4 km Breite und 60 km Länge in einem fortlaufenden Stück erzeugen konnte."[148] Mithilfe eines Stereoskops und zwei überlappenden Aufnahmen konnten zudem Höhenunterschiede sichtbar gemacht werden.[149]

Die fliegenden Fotografen bedienten das ebenfalls neu entstandene Betätigungsfeld der Bildauswerter, die die in den Fotografien enthaltenen Rohdaten interpretierten, in das vorhandene Kartenmaterial übertrugen, und die so entstandenen Karten richtig zu lesen hatten. Wie Asendorf hervorhebt, war die Bildauswertung problematisch, „[d]a der Vorzug der Neutralität plansichtiger, quasi kartographischer Fotografien durch den Nachteil ihrer Verfremdung neutralisiert wird", was die Entwicklung neuer Lesetechniken erforderte.[150] Die Auswertung erforderte Erfahrung und Kenntnisse unter anderem in Geologie und Stellungsbau.[151] Zentral waren also schon in dieser frühen Phase der militärischen Luftaufklärung, wie auch Siegert eingesteht, vor allem die „Leistungen der Lektüre und der Entzifferung von Abzügen und Filmen".[152]

---

147 Harwood, World War II From Above, 2014, S. 16.
148 Zur Funktionsweise und Entwicklung des Reihenbildners siehe ausführlich: Jäger, Erkundung mit der Kamera, 2007, S. 128 und 136–142; Wolfgang Mühl-Benninghaus: „Oskar Messters Beitrag zum Ersten Weltkrieg". In: *Kintop* 3, Jahrbuch zur Erforschung des frühen Films. Stroemfeld/Roter Stern, 1994, S. 103–116, hier: S. 107–108; Paul Karlson: „Oskar Messters Arbeiten zum Luftbildwesen". In: *Bildmessung und Luftbildwesen*. Zeitschrift der deutschen Gesellschaft für Photogrammetrie e.V., Nr. 4, Jhg. 16, 1941, S. 133. Siehe auch: Asendorf, Bewegliche Fluchtpunkte, 2006, S. 31 und Kurt-Alex Büttner: „Die wirtschaftliche Ausnützung der Luftbildtechnik". In: *Luftfahrt*, Jg. 1920, Nr. 7, S. 101.
149 Frei, Bilder für den Krieg, 2011, S. 23.
150 Asendorf, Bewegliche Fluchtpunkte, 2006, S. 31.
151 Stefanie Klamm: „Kriegslandschaften. Fotografie als Mess- und Aufklärungsinstrument". In: Ludger Derenthal, Stefanie Klamm (Hg.): *Fotografie im Ersten Weltkrieg*. E. A. Seemann, Leipzig, 2014, S. 72–81, hier: S. 74; Siemer, Bildgelehrte Geotechniker, 2007, S. 99.
152 Siegert, Luftwaffe, 1992, S. 46.

Obwohl sich die Forschungsliteratur zur Entwicklung der Luftaufklärung größtenteils auf die technischen Errungenschaften und Entwicklung der Apparate konzentriert, war die Ausführung des militärischen „Lichtbildwesens" zu keinem geringen Teil die Arbeit der neu eingerichteten Organisationen, die für die Beschaffung und Entwicklung neuen Materials, für die Ausbildung der Bildauswerter und schließlich, für die Bildauswertung selbst zuständig waren. Diese „Arbeit des Sehens" verteilte sich über verschiedene militärische Einrichtungen, deren Institutionalisierung im Folgenden am Beispiel der Organisation des deutschen „Lichtbildwesens" angerissen werden soll.

Im Gegensatz zu Großbritannien[153] und Frankreich war die Entwicklung der fotografischen Luftaufklärung um 1914 auf deutscher Seite schon relativ weit fortgeschritten.[154]

Schon seit 1910 besaß die preußische Armee eine „provisorische Fliegerschule" in Döberitz, die spätere „Lehr- und Versuchsanstalt für das Militär-Flugwesen", wo Piloten für militärische Motorflugzeuge ausgebildet wurden. In Döberitz entwickelte der damalige Flugschüler und Foto-Amateur Carl Fink gemeinsam mit der Firma Zeiss in Jena, eine Kamera, die von einer Holzkammer umschlossen war, da sich gezeigt hatte, dass der Balgen der handelsüblichen Kameras vom Fahrtwind eingedrückt wurde.

> Diese Kammer erhielt eine charakteristische konstruktive Veränderung. Fink ließ am vorderen Ende des Kammergehäuses einen pilzförmigen Haltegriff und hinten das Griffstück einer Pistole anbringen, dessen Abzugsbügel als Kamera-Auslöser diente.[155]

Diese sogenannte „Pistolenkammer" gehörte in dieser Grundform bis zum Kriegsende zur Standardausrüstung der Fliegerabteilungen. Die Pistolenkammer ähnelt dem von Étienne-Jules Marey 1882 entwickelten „chronophotographischen Gewehr", das einen automatischen Auslöser hatte, der es erlaubte, zwölf Fotos pro Sekunde aufzunehmen und damit die fotografische Beobachtung des Vogelflugs erleichtern sollte.

Als Gerät, das Schießen und „Schießen", Töten und Fotografie miteinander in Zusammenhang bringt, rückt die Pistolenkammer die Fotografie in die Nähe der

---

153 In Großbritannien war es Lieutenant Colonel Hugh Trenchard, der als Kommandant des Royal Flying Corps (RFC) die fotografische Luftaufklärung vorantrieb. Im September 1915 richtete er in Farnborough die „Photographic School" des RFC ein, in denen vornehmlich die fotografischen Praktiken, vom Entwickeln und Drucken von Glasplatten, Vergrößerungen, und fotografischen Kartenerstellung gelehrt wurden. Siehe: Harwood: World War II From Above, 2014, S. 16.
154 Siehe: John Buckley: *Air Power in the Age of Total War*. UCL Press/Taylor and Francis, London, 2001, S. 50.
155 Jäger, Erkundung mit der Kamera, 2007, S. 80.

Waffengattungen. Tatsächlich hatte für Fink die Ausbildung an der Kamera denselben Status wie die Ausbildung am Gewehr.

> Die Entwicklung der Pistolenkammer zeigt, wie sehr versucht wurde, dem militärischen Beobachter die Kamera und das Fotografieren genau so vertraut zu machen, wie es in der Waffenausbildung zur Selbstverständlichkeit geworden war.[156]

Oskar Messter, der im Gegensatz zu Fink, der vor allem für Pressefotografien zuständigen „Photographischen Abteilung" in Berlin unterstellt war, entwickelte die sogenannte „Maschinengewehrkamera", die statt 600 Schuss Munition pro Minute 600 Bilder schoss.[157] Sie wurde allerdings nicht zur fotografischen Erfassung eingesetzt, sondern diente als Zielübungsgerät in der Ausbildung von Piloten und Bordschützen, die mithilfe des Geräts ihre Treffsicherheit im Luftkampf trainierten. „Jede Aufnahme der Simulation zeigte ein Fadenkreuz und das gegnerische Flugzeug. Der Schütze konnte im Nachhinein sehen wie oft er das Ziel getroffen hätte."[158] Wie Stefanie Klamm hervorhebt, wird das Bild in diesem frühen Simulator „operativ", da es den Waffengebrauch direkt darstellt. Es wird zum operativen Bestandteil eines Handlungsablaufs (der Schießübung) und ist damit ein Beispiel für jene militärischen Bildhandlungen, die in dieser Arbeit schon am Beispiel der Drillbücher Jacob de Gheyns und der jesuitischen Exerzitien behandelt wurden, und in den folgenden Kapiteln noch am Beispiel von psychotechnischen Versuchsanordnungen des frühen 20. Jahrhunderts und den Bildschirm-geführten Militäroperationen der Gegenwart diskutiert werden.

Ebenfalls auf Initiative Finks wurde der Grundrissbildner (bzw. „Umbildner") nach den Ideen Scheimpflugs konstruiert und jede Fliegerabteilung mit entsprechenden Geräten ausgestattet. In Bayern wurde zeitgleich zu den preußischen Bemühungen eine Fliegerkompanie in Schleißheim bei München eingerichtet, wo man ab 1912 ebenfalls mit der Ausbildung von „militärischen Flugzeugführern und Beobachtern" begann.[159] Der bayerische Generalstabschef Krafft von Dellmensingen forderte zugleich die „Unterweisung im Lesen photographischer Bilder"[160] für Offiziere. Im Jahr 1913 wurde an der preußischen Versuchs- und Lehranstalt für Flugwesen in Döberitz

---

156 Fink, Luftbildwesen, 1960, S. 392.

157 Siehe: Oskar Messter: *Mein Weg mit dem Film*. M. Hesse, Berlin, 1936, S. 88 f.

158 Klamm, Kriegslandschaften, 2014, S. 74. Siehe auch: Martin Koerber: „Oskar Mester – Stationen einer Karriere". In: Martin Loiperdinger (Hg.): *Oskar Messter – Filmpionier der Kaiserzeit*. KINtop Schriften 2, Stroemfeld/Roter Stern, Frankfurt a. M., 1994, S. 27–92; Mühl-Benninghaus, Messters Beitrag zum Ersten Weltkrieg, 1994.

159 Jäger, Erkundung mit der Kamera, 2007, S. 78.

160 Ebd., S. 73.

Abb. 4: Geöffnete Maschinengewehrkamera, 1917/18, Bundesarchiv, N 1275 Bild-341-66 / Fotograf: ohne Angabe / Lizenz CC-BY-SA 3.0.

die erste „militärische Lichtbildstelle" eingerichtet,[161] die für die Verbesserung von Kameratechnik und Reproduktionsverfahren und, nach Kriegsbeginn, für die Ausbildung von „Luftbildnern" für die Auswertung von Luftaufnahmen in den „Lichtbildabteilungen" der verschiedenen Streitkräfte verantwortlich war.[162] Der Begriff des

---

[161] Frei, Bilder für den Krieg, 2011, S. 19. Vgl. auch Kai Biermann et al.: *Flugplatz Döberitz. Geburtsort der militärischen Luftfahrt in Deutschland.* Links Verlag, Berlin, 2005, S. 35 f.
[162] Siehe Frei, Bilder für den Krieg, 2011, S. 20. Bei der Ausbildung der Auswerter, die zunächst vor allem aus zivilen „Photo-Enthusiasten" rekrutiert wurden, stellte sich das Problem, dass die militärische Bildauswertung gegen deren „Berufsehre" verstieß: „Das kämpfende Heer aber brauchte keine ‚Photokünstler' sondern ‚Schnappschußpraktiker', die Bilder im Hinblick auf deren militärische Be-

„Luftbildwesens" wurde im Frühjahr des Jahres 1915 geprägt. Er beschrieb „die organisatorische Zusammenfassung der fotografischen Aufklärung aus dem Flugzeug und Fesselballon und alles, was damit in Bezug auf Einsatz an der Front und Nachschub von Personal und Material durch die Heimat zusammenhängt".[163]

Carl Fink, der von 1911 bis zum Kriegsende federführend an der Organisation des militärischen Luftbildwesens beteiligt war, verfasste in den 1960er Jahren einen Artikel für die *Wehrwissenschaftliche Rundschau*, in dem er rückblickend drei historische Etappen in der Entwicklung des Luftbildwesens unterscheidet, nämlich 1. die Entwicklung der Fototechnik zum Meldemittel, 2. die Organisation des Luftbildwesens und 3. die Ausarbeitung von Luftbildkarten.[164]

Zunächst erfolgte die Luftbeobachtung mit bloßem Auge und „von Hand":

> In ca. 800 m flogen die Flugzeuge (Albatros Doppeldecker und Rumpler Tauben). Flugzeugführer und Beobachter sahen gemeinsam die Ziele, der Beobachter trug das Beobachtete in die Karte ein und schrieb seine Meldung auf ein Blatt des Meldeblocks.[165]

Bald darauf begann Fink in Döberitz mit der Umsetzung eines Programms, das die Fotografie zum „Meldemittel" der Beobachter machen sollte. „Die Fototechnik sollte an die Stelle von Meldeblock treten."[166] Hierzu verfasste Fink eine eigene Dienstvorschrift „Die Fotografie aus dem Flugzeug" (D.V.E. Nr. 59), die genaue Anleitungen zur Erstellung von Bildmeldungen, als „militärisch brauchbarer Aufnahmen" enthielt.[167] Die „photographische und photogrammetrische Ausbildung von Beobachteroffizieren" wurde in Deutschland ab 1915 von der fotografischen Sektion in Adlershof durchgeführt, die ein Jahr später in die Oranienstraße in Berlin umzog und in „Luftbildabteilung (Lubia) Oranienstraße" umbenannt wurde.[168]

Eine Dienstvorschrift aus dem Jahr 1914 bildete die Grundlage für den Kriegsfliegereinsatz. Darin wurde dem Flugzeugführer als „eigentliche Beobachtertätigkeit das Erkunden, Melden und Photographieren" aufgetragen. Er habe „[t]ief in den gegnerischen Raum" einzudringen um „die feindlichen Truppenansammlungen und deren Anmarsch" zu erkennen. Damit der Beobachter aus der Luft auch Veränderungen erkennen konnte, war er angewiesen, „die Sonderpläne oder Karten mit den

---

deutung auswerten nicht nach Schönheit. Nach diesem Kriterium zu arbeiten, war den Berufsphotographen kaum mehr beizubringen." Siehe: Jäger, Erkundung mit der Kamera, 2007, S. 107.

163 Carl Fink: „Die Entwicklung des militärischen deutschen Luftbildwesens 1911–1918 und seine militärische wie kulturelle Bedeutung". In: *Wehrwissenschaftliche Rundschau* 10, 1960, S. 390–399, hier: S. 390.

164 Fink, Luftbildwesen, 1960, S. 390.

165 Ebd., S. 391.

166 Ebd.

167 Ebd.

168 Frei, Bilder für den Krieg, 2011, S. 26–27.

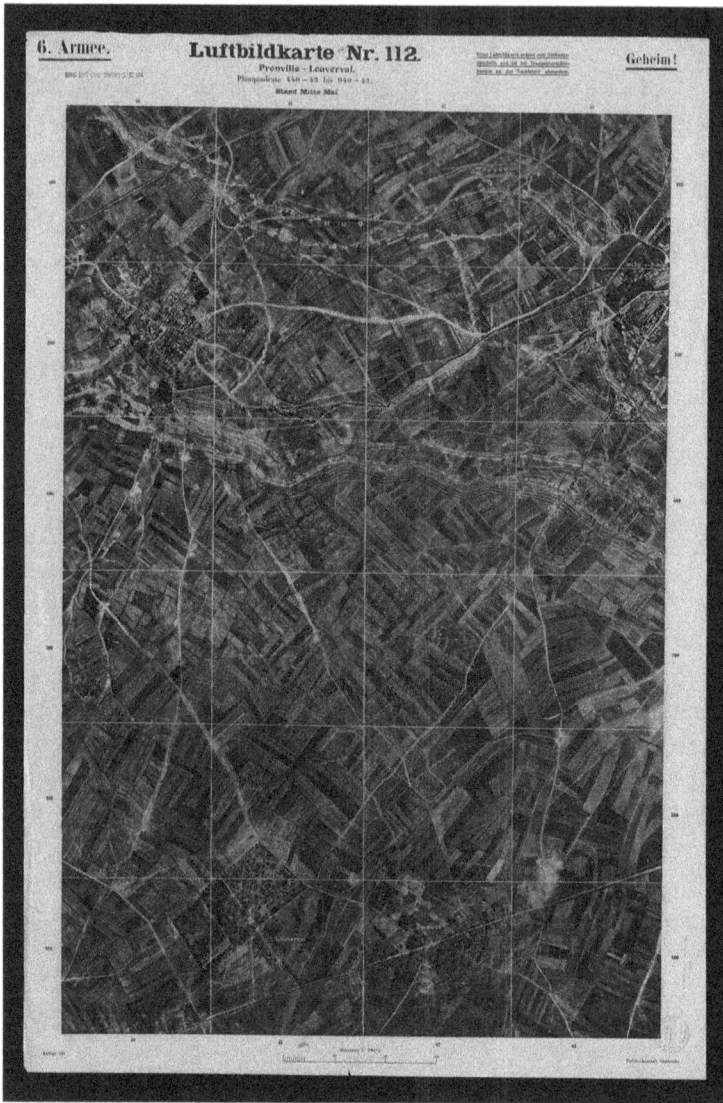

Abb. 5: Fliegerabteilung 263: Luftbildkarte Nr. 112 Pronville-Louverval, 1917.
Tiefdruck, 99,5 x 67 cm
Bibliothek für Zeitgeschichte, Stuttgart.[169]

---

169 Siehe auch: Klamm, Kriegslandschaften, 2014, S. 73, Abb. 1.

bekannten Einzelheiten schon vorab" zu studieren und „Lichtbilder mit Lageeinträgen von früheren Flügen" an Bord mitzuführen.[170] Doch lagen „die Erkennungsprobleme [...] nicht im gut Sichtbaren sondern im weniger gut Sichtbaren, in unauffälligen eher bedeutungslos aussehenden Änderungen, die Hinweise auf Feindabsichten liefern könnten".[171] Diese schwer erkennbaren Veränderungen, die für die taktische Aufklärung maßgeblich waren, bedurften der genauen Betrachtung und vergleichenden Analyse:[172]

> Da war es ausgeschlossen, alle Einzelheiten des Stellungssystems im Kopfe zu haben und beim schnellen Überfliegen auch die geringfügigste Neuerscheinung zu erkennen. Die Augenerkundung reichte vollends nicht mehr aus, als der Gegner seine Neuanlagen dem Auge des Fliegers auf das sorgfältigste zu entziehen suchte. Das Lichtbildgerät dringt durch den Schleier, den der Feind über seine Arbeiten breitet; es hält auf der Platte fest, was dem Gedächtnis des Beobachters bei der Fülle des Gesehenen entschwinden würde.[173]

Eine weitere Schwierigkeit für die Lufterkundung mit bloßem Auge entstand durch die Verwüstung der Landschaft durch Artilleriebeschuss. Auffällige Bauwerke oder Landschaftsmerkmale verschwanden in den Einschlagkratern. Nur durch sorgfältige Vergleiche des anschwellenden Bildmaterials wurden relevante Veränderungen in den Stellungen erkennbar.[174]

Zu Beginn des Kriegs waren die verantwortlichen Offiziere im Lesen von Fliegerbildern, die sich stark von den gewohnten Lagedarstellungen unterschieden, noch wenig geübt. Der „wirklichkeitsgetreue Detailreichtum der Photographien" wirkte verwirrend und wie Helmut Jäger schreibt, stützte sich der Erfolg der 8. Armee im August 1914 bei Tannenberg noch auf die nicht-fotografische Flieger-

---

170 Jäger, Erkundung mit der Kamera, 2007, S. 97.

171 Ebd., S. 98.

172 Auf die strategische Wichtigkeit der vergleichenden Analyse über längere Zeiträume weist auch Manuel de Landa hin, wenn er Burrows Beobachtungen zur Luftbildinterpretation der alliierten Streitkräfte zitiert: „Comparative coverage, which remains a cornerstone of imaging analysis, was developed relatively early. It involved comparing pictures of the same target that were taken on successive days or weeks in order to spot such changes as troop buildups, the laying of railroad tracks, and other indicators of enemy intentions. Interpreters were taught not only to spot points of interest but to‚exploit' what they saw: that is, to use it to draw valid conclusions about the enemy's plans." William E. Burrows: Deep Black. Space Espionage and National Security. Berkley Books, 1988, S. 34–36, zitiert nach De Landa, 1991, S. 196.

173 Ernst Hoeppner: *Deutschlands Krieg in der Luft. Ein Rückblick auf die Entwicklung und die Leistungen unserer Heeres-Luftstreitkräfte im Weltkriege* [1921], Koehler, Leipzig, 1936, S. 18, zitiert nach Jäger, Erkundung mit der Kamera, 2007, S. 108.

174 Jäger, Erkundung mit der Kamera, S. 109.

Sichterkundung.[175] Zudem war die Entwicklung der Fotografien in der Phase des Bewegungskriegs zu zeitaufwändig, sie trafen meist zu spät bei den Befehlshabern ein. Dies änderte sich mit der Festigung der Fronten im Stellungskrieg ab Herbst 1914. Während der Marneschlacht hatte das französische Oberkommando mit Hilfe von Flugzeugbeobachtungen die deutsche Offensive zurückgeschlagen.[176] Daraufhin verhärtete sich der Bewegungskrieg in den Grabenkämpfen der Westfront.

Die Kavallerie, die traditionell für die Aufklärung zuständig war, konnte nicht mehr hinter die Frontlinien vorrücken und die Fliegerwaffe wurde „zur alleinigen Trägerin der operativen Aufklärung."[177] Neben der Luftfotografie wurden Techniken wie das Scherenfernrohr und der Grabenspiegel eingesetzt, um den Blick über den Grabenrand heraus zu ermöglichen, die Sicht auf den Feind war nur noch durch mediale Vermittlung möglich.[178]

Ein Befehl an die 5. Armee vom Oktober 1914 unterstreicht die Wichtigkeit der fotografischen Aufzeichnung und zeigt schon etwas von der militärischen Bilderwut, von der später noch zu sprechen sein wird:

> Für die spätere Belagerung von Verdun sind alle vom Flugzeug bereits aufgenommenen Bilder der Befestigungen wie der Umgegend von Verdun von den Flieger-Abteilungen der Armee [...] der Festungsvermessungsabteilung Metz zuzusenden. Eine stete Vermehrung des Bildervorrats ist von allen Flieger-Abteilungen anzustreben [...]. Es kommt nicht nur darauf an, Bilder mit Befestigungen zu bringen; auch reine Geländeaufnahmen in der Umgegend der Befestigungen sind von Wert. Je mehr Aufnahmen und je mehr Wiederholungen einzelner Aufnahmen [...] vorhanden sind, umso leichter ist es später, auch schlechtere Aufnahmen [...] maßstabsgerecht auf die artilleristischen Belagerungspläne zu übertragen.[179]

Und ein weiteres Dokument aus dem Archiv, aus einem Bericht des Armee-Oberkommando 6 an den Inspekteur der Fliegertruppe, der im November 1914 kurz nach der Einführung der Zeiss-Fliegerkammern verfasst wurde, gibt Aufschluss über die enge Verschaltung von fotografischem Bildmaterial mit Befehlsprozessen:

---

175 „Ohne Flieger kein Tannenberg!" kommentierte Hindenburg. Siehe: Jäger, Erkundung mit der Kamera, 2007, S. 99.

176 Christoph Asendorf sieht in diesem Ereignis „die Ablösung der horizontalen Beobachtungsperspektive durch die senkrechte der Aufklärungsflieger". Siehe: Asendorf, Bewegliche Fluchtpunkte, 2006, S. 31.

177 Jäger, Erkundung mit der Kamera, 2007, S. 106.

178 Siehe: Klamm, Kriegslandschaften, 2014, S. 72.

179 KA III.b.A.K., Bd. 79, Mappe Ic1. A.O.K.5 la.201 v. 4.10.14, zitiert nach Jäger, Erkundung mit der Kamera, 2007, S. 101.

Der klare Überblick [auf den Bildern] ermöglicht zweckmäßige Befehlsgebung. Er gibt der Truppe Sicherheit darüber, was sie an feindlichen Stellungen zu erwarten hat, wie sie in die feindlichen Annäherungswege vorwärtskommen kann, wo sie sich gegen Überraschungen [...] sichern muß. Auch für die Artl. [Artillerie] hatte die auf der Karte genau festzulegende Lage feindlicher Batterien große Bedeutung, um das erste Einschießen auf besserer Grundlage ausführen [...] zu können.[180]

Derselbe Bericht verlangte, nur erfahrene Berufsfotografen als Bildauswerter anzustellen, da sie „mit allen Kniffen der Entwicklungstechnik" vertraut seien und „das Beste aus den Platten herausholen und auswerten könnten".[181]

Da, wie Jäger resümiert, vor dem Krieg die Ausbildung der Bildauswerter versäumt worden war und man sich auf die Ausbildung von Fotografen und Flugzeugführern konzentriert hatte, wurde die Organisation des „Flieger-Lichtbildwesens" ab 1915 mit Nachdruck vorangetrieben. Der wichtigste Grund hierfür war, dass die französische Seite früher begonnen hatte, ihre Flugzeuge mit Maschinengewehren auszustatten und zudem über stärkere Motoren verfügte Daraufhin errangen französische Flieger im Winter 1914/15 die Lufthoheit und machten so die Luftaufklärung von deutscher Seite unmöglich. In Reaktion darauf wurde im März 1915 die Dienststelle des Chefs des Feldflugwesens eingerichtet, die durch Major Hermann Thomsen besetzt wurde. Er sollte die schnelle Bewaffnung und Verbesserung der Fliegerstaffeln, auch in Zusammenarbeit mit der Rüstungsindustrie koordinieren.

Erste und wichtigste Aufgabe war, die Unterlegenheit der deutschen Flieger in Bewaffnung und Flugleistungen zu beseitigen, um die Lichtbilderkundung wieder zu ermöglichen.[182]

Damit verbunden war die „straffere staatliche Regulierung der Flugzeugindustrie über das Kriegsministerium", wo eine Zentralstelle für die Flugzeugindustrie eingerichtet wurde, „welche die Wünsche der Industrie empfing und ihre Durchführung sicherte".[183] Die Maßnahmen führten zur Entwicklung eines neuen Flugzeugtypen, des C-Einheitsflugzeugs. Anders als in Großbritannien, wo das Royal Flying Corps schon seit Ende 1914 in Geschwadern auf die Armeen aufgeteilt und Spezialabteilungen mit spezialisierten Flugzeugtypen für die Artillerie- und Bildaufklärung geschaffen worden waren, und in Frankreich, wo die Spezialisierung und Bewaffnung verschiedener Flugzeugtypen zum Erfolg der Entente-Mächte im Luftkrieg an

---

180 KA A.O.K.6, Bd. 37, Mappe Flieger und Luftschiffer 25.9.14 – 13.7.15. Bei Vorgang Idflieg II/ 3547/14 Kr. V. 20.11.14. Stellungnahme des Genkdo I.b.R.K. v. 30.11.14, zitiert nach Jäger, Erkundung mit der Kamera, 2007, S. 102.

181 Ebd., Bericht der Feldfliegerabteilung 18 v. 29.11.14, zitiert nach Jäger, Erkundung mit der Kamera, S. 103.

182 Jäger, Erkundung mit der Kamera, 2007, S. 109.

183 Groehler, Geschichte des Luftkriegs, 1977, S. 26 f.

der Westfront geführt hatte,[184] entschied man sich zunächst für einen Typ, der alle Aufgaben gleichermaßen erfüllen sollte. Das C-Einheitsflugzeug mit stärkerem Motor und höherer Tragfähigkeit, die für Fliegerkamera, Funkgerät und Bewaffnung reichte, konnte zu einer Höhe von 3000 Metern aufsteigen und wurde in einsitziger und zweisitziger Variante gebaut.[185]

Im Zweisitzer erlaubte die Neuanordnung der Sitze, dass der Beobachter neben dem Bildgerät das Maschinengewehr bedienen konnte, während der Flugzeugführer vorne saß. Die Maßnahmen hatten im Mai 1915 Erfolg, und die deutschen Flieger konnten zumindest die Lichtbilderkundung über der Westfront wieder aufnehmen,[186] auch wenn sie die britisch-französische Luftüberlegenheit erst mit der Einführung eines Spezialflugzeugs, der Fokker E 1, Ende des Jahres 1915 wieder brechen konnte.[187]

Zur selben Zeit wurde Carl Fink zum Leiter der neu geschaffenen Abteilung Fotografie zur Kriegsvermessung ernannt. Er veranlasste, dass die Arbeit der Kartografie einerseits und der Fliegerbilder andererseits systematischer aufgeteilt wurde. Die Flieger stellten keine eigenen Fotokarten mehr her, sondern sandten ihre Platten an die Vermessungsabteilungen. Es ergab sich eine Aufgabentrennung zwischen Fliegerlichtbildwesen und Kriegsvermessungswesen.

> Welche Fortschritte seit dem Winter 1914/15 in der Anwendung des Lichtbildes gemacht wurden, zeigte sich besonders deutlich im Herbst 1915 in der Champagne. Die mühsamen Vorbereitungen zum dem [sic] gewaltigen französischen Angriff – lange Annäherungsgräben, dicht verzweigte Bereitstellungsgräben, Batteriestellungen, Lager- und Bahnanlagen – waren seit Wochen durch die Lichtbilder unserer Flieger verfolgt worden [...] Erreicht wurde dieses Ergebnis einmal durch Verbesserung des Einzelbildes infolge der Anwendung von Kammern größerer Brennweite und senkrechter Aufhängung, sodann durch bessere Ausbildung und schärfere Auswertung. Die Bilder wurden jetzt planmäßig auf das genaueste durchsucht. Ein lebhafter Erfahrungsaustausch zwischen den Armeen und mit der Truppe förderte viele neue Entdeckungen. Vergleiche mit früheren Aufnahmen, mit den Stellungskarten und Gefangenenaussagen ließen Neuerscheinungen einwandfrei deuten.[188]

Ab 1916 wurden Bildabteilungen in allen Armee-Stäben eingerichtet, die als Informationssammelstellen fungierten. Diese bildeten die „Grundlage für den weiteren Ausbau zu einem übergreifenden Nachrichten- und Informationssystem".[189]

---

184 Ebd., S. 28.
185 Ebd.
186 Jäger, Erkundung mit der Kamera, 2007, S. 119–120.
187 Groehler, Geschichte des Luftkriegs, 1977, S. 33.
188 Hoeppner, Krieg in der Luft, 1936, zitiert nach Jäger, 2007, S. 136.
189 Jäger, Erkundung mit der Kamera, 2007, S. 124–125.

Reihenbildner wurden jetzt systematisch zur Lageerkundung eingesetzt und ermöglichten die Beobachtung großer Gebiete. Die Lageerkundung sah vor, große zusammenhängende Bildflächen herzustellen um ein Gesamtbild eines bestimmten Stellungsabschnitts zu liefern.[190] Mit dem Reihenbildner war es erstmals möglich „senkrechte Aufnahmen ausgedehnter Geländeabschnitte anzufertigen, aus den Einzelphotos ein zusammenhängendes Geländebild zu erstellen und dieses für eine exakte Zielerkundung auszuwerten".[191] Aus einer Höhe von 4–5.000 Metern wurde so ein großflächiger Geländeabschnitt „restlos erfassbar".[192] Bis zum Kriegsende wurden etwa 220 dieser Reihenbildner produziert und an Ost- und Westfront eingesetzt.[193]

Fink beschreibt, wie die Reihenbilder mithilfe eines Stereoskops für die Zielerkundung genutzt werden konnten, die im Gegensatz zur Lageerkundung ein spezifischeres Sehen erforderte:

> Besonders verdächtige, im Reihenbild erkannte Stellen wurden durch diese langbrennweitigen Kameras im Raumbildverfahren (Stereobilder) aufgenommen. Unter dem Brückenraumglas konnte man nun die betreffende Stelle räumlich genau betrachten und studieren. Ja, man war vereinzelt sogar in der Lage, solche entsprechend eingefärbten Bilder an die Wand zu projizieren und mit einer Rotgrünbrille räumlich, stark vergrößert, zu betrachten.[194]

Eine Reihe von Manualen und schriftlichen Vorschriften sollte die Offiziere im Umgang mit Lichtbildern anleiten. Eine in der Schlacht von Cambrai im November 1917 von deutschen Truppen erbeutete englische Vorschrift trug den Titel „Bemerkungen über die Auswertungen von Fliegerbildern". Darin waren Luftbilddarstellungen deutscher Anlagen zu sehen, die den englischen Offizieren den richtigen Umgang mit Lichtbildern vermitteln sollten. Ähnliche Dokumente auf deutscher Seite, wie die schon erwähnten Vorschriften, sowie die „Taktischen Lichtbildbücher", die während des Kriegs fünfmal erschienen und Darstellungen feindlicher Waffen und Kampfanlagen in aktualisierter Form enthielten, waren sehr viel umfangreicher.[195]

Nach den Misserfolgen der deutschen Truppen an der Maas und an der Somme, setzte ab 1916 unter Hindenburg und Ludendorff eine weitere großangelegte militärische Mobilisierung ein. Die Flugzeugproduktion sollte bis zum Frühjahr 1917 verdreifacht werden.[196] An der Westfront wurde, in Erwartung einer Großoffensive, die Fernerkundung durch Reihenbildner zur Priorität. Neu einge-

---

190 Fink, Luftbildwesen, 1960, S. 395.
191 Frei, Bilder für den Krieg, 2011, S. 24.
192 Ebd.
193 Siehe Klamm, Kriegslandschaften, 2014, S. 74.
194 Fink, Luftbildwesen, 1960, S. 396.
195 Jäger, Erkundung mit der Kamera, 2007, S. 160–161.
196 Groehler, Geschichte des Luftkriegs, 1977, S. 48.

Abb. 6: Alliiertes Luftbild mit Markierungen von deutschen Panzern, Cambrai, 1917.[197]

richtet wurden die „Stabsbildabteilungen" (abgekürzt: Stabia) genannten zentralen Stellen zur Sammlung und Auswertung von Informationen, wodurch die „Grundlage für die nachhaltige und vergleichende Langzeitauswertung" gelegt war.[198] Die Erkenntnisse aus der Bildaufklärung mussten mit anderen Aufklärungsergebnissen, wie etwa der Ballonrundbilder, Erdrundbilder, Beobachtungen aus Stellungen, Patrouillenerkundungen und Gefangenenaussagen, zusammengeführt werden.[199] „Jeder militärische Führer mußte Bildmeldungen verstehen und darüberhinaus auch selbst in der Lage sein, sie in Bezug auf seinen Auftrag zu interpretieren."[200] Die Interpretation der Bilder erfolgte nicht intuitiv, sondern erforderte genaue Kenntnisse der Eigenschaften der Apparatur, sowie ihrer genauen Lage im Raum in Bezug auf die fotografierte Situation.[201]

Die Aufgaben des gesamten Luftbildwesens wurden bei der „Inspektion der Flieger" (Idflieg) in Berlin zentralisiert. In Köln wurde die erste spezialisierte

---

197 Siehe: Finnegan, Shooting the Front, 2011, S. 94.
198 Jäger, Erkundung mit der Kamera, 2007, S. 154.
199 Ebd., S. 159.
200 Ebd., S. 158.
201 Siehe: Bousquet, Eye of War, 2018, S. 93.

„Fliegerbeobachtungsschule" eingerichtet.[202] Zentralisiert wurde auch die Beschaffung für das Bildwesen, das ab 1916 vollständig in den Aufgabenbereich der Luftwaffe fiel, was Fink zufolge der „Photoindustrie einen außerordentlichen Auftrieb zur Entwicklung der Geräte und zur Unterstützung mit Material und Fachkräften" bereitete.[203]

Signifikant ist die Aufgabentrennung nach der aktualisierten Vorschrift für die Fliegerfotografie aus dem Jahr 1915. In der Situation des Bewegungskriegs sollten sich die Fernerkunder weiterhin auf ihre Augenbeobachtung verlassen, das Lichtbild diente hier lediglich der Bestätigung des Gesehenen und als Ergebnis genügte das Eintragen der beobachteten Bewegungen in die Karte. In der Situation des Stellungkriegs dagegen verhielt es sich anders: „Die Aufnahme selbst wurde zur ‚Bildmeldung' erklärt, nachdem die Auswertungsergebnisse mit roter Tusche auf die Papierabzüge eingetragen worden waren."[204] Diese Bildmeldungen folgten einem bürokratischen Ablauf. Fotografieren und Auswertung waren strikt getrennt. Auf einem dafür vorgesehenen Formular wurden die geografischen und technischen Daten der Fotografie eingetragen und feindliche Anlagen farbig markiert und mit einer Legende versehen.[205] In ähnlicher Weise wurden die bei den Flieger- und Vermessungstruppen entstandenen Bilder beschriftet, nummeriert, um geografische Koordinaten ergänzt und katalogisiert.[206] Dadurch entstand ein Archiv mit Katalog-System, das den Zugriff auf vorhandene Informationen in der Masse der hergestellten Bilddaten erst ermöglichte. Wie Stefanie Klamm hervorhebt, gewannen die Luftbilder insbesondere durch vergleichende Auswertung auf einer Zeitachse an Bedeutung, „denn aus den Veränderungen zwischen ihnen konnte auf die Absichten des Gegners geschlossen werden. Die Fotografie verhalf so zu einem fortwährenden Beobachten, Entziffern und Korrigieren von Beobachtungen, wodurch die Kriegslandschaft in ihrer ständigen Veränderung festgehalten wurde."[207]

Eine aktualisierte Fassung der Vorschrift aus dem Jahr 1916 gibt noch konkretere Anweisungen zum Bildgebrauch: Die Erzeugung von Lagebildern der feindlichen Stellungssysteme sah vor, dass die Stellungen mit Tusche hervorgehoben und alle irrelevanten Einzelheiten, wie die Ansicht der eigenen Stellungen, herausgeätzt

---

202 Jäger, Erkundung mit der Kamera, 2007, S. 143.
203 Fink, Luftbildwesen, 1960, S. 395.
204 Jäger, Erkundung mit der Kamera, 2007, S. 127.
205 Klamm, Kriegslandschaften, 2014, S. 76.
206 Ebd.
207 Ebd., S. 76. Auch siehe Siemer, 2007, S. 100.

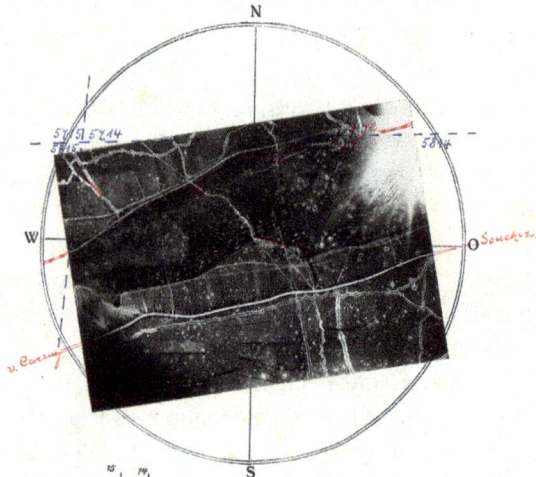

Abb. 7: Artillerie Fliegerabteilung 201: Bildmeldung feindlicher Artilleriestellungen und Bahnanlagen bei Carency-Souchez, 28.04.1916
Silbergelatinepapier, 33,5 x 21 cm.[208]

---

208 Mit freundlicher Genehmigung des Bayerischen Armeemuseums, Inv.-Nr. 0313-1986-5. Siehe auch: Klamm, Kriegslandschaften, 2014, S. 78–79, Abb. 7.

wurden.[209] „Mit einem Spezialdrucker, dem ‚Opalografen‘, konnten die Stellungssysteme in ‚leere‘ Kartenvorlagen dreifarbig einkopiert werden."[210] Hier wird eine operative Verschränkung zwischen Bild und Bildinterpretation ersichtlich, die die Grundlage für Befehle bildet: „Die Fliegerabteilungen wurden für die schnelle Herstellung der Bildmeldungen und deren Weitergabe an die Befehlsstellen verantwortlich gemacht, die empfangenen Befehlsstellen für die Weiterverteilung."[211]

Jäger erkennt in den lokalen Bildsammlungen der Generalkommandos, Divisionsstäben und Fliegerabteilungen, in denen die Fotografien der Geländeabschnitte sporadisch verwahrt wurden und verglichen werden konnten, schon die Anfänge der später erst systematisch betriebenen statistischen Auswertung.[212] Auch bei Virilio heißt es über die Bilder der Aufklärungsflieger, dass „deren Lektüre abhängt von allem, was ein rationalisierter Interpretationsvorgang hergibt".[213] Damit meint er, dass erst die zeitenthobene Untersuchung der Einzelbildanalyse es möglich macht, „[u]nsichtbares sichtbar zu machen" und „einen Sinn zu entdecken, wo auf den ersten Blick nur ein Chaos sinnloser Formen zu herrschen scheint".[214] Die Verfahren der Bildauswertung antworten damit auf die militärische Notwendigkeit der Interpretation des Schlachtfelds, die darin bestand, „die feindliche Landschaft zu deuten, die Zerstörungen in den zumeist getarnten Elementen, Schützengraben, Lagern, Bunkern zu analysieren".[215] All dies fügte sich in der Bildauswertung zu einem komplexen Zeichensystem zusammen, indem durch neue Verfahren „aus einer mehrdeutigen, dreidimensionalen Referenz ein eindeutig lesbares, kartenähnliches Bild" konstruiert wurde.[216]

---

209 „Seit ihren Anfängen im 19. Jahrhundert galt die Fotografie als objektives und dokumentarisches Wiedergabemedium von Wirklichkeit, und dies galt in den Augen der Zeitgenossen auch für die Bildwelt des Krieges. Tatsächlich konnte die Fotografie jedoch oft nur dann militärisch, wissenschaftlich und publizistisch verwertbare Aussagen generieren, wenn die Bildproduzenten in die Entstehung der Bilder massiv eingriffen. Ungeachtet der rhetorischen Formel, dass die Fotografie rein mechanisch ‚ohne Menschenhand' entstehe, erhielt sie ihre Suggestivkraft oft nur durch Retuschen und andere Eingriffe." Siehe: Derenthal, Klamm, 2014, S. 8. Wie dieses Beispiel zeigt, galt dies nicht nur für den Bereich der Pressebilder, in dem „das Retuschieren Teil des Alltagsgeschäfts" war, sondern auch für die militärischen Bilder, in der der manuelle Eingriff ins Bild die Lesbarkeit erst ermöglichte – als Technik, aus Daten Informationen zu machen.

210 Jäger, Erkundung mit der Kamera, 2007, S. 145–146.

211 Jäger, Erkundung mit der Kamera, 2007, S. 128. Siehe: Gruppenbildstelle Staden: *Das Fliegerbild. Eine Anleitung zum Lesen und Verwerten von Lichtbildaufnahmen aus dem Flugzeug für nichtfliegerische Truppenteile*, 1918.

212 Jäger, Erkundung mit der Kamera, 2007, S. 109.

213 Virilio, Krieg und Kino, 1989, S. 45.

214 Ebd., S. 46.

215 Ebd.

216 Siemer, Bildgelehrte Geotechniker, 2007, S. 94.

Die Arbeit der Lektüre, Analyse und Interpretation verlangte, wie die vorangegangenen Beispiele deutlich machen, nach einer systematisch organisierten Auswertung in großem Maßstab. Aus dem koordinierten Einsatz von Luftfotografie, Bildauswertung und Nachrichtenübermittlung entwickelte sich, nach der Formulierung Siegerts, ein komplexes *Bildverarbeitungssystem*.[217] Die Bilder wurden dabei zunächst dokumentarisch gebraucht, um feindliche Truppenbewegungen und Veränderungen jenseits der Frontlinie sichtbar zu machen, die dem Auge sonst nicht zugänglich waren. Wie auch im Kontext der heutigen, entsprechend aufgerüsteten Bildtechnologien festgestellt werden kann, die den Gegenstand des 6. Kapitels dieser Arbeit bilden, täuscht die medientheoretische Figur der Obsoleszenz des menschlichen Beobachters über die Tatsache hinweg, dass ein weites Netzwerk menschlicher Interpreten und Analysten notwendig war, um diese Bildverarbeitung umzusetzen. Auf dem Höhepunkt der Kriegsanstrengung entwickelte sich mit den Bildmeldungen zudem eine Gebrauchsweise von Fotografien, die handlungsanweisenden Charakter hatte. Mit der Eintragung von Zielen in die Fotografie übernimmt die annotierte Fotografie allmählich die Funktion eines Bildbefehls. Diese Art der visuellen Befehlsgebung wird im Zusammenhang mit den Bildschirmanordnungen noch näher zu erörtern sein.

3.2 Die Politische Ästhetik des Luftbilds

3.2.1 Der Blick auf die Landschaft

Im Blick von oben auf die Landschaft verbindet sich zu Anfang des 20. Jahrhunderts eine durch jüngste Kriegserfahrungen geprägte Wahrnehmungsweise mit der ästhetischen Aneignung eines szientistisch-apparativen Sehens. Diese neue Form der Beobachtung war mit dem großflächigen Einsatz der Luftfotografie im Ersten Weltkrieg erstmals auf großem Maßstab erprobt. Wie Carolin Höfler bemerkt, sind es der „strukturstiftende Blick von oben" und das mit diesem Blick verbundene Versprechen von „Klarheit, Übersichtlichkeit und Ordnung in einer als unüberschaubar angenommenen Welt", die diese neue Art des Sehens zwischen den Kriegen attraktiv machte.[218] Doch vielmehr als um eine „reale" Perspektive, handelte es sich dabei um ein niemals einholbares Desiderat, das darin

---

217 Siehe: Siegert, *Luftwaffe Fotografie*, 1991; Siemer, Bildgelehrte Geotechniker, 2007, S. 95. Zu den didaktischen Details der Bildauswertung siehe: Michael Kempf: „Fotografie als Kriegswissenschaft. Die Anleitungsliteratur für die Luftaufklärung im Ersten Weltkrieg". *Fotogeschichte* Heft 150, Jg. 38, 2018, S. 47–58.
218 Höfler, Eyes in the Sky, 2015, S. 24.

bestand, in eine Position erhoben zu werden, aus der man „die Welt zu synthetisieren und zu beherrschen" vermag.[219]

In der künstlerischen Fotografie der Weimarer Republik nehmen Luftaufnahmen, wie Angelika Beckmann untersucht hat, einen prominenten Platz ein. Beckmann attestiert dem „konstruktiv-ordnenden Blick" des für die avantgardistische Fotografie der 20er und 30er Jahre kennzeichnenden *Neuen Sehens* die Fähigkeit zur „Verdichtung einer Epoche".[220] Der fotografische Stil des *Neuen Sehens*, der vor allem durch László Moholy-Nagy,[221] Alexandr Rodschenko und einige andere, vor allem im Umfeld des Bauhaus tätige Fotografen geprägt wurde, machte sich die neuen technischen Möglichkeiten, die Mobilität der Kamera und neuartige fotografische Verfahren zu eigen.[222] Unkonventionelle Blickrichtungen wurden eingenommen um schwindelerregende Perspektiven einzufangen, Ansichten von oben und unten ließen vertraute Dinge abstrakt erscheinen und waren Ausdruck für eine neue Art der Raumwahrnehmung.[223]

Für Moholy-Nagy, der in seinen Bauhaus-Klassen auch „Wahrnehmungsübungen" auf den Lehrplan stellte, begründeten diese über die Fotografie vermittelten neuen Blickwinkel eine neue „Schule der Sinne", welche die Wahrnehmung der Betrachter*innen „buchstäblich verändern" konnte.[224] Mithilfe der teleskopischen, mikroskopischen und Röntgen-Fotografie, aber auch durch einen betont *nichtmalerischen* Einsatz der konventionellen Fotografie, propagierten die Künstler des *Neuen Sehens* eine Annäherung an wissenschaftliche Bildästhetiken. Diesen „objektiven" Aufnahmen schreibt Moholy-Nagy um 1928 die Eigenschaft einer Transformation der Wahrnehmung zu, denn sie treten als „Überraschungen des Optischen" aus wissenschaftlichen Kontexten in die gewohnten Sehweisen der Kunst ein:

---

219 Ebd.

220 Angelika Beckmann: „Abstraktion von oben. Die Geometrisierung der Landschaft im Luftbild", in: *Fotogeschichte*, Jhg. 12, Heft 45/46, 1992, S. 104–115, hier S. 114.

221 Seine Schrift zu Malerei, Fotografie, Film (Bd. 8 der bauhaus-Zeitschrift) propagierte die Fotografie als revolutionäre Erweiterung des menschlichen Sehens. Die Ästhetik des Neue Sehens fand in seinen Publikationen eine erste grundlegende Beschreibung. Siehe: Achim Borchardt-Hume: „Two Bauhaus Histories". In: Ders. (Hg.): *Albers and Moholy-Nagy. From the Bauhaus to the New World.* Tate Publishing, London, 2006, S. 73. Siehe dazu die Schriften: László Moholy-Nagy: *Malerei, Fotografie, Film.* Albert Langen, München, 1927; László Moholy-Nagy: *The New Vision.* Wittenborn Schultz, 1938; László Moholy-Nagy: *Vision in Motion.* Theobald, Chicago, 1947.

222 Siehe: Oliver A. I. Botar: „László Moholy-Nagy's New Vision and the Aestheticization of Scientific Photography in Weimar Germany". In: *Science in Context*, 17(4), Dezember 2004, S. 525–556. Dazu auch: Lev Manovich: *The Language of New Media.* MIT Press, 2001, S. 91.

223 Siehe: Beckmann, Abstraktion von oben, 1992; Asendorf, Super Constellation, 1997.

224 Oliver A. I. Botar: *Sensing the Future: Moholy-Nagy, die Medien und die Künste.* Plug In Institute of Contemporary Art, Bauhaus-Archiv/Museum für Gestaltung, Berlin, Lars Müller Publishers, Zürich, 2014, S. 38.

überraschungen des optischen wurden uns sehr oft durch zufallsleistungen von amatören, durch objektive ‚nichtkünstlerische' aufnahmen von naturwissenschaftlern, etnografen usw. zugänglich.[225]

Ein zeitgenössischer Kommentar über eine Ausstellung mit Fotografien des *Neuen Sehens* um 1928 umschreibt dieses Anliegen plastisch:

> Diese Photographen [...] haben es aufgegeben, Malerei zu imitieren; mit der Linse ihrer Kamera, die präziser, objektiver, bestimmter sieht als das Auge, haben sie angefangen, den Sachwert der Dinge zu fassen. Mit den Röntgenaufnahmen des Lettevereins beginnt man in sie hineinzudringen. Es wird Welt erschlossen, die immer da war; aber so noch nicht erkannt werden konnte.[226]

Moholy-Nagy, der im Ersten Weltkrieg in der Österreichisch-Ungarischen Armee an der galizischen Front gekämpft hatte, stellte selbst keine Verbindung zwischen dem von ihm favorisierten medientechnischem Perspektivwechsel und militärischen oder kriegsbedingten Sichtweisen her.[227] Das dem *Neuen Sehen* eigene Bekenntnis zur Technologie betrachtete die Fotolinse als ein Instrument der Objektivität, das die ordnende Instanz des wissenschaftliche Sehen in die Kunst übertragen sollte: Die Fotografie sei „die objektive sehform unserer zeit".[228] Damit affirmierte Moholy-Nagy eben jenes Phantasma des quasi-körperlosen, militärisch-wissenschaftlichen Blicks von oben, der das Ziel von Haraways eingangs zitierter

---

225 László Moholy-Nagy: „Fotografie ist Lichtgestaltung", 1928, zitiert nach Botar, Sensing the Future, 2014, S. 32.
226 Paul Westheim in: *Das Kunstblatt*. 12. Jg., 1928, H. 3, S. 91, zitiert nach Christine Kühn: *Neues Sehen in Berlin. Fotografie der Zwanziger Jahre*. SMB, Berlin, 2005, S. 15.
227 Kristina Passuth sieht in Moholy-Nagys scheinbarer Gleichgültigkeit gegenüber der Realität des Kriegs eine bewusste Entscheidung zur Passivität: „Man weiß nicht genau, welchen Schockwirkungen und Erlebnissen er dort ausgesetzt war, doch sicher ist, daß sich seine ganze spätere Persönlichkeit hier formte und daß er hier zum Künstler wurde. Und hier fand er auch die erste Gelegenheit, sich auszuzeichnen: seine genauen Terrainskizzen gewannen Gefallen bei seinen Vorgesetzten. Mit einem Mal wurde er sich seines Zeichentalentes bewußt, das sich in dieser absurden Situation zu entfalten begann. [...] Der Frontdienst, die Verwundung und das Lazarett in Odessa – wo er im Jahr 1917 längere Zeit verbrachte – übten einen tiefen Eindruck auf ihn aus. [...] Von der Front heimgekehrt – der Krieg dauerte noch an –, wurde Moholy-Nagy vom weiteren Dienst befreit. Im Jahre 1918 beteiligte er sich gemeinsam mit anderen Künstlern, die ebenfalls an dem Krieg teilgenommen hatten, an einer Ausstellung im Nationalsalon [...] Der Krieg widerte ihn an, aber anders als die Schweizer oder deutschen Dadaisten [...] protestierte er weder in seinen Schriften noch in seinen Zeichnungen gegen die andauernde Zerstörung. Er hatte sie miterlebt, war ihr entkommen und bestrebt sie zu vergessen. Man konnte ihm aktiven Pazifismus ebensowenig zuschreiben wie Kriegsbegeisterung." Krisztina Passuth: *Moholy-Nagy*. Kunstverlag Weingarten, Weingarten, 1986, S. 14–15. Siehe auch: Botar, Sensing the Future, 2014, S. 38.
228 László Moholy-Nagy: „fotografie: die objektive sehform unserer zeit". *telehor*, 1936, S. 120–122.

Kritik bildet. Wenn Bernd Hüppauf in der Fotografie des *Neuen Sehens* die Tendenz erkennt, jene traumatischen Vorstellungen sichtbar zu machen, die auf die katastrophischen Ereignisse des gerade vergangenen Kriegs zurückgehen, dann unterstellt er ihr, nicht zuvorderst dasjenige zeigen zu wollen, was durch Hilfsmittel wie Mikroskop und Röntgenapparat sichtbar gemacht werden kann, sondern vielmehr, „innere Bilder in Fotografie umzusetzen".[229] Damit löst sich Hüppauf zufolge die Fotografie „aus dem Zwang der Realitätsbindung" und wird durch „eine Fotografie der Vorstellungen" ersetzt, die sich der Abstraktion bedient.[230] Woraus sich diese Vorstellungen speisen, die sich derartig auf die Realitätswahrnehmung auswirken, ist für Hüppauf nur historisch zu erklären, entstanden sie doch zu einem Zeitpunkt, an dem die wenige Jahre zurückliegenden Erfahrungen des Ersten Weltkriegs noch wenig oder gar nicht verarbeitet waren. Für Hüppauf sind die Fotoexperimente des *Neuen Sehens* folglich allein als Produkte des Ersten Weltkriegs verständlich, als „Fotografie der Verletzung des Auges", die ihre Dynamik aus der Erfahrung an der Front bezog und in eine neue, traumatologische Bildpraxis übersetzte:

> Die revolutionäre Theorie des Sehens und die Praxis der Fotografie entwickelten den Versuch, schizophrene Dissoziationen der Gesellschaft in kreative Bildproduktion zu transformieren. Über eine radikal veränderte und anti-natürliche Perspektive auf die Welt sollte die Vorstellung der Welt umgebaut werden. Artifizielle Perspektiven von Türmen und aus Flugzeugen, verzerrte Proportionen oder unnatürliche Haltungen sollten die Wirklichkeit im Kopf der Betrachter neu aufbauen.[231]

Ganz im Gegensatz zu der von Moholy-Nagy und anderen Protagonisten postulierten Behauptung eines objektiven, ordnenden Blicks „von oben herab", kann die Bildpraxis des *Neuen Sehens* so als widerständige Verarbeitung eines durch die Kriegserfahrung verletzten visuellen Reizschutzes betrachtet werden.

Während die historische Realität des Kriegs für Hüppaufs Bewertung der in der Fotografie des *Neuen Sehens* erkennbaren Wahrnehmungsveränderung zentral ist, spielt sie für Beckmanns Analyse der Rolle der Luftbilder in der Fotografie des *Neuen Sehens* keine Rolle, obwohl für alle von ihr behandelten Fotografen die Betätigung in der Luftaufklärung während des Ersten Weltkriegs eine maßgebliche Erfahrung darstellte. Beckmann geht es im Kontrast zu Hüppauf allein um die Beschreibung der ästhetischen Erfahrung, nicht um deren Begründung. Am Beispiel Robert Petschows, der schon vor dem Krieg über den Fesselballonsport zur Luftfo-

---

229 Bernd Hüppauf: *Fotografie im Krieg*. Fink, München, 2015, S. 225.
230 Ebd.
231 Hüppauf, Fotografie im Krieg, 2015, S. 226. Hierzu auch Kühn, Neues Sehen in Berlin, 2005.

tografie gefunden hatte,[232] und dessen aus dem Flugzeug geschossene Bilder in den 1920er und 30er Jahren eine breitere Rezeption fanden, zeigt sie, wie „Flugbilder nicht nur den Raum in die Fläche projizieren und damit abstrahieren, sondern auch die Aufmerksamkeit von Einzelfall und -erscheinung auf übergreifende Bezüge und ein allgemeines System lenken können".[233] Die Wirklichkeit, die auf diese Weise aufgebaut wurde, orientierte sich bewusst an den ordnenden Prinzipien des Organischen, Kristallinen, einer menschenleeren Natur – Themen, die auch, wie I. A. Botar gezeigt hat, auch das fotografische Werk Moholy-Nagys durchziehen, wo sie als vitalistisch-inspirierte Verfahren der Sichtbarmachung ökologischer Zusammenhänge und der Einbettung aller Organismen in den größeren Kontext eines Ökosystems interpretiert werden konnten.[234]

Hüppauf folgend, kann diese Bewegung zur apparativen, wissenschaftlich-ordnenden Abstraktion als Bewältigungsstrategie gegen den Schock des zerstörerischen Wahrnehmungsraum der Kriegsjahre verstanden werden. Jenseits der Erlebnisse, die die Ästhetik des *Neuen Sehens* auf Seiten der Fotografen prägten, hatte die zivile Luftfotografie der Zwischenkriegszeit in ihrer populären Verbreitung zudem auch eine dezidiert normativ-didaktische Funktion, die ebenfalls nicht aus dem Zusammenhang eines „militärischen Denkens" herauszulösen ist. Wenn Beckmann im „konstruktiv ordnenden Blick" der Künstler-Fotografen einen „subjektiven Blick von oben" erkennt,[235] der dann anhand von Bildbänden für Bildungszwecke popularisiert wurde, dann entgeht ihr, welchem Interesse diese sich andienten. Denn das in der Zwischenkriegszeit äußerst populäre Genre der Landschaftsfotografie von oben beschränkte sich keineswegs auf den didaktischen Wert für die Vermittlung des Wandels der Landschaft mit fortschreitender Technisierung. Die in den 1920er Jahren zum ersten Mal für zivile Zwecke auf größerem Maßstab verbreiteten Landschaftsbilder aus der Luft wurden in Bildwerken verarbeitet, die den von Beckmann herausgestellten Ansprüchen des *Neuen Sehens* durchaus fern lagen.

---

232 Schon vor dem Krieg war Petschow Berufssoldat im Luftschifferbataillon, während des Kriegs war er Fesselballonbeobachter im Rang eines Leutnants. Siehe: Reinhold Mißelbeck: Prestel-Lexikon der Fotografen. Von den Anfängen 1898 bis zur Gegenwart. Prestel, München, 2002, S. 190.
233 Beckmann, Abstraktion von oben, 1992, S. 107.
234 So heißt es auch in dem von Moholy-Nagy, R. Hausmann, Hans Arp und Iwan Pun im Jahr 1921 veröffentlichten „Aufruf zur elementaren Kunst", die Elemente der Kunst entstünden „nicht aus seiner individuellen Willkür; das Individuum" sei „keine Absonderung und der Künstler [...] nur ein Exponent der Kräfte, die die Elemente der Welt zur Gestalt bringen". Raoul Hausmann, Hans Arp, Iwan Puni, László Moholy-Nagy: „Aufruf zur elementaren Kunst". In: *De Stijl* 4, Nr. 10, Leiden, Oktober 1921, Nachdruck in: Raoul Hausmann: *Sieg, Triumph, Tabak mit Bohnen, Texte bis 1933*. Band II. Michael Erlhoff (Hg.), Text & Kritik, München, 1982, S. 31.
235 Beckmann, Abstraktion von oben, 1992, S. 114.

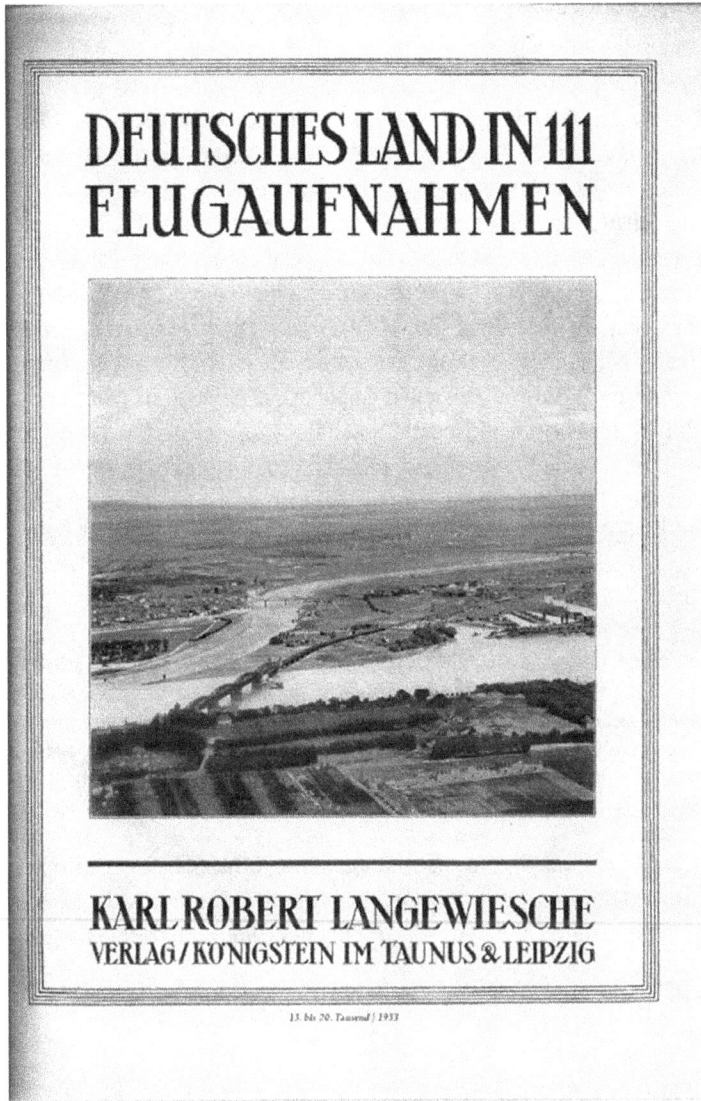

Abb. 8: Karl Robert Langewiesche: *Deutsches Land in 111 Flugaufnahmen* in der Ausgabe von 1933.

Der ideologische Kontext, in dem sich die landschaftliche „Bildpädagogik von oben" bewegte, wird zum Teil schon aus den Titeln der Bände ersichtlich, in denen unter anderem auch Petschows Luftbilder veröffentlicht wurden: Aufwändig gestaltete Bücher wie *Deutschland aus der Vogelschau* (1925)[236], *Das Land der Deutschen* (1931/33)[237] oder *Deutsches Land in 111 Flugaufnahmen* (1933)[238] folgten gezielt der Intention nationaler Selbstvergewisserung und einer aggressiven Behauptung und Konstruktion deutscher Identität auf der Grundlage von Konzepten des Volks, des Territoriums und „deutschen Bodens", und all das auf dem damals höchsten technischen Niveau. Dem Blick von oben wird hier eine vereinheitlichende, identifizierende Wirkung zugeschrieben, die keineswegs nur als Ausdruck einer subjektiven Künstlersicht zu verstehen ist, sondern sich im Betrachten als eine universelle, vergemeinschaftende, *völkische* Erfahrung erschließen sollte. So heißt es im Vorwort zu dem frühesten der in der Zwischenkriegszeit entstandenen und von Erich Ewald herausgegebenen Luftbild-Buch *Deutschland aus der Vogelschau* programmatisch: „[a]uch in unserer Zeit soll der Gedanke lebendig bleiben, daß eins uns alle zusammenschließt: Heimat und Volk".[239] Der besondere Nutzen des Luftbilds für die Zwecke der Heimatliebe liege wie Ewald konstatiert in einer „Offenbarung" der „Verbundenheit mit der Heimaterde":

> Eine neue und oft ganz unerwartete Kenntnis des Vaterlandes wird es vermitteln. Gewohnt, Landschaft und Stadt nur in den Teilausschnitten der üblichen Bildwerke und in einem festgelegten Stimmungsgehalte zu sehen, werden wir mit wachsender Verwunderung und zunehmender Freude die Offenbarung des Luftbildes in uns aufnehmen. Ein neues, tieferes Verstehen und ein Erfühlen inniger Verbundenheit mit der Heimaterde wird aus diesen Blättern erwachsen.[240]

Ewald hebt in *Deutschland aus der Vogelschau* auch das „Erbe" der fotografischen Luftaufklärung im Ersten Weltkrieg hervor, das man mit der Heimatfotografie antrete und das nicht zuletzt auch in den Biografien der Fotografen begründet war.

---

236 Erich Ewald, Heinrich de Fries: *Deutschland aus der Vogelschau. Landschaft und Siedlung im Luftbild.* Otto Stollberg, Berlin, 1925.
237 Eugen Diesel: *Das Land der Deutschen. Mit 2 Karten und 481 Abbildungen vorwiegend nach Luftaufnahmen von Robert Petschow.* Verlag Bibliographisches Institut AG, Leipzig, 1933.
238 Karl Robert Langewiesche: *Deutsches Land in 111 Flugaufnahmen.* Karl Robert Langewiesche Verlag, Königstein, Leipzig, 1933.
239 Erich Ewald: „Deutsche Landschaft und Siedlung im Luftbild". In: Ders. (Hg.): *Deutschland aus der Vogelschau. Landschaft und Siedlung im Luftbild.* Verlag Otto Stollberg & Co., Berlin, 1925, S. 31.
240 Heinrich de Fries: „Vorwort". In: Erich Ewald (Hg.): *Deutschland aus der Vogelschau. Landschaft und Siedlung im Luftbild.* Verlag Otto Stollberg & Co., Berlin, 1925, S. 5.

Der Weltkrieg zeigte auf dem begrenzten militärischen Gebiet eine Bedeutung des Luftbildes für die Aufklärung über die vorliegenden Geländeverhältnisse, für die Erkundung der feindlichen Stellungen, für die Verbesserung und Neuaufstellung von Kartenunterlagen, die durch andere Hilfsmittel nicht gewonnen werden konnten. Durch die Stellung einer wichtigen Aufgabe, durch die Arbeiten für ihre Lösung hat der Weltkrieg ein Erbe hinterlassen in wissenschaftlicher Tätigkeit und Erfahrung sowie in handwerklicher Tüchtigkeit für den Bau der Kammern und Objektive, in der Bearbeitung und Auswertung der Bilder seitens der Bildstellen der Flieger- und Vermessungsabteilungen und endlich in der Hingabe und der Opferfreudigkeit der Flugzeugbesatzungen für die Fertigung der Aufnahmen selbst.[241]

Ewalds einführender Text macht somit deutlich, dass die wahrnehmungsverändernde, abstrahierend-konstruktive Bildpraxis des *Neuen Sehens* sich nicht vor der Vereinnahmung durch eine identitätslogische nationale Rekonstruktion versperrt.

Das Luftbild zeigt die Schönheit der Landschaft von einem neuen Standort, wir haben gleichsam andere Augen erhalten. Es wird uns ein weiteres Hilfsmittel zur Erkenntnis unseres Landes. Als ein naturgemäß gewachsenes, organisches Gefüge erscheint die Landschaft vor unseren Augen. Sie baut sich auf auf dem Zusammenschluß der Einzelheiten, die zueinander und zum Ganzen in fester Abhängigkeit, in klar bestimmten Beziehungen stehen.[242]

Die „Verteidigung der Heimat" steht bei dieser scheinbar zivilen Bildpraxis immer schon im Vordergrund, und das „Ringen des Deutschen mit dem Boden"[243] zeigt sich nicht zuletzt auch darin, dass das „ehemals deutsche Land, Teile von Polen, das Elsaß, der Freistaat Danzig"[244] selbstverständlich ebenfalls mit abgebildet werden. Die Darstellung der „Deutsche[n] Landschaft und Siedlung im Luftbild" wird so zum Luftkrieg mit anderen Mitteln.

In ähnlicher ideologischer Stoßrichtung macht Eugen Diesel, der Herausgeber von *Das Land der Deutschen*,[245] in dem Petschows Bilder ebenfalls zu sehen sind, in der Landschaftsaufnahme aus der Vogelperspektive ein „Gebilde von höherem Rang" aus. Der Sinn des Buchs sei demnach „[...] dem Gedanken der geistigen, der kulturellen Einheit [zu] dienen – im vielfältig gestalteten deutschen Vaterlande und im vielfältig bewegten deutschen Menschen. Es will die Liebe zu

---

241 Ewald, Deutsche Landschaft, 1925, S. 5.
242 Während herkömmliche Perspektiven von oben, etwa von Bergen und Erhöhungen aus, die Sicht verzerrt und „gefesselt an einen Standort, und nur im flachen Sehwinkel" möglich sei, und Karten, die „in klarer Sonderung die einzelnen Gegenstände" widergeben, dabei aber typisieren und „andeutende Kennzeichnen verwerten, die wir erst in der Phantasie zur plastischen Vorstellung umbilden müssen" gibt „[d]as Luftbild [...] uns die Wirklichkeit in voller Naturwahrheit und lebendiger Anschaulichkeit. [...]". Ewald, Deutsche Landschaft, 1925, S. 9.
243 Ewald, Deutsche Landschaft, 1925, S. 10–11.
244 De Fries in Ewald, Deutsche Landschaft, 1925, S. 5.
245 Diesel, Das Land der Deutschen, 1933.

Deutschland vertiefen durch den Blick aus der Höhe".[246] Der Band, dessen Volks-
ausgabe 1933 erschien, ist aufwändig gegliedert in Kapitel zur „Naturlandschaft",
„Kulturlandschaft" und „Maschinenzeit", die jeweils mit vielen Unterkapiteln (so
etwa zum „deutschen Himmelsstrich" und darin: „Klima und Wolke", „Das Wirken an Pflanzen und Tieren", „Entspannung, Freude, Genuss in der alten Landschaft", oder auch „Die Kraftmaschinen" und „Das Wesen der Fabrik") und Erklärungen versehen sind.

Auch den Bildband *Deutsches Land in 111 Flugaufnahmen* bewirbt eine zeitgenössische Rezension mit der ästhetischen Erfahrung deutschen Nationalgefühls
und vaterländischer Identität, die auf besondere Weise an die Landschaft und
den deutschen Boden gebunden seien:

> [Ein] reiche[r] Bilderatlas unseres deutschen Vaterlandes, der den mannigfachen Aufbau
> der deutschen Landschaft in Küsten- und Stromländern, Flachland, Hügelland, Mittelgebir-
> gen und Hochgebirgen,– die ordnenden und formenden Spuren von Menschengeschlech-
> tern in Stadt- und Dorfsiedlungen, Industriewerken, Schlössern, Burgen und Domen, in
> überwältigender Fülle vor uns ausbreitet.[247]

Die oder der geneigte (deutsche) Betrachter*in kann so das heimatliche Territorium in allen seinen Eigenarten erfassen und für ihr eigenes Identitätsgefühl ver-
einnahmen. Als kollektive Erfahrung sollen die völkischen Beschauer*innen auf
den Buchseiten durch die Ansicht von oben diesen „längst gesicherten lieben
alten Besitz" in „neuer Gestaltung, in der neuen Schau des 20. Jahrhunderts –
vom Flugzeug aus – [...] erobern" und zudem jene Volksgenossen, die der Ansicht
seien „wirkliche Schönheit in der Landschaft sei nur im Ausland zu finden", über
die Qualitäten der deutschen Landschaft belehren.[248]

Dies entspricht genau der Funktion, die Denis Cosgrove den ikonischen Landschaftsbildern für den Prozess einer „geographischen Imagination" von National-
gefühl zugeschrieben hat:

> Iconic images of [...] national landscape have [...] played a powerful role in the shaping of
> modern nation-states as visible expressions of a claimed natural relationship between a
> people or nation and the territory or nature it occupied.[249]

---

246 „Dies Werk sucht Deutschland vor allem durch das große Drama zu erfassen, wie es sich in
der Wandlung seines Landschaftsbildes ausdrückt." Diesel, Das Land der Deutschen, 1933, S. 5.
247 O.V.: „Rezension: Deutsches Land in 111 Flugaufnahmen". Verlag K.R. Langewiesche, Königs-
stein i. T., 2,40 Mark. In: Reinhold Vesper (Hg.): *Das Thüringer Fähnlein. Monatshefte für die mitteldeutsche Heimat*, 1. und 2. Jahrgang 1932/1933, Verlag B. Neuenhahn, Jena, 1933, S. 254.
248 Ebd.
249 Denis Cosgrove: „Landscape and the European Sense of Sight – Eyeing Nature". In: Kay Anderson, Mona Domosh, Steve Pile, Nigel Thrift (Hg.): *Handbook of Cultural Geography*. Sage, London, 2003, S. 249–268, hier: S. 263.

Cosgrove zufolge hat diese Gleichsetzung geographischer Landschaft mit Kultur, Gemeinschaft und *Heimat* besonders in der Imagination des „Germanischen" eine lange Geschichte. Diese reicht über den romantischen Nationalismus der Malereien Caspar David Friedrichs im frühen 19. Jahrhundert bis ins 16. Jahrhundert zurück und mündete im nationalsozialistischen Ideal der deutschen *Kulturlandschaft*, dem die erbeuteten östlichen Gebiete angepasst werden sollten.[250] In den zeitgenössischen Ausführungen zu den Luftaufnahmen der Zwischenkriegszeit klingt an, was der nationalsozialistische Literaturwissenschaftler Josef Nadler 1941 in seiner *Literaturgeschichte des Deutschen Volkes* zum Ziel der Landschaftsdarstellung erklärte, nämlich die „leibliche und geistige Wiedererweckung des naturhaften Urwesens des deutschen Volkes".[251] Wie Friedmar Apel diagnostiziert, ist Landschaft bei Nadler gänzlich zum Medium „eines Kampf- und Machtgeschehens geworden",[252] für das die „Aussonderung der Juden aus dem deutschen Volksraum" ebenso unerlässlich ist wie „die Erziehung zum Ganzen, das ‚alle großen und rühmlichen Überlieferungen des deutschen Volkes'" in einen einzigen Gedanken integriert: „ein Volk, ein Reich, ein Führer".[253]

Mit Blick auf die nationalistisch-identifikatorische Funktion, die die zivilen Luftbilder in der Rezeption der Zwischenkriegszeit einnahmen, lässt sich feststellen, dass keine der eingangs vorgestellten Interpretationsansätze diese erschöpfend erfassen können. Statt der, dem Neuen Sehen zugeschriebenen avantgardistischen *Disruption* der Wahrnehmungsmuster, bzw. der bildhaften Verarbeitung der erlittenen Kriegstraumata, geht es hier offenbar um die Verfestigung und Konstruktion national-konservativer Sehweisen durch die Zuhilfenahme einer neuen Perspektive. Statt einer szientistisch-abstrahierenden und disruptiven Sehweise sollen dadurch die archaischen, gefühlsmäßigen Bindungen an Volk und Boden gestärkt werden. Und anstelle der Verbildlichung der traumatischen Kriegserfahrungen eines „verletzten Auges" geht es in den Landschaftsbildern von Oben ganz im Gegenteil um deren harmonisierende, vereinheitlichende Wirkung im Sinne der ideologischen Gleichschaltung der 1930er Jahre.

Aber gerade vor dem Hintergrund dieser ideologischen Funktionalisierung der Landschaftsaufnahmen scheint abermals das von Haraway beschriebene Phantasma eines körperlosen Sehens auf. Dieses trägt eben nicht, wie Beckmann postuliert, einer subjektiven Erfahrung Rechnung, sondern folgt einem verallge-

---

250 Cosgrove, Eyeing Nature, 2003, S. 263.

251 Josef Nadler: *Literaturgeschichte des Deutschen Volkes. Dichtung und Schrifttum der deutschen Stämme und Landschaften.* Vierter Band, Reich, Berlin, 1941, S. 213. Siehe dazu: Friedmar Apel: *Deutscher Geist und deutsche Landschaft. Eine Topographie.* Knaus, München, 1998, S. 187–201.

252 Apel, Deutsche Landschaft, 1998, S. 196.

253 Nadler zitiert nach Apel, Deutsche Landschaft, 1998, S. 195.

meinernden, objektivierenden Gestus, der in der Erhöhung des eigenen Standpunkts, der ordnenden, verkleinernden Wirkung auf das Betrachtete, eine Ermächtigungs- und Unterwerfungsleistung ausmacht und damit nicht zuletzt den Besitzanspruch auf die betrachteten Gegenstände (oder Territorien) geltend macht. Dass der Blick sich dabei vor allem auf die Landschaft richtet, und nicht oder nur ausnahmsweise den kleineren Bildausschnitt der Stadt wählt, kann, mit Cosgrove gesprochen, als Effekt einer geographischen Imagination gedeutet werden, in der Landschaft schon immer von einem bestimmten Standpunkt aus betrachtet wird. Dadurch werde zwischen der/dem Betrachter*in und dem betrachteten Objekt, die sich nie am selben Ort befinden, ein Verhältnis der Herrschaft und der Unterwerfung etabliert.[254]

„Nur *bestimmte* Gesellschaftsformen brauchen [...] Landschaften"[255] heißt es in Gilles Deleuze und Félix Guattaris *Milles Plateaus*. Mit Bezug auf Maurice Ronai betonen sie, „daß die Landschaft sowohl als Wirklichkeit wie auch als Begriff auf einer ganz bestimmten Semiotik und ganz bestimmten Machtapparaten beruht".[256] Darin liege eine der Quellen der Geografie, „aber auch ein Prinzip ihrer Abhängigkeit von der Politik (die Landschaft als ‚Gesicht des Vaterlandes oder der Nation')".[257] Dies entspricht der Feststellung Cosgroves, nach der die charakteristisch moderne Landschaft von klar markierten, linearen räumlichen Trennungen und Praktiken der Exklusion bestimmt ist, die ihre konsistenteste Form in der Territorialität des Nationalstaats haben, als Konzept einer auf *Land* begründeten Kollektivität.[258] Die Landschaft, die Deleuze und Guattari zufolge „für die gesellschaftliche Produktion des

---

254 „... [L]andscape establishes a relationship of dominance and subordination between differently located viewer and object of vision". Cosgrove, Eyeing Nature, 2003, S. 254. [Eigene Übersetzung] Cosgrove betont ebenfalls den Zusammenhang von Besitz, Kollektiv und *Vision*: „The etymological roots of landscape lie in substantive connections between a human collective (denoted by the suffixes -*schaft*, -*ship*, -*scape*) and its common or usufruct rights of the natural resources of a bounded area (*land*) as recognized in customary law. But from its late-sixteenth-century appearance in English, such usage has always been subordinated to that of landscape as an area of land visible to the eye from a vantage-point". (Ebd.).

255 Gilles Deleuze, Félix Guattari: *Tausend Plateaus. Kapitalismus und Schizophrenie*. Aus dem Französischen von Gabriele Ricke und Ronald Voullié, Berlin, 1992, S. 247.

256 Deleuze, Guattari, Tausend Plateaus, 1992, S. 247.

257 Ebd. Darin zitiert: Maurice Ronai: „Paysages", in: *Herodote*, Nr. 1, Januar 1976, S. 125–159.

258 „Military landscapes might be regarded as the rawest expression oft he characteristically modern landscape whose forms are determined by clearly marked linear spatial divisions, uniform vision and exclusionary practices. The most consistent expression of such territoriality is the nation-state, whose initial foundation was a concept of social collectivity expressed in an ecological concept of nationhood rooted in land. Its global spread is largely a result of European imperialism and colonization. As a geopolitical entity, the nation-state has drawn heavily upon both the naturalizing and the disciplinary powers of visible landscape". Cosgrove, Eyeing Nature, 2003, S. 262.

Gesichts zuständig ist, weil sie den ganzen Körper, seine Umgebung und seine Objekte mit einem Gesicht ausstattet und weil sie alle Welten und Umwelten zur Landschaft macht"[259] erschafft damit ein betrachtbares Bild der Nation und bewirkt, durch den „Zerfall der körperlichen Koordinaten" die Disziplinierung der Körper und die Auflösung der Körperlichkeit.[260] Damit steht, was Deleuze und Guattari als Erschaffung der nationalen Landschaft als Gesicht beschreiben, (einschließlich des in diesem Wort enthaltenen Doppelsinns von *Sehendem* und *Gesehenem*),[261] in direktem Zusammenhang mit dem von Haraway beschriebenen „Gottestrick", der den blickenden Körper imaginär auflöst und die betrachteten Körper zu Objekten macht.

3.2.2 Die Kriegslandschaft und der widerständige Blick: Kurt Lewins ebenerdige Phänomenologie

Die harmonisierende, identitätsstiftende Erschaffung deutscher Heimat-Landschaft aus der Vogelperspektive, für welche die Luftaufnahmen Petschows in den Bildbänden funktionalisiert werden, steht in auffallend starkem Kontrast zu der nur wenige Jahre zurückliegenden Erfahrung des Ersten Weltkriegs, der im Herzen Europas alptraumhafte, in vorher nicht gekanntem Ausmaß zerstörte Landschaften hinterlassen hatte.[262] Denkbar weit entfernt ist der ordnende, ästhetisch-kontemplative Blick aus der Vogelperspektive von der Erfahrung der dem über den Gräben geführten Luftkrieg ausgesetzten Teilnehmer dieser Grabenschlachten.

---

259 Deleuze, Guattari, *Tausend Plateaus*, 1992, S. 248.

260 Ebd.

261 Dies kann durch Joachim Ritter um die Beschreibung einer „Funktion des Ästhetischen" des modernen Landschaftskonsums ergänzt werden. Mit Verweis auf Georg Simmels *Philosophie der Landschaft in Brücke und Tür* (1957), die auch bei Deleuze und Guattari zitiert wird, heißt es bei Ritter: „Nicht die Felder vor der Stadt, der Strom als ‚Grenze', ‚Handelsweg' und ‚Problem für Brückenbauer', nicht die Gebirge und die Steppen der Hirten und Karawanen (oder der Ölsucher) sind als solche schon ‚Landschaft'. Sie werden dies erst wenn sich der Mensch ihnen ohne praktischen Zweck in ‚freier' genießender Anschauung zuwendet […]. Mit seinem Hinausgehen verändert die Natur ihr Gesicht. Was sonst das Genutzte oder als Ödland das Nutzlose ist und was über Jahrhunderte hin ungesehen und unbeachtet blieb oder das feindlich abweisende Fremde war, wird zum Großen, Erhabenen und Schönen: es wird ästhetisch zur Landschaft. […] Die zum Erdenleben des Menschen gehörige Natur als Himmel und Erde wird ästhetisch in der Form der Landschaft zum Inhalt der Freiheit, deren Existenz die Gesellschaft und ihre Herrschaft über die zum Objekt gemachte und unterworfene Natur zur Voraussetzung hat." Siehe: Joachim Ritter: „Landschaft. Zur Funktion des Ästhetischen in der modernen Gesellschaft." [1963]. In: Ders.: *Subjektivität. Vier Aufsätze*. Suhrkamp, Frankfurt a. M., 1989, S. 141–164, hier: S. 150 f.

262 Michael Howard: *Kurze Geschichte des Ersten Weltkriegs*, München, 2005, S. 79 f., zitiert nach Asendorf, Bewegliche Fluchtpunkte, 2006, S. 230.

Abb. 9: Agentur E. Wijzenbeek:
„Wirkungsvoller Granateinschlag", 1914–1918
[Untenansicht aus dem Graben]
Silbergelatinepapier, 19,3 x 11,8 cm
Médiathèque de l'architecture et du
patrimonie, Fort de Saint-Cyr.[263]

Wie Asendorf beschreibt, war dieser Krieg vor allem gekennzeichnet durch die Schwierigkeit, überhaupt noch etwas wahrzunehmen:

> Grabenkämpfer gehen unter die Erde, um sich dem Blick des Gegners zu entziehen. Darstellungsprobleme bereitet auch, dass die modernen Schlachtfelder sich immer weiter ausdehnen. So zerbricht auch die Verbindung zwischen dem eigenen Tun und dem Effekt, den es auslöst, in vielen Fällen; der Einschlag von Geschossen weitrechender Kanonen kann so wenig beobachtet werden wie die konkreten Effekte des Streufeuers des Maschinengewehrs.[264]

Auch steht der harmonisierende Blick von oben, wie er in den Luftbild-Bänden nachempfunden werden soll, im Gegensatz zu den eigentlich zum Zweck der militärischen Luftaufklärung angefertigten Fotografien. Diese wurden, wie Klamm kommentiert, in der Zwischenkriegszeit dazu eingesetzt, ein Bild der „mythologisch

---

263 Siehe: Derenthal, Klamm, Bilderfluten, 2011, S. 19, Abb. 10.
264 Asendorf, Super Constellation, 1997, S. 231.

überhöhten ‚Landschaften des Krieges'" zu konstruieren, die „durch Waffengewalt zerstörtes Gelände mit zerfetzten Bäumen, aufgewühltem Boden oder Resten von Verteidigungsanlagen abbildeten".[265] Klamm zufolge sollten die Schlachten bei Ypern, Verdun oder Tannenberg in diesen Bildern eine Sakralisierung erfahren, und zwar „obwohl sich im modernen Krieg die Schlacht als konkreter Ort längst aufzulösen begonnen hatte".[266]

Doch gerade in ihrer Ferne zur erlebten Realität auf dem Boden, dem Ausblenden des Grauens, das der Abstraktion von Oben zukommt, scheint die Möglichkeit einer ihr gegensätzlichen, widerständigen Perspektive auf. Nichts ist weiter entfernt vom ordnenden Blick der Luftaufnahme als die subjektive Wahrnehmung des Soldaten in den Weltkriegsgräben. Ein eindrucksvolles Beispiel für die Beschreibung dieser Wahrnehmungsperspektive liefert Kurt Lewins viel diskutierte phänomenologische Beschreibung der *Kriegslandschaft* aus ebenerdiger Perspektive, die er im Kriegslazarett geschrieben hatte und im Jahr 1917 in der *Zeitschrift für angewandte Psychologie* veröffentlichte. Im Gegensatz zum Blick von oben, der, wie die vorangegangenen Abschnitte gezeigt haben, vor allem ein interpretierender, synthetisierender Blick ist, ist das Blickfeld der „Gefahrenzone", Lewin zufolge, beschränkt und gemäß der „Intentionalität" des Gefechtsgebildes „gerichtet":

> Nur überhaupt *gerichtet* erscheint die Landschaft; sie kennt ein Vorn und Hinten, und zwar ein Vorn und Hinten, das nicht auf den Marschierenden bezogen ist, sondern der Gegend selbst fest zukommt. Es handelt sich auch nicht etwa um das Bewußtsein der nach vorn wachsenden Gefährdung und der schließlichen Unzugänglichkeit, sondern um eine Veränderung der Landschaft selbst. Die Gegend scheint da ‚vorne' ein Ende zu haben, dem ein ‚Nichts' folgt.[267]

Während die Friedenslandschaft zu ihren Rändern hin offen ist, und sich „nach allen Seiten hin ungefähr gleichmäßig ins Unendliche"[268] erstreckt, ist die Kriegslandschaft eingegrenzt und in unterschiedliche Gefahrenzonen unterteilt, nach vorne hin durch den Frontverlauf, auf den nur noch „das Nichts" folgt, nach hinten die vergleichsweise sicherere Zone, die Versorgung der Truppen. Das feindliche

---

265 Klamm, Kriegslandschaften, 2014, S. 77.
266 Ebd.
267 Kurt Lewin: „Die Kriegslandschaft". [Ursprünglich in: *Zeitschrift für Angewandte Psychologie*, 1917] *Gestalt Theory*, 31(3/4), 2009, S. 253–262, hier: S. 254 [442].
268 Lewin, Kriegslandschaft, S. 254 [442].

Passchendaele, 16th of June 1917

Passchendaele, 5th of December 1917

Abb. 10: Alliierte Luftfotografie des Dorfs Passendale, vor und nach der Dritten Ypernschlacht, 1917.[269]

---

269 Siehe: Finnegan, Shooting the Front, 2011, S. 139 [keine weiteren Angaben zum Bild].

Gebiet hinter der Front ist damit gerade nicht, wie in der Lufterkundung, der hauptsächliche Gegenstand der Wahrnehmung, sondern, als Raum an dem man buchstäblich nicht existieren kann, ein kategorisch unwahrnehmbarer Raum. Das feindliche Gebiet ist so mit den Mitteln der ebenerdigen Phänomenologie nicht darstellbar, es existiert für diese nicht. Lewin – Feldartillerist an der Ostfront und spätere Ikone der Gestaltpsychologie[270] – beschreibt mit der *Kriegslandschaft*, wie Martin Wieser kommentiert, einen psychologischen Raum, „dessen Struktur nicht nur durch die Verteilung von Objekten und Menschen im Raum bestimmt ist, sondern auch deren Bedeutung und Funktion".[271] Gegenstände, die in dieser Landschaft auftauchen und in der Friedenslandschaft noch durch ihre zivile Funktion geprägt waren, werden jetzt zu „Gefechtsdingen". Trotz der Genauigkeit von Lewins phänomenologischer Beschreibung entgeht ihr aber vollkommen jede Wahrnehmung von Grausamkeit und jede Emotion, wie Furcht oder Trauer, sie fokussiert ganz auf das Sichtbare. Was für Wieser eine Distanzierungsgeste ist, kann hier auch als ein Akt der Dissoziation verstanden werden, in dem der Raum dermaßen durchsetzt ist von der binären Logik (oder „Struktur") des Kriegs, dass er nur von seiner Grenze her bestimmt wird und die Unterscheidung von feindlich und nichtfeindlich, Gefahr und relativer Sicherheit, zum einzig gültigen Wahrnehmungskriterium dieser Phänomenologie der Landschaft wird. Dies verdeutlich auch Lewins Beschreibung des Hügels, der in der Friedenslandschaft noch die Funktion eines Aussichtspunkts über eine größere Weite haben könnte, in der Kriegslandschaft aber nur das „Gerichtetsein" der Landschaft gegenüber der „Grenze der Gegend", also das jähe „Abbrechen" der Landschaft deutlich macht:

> Diese Stelle des Abbrechen [sic] wird um so bestimmter, je näher man der vorderen Stellung kommt und je präziser die Vorstellung von der Lage des ersten Grabens wird; denn in seine Nähe verlegt man die ‚Grenze der Gegend'. Solange man z. B. beim Anstieg zu einem Hügel noch zweifelhaft ist, ob noch der ganze Hügel vor der ersten Stellung liegt, bleibt die Entfernung der Grenze unbestimmt: mit dem Sichtbarwerden der vorderen Stellung auf der Kuppe des nächsten Hügels weiß man: Hügel und Tal gehören noch uns, aber gleich hinter dem Kamme des nächsten Hügelzuges liegt unser erster Graben und die Grenze der Gegend. Da- durch kommt es hier nicht wie bei dem vorhergehenden Hügel zu einer Hügelgestalt, sondern die Gegend endet mit einem ‚Anstieg' und ein wenig ‚Kuppenfläche'.[272]

---

270 Zur Relevanz des Texts für Lewins spätere Entwicklung der Feldtheorie siehe Stephan Günzel: „Phänomenologie der Räumlichkeit, Einleitung". In: Jörg Dünne, Stephan Günzel (Hg.): *Raumtheorie. Grundlagentexte aus Philosophie und Kulturwissenschaften*. Suhrkamp, Frankfurt a. M., 2006, S. 105–127, hier: S. 126.

271 Martin Wieser: „Von der Kriegslandschaft zur Topologie der Persönlichkeit. Strategien der Sichtbarmachung im Werk Kurt Lewins. *Psychologie & Gesellschaftskritik*, 38 (3), 2014, S. 7–25, hier: S. 9.

272 Lewin, Kriegslandschaft, 2014, S. 254 [442 f.].

In starkem Kontrast zum Blick von oben bietet hier selbst der Anstieg auf eine Hügelkuppe keine Aussicht auf das Gebiet jenseits der eigenen Grenzzone, sondern endet jäh mit der Oberfläche der nächsten Hügelkuppe. Der Hügel ist nicht mehr als „Gestalt" wahrnehmbar, was eine Vorstellung von seiner Rückseite voraussetzen würde, die aber als „feindlich" bestimmt, sich dieser entzieht. Die Umwelt des Feldartilleristen scheint so weniger von dessen subjektiver sinnlicher Wahrnehmung bestimmt, als vielmehr vom Krieg selbst.

Es ist bemerkenswert, dass für Lewin, der als Artillerist zum Einstellen der Waffen auf ein Ziel mit großer Wahrscheinlichkeit auf Luftbilder und andere interpretierte Fotografien angewiesen war, diese bildlich-vermittelten Sicht auf das Gebiet des Feindes von seinem phänomenologischen „Erlebensraum"[273] ausschließt. Der bildvermittelte Raum, und damit der Raum des Feindes, existiert für ihn nicht, nicht als vorgestellter Raum und erst recht nicht als wahrgenommener Raum. Die weittragenden Geschütze der Artillerie sind folglich in einen nicht-wahrnehmbaren Raum gerichtet, der Feind scheint für ihn nicht zu existieren, der Artillerist Lewin feuert blind. Damit unterscheidet sich Lewin radikal von dem „glücklichen Sadismus", den Peter Sloterdijk als „artilleristisches Bewußtsein" identifiziert hat:

> Ein ‚wahrer' Schuß erkennt im Anderen ein Etwas, das sich dort aufhält, wo besser ein Nichts wäre, und ist daher, wenn er zum Volltreffer führt, die ‚Herstellung' dieses genauen Nichts an der Stelle des falschen bisherigen Etwas.[274]

Im Gegensatz zur Darstellung Sloterdijks, versperrt Lewin buchstäblich nicht nur seine Wahrnehmung, sondern auch seine Vorstellung vor dem Anderen, dem Feind. Die „Stelle des Abbrechens" der Landschaft, die die Grenze des Wahrnehmungsraums beschreibt, ist zugleich eine der Abspaltung. Damit entzieht Lewin sich zwar der Logik des „Nichtens", ohne jedoch der „destruktiven Aktivität"[275] des Tötens selbst auszuweichen. Man könnte sogar sagen, dass das „Nichts", das Lewin in seiner phänomenologischen Beschreibung an die Stelle der feindlichen Landschaft setzt, schon eine Art Abwehr gegenüber der Tatsache ist, sich selbst als Tötender wahrzunehmen zu müssen.

So lässt sich auch erklären, dass Lewin darauf hinweist, dass „den Infanteristen in manchen Fällen andere Landschaftsgebilde begegnen mögen",[276] da aufgrund der Waffenart die Infanterie noch innerhalb des Radius der eigenen sub-

---

273 Siehe: Günzel, Phänomenologie der Räumlichkeit, 2006, S. 105.

274 Peter Slotedijk: *Medien-Zeit. Drei gegenwartsdiagnostische Versuche.* Cantz, Stuttgart, 1993, S. 25.

275 Zu Sartres „Nichten" und Heideggers „Nichtung", sowie Sloterdijks Kommentar siehe: Thomas Macho: *Vorbilder.* Fink, München, 2011, S. 436–438.

276 Lewin, Kriegslandschaft, S. 253 [441].

jektiven Wahrnehmung agiert. Mit Haraway kann Lewins Beschreibung der Kriegslandschaft zudem als ein „situiertes Wissen" identifiziert werden, das absolut eingehegt ist durch das, was sich der erkennenden Wahrnehmung entzieht. Trotz ihrer scheinbaren Ausgeliefertheit, lässt sich Lewins Beschreibung damit einerseits als widerständige situierte Praxis deuten, da sie dem Blick von oben schreibend den Realitäts- und Wahrheitswert einer „verkörperten Objektivität" entgegenhält, die „von zeitlich und örtlich begrenzten Feldern des Wissens" ausgeht und „mit der Vorstellung eines unmarkierten Blickes" bricht.[277] Es ist ein beschreibendes Sehen, durch das sich das Subjekt zwar distanziert, das aber von der Idee eines mechanisch aufzeichnenden Kameraauges, wie es sich in den nächsten hier folgenden Abschnitten darstellt, signifikant verschieden ist.[278] Andererseits verbleibt Lewin in einer Position der Machtlosigkeit, die sich dem Gehorsam nicht widersetzt, nicht desertiert und auch nicht die Flucht ergreift,[279] sondern lediglich in der phänomenologischen Beschreibung eine Technik gefunden zu haben scheint, sich der Realität des eigenen Täter-Seins zu entziehen. Statt eine ordnende, distanzierte Sicht von oben zu simulieren, verbleibt Lewins Blick dabei auf den unmittelbaren Nahraum beschränkt.

3.2.3 Vom verletzten Auge zur kalten Persona: Ernst Jünger

Ist es möglich, die Kriegslandschaften durch die ästhetisch-ordnenden Ansichten von oben zu überblenden? Wenn, wie Hüppauf vorschlägt, die Fotoexperimente des *Neuen Sehens* immer schon als Produkte des Kriegs und der Kriegserfahrung zu deuten sind, als eine „Fotografie der Verletzung des Auges", die ihre Dynamik aus der Kriegserfahrung bezog und in eine Bildpraxis übersetzte, dann steht schon der Versuch des *Neuen Sehens* im Zeichen einer Distanzierung, welche die Dinge vorzugsweise mit scheinbar objektivem Blick aus einiger Entfernung betrachtet. So bietet sich mit der neuen Blickrichtung zugleich die Möglichkeit, zum menschlichen Maßstab, zum erdgebundenen Körper und der ihm zugehörigen Subjektivität auf Distanz

277 Siehe: Astrid Deuber-Mankowsky, Christoph F. E. Holzhey: „Einleitung. Denken mit Canguilhem und Haraway". In: Dies. (Hg.): *Situiertes Wissen und Regionale Epistemologie. Zur Aktualität Georges Canguilhems und Donna J. Haraways*. Turia + Kant, Wien, Berlin, 2013, S. 7–34.

278 Lewins eigene Präferenz für den Film als aufzeichnendes Medium in seiner späteren Forschung steht dazu nicht im Gegensatz, denn er verwendete Filme vornehmlich, um Prozesse sichtbar zu machen (siehe: Wieser, Kriegslandschaft, 2014). Zugespitzt könnte man sagen, dass bei ihm nicht, wie im *Neuen Sehen*, das Auge zur Kamera werden soll, sondern die Kamera die sehende Beschreibung ergänzt.

279 Zur Flucht als politischer Handlung siehe: Iris Därmann: *Widerstände. Gewaltenteilung in statu nascendi*. Matthes und Seitz, Berlin, 2021, S. 29–50, zur Desertion insbesondere S. 40 f.

zu gehen. Wie bei Haraways God-Trick besteht auch der Trick der Luftfotografie darin, einen Blick zu suggerieren, der den Körper verlässt und den Eindruck vermittelt, „alles von nirgendwo aus sehen zu können".[280] Durch das Fehlen eines Vergleichsmaßstabs und die Verunklarung des Blickpunkts ist es für die Betrachter*in nicht möglich zu erkennen, in welcher Entfernung und innerhalb welcher Größendimension sich die Linse des Apparats befindet. Handelt es sich bei den abgebildeten abstrakten Flächen um einen zugefrorenen See oder um die mikroskopische Ansicht einer Vene? Die Ähnlichkeit zum „ordnenden Blick" der wissenschaftlichen Mikrofotografie, die Beckmann in den strengen Senkrechtaufnahmen ausmacht, ist nicht zufällig und folgt dem szientistischen Programm der Fotografieavantgarde der Weimarer Zeit. Bei der Ansicht der heimatlichen Landschaft aus der ungewohnten Vogelperspektive geht es ihr nicht zuletzt um ein „analytische[s] Erkennen des vertraut Geglaubten", das maßgeblich ist für das Wahrnehmungsideal der Zwischenkriegszeit.[281] Es kann zudem im Zusammenhang mit der Vorstellung einer „kalten Persona" betrachtet werden, die Helmuth Lethen in den *Verhaltenslehren der Kälte* der Weimarer Zeit attestiert und die, mit dem Fotoapparat bewaffnet, ein empfindungsarmes, nichtmenschlich-maschinelles Sehen und ein „Pathos der Wahrnehmungsschärfe"[282] mobilisierte. So betrachtet, stehen die ästhetischen Dimensionen der Fotografie gerade im Zeichen einer „Bewaffnung" des Blicks aus der Erfahrung des Krieges, die den mechanisch-exakten, entkörperlichten Apparat an die Stelle des verletzlichen und fehlbaren menschlichen Körpers setzt. Lethen zufolge gibt diese „Auslagerung des ‚grausamen Sehens' in die Welt der Geräte" dem Blick „die wertneutrale Qualität einer technischen Norm; die Rückübertragung des Vermögens der Geräte auf die menschliche Wahrnehmung entlastet diese von den Einsprüchen der Moral".[283]

Hier wird das Phantasma der mit dem Blick von oben einhergehenden Distanzierung zur Pathologie, die vielleicht nirgendwo so deutlich verkörpert wird wie in der Figur des national-reaktionären Weltkriegsveteranen Ernst Jünger. In den oft zitierten Passagen aus *Über den Schmerz* aus dem Jahr 1934 wird die Fotografie bekanntlich als „Ausdruck der uns eigentümlichen, und zwar einer grausamen, Weise zu sehen"[284] beschrieben. Der Blick durch die Kamera wird bei Jünger selbst zu einem Akt der Gewalt, der in der Ära des Maschinenkriegs eine neue

---

280 Haraway, Situiertes Wissen, 1988, S. 81.
281 Beckmann, Abstraktion von oben, S. 108.
282 Helmut Lethen: *Verhaltenslehren der Kälte. Lebensversuche zwischen den Kriegen.* Suhrkamp, Frankfurt am Main, 1994, S. 190.
283 Lethen, Verhaltenslehren, 1994, S. 189.
284 Ernst Jünger: „Über den Schmerz" [1934]. In: Ders.: *Werke, Band 5, Essays I. Betrachtungen zur Zeit.* Ernst Klett Verlag, Stuttgart, 1960, S. 149–198, hier: S. 189.

Art der Subjektivität hervorbringt. Dieser neue „Typus", zeichnet sich Jünger zufolge durch den „Besitz eines ‚zweiten' Bewusstseins" aus: „Dieses zweite und kältere Bewußtsein deutet sich an in der sich immer schärfer entwickelnden Fähigkeit, sich selbst als Objekt zu sehen" und so, wie dieses zweite Bewusstsein, sich auf einen Menschen richtet, der „außerhalb der Zone des Schmerzes steht",[285] so steht auch die fotografische Aufnahme für Jünger „außerhalb der Zone der Empfindsamkeit".[286] Jünger schreibt sich damit ein in die Mythisierung einer „entkörperlichten wissenschaftlichen Objektivität",[287] die sich ein apparatives Sehen aneignet um den menschlichen „Körper" als „Objekt" nur noch aus der Distanz zu betrachten und damit die schlechthin „verkörperte Natur alles Sehens"[288] kategorisch abwehrt. Bei Jünger hält das „unempfindliche und unverletzliche Auge" der Kamera, das Räume einsehen kann, in die das menschliche Auge nicht eindringen kann, „ebensowohl die Kugel im Fluge fest wie den Menschen im Augenblick, in dem er von einer Explosion zerrissen wird".[289] Die Fotografie ist demzufolge „eine Waffe", deren der neue Typus sich bedient und das „Sehen ist ihm ein Angriffsakt".[290]

Können Bilder töten? Jüngers Antwort lautet: ja. Wie auch die vorangegangenen Abschnitte gezeigt haben, stellt der mit der Kamera gerüstete Blick im Ausgang des Ersten Weltkriegs eine neue Waffentechnik dar, die das Luftbild mit den Geschossen auf eine Stufe stellt. Jünger konstatiert, dass „[e]ine Kampfstellung [...] in demselben Augenblick unhaltbar geworden" sei, „in dem sie aus dem Lichtbild des Beobachtungsfliegers herauszulesen war".[291] Er vergisst in seinen Ausführungen nicht die kolonialen Dimensionen dieses optischen Willens zur Macht: „Im Augenblick, in dem eine Stadt wie Mekka photographiert werden kann, rückt sie in die koloniale Sphäre ein".[292] Wie Antoine Bousquet hervorgehoben hat, wird die Kolonialfotografie von Jünger affirmativ als fetischhafte, magische Be-

---

285 Ernst Jünger, Über den Schmerz, 1960 [1934], S. 187.

286 Jünger, Über den Schmerz, 1960 [1934], S. 188.

287 Haraway, Situated Knowledge, 1988, S. 576.

288 „I would like to insist on the embodied nature of all vision and so reclaim the sensory system that has been used to signify a leap out of the marked body and into a conquering gaze from nowhere". Siehe: Haraway, 1988, S. 581.

289 Jünger, Über den Schmerz, 1960 [1934], S. 188. Weiter: „Das ist die uns eigentümliche Weise zu sehen; und die Photographie ist nichts anderes als ein Werkzeug dieser unserer Eigenart."

290 Jünger, Über den Schmerz, 1960 [1934], S. 189. Siehe dazu auch: Bousquet, Eye of War, 2018, S. 84–85.

291 „Heute bereits gibt es Schußwaffen, die mit optischen Zellen gekoppelt sind, ja selbst fliegende und schwimmende Angriffsmaschinen mit optischer Steuerung." Jünger, Über den Schmerz, 1960, S. 189.

292 Jünger, Über den Schmerz, 1960 [1934], S. 189.

sitzergreifung eines Objekt durch seine fotografische Reproduktion verstanden.[293] Gayatri Chakravorti Spivak hat diesen Vorgang – im Gegensatz zu Jünger allerdings in kritischer Absicht – als Geste epistemischer Unterwerfung beschrieben.[294] Jünger würde dem nicht widersprochen haben. Vielmehr ist, wie Iris Därmann hervorgehoben hat, „ein künftiger Expansionskrieg [...], der ‚sich aller, auch der ihm scheinbar fernstliegender Gebiete zu bemächtigen' verstünde"[295] Teil seines nationalrevolutionären Programms. Die quasi-magische Besitzergreifung des kolonialen fotografischen Blicks ist zu Beginn dieses Kapitels bereits am Beispiel der Fotogrammetrie in Deutsch-Südwestafrika verdeutlicht worden. Bei Jünger wird die Fototechnik zu nur einem der „maschinellen Machtmittel" durch die der Krieg „als ein Urelement [...] einen neuen Raum"[296] entdeckt. „Das Ziel, in dem sich diese Anstrengungen treffen", so macht Jünger überdeutlich, „besteht in der planetarischen Herrschaft als dem höchsten Symbol der neuen Gestalt".[297]

In der hier zitierten Jünger'schen Schrift *Der Arbeiter: Herrschaft und Gestalt* aus dem Jahr 1932, das gemeinsam mit dem Essay „Die totale Mobilmachung",[298] von Albrecht Koschorke als „Entwurf einer elaborierten faschistischen Anthropologie" bezeichnet wurde,[299] entfaltet Jünger den neuen Typus eines Menschen, der das empfindsame, das heißt, Schmerzen empfindende menschliche Subjekt zurückgelassen und Maschineneigenschaften angenommen hat. Därmann hat hervorgehoben, dass es sich bei Jüngers Konzeption des Arbeiters um eine Form der „destruktiven Arbeit" handelt, die nicht zuletzt auf einer antisemitischen Arbeitsideologie beruhe, indem sich die „eigentümliche deutsche Gestalt" des Arbeiters von der „Gestalt des Juden", Jünger zufolge, „abscheide".[300] In dem von Jünger mitherausgege-

---

293 Bousquet, Eye of War, 2018, S. 84.

294 Gayatri Chakravorti Spivak: „Can the Subaltern Speak?". In: C. Nelson and L. Grossberg (Hg.): *Marxism and the Interpretation of Culture*, Macmillan Education, Basingstoke, 1988, S. 271–313.

295 Iris Därmann: „Dienstgemeinschaft und ‚Arbeitsstaat'. ‚Destruktive Arbeit' und finale Dienste bei Martin Heidegger und Ernst Jünger". In: Dies.: *Undienlichkeit. Gewaltgeschichte und politische Philosophie*. Matthes und Seitz, Berlin, 2020, S. 234–262, hier: S. 252, darin zitiert: Ernst Jünger: *Der Arbeiter. Herrschaft und Gestalt*. Stuttgart, Klett-Cotta, 1981 [1932], S. 299.

296 Jünger, Der Arbeiter, 1981 [1932], S. 299.

297 Ebd., S. 306.

298 Ernst Jünger: „Die totale Mobilmachung" [1930]. In: Ders.: *Werke, Band 5, Essays I. Betrachtungen zur Zeit*. Ernst Klett Verlag, Stuttgart, 1960, S. 123–148.

299 Albrecht Koschorke: „Der Traumatiker als Faschist. Ernst Jüngers Essay ‚Über den Schmerz'". In: Inka Mülder-Bach (Hg.): *Modernität und Trauma. Beiträge zum Zeitenumbruch des Ersten Weltkriegs*. Wien, WUV-Universitätsverlag, 2000. S. 211–227, hier: S. 212.

300 Därmann, Dienstgemeinschaft, 2020, S. 237 und S. 235, darin zitiert: Ernst Jünger: „Über Nationalismus und Judenfrage" (zuerst in: Süddeutsche Monatshefte 1930). In: Ders.: *Politische Publizistik, 1919 bis 1933*. Herausgegeben von Sven Olaf Berggötz, Stuttgart, 2001, S. 587–592, hier: S. 592.

benen Fotobuch *Die veränderte Welt. Eine Bilderfibel unserer Zeit*[301] aus dem Jahr 1933 wird „das Verschwinden des individuellen Gesichts hinter Schutz-, Gas- und Tauchermasken, Asbest- und Schutzkleidung, hinter Stahlhelmen, Schminke und organischen Mensch-Maschine Konstruktionen" als „Signum der neuen, rassistisch geteilten Arbeitswelt" vorgestellt.[302] Kriegsgerät, Waffen, Flugzeuge und Geschütze werden dargestellt, aber niemals deren zerstörerische, traumatischen Folgen. Diese Fokussierung nehmen, wie Därmann kommentiert die „Form eines optischen Einberufungsbefehls" und sollen für „die Vernichtung unbetrauerten Lebens" mobilisieren.[303] Zudem glaubte Jünger damit „die bürgerliche Gesellschaft als rigoros vereinzelnde und auf Gleichheit zielende künstliche Konstruktion" zu diskreditieren, „die das Elementare – Schmerz, Opferbereitschaft, Krieg – ausgeschieden' habe".[304] Jüngers *Arbeiter* hingegen konfrontiert den Schmerz vorzugsweise auf dem Schlachtfeld und rüstet sich gegen ihn durch Verfahren der inneren Distanzierung, die ihn über den eigenen Körper im Modus der Fernsteuerung verfügen lassen:

> Dieses Verfahren setzt freilich eine Kommandohöhe voraus, von der aus der Leib als ein Vorposten betrachtet wird, den der Mensch aus großer Entfernung im Kampf einzusetzen und aufzuopfern vermag.[305]

In „Über den Schmerz" führt Jünger aus, wie diese Selbst-Distanzierung, als Fähigkeit, sich für sich selbst zum Objekt zu machen,[306] unmittelbar mit der Vorstellung technisch vermittelten Sehens verknüpft ist, denn ihm zufolge ist es der kalte und affektlose Blick der Kamera, der das moderne Schlachtfeld des Ersten Weltkriegs neu strukturiert und die menschliche Wahrnehmung daran angepasst hat. Bernd Stiegler nennt die Fotografie folglich das für Jünger „paradigmatische Medium der Distanzierung", die zur Haltung geworden ist.[307] Diese Haltung steht als Pathologie für eine Selbstwahrnehmung, die unter dem Schock technologischer Neuerungen das Menschliche gegenüber einer als überlegen erscheinenden Maschinenhaftigkeit preiszugeben sucht, und den Körper als Objekt begreift, den man von einer gewissen „Kommandohöhe"[308] herab betrachtet, oder wie Koschorke es im Bezug auf Jüngers Essay „Über den Schmerz" ausdrückt: „für die

---

301 Ernst Jünger, Edmund Schulz: *Die veränderte Welt. Eine Bilderfibel unserer Zeit.* Wilhelm Gottlieb Korn Verlag, Breslau, 1933.
302 Därmann, Dienstgemeinschaft, 2020, S. 253.
303 Ebd.
304 Därmann, Dienstgemeinschaft, 2020, S. 235, darin zitiert: Jünger, Arbeiter, S. 51 f und S. 292.
305 Jünger, Der Arbeiter, 1981 [1932], S. 158.
306 Jünger: Über den Schmerz, 1960 [1934], S. 182. Dazu auch: Lethen, Verhaltenslehren, 1994, S. 188.
307 Stiegler, Ernst Jünger, 2009, S. 83.
308 Jünger, Der Arbeiter, 1981 [1932], S. 158, siehe Fußnote 259.

Unempfindlichkeit, für das Heraustreten des Bewußtseins aus seiner Bindung an den kreatürlichen Leib, für dessen Neutralisation als Instrument oder Präparat".[309] Jüngers *kalte Persona* steht für eine phantasmatische Beziehung des Individuums zu sich selbst, dem es erst mithilfe der zugleich disziplinierenden und distanzierenden bildtechnischen Apparatur gelingt, *sich selbst zu gehorchen.*

3.2.4 *Gläserne Bienen.* Eine Pathologie

> There's something stratospheric about the ascended master:
> something chilly, remote, and only partially human.[310]

Das genaue Gegenstück zu dieser Phantasie eines gepanzerten, technisch-disziplinierten,[311] heroischen Typus des „Arbeiters" bildet der Protagonist aus Jüngers in den frühen 1950er Jahren erschienen Novelle *Gläserne Bienen.*[312] Hier durchläuft ein ehemaliger Kavallerist der als „Rittmeister Richard" eingeführt wird, einige Jahrhunderte der Technologiegeschichte im Zeitraffer. Jünger zeichnet das Bild einer veralteten Subjektivität, die durch die Konfrontation mit maschinellen Vorgängen, und insbesondere mit dem Sehen unter Bedingung der Automation, in eine Krise gestürzt wird – eine Erzählung, die in vielen der vorwiegend männlich geprägten Reflexionen militärisch-technologischer Entwicklung ein Echo findet. Jünger bearbeitet in dieser Novelle das schon im *Arbeiter* aus anderer Perspektive verfolgte Sujet eines Menschen, der sich einer Ersetzungslogik unterworfen sieht, gegen die er nichts ausrichten kann: Der „Geist", der hinter den Erfindungen steht, so resümiert Rittmeister Richard,

> wollte mit Menschenkräften rechnen, wie er seit langem mit Pferdekräften rechnete. Er wollte Einheiten, die gleich und teilbar sind. Dazu mußte der Mensch vernichtet werden, wie vor ihm das Pferd vernichtet worden war.[313]

Jüngers Erzählung interessiert uns hier nicht wegen der ihr häufig unterstellten hellsichtigen Vorwegnahme der erst in der zweiten Hälfte des 20. Jahrhunderts

---

309 Koschorke, Der Traumatiker als Faschist, 2000, S. 217. Jüngers Darstellung sei, schreibt Koschorke an anderer Stelle, „ohne jeden Rest gewaltförmig und schreibt an einem metaphysisch geschwängerten Stoizismus der Täterschaft mit, am Konzept einer entschlossenen und gleichwohl letztlich subjektlosen Exekutive", ebd. S. 219.
310 Bruce Sterling: „Introduction". In: Ernst Jünger: *The Glass Bees.* Übersetzt von Louise Bogan und Elizabeth Mayer. NYRB, New York, 2000, S. 5–10, hier: S. 9.
311 Stiegler, Ernst Jünger, 2009, S. 85.
312 Ernst Jünger: *Gläserne Bienen.* Klett-Cotta, Stuttgart, 1990 [1957].
313 Jünger, Gläserne Bienen, 1990 [1957], S. 129.

einsetzenden technologischen Entwicklungen,[314] sondern als anschauliches Beispiel für die Pathologie der Entmenschlichung, die in narzisstisch-gekränkter Ver-
strickung die Vernichtung des Menschen zugleich feiert und betrauert,[315] und die
offenkundig eine Kehrseite der Ideologie des körperlosen Sehens darstellt, die für
Donna Haraway, wie eingangs gezeigt, aufs Engste mit der von ihr skizzierten Geschichte der Gewalt verknüpft ist.

Im ersten Drittel des Buches erzählt Jünger in der Figur des Rittmeisters weh-
mütig verklärend von seiner Jugend als junger berittener Krieger:

> Was sie in ihrer Jugend getrieben hatten und was seit Tausenden von Jahren des Mannes Amt,
> Lust und Freude gewesen war: ein Pferd zu reiten, des Morgens hinter dem Stier das damp-
> fende Feld zu pflügen, im glühenden Sommer das gelbe Korn zu schneiden, während Ströme
> von Schweiß an der gebräunten Brust herunterrieseln und die Binderinnen kaum Schritt hal-
> ten können, das Mahl im Schatten der grünen Bäume – alles, was das Gedicht seit uralten Zei-
> ten gepriesen hat, es sollte nun nicht mehr sein. ... Die Unzufriedenheit überwog bald jede an-
> dere Stimmung, sie wurde zur Religion. Wo die Sirenen heulten, war es grauenvoll.

Den Schock, der die Moderne bedeutete, hat dieser pathetische Melancholiker nie
ganz überwunden. Er erinnert sich trauernd an ein völkisch durchsetztes, vorin-
dustrielles Ideal einer Maskulinität, die längst durch das Maschinenzeitalter abgelöst worden war, in dem Männer nunmehr auf gleicher Ebene neben Frauen jene
Maschinen bedienen mussten, die die eigentliche „Arbeit" verrichteten.

> Die Jahre bei den Reitern waren [...] ein Fest. Dann wurden immer mehr von ihnen durch
> die großen Städte aufgesogen [...] Sie wurden mit Stückwerk beschäftigt, dass eines Mannes
> unwürdig war und ebenso gut von einer Frau oder einem Kinde hätte geleistet werden kön-
> nen, wenn nicht gar von einem Teil des Gestänges, an dem sie arbeiteten.[316]

---

314 Bruce Sterling etwa beginnt seine Einführung in die im Jahr 2000 erschienene englische
Neuübersetzung der Novelle mit einem Ausruf ungezügelter Bewunderung: „It beggars belief that
this novel was first published in 1957. Its speculations on technology and industry are so prescient
as to be uncanny." Sterling in: Jünger, 2000, S. 5. Auch Bousquet bezieht sich positiv auf Jünger als
einen „valuable interlocutor of the present". Siehe: Antoine Bousquet: „Ernst Jünger and the problem of nihilism in the age of total war". *Thesis Eleven*, 132(1), 2016, S. 17–31, hier: S. 20.
315 In ähnlicher Weise diagnostiziert Koschorke Jünger eine Beziehung zum Schmerz, die diese
zutiefst menschliche Regung zugleich glorifiziert und abzutöten sucht, und die systemisch mit
Jüngers faschistoider Ideologie zusammenhängt: „Das Zauberwort ‚Disziplin‘, auf dem der gesamte Entwurf zu einer totalitären Staatsordnung aufruht, schließt ein Begehren nach Schmerz
und die Unempfindlichkeit gegen ihn zu einer unauflöslichen Einheit zusammen." Siehe Koschorke, Der Traumatiker als Faschist, 2000, S. 218.
316 Jünger, Gläserne Bienen, 1990 [1957], S. 54.

Den Wechsel vom Pferderücken in den Sitz des Panzers,[317] in dem es „eng, heiß und lärmend" war, assoziiert Rittmeister Richard mit einer allgemeinen Sinnentleerung und moralischem Verfall, eine Zeit, in der „Soldaten keine Soldaten" mehr waren, sondern zur „heißen Maschinenarbeit" degradiert wurden, die zudem „unsichtbar" und „ruhmlos" war.[318] In diesen Schilderungen resoniert der bekannte Topos der reaktionären Kriegsnostalgiker um Jünger, für die, wie Albrecht Koschorke zusammenfasst, die eigentliche Katastrophe des Ersten Weltkriegs in dem Verlust einer „ritterlichen Idee des Kriegs" angesichts der bürgerlich-kapitalistischen Moderne besteht:

> Alles was zur klassischen Kriegskunst gehörte – das Heldenhafte, Männliche im alten Sinn Militärische, Aristokratisch-Ritterliche, die Erlebnisform –, sei in den Materialschlachten modernen Typs verlorengegangen. Das Ethos des ehrenhaften Kampfs sei von den niederen Mächten des Ressentiments, des Kapitalismus und der Mechanisierung, das heißt von Ausgeburten des bürgerlichen 19. Jahrhunderts, bis zur Unkenntlichkeit entstellt worden.[319]

---

317 Tatsächlich spielten Pferde auch während des Ersten Weltkriegs für alle Kriegsparteien noch eine wichtige Rolle. Auch wenn die Kavallerie gegen neue Waffentechnologien, Stacheldraht und Stellungskrieg nichts ausrichten konnte, konnten Pferde und andere Lasttiere auch noch in schwierigem Terrain operieren, das für mechanische Fahrzeuge nicht passierbar war. Für den Transport von Munition und Ausrüstung waren sie weiterhin unabdingbar, weshalb sie häufiger als ihre menschlichen Begleiter ins Visier feindlicher Truppen gerieten. Siehe: John Sorenson: „Animals as Vehicles of War". In: J. Anthony et al. (Hg.): *Animals and War. Confronting the Animal-Military Industrial Complex*. Lexington Books, Washington DC, 2013, S. 19–36, hier: S. 26.

318 „Das war das Ende der Reiterei. Wir mussten absitzen. In den Panzern war es eng, heiß und lärmend, als ob man in einem Kessel säße, an dem die Schmiede hämmern. ... Das war keiner der großen Reitertage, von denen Monteron uns erzählt hatte. Es war heiße Maschinenarbeit, unsichtbar, ruhmlos, und immer von der Aussicht auf den Feuertod begleitet, die sich nicht abweisen ließ." (Jünger, Gläserne Bienen, 1990 [1957], S. 44 f.).

319 Koschorke, Der Traumatiker als Faschist, 2000, S. 211. Koschorke bezieht sich auf den Beitrag von Wilhelm von Schramm in dem von Jünger 1930 herausgegebenen Band *Krieg und Krieger*, wo es heißt: „Gerade für echte Soldaten ist dieser Krieg später die schlimmste Enttäuschung geworden. Es war kein Krieg um der tieferen Ideen des Krieges willen, sondern nur eine vernichtende Zwietracht bürgerlicher Gesinnung und mechanistischer Zivilisation. [...] Wie viele hatten zuerst und vom Kriege allein eine radikale Erneuerung des Zeitgeists erhofft! Doch dieser Geist oder Ungeist erwies sich stärker als alle ursprünglich ritterliche Idee des Krieges. [...] Der Krieg war nicht mehr eine erhöhte zusammengefaßte Form des männlichen Lebens mehr, wie wir ihn alle einmal geträumt, er war eine fürchterliche Maschine, eine Mechanik der blinden Zermalmung, die von einem Heer simpler Angestellter, auch von gewiegten Mechanikern, aber vollkommen kaltsinnigen Menschen in Gang erhalten war [...]. Wirklich gekämpft, von Mann zu Mann und von Truppe zu Truppe wurde immer seltener mehr." Wilhelm von Schramm: „Schöpferische Kritik des Krieges. Ein Versuch". In: Ernst Jünger (Hg.): *Krieg und Krieger*. Jünger und Dünnhaupt, Berlin, 1930, S. 31–49, hier: S. 38–39.

Jüngers Richard arrangiert sich schließlich mit dem Maschinenzeitalter, indem er sich vom Heroen zum Techniker bekehrt und sich mit einer gewissen Leidenschaft der Reparatur von Panzern widmet, bis auch dieser Berufsstand einer neuen Zeit und neuen Technologien weichen muss. Empfindlich für die Veränderungen der Zeit, melancholisch, hoffnungslos subjektiv und ständig um eine Deutung bemüht, nimmt er mit seiner Realität Bestand auf, die er zu entschlüsseln versucht. Technologischer Fortschritt ist für ihn eine Verlustgeschichte.

Der innerhalb der Narrationslogik in der Gegenwart verortete Hauptteil der Erzählung setzt ein, als Richard, inzwischen verarmt und arbeitslos, ein „Mann des Mißerfolgs",[320] sich beim Großindustriellen Zapparoni um eine Stelle bewirbt. In ihrer eigentümlichen Vermischung von Entertainmentindustrie, Kriegstechnologie und kreativer Unternehmenskultur mit dem Künstlermythos der freien und kreativen Arbeit verkörpert die Figur des Zapparoni eine kalifornische Ideologie *avant la lettre*. Bruce Sterling, ein früher Gegner der Kritik am Konzept der Californian Ideology, charakterisiert die Beschreibung der Zapparoni Werke fasziniert als „moneyed fortress of technocracy":

> in other words, it's Silicon Valley. The robotics mogul, the aptly named Zapparoni, is a hybrid of Bill Gates and Walt Disney. He's made a vast fortune creating high-tech specialeffects cinema. Zapparoni also employs fanatical creative squads of hackers, who are, by Richard's standards, nutty, pampered, and vastly overpaid.[321]

In Zapparonis Werken werden Roboter produziert, für den Haushalt, Industrie und für jeden denkbaren anderen Zweck. Ein Nebengeschäft, so heißt es, sind Filmproduktionen, in denen Roboter die menschlichen Schauspieler ersetzen, und denen Zapparoni, wie Richard bewundernd feststellt, „fast märchenhafte Perfektion verlieh".[322] Die Herstellung dieser künstlichen Wesen erfordert eine Form der Kreativität vom Typ des *Nerds*, deren Optimierung bei Jünger klingt wie das Muster eines Management-Konzepts der selbstbestimmten Kreativarbeit:

> Das Arbeitsethos in seinen Werken ließ nichts zu wünschen übrig; man schaffte und schuf dort nach Art der Künstler, die von ihrem Opus besessen sind. Es gab keine Arbeitszeit – das hieß eher, es wurde fast immer gearbeitet. Die Arbeiter träumten von ihren Kunstwerken. Dass sie Herren waren, ließ sich auch daraus ersehen, dass sie Zeit hatten. Das hieß aber nicht, dass sie Zeit verschwendeten. Sie hatten diese Zeit vielmehr, wie reiche Leute

---

320 Jünger, Gläserne Bienen, 1990 [1957], S. 69.
321 Sterling, 2000, S. 7.
322 „Was alte Utopisten ersonnen hatten, war demgegenüber grobdrähtig. Die Automaten hatten eine Freiheit und tänzerische Eleganz gewonnen, die ein eigenes Reich erschloss. Hier schien verwirklicht, was man zuweilen im Traum zu fassen glaubte: dass die Materie denkt." Jünger, Gläserne Bienen, 1990, S. 30

ihr Geld im Sack haben. Ihr Reichtum ruht im Sack, nicht in der Ausgabe. Man spürt ihn aber in ihrem Auftreten.[323] [...] Einmal so ausgebeutet werden wie von Zapparoni, war der Traum aller jungen Leute mit technischen Neigungen.[324]

Folgerichtig ist das kreative Kapital in Zapparonis Werken, das, was um jeden Preis geschützt werden muss und da sich die Menschen und Ideen nicht einfach auf dem Betriebsgelände einschließen lassen, entwirft der Unternehmer eine Art Kontrollgesellschaft im Deleuze'schen Sinne:

> Freilich gab es Einschränkungen. Sie waren aber kaum wahrnehmbar und liefen, um die Sache beim Namen zu nennen, auf die Einfügung in ein durchdachtes Überwachungssystem hinaus. Dem dienten verschiedene Einrichtungen, die unter den harmlosen Namen liefen, mit denen man heutzutage den Sicherheitsdienst verkleidet – eine von ihnen hieß, glaube ich, Abrechnungsbüro. Die Blätter, die dort über jeden [...] geführt wurden, glichen den Polizeiakten, nur gingen sie viel mehr ins einzelne. Man muss den Menschen heute ziemlich genau durchleuchten, um zu wissen, was man von ihm zu erwarten hat [...].[325]

Das geistige Eigentum, die über Jahrzehnte entwickelte Kunstfertigkeit, ist innerhalb der Werke ins Kollektiv übergegangen, und wie Richard vermerkt, war es dabei schwierig zwischen individuellem und kollektivem Eigentum einen Unterschied zu machen: „Das Individuum aber war unteilbar – oder war es das etwa nicht?" wundert er sich und resümiert: „Das waren Fragen, für die der grobe Polizeiverstand nicht ausreichte".[326] Deleuze beantwortet diese Frage bekanntlich damit, dass unter Bedingungen der Kontrollgesellschaft „Individuen ,dividuell' geworden" seien, und zudem durch den „Zugang zur Information" definiert[327] – er beschreibt diese „Dividuen" als „chiffrierte, deformierbare und transformierbare Figuren ein und desselben Unternehmens, das nur noch Geschäftsführer kennt" und auch die Kunst inkorporiert habe.[328] Aber trotz subtiler Kontroll- und Überwachungstechniken und trotz des ausgeklügelten Systems aus Anreizen und freier Arbeitszeit hat Jüngers Zapparoni offenkundig ein Loyalitätsproblem: gegen den „Feind im Innern" gibt es keine vollkommene Absicherung. Der „alte Krieger" Richard soll folglich mit einer Aufgabe betraut werden, die Zapparoni nur in Andeutungen beschreibt: „Es wurde ein Mann für die schmutzige Wäsche gesucht".[329]

---

323 Jünger, Gläserne Bienen, 1990 [1957], S. 32.

324 Ebd., S. 10.

325 Ebd., S. 11.

326 Ebd., S. 12.

327 Gilles Deleuze: „Postskriptum über die Kontrollgesellschaften". In: Ders.: *Unterhandlungen 1972–1990*. Aus dem Französischen von Gustav Roßler. Suhrkamp, Frankfurt a. M., 1993, S. 254–261, hier: S. 258.

328 Deleuze, Postskriptum, 1993, S. 260.

329 Jünger, Gläserne Bienen, 1990 [1957], S. 12.

Nach seiner Ankunft in den Werken und einem kurzen Gespräch mit Zapparoni, wird Richard gebeten im Garten zu warten. Dort kommt es zur Begegnung mit den gläsernen Bienen. Jünger beschreibt sie zunächst anhand von Tier-Metaphern, die mehr und mehr ins Technische übergehen:

> Sie hatten etwa den Umfang einer Walnuß, die noch in der grünen Schale steckt. Die Flügel waren nicht beweglich wie Vogel- oder Insektenflügel, sondern sie waren als starrer Saum um den Körper herumgeführt, also eher Stabilisierungs- als Tragflächen. [...] Der Anblick fesselte mich in einer Weise, die mich Ort und Stunde vergessen ließ. Ein ähnliches Erstaunen ergreift uns bei der Vorführung einer Maschine, in deren Form und Gangart sich ein neuer Einfall offenbart. [...] So ging es mir, nachdem ich begriffen hatte, dass es sich hier nicht um eine neue Tierart, sondern um Mechanismen handelte."[330]

Richard sinniert zunächst über die kunstvolle Erfindungsleistung Zapparonis. Er beobachtet den Bienenschwarm genau und versucht der Funktionsweise der gläsernen Bienen auf den Grund zu gehen. Dabei beobachtet er, dass es bei der Tätigkeit der winzigen Roboter, trotz ihrer Menge und großen Fluggeschwindigkeit, nie zu einem Fehler oder Zusammenstoß kommt und folgert daraus, dass der Schwarm in seiner Gänze durch ein Prinzip reguliert wird, das die „vollkommene Exaktheit" des Zusammenwirkens der einzelnen Einheiten garantiert, „eine Zentrale oder ein zentrales Prinzip [...], das ihn steuerte".[331] Harro Segeberg sieht in dieser Passage zurecht eine Beschreibung der frühen Kybernetik, im Sinne der „immateriellen Teletechnik einer informationstechnischen Binnenlenkung".[332] Und Benjamin Bühler ergänzt, dass Jünger hier, im Gegensatz zu einer Vorstellung von Kybernetik, nach der der Mensch als Entscheidungsinstanz restlos aufgelöst wird, an der Idee des Menschen als „eigentlicher Intelligenz" und „letzter Kontrollinstanz" festhält.[333]

Diese Kontrollinstanz sieht Jünger ohne Zweifel in der Person des Unternehmers Zapparoni. „Ich fühlte die Macht, auf die sich das Schauspiel gründete" erklärt Richard, für den Zapparoni während des Spektakels stets „als unsichtbarer Chef", lediglich durch die überwachenden Augen der Bienen und Drohnen gegenwärtig ist.[334] In seinen folgenden Reflexionen über die Bedeutung des Geschehens, fasziniert ihn die Kunstfertigkeit und der „spielerische Zug" der Technik,

---

330 Ebd., S. 86 f.
331 Ebd., S. 89.
332 Harro Segeberg: „Ernst Jüngers Gläserne Bienen und die Frage nach der Technik". In: Friedrich Strack (Hg.): *Titan Technik. Ernst und Friedrich Georg Jünger über das technische Zeitalter.* Königshausen und Neumann, Würzburg, 2000, S. 211–224, hier: S. 220.
333 Benjamin Bühler: *Lebende Körper. Biologisches und anthropologisches Wissen bei Rilke, Döblin und Jünger.* Königshausen & Neumann, Würzburg, 2004, S. 287.
334 Jünger, Gläserne Bienen, 1990[1957], S. 90.

der ihn mehr fesselt als „das Ökonomische" oder ihr „Machtcharakter".[335] Zudem hängt für Zapparoni, wie Richard bemerkt, der „Rang eines Automaten von seiner Selbstständigkeit" ab.[336]

Jetzt ist Richard überzeugt, dass die Bienen nicht allein der Profitmaximierung bei der Honigproduktion dienen können, da ihre Herstellung allein für diesen Zweck zu aufwändig wäre. Er bemerkt, „dass die Anlage einen Sinn hatte, der außerhalb der üblichen Ökonomie gelegen war"[337] und vermutet zunächst, dass es sich dabei, wie bei Zapparonis Lichtspielen mit menschenähnlichen Puppen, um die Überbietung der Natur in der Tradition der „Automaten im alten Sinne"[338] handelt, nur um diesen Gedanken zu verwerfen und zu dem Schluss zu kommen, dass es sich bei den Geräten um eine neue Militärtechnologie handeln muss:

> Ja, ohne Zweifel befand ich mich auf einem Versuchsfeld der Zapparoni-Werke, auf einem Flugplatz für Mikroroboter. Meine Vermutung, dass es sich um Waffen handelte, traf wohl das Richtige. [...] Wenn Zapparoni seine Bienen auf Arbeiterinnen reduziert hatte, so hatte er sie doch des Stachels nicht beraubt, im Gegenteil.[339]

Ein Mensch, der über solche Automatenschwärme verfüge, sei ein „mächtiger Mensch" und „vielleicht mächtiger als ein anderer, der über die gleiche Zahl von Flugzeugen gebot".[340]

Die kontemplative Betrachtung der künstlichen Bienen schlägt endgültig um, als Richard in einem nahegelegenen Sumpf abgeschnittene Ohren entdeckt, die er für echte menschliche Körperteile hält. Unter dem Eindruck der schrecklichen Entdeckung wird er an seine Kriegserlebnisse erinnert und an die beispiellose Zerstörungskraft, die durch die technische Errungenschaft des Maschinenkriegs freigesetzt wurde. Jetzt ist für Richard die „Furcht, aber auch die Begeisterung", die einen beim Anblick der Technik ergreifen kann, das Gegenteil des „Behagens", das man beim Anblick eines Kunstwerks empfindet. Schwülstig und pompös fährt Richard in seinen Reflexionen und kontinuierlichen Selbsteinsichten fort:

> Perfekte Mechanismen umstrahlt [...] ein unheimlicher, aber auch faszinierender Glanz. Sie rufen Furcht hervor, aber auch einen titanischen Stolz, den nicht die Einsicht, sondern nur die Katastrophe beugt.[341]

---

335 Ebd., S. 90.
336 Ebd., S. 97.
337 Ebd., S. 92.
338 Ebd., S. 93.
339 Ebd., S. 95.
340 Ebd., S. 95.
341 Ebd., S. 103.

Richard, der die Begegnung mit den Roboterschwärmen in Zapparonis Garten als Tauglichkeitsprüfung für seine zukünftige Tätigkeit bewertet, ist sich inzwischen bewusst, dass er nicht nur Betrachter und Beobachter der Situation ist, die er so detailreich beschreibt, sondern auch Objekt der Beobachtung durch das Medium der Bienen. Besonders ein Gerät, „den Rauchgrauen", hält er für einen Überwachungsautomaten, über den Zapparoni ihn vom Lehnstuhl aus im Blick hat:

> Wahrscheinlich saß er dort behaglich bei seinen Büchern und verfolgte zuweilen auf dem Bildschirm, was ihm der Rauchgraue sendete. Er würde sehen, wie ich mich verhielt.[342]

Richard bemüht sich, den Modus der kühlen Betrachtung beizubehalten, doch je mehr er sich dazu zwingt, desto stärker wird er emotional herausgefordert und seine Wahrnehmung verwirrt. Schließlich verliert er die Nerven und zerschmettert „den Rauchgrauen" mit einem Golfschläger. Darin sieht er gewissermaßen eine Maßnahme der Resymmetrisierung in einer Situation äußerster Ausgeliefertheit. Es wird klar, dass die Katastrophe, die Richard erahnt, als er ein Paar abgeschnittene Ohren erblickt, nicht so sehr in der Grausamkeit der Tat besteht, als in der fehlenden „Parität", die mit der technologischen Überlegenheit einhergeht, in dem Mangel an Gleichgewicht,[343] dessen Beklagung er bei sich als einen veralteten Zug an sich eingesteht.[344]

Hier ähnelt Jüngers Erzählung einem weitverbreiteten Topos in der Diskussion über gegenwärtige Drohnentechnologie, für den Jüngers Erzählung als eine Art Prototyp dienen kann. Im Vorwort von *Killing Without Heart*,[345] einem 200-Seiten-starken Pamphlet gegen robotisch geführte Kriege, bezeichnet der ehemalige F-16-Pilot Shane Riza sich als einen „alten Kampffflieger und Krieger", dem es vor allem um die Verteidigung des traditionellen Kampf-Ethos geht. Ähnlich wie für Richard ist es vor allem der durch Robotik bedingte Verlust des kriegerischen Ehrgefühls, der ihn schwindelig werden und schließlich zur Feder greifen lässt. In einer ähnlichen selbstreflexiven Haltung wie der Richards, gesteht sich Riza die hoffnungslose Überholtheit seiner Stellung selbst ein: „I am well aware this

---

342 Ebd., S. 104.
343 Ebd., S. 106.
344 Ebd., S. 107. Mit Günther Anders könnte man Jüngers Protagonisten auch eine „protheische Scham" diagnostizieren, die den Menschen im Bewusstsein der Überlegenheit der von ihm hergestellten Dinge befällt. Siehe: Günther Anders: *Die Antiquiertheit des Menschen. Band I. Über die Seele im Zeitalter der zweiten industriellen Revolution*. Verlag C. H. Beck, München, 1985, sowie Kapitel 6.1 dieser Arbeit.
345 Shane Riza: *Killing Without Heart. Limits on Robotic Warfare in an Age of Persistent Conflict*. Potomac Books, Washington DC, 2013, S. xiv.

may put me in the same category as Army officers who could not let go of the horse in favor of the armored tank",[346] nur um sich einige Seiten später, vergleichbar dem zum Panzermechaniker umfunktionierten Rittmeister, als „technological warrior" in der hochgerüsteten Hülle des Kampfjets zu bezeichnen.[347] Wie Jünger, der in den *Gläsernen Bienen* die Technik als ein „System von Impulsen" beschreibt, das die Welt durchfluten und eines Tages in „reine Zauberei ausmünden wird",[348] greift auch Riza auf Metaphern des Magischen zurück, um die technologischen Errungenschaften zu fassen, die für ihn kaum noch begreifbar erscheinen. Die Ereigniskette etwa, die notwendig sei um eine Rakete per Infrarot, durch die Kommunikation zwischen verschiedensten technischen Systemen und Sensoren, und nicht zuletzt durch die Vermittlung von in der Erdumlaufbahn befindlichen Satelliten, schließlich selbststeuernd zum Ziel zu bringen, beschreibt er als „consecutive miracles",[349] als Abfolge von Wundern.

Für Riza findet die „Erstbegegnung" mit robotischer Technologie im Jahr 2003 im Irak statt. Während er im Stützpunkt Balad stationiert ist, der, mitten in der irakischen Wüste gelegen, ständig gegen Angriffe von außen geschützt werden muss, macht er die entrückende Erfahrung, am Einsatz gehindert zu werden während eine selbstfeuernde, Raketenabwehr-Maschine[350] das Kommando übernimmt:

> The Phalanx and C-RAM are capable of automatically detecting incoming rounds determining if the trajectory is a threat and firing to counter the threat. By many definitions this makes the C-RAM a robot – a programmable machine, with at least some minimal autonomy, that can sense and manipulate its environment. For a fighter pilot steeped in the aerial tradition of carrying the fight far afield to interdict aggressor forces and in conducting swirling battle [...], such is the surrealism of what is twenty-first-century warfare. [...] Now I was subjected to the random threat of indirect fire while being protected by a robot far beyond my control and possibly acting of its own accord. In the half-light of dusk near the banks of the Tigris River and in the cradle of civilization, it seemed like an embarkation to a whole different world.[351]

---

346 Ebd.
347 Ebd., S. 4.
348 Jünger, Gläserne Bienen, 1990[1957], S. 30.
349 Riza, Killing Without Heart, 2013, S. 4.
350 Das hier genannte Land-basierte Phalanx Weapons System (LPWS) ist Bestandteil des C-RAM (Counter Rocket, Artillery and Mortar) Programms, das vom Rüstungskonzern Raytheon hergestellt wird. Siehe: Raytheon: „Phalanx Weapons System". Raytheon Missiles & Defense [offizielle Webseite], URL: https://www.raytheonmissilesanddefense.com/capabilities/products/phalanx-close-in-weapon-system [abgerufen am 19. Januar, 2021].
351 Riza, Killing Without Heart, 2013, S. 3.

Wie Jüngers Richard betrauert Riza den Verlust der heroischen Kriegführung, in der das eigene Leben noch nicht vom Ort der Gefahr und so vom „Sinn" des Kriegerethos entfernt war. Aber anders als Jüngers Antiheld begegnet Riza der neuen Technologie noch nicht als neuer Form des Gegenübers, das die Instanz des Sehenden grundsätzlich in Frage stellt. Das mag an der Siegermentalität der amerikanischen Streitkräfte liegen, deren Protagonisten noch nicht gelernt haben, von der Position des Blickenden, den „Augen der Armee"[352] und der ihr eigenen Behauptung „chirurgischer Kriegführung"[353] zu abstrahieren.

„Die scharfblickende Persona vergleicht sich gern mit dem Chirurgen", schreibt Helmuth Lethen über Jünger, der in den 20er und 30er Jahren aus dem Sehen durch die Kameralinse eine Selbsttechnik der Distanzierung und Affektminderung ableitete, die mit der geschärften Wahrnehmung einhergehen soll. Lethen zufolge wird dieser „Wunsch zur Wahrnehmungsschärfe" immer dann mächtig, „wenn ein traditioneller Interpretationsrahmen zerbricht".[354] Jüngers *Arbeiter* entstand in Reaktion auf eine neue Rahmung, die das traditionelle Schlachtfeld durch Luftbilder rasterte und in den Suchern der mechanischen Zielgeräte fasste. Die Doktrin des „chirurgischen Kriegs"[355] entsteht zu einer Zeit der geopolitischen Verschiebungen und Zusammenbrüche, deren ikonisches Bild die hochsensiblen Sensoren und Videofeeds der Drohnen liefern. Und wenn Jünger im *Arbeiter* noch einen sich selbst fernsteuernden Menschen herbeisehnte, so wird die Steuerung in der Erzählung der aktuellen Militärdokumente, wie in Kapitel 6.2 und 6.3.3 dieser Arbeit noch gezeigt wird, an die Geräte abgegeben und der Mensch so – zumindest rhetorisch – selbst zur außengesteuerten „unmanned technology".

---

352 „Eyes of the Army" nennt sich ein Dokument über die militärtechnischen Zukunftsprognosen der USAF. Siehe: Martin E. Dempsey: *Eyes of the Army. U. S. Army Roadmap for Unmanned Aircraft Systems 2010–2035*. U. S. Army UAS Center of Excellence, Fort Rucker, Alabama, 2010.
353 Der Begriff der „surgical warfare" wurde zuerst während der Operation Desert Storm während des ersten Golfkriegs Anfang der 1990er Jahre verwendet. Siehe: O. V.: „Flashback: Desert Storm". *BBC News*, Montag 15. Januar, 2001, URL: http://news.bbc.co.uk/2/hi/middle_east/1118611.stm [abgerufen am 10. Januar 2018]. Unter Obama wurde aus der Metapher des Chirurgischen eine Doktrin für Drohnen-geführte Kriegseinsätze. Dazu siehe: Kathrin Friedrich, Moritz Queisner: „Automated Killing and Mediated Caring. How image-guided robotic intervention redefines radiosurgical surgery". *Machine Ethics in the Context of Medical and Care Agents, Proceedings of AISB50 Convention*, 2014 [ohne Seitenangaben].
354 Lethen, Verhaltenslehren, 1994, S. 187.
355 Der Begriff der „surgical warfare" wurde von der Obama-Regierung immer wieder zur Rechtfertigung der Drohnen-gestützten Anti-Terror Einsätze verwendet. Siehe u. a.: Conor Friedersdorf: „Calling a U. S. Drone Strike ‚Surgical' is Orwellian Propaganda". *The Atlantic*, 27. September 2012, URL: https://www.theatlantic.com/politics/archive/2012/09/calling-us-drone-strikes-surgical-is-orwellian-propaganda/262920/ [abgerufen am 18. August 2024].

In *Gläserne Bienen* verarbeitet Jünger einerseits die tiefe Verunsicherung, die die technologische Moderne in all ihrer Komplexität und den mit ihr verbundenen Machtverschiebungen für die reaktionäre Gesinnung des „alten Kriegers" bedeutet. Andererseits antizipiert er darin mit einer gewissen Klarheit die Übergänge, die gerade in der Kriegführung des 20. Jahrhunderts das Verhältnis des Menschen zur Technologie mehr und mehr verschieben. Die Erzählung mündet in der Begegnung mit den fliegenden Sehapparaten, die Richard in eine Krise der Wahrnehmung stürzt.

> Es blieb immer das gleiche", beklagt sich Richard, „kaum hatte man eine neue Technik begriffen, so zweigte sie auch schon ihre Antithese aus sich ab. [...] Die Beurteilung der Größenverhältnisse war schwierig, weil es sich um Objekte handelte, die außerhalb der Erfahrung lagen und für die im Bewußtsein keine Norm gegeben war. Ohne Erfahrung gibt es kein Maß.[356]

Richard nimmt die Rolle des rationalen Beobachters ein, im Augenblick der Verunsicherung klammert er sich an objektivierende wissenschaftliche Methoden, versucht zu messen, zu testen und zu bestimmen. Aber die Krise betrifft vor allem die Frage der Sicht: In Richards Begegnung mit den gläsernen Bienen verschiebt sich das Verhältnis zwischen Subjekt und Objekt der Beobachtung, sein Realitätssinn gerät ins Wanken und er findet sich schließlich in einem Zustand der *Apophenie*, eine Pathologie, nach der Muster und Zusammenhänge halluziniert werden, wo keine vorhanden sind:[357]

> Die anstrengende, eintönige Beobachtung birgt die Gefahr von Visionen, wie jeder weiß, der im Schnee oder in der Wüste ein Ziel verfolgte oder der endlose, schnurgerade Straßen befuhr. Wir beginnen zu träumen; die Bilder gewinnen Macht über uns. – – –[358]

In Jüngers Erzählung findet sich das von oben blickende, wissenschaftliche Subjekt, verkörpert durch den verwirrten Rittmeister, selbst einem von oben beobachtenden, technologischen Gegenüber ausgesetzt. Die dahinter liegenden menschlichen Augen sind ins Ortlose, Körperlose verschoben, Richard kann über ihre Position nur spekulieren. In dieser Situation der Asymmetrie begreift er buchstäblich am eigenen Leib, dass das Sehen immer eine Frage der Macht über die Sehapparate ist. Die verunsichernde Situation, die der Protagonist aus Jüngers Erzählung erlebt, als

---

356 Jünger, Gläserne Bienen, 1990 [1957], S. 98–99.
357 Aphonie wurde zuletzt auch von Hito Steyerl als Kennzeichen von Computer-gestützten Datenverarbeitungsprozessen und machine learning beschrieben, hierzu: Hito Steyerl: „A Sea of Data: Apophenia and Pattern (Mis-)Recognition". In: *e-flux journal #72*, April 2016, URL: http://www.e-flux.com/journal/72/60480/a-sea-of-data-apophenia-and-pattern-mis-recognition/.
358 Jünger, Gläserne Bienen, 1990 [1957], S. 100.

er sich selbst als Objekt eines maschinellen, eigentätigen Sehens erfährt, ist emblematisch für die nach dem Zweiten Weltkrieg einsetzenden technologischen Entwicklungen, die mehr und mehr den Paradigmen der Computation und Automation unterliegen. In dieser Situation befinden sich fortan nicht mehr nur die „Objekte" der Beschauung, die sich dieser Art der Beobachtung schon immer ausgesetzt sahen, sondern auch die Steuernden selbst. Die menschliche Wahrnehmung wird dabei, wie im folgenden Kapitel noch zu zeigen sein wird, in ein wissenschaftliches Experimentierfeld überführt, wo sie schließlich aufgrund ihrer notorischen Fehleranfälligkeit selbst zum Objekt der Operationalisierung innerhalb kontrollierender und befehlender technologisch-militärischer Handlungsketten wird. Dass auch die vermeintlich effizienten Sehapparaturen, von künstlicher Intelligenz unterstützen Interpretationsverfahren und vernetzten Sensorsysteme unter Apophenien leiden und zuweilen Muster halluzinieren, wo keine vorhanden sind, legt eine genauere Betrachtung der zeitgenössischen Formen militärischer Überwachung nahe, welche die nun folgenden Abschnitte liefern sollen.

3.3 Militärische Bildtechniken und die neuen Ornamente der Masse

3.3.1 Die militärische Luftaufklärung nach dem Ersten Weltkrieg: Das Britische Mandat im Irak

Eine der ersten Anwendung militärischer Luftaufklärung und vertikaler Kontrolle in der Zeit nach dem Ersten Weltkrieg bestand in der auch als „imperial policing"[359] bezeichneten britischen Luft-Herrschaft der Royal Air Force (RAF) in Somaliland im heutigen Somalia 1919–1920, sowie im britischen Mandatsgebiet im Irak zwischen 1922 und 1925. Für die britische Regierung galt diese Strategie, wie Yuki Tanaka hervorhebt, als „outstandingly effective, extremely economical and undoubtedly humane in the long run."[360] Derek Gregory sieht hier zurecht einen direkten Vorläufer der späteren US-amerikanischen Drohneneinsätze im

---

359 Buckley, Air Power in the Age of Total War, 2001, S. 103. Luftbombardements wurden in der Zeit nach 1918 auch in Ägypten, Panjab, und Afghanistan durchgeführt, aber nur im Irak führte dies zur systematischen Ausformung einer Luftmacht, was, wie Priya Satia überzeugend argumentiert, auf eine rassistische Europäisch-orientalistische Imagination „Arabiens" zurückzuführen ist. Siehe: Priya Satia: „The Defense of Inhumanity: Air Control and the British Idea of Arabia". *American Historical Review* 111 (1), S. 16–51.
360 Yuki Tanaka: *Bombing Civilians*, 2009, S. 2.

Grenzgebiet von Pakistan und Afghanistan,[361] zumal die britische Luftwaffe schon damals auch auf Kabul, die Region Wasiristan und den Jemen Angriffe durchführte. Auf die einen Monat andauernden Bombardements der Briten gegen die Mahsud-Rebellen im Süden Wasiristans reagierten diese mit asymmetrischer Gegenwehr und Anpassung:

> The month-long bombing campaign showed that the tribesmen could adapt to aerial attack. They soon learned to remain still in the shadow of rocks when aeroplanes were audible, their accurate rifle fire from the ground brought down several machines and the air force soon found it had to fly in larger formations to disperse ground fire.[362]

Die Ausführungen von David Omissi erinnern an die 22 Empfehlungen zur Vermeidung von Drohnenangriffen des jemenitischen Zweigs von Al Qaeda, die in Mali gefunden und im Februar 2013 von der Associated Press veröffentlich wurden. Darunter findet sich zum Beispiel die Anweisung, sich im Schatten dicker Bäume zu verstecken und Spiegel zum Blenden der Sensoren einzusetzen.[363] In einem Brief an Atiyah Abd al Rahman, die im Zuge der gezielten Tötung Osama bin Ladens gefunden wurden, empfahl der Al Qaeda-Gründer unter anderem, sich nur bei bewölktem Himmel draußen zu bewegen, und Bäume zu pflanzen, in deren Schatten sich die „Mujahidin" bewegen könnten, um von den Drohnen nicht gesehen zu werden.[364] Ähnlich den Drohneneinsätzen, die von 2002 bis 2018 unter der Ägide des CIA vor allem in der FATAH-Region Pakistans durchgeführt wurden und die im nächsten Abschnitt näher diskutiert werden, kann man auch bei den britischen Luftbombardements im Mandatsgebiet von 1918 bis zur Unabhängigkeit Iraks 1932 von einem „unerklärten Krieg" sprechen.[365] Mit Blick auf

---

361 Derek Gregory: „From a View to a Kill. Drones and Late Modern War". In: *Theory, Culture & Society*, 28.7–8, 2012, S. 188–215, hier: S. 189.

362 David E. Omissi: *Air Power and Colonial Control. The Royal Air Force 1919–1939*. Manchester University Press, 1990, S. 12.

363 O. V.: „Al-Qaeda's 22 tips for dodging drone attacks: the list in full". *The Telegraph*, 21. Februar 2013, URL: https://www.telegraph.co.uk/news/worldnews/al-qaeda/9886673/Al-Qaedas-22-tips-for-dodging-drone-attacks-the-list-in-full.html [abgerufen am 31. Mai 2021].

364 Siehe: Dan Gettinger: „Drones in the Abbottabad Documents". *Center for the Study of the Drone*, 29. Mai 2015, Bard College, Annandale-on-Hudson, New York, URL: https://dronecenter.bard.edu/drones-in-the-abbottabad-documents/ [abgerufen am 31. Mai 2021].

365 Kaplan, Aerial Aftermaths, 2018, S. 175. Priya Saita charakterisiert die Kontinuitäten britisch-US-amerikanischer Aktivität bis zur Gegenwart folgendermaßen: „Perhaps more saliently [...] the myth of air control's success and humanity has critically informed American tactics in the region since 2003. This is partly the result of institutional collaboration between the two countries during the Second World War and the Cold War, when the United States took over as the masterminds of covert activity in the region—indeed, a mere two years after the British departure in 1958, the CIA attempted to assassinate the new Iraqi republic's head of state. It is also partly because military

die in diesem Kapitel vorangegangenen Ausführungen zur kolonialen Fotogrammetrie und der Geburtsstunde des motorisierten Luftkriegs in Libyen, lassen sich auch diese Ereignisse der Entwicklungslinie staatlich sanktionierten Terrors aus der Luft zurechnen. Im Gegensatz zu diesen gescheiterten Versuchen der Etablierung einer kolonialen Lufthoheit waren jedoch die britischen Ansätze der „air control" zwischen den Kriegen zumindest vorübergehend von strategischem Erfolg gekrönt, wenn man die erfolgreiche Unterdrückung der zivilen Bevölkerung eines ganzen Landstrichs denn als solchen verbuchen möchte. Thomas Hippler erkennt in dem von den USA angeführten Luftkrieg gegen den Irak im Jahr 1991 eine Wiederkehr der britischen Luftkontrolle der Mandatszeit.[366]

Das britische Empire war nach dem Ersten Weltkrieg aufgrund der Kriegsanstrengungen ökonomisch geschwächt. Zugleich befand es sich durch die Gebietszugewinne aus den besiegten deutschen und osmanischen Territorien auf der Höhe seiner Macht. Es fehlte jedoch vor allem an finanziellen Ressourcen zur Beherrschung der neuen Mandatsgebiete. In der Idee des „Vaters der Royal Air Force", Hugh Trenchard, die gerade entwickelten Luftstreitkräfte in Friedenszeiten zur polizeilichen Kontrolle der Kolonialgebiete umzuwidmen, verband sich eine ressourcenschonende Lösung zur Beherrschung der aufständischen Bevölkerungen mit dem Legitimierungsdruck der gerade erst gegründeten britischen Luftwaffe.[367] Die „Mesopotamische Kampagne" der Briten begann schon 1914 mit dem Einsatz von Bodentruppen, die unter den klimatischen Bedingungen zunächst schwere Verluste erlitten. Der blutige irakische Aufstand gegen das britische Mandat wurde von der Royal Air Force erfolgreich niedergeschlagen. Winston Churchill hob lobend hervor, dass die Kontrolle der Region durch Bodentruppen erheblich aufwändiger und kostspieliger gewesen wäre: Aus der Luft konnte nicht nur der Zugriff auf die Bevölkerung durch genaue Kartierung gesichert werden, zudem wurden aufschwelende Rebellionen durch Bombardements erfolgreich unterdrückt. Wie schon vor dem Krieg die italienischen Invasoren in Libyen bemerkt hatten, hatten die Luftbombardements eine psychogisch demoralisierende Wirkung auf die rebellierende Bevölkerung, die weit über die kinetische Wirkung der abgeworfenen Bomben und Granaten hinaus ging. Wie Priya Satia darlegt, wurde auch hier die mangelnde Treffsicherheit der Bomben mit dem offenherzigen Eingeständnis konfrontiert, dass der eigentliche

---

historians, citing the orientalist experts who created the regime, as we have seen above, have confirmed their view of the region. They in turn have been cited by USAF academics in their studies of airpower in counterinsurgency." Siehe: Satia, Pain of Love, 2014, S. 243.

366 Hippler, Regierung des Himmels, 2017, S. 210.

367 Siehe dazu ausführlich: David E. Omissi: *Air Power and Colonial Control. The Royal Air Force, 1919–1939.* Manchester University Press, London, 1990, S. 8–28.

Zweck der Bombardements in der Terrorisierung der Bevölkerung bestand. „Aircraft were really meant to be everywhere at once, ‚conveying a silent warning'".[368]

Gerade in den Wüsten- und Gebirgsregionen, wo Truppeneinsätze über Land schwierig und gefährlich gewesen wären, war der vertikale Zugriff der Flieger ein maßgeblicher strategischer Vorteil. Wie Caren Kaplan hervorgehoben hat, wurden während des britischen Mandats im Irak aber nicht nur grundlegende Standards und Maßstäbe für die Entzifferung des vertikalen Bildes gesetzt, sondern auch geopolitische Grundlagen für die *longue durée* der kolonialen Gegenwart und des endlosen Kriegs in der Wüste gelegt, die vor allem auf das Interesse der Weltmächte an den schon seit 1914 bekannten mesopotamischen Ölvorkommen zurückzuführen sind, für die die militärische Besetzung Baghdads, Kaplan zufolge, als Sinnbild dienen kann.[369]

> Airpower offered a lower-cost, efficient solution, especially for desert terrain. [...] Aerial imagery began to supply the raw data for the kind of maps that could provide military advantage in a desert war.[370]

Wie auch schon während des Ersten Weltkriegs, stellte die Arbeit der Interpretation der Fotografien die britische Luftaufklärung vor neue Aufgaben. In *Aerial Aftermaths* (2018) arbeitet Caren Kaplan heraus, wie sich die Manuale und Instruktionen zur Interpretation von Luftfotografien im kolonialen Kontext von denen, die ungefähr zeitgleich für den Einsatz an der Weltkriegsfront in Europa produziert worden waren unterschieden: Während etwa der 1918 von der Royal Air Force herausgegebene Leitfaden zu *Characteristics of the Ground and Landmarks in the Enemy Lines Opposite the British Front from the Sea to St. Quentin*[371] durch äußersten Detailreichtum bestach, die Verlässlichkeit der Fotokarte als Wissensobjekt affirmierte, und von den Flugbeobachtern verlangte, kleinteilige Unterschiede im Flickenteppich der europäischen Landschaft zu unterscheiden und zu memorieren (die Autoren des Manuals ziehen zum Vergleich der Landschaften sogar der westlichen Avantgardekunst entnommene Beschreibungen wie „kubistisch" und „futuristisch" heran), ist das ebenfalls im Jahr 1918 hergestellte Manual zur *Interpre-*

---

368 Priya Satia: „The Pain of Love. The Invention of Aerial Surveillance in British Iraq". In: Peter Adey, Mark Whitehead, Alison J. Williams (Hg.): *From Above: War, Violence and Verticality*. Hurst, London, 2015, S. 223–246, hier: S. 235, darin zitiert: A.T. Wilson: *Note on Use of Air Force in Mesopotamia*, 26 Feb. 1921, AIR 5/476.
369 Kaplan, Aerial Aftermaths, 2018, S. 153.
370 Ebd., S. 156, 157.
371 Royal Air Force: *Characteristics of the Ground and Landmarks in the Enemy Lines Opposite the British Front from the Sea to St. Quentin*. General Headquarters Staff, British Intelligence Section, London, 1918, zitiert nach Kaplan, Aerial Aftermaths, 2018.

tation of Aeroplane Photographs in Mesopotamia[372] vor allem geprägt von Leerstellen und von der Schwierigkeit der Entzifferungen der fremden, schwer zugänglichen Landschaft.[373] Ein darin enthaltenes Diagramm (Abb. 11) zeigt Gegenstände wie Minarette, Türme und Palmen aus ebenerdiger Sicht und von oben, einschließlich der Schattenrisse, anhand derer sie identifiziert werden können. Das Diagramm ist insofern bemerkenswert, da es davon auszugehen scheint, dass die britischen Luftaufklärern mit diesen „exotischen" Dingen so wenig vertraut sind, dass ihnen die intuitive Extrapolation der Draufsicht,[374] nicht zuzutrauen ist.

Der irakische Leitfaden ist – wie der Europäische – entsprechend der militärischen Doktrin technologischer Überlegenheit um die Etablierung des Luftbildsals verlässliche Form der Information bemüht, stellt dieser Einschätzung jedoch die Anweisung voran, Bildauswerter*innen müssten sich vor Gebrauch der Bilder gewissermaßen „von unten", ebenerdig mit der Landschaft und den abgebildeten Gegenständen vertraut machen. Es wird ebenfalls einschränkend festgestellt, dass diese Art der Bilder, im Gegensatz etwa zu den Luftbildern Europas, für ihre Lesbarkeit sehr auf Kontext angewiesen sind. So heißt es im Manual für Mesopotamien:

It must be remembered that one photograph may itself give little definite information, but read in conjunction with other photographs, intelligence summaries, prisoners' statements, etc., much valuable information of either a positive or negative character may be obtained.[375]

Kaplans Beobachtungen decken sich insofern mit der in dieser Arbeit verhandelten These, dass Bilder nicht quasi-automatisch Wissen und Handlungen hervorbringen, sondern stets auf Anleitungen, Kontexte und Formen des Einübens angewiesen sind, um operativ zu werden. Darüber hinaus kann Kaplan aber auch am Beispiel der britischen Luftaufklärung im Irak zeigen, dass die Kontexte und Hintergründe maßgeblich dafür verantwortlich sind, *was* auf den Bildern zu sehen ist und welche Art von Handlungen sich daraus ergeben. Zum einen widerspricht sie der offiziellen Darstellung der Briten, dass es vor dem Mandat keine Karten gegeben habe, denn die britischen Karten, die etwa dem Sykes-Picot Abkommen zur Aufteilung der Region beigegeben waren, stützten sich auf osmanische Karten. Zum anderen diente die Beschreibung einer vorgefundenen leeren Landschaft hier, wie auch in anderen Kolonialkontexten stets der Rechtfertigung für die Aneignung durch westliche

---

372 Royal Air Force: *Notes on Aerial Photography. Part II, The Interpretation of Aeroplane Photographs in Mesopotamia.* General Headquarters Staff, Baghdad, 1918, zitiert nach Kaplan, Aerial Aftermaths, 2018.

373 Hierzu ausführlich: Kaplan, Aerial Aftermaths, 2018, S. 165–173.

374 Cosgrove, Fox, Photography and Flight, 2010, S. 10–11

375 Royal Air Force: *The Interpretation of Aeroplane Photographs in Mesopotamia*, 1918, S. 26, zitiert nach Kaplan, Aerial Aftermaths, 2018, S. 172.

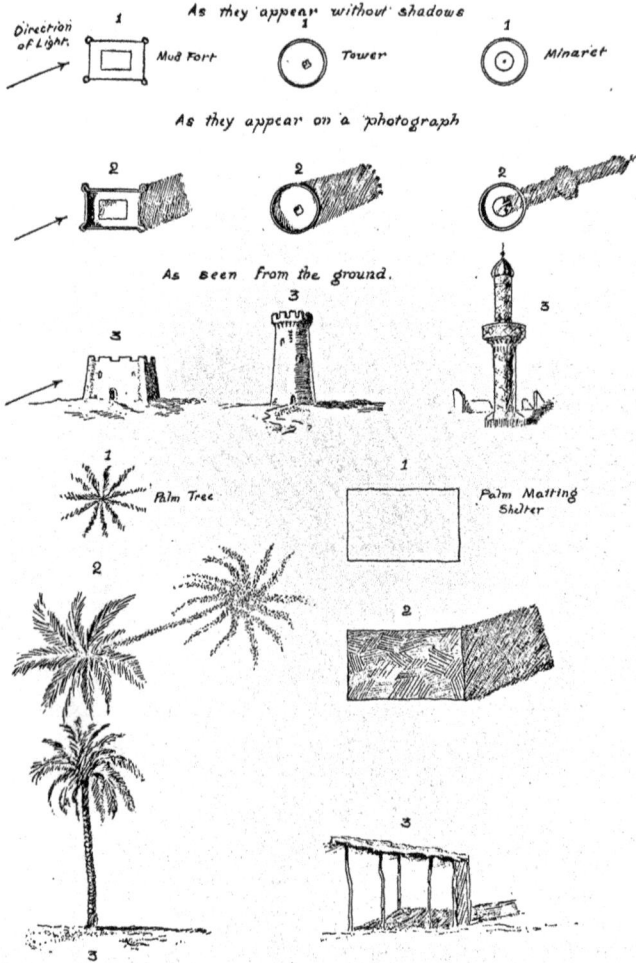

Diagram illustrating the reconstruction, from their shadows of objects seen from above.

As they appear without shadows

Direction of Light.

1 Mud Fort   1 Tower   1 Minaret

As they appear on a photograph

2   2   2

As seen from the ground.

3   3   3

1 Palm Tree   1 Palm Matting Shelter

2   2

3   3

Abb. 11: „Diagram illustrating the reconstruction, from their shadows of objects seen from above.'
Plate 10 in *Notes on Aerial Photography, part II, The Interpretation of Aeroplane Photographs in Mesopotamia*, 1918."
Copyright: The British Library.[376]

---

376 Aus: Kaplan, Aerial Aftermaths, 2018, S. 166–167, Figure 4.10.

Mächte, um im Falle des Iraks, hier erst einen „künstlichen Staat", mit entsprechend willkürlich mit dem Lineal gezogenen Grenzen, zu errichten:

Maps of Iraq, then, created the absences and elisions that they were designed to address.[377] [...] As the British moved to ‚fill in' their new maps of the Middle East and North Africa, they created the politics they wished to enact along with the aesthetics to support those aims. The maps disseminated wartime colonial discourses then and now, reminding us nonetheless that if we accept the British mythology of both ‚empty map' and ‚artificial state,' we take maps and photographs as naturalized truths rather than as tools to use in the service of history and politics.[378]

Als Werkzeuge der polizeilich-militärischen Kontrolle waren die britischen Luftkarten allerdings wirkungsvoll. Wie Kaplan schreibt, wurden abgelegene Gegenden wie Samawah zunächst kartiert und dann auf effiziente Weise bombardiert. Hohe Opferzahlen wurden dabei in Kauf genommen, denn die Verbreitung von Angst und Schrecken unter der Bevölkerung war hier einmal mehr Teil der kalkulierten Strategie.

Während des Zweiten Weltkriegs beschleunigte sich die technologische Weiterentwicklung der im Ersten Weltkrieg und der Zwischenkriegszeit erprobten Technologien der Lufterkundung um ein Vielfaches. Die bis 1918 etablierten Prinzipien kamen nun zur vollen Entfaltung und wurden um weitere technologische Neuerungen ergänzt. Film ersetzte die Fotoplatten, Infrarot-Kameras und Leuchtbomben ermöglichten das Spähen in der Nacht.[379] Während der Luftkrieg zum neuen Paradigma der Kriegführung wurde, nahm die Bilderflut der Aufklärungslüge neue Dimensionen an. Allein das US-amerikanische Militär schoss bis 1944 monatlich drei Millionen Fotos. War die Luftfotografie schon im Ersten Weltkrieg die wichtigste Informationsquelle für die taktische Aufklärung und strategische Ziele, so wurde diese Funktion nun weiter ausgebaut.[380]

Der britische Geheimdienst hatte schon in den 1930er Jahren damit begonnen, ganz Westeuropa aus der Luft zu erfassen, und die US Army begann im Jahr 1938

---

377 Kaplan, Aerial Aftermaths, 2018, S. 173.
378 Ebd., S. 174. „Pursley argues, first, that British maps like the one usually presented as accompanying the 1916 Sykes-Picot Agreement (the infamous plan between Britain and France that divvied up areas in the Middle East) are based almost exactly on existing Ottoman maps of the area in question and, second, that, among the many maps consulted by and even produced by the British, the maps were ‚never empty' [...]". Ebd., S. 173.
379 Bousquet, Eye of War, 2018, S. 96–97.
380 Siehe Bousquet, Eye of War, 2018, S. 96; siehe auch Cosgrove, Fox, Photography and Flight, 2010, S. 55 f.

Abb. 12: Eine Bombe fällt auf die kurdische Stadt Sulaimaniyah im britischen Mandatsgebiet Irak (1924).[381]

mit dem Training zur Luftaufklärung. Manuel de Landa unterscheidet grundsätzlich drei Komponenten der Maschinerie der optischen Produktion von „intelligence": Die Plattform (das Fluggerät), die Bildgebungstechnologie (Fotografie) und die Techniken der Bildinterpretation, die, in jeweils eigenem Tempo, parallel zueinander weiterentwickelt wurden.[382] Während sich diese Beschreibung noch mit den Entwicklungen des Ersten Weltkriegs deckt, so wurden diese doch während des Zweiten Weltkriegs an allen Fronten systematisiert und technologisch verfeinert. Die korrekte und zügige Interpretation und Auswertung der Bilddaten blieb weiterhin am Kern der technologischen Fortschritte.

---

381 Siehe: Satia, Pain of Love, 2015, S. 236, Image 25 [keine weiteren Angaben]. Eigene Recherchen haben ergeben, dass die Fotografie aus der „Frederick Newman Collection" stammen, ein Nachlass von Fotografien, der sich offenbar im Besitz des San Diego Air and Space Museum befindet. Andere Bilder, die sich dieser Serie zuordnen lassen, sind online abrufbar unter der URL: https://www.flickr.com/photos/sdasmarchives/albums/72157629974581728/ [abgerufen am 12. Oktober 2024].
382 [Eigene Übersetzung] De Landa, War in the Age, 1991, S. 195 f.

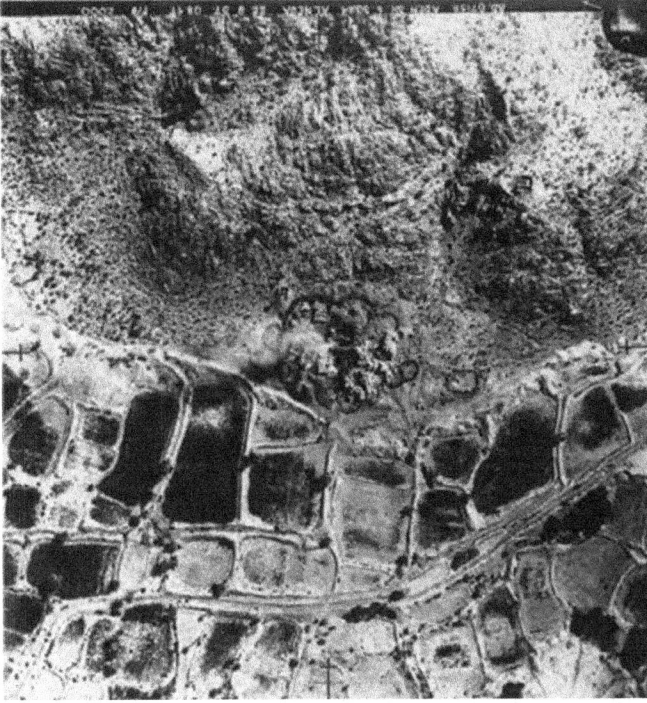

Abb. 13: Fliegerbomben fallen auf das Dorf Al-Neija, 1937.[383]

During World War II flying platforms evolved at an incredible pace and so did photography, with the creation of high-resolution color film and lenses that automatically compensated for air temperature and atmospheric pressure. But advances in hardware alone would have been meaningless if the software component, photointerpretation, had not kept pace.[384]

Dem Militärhistoriker Martin van Creveld zufolge eröffnen die zwei Jahrzehnte nach 1945 das „Zeitalter der Komplexität". Die Einführung von „Düsenflugzeug und Helikoptern, die Anwendung von Elektronik und Automatisierung der Schusstechnik, der Kommunikation, elektronische Gegenmaßnahmen und Logistik"[385] verursachten

---

383 Quelle: Omissi, 1990, S. 83 [keine weiteren Angaben].
384 Ebd., S. 197.
385 Martin van Creveld: Command in War. Harvard University Press, Cambridge MA, 1985, S. 234.

zunehmend Probleme in der Logistik und im Management. Die daraus resultierende Spezialisierung war sowohl Ursache als auch Effekt der neuen Komplexität,[386] und förderte eine Tendenz der Zentralisierung, die wiederum den Bedarf an zuverlässiger Information, zur richtigen Zeit an der richtigen Stelle, enorm erhöhte. Diese von van Creveld als „information pathology" bezeichnete Datenschwemme machte neuartige Techniken der Analyse und Interpretation erforderlich: Techniken, die der Komplexität gerecht wurden und in der Lage waren, „präzise, quantitative Antworten" an die Stelle von qualitativen Einschätzungen zu setzen.[387] Dies führte unter anderem zur Anwendung der System-Analyse in den Kommandostrukturen des Pentagon unter Robert McNamara in den 1960er Jahren.

Im Laufe des Kalten Kriegs wurden über drei Millionen Quadratkilometer sowjetischen Gebiets durch Fotokartierungen abgedeckt. In den USA wurde die „intelligence analysis" nach dem Krieg primär zur Aufgabe der neugegründeten Central Intelligence Agency (CIA). Mit der Entwicklung des Lockheed-U-2 Aufklärungsflugzeugs entstand im Jahr 1955 eine Plattform, die die fotografische Luftaufklärung buchstäblich zu neuen Höhen führte:

> At the level of photoreconnaissance this new thrust (directed by Polaroid's Edwin Land) resulted in the creation of a new flying platform and an ultrasophisticated imaging apparatus, with a high-sensitive film developed secretly by Kodak and a special vibration-compensating system and automatic exposure control mechanisms. All together the new imaging machine could resolve (differentiate) an object the size of a basketball at a distance of thirteen miles.[388]

Ergänzt wurde diese, noch innerhalb der Grenzen der Erdatmosphäre operierende, Luftaufklärung bald um die ersten strategischen Aufklärungssatelliten.[389] Die US-amerikanische „Discoverer" wurde im August 1960 in die Erdumlaufbahn geschossen.

> The Discoverer could take photographs from outer space, and its camera was so powerful that [...] an experienced photoanalyst could identify objects as small as thirty six inches [...].[390]

---

386 „As the number of specialties grows, the amoutn of information needed to coordinate their performace grows not arithmetically but geometrically, everybody (or groups of every kind) havin tob e coordinated with everybody else. Individual members oft he organization are responsible to, and therefore in communication with, both their direct superior and with the person in charge of their own branch of specialty, creating even more of a demand for information". Van Creveld, Command in War, 1985, S. 235.
387 Van Creveld, Command in War, 1985, S. 239.
388 De Landa, War in the Age, 1991, S. 198 und Burrows, Deep Black, 1988, S. 75–76.
389 Zur Geschichte, Bedeutung und Kultur der Satellitentechnologie siehe ausführlich: Lisa Parks: *Cultures in Orbit. Satellites and the Televisual.* Duke University Press, Durham, 2005.
390 Kaplan, The Wizards of Armageddon, 1983, S. 156, zitiert nach De Landa, 1991, S. 199.

Satelliten fotografierten die Erde aus dem Orbit und der panoptische Blick der Militärs konnte sich erstmals auf jeden beliebigen Punkt der Erdoberfläche richten. Im Jahr 1961 wurde in den USA die National Photographic Interpretation Center (NPIC) gebildet, das als zentrale Einrichtung für Bildanalyse alle amerikanischen Geheimdienste versorgte. Hier fand mit der Aufrüstung der Computer-Technologie, die nächste große Revolution der militärischen Bildgebung statt, die auch einen Anfangspunkt für die dominanten Entwicklungen des 21. Jahrhunderts darstellen:

> Photo interpreters who had used their eyes almost exclusively to examine the size and shape of objects, the patterns made by these objects and others near them, as well as the shadows, tones and shades of light, were supplemented by high-speed digital computers that took the analysis of imagery [...] far beyond mere ‚eye-balling'. By the end of the decade [computers] were routinely being used to correct for distortions made by the satellite's imaging sensors and by atmospheric effects, sharpen out-of-focus images, build multicolored single images out of several pictures taken in different spectral bands, extract particular features while diminishing or eliminating their backgrounds altogether, enhance shadows, suppress glint from reflections of the sun and a great deal more.[391]

Computer unterstützten nicht nur die Arbeit der Bildinterpreten, indem sie auf automatisierte Weise Bilder bearbeiteten und verbesserten, sodass das menschliche Auge die darauf abgebildeten Dinge besser erkennen konnte. Schon in den 1970er Jahren wurde zudem klar, dass eine wesentliche Aufgabe der Computergestützten Bildinterpretation in der Auswahl der relevanten Informationen aus der Masse der Bilderflut lag. Die Computerprogramme waren in der Lage, neue Bilder einer bestimmten Szenerie (zum Beispiel von Eisenbahnlinien oder Industrieanlagen) mit älteren Aufnahmen vergleichen und die Aufmerksamkeit der menschlichen Bildinterpreten auf Veränderungen lenken, auch im Hinblick auf das Verhalten feindlicher Truppen.[392] Mit der automatisierten Muster- bzw. Fehlererkennung entstand ein neuer Aufgabenbereich, der bis heute einer der wichtigsten Anwendungsbereiche sowohl von militärischer, als auch industrieller „machine vision" ist. In den automatisierten Fabriken des 21. Jahrhunderts wird diese Technologie in großem Maßstab etwa am Fließband eingesetzt, um fehlerhafte Produkte auszusortieren.[393] Mit der stetigen Verbesserung solcher Mustererkennungstechnologien wird die menschliche Bildinterpretation zunehmend in Frage gestellt.

---

391 Burrows, Deep Black, 1988, S. 21, zitiert nach De Landa, War in the Age, 1991, S. 200.
392 Ebd., S. 262.
393 Ein Besuch auf einer zeitgenössischen Messe für Industrierobotik führt die ganze Bandbreite der Anwendung von Computer- bzw. AI-gestützter Muster- und Fehlererkennung vor Augen.

As the analyst's tools evolve, as the differences between images that computers can detect become subtler, the feeling that the computer is becoming capable of ‚seeing' those differences and patterns grows stronger.[394]

Mit der Einführung digitaler Bildgebung in den 1970er Jahren wurde eine schnellere Übertragung der Bilder möglich. Bildgebung, -kommunikation und -Analyse war nun nahezu in Echtzeit möglich.

Die Bild-basierte nachrichtendienstliche Aufklärung wird im amerikanischen Militärdiskurs auch unter der Bezeichnung PHOTOINT („Photo Intelligence") oder IMINT („Imagery Intelligence") geführt.[395] Schon in den 1990er Jahre ersetzten solche Bild- und Signal-basierten Formen einen Großteil der ehemals von menschlichen Spionen durchgeführte Arbeit. DeLanda weist zudem darauf hin, dass die sogenannte COMINT („Communication Intelligence") – ganz gemäß der von van Creveld diagnostizierten Informationspathologie, nach dem Staubsaugerprinzip alle Daten sammelte, d. h. auch jede Form von nicht-optischen Signalen innerhalb des elektromagnetischen Spektrums, die daraufhin in riesige Datenbanken wanderten, und durch Filter, wie Suchworte, Namen prozessiert werden konnten. Diese Form der nicht-optischen Überwachung *nach* oder *jenseits der Bilder*, stellt, wie im Folgenden gezeigt werden soll, eine Transformation und Erweiterung des in diesem Kapitel behandelten militärischen „Blicks von oben" da. Wie im folgenden Abschnitt erarbeitet wird, veränderte sich mit den technologischen Mitteln der Zerstörung und des Zugriffs in der Zeit vom Zweiten Weltkrieg bis heute nicht nur die Realität der Kriegführung (von einem aktiven Krieg mit unermesslichen Opferzahlen zum sogenannten Kalten Krieg bis hin zum individualisierten und entgrenzten Krieg gegen den Terrorismus), sondern auch die Auffassung davon, welche Gruppen, Massen und Individuen den eigentlichen Gegenstand der militärischen Ziel-Apparaturen bilden.

Bei den hier behandelten Medien des Kriegs handelt es sich um technologisch hochgerüstete *Medien der Wahrnehmung*,[396] im Sinne von „Medien-Funktionen", die sich „nur als Zusammentreten heterogener Momente begreifen" lassen, „zu denen technische Apparaturen oder Maschinen genauso gehören wie Symbo-

---

394 De Landa, War in the Age of Intelligent Machines, 1991, S. 201.
395 O. V.: „Intelligence Studies: Types of Intelligence Collection". U. S. Naval War College, Rhode Island, URL: https://usnwc.libguides.com/c.php?g=494120&p=3381426 [abgerufen am 31. Mai 2021].
396 Der Begriff des „Mediums" wird hier bewusst nicht im Sinne eines spezifischen technischen Artefakts oder seiner Funktion gebraucht, sondern im Sinne von Walter Benjamins Verständnis des Mediums als der„Art und Weise, in der die menschliche Wahrnehmung sich organisiert." Siehe: Walter Benjamin: „Das Kunstwerk im Zeitalter seiner technischen Reproduzierbarkeit" (Erste Fassung), in: Rolf Tiedemann, Hermann Schweppenhäuser (Hg.), *Gesammelte Schriften*, Band 1.2., Frankfurt am Main 1991, hier: S. 440. Dazu: Antonio Somaini: „Walter Benjamin's Media Theory: The Medium and the Apparat". *Grey Room* 62, 2016, S. 6–41.

liken, institutionelle Sachverhalte, Praktiken oder bestimmte Wissensformen".[397] In diesem Sinne beschreibt Joseph Vogl den Prozess der Heraufkunft eines neuen Mediums auch als „eine veränderte Bestimmung dessen [...] was Sehen, Sichtbarkeit, das Verhältnis von Auge, Blick und gesehenem Ding bedeuten".[398]

Am 12. Februar 2002, als der damalige US-Verteidigungsminister Donald Rumsfeld während einer Pressekonferenz des Verteidigungsministeriums nach den Beweisen für die Existenz der Massenvernichtungswaffen befragt wurde, die ein Jahr später als Begründung für die Invasion im Irak herhalten sollten, antwortete dieser mit einer scheinbar kryptischen – und mittlerweile berühmten – Aussage:

> There are known knowns. There are things we know we know. We also know there are known unknowns. That is to say, we know there are some things we do not know. But there are also unknown unknowns, the ones we don't know we don't know.[399]

Das „unbekannte Unbekannte", das Rumsfeld hier als Problem darstellt, das ganz offensichtlich auch nicht von dem von ihm zur Verfügung gestellten Material ausgeräumt werden kann (denn Beweise enthielten die herangezogenen PowerPoint-Slides bekanntlich nicht), kann als Motor und Antrieb für die Datenobsession des US-amerikanischen Drohnenkriegs verstanden werden. In seiner Autobiographie mit dem Titel *Known Unknowns*, nennt Rumsfeld die Terroranschläge des 11. Septembers, und im Speziellen die Tatsache, dass kommerzielle Passagierflugzeuge zu Lenkgeschossen dazu umfunktioniert werden konnten, dreitausend Zivilist*innen zu töten, als Beispiel für ein „unknown unknown". Es war eine Möglichkeit, die Militärstrateg*innen schlicht nicht in Betracht zogen konnten, da sie, so Rumsfeld, „nicht wussten, was sie nicht wussten".[400] Bekanntlich bildete dieses Ereignis, die Anschläge auf dem eigenen Territorium, die niemand vorhergesehen hatte, den Anlass für eine beispielloses militärische Aufrüsten, das in der ersten, unter Ägide der US Air Force und des CIA befehligten, Flotte bewaffneter Drohnen kulminierte.

Das von Donna Haraway beschriebene „technological feast [of] unregulated gluttony",[401] der westlichen militärischen Sehmaschinen hat seinen Ursprung folglich nicht zuletzt in der Erkenntnis, dass jede Sichtbarmachung neue Unsichtbarkeiten sichtbar macht. So beschreibt Vogl auch das „Medien-Werden" des Tele-

---

397 Joseph Vogl: „Medien-Werden: Galileis Fernrohr". In: *Mediale Historiographien*, 2001, S. 115–123, hier: S. 122.
398 Ebd., S. 115.
399 Michael Shermer: „Rumsfeld's Wisdom". *Scientific American*, 1. September 2005, URL: https://www.scientificamerican.com/article/rumsfelds-wisdom/ [abgerufen am 15. Mai 2021].
400 Donald Rumsfeld: *Known and Unknown. A Memoir*. Sentinel, New York, 2012, S. xiv.
401 Haraway, *Situated Knowledge*, 1988, S. 581.

skops, mit Galilei, als Prozess der Erkenntnis von Wahrheiten, von denen jede von „unzähligen Wahrheiten umgeben ist, die noch zu entdecken bleiben".[402] Was sie hervorbringen ist, „die Differenz von Sichtbarem und Unsichtbarem […] sichtbare Unsichtbarkeit." Jedem Zugewinn an Erkenntnis steht „das uneinholbare Noch-Nicht eines dem Blick entrückten gegenüber".[403] Die Arbeit des militärischen Sehapparats kann als Versuch gewertet werden, dieses Uneinholbare einzuholen. Das Wissen um das „unknown Known" bestimmt die fast grenzenlose Gier der mobilen Sensoren der alles erfassenden elektronischen Überwachung, das *Immer-noch-mehr* des militärischen Medien-Werdens. Das vorliegende Unterkapitel beschäftigt sich mit der Rolle, die einer solchen *Medien-Funktion* in der Produktion einer bestimmten militärisch-polizeilichen Wahrnehmung der Masse zukommt. Es gilt dabei, deren Verbindungen zu älteren Konzeptionen von „Masse" und „Bevölkerung" nachzuzeichnen, sowie die Querverbindung zu beleuchten, die zwischen jenen historischen Konzepten mit und einem aktuellen Diskurs über die Transformationen der Kriegführung von einem räumlich und zeitlich begrenzten Ereignis hin zur *perpetual warfare* bestehen.

3.3.2 *Perpetual Policing.* Vom Ereignis der Masse zum entgrenzten Krieg

Elias Canetti schreibt in *Masse und Macht*, dass es im Krieg nicht nur um das Töten gehe, sondern um das Töten einer Masse:

> Es geht um das Töten in *Haufen*. Möglichst viele Feinde werden niedergeschlagen; aus der gefährlichen Masse von lebenden Gegnern soll ein Haufe von Toten werden.[404]

Der Ausbruch des Kriegs sei „zuallererst der Ausbruch *zweier Massen*",[405] und es seien wiederum die wachsenden Menschenmassen außerhalb des Schlachtfelds,

---

402 Vogl, Medien-Werden, 2001, S. 120.

403 Ebd. Auch Rumsfelds Überlegungen stammten ursprünglich aus dem Bereich der Astronomie. Die Idee der „unknown unknowns" geht, Rumsfelds Memoiren zufolge, auf den hochrangigen NASA-Beamten William R. Graham zurück, mit dem Rumsfeld in den 1990er Jahren zusammengearbeitet hatte. Aber auch der Astrophysiker und Big Data-Experte Kirk Borne beansprucht für sich, Rumsfelds Ausspruch inspiriert zu haben, da er die Idee in einem Vortrag vorgestellt hatte, dem Rumsfeld zwei Tage vor der Pressekonferenz beigewohnt hatte. Siehe: Kirk Borne: „Big Data, Small World". *TEDxGeorgeMasonU*, 6. April 2013, URL: https://www.youtube.com/watch?v=Zr02fMBfuRA [abgerufen am 12. März 2021]. Siehe auch: O. V.: Wikipedia: „There Are Known Knowns". *Wikipedia. The Free Encyclopedia.* URL: https://en.wikipedia.org/wiki/There_are_known_knowns [abgerufen am 12. März 2021].

404 Elias Canetti: *Masse und Macht*. Fischer, Frankfurt am Main, 2011, S. 77.

405 Canetti, Masse und Macht, 2011, S. 83.

die zunehmend aggressiver würden und den Krieg so verursachten. Damit befindet sich Canetti einerseits in Einklang mit der berühmten Clausewitz'schen Definition des Kriegs als „erweiterter Zweikampf",[406] und fügt dieser Definition andererseits die Dimension der Masse hinzu, die den Fokus seiner gesamten Analyse bildet. Geschrieben unter dem Eindruck der jüngsten Katastrophen des 20. Jahrhunderts, war Canettis Beitrag zum Massendiskurs zum Zeitpunkt seines Erscheinens schon antiquiert. Denn das Nachdenken über eine im Wandel begriffene Kollektivität, die dem Phänomen der *Vermassung* unterliegt, die damit verbundenen Ängste und Bedrohungen, sowie auch die enthusiastischen Beschwörungen der *Massen* (wie sie sich in der „totalen Mobilmachung" auf der einen und im Klassenkampf auf der anderen Seite manifestierten) war ganz und gar Teil eines Massendiskurses, der mit der Französischen Revolution begonnen hatte und der im 20. Jahrhundert mit dem Anbruch des atomaren Zeitalters ein jähes Ende fand.[407]

Masse und Macht erschien zum ersten Mal in den 1960er Jahren. Und trotz der Relevanz dieses Versuchs, „eine Genealogie des Totalitarismus [...] nach der Katastrophe"[408] zu rekonstruieren, kann es aus heutiger Sicht als eine Art Nachwort zu den Fragen angesehen werden, die gerade von den historischen Ereignissen überholt worden waren: Auf der einen Seite schien das Bild der blinden, irrationalen Massen, die sich der entfesselten Gewalt überließen, mit dem Sieg über das NS-Regime gebannt. Auf der anderen Seite stand die Nachkriegszeit schon ganz im Zeichen des Kalten Kriegs und der nuklearen Bedrohung. Wie der Erste Weltkrieg gezeigt hatte, machte schon der Luftkrieg die Vorstellung zweier sich im Feld gegenüberstehender kriegerischer Menschenmassen obsolet. Noch mehr gilt dies für die seit Hiroshima und Nagasaki geltende Logik des Atomkriegs. Die Bedrohung der Massenvernichtungswaffen erwächst nicht aus den unkontrollierten Massen und Menschenmengen, die die Ordnungshüter des 19. Jahrhunderts in Aufruhr versetzten. Die Bedrohung geht nicht mehr von der Masse aus, sondern die Masse selbst ist nun in Gefahr. Daraus ergaben sich in der Nachkriegszeit vollkommen neue Probleme, die den Fokus von Gruppen und Massen auf die Möglichkeit der totalen Vernichtung globalen Maßstabs verschoben.[409] Die daraus resul-

---

406 Carl von Clausewitz: *Vom Kriege*. Herausgegeben von Wolfgang Pickert und Wilhelm Ritter von Schramm, Rowohlt, 1963, S. 13.
407 Siehe: Serge Moscovici: *The Age of the Crowd: A Historical Treatise on Mass Psychology*. Cambridge University Press, Cambridge, 1985.
408 [Eigene Übersetzung] Johann P. Arnason, David Roberts: *Elias Canetti's Counter-Image of Society. Crowds, Power, Transformation*. Rochester, Camden House, NY, 2004, S. 1.
409 Hierzu: Günther Anders: *Die atomare Drohung. Radikale Überlegungen zum atomaren Zeitalter*. C.H. Beck, München, 2003. Christian Borch hat gezeigt, dass der Fokus der westlichen politische zunächst von einer Problematisierung der Menschenmenge in den 1930er Jahren zur Transformation der Massengesellschaft überging. Ab den 1960er Jahren wurden Konzepte der Masse

tierenden neuen sozialen und technologischen Bedingungen lösten das Problem der unzähmbaren, *kinetischen* Massen gewissermaßen ab und überführten es in andere Herangehensweise und subtilere Methoden der *Kontrolle*,[410] sowie einer neuen militärischen Aufgabenstellung.

In der Geschichte der Kriegführung tritt das Problem der Masse zum ersten Mal an einem Wendepunkt in Erscheinung, der, wie Ulrich Bröckling herausgearbeitet hat, die Geburt der modernen militärischen Disziplin[411] markiert und schon am Anfang dieser Arbeit diskutiert wurde: Zu Beginn des 17. Jahrhunderts, gelang es den niederländischen Heeresreformern, anhand von analytischen Verfahren und Techniken der Synchronisation eine disziplinierte Ordnung in die unorganisierten *Haufen* von Söldnern zu bringen.[412] Die Haufen der Lanzenträger funktionierten „nach dem Prinzip des Hammers: Ihr Gewaltpotenzial lag in der Wucht des Stoßes, im mechanischen Druck der aus etwa 2.500 Mann in quadratischer Anordnung bestehenden Körpermasse."[413] Fortschritte in der Schusswaffentechnik und die neu entwickelten Drilltechniken, die als Beispiele für eine bildvermittelte militärische Disziplin eingangs schon behandelt wurden, machten schon diese Art der Masse-basierten Kriegführung zunehmend obsolet. Diese Techniken verbreiteten sich rasch innerhalb Europas und verhalfen nicht zuletzt der Preußische Armee unter Friedrich dem Großen zum Ruf einer „Uhrwerk"-artigen Präzision.

Die Napoleonischen Kriege stehen sinnbildlich für einen vollkommen anderen Zugang zum Problem der Masse: Nur weil ein beachtlicher Teil der Truppen Napoleons vom nationalen Enthusiasmus und von der Überzeugung erfüllt war, für die eigene Sache zu kämpfen, konnten sie die gedrillte Kriegsmaschine der Preußen besiegen. Dies inspirierte Carl von Clausewitz, der selbst nach der Niederlage in Jena in französische Kriegsgefangenschaft geraten war, in seinem Hauptwerk *Vom Kriege* die strategische Richtung militärischer Disziplin neu zu überdenken, und das Politische als dasjenige zu verstehen, das „die Massen" zum Krieg treibt:[414]

---

und Kollektivität eher marginalisiert. Siehe: Christian Borch: *The Politics of Crowds*. Cambridge University Press, Cambridge, 2012, S. 165 f.

410 Siehe: Deleuze, Postscriptum, 1993. Zu den Kontinuitäten von Atomkrieg und neueren Paradigmen des Kriegs und der Katastrophe, besonders im Hinblick auf die Produktion von Bildern siehe: Claudette Lauzon, John O'Brian (Hg.): *Through Post-Atomic Eyes*. McGill-Queen's University Press, Montreal, 2020.

411 Ulrich Bröckling: *Disziplin. Soziologie und Geschichte militärischer Gehorsamsproduktion*. Fink, München, 1997, S. 31–34.

412 Hierzu ausführlich siehe: Kapitel 1 dieser Arbeit.

413 Bröckling, Disziplin, 1997, S. 32.

414 Dieser „energetische" Antrieb einer Dynamik der Masse ist klar vom „mechanischen" Modell unterschieden: der *Motor* ersetzt die Leitmetapher des Uhrwerks. Siehe etwa: de Landa, War in

> Wir können also den politischen Zweck nur als das Maß gelten lassen, indem wir uns ihn in Einwirkungen auf die Massen denken, die er bewegen soll, sodass also die Natur dieser Massen in Betrachtung kommt.[415]

Im 20. Jahrhundert unterliegt die Behandlung der Masse als Problem der Kriegführung, wie auch im größeren gesellschaftlichen Kontext, einem weiteren signifikanten Wandel. Der Erste Weltkrieg kann dabei als Wasserscheide verstanden werden, wodurch das mit dem 19. Jahrhundert assoziierte „Zeitalter der Masse" von der Ära des Totalitarismus abgelöst wird.[416] Der kriegsbegeisterte Wortführer der reaktionär-konservativen deutschen Bildungselite, Ernst Jünger, war einer von vielen, die eine pathologisch zu nennende Faszination für Massenphänomene in Verbindung mit Technologie und Gewalt an den Tag legten. So beschwor Jünger in *Der Arbeiter* auf der einen Seite eine „totale Mobilmachung"[417] der Massen mithilfe der Technologie, die die Individuen für den Kriegseinsatz zusammenschmelzen sollte, und äußerte sich andererseits verächtlich über das „brutale Stoßgewicht" jener „alten Masse", die sich „in politischen Versammlungen als abstimmender und zustimmender Faktor oder im Aufruhr der Straßen verkörperte, die Masse, wie sie sich vor der Bastille zusammenrottete".[418] Diese antidemokratische Massenverachtung diagnostizierte Klaus Theweleit in dem Canetti gewidmeten Kapitel seines 1989 erschienenen *Ghosts*[419] auch den Nationalsozialisten, die versucht hatten, „das Gegenteil des *Masse-Werdens* zu praktizieren: Abgrenzungen, Selektion, Liquidation". „Deutsche Horden" überzogen Europa „nicht in Form von *Massen*, sondern von *Heerblöcken*", bestehend aus Heer, Polizei, SS, Verwaltungsbürokraten.[420] Das Bild der „Menschenmassen", das die Weimarer Republik geprägt hatte, ersetzte der NS durch das „*Gegen-Bild* einer in militärische Formationen gegossene Masse, das Bild einer beruhigten Masse, das Bild einer sich selber und andere unterdrückenden Masse, vom Arbeitsdienst bis zu angetretenem Parteivolk, das Deutsche wie Österreicher mehrheitlich entflammte".[421]

Das Prinzip, nach dem der Krieg als „erweiterter Zweikampf" zwischen sich feindlich auf einem Schlachtfeld gegenüberstehenden Massen gedacht werden konnte, war indes schon mit dem Stellungskrieg des Ersten Weltkriegs hinfällig ge-

---

the Age of Intelligent Machines, 1991; Antoine Bousquet: *The Scientific Way of Warfare. Order and Chaos on the Battlefields of Modernity*. Hurst & Company, London, 2009.
415 Clausewitz, Vom Kriege, S. 17.
416 Dazu: Arnason, Roberts, Canetti's Counter-Image, 2004, S. 28.
417 Jünger: Der Arbeiter, 1981 [1932], S. 157.
418 Ebd. S. 115.
419 Klaus Theweleit: *Ghosts*. Stroemfeld/Roter Stern, Frankfurt a. M., 1998.
420 Theweleit, 1998, S. 162.
421 Ebd., S. 164.

worden, die Bombardements der zivilen Bevölkerung aus der Luft taten ihr Übriges.[422] In den Vernichtungslagern der Nationalsozialisten schließlich wurde das massenhafte Töten verwaltungstechnisch durchgeführt. Der Tod von Millionen war akribisch organisiert und einer *Thanatopolitik* bürokratischer Administration unterstellt. So erfolgte der Massenmord an der jüdischen Bevölkerung Europas in Auschwitz mit den Mitteln einer „zuverlässigen Registratur", die die Gefangenen mit tätowierten Nummern versah und den Gaskammern oder dem Arbeitsdienst zuwies.[423] Der unüberblickbaren Masse von Toten begegneten die Architekten der Vernichtung mit „operativen Prozesse[n] der Erfassung, Steuerung und Überwachung" nach kühlen, betriebswirtschaftlichen Kriterien.[424]

Vollkommen obsolet wurde die Idee eines Kriegs als Zweikampf zweier Massen schließlich durch die Idee der „mutual assured destruction" des Kalten Kriegs. Für Michel Foucault – wohl der dominante Massentheoretiker des späteren 20. Jahrhunderts – stellt die Möglichkeit des Atomkriegs die Art der Macht, die er als „Bio-Macht" beschrieb, vor ein Paradox. Wenn die *Disziplin*, die sich auf die einzelnen Körper richtete, individualisierend gewirkt hatte, so war die Wirkung der biopolitischen Kontrolle prinzipiell „massenkonstituierend", denn sie richtete sich „an die Vielfalt der Menschen, nicht insofern sie sich zu Körpern zusammenfassen lassen, sondern insofern diese im Gegenteil eine globale Masse bilden".[425] In der „atomaren Macht" aber, die – so klingt es an dieser Stelle an – das Paradigma der Bio-Macht im 20. Jahrhundert ablösen wird, lasse sich

> das Vorgehen einer Souveränitätsmacht erkennen [...], die tötet, aber darüber hinaus auch einer Macht, die sogar das Leben tötet. Die Macht wird in der Atommacht dergestalt eingesetzt, daß sie sich in die Lage versetzt, das Leben selbst zu vernichten. Und sich folglich als Macht, die das Leben garantiert, selbst zu vernichten.[426]

Mit Ende des Kalten Kriegs ist wiederum die Bedrohung eines Atomkriegs, trotz weiterbestehender nuklearer Arsenale, in den Hintergrund gerückt und durch neuere Konfliktformen ersetzt worden. Besonders das letzte Drittel des 20. Jahr-

---

422 Dieter Langewiesche hat gezeigt, dass die Kriege schon vor dem 20. Jahrhundert zur Tendenz des „massenhaften" Tötens neigten. Siehe: Dieter Langewiesche: *Der gewaltsame Lehrer. Europas Kriege in der Moderne*. C.H. Beck, München, 2019. Und Omer Bartov hat unterstrichen, dass die Vorstellung des Kriegs als heroischem Zweikampf schon in der Antike eher mythische Züge hatte. Omer Bartov: *Murder in Our Midst. The Holocaust, Industrial Killing, and Representation*. Oxford University Press, Oxford/New York, 1996, S. 6, 17 und 32.
423 Hierzu: Därmann, Undienlichkeit, 2020, S. 267–278.
424 Ebd., S. 275.
425 Michel Foucault: *In Verteidigung der Gesellschaft. Vorlesungen am Collège de France (1975–76)*. Aus dem Französischen von Michaela Ott. Suhrkamp, Frankfurt a. M., 2001, S. 286.
426 Foucault, Verteidigung der Gesellschaft, 2001, S. 299.

hunderts ist dabei definiert durch das Aufkommen militärischer Konflikte anderen Maßstabs. Krieg hat hier nicht mehr die Form eines intensiven Massenereignis, sondern wird zu „low intensity operations", was Armin Krishnan als eine „Individualisierung des Kriegs" beschrieben hat.[427] Daraus entwickelte sich eine militärische Doktrin der „Präzision" und des gezielten Eingreifens, was im Englischen mit dem Wort *targeting* beschrieben wird, das sowohl „Abzielen" als auch „ins Visier nehmen" bedeuten kann. In einer parallelen Entwicklung entfernte sich der soziologische Diskurs über die Rolle und Aufgaben der Polizei zunehmend von der „klassischen" Konzeption der Masse als irrationaler Entität, hin zu rationalen Konzepten des *crowd management*.[428]

In den 1990er Jahren führte Mary Kaldor das wichtige Konzept der „neuen Kriege" ein, die durch eine Auflösung der Unterscheidungen zwischen „Staat und Nicht-Staat, zwischen öffentlich und privat, extern und intern, ökonomisch und politisch" gekennzeichnet sind, und in denen selbst die Unterscheidung zwischen Krieg und Frieden häufig nicht klar zu treffen ist. Diese Konflikte zeichnen sich zudem durch weitere Verunklarungen von Kategorien aus, wie etwa der Unterscheidung zwischen „Soldat oder Polizist oder Kriminellen".[429] Obwohl die Veränderungen in der Art und Weise, wie organisierte Gewalt im 20. Jahrhundert ausgetragen wird, wie Kaldor hervorhebt, nicht auf technologische Entwicklungen zurückzuführen sind, sondern auf die „sozialen Beziehungen der Kriegführung",[430] so ist die Qualität der militärischen Reaktionen doch geknüpft an spezifische technologische Bedingungen. Ein zentrales Argument der vorherrschenden westlichen Militärdoktrin etwa – die „chirurgische" Präzision der militärischen Handlungen – ist genauso Antrieb für neue Waffenentwicklungen, wie Resultat des technologischen Fortschritts auf dem Gebiet der Fernlenktechnik.[431] Die heutigen Präzisionswaffen seien, nach einer Formulierung des ehemaligen CIA-Analysten

427 Armin Krishnan: *Gezielte Tötung. Die Zukunft des Krieges.* Matthes und Seitz, Berlin, 2012, S. 17.
428 Siehe: Christian Borch: „Crowd Theory and the Management of Crowds: A Controversial Relationship". *Current Sociology* 61 (5–6), 2013, S. 584–601.
429 [Eigene Übersetzung] Mary Kaldor: „In Defence of New Wars". In: *Stability: International Journal of Security and Development*, 2(1), 2013, S. 1–16, hier: S. 4. Siehe auch: Mary Kaldor: *New and Old Wars. Organized Violence in a Global Era.* Stanford University Press, Stanford, 1999.
430 Kaldor, New and Old Wars, 1999, S. 3.
431 Hierzu einschlägig: Paul G. Gillespie: *Weapons of Choice. The Development of Precision Guided Munitions.* University of Alabama Press, Tuscaloosa, 2006; und Donald Mackenzie: *Inventing Accuracy. A Historical Sociology of Nuclear Missile Guidance.* MIT Press, Cambridge, 1990.

Bruce Berkowitz, so genau, dass es unmöglich sei, „nicht eine bestimmte Person ins Visier zu nehmen".[432]

Etwas mehr als ein Jahrzehnt nachdem George W. Bush in Reaktion auf die Anschläge des 11. Septembers 2001 den *Global War on Terror* erklärt hatte, erhielt die Doktrin unter US-Präsident Barack Obama ein neues Branding: Nicht mehr vom „globalen Krieg" war nun die Rede, sondern von „a series of persistent, targeted efforts to dismantle specific networks of violent extremists".[433] Obwohl die Geschichte der „gezielten Tötung" (in subtiler Abgrenzung zum herkömmlichen Mordanschlag) als Strategie staatlich-sanktionierter Terrorismusbekämpfung weit in das 20. Jahrhundert zurückreicht, kam es, der These Markus Gunneflos zufolge, erst im Zusammentreffen mit einer neuen Technologie zu voller Blüte: der Predator Drohne.[434] Tatsächlich war der General Atomics MQ-1 Predator schon während der NATO-Mission im Kosovokrieg zu Überwachungszwecken eingesetzt worden. Zu einer mit Hellfire-Raketen ausgestatteten Offensivwaffe wurde er aber erst umgerüstet, als die Dringlichkeit der Suche nach Osama Bin Laden jegliche Einwände gegen die Bewaffnung fliegender Roboter aus dem Weg räumte, die bis dahin bestanden hatten.[435] Daraufhin wurde die „gezielte Tötung von bestimmten hochrangigen feindlichen Personen" [„precision targeting of specific high-level belligerent leaders"] zur neuen Priorität erhoben.[436]

Die Gleichzeitigkeit der Rhetorik von Präzision und „chirurgischer" Spezifik auf der einen Seite und der zeitlichen und räumlichen Entgrenzung des Kriegs auf der anderen scheint auf den ersten Blick paradox. Verschiedene Autor*innen haben auf die veränderte Temporalität der Kriegführung hingewiesen, die mit dem Konzept des „Global War on Terror" ihren Anfang nahm.[437] Caroline Holm-

---

432 [Eigene Übersetzung] Bruce Berkowitz: *The New Face of War: How War will be Fought in the 21st Century*. Simon and Schuster, New York, 2010, S. 120.

433 Barack Obama zitiert in: Paul D. Shinkman„Obama: ‚Global War on Terror is Over'". *U. S. News & World Report*, 23. Mai 2013.

434 Markus Gunneflo: *The Life and Times of Targeted Killing*. Lund University Press, Lund, 2014.

435 Ulrich Bröckling merkt an, dass auch technische Bedenken der Aufrüstung im Weg standen: Man hatte befürchtet, dass die leichten Fluggeräte dem Raketenstrahl nicht standhalten würden. Siehe: Ulrich Bröckling: „Drohnen und Helden". In: Achim Aurnhammer, Ulrich Bröckling (Hg.): *Vom Weihegefäß zur Drohne. Kulturen des Heroischen und ihre Objekte*. Ergon Verlag, Würzburg, 2016, S. 291–301, hier: S. 291.

436 Siehe: Gunneflo, Targeted Killing, 2014, S. 190.

437 Mark Duffield: *Development, Security and Unending War: Governing the World of Peoples*. Polity, Cambridge, 2007; Bradley Graham, Josh White: „Abizaid Credited With Popularizing the Term ‚Long War'". *Washington Post*, 3 February, 2006; Derek Gregory: „The Everywhere War". *The Geographical Journal*, 177(3), S. 238–250; Caroline Holmqvist-Jonsäter: „War as perpetual policing". In: Caroline Holmqvist-Jonsäter, Christopher Coker (Hg.): *The Character of War in the 21st Century*. London/New York: Routledge, 2010, S. 103–118.

qvist-Jonsäter führt die „endlose" und „fortwährende" Qualität zeitgenössischer Kriegführung [*perpetual* war] auf die Tendenz zurück, Krieg als „polizeiliche Aktivität" [*policing*] zu deklarieren.[438] *Policing* ist definiert als ein Prozess ohne bestimmtes Ende und – im Unterschied zu den Kriegen der Vergangenheit, die in der Regel bestimmte Ziele verfolgten und endeten, sobald diese Ziele erreicht waren – ist Krieg als fortwährende polizeiliche Aktivität nicht durch ein klares politisches Ziel definiert, sondern nur durch eine vage Rhetorik der „Sicherheit" und „Wahrung der Ordnung".[439] Folglich verliert der Krieg in diesem Prozess die Kapazität „entschieden" zu werden:

> When we think of enemies not as distinct and finite entities but as ‚categories' of people or behavior (‚criminals'/‚terrorists') [...] the possibility for victory is eschewed; instead new enemies are added for every one taken out and war appears perpetual.[440]

Aus der Konzeption eines Feinds, der nicht durch eine distinktive Identität, sondern durch Verhaltensmuster definiert ist, ergibt sich die Notwendigkeit von bildgebenden Medien, die diese Muster erkennbar machen: diese „militarisierte Rhythmusanalyse"[441] erhebt die Kombination von unterschiedlichen Metadaten zur Grundlage von Tötungsentscheidungen. „Wer Metadaten hat, braucht keine Inhalte",[442] heißt es in Geheimdienst-Kreisen. Und der ehemalige Direktor des CIA, Michael Hayden, gab in einer Diskussion an der Johns Hopkins University zu Protokoll: „We kill people based on metadata".[443]

Der Begriff des „perpetual policing" kann hilfreich sein, um die heutigen technologisch hochgerüsteten Militäreinsätze zu beschreiben, auch wenn diese in einem inkongruenten Verhältnis zu anderen Konflikten stehen, wie dem seit dem Jahr 2011 andauernden Krieg in Syrien oder dem Stellvertreterkonflikt im Jemen.[444] In Bezug auf die Praktiken des US-Drohnenkriegs – die, wie bemerkt werden sollte,

---

438 Holmqvist-Jonsäter, 2010, S. 107.

439 [Eigene Übersetzung] Ebd., S. 109.

440 Ebd., S. 115.

441 [Eigene Übersetzung] Gregory, From a View to a Kill, 2011, S. 195.

442 [Eigene Übersetzung] David Cole: „We Kill People Based on Meta-Data'". In: *The New York Review of Books*, 10. Mai, 2014, URL: http://www.nybooks.com/daily/2014/05/10/we-kill-people-based-metadata/ [abgerufen am 3. Dezember 2020].

443 Cole, Meta-Data, 2014.

444 Ein relevantes aktuelles Beispiel außerhalb des US-amerikanischen Kontexts wäre dagegen der kürzlich wieder aufgeflammte Konflikt in Bergkarabach, in der hochentwickelte Drohnentechnologie und Präzisionswaffen in der „konventionellen" Kriegführung eingesetzt werden. Siehe: Silvia Stöber: „Bergkarabach. Neue Waffen verändern den Krieg". *Tagesschau.de*, 6. Oktober 2020, URL: https://www.tagesschau.de/ausland/bergkarabach-waffen-drohnen-raketen-101. html [abgerufen am 3. Dezember 2020].

größtenteils als geheime Missionen unter der Ägide des CIA ausgeführt werden, und nur zu einem kleinen Teil als formal anerkannte militärische Interventionen der US Air Force – und den hier zum Einsatz kommenden bildgebenden Medien der Überwachung und Zielfindung, gibt es Hinweise, die auf ältere, vorausgegangene Praktiken verweisen. Denn in der neuen Medienfunktion algorithmischer Observation werden die statistischen Techniken einer auf die „Analyse der auf einem Territorium lebenden Population"[445] abzielenden *Polizeywissenschaft* mit der Funktion einer militarisierten „Weltpolizei" im Sinne zeitlich und räumlich unbegrenzter Kriegführung gekoppelt.[446]

Schon Paul Virilio hat in seinen in den späten 1980er Jahren erschienen Analysen zur *Sehmaschine* auf den Zusammenhang zwischen der Statistik – als „künstliche[r] Realität der numerischen Simulation" – und dem synthetischen Bild hingewiesen, das für ihn, „die Repräsentationsweise eines heute dank der Datenbanken vorherrschenden statistischen Denkens" darstellt und „zu einer letzten Form der Beweisführung" beitragen könnte.[447] Tatsächlich sind es, wie im folgenden Kapitel zur *Synthetic Vision* noch näher erläutert wird, vorwiegend synthetische Bilder und Simulationen, die die errechneten Ergebnisse algorithmischer Überwachung der menschlichen Wahrnehmung zugänglich machen und die Begründungszusammenhänge für Tötungsentscheidungen liefert. Diese erlauben eine neue Art von Zugriff auf die Masse, der in den nächsten Abschnitten näher untersucht werden soll.

3.3.3 Lebensmusteranalysen

Einer der Architekten des Drohnenprogramms der US-Air Force, Lt. General David Deptula, gab im Jahr 2007 zu Protokoll, dass die Aufgaben der nachrichtendienstlichen Überwachung und Aufklärung *Intelligence Surveillance and Reconnaissance* (ISR) im Zentrum der Strategie des Global War on Terror stünden.

---

445 Foucault, Omnes et Singulatim, 1981, S. 252.
446 Während die Bedeutung der „guten Policey" in der Frühen Neuzeit als „gute, wohleingerichtete öffentliche Ordnung" einer Stadt, einer Herrschaft, eines Territoriums oder des ganzen Reichs", sowie die „Gesamtheit der legislatorischen und administrativen Veranstaltungen zur Aufrechterhaltung oder Wiederherstellung dieser Ordnung" (Siehe: André Holenstein: *„Gute Policey" und lokale Gesellschaft im Staat des Ancien Régime.* Bibliotheca academia, Epfendorf, 2003, S. 20. Dazu auch: Siehe: Hans Maier: *Die ältere deutsche Staats- und Verwaltungslehre. Ein Beitrag zur politischen Wissenschaft in Deutschland.* C.H. Beck, München, 1966, S. 96) noch für den modernen Polizei-Begriff trägt, wird er in der Vorstellung einer global agierenden „Weltpolizei" auf das Außerhalb des Territoriums ausgeweitet und damit gleichbedeutend mit dem Militär.
447 Virilio, Krieg und Kino, 1989, S. 171.

Diese seien nicht mehr nur eine Stütze der eigentlichen Militäroperationen, „ISR today *is* operations".[448] Der Stratege illustrierte dies mit dem folgenden Beispiel:

> When we took out [top Al Qaeda official] Abu Musab al-Zarqawi in Iraq last June, that operation consisted of more than 600 hours of Predator time spent looking for and tracking him, followed by about 10 minutes of F-16 time remodelling the structure he was hiding in.[449]

Die mehrere hundert Stunden, die damit verbracht wurden, ein Ziel „zu beobachten und zu verfolgen" dienten dem Zweck der Erkennung eines „Lebensmusters" [pattern of life]. Die Beschreibungen des ehemaligen Drohnenpiloten T. Mark McCurley vermitteln einen Eindruck der Unannehmlichkeiten dieser langwierigen Beobachtungstätigkeit, aber auch der unvermeidlichen Intimität, die die Drone Operators mit dem Objekt ihrer ständigen Beobachtung verbindet:

> Within a couple of weeks we had followed the courier and mapped out an intricate network of contacts and potential targets. [...] After about thirty days, we could look at the clock and tell where the Captain would be. Even a glance at a feed in the ops cell could tell us the location without looking at a grid reference. We didn't need annotated charts and maps to give us a sense of where he was going.[450]

Diese extrem zeitaufwändige, detailreiche Beobachtungstätigkeit zum Zweck der Identifizierung von Zielen passt jedoch nicht zu militärpolitischen Richtlinien, die mit begrenzten Budgets rechnen müssen und der Maxime zu folgen haben, „manpower" zu reduzieren.[451] Tatsächlich wird dem US-amerikanischen Militär aufgrund der neuen technologischen Möglichkeiten der massenhaften Überwachung eine „sensory overload" diagnostiziert. Es heißt, das Militär „ertrinke in Daten" und habe nicht annähernd genügend „manpower", um die immensen Datenmassen, die von den Sensoren angehäuft werden, zu analysieren. Daher sei die „Automatisierung des Prozesses essentiell für das Management der Datenflut".[452] Die Anwendung automatischer algorithmischer Prozesse für die Sortierung von Daten ist seither eine Priorität. So heißt es in der *Air Force Strategic Vision für 2020–2039*, auf die sich die *Unmanned Systems Integrated Roadmap FY 2013–2038* beruft:

---

448 David Deptula zitiert nach G. Goodman: „ISR Now Synonymous with Operations". *Journal of Electronic Defense*, 30(7), 2007, S. 19–20, hier: S. 19.

449 Deptula zitiert nach Goodman, 2007, S. 19.

450 T. Mark McCurley mit Kevin Maurer: *Hunter Killer. Inside America's Unmanned Air War*. Dutton, New York, 2015, S. 112.

451 Siehe: Department of Defense: *Unmanned Systems Integrated Roadmap FY 2013–2038*, 2013, S. vi.

452 A. Corrin: „Sensory Overload: Military Is Dealing With a Data Deluge". In: *Defense Systems*, 4 February, 2010.

[a]utomated technologies must be exploited to improve data analysis so that human analysts are employed in the highest order tasks. Accelerated development of translation software, artificial intelligence, and electronic means to process raw data— signals and electronic intelligence— is the most practical approach to managing this glut of data and should become an Air Force funding priority.[453]

Dasselbe Dokument aus dem Jahr 2013 gibt Aufschluss über ein Modell-Szenario zukünftiger Konflikte. Unbemannte Systeme sollen demzufolge Erkenntnisse sammeln um „ein Lebensmuster [pattern of life] in der Region herzustellen", das dann mit „Aktivitäts-basierten Algorithmen" gekoppelt werden solle, um „die eingehenden nachrichtendienstlichen Daten auszunutzen".[454]

In ähnlicher Stoßrichtung verlangte eine Studie der RAND-Corporation aus dem Jahr 2014 die Anwendung von „autonomous sensor data processing algorithms", die „Ziele mithilfe von Mustererkennung und anderen Technologien automatisch erkennen und verfolgen können, um den Bedarf an Kommunikationsbandbreite und menschlichen Bild- und VideoauswerterInnen zu minimieren".[455] Im ersten Beispiel bezieht sich der Begriff „Lebensmuster" [pattern of life] buchstäblich auf die Lebensroutinen der anvisierten Individuen, deren Identitäten zwar bekannt sind, und deren Aktivitäten unter genauester Beobachtung stehen. Im zweiten Fall beschreibt der Begriff die übergeordneten menschlichen Aktivitäten, so wie Verkehr, innerhalb einer bestimmten Region, wie sie sich von oben darstellen. Schließlich geht es im dritten Beispiel um Muster, die sich aus der Kombination einer Vielfalt von Sensordaten ergeben, in denen das anvisierte „Leben" zur Abstraktion wird. Der Fokus liegt hier auf verdächtigen Aktivitäten, wobei die Identität der anvisierten Person keine Rolle mehr spielt – sie wird zur reinen Statistik.

Es ist eine technokratische Haltung, die die Automation analytischer Arbeit fordert und mit der Knappheit von Budgets und Effizienzsteigerung begründet. Dieser Haltung entspricht ein Strategiewechsel, der zu Ende der zweiten Legislaturperiode George W. Bushs implementiert und unter Obama massiv ausgebaut wurde. In der Folge wurden einerseits den Geheimdiensten zunehmend größere Befugnisse für bewaffnete Einsätze im Ausland erteilt, wie auch dem Militär zugebilligt wurde, eine größere Anzahl von Zielen anzugreifen.[456] Andererseits wurden Restriktionen gelockert und technologische Lösungen für die Identifizierung

---

453 Department of Defense, Unmanned Systems Integrated Roadmap, 2013, S. 18.
454 Ebd., S. 12.
455 [Eigene Übersetzung] Daniel Gonzales, Sarah Hartling S.: *Designing Unmanned Systems With Greater Autonomy*. Rand Corporation, Santa Monica, 2014, S. xii, URL: https://www.rand.org/pubs/research_reports/RR626.html [zuletzt abgerufen am 3. Oktober 2020].
456 Siehe: Greg Miller: „White House Approves Broader Yemen Drone Campaign". *The Washington Post*, 25. April 2012, URL: https://www.washingtonpost.com/world/national-security/white-

von Zielen zugelassen: Die sogenannten „signature strikes" (im Gegensatz zu „personal strikes", die auf bekannte und identifizierbare Individuen abzielen) stützen sich auf die automatisierte „Analyse von Lebensmustern" [„pattern of life analysis"], um „verdächtige militante Personen zu erkennen, auch wenn deren Identitäten nicht bekannt sind".[457]

In seiner im Jahr 2013 zuerst veröffentlichten *Théorie du drone*[458] hat Grégoire Chamayou auf die „geduldige Arbeit" hingewiesen, die mit dieser Analyse verbunden ist. Er vergleicht den Prozess mit dem „Aufbau eines Archivs der Leben", wo nach und nach ein „anonymes Dossier" zusammengestellt wird, das, „sobald es eine gewisse Dicke erreicht hat, ein Todesurteil darstellt".[459] Die Auswahl der Ziele beruht auf einer vorher als verdächtig definierten „Signatur". Diese Signatur setzt sich aus verschiedenen Daten zusammen. Geheime Dokumente des US-Geheimdienstes NSA, die im Jahr 2014 auf der Seite *The Intercept* veröffentlicht wurden und auf die Snowden-Files[460] zurückgehen, geben Aufschluss über diesen Prozess. Verwendet wurden einerseits die von Drohnen gelieferten Videofeeds und andererseits jede Form elektronischer Kommunikation, die die CIA mithilfe von ebenfalls auf Drohnen installierter Abfangtechnologie in großem Umfang sammelt.[461] Wie aus den Snowden-Files hervorgeht, machte die NSA diese Massen von Kommunikationsdaten nutzbar mithilfe einer Machine Learning-Anwendung unter dem Namen SKYNET nutzbar (der Name bezieht sich auf eine allwissende Künstliche Intelligenz im Kinofilm *The Terminator*, deren Ziel der Auslöschung der Menschheit letzlich misslingt). Wie schon sein unfreiwillig komischer Name vermuten lässt, ist das SKYNET-Programm der NSA keineswegs unfehlbar. Eine streng-geheime PowerPoint Slide-

---

house-approves-broader-yemen-drone-campaign/2012/04/25/gIQA82U6hT_story.html [abgerufen am 21 Juli, 2016].

457 Siehe: David S. Cloud: „CIA Drones Have a Broader List of Targets". *Los Angeles Times*, 5. Mai 2010.

458 Grégoire Chamayou: *Théorie du drone*. La fabrique éditions, Paris, 2013.

459 [Eigene Übersetzung] „Un patient travail d'archivage des vies amasse progressivement les pieces d'un dossier anonyme qui, une fois une certaine épaisseur atteinte, vaudra condemnation à mort." Chamayou, Théorie du drone, 2013, S. 73.

460 Der Whistleblower Edward Snowden, hatte während seiner Tätigkeit für die NSA im Jahr 2013 eine große Menge streng geheimer Informationen an die internationale Presse weitergegeben, die unter anderem die global operierenden Überwachungsprogramme von CIA und NSA bekannt machten. Siehe: Editorial Board: „Edward Snowden, Whistle-Blower." *The New York Times*, 1. Januar 2014, URL: https://www.nytimes.com/2014/01/02/opinion/edward-snowden-whistle-blower.html.

461 Jeremy Scahill, Glenn Greenwald, Amy Goodman: „Death By Metadata: Jeremy Scahill & Glenn Greenwald Reveal NSA Role in Assassinations Overseas (Transcript)". *Democracy Now!*, 10. Februar, 2014, URL: http://www.democracynow.org/2014/2/10/death_by_metadata_jeremy_sca hill_glenn [abgerufen am 21 Juli, 2016].

show,[462] die NSA-intern über das Programm informieren sollte, nennt das Beispiel der vorgeblich erfolgreichen Identifizierung eines hochrangigen Terroristen durch die Anwendung automatisierter *Pattern of Life Analysis*. Die Person, die der vordefinierten Signatur eines Terroristen am nächsten entsprach, war nach Peshawar und Lahore gereist und wurde von der NSA aufgrund ihres Verhaltensmusters als Kurier eingestuft, der gleichzeitig Mitglied von Al Qaeda und der Muslim Bruderschaft sei. In Wirklichkeit handelte es sich bei der Person allerdings um Ahmed Zaidan, einen bekannten Journalisten, der für den in Doha ansässige Nachrichtensender arbeitete. Seine investigativen Reportagen über terroristische Gruppen in der Region hatten ihm offenbar das für terroristische Aktivität typische Muster verschafft.[463]

Bei der Lebensmusteranalyse handelt es sich um die Protokollierung von Bewegungs- und Kommunikationsdaten ganzer Bevölkerungen, auf deren Basis nicht nur Rückschlüsse auf die Einstufung eines ‚legitimen militärischen Ziels‘ (‚legitimate target‘) geschlossen werden können, sondern auch die Wahrscheinlichkeit für in der Zukunft liegende Ereignisse vorhergesehen werden soll. Die breit gefächerte, unfokussierte Datenerfassung in „industriellem Maßstab" macht dabei das Hauptmerkmal sensorgestützter Überwachung aus, die längst nicht auf den militärischen Sektor beschränkt ist:

> The goal of sensor-related collection is the capture of a comprehensive portrait of a particular population, environment, or ecosystem (broadly construed). [...] The population-level portrait allows particular targets to emerge – and once they do, their activities can be situated in the context of an ever-expanding network of behaviors and the patterns these generate.[464]

Die Software-Produkte des unter anderem von Peter Thiel gegründeten Palantir-Konzerns basieren auf Paradigmen der Musteranalyse, die dieser schon für den

---

462 Die Erstellung von PowerPoint-Slides ist tief in der Kommunikationskultur des US-amerikanischen Militärs verankert. Die Neigung, durch Bullet Points und vorgefertigte grafische Darstellungen die „Illusion von Verständnis und Kontrolle" zu vermitteln wird von Kritikern polemisch als „interne Bedrohung" bezeichnet. Siehe: Elisabeth Bumiller: „We Have Met the Enemy and he is PowerPoint". *The New York Times*, 26. April 2010. URL: https://www.nytimes.com/2010/04/27/world/27powerpoint.html [abgerufen am 10. Juni, 2024]. Dazu auch: Edward Tufte: *The Cognitive Style of PowerPoint*. Graphics Press LLP, Cheshire, 2003.
463 Cora Currier, Glenn Greenwald, Andrew Fishman: „U. S. Government Designated Prominent Journalist As ‚Member of Al Qaeda'". *The Intercept*, 8. Mai, 2015. URL: https://theintercept.com/2015/05/08/u-s-government-designated-prominent-al-jazeera-journalist-al-qaeda-member-put-watch-list/ [abgerufen am 1. August, 2016].
Ahmed Zaidan: „I am a journalist not a terrorist". *Aljazeera*, 15. Mai, 2015, URL: http://www.aljazeera.com/indepth/opinion/2015/05/al-jazeera-zaidan-journalist-terrorist-150515162609293.html [abgerufen am 1. August, 2016].
464 Andrejevic, Burdon, Sensor Society, 2015, S. 23 und 31.

Erfolg von PayPal verantwortlich gemacht hat.[465] In der Ukraine ist Palantir seit Mitte 2022 in die Kriegführung eingebettet und, CEO Alex Karp zufolge, an der Identifizierung eines Großteils der militärischen Ziele beteiligt.[466] Palantirs Software-system *Gotham* wird inzwischen nicht nur von der US-amerikanischen Polizei und von Militärs und Geheimdiensten in aller Welt, sondern auch von der hessischen Polizei unter dem Namen *Hessendata* eingesetzt.[467] *Gotham* sammelt unterschied-lichste Personen- und Bevölkerungsdaten und führt diese auf einem bedienerfreund-lichen Interface zusammen, um kriminogene Muster und Zusammenhänge, wie etwa das soziale Umfeld straffälliger personen, als Graphen sichtbar zu machen.

Die Technologien der militärischen Mustererkennung gestalten die Bedingun-gen einer neuen Art der Sichtbarkeit. Damit können Vogls Überlegungen zur histo-risch-medialen Funktion des Teleskops auch auf diese Technologien der Beobach-tung angewendet werden: Vogl zufolge zeichnet sich diese Funktion unter anderem durch die „Erzeugung eines anästhetischen Felds" aus.[468] Das bedeutet, dass im Verlauf der Medien-Transformation nicht nur neue Dinge durch eine bestimmte Technologie wahrnehmbar werden – im Fall von Galileis Teleskop waren es Him-melskörper, im Fall der algorithmischen Zielerkennung sind es die sogenannten „Lebensmuster", die aus statistischen Zusammenhängen hervortreten – vielmehr ist es „die Differenz zwischen Sichtbarem und Unsichtbarem selbst",[469] die dabei hervortritt, aus dem *unknown unknown* wird ein *known unknown*. So wie Galilei mit dem Teleskop zeigen konnte, dass erst das Sichtbarwerden der vorher nicht wahrnehmbaren Himmelskörper auf die weiteren, *anästhetischen*, noch unzugäng-lichen Ebenen potenziell erkennbarer Tatsachen hindeutete, so verweist das Bei-spiel der „Pattern of Life Analysis" auf neue neue „known unknowns", neue Ebe-nen potenzieller Sichtbarkeit, die sich nicht mehr aus dem Feld des „Optischen" allein speist, sondern sich aus einer unüberschaubaren Menge unterschiedlicher *Sensordaten* zusammensetzt. Gegründet auf die Möglichkeiten algorithmischer

465 Maureen Dowd: „Alex Karp Has Money and Power. So What Does He Want?". *The New York Times*, 17. August 2024, URL: https://www.nytimes.com/2024/08/17/style/alex-karp-palantir.html [abgerufen am 18. August 2024].
466 Vera Bergengruen: „How Tech Giants Turned Ukraine Into an AI-War Lab". *Time* Magazine, 8. Februar 2024, URL: https://time.com/6691662/ai-ukraine-war-palantir/ [abgerufen am 18. August 2024].
467 Leonie Sontheimer; Lisa Hegemann, Gregor Becker: „Palantir Technologies. Die geheimnis-vollen Datensortierer". *ZEIT Online*, 30. September 2020, URL: https://www.zeit.de/digital/internet/2020-09/palantir-technologies-daten-analyse-boersengang-peter-thiel-alex-karp/komplettansicht [abgerufen am 20. September 2021].
468 Joseph Vogl: „Medien-Werden: Galileis Fernrohr". In: *Mediale Historiographien*, 2001, S. 115–123, hier: S. 118.
469 Ebd.

Computation, kommt so eine neue Darstellung menschlichen Verhaltens zum Vorschein, die vorher nicht denkbar war. Zugleich wird aber auch deutlich, was dabei *anästhetisch*, das heißt, im Verborgenen bleibt. Was bedeutet es nun, wenn eine solche Medienfunktion militärisch genutzt wird? Und was für eine spezifische Differenz zwischen Sichtbarem und Unsichtbaren tritt hier in den Vordergrund?

Verschiedene Autor*innen haben die von den US-amerikanischen Geheimdiensten praktizierte Form der algorithmischen Musteranalyse mit Foucaults Historiografie der Polizei in Zusammenhang gebracht, die, wie Foucault gezeigt hat, ab dem 18. Jahrhundert nicht nur als Institution für die „Aufrechterhaltung staatlicher Ordnung" in Erscheinung tritt, sondern darüber hinaus für die Produktion statistischen Bevölkerungswissens:

> Polizei und Statistik bedingen sich gegenseitig, und die Statistik ist ein gemeinsames Instrument für die Polizei und das europäische Gleichgewicht. Die Statistik ist das Wissen des Staates über den Staat, verstanden als Selbstwissen des Staates, aber auch als Wissen über die anderen Staaten.[470]

Am Beispiel des oben genannten SKYNET-Programms und anderer, älterer Versuche der statistischen Kriminalitätsbekämpfung mithilfe von Mustererkennung – wie das in den 1970er Jahren von der New Yorker Polizei eingesetzte *Compstat* und die neuere Software PredPol, die zur statistischen Vorhersage von Kriminalität gebraucht wird – stellt etwa Matteo Pasquinellis Untersuchung zu *Arcana Mathematica Imperii*[471] heraus, dass in der Computer-gestützten Mustererkennung die von Foucault beschriebene Funktion der *Policey-Wissenschaft* mit den konventionellen exekutiven Funktionen der Polizei in ihrer modernen Bedeutung konvergiert.

Burkhardt Wolf entwickelt ein ähnliches Argument in seiner Untersuchung zu Big Data und Überwachungstechnologien. Für ihn gilt als Hauptmerkmal dieser Technologien, dass sie „komplexe Strukturen innerhalb, auf den ersten Blick, unstrukturierten Massen zum Vorschein bringen".[472] Diese Strukturen fungierten als eine neue Form der *arcana*, der „Staatsgeheimnisse", sowie der „statistischen Herrschaft" in den Händen der Polizei und Geheimdienste. Tatsächlich sind alle Anwendungen automatisierter Datenanalyse und Sensor-basierter Überwachung,

---

470 Michel Foucault: *Sicherheit, Territorium, Bevölkerung. Geschichte der Gouvernementalität I.* Suhrkamp, Frankfurt a. M., 2006, S. 455.
471 Matteo Pasquinelli: *„Arcana Mathematica Imperii:* The Evolution of Western Computational Norms". In: M. Hlavajova and S. Sheikh (Hg.): *Former West: Art and the Contemporary after 1989*, MIT University Press, Cambridge, 2017, S. 281–293.
472 Burkhardt Wolf: „Big Data, Small Freedom? Informational Surveillance and the Political". In: *Radical Philosophy* 191, Mai/Juni, 2015, S. 13–20, hier: S. 13.

wie Mark Andrejevic und Mark Burdon in einem erhellenden Artikel darlegen, auf strukturellen Asymmetrien gegründet. Denn die Art der Verwertung der Informationen, die durch diese Technologien generiert werden, kann allein von denjenigen bestimmt werden, die Zugang zu den Infrastrukturen des *Sensing* haben.[473] Hieraus ergibt sich ein erhebliches strategisches Interesse von staatlicher Seite, diese proprietären Wissensformen für sich zugänglich zu machen und zu monopolisieren.

Für Wolf stellt die deutsche Rasterfahndung der 1970er Jahre einen wichtigen Referenzpunkt dar. Dabei handelte es sich um ein frühes Computer-gestütztes Instrument der inländischen Terrorbekämpfung, das erstmals in der Suche nach den Mitgliedern der Roten Armee Fraktion (RAF) eingesetzt wurde. Im englischen Sprachgebrauch würde die Rasterfahndung mit „negative dragnet investigation" übersetzt. Die von Wolf explizierte Unterscheidung zwischen „negativer" und „positiver" Rasterfahndung wirft auch ein Licht auf die heutigen Anwendungen der Pattern of Life Analysis:

> In ‚positive dragnet investigation' [...] personal files of suspected or searched individuals were compared to statistical databases. In negative dragnet investigation', on the other hand, police started with a mere pattern of possible offenders (who, notably, could be characterized by feigned normality), so that computers would track down suspicious persons by scanning diverse statistical databases.[474]

Während die „positive Rasterfahndung" mit der Suche nach bekannten Individuen korrespondiert, geht es in der „negativen Rasterfahndung" darum, bestimmte Signaturen oder vorher definierte Muster zu finden, die „bestimmte Muster als ‚kriminogen' markieren, unabhängig von der tatsächlichen Beweislage".[475] Diese Differenzierung korrespondiert genau mit den beiden heutigen Methoden der Zielbestimmung, wie sie oben beschrieben wurden: Dem „personal strike", mit dem die gezielte Tötung eines bekannten Individuums gemeint ist, und dem „signature strike", der die Tötung eines Individuums auf Grundlage der Ähnlichkeit seines ermittelten Verhaltensmusters mit vorher definierten „terroristischen Aktivitäten" beschreibt.

Mithilfe von komplexen Rechenprozessen und *Machine Learning* lassen sich so Muster zum Vorschein bringen, die vorher nicht erkennbar waren. Es scheint, als wäre diese Art der Musteranalyse erst mit zeitgenössischen Computertechnologien möglich geworden. Dabei hatten schon Lilian und Frank Gilbreth in ihren Bewegungseffizienzstudien um 1914 Versuche unternommen, chronospatiale Muster mit

---

473 Mark Andrejevic, Mark Burdon: „Defining the Sensor Society". In: *Television & New Media*, 16(1), 2015, S. 19–36, hier: S. 21.
474 Wolf, Big Data, 2015, S. 16.
475 [Eigene Übersetzung] Wolf, Big Data, 2015, S. 16.

einfachen fotografischen Mitteln aufzuzeichnen. Ähnlich den heutigen, Computer-
gestützten Anwendungen hatten schon diese Studien, wie Chamayou hervorhebt,
weniger den Körper, als seine Bewegung im Raum zum Gegenstand.[476] In dem Moment, wo auf den Gilbreth-Fotografien die Bewegungsspuren erscheinen, verschwinden die Körper der Probanden. Ähnlich verhält es sich mit den Mustern, die
in den „Pattern of Life"-Analysen zum Vorschein kommen. In ihnen verschwinden
die Körper, zum Vorschein kommt das Leben als schematische, zeit- und raumba-
sierte Spur. Chamayou sieht darin, im Anschluss an Deleuze, eine „Synthese aus „di-
vidual" und „individual", das sowohl gerastert als auch individuell erfasst ist, und
kommt zu dem Schluss, dass die paradigmatischen Vorschläge von Foucault und Deleuze zur Disziplinar- und Kontrollgesellschaft um ein Modell erweitert werden
müssen, das er als „targeted society" beschreibt:

> The corresponding object of power here is neither the individual taken as an element in a
> mass, nor the dividual appearing with a code in a databank, but something else: a patterned
> individuality that is woven out of statistical dividualities and cut out onto a thread of reticu-
> lar activities, against which it progressively silhouettes in time as a distinctive perceptible
> unit in the eyes of the machine.[477]

Wenn der zeitgenössische Massen-Diskurs auf „Datenmassen", „mass-dataveillance"
und „big data" fokussiert ist,[478] dann scheint es so, als ob das zentrale Interesse
nicht mehr, wie noch im 19. und 20. Jahrhundert, den Menschenmassen gelte, sondern den *Massen von Daten*, die über diese Menschen angehäuft werden – beziehungsweise um eine weitere Ebene entfernt, den Metadaten *über* die Daten dieser
Menschen. Wenn in diesem Diskurs nicht mehr das Individuum als „Element in der
Masse", sondern lediglich als Signatur auftritt, dann lässt dies tatsächlich eine Neu-
artikulierung der Begriffe des Individuums im Verhältnis zur Gesellschaft notwendig erscheinen, wie Chamayou sie mit dem Begriff des „Dividuums" andeutend vorschlägt. In Bezug auf die Medien der Kriegführung, die ich hier untersucht habe,

---

476 Grégoire Chamayou: „Patterns of Life: A Very Short History of Schematic Bodies". In: *The Funambulist Papers* 57, 4. Dezember, 2014. URL: http://thefunambulist.net/2014/12/04/the-funambu
list-papers-57-schematic-bodies-notes-on-a-patterns-genealogy-by-gregoire-chamayou/ [abgerufen
am 9. Februar, 2015].
477 Chamayou, Patterns of Life, 2014. Chamayou weist darauf hin, dass schon Deleuze seine im
Postscriptum getroffene Unterscheidung zwischen „Individuum" und „Dividuum" einer schemati-
schen Zeichnung aus dem zweiten, in der Zwischenkriegszeit entstandenen Skizzenbuch Paul
Klees verdankt. Wie Chamayou ausführt, entspricht das von ihm vorgeschlagene Schema einer
dritten Figur, der „Synthese aus Dividuum und Individuum", die ebenfalls in Klees Aufzeichnungen enthalten ist.
478 Roger Clarke: „Dataveillance – 15 Years On". *Roger Clarke's Website*, 31. März, 2003. URL:
http://www.rogerclarke.com/DV/DVNZ03.html [abgerufen am 2. Dezember, 2020]; dazu auch: Andrejevic, Burdon, Sensor Society, 2015, S. 23.

scheint dagegen die offensichtlichere Folge, dass Techniken der Beobachtung – wie die statistische Kontrolle der Bevölkerung und das Wissen um die detaillierten Lebensmuster innerhalb dieser Bevölkerung –, die vormals den Zweck erfüllten, die Ordnung des Staates innerhalb der eigenen Grenzen zu bewahren, sich mit den räumlich und zeitlich unbegrenzten Einsätzen der US-amerikanischen Geheimdienste, auch auf die Bevölkerungen anderer Staaten angewendet werden.

Dabei fällt auf, dass die hier untersuchten Ansätze des geheimdienstlich-polizeilichen Zugriffs auf die Masse sich zwar auf bestimmte Elemente innerhalb der „Datenmassen" und der Menschenmassen richten, die sie hervorbringen, dabei aber immer das gesamte Bild, den Blick auf das Ganze anstreben, oder, wie Virilio es in seiner Analyse zur *Sehmaschine* formulierte, dem Willen entsprechend „alles zu sehen, alles zu wissen, in jedem Augenblick, an jedem Ort",[479] während sie auf die eigene Unsichtbarkeit und Geheimhaltung bedacht sind (auch wenn diese seit den Enthüllungen durch Edward Snowden kompromittiert scheinen). Wie auch andere, zivile Anwendungen von automatisierten Sensor- und Analysetechnologien, folgen die militärischen Systeme einer Logik, die danach strebt „einen möglichst vollständigen Datensatz der Bevölkerungen und Umgebungen zu gewinnen".[480]

Die Masse, als Objekt staatlicher Observation und Kontrolle, die im 19. und 20. Jahrhundert noch als lokal begrenztes Problem energetischer „Mengen" angesehen wurde, hat inzwischen globale Proportionen erreicht. In dieser Größenordnung ist Kriegführung durchsetzt von der Logik der Polizei und deren Techniken interner „Kontrolle der Tätigkeit des Menschen",[481] die nun nicht mehr durch die Grenzen des staatlichen Territoriums beschränkt scheinen. Gekoppelt mit dem Einsatz gezielter Tötungen, werden so, um in der Terminologie Foucaults zu verbleiben, aus den Instrumenten der *Macht* Instrumente der *Gewalt*.[482] Wenn Canetti den Krieg grundsätzlich noch als „Ausbruch zweier Massen" auffassen konnte, dann ist die durch die Mittel der Computation und Sensortechnologie bewirkte Medientransformation des frühen 21. Jahrhunderts geprägt durch eine Perspektive, die die ganze Welt als eine Masse von Daten begreift und darin nach statistischen Anomalien sucht, Mustern und Gestalten, die als „feindlich" identifiziert werden. Diese Perspektive gleicht dem von Siegfried Kracauer in seinem berühmten Essay aus dem Jahr 1932 identifizierten Blick von oben, der ein „Ornament der Masse" zum Vorschein bringe, in dem die

---

479 Paul Virilio: *Die Sehmaschine*. Merve, Berlin, 1989, S. 158.
480 [Eigene Übersetzung] Andrejevic, Burdon, Sensor Society, 2015, S. 29.
481 Foucault, Sicherheit, Territorium, Bevölkerung, 2006, S. 449.
482 Zur Unterscheidung von Macht und Gewalt bei Foucault siehe: Foucault, Omnes et Singulatim, 1981, S. 253.

Individuen lediglich „Bruchteile einer Figur"[483] seien, die sich der Figur, die sie kollektiv formen, selbst nicht bewusst sind:

> Das Ornament wird von den Massen, die es zustandebringen, nicht mitgedacht. So linienhaft es ist: keine Linie dringt aus den Massenteilchen auf die ganze Figur. Es gleicht darin den *Flugbildern* der Landschaften und Städte, daß es nicht dem Innern der Gegebenheiten entwächst, sondern über ihnen erscheint.[484]

Die algorithmisch errechneten Muster, die aus den Meta-Daten menschlicher Leben zusammengesetzt wurden, definieren heute die Muster und Figuren, die über den Massen erscheinen – neue „Ornamente der Masse", die von denjenigen, die sie zustande bringen, nicht mitgedacht werden können. Sie sind erkennbar allein für die sensorischen Observationsmedien, die auf die Bevölkerung als Ganzes gerichtet sind. Für die Menschen, die diese Muster hervorbringen handelt es sich um ein „known unknown", eine Form von Wissen über das eigene Verhalten, von dem sie wissen können, aber auf das sie selbst keinen Zugriff haben, da es entweder in den Händen von Geheimdiensten und Militärs, oder – wie im Fall von Palantir – von privaten Konzernen lagert.

---

483 Kracauer, Ornament der Masse, 1963, [1927], S. 51.
484 Ebd., S. 52.

4 Operationalisierung der Wahrnehmung. Soziale Steuerung und Visualität in der frühen angewandten Psychologie

> Our whole modern world instinctively longs again
> for thoroughness and discipline and the teaching of obedience.[1]

Während im vorangegangenen Kapitel mit dem „Blick von oben" vor allem die fotografischen Techniken der Observation und die Prozesse der Bildinterpretation im Zentrum standen, die mit einem vertikalen, durch Bilder vermittelten Blick auf die Welt verbunden sind, geht es im Folgenden um Bildtechniken, die die Achse der Wahrnehmung wiederum in die Horizontale verschieben. Zu Beginn des 20. Jahrhunderts entwickelte sich im Umfeld der deutschsprachigen Experimentalpsychologie die Disziplin der Psychotechnik, die sich schon bald im Austausch zwischen US-amerikanischen Forscher*innen wie Lillian und Frank Gilbreth, durch die Tätigkeit von Hugo Münsterberg in Harvard und die Reichweite deutscher Experimentalpsychologen wie William Stern internationalisierte.[2] Unter dem Eindruck technologischer Umbrüche fanden hier die Ideen der wissenschaftlichen Betriebsführung nach Frederik Taylor und Einflüsse aus dem Behaviorismus zusammen mit psychologischen Testverfahren, bei denen Effizienzsteigerung im Sinne einer „optimale[n] wechselseitigen Anpassung von Mensch und Technik"[3] im Vordergrund standen. Dabei galt das Hauptinteresse der Erforschung und Kontrolle der menschlichen Sinneswahrnehmung und Aufmerksamkeit. Als noch junge Disziplin, die sich mit psychischen Vorgängen befasste und sich dadurch „immer schon an einem *kategorial* Unsichtbaren abzuarbeiten hatte", war, wie Martin Wieser herausgearbeitet hat, gerade die Experimentalpsychologie auf „Stabilisierungs- und Objektivierungsleistungen von visuellen Medien angewiesen", und dies nicht zuletzt, um ihren Platz inner-

---

1 Hugo Münsterberg: „Psychology and the Navy". In: Ders.: *Social Studies of Today*. T. Fisher Unwin, London, 1913, S. 225–262, hier: 245.

2 Siehe: Friedrich Dorsch: *Geschichte und Probleme der angewandten Psychologie*. Verlag Hans Huber, Bern und Stuttgart, 1963, S. 57. Als Vorläufer der Psychotechnik kann die von Gustav Fechner begründete Psychophysik gelten, die sich als „exacte Lehre von den functionellen oder Abhängigkeitsbeziehungen zwischen [...] körperlicher und geistiger, physischer und psychischer, Welt" vor allem der empirischen Erforschung der Sinneswahrnehmung verpflichtet hatte. Siehe: Gustav Theodor Fechner: *Elemente der Psychophysik*. Breitkopf und Härtel, Leipzig, 1880, S. 8. Dazu auch: Horst Gundlach: *Entstehung und Gegenstand der Psychophysik*. Springer, Heidelberg, 1993.

3 Dorsch, Angewandte Psychologie, 1963, S. 57.

https://doi.org/10.1515/9783111287584-005

halb der exakten Wissenschaften zu legitimieren.[4] Im Einsatz visueller Medien für die Zwecke der psychotechnischen Steuerung von Menschen wird zudem ein grundsätzlicher Zusammenhang von Bildern und Gehorsamsproduktion im weiteren Sinn erkennbar, der auch für ein Verständnis heutiger Bild(schirm)kulturen relevant sein wird. Diese Zusammenhänge gilt es im Folgenden zu diskutieren.

Schon wenige Jahre nach ihrer Begründung durch William Stern und Hugo Münsterberg wurden die Methoden und Erkenntnisse der Psychotechnik in den Dienst der Kriegsvorbereitung gestellt. Besonders in Deutschland erfuhr die angewandte Psychologie so ihre Blütezeit ab Mitte der 1910er Jahren.[5] Auch die amerikanischen Human Factor Studies, die in den USA das Erbe der Psychotechnik antraten, standen von Beginn an im Dienst des Militärs, wo, ähnlich wie zuvor in Deutschland, eines der ersten Betätigungsfelder Anfang der 1940er Jahre in der Berufsauswahl angehender Piloten bestand.[6] Wenn am Ende der hier aufgezeigten Entwicklung das hochkomplexe Bildschirm-gestützte Wahrnehmungsmilieu der Steuerungseinheit für robotische Waffensysteme steht, so gilt es im Folgenden, die wahrnehmungspsychologischen Genealogien dieser Anordnung zurückzuverfolgen, die bis in die Anfänge der angewandten Psychologie des frühen 20. Jahrhunderts und die Frühgeschichte der Fliegerei zurückreichen.[7] Ziel dieses Kapitels ist es zum einen, die Umstände und historisch-epistemischen Hintergründe zu erforschen die die Gestaltung und Zweckmäßigkeit dieser Bildmedien bedingt haben. Zum anderen sollen die Begründungszusammenhänge und postulierten Wirkweisen offengelegt werden, durch die die psychotechnische und militärische *Operationalisierung der Wahrnehmung* als Mittel der Gehorsamsproduktion gerahmt und hervorgebracht wurde.

---

4 Martin Wieser: „Von der Kriegslandschaft zur Topologie der Persönlichkeit. Strategien der Sichtbarmachung im Werk Kurt Lewins". *Psychologie & Gesellschaftskritik*, 38 (3), 2014, S. 7–25, hier: S. 8. Siehe auch: Martin Wieser: „Images of the Invisible. An Account of Iconic Media in the History of Psychology". *Theory and Psychology* 23 (4), 2013, S. 435–457.

5 Isaak Spielrein, der in der jungen Sowjetunion als „Vater der Psychotechnik" galt, erkannte die Relevanz der neuen Forschungsrichtung für militärische Zwecke und verglich sie mit einem „Gewehr, das in den Händen von Roten und Weißen gleichermaßen seinen Dienst tun könnte". Zitiert nach Sabine Richebächer: „Die optimierte Gesellschaftsordnung". *Neue Zürcher Zeitung*, 17. März 2007, https://www.nzz.ch/articleETW78-1.129156 [abgerufen am 4. März 2019].

6 Chad C. Tossell, Victor S. Finomore, Mica Endsley et al.: „Human Factors and the United States Military: A 75-Year Partnership". In: *Proceedings of the Human Factors and Ergonomics Society 2016 Annual Meeting*, 60, September 2016, S. 91–93; Mark A. Staal: „A Descriptive History of Military Aviation Psychology". *Military Psychologist*, 29 (1), 2014, S. 19–22.

7 Hierfür stütze ich mich zum Teil auf den gemeinsam mit Rebekka Ladewig verfassten Aufsatz: „Synthetische Realität und Blindflug – Operationalisierung der Wahrnehmung". In: Matthias Bruhn, Nikola Doll (Hg.): *kritische berichte. Zeitschrift für Kunst- und Kulturwissenschaften*, Heft 4, Jahrg. 43, 2015, S. 95–104.

Die enge Verquickung der frühen Luftfahrt mit den Medientechniken der Fotografie und des Films im Zeichen des „Blicks von Oben" standen im Zentrum des 4. Kapitels. Doch die immer ausgefeilteren Technologien der Luftaufklärung und die noch tiefer greifenden Prozesse militärischer Sensorik zur Erfassung und Auswertung von Daten, sind nur die eine Seite einer „Logistik der Wahrnehmung",[8] deren Indienstnahme der menschlichen Sinne durch die neuen Bildtechnologien schon von Walter Benjamin beschrieben wurde. In Benjamins zwischen 1935 und 1939 in mehrfach editierten Versionen erschienenen Kunstwerkaufsatz werden die kinematische Apparatur[9] und ihre Effekte auf die menschliche Sinneswahrnehmung in einen Zusammenhang mit den psychotechnischen Berufseignungstests gestellt. Inwiefern die von Benjamin benannte Einübung von „neuen Aufgaben der Apperzeption"[10] im Kontext einer besonders in der frühen Wahrnehmungspsychologie verbreiteten Vorstellung von der visuellen Steuerbarkeit von Menschen steht, die sodann in den militärischen Diskurs eingeht, ist Gegenstand des folgenden Kapitels.

Die wahrnehmungspsychologischen Experimentalanordnungen im Kontext eines umfassenden Projekts der Disziplinierung und Steuerung von Menschen, werden im Folgenden zunächst am Beispiel von Hugo Münsterbergs *Grundzügen der Psychotechnik* (4.1), am Beispiel von Münsterbergs experimentalpsychologischen Versuchen in Harvard (4.2) und seiner frühen filmtheoretischen Schriften diskutiert (4.3). In Münsterbergs Schriften finden sich dabei Ansätze zu einer Psychologie des Gehorsams, die für das Verständnis der psychotechnischen Zielsetzung als grundlegend gelten können (4.4). Diese Untersuchungen werden mit der Freud'schen Idee des Reizschutzes und Walter Benjamins Überlegungen zum „optischen

---

8 Paul Virilio: *Krieg und Kino. Logistik der Wahrnehmung*. Aus dem Französischen von Frieda Grafe und Enno Patalas. Fischer, Frankfurt a. M., 1989.
9 Wie Antonio Somaini betont, bezieht sich Benjamin mit den Begriffen des „Apparats" und der „Apparatur" auf die „verschiedenen technischen Artefakte, die zur Organisation des Felds beitragen, in dem sinnliche Wahrnehmung stattfindet" [eigene Übersetzung], und für die das Kino nur ein konkretes, historisch-spezifisches Beispiel abgibt. Siehe: Antonio Somaini: „Walter Benjamin's Media Theory: The ‚Medium' and the ‚Apparat'". *Grey Room*, 62, 2016, S. 6–41, hier: S. 7.
10 Walter Benjamin: „Das Kunstwerk im Zeitalter seiner technischen Reproduzierbarkeit" (Dritte Fassung). In: Rolf Tiedemann, Hermann Schweppenhäuser (Hg.): *Walter Benjamin: Abhandlungen. Gesammelte Schriften, Band 1.2.*, Suhrkamp, Frankfurt a. M., 1991, S. 471–508, hier: S. 450 und 505. Benjamins Darstellung der in der zweiten, Mitte der 30er Jahre fertiggestellten Fassung weicht von dieser Version leicht ab, siehe: Walter Benjamin: „Das Kunstwerk im Zeitalter seiner technischen Reproduzierbarkeit" (Zweite Fassung). In: Rolf Tiedemann, Hermann Schweppenhäuser (Hg.): *Walter Benjamin: Nachträge. Gesammelte Schriften, Band 7.1.* Suhrkamp, Frankfurt a. M., 2003, S. 350–384, hier: S. 365 und 381.

Unbewußten"[11] um kritische Perspektiven ergänzt (4.5), die nicht nur methodisch in radikaler Opposition zum Projekt der Psychotechnik stehen, sondern zudem aufzeigen, dass sich diese einer ganz bestimmten Logik des Instrumentellen andient, in der Widerstände prinzipiell unterlaufen, gebrochen oder unwahrnehmbar gemacht werden sollen. Dabei wird offenkundig, dass sich für Münsterberg das Problem des Widerstands auf die durch Einübung erzielte Unterdrückung widerständiger Reaktionen auf von außen eindringende Wahrnehmungsreize reduzieren lässt.

Etwa zeitgleich zu Münsterbergs Versuchen in Harvard entwickelte sich ein weiterer Zweig psychotechnischer Forschung unter der Ägide von William Stern in Breslau und Hamburg. Kapitel 4.6 beschäftigt sich mit der Militarisierung der Psychotechnik am Beispiel der experimentalpsychologischen Arbeiten von Stern und anderen im Dienst der frühen militärischen Fliegerei. In der Enge des Cockpits wurde die Optimierung der Steuerungsabläufe zur höchsten Priorität, nicht nur für das Gelingen militärischer Missionen, sondern für das Überleben des Piloten in einer noch vollkommen unerprobten neuen Wahrnehmungsumgebung. Für die frühe angewandte Psychologie, die in den Berufsauswahltests für Piloten eines ihrer ersten Betätigungsfelder fand, bildete das Visuelle zugleich ein Primat, das nicht nur dem menschlichen Sehsinn Priorität über die anderen Sinne einräumt, sondern auch in den medialen Verfahren der Visualisierung und der Reaktionen auf Sehreize ein zentrales Aufgabenfeld bestimmte.

Die Psychotechnik war eine in der ersten Hälfte des 20. Jahrhunderts florierende Vorgänger- oder auch Teildisziplin der angewandten Psychologie, die sich die Optimierung von sozialen wie technischen Prozessen, seien es industrielle, pädagogische, medizinische, oder militärische, durch die Funktionalisierung „psychischer" Sachverhalte zum Programm gemacht hatte. Schon von den beiden Begründern der Disziplin, William Stern und Hugo Münsterberg, wurde sie folglich definiert als „psychologische Einwirkung in der Gestaltung des praktischen Lebens".[12] Als „gestaltende", „einwirkende" und „zielgerichtete" Forschung grenzt sie sich fortan dezidiert von einer reflektierenden, distanzierten Wissenschaft ab.

In der deutschen Medienwissenschaft gilt Münsterberg zudem als Wegbereiter der Filmtheorie, deren „Möglichkeitsbedingung", im Denken Friedrich Kittlers, erst durch die von Münsterberg betriebene „Verschaltung von physiologischen und technischen Experimenten, von psychologischen und ergonomischen Daten"

---

11 Benjamin, Kunstwerk, 3. Fassung, 1991, S. 500.
12 Siegfried Jaeger, Irmingard Staeuble: „Die Psychotechnik und ihre gesellschaftlichen Entwicklungsbedingungen". In: François Stoll (Hg.): *Arbeit und Beruf, Bd. 1.* Beltz, Weinheim/Basel, 1983, S. 49–91, S. 49.

gegeben sei.[13] Tatsächlich finden sich auch in Walter Benjamins Kunstwerkaufsatz Hinweise auf die von Münsterberg mitentwickelten experimentalpsychologischen Versuchsreihen zur Berufseignung, die Benjamin hier auf polemische Weise mit den Entstehungsbedingungen des Films parallelisiert.[14]

Im Folgenden soll die Besonderheit dieser Forschungsrichtung herausgearbeitet werden, deren Selbstverständnis, wie hier argumentiert wird, noch bis in die Gegenwart prägend auf die Technologieentwicklung sowohl im zivilen als auch im militärischen Sektor auswirkt und deren Begrifflichkeiten und Konzepte nicht nur Eingang in die US-amerikanischen ingenieurswissenschaftlichen und militärische Diskurse gefunden haben, sondern auch das medientheoretische Denken mitprägten. In einem zweiten Schritt wird nach der Bedeutung der Visualität für die psychotechnische Einwirkung auf die menschliche Wahrnehmung gefragt. Anhand einer Untersuchung der psychotechnischen Experimentalanordnungen vor und während des Ersten Weltkriegs wird vorgeschlagen, dass der vielfältige Einsatz von visuellen Simulationen, Mattscheiben und *Screens* in diesen Wahrnehmungsexperimenten als Wegbereitung für die, ab Mitte des 20. Jahrhunderts einsetzende, Ubiquität des Bildschirms gelten kann. Somit kann die Heraufkunft des Bildschirms und die mit ihm verbundenen Praktiken und Interaktionsformen – wie hier argumentiert wird – nicht getrennt vom wissenschaftshistorischen Kontext einer zielgerichtet und instrumentell agierenden Forschung betrachtet werden, deren explizites Interesse in der Disziplinierung und Verfügbarmachung der menschlichen Wahrnehmung lag. Konkret lautet die Frage, inwiefern Funktionen der Disziplinierung und Gehorsamsproduktion, die sich mit militärischen Interessen decken, mit dem Selbstverständnis der Psychotechnik und ihren Nachfolgedisziplinen kompatibel sind, in ihrem disziplinären Selbstverständnis bereits angelegt sind und diskursiv befördert werden.

4.1 Hugo Münsterbergs Grundlegung der Psychotechnik

Hugo Münsterberg – geboren 1863 im damaligen Danzig als Sohn eines wohlhabenden Geschäftsmanns und einer erfolgreichen Künstlerin – hatte bei Wilhelm Wundt promoviert, bevor er sich an der Universität Freiburg habilitierte und auf Einladung Alois Riehls ein eigenes Labor nach dem Vorbild von Wundts berühmtem Leipziger Labor für Experimentalpsychologie aufbaute. Das von Münster-

---

13 Friedrich Kittler: *Draculas Vermächtnis. Technische Schriften.* Reclam, Leipzig, 1993, S. 102. Münsterbergs *Grundlegung der Psychotechnik* bezeichnet Kittler dort als „siebenhundersiebenundsechzig ebenso großartige wie vergessene Seiten".
14 Benjamin, Kunstwerk, Dritte Fassung, 1991, S. 488.

bergs begründete Freiburger „Psychophysische Labor" war größtenteils aus eigenen Mitteln finanziert. So befand es sich auch in Münsterbergs Privatwohnung und wurde lediglich durch 200 Reichsmark jährlich vom Ministerium bezuschusst.[15] Das Labor war formell an das Institut für Philosophie der Universität Freiburg angegliedert, wo ihm nach Münsterbergs Weggang zunächst Heinrich Rickert, und dann der Begründer der Phänomenologie, Edmund Husserl, sowie dessen Nachfolger Martin Heidegger als Direktoren vorstanden.[16]

Da Münsterbergs akademische Karriere im Kaiserreich nicht die erwünschten Erfolge erzielte, folgte er der Einladung des Pioniers der amerikanischen Psychologie und des philosophischen Pragmatismus, William James, an die Harvard University, wo er ab 1892 ein weiteres psychologisches Labor nach Vorbild des Leipziger Wundt-Instituts einrichtete. Auf Grundlage der von ihm entwickelten Berufseignungstests, die im US-amerikanischen Raum großen Anklang fanden, popularisierte er den von Stern geprägten Begriff der Psychotechnik.[17] Für die Verbreitung der Angewandten Psychologie im deutschsprachigen Raum gaben die Vorlesungen, die er 1910–1911 als Austauschprofessor in Berlin hielt, sowie die Veröffentlichung der *Grundzüge der Psychotechnik* (1914), wichtige Impulse. Die Vorlesungen veröffentlichte er später unter dem Titel *Psychologie und Wirtschaftsleben. Ein Beitrag zur angewandten Experimental-Psychologie* (1912). Mit dieser Veröffentlichung gilt Münsterberg heute auch als Begründer der Organisationspsychologie im deutschsprachigen Raum, sowie als „Vater" der Wirtschaftspsychologie.[18]

---

15 Siehe: Universität Freiburg: *Geschichte des Instituts für Psychologie*, URL: https://www.psychologie.uni-freiburg.de/institut/geschichte/institutsgeschichte.html [abgerufen am 15. November 2020].
16 Ebd.
17 William Stern hatte den Begriff zum ersten Mal im Jahr 1903 in seiner Schrift zur *Angewandten Psychologie* in Abgrenzung zur „Psychognostik": „Liefert die angewandte Psychologie als Psychognostik die Hilfsmittel, persönliche Werte zu beurteilen, so liefert sie als Psychotechnik die Hilfsmittel, wertvolle Zwecke durch geeignete Handlungsweisen zu fördern." William Stern: „Angewandte Psychologie". In: William Stern (Hg.): *Beiträge zur Psychologie der Aussage 1*, 1903, S. 4–45, hier: S. 28. Anders als bei Stern, umfasst Münsterbergs Begriff der Psychotechnik auch die Aufgaben der von Stern so bezeichneten Psychognostik. Siehe auch: W. Witte: „Psychotechnik", in: Joachim Ritter: *Historisches Wörterbuch der Philosophie*, Bd. 7, Schwabe, Basel, 2007, S. 29746, CD-ROM.
18 Zu den biografischen Daten siehe: Matthew Hale: *Human Science and Social Order. Hugo Münsterberg and the Origins of Applied Psychology*. Temple University Press, Philadelphia, 1980, S. 49; Helmut E. Lück: „Hugo Münsterberg und die Freiburger Schule der Psychologie". In: Helmut Lück et al. (Hg.): *Klassiker der Psychologie*. Kohlhammer, Köln, 2000, S. 183–185; Erich Kirchler: *Arbeits- und Organisationspsychologie*. UTB, Wien, 2005, S. 24 und 34; Horst Gundlach: „Faktor Mensch im Krieg. Der Eintritt der Psychologie und Psychotechnik in den Krieg". In: Fritz Krafft (Hg.): *Berichte zur Wissenschaftsgeschichte*, Band 19, Heft 2–3, September 1996, S. 131–143, hier: S. 132; Gerd Wenninger: *Lexikon der Psychologie in fünf Bänden, Bd. 3*. Spektrum, Heidelberg/Berlin, 2001, S. 107.

In den 1914 erschienenen *Grundzügen der Psychotechnik* stellt Münsterberg klar, dass es sich bei bei letzterer in Abgrenzung im Gegensatz zur „theoretischen Psychologie" um eine interessegeleitete Forschungsrichtung handeln sollte, die sich „in den Dienst einer Handlung" stelle, „die wir um eines bestimmten Ziels willen ausführen wollen".[19] Im Vordergrund habe dabei die „vorwärtsblickende Gestaltung des praktischen Lebens" zu stehen, im Gegensatz zur „rückblickenden Erklärung von Kulturvorgängen":[20]

> Nun werden die der praktischen Aufgabenerfüllung zugewandten Wissenschaften allgemein als technische bezeichnet; wir wollen diesen Teil der angewandten Psychologie deshalb Psychotechnik nennen. Die Psychotechnik ist somit durchaus nicht identisch mit angewandter Psychologie, sondern nur die eine Hälfte der angewandten Psychologie. Sie kommt nur da in Frage, wo ein in der Zukunft liegendes Ziel erreicht werden soll.[21]

Schon in epistemologischer Hinsicht ist der Psychotechnik im Umfeld des Taylorismus und der großen Rationalisierungsbewegung der Industriestaaten nicht nur eine utilitaristische, auf Rationalisierung und Effizienzsteigerung angelegte organisationswissenschaftliche Ausrichtung auf Steuerung und Kontrolle mitgegeben; vielmehr wird diese Ausrichtung von Münsterberg noch ausgeweitet auf die gesamte Bandbreite gesellschaftlicher und individueller Vorgänge. Ihr Einsatzort ist dabei, im Gegensatz zu dem vor allem auf körperliche Leistungen abzielenden *Taylor-System*, dem von Seiten der Psychotechniker vorgehalten wurde, es vernachlässige den „menschlichen Faktor",[22] explizit die menschliche Wahrnehmung, genauer, das „Bewusstsein",[23] das durch die Methoden der Psychotechnik manipuliert und kontrolliert werden sollte.[24]

---

19 Hugo Münsterberg: *Grundzüge der Psychotechnik*. Verlag von Johann Ambrosius Barth, Leipzig, 1914, S. 8.
20 Jaeger, Staeuble, Psychotechnik, 1983, S. 59.
21 Münsterberg, Grundzüge der Psychotechnik, 1914, S. 6.
22 Siehe z. B.: E. H. Fish: „Human Engineering". In: *Journal of Applied Psychology*, 1(2), 1917, S. 161–174, hier: S. 162; oder den Schriftverkehr der deutschen Psychotechnikerin Irene Witte mit den Gilbreths, siehe: Rita Pokorny-Köthe: „Die Psychotechnik im Wissenstransfer amerikanischer Rationalisierungsverfahren durch die Unternehmensberaterin und Fachschriftstellerin Irene Witte in Berlin, 1914–1933". In: Horst Gundlach (Hg.): *Untersuchungen zur Geschichte der Psychologie und der Psychotechnik*. Profil Verlag, München/Wien, 1996, S. 177–186, hier: S. 182.
23 Münsterberg übernahm als Schüler Wilhelm Wundts dessen Konzept des „Bewusstseins", das bei diesem den Begriff der „Seele" abgelöst hatte. In den USA hatte das aus dem Behaviorismus stammende „Verhalten" den Begriff des „Bewusstseins" als zentralen psychologischen Begriff abgelöst. Siehe: Ruedi Rüegsegger: *Die Geschichte der Angewandten Psychologie 1900–1940. Ein internationaler Vergleich am Beispiel der Entwicklung in Zürich.* Hans Huber, Bern/Stuttgart, 1986, S. 72.
24 Hierin kann man den Einfluss der US-amerikanischen Psychologie auf Münsterberg ausmachen, nach deren Selbstverständnis, unter Einfluss des Behaviorismus, sich stärker darum

Von Anfang an gibt es dabei eine Diskrepanz in der Ausrichtung des Selbstverständnisses der noch jungen Disziplin, die bis in die Gegenwart bestehen bleiben wird: Für die beiden ‚Gründerväter' Hugo Münsterberg und William Stern war jeweils offenkundig, dass die Psychotechnik als „Wegweisung für psychologische Einwirkung"[25] zu verstehen und, als *angewandte* Psychologie, von der Theorie abzugrenzen war, die „ihr Objekt sine ira et studio, ohne wertende Stellungnahme"[26] studierte. Sowohl für Stern wie auch für Münsterberg hat die Psychotechnik dabei die Aufgabe „unmittelbare Anweisungen für das Handeln zu geben".[27] Doch während Münsterberg diesen Gegensatz durch eine Analogie beschreibt, nach der sich die Psychotechnik zur Psychologie genauso verhalte wie „die Ingenieurswissenschaft zur Physik"[28] – was sich mit dem US-amerikanischen Begriffs des „social engineering" als „ingenieurmäßiges Behandeln sozialer Dinge"[29] deckt – ist für William Stern in seiner Begriffslegung aus dem Jahr 1903 die anwendende Aktivität des Psychologen „nicht vergleichbar mit der des Technikers, sondern mit der des Arztes".[30] Nach Sterns Verständnis ist der praktische Psychologe „ein Diener am Leben", der „Hilfen zur Errichtung wertvoller Ziele" liefere und „durch die Wertschätzung dieser Ziele Art und Begrenzung seiner Tätigkeit bestimmen lassen" müsse.[31] Darin bestünde die „sittliche Berufsaufgabe", die auf dem praktischen Psychologen sehr viel schwerer laste als auf dem Techniker, „der lediglich totes Material" bearbeite.[32]

Während Stern auch im Zuge der militärischen Indienstnahme seiner experimentalpsychologischen Innovationen um die ethische Ausrichtung seines wissenschaftlichen Beitrags besorgt war, formulierte Münsterberg: „[...] ob es richtig ist, tüchtige Arbeiter heranzuziehen [...] das ist eine Frage, die der Psychologe nicht zu entscheiden hat. Das Ziel muß immer bereits gegeben sein, wenn der Techniker irgend etwas Nützliches leisten soll".[33] Zwar bleibt auch Stern eine Antwort

---

drehte, „allgemeine Verhaltensprinzipien zu entdecken, um das individuelle Verhalten [...] vorauszusagen und zu kontrollieren". Siehe: Rüegsegger, Angewandte Psychologie, 1986, S. 72.

25 Stern 1903, S. 20 zitiert nach Jaeger, Staeuble, Psychotechnik, 1983, S. 59.

26 Jaeger, Staeuble, Psychotechnik, 1983, S. 59.

27 Wenninger, Lexikon der Psychologie, 2001, S. 107.

28 Münsterberg, Grundzüge der Psychotechnik, 1914, S. 7 und Münsterberg, Psychology and the Navy, 1913, S. 227.

29 Siehe: Dorsch, Angewandte Psychologie, 1963, S. 59.

30 Jaeger, Staeuble, Psychotechnik, 1983, S. 59.

31 William Stern: *Allgemeine Psychologie auf personalistischer Grundlage.* Martinus Nijhoff, Haag, 1935, S. 50.

32 Stern, 1935, S. 59.

33 Hugo Münsterberg: *Psychologie und Wirtschaftsleben. Ein Beitrag zur angewandten Experimental-Psychologie.* Verlag von Johann Ambrosius Barth, Leipzig, 1912, S. 19. In seinem Nachruf auf Münsterberg aus dem Jahr 1917, fasst William Stern diese Differenz folgendermaßen zusam-

schuldig, wie für die mit einer bestimmten Aufgabe betrauten Psychotechniker erkennbar sein soll, was als „wertvolles Ziel" zu gelten hat und wie zu ermitteln sei, wer als legitimer Auftraggeber in Frage komme. Dennoch zeigte er deutlich mehr Skrupel als Münsterberg, wenn er betonte, die praktische Psychologie habe die „personalen Werte" des Menschen nicht zu tangieren, „auch wenn überpersonelle Aufgaben zu erfüllen" seien.[34]

In der Münsterberg'schen Grundlegung, die, wie Jaeger und Staeuble unterstreichen, noch Jahrzehnte später die „Modellegitimation" der angewandten Psychologie lieferte,[35] und, Merle J. Moskowitz zufolge, in den Bereichen der Industrie- und Geschäftspsychologie das „Fundament für jede Hauptentwicklung"[36] legte, wird zudem eine Zielsetzung erkennbar, die viel klarer auf soziale Kontrolle, auf gesellschaftliche Maßstäbe sowie auf eine psychologischer Ebene ansetzende Form der Disziplinierung angelegt ist,[37] als dies bei Stern der Fall ist. So fallen unter die Anwendungsgebiete zur „Verwertung der Psychologie im Dienste der praktischen Kulturaufgaben",[38] Münsterberg zufolge zuerst die Gesellschaftsordnung an sich,

---

men: „His Weltanschauung was constructed upon a theory of value which is completely independent of the causal considerations of natural science. In it there is no longer question of cause and effect but only of end and norm. Here man is not the object of analytical knowledge but the subject of a unified attitude. [...] Thus the outcome is a two-world theory which leaves unsatisfied the yearning of man for a final unity, and yet only where unity is, is there a true Weltanschauung. To me Münsterberg seems here to be the typical representative of a period of transition. [...] The sharp separation of the psychological investigation of facts and the ethical theory of ends also found in Münsterberg a formulation important pedagogically, which one must agree with in its fundamental ideas in spite of other differences of opinion. (S. 187) [...] But more and more his interest in psychological theory was replaced by one in applied psychology, and here his universalistic spirit, participating in the manifold ramifications of *Kultur*, stands revealed. [...] It is true that often he showed more boldness and power to image future possibilities than he did cautious technical knowledge, but much greater than this is the service which he did of attracting publicity (even non-psychological) to this perfectly new method of controlling *Kultur* [...]". Siehe: William Stern: „Hugo Münsterberg: In Memoriam". Übersetzung aus der *Zeitschrift für Pädagogische Psychologie und Experimentelle Pädagogik*, Jan/Feb. 1917. In: *Journal of Applied Psychology*, 1, 1917, S. 186–188.

34 Dorsch, Angewandte Psychologie, 1963, S. 62.

35 Jaeger, Staeuble, Psychotechnik, 1983, S. 61. Zum Unterschied zwischen Stern und Münsterberg in dieser Hinsicht auch: Rüegsegger, Angewandte Psychologie, 1986, S. 74.

36 Moskowitz zitiert nach Schweinitz, Lichtspiel, 1996, S. 10.

37 Helmut E. Lück bemerkt, dass keine der zeitgenössischen Rezensionen von Münsterbergs *Grundzügen der Psychotechnik* Anstoß an seiner „Zielsetzung gesellschaftlicher Kontrolle und Bevormundung" nahm. Siehe: Helmut E. Lück: „Hugo Münsterberg. Grundzüge der Psychotechnik (1914)". In: Helmut Lück et al. (Hg.): *Klassiker der Psychologie*. Kohlhammer, Köln, 2000, S. 113 f.

38 Alle hier genannten Zitate siehe: Hugo Münsterberg: *Grundzüge der Psychotechnik*, Vorwort. Verlag von Johann Ambrosius Barth, Leipzig, 1914, S. v.

das heißt unter anderem, die „Menschenverteilung", „Formen des Verkehrs" und „gemeinsame Gruppenleistung". Dann die Gesundheit, als deren wichtigsten Einsatzbereich für die Psychotechnik er die „Eugenik" identifiziert, mit allen Implikationen, die dies für die Zielsetzung einer an der Gestaltung der Gesellschaft interessierten Disziplin haben muss. Auch der Einsatz von Psychoanalyse und Hypnose scheint Münsterberg unter bestimmten Voraussetzungen sinnvoll um zur „Verbesserung und Wiederherstellung" von „sozial nicht funktionsfähigen Individuen" beizutragen. Im Hinblick auf die Wirtschaft sieht Münsterberg den Aufgabenbereich der Psychotechnik unter anderem in der Landwirtschaft, der „industriellen Ausbildung", der „Anpassung der industriellen Technik", und der „industriellen Leistung und Geeignetheit".[39] Im Bereich des Rechts widmet sich die Psychotechnik dem Problem der „Willensfreiheit", der „Verhütung des Verbrechens" und der „Ermittlung verheimlichter Kenntnisse". Darüber hinaus soll sie in der Erziehung zur „Einprägung von Kenntnissen, Erweckung von Interessen, Organisierung des Unterrichts" eingesetzt werden und in der Kunst, für den „Kunstgenuß und Lebensgenuß", wofür er sich eine „Psychotechnik des Schönen", der „Lebensgestaltung", und der „Raum- und Zeitkunst" verspricht.[40]

In diesem Gründungsdokument, das Friedrich Kittler bewunderte und als „siebenhundersiebenundsechzig ebenso großartige wie vergessene Seiten"[41] bezeichnet hat, erscheint die Psychotechnik als eine alle Bereiche des Lebens adressierende und gestaltende Universal-Wissenschaft, eine „praktische Wissenschaft, welche [...] unser Handeln leiten soll".[42] Die autoritäre Ausrichtung dieses auf strenge soziale Kontrolle und biopolitische Steuerung angelegten Projekts macht nicht vor den Methoden der eugenischen Selektion und Züchtung von Menschen halt. So zielt das Programm der Psychotechnik zunächst auf Verfahren der Auslese: Auf der einen Seite sind dies die Berufseignungs- und Intelligenztests, durch die, Münsterberg zufolge, sogenannte „misfits" in Bezug auf die geeignete Beschäftigung oder gesellschaftliche Rolle vermieden werden sollten. Wenn die Rede von „misfits" und Auslese schon auf die Selektionstheorie Darwins verweist, die einen frühen und maßgeblichen Einfluss im Münsterberg'schen Denken hatte,[43] dann kippt diese

---

39 Ebd.

40 Münsterberg, Grundzüge der Psychotechnik, 1914, S. v.

41 Kittler, Dracula, 1993, S. 102, Fußnote 44.

42 Münsterberg, Grundzüge der Psychotechnik, 1914, S. 45–46. Siehe auch: Katja Patzel-Mattern: *Ökonomische Effizienz und gesellschaftlicher Ausgleich. Die industrielle Psychotechnik in der Weimarer Republik*. Franz Steiner, Stuttgart, 2010, S. 13.

43 Tatsächlich verfolgte Münsterberg, wie Henning Schmidgen urteilt, schon in dem von Wilhelm Wundt abgelehnten und später in Freiburg unter dem Titel *Die Willenshandlung. Ein Beitrag zur physiologischen Psychologie* als Habilitationsschrift eingereichten zweiten Teil seiner Dissertation die „Programmatik einer darwinistisch fundierten Psychologie" ein darwinistisches

Nähe endgültig in die im 19. Jahrhundert grassierende Variante des Sozialdarwinismus, die nicht nur Kontinuitäten zwischen natürlichen und sozialen Prozessen unterstellt, sondern es unternimmt, diese durch gestaltende und steuernde Einwirkung zu formen und zu „optimieren". Über die Eugenik schreibt Münsterberg, dass diese Bewegung in England und Amerika von den „strengsten wissenschaftlichen Einzelforschung getragen" werde. Es sei die Aufgabe der angewandten Psychologie, „die große Kulturaufgabe zu lösen, die Menschheit von der Last der seelisch Minderwertigen und Schwachsinnigen zu befreien".[44]

Auch die durch Verfahren der angewandten Psychologie entwickelten Tests zur „Berufseignung" und „Berufsauslese" können demnach durchaus, wie Gabriele Wohlauf vorschlägt, als „moderne Menschenauslese im Gewande der Psychotechnik" verstanden werden.[45] Spätestens an diesem Punkt ergibt sich ein Bild von Münsterbergs programmatischer Zielsetzung, die keinen Zweifel an dessen autoritär-hierarchischen Gesellschaftsvorstellung lässt. Münsterbergs Haltung deckt sich dabei weitgehend mit einem im Wissenschaftsverständnis des Kaiserreichs verbreiteten eugenischen Denken der „Veredelung des Menschen", in dem sich der Determinismus darwinistischer Theorien mit dem Glauben an gesellschaftlichen Fortschritt verbanden.[46] Diese Allianz aus Naturwissenschaft und bevölkerungspolitischem

---

Projekt, wenn er unter anderem die Selektionstheorie und den „Kampf ums Dasein" von der Ebene der Spezies nicht nur auf die der Gesellschaft, sondern auch auf die Ebene der Zellen innerhalb eines Organismus ausweitete. Siehe: Hugo Münsterberg: *Die Willenshandlung. Ein Beitrag zur Physiologischen Psychologie*. Freiburg, J.C.B. Mohr, 1888, S. 24. Dazu: Henning Schmidgen: *Hirn und Zeit. Die Geschichte eines Experiments 1800–1950*. Matthes & Seitz, Berlin, 2014. Zum Sozialdarwinismus Münsterbergs siehe auch: Gabriele Wohlauf: „Moderne Zeiten – Normierung von Mensch und Maschine". In: Horst Gundlach (Hg.): *Untersuchungen zur Geschichte der Psychologie und der Psychotechnik*. Profil Verlag, München, 1996, S. 147–164, hier: 151; sowie: Hale, Human Science and Social Order, 1980, S. 10.

44 Weiter heißt es dort: „Die Aufgabe steht um so gewaltiger vor der modernen Kulturmenschheit, als soziologische und kriminologische Erhebungen längst klargestellt haben, daß es die geistig Minderwertigen sind, welche die Zuchthäuser und die Armenhäuser, wie die Brutstätten der Prostituierten füllen. Ähnlich aber verhält es sich mit der extremen psychischen Variation, der eigentlichen Geisteskrankheit. Auch hier können die psychologisch festgestellten Vererbungsgesetze zu einer sozialen Praxis führen, die der Psychotechnik zugerechnet werden muß." Münsterberg, Grundzüge der Psychotechnik, 1914, S. 277.

45 Gabriele Wohlauf: „Moderne Zeiten – Normierung von Mensch und Maschine". In: Horst Gundlach (Hg.): *Untersuchungen zur Geschichte der Psychologie und der Psychotechnik*. Profil Verlag, München/Wien, 1996, S. 147–164, hier: 151. Es bleibt anzumerken, dass dieser Aspekt der Münsterberg'schen Wissenschaftsauffassung bei allen relevanten Autor*innen zur Geschichte der Psychotechnik nicht behandelt wird und die, für die Bedeutung seines Werks erhebliche Programmatik der Eugenik vollkommen unerwähnt bleibt.

46 Katharina Gröning: *Entwicklungslinien pädagogischer Beratung. Zur Geschichte der Erziehungs-, Berufs- und Sexualberatung in Deutschland*. Psychosozial-Verlag, Gießen, 2015, S. 31–33.

Denken konnte sich unter anderem auf Francis Galtons These berufen, nach der in der modernen Gesellschaft der von Darwin beschriebene natürliche Selektionsdruck zurückginge und durch bevölkerungspolitische Maßnahmen der Lenkung, Erziehung und Kontrolle ersetzt werden müsse.[47] Zwar zog Münsterberg – der, aus einer jüdischen Familie stammend, mit großer Sicherheit selbst mit antisemitischer Diskriminierung konfrontiert war[48] – daraus keine direkten „rassenhygienischen" Konsequenzen. In seinem zweibändigen Werk über *Die Amerikaner* nimmt Münsterbergs rassistische Gesinnung, die zu dieser Zeit innerhalb der weißen Bildungseliten in den USA durchaus mehrheitsfähig war, dagegen klarere Züge an. So zweifelt er hier an, ob „[t]he negro race is actually capable of such complete development as the Caucasian race has come to after thousands of years of steady labor and progress".[49]

Es muss als Teil dieses Programms der „Verbesserung" des Menschen verstanden werden, dass Münsterberg die Psychotechnik darüber hinaus als „Wissenschaft der Beeinflussung und Voraussage" konzipiert,[50] das heißt, als eine auf unterschwellige Weise operierende Form der sozialen Kontrolle, die auf der Ebene des „Bewusstseins" ansetzt:

> [I]n den mannifgaltigsten Gebieten zeigt sich, daß gewisse Endziele ganz oder teilweise durch psychische Vorgänge erreicht werden können, und es ist die Aufgabe der Psychotechnik, darzulegen, welche geistigen Prozesse dabei in Frage kommen und welche Einflüsse notwendig sind, um das gewünschte Endergebnis zu erreichen.[51]

Wie diese „Endziele" zu bestimmen sind und was als gewünschtes Endergebnis zu gelten hat, ist freilich nicht das Problem der Psychotechnik. Münsterberg ist in dieser Hinsicht einem Prinzip der „Wertfreiheit" verpflichtet, das sich einem vorgeblich einheitlichen gesellschaftlichen Interesse andient. Diese „Blindheit gegenüber der impliziten Wertung bei explizit proklamierter Wertfreiheit"[52] ist Gegenstand der teils scharfen Kritik am Selbstverständnis der Angewandten Psychologie in Münsterbergs Nachfolge. In seiner bis heute einschlägigen Monografie zu Münster-

---

47 Siehe: Gröning, Pädagogische Beratung, 2015, S. 31–33.

48 Münsterberg, der aus einer zum Protestantismus konvertierten jüdischen Familie stammte und es trotz seiner starken Identifizierung mit dem preußischen Staat vorzog, im amerikanischen Exil Karriere zu machen, war, wie Nerdinger vermutet, nicht zuletzt aufgrund von antisemitischer Diskriminierung in Freiburg die Professur verwehrt worden. Siehe: Friedemann W. Nerdinger, Gerhard Blickle, Niclas Schaper: *Arbeits- und Organisationspsychologie.* Springer, Berlin/Heidelberg, 2008, S. 20.

49 Hugo Münsterberg: *The Americans.* McClure, Phillips & Company, New York, 1904, S. 171.

50 Münsterberg, Grundzüge der Psychotechnik, 1914, S. 47.

51 Ebd., S. 6–7.

52 Rüegsegger, Angewandte Psychologie, 1986, S. 74.

berg *Human Science and Social Order*[53] kommentiert Matthew Hale dies, indem er Münsterberg nach Karl Mannheim im „bürokratisch-konservativen"[54] Spektrum verortet: „die grundlegende Tendenz eines jeden bureaukratischen Denkens ist Umformung der Probleme der Politik in solche der Verwaltungslehre".[55] Wie am Beispiel der *Grundzüge der Psychotechnik* gezeigt wurde, sah Münsterberg die politische Neutralität seiner Forschung dadurch gewährleistet, dass er lediglich die „Effizienz" der Prozesse zum Fokus seiner Zielsetzungen machte, mit anderen Worten, technische Lösungen für administrative Probleme fand, ohne dabei die Problemstellung selbst zum Gegenstand zu machen. Hale sieht gerade in Münsterbergs angewandter Psychologie im Zeichen der „Effizienz" eine Ausweitung der Sphäre der Administration, die die zugrundeliegenden politische Fragen zum Verschwinden bringt:

> The historical form taken by particular efficiencies was thoroughly political, and the principle of ‚neutrality' often masked political motives.[56]

Münsterbergs zugrundeliegende Weltanschauung ist, wie Hale offenlegt, die einer Gesellschaft als „organische Ordnung", in der jedem Individuum eine klare, unverrückbare Rolle zugewiesen sei, die es zu erfüllen habe. So schreibt Münsterberg in seiner 1889 erschienen Abhandlung über den *Ursprung der Sittlichkeit*, dass „jede menschliche Gemeinschaft, das kleine Häuflein Familie, ebenso wie die gewaltige Masse eines Volkes" einen „Gesamtorganismus" darstelle, der „gegenüber anderen koordinierten Gesamtorganismen zum Kampf ums Dasein geboren" sei.[57] Dabei beraubt er das Darwin entlehnte und für sein Denken grundlegende Prinzip der natürlichen Selektion seiner Natürlichkeit, indem er die Auswahl des „Lebenswerten" und „am besten Angepassten" eben nicht der von Darwin beschriebenen Auslese überlässt, sondern zur Sache einer gestaltenden, technischen Wissenschaft macht.[58]

---

53 Hale, Human Science and Social Order, 1980.
54 Siehe: Karl Mannheim: *Ideologie und Utopie*. Schulte-Bulmke, Frankfurt a. M., 1965, S. 102.
55 Karl Mannheim: *Ideology and Utopia: An Introduction to the Sociology of Knowledge*. Übersetzt von Louis Wirth und Edward Shils. Harcourt, Brace & World, New York, 1936, zitiert in: Hale, Human Science and Social Order, 1980. S. 9.
56 Hale, Human Science and Social Order, 1980, S. 9.
57 Hugo Münsterberg: *Der Ursprung der Sittlichkeit*. Akademische Verlagsbuchhandlung von J. C. B. Mohr, Freiburg, 1889, S. 89 f.
58 Dass Münsterberg mit seiner ideologischen Einstellung innerhalb der deutschsprachigen Psychologie nicht alleine war, und dass diese besonders in der Berufsberatung, zu der die Psychotechnik die Experimente in der Berufsauslese beisteuerte, weit verbreitet war, zeigt Katharina Grönings Studie *Entwicklungslinien pädagogischer Beratung. Zur Geschichte der Erziehungs-, Berufs- und Sexualberatung in Deutschland*, Psychosozial-Verlag, 2015, darin: „Psychopathie, Erbhygiene, Eugenik, Minder-

Hale charaktierisiert die Münsterberg'sche Verbindung von biologistischem Denken und konservativ-normativer Wertvorstellungen mit wissenschaftlich-technokratischen Fortschrittsglauben folgendermaßen:

> Like an earlier generation of social Darwinists, he assumed a continuum between natural and social evolution. ‚Natural laws' guided the one as well as the other toward increasing organization and differentiation. Münsterberg used this assumption to justify the fundamentally conservative position that what is, is right. The ‚second nature' of men and women, historically conditioned traits petrified into eternal verities, became prescriptive rules for the just society, and the psychologist, as the expert who understood the laws of mind, became an arbiter of questions that were traditionally personal or political in nature.

Dem Psychotechniker kam in diesem sozialdarwinistischen Wissenschaftsverständnis also die Aufgabe zu, das Individuum zur Erfüllung der ihm zugewiesenen Rolle zu bewegen, das heißt zum einen, mithilfe von Selektionsverfahren und Tests zu ermitteln, welcher Ort und welche Tätigkeit am besten zu ihm passte und zum anderen, es in einer Weise zu beeinflussen, die es zur Erfüllung dieser gesellschaftlichen Verpflichtung zwang.[59]

Aus dieser grundlegenden Konzeption der Aufgabe des Psychotechnikers wird klar ersichtlich, welchen umfassenden Anspruch der Modellierung und Beeinflussung von „Bewusstseinserscheinungen" Münsterberg anstrebte. In der *Grundlegung der Psychotechnik* heißt es ganz explizit:

> Wir haben somit Psychotechnik nur da vor uns, wo wir die Lehre von den Bewußtseinserscheinungen benutzen, um zu entscheiden, was wir tun sollen. Der Lehrer will den Geist des Kindes modeln und entwickeln im Dienst gewisser Kulturaufgaben. Der Anwalt will die Stimmung der Geschworenen beeinflussen, um eine bestimmte gerichtliche Entscheidung zu erzielen. Der Prediger will auf das Bewußtsein des Sünders einwirken, um ihn auf den rechten Pfad zurückzuziehen. Der Arzt will durch psychische Faktoren das Nervensystem des Patienten erreichen, um seine Gesundheit wiederherzustellen. Der Geschäftsmann will auf die Phantasie seiner Kunden wirken, damit der Trieb zum Einkauf in ihnen wach wird. Der Fabrikant sucht seine Arbeiter so zu behandeln, daß in ihrem Bewußtsein der Wille zur größtmöglichen Anstrengung lebendig wird. Der Politiker will die Seelen der Masse beeinflussen, damit sie bereit werden, auf seine Pläne einzugehen.[60]

---

wertigkeit und Menschenökonomie. Eine Ideengeschichte von Beratung im Deutschen Kaiserreich und in der Weimarer Republik" und „Berufsberatung und Psychotechnik".

59 „The psychologist could assist the individual in fulfilling his role by determining his potential and by modeling that potential into its proper shape". Siehe: Hale, Human Science and Social Order, 1980, S. 9.

60 Münsterberg, Grundzüge der Psychotechnik, 1914, S. 6.

Das Programm der Münsterberg'schen Psychotechnik verspricht eine eben solche Regierungskunst, die darauf abzielt, menschliches Handeln verwaltend zu beeinflussen und zu steuern, ohne dass solcherlei Handlungen als willensmäßige oder politische verstanden werden könnten. Den übergreifenden, auf der Ebene der Gesellschaft ansetzenden Verfahren der Selektion und Aussonderung nachgeordnet sind dabei jene Techniken der Steuerung und Kontrolle, die den Menschen als Individuum in den Blick nehmen. Das menschliche Bewusstsein erscheint im psychotechnischen Programm als ein formbarer Gegenstand, dessen willensmäßige Widerstände und widerständige Defekte (durch Versagen der Aufmerksamkeit, der Erinnerung, der Selbstkontrolle und motorischen Fähigkeiten etc.) es durch so trickreiche wie unbemerkte Kontrollvorgänge zu beherrschen gilt. Für Münsterberg ist es die Aufgabe der Psychotechnik, die „geistigen Prozesse" solchermaßen zu beeinflussen, dass „ein gewünschtes Endergebnis" erreicht werde. Dabei handelt es sich um ein umfassendes Programm für die effiziente Produktion einer Form des Gehorsams, bzw. der „seelischen Beeinflussung und Beherrschung",[61] bei dem sich die gesteuerten Subjekte, wenn alles reibungslos funktioniert, der Tatsache, dass sie beherrscht und beeinflusst werden, nicht einmal bewusst werden:

> Das für uns Entscheidende [...] ist, daß im Grunde die psychologischen Motive
>
> dabei im kulturellen Unbewußtsein bleiben. Die Verbesserungen bezogen sich auf die Maschine als solche, wie sehr auch ihr Erfolg tatsächlich dadurch beeinflußt wurde, in wie hohem Maße sie den seelischen Bedingungen der Arbeitenden angepaßt war oder nicht. Die neue Bewegung aber geht nur darauf aus, diese Angepaßtheit bewußt in den Vordergrund zu schieben und systematisch auszuprobieren, mit welcher technischen Variation den psychophysischen Bedingungen am meisten Genüge getan werden kann.[62]

Als der primäre Gegenstand der „ziel"- und „handlungsorientierten" praktischen Psychologie kann, wie er sich bei Münsterbergs darstellt, der menschliche Wahrnehmungsapparat – oder das „Bewusstsein" – gelten, das mithilfe experimenteller Versuchsanordnungen einem unbestimmt bleibenden Ziel gemäß beeinflusst und verändert werden soll.

Erst in einer zweiten Entwicklungsphase wandte sich die deutsche Psychotechnik den sogenannten Mensch-Maschine-Schnittstellen zu und entwarf jene Forschungsrichtung, die nach dem Zweiten Weltkrieg auch als Ergonomie bekannt werden soll. Schon in der Zwischenkriegszeit traf der deutsche Psychotechniker

---

61 Münsterberg, Grundzüge der Psychotechnik, 1914, S. 136. Münsterberg unterscheidet in der psychologischen Beeinflussung zwischen indirektem Einfluss, vorübergehendem Außeneinfluss, Suggestionseinfluss, vorübergehender Selbstbeeinflussung und dauerndem Einfluss. Siehe: Ebd., S. 135–187.
62 Ebd., S. 62.

Fritz Giese, der ebenso wie Münsterberg ein Schüler Wilhelm Wundts gewesen war, die Unterscheidung zwischen „Subjektpsychotechnik", deren Gegenstand der Mensch sei und die die „Anpassung des Menschen an die Arbeitsbedingungen" zum Ziel habe,[63] und der „Objektpsychotechnik", deren Untersuchungen sich auf Dinge, Maschinen und anderen den Menschen „äußerlichen" Sachverhalte beziehe und die „Anpassung der Arbeitsbedingungen an den arbeitenden Menschen" beschreibe.[64] Dazu zählen, nach den Ausführungen William Sterns, „[d]ie mannigfachen äußeren Bedingungen der menschlichen Arbeit in Schule und Beruf: Arbeitszeit und -verteilung, Pausen und Ferien, Akkord- und Stundenlohn, Eintönigkeit oder Mannigfaltigkeit der Arbeit, Leistungsgröße und Leistungsantrieb, Beschaffenheit der Arbeitsstätten, Geräte und Maschinen".[65] Nach Gieses Auffassung sollte vor allem die Objektpsychotechnik im Zentrum stehen, aber schon die von ihm getroffene Unterscheidung gibt Aufschluss darüber, dass hierüber unterschiedliche Auffassungen existierten, die nicht unbedingt auch explizit gemacht wurden. Es ist eben diese Ambivalenz, durch die sich die Psychotechnik und ihre Nachfolge-, Unter- und Teildisziplinen, von der Angewandten Psychologie über die Human Factors Studies bis zum Human Engineering, in ihrer langen und noch wenig beleuchteten Geschichte bis ins 21. Jahrhundert auszeichnen.

Wie aus den Ausführungen zu Münsterbergs *Grundzügen* deutlich wurde, ist dort ein umfassendes Programm der Disziplinierung und sozialen Steuerung angelegt, das es mithilfe von Technologien umzusetzen galt, die direkt auf die Wahrnehmung einwirken, ohne dass es den solchermaßen Gesteuerten bewusst wäre. Während Münsterberg in den *Grundzügen* noch nicht speziell darauf eingeht, zeichnete sich mit der Entwicklung der Objektpsychotechnik schon ab, dass die Steuerung von Menschen und die Gestaltung der Maschinen, mit denen sie arbeiteten, unter derselben Zielsetzung zusammengefasst werden sollten. Bildmedien und visuelle Reize sollten dabei von Beginn an eine zentrale Rolle spielen, wie die folgenden Absätze, die sich näher mit einigen der Münsterberg'schen Versuchsanordnungen und Theorien befassen, zeigen werden.

---

63 Erich Kirchler (Hg.): *Arbeits- und Organisationspsychologie.* UTB, Wien, 2005, S. 36.
64 Kirchler, Arbeits- und Organisationspsychologie, 2004, S. 36. Siehe auch Helmut Lück: „Fritz Giese". In: Markus Wirtz (Hg.): *Dorsch Lexikon der Psychologie*, 2020.
65 Stern, Allgemeine Psychologie, 1935, S. 50.

4.2 *The Man Screen.* Versuchsanordnungen *vor* dem Bildschirm

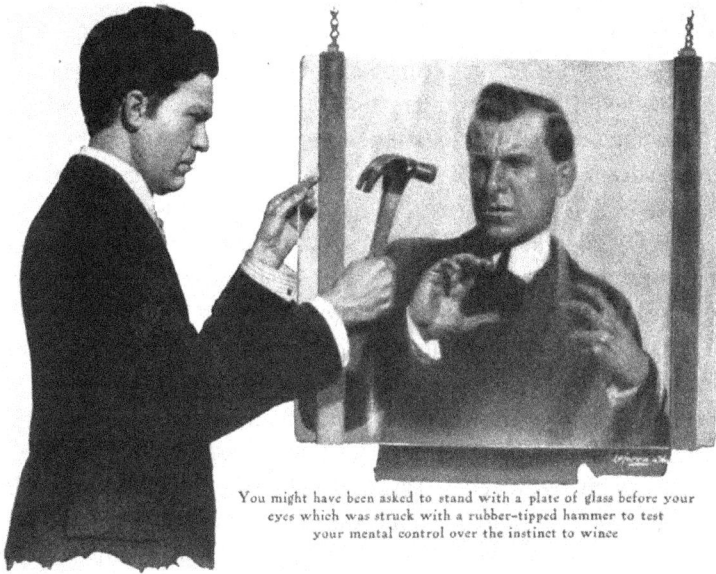

You might have been asked to stand with a plate of glass before your
eyes which was struck with a rubber-tipped hammer to test
your mental control over the instinct to wince

Abb. 1: Fiktionalisierte Darstellung einer Versuchsanordnung Münsterbergs aus einem Bericht des *Cosmopolitan Magazine*, 1915.[66]

Bevor die Psychotechnik in den Kriegsjahren zu ihrer eigentlichen „Bewährung" kommen sollte, arbeitete Münsterberg am Harvard Psychological Laboratory an der Etablierung der neuen Forschungsmethoden im Dienst der Zivilgesellschaft. Dazu entwickelte er, wie parallel William Stern in Hamburg und Walther Moede in Berlin, eine Reihe von Berufseignungsprüfungen, die ideale Kandidaten für Beschäftigungen wie Lastkraftwagen- oder Straßenbahnfahrer, Handelsreisender oder Telefonistin identifizieren sollten. Eine ganze Reihe von Geräten und Apparaturen wurde zu diesem Zweck konstruiert, deren Komplexität und offenkundige Überbeanspruchung der menschlichen Testpersonen teils skurrile Züge trug. Dabei stechen vor allem solche Versuchsanordnungen heraus, die durch verschiedenartige mechanische Konstruktionen die erst gegen Mitte des 20. Jahrhunderts

---

66 Illustration von Lejaren A. Hiller, in: Richard Washburn Child: „The Man-Screen". *Cosmopolitan Magazine* 58, 1915, S. 647–649, hier: S. 649, Online Ressource: https://babel.hathitrust.org/cgi/pt?id=mdp.39015024196803;view=1up;seq=671 [abgerufen am 21. März 2019].

technologisch ausgereiften Formen des Bildschirms, verstanden als sowohl *manipulierbare* als auch *manipulierende* visuelle Oberfläche, vorwegnehmen.

Die visuelle Wahrnehmung als Objekt der experimentalpsychologischen Forschung und Ansatzpunkt psychotechnischer Steuerung bildet den Fokus fast aller Studien Münsterbergs.[67] Wie Giuliana Bruno beschreibt, war Münsterbergs Labor in Harvard vor allem ein Ort der „representational apparatuses",[68] wo die wissenschaftliche Erforschung mentaler Prozesse und der Ausdruck von Affekten mit Bildgebungstechnologien verknüpft wurden, die den Film mit einschließen. Tatsächlich waren gerade die Wirkungen des Bewegtbilds, das durch verschiedene Apparaturen simuliert werden konnte, für den Psychotechniker besonders interessant. Darüber hinaus bieten die Versuchsanordnungen eine Vielzahl von Beispielen für den Einsatz von „Sreens" – Bild-Schirmen, Leinwänden und anderen Apparaturen, die den Sehsinn als Einsatzort beeinflussender Kontrolle bevorzugen. In diesem Sinn kann Münsterberg als Pionier experimenteller Bildtechniken gelten.

Im Rahmen der Weltausstellung (World Columbian Exhibit) in Chicago im Jahr 1893 – auf der auch, wie Münsterberg selbst an anderer Stelle bemerkte,[69] mit Edisons Kinescope ein wichtiger Vorgänger des Kinos vorgeführt wurde – erschien ein Katalog der Münsterberg'schen Laborinstrumente, der die volle Bandbreite seiner auf den Sehsinn abzielender Laborexperimente verdeutlicht. Hier findet sich zum Beispiel die Abbildung einer Apparatur zur Untersuchung des Effekts von Klang auf die Farbwahrnehmung (Abb. 2, rechte Bildhälfte). Dabei schaute die mit einem Tuch bedeckte Versuchsperson auf eine kleine Leinwand, die durch eine Laterna Magica von hinten beleuchtet und auf die unterschiedliche Farbtöne, -formen und -stärken projiziert wurden. Dazu hörte die Testperson den Klang einer Stimmgabel. Gemessen werden sollte so die Wahrnehmung verschiedener Farbvarianten, sowie der Größe der Projektion in Relation zur An- und Abwe-

---

67 Münsterberg war mit seiner Bevorzugung des Sehsinns in seinem Fach nicht allein. So widmet etwa Edwin Borings einschlägiges Werk zur Sinneswahrnehmung in der Experimentalpsychologie sechs von insgesamt fünfzehn Kapiteln allein dem Sehen und visuellen Phänomenen wie Farbe und ihren Stimuli, Nachbildern, zweidimensionalem Raum, Tiefe und Distanz. Dagegen beschäftigen sich nur drei Kapitel mit dem Hörsinn, eines mit Riechen und Schmecken, eines mit dem Tastsinn, eins mit „organic sensibility" und eins mit der Wahrnehmung von Bewegung und Zeit. Siehe: Edwin G. Boring: *Sensation and Perception in the History of Experimental Psychology*. Irvington Publishers, New York, 1942.

68 Giuliana Bruno: „Film, Aesthetics, Science: Hugo Münsterberg's Laboratory of Moving Images". In: *Grey Room*, 36, Sommer 2009, S. 88–113, hier: S. 89.

69 Hugo Münsterberg: „The Photoplay. A Psychological Study", in: Allan Langdale (Hg.): *Hugo Münsterberg on Film. The Photoplay: A Psychological Study and other Writings*. Routledge, New York, 2002, S. 45–164, hier: S. 45.

senheit des Klangs.[70] In einer anderen Versuchsanordnung (siehe Abb. 2, im hinteren Bildraum) konnten die Farben auf einer Drehscheibe heller oder dunkler eingestellt werden. Die Wahrnehmung der Farbstärke wurde in Relation zur akustischen Ablenkung durch vorgelesene Zahlen getestet.[71]

Abb. 2: Anonymous. 1892. Harvard Psychological Laboratory in Dane Hall: Instruments for Experiments on Sight. Photograph. (Harvard University Archives – HUPSF Psychological Laboratories (7)). Siehe: Schmidgen/The Virtual Laboratory, 2008.

Ähnliche Versuche hatte Münsterberg bereits in seinem Freiburger Labor durchgeführt. Im zweiten Heft der von Münsterberg selbst herausgegebenen *Beiträge zur Experimentellen Psychologie* aus dem Jahr 1889 beschrieb er die im vorangegangen

---

70 Siehe Henning Schmidgen: „Münsterberg's Photoplays: Instruments and Models in his Laboratories at Freiburg and Harvard (1891–1893)". In: *The Virtual Laboratory*, Max Planck Institute for the History of Science, Berlin, 2008, URL: http://vlp.mpiwg-berlin.mpg.de/references?id=art71& page=p0003 [abgerufen am 25. Februar 2020], darin zitiert: Nichols, 1893, S. 401, siehe auch: Schmidgen, Hirn, 2014, S. 522.
71 Schmidgen, Hirn, 2008, ebd.

Abb. 3: Anonymous. 1892. Harvard Psychological Laboratory in Dane Hall: Interior of a Laboratory Room (Students studying the effect of attention on color perception). Photograph. (Harvard University Archives – HUPSF Psychological Laboratories (2)). Siehe: Schmidgen/The Virtual Laboratory, 2008.

Wintersemester durchgeführten Versuche zur „Prüfung der Aufmerksamkeitsschwankungen" bzw. zur „Prüfung der Schwankungen bei der aufmerksamen Wahrnehmung minimaler Reize", mit denen er seine vorherige Kritik an den Schlussfolgerungen Nicolai Langes[72] ähnlichen Versuchsreihen zum Problem der Aufmerksamkeit untermauern wollte. Dabei ging es konkret um die Veränderungen der Aufmerksamkeit durch die Einwirkung zweier gegensätzlicher Reize (wie im oben beschriebenen Experiment der Seh- und Hörreiz). In der Begründung seiner Versuchsanordnung wird Münsterbergs Bevorzugung des Sehsinns erkennbar, wenn er schreibt, für die Untersuchung der peripheren Reizwahrnehmung sei der

---

72 Siehe: Nicolai Lange: „Beiträge zur Theorie der sinnlichen Aufmerksamkeit und der aktiven Apperception". In Wilhelm Wundt (Hg.): *Philosophischen Studien*, Bd. 4, S. 390, zitiert nach Hugo Münsterberg: *Beiträge zur Experimentellen Psychologie*, Heft 2, J. C. B. Mohr, Freiburg, 1889, darin: „Schwankungen der Aufmerksamkeit", S. 69–124, hier: S. 78.

Gesichtssinn weitaus am günstigsten, aus verschiedenen Gründen. Den Lichtreiz können wir unter sehr viel mannigfaltigeren Bedingungen darbieten als Schallreiz; überdies ist die für die Schallempfindungen unbedingt erforderliche Abhaltung aller störenden Geräusche sehr viel schwieriger herzustellen. Wichtiger aber ist, dass wir das Auge selbst in verschiedenartigen Zuständen benutzen können, es auf beliebige Punkte richten oder bewegen können und vieles andere, dem beim Ohre kaum entsprechendes zur Seite zu stellen ist.[73]

Hinzu komme, Münsterberg zufolge, dass man sich bei Schallempfindungen „viel leichter Illusionen hingeben als bei Lichtempfindungen".[74] Für den Versuch benutzte Münsterberg eine sogenannte Masson'sche Scheibe, „an der auf weißem Grund ein schwarzer, gleich breit bleibender Streifen, mehrfach unterbrochen vom Centrum zur Peripherie führt".[75] Dieser Streifen musste von der Versuchsperson mit den Augen fixiert werden. Veränderungen in der Wahrnehmung der Helligkeit oder des Verschwindens des Streifens wurden unter verschiedenen Bedingungen (wie der Unterbrechung des Blickkontakts durch das Vorbeiziehen eines Kartons, oder der Veränderung der Atmung) durch die Verbindung mit einem mit Papier bespannten Kymographen registriert, auf dem die Versuchsperson durch einen fest eingefassten Pinsel die Intensität der Wahrnehmung festhalten konnte.[76]

Münsterberg konnte sich bei der experimentellen Erforschung der visuellen Wahrnehmung auf die Arbeiten seines Lehrers Wilhelm Wundt stützen, der in seinem Leipziger Labor bereits einschlägige Experimente mit dem Stereoskop unternommen hatte, wobei er unter anderem Belege für das „psychologische Gesetz der Vorstellungseinheit" fand. In diesem Zusammenhang konnte er feststellen, dass jedes Auge zwar für sich genommen einzelne Wahrnehmungen leistete, diese aber unbewusst kombiniert und so durch „psychische Kombination" als „binokulare Gesichtswahrnehmung" erscheinen konnten.[77]

Ein am 7. November 1914 in Münsterbergs Labor in Harvard durchgeführter Versuch erregte in der US-amerikanischen Öffentlichkeit besondere Aufmerksamkeit. Dokumentiert und bebildert in einer Reportage des *Cosmopolitan Magazins*[78]

---

73 Münsterberg, Beiträge II, 1889, darin: „Schwankungen der Aufmerksamkeit", S. 69–124, hier: S. 82.
74 „[...] [W]ir glauben einen schwachen Schall noch zu hören, während er schon aufgehört hat. Die Untersuchung mittels schwacher Lichtreize sollte mir somit die Grundlage der Versuche bilden." Ebd., S. 82.
75 Ebd., S. 85.
76 Ebd., S. 83 f.
77 Wilhelm Wundt: *Beiträge zur Theorie der Sinneswahrnehmung.* Winter'sche Verlagshandlung, Leipzig/Heidelberg, 1862, S. 369 und 358, zitiert nach Schmidgen, Hirn, 2014, S. 252–253. Zur Abgrenzung der „materialistischen Psychologie" Münsterbergs gegenüber der „idealistischen Psychologie" Wilhelm Wundts ausführlich: Ebd.: S. 467–480 und 498–532.
78 Richard Washburn Child: „The Man-Screen". *Cosmopolitan Magazine* 58, 1915, S. 647–649.

und durch Münsterberg selbst in einem Bericht in einer späteren Ausgabe desselben Magazins,[79] hielt das Geschehen im psychologischen Labor Einzug in die kollektive Wahrnehmung der Amerikaner*innen, indem es die Versuchsanordnung dramatisierte und in ein Wissenschaftsspektakel mit hohem Unterhaltungswert verwandelte. Die einführenden Worte des Herausgebers vermitteln einerseits den Optimismus, mit dem die Innovationen Münsterbergs begrüßt wurden, und andererseits den durch soziale Auslese und akuten Abstiegsängsten geprägten gesellschaftlichen Kontext, in welchem sie auf Interesse stießen:

> The first scientific attempt to ascertain the fitness of men to hold certain positions in the business world has recently been made. The results have been so gratifying that it is not difficult to predict the wide substitution of the principles described in this article for the present wasteful method of selection by guesswork or the estimates of department heads. Therefore, the new idea will possess high interest for every employer, because it suggests a promising means of the elimination of business waste, and for every employee, because it will help to bar the dreaded way to his becoming one of life's misfits.[80]

Es ist die Gefahr, als „misfit" in der falschen Beschäftigung zu landen oder als „unfit" in der Arbeitslosigkeit, für die Münsterbergs Testverfahren in den Augen des Autors der *Cosmopolitan*-Reportage eine Lösung bietet. Siebenundzwanzig Bewerber für die Anstellung als Handelsreisende bei der American Tobacco Company nahmen an dem neunstündigen Selektionsverfahren teil. Die Anwärter wurden, neben einem Intelligenztest nach Binet, verschiedenen Prüfungen unterzogen, die auf Beobachtungsfähigkeit, Gedächtnis, Selbstkontrolle und mentale Aufmerksamkeit abzielten, darunter auch jene, der die Reportage ihre eindrückliche Illustration verdankt (Abb. 1): Dabei wurden die Probanden (es handelte sich ausschließlich um Männer) jeweils einzeln in einen von fünf Räumen geführt, in dem sie aufgefordert wurden, vor einer Glasplatte zu stehen und nicht zu blinzeln, während der Versuchsleiter auf Höhe des Gesichts mit einem Gummihammer auf das Glas einschlug. Münsterberg zufolge war es das Ziel des Experiments, die Fähigkeit zur Kontrolle „instinktiver Impulse"[81] zu messen.

Eine ganz ähnliche Versuchsanordnung unter dem Titel „A Test for Reflex Action and Motor Control" (Abb. 4), die vermutlich von Henry H. Goddard an der Vineland Training School for Feeble-Minded Girls and Boys in New Jersey erprobt

---

Dazu auch: Jeremy Blatter: „Screening the Psychological Laboratory: Hugo Münsterberg, Psychotechnics, and the Cinema, 1892–1916". In: *Science in Context*, 18, 1, 2015, S. 53–76, hier: S. 73.

79 Hugo Münsterberg: „Why We Go to the Movies". In: *Cosmopolitan Magazine* 60, 15. Dezember 1915, S. 22–32.

80 Washburn Child, Man-Screen, 1915, S. 647 [editor's note].

81 Hugo Münsterberg: *Psychology General and Applied*. Appleton and Company, New York, 1914, zitiert nach Blatter, Screening, 2015, S. 53.

wurde,[82] wird in einem 1911 erschienenen Beitrag in *Popular Science Monthly* beschrieben: „The apparatus as shown consists of a piece of glass in a frame which is struck by a rubber hammer. Low-grade defectives seldom wink".[83] Goddard war ein bekannter Psychologe und Eugeniker, der vor allem für seine so umstrittenen wie einflussreichen Studien zur Vererbbarkeit von „Schwachsinnigkeit" („feeble-mindedness")[84] bekannt war.

Abb. 4: „A Test for Reflex Action and Motor Control".[85]

---

82 Obwohl Goddards eugenische Studien in dem Artikel raumgreifend diskutiert werden, ist die Provenienz der Fotografie unklar, da eine genaue Angabe fehlt. Allerdings ist davon auszugehen, dass sie aus dem psychologischen Labor der Vineland Training School stammt, da Goddard dort zu dieser Zeit zur Skalierung von „mental deficiency" forschte und das in der Bildunterschrift verwendete Vokabular mit den von ihm eingeführten Kategorien von „high grade" und „low grade defective" übereinstimmt. Siehe: Henry Herbert Goddard: *Psychology of the Normal and Subnormal.* Dodds, New York, 1919, S. 50 und 298 f.

83 B. T. Baldwin: „The Psychology of Mental Deficiency. *Popular Science Monthly* 79, 1911, S. 82–94, hier: S. 87. Die Fotografie erscheint mit Quellenangabe in Blatter: *The Psychotechnics of Everyday Life,* 2014, S. 105, wird dort allerdings nicht diskutiert. Siehe: Jeremy Blatter: *The Psychotechnics of Everyday Life: Hugo Münsterberg and the Politics of Applied Psychology, 1887–1917.* Doctoral dissertation, Harvard University, 2014.

84 Henry Herbert Goddard: „The Elimination of Feeblemindedness". *The Annals of the American Academy of Political and Social Science,* 37(2), American Academy of Political and Social Science, Thousand Oaks, 1911, S. 261–272; ders.: *The Kallikak Family: A Study in the Heredity of Feeble-Mindedness.* Macmillan, New York, 1912. Zum Einfluss Goddards siehe u. a.: Patrick J. Ryan: „Unnatural Selection. Intelligence Testing, Eugenics and American Political Cultures". In: *Journal of Social History*, 30(3), 1997, S. 669–685.

85 Aus: Baldwin, Mental Deficiency, 1911, S. 87.

Obwohl Münsterberg nicht auf diese früheren Versuche verweist, ist davon auszugehen, dass er sie kannte und sich davon für die hier als „Man-Screen" bezeichneten Berufsausleseprüfungen inspirieren ließ. Auffallend ist dabei die abweichende Herangehensweise zum Problem des „Widerstands" im Hinblick auf Reflexhandlung und „motor control": Während im ursprünglichen Testverfahren die Proband*innen als „niedrig-gradig mangelhaft" bzw. „schwachsinnig" kategorisiert wurden, wenn sie durch die Schockwirkung des Hammerschlags im Gesichtsfeld nicht die zu erwartende Reflexhandlung des Blinzelns an den Tag legten (ein Fehlen der unwillkürlichen Widerstandshandlung gilt hier als Mangel und die Testanordnung zielt auf die Aussonderung der solchermaßen Defizitären), wird in Münsterbergs Versuchsanordnung das Ausbleiben der Reflexhandlung gerade als Zeichen einer hohen Fähigkeit zur Selbstkontrolle und damit als Qualitätsmerkmal gewertet (zur Selektion der „hochwertigeren" Berufsanwärter).

Verschiedene Zeitungsberichte[86] über eine angeblich von Münsterberg entwickelte Testvorrichtung für Kraftfahrer, die mit Film-Projektionen arbeitete, um lebensnahe Gefahrensituationen zu simulieren, wurden zwar von Münsterberg zunächst heftig zurückgewiesen,[87] doch empfiehlt er in den *Grundzügen der Psychotechnik* explizit die Verwendung „kinematographische[r] Bilder als Reize", um die Reaktionsfähigkeit angehender Chauffeure zu testen.[88] Wie Jeremy Blatter hervorgehoben hat, legt der Titel des *Cosmopolitan*-Berichts „The Man-Screen" nahe, dass Münsterberg eine Art psychotechnischen „Menschenfilter" entwickelt habe, der „vocational misfits" aussieben konnte: „like pebbles in a fine-mesh screen".[89]

---

86 So zum Beispiel: *Lichtbild-Bühne* vom 21.09.1912, S. 38–39, zitiert nach Schweinitz, Lichtspiel, 1996, S. 128; „Tests for Car Driving". *Automative Dealer and Repairer*, Januar 1911, zitiert nach Blatter, Psychotechnics, 2015, S. 107. Die *Lichtbild-Bühne*, die erste deutschsprachige Filmzeitschrift, hatte offenbar großes Interesse an Münsterbergs psychotechnischen Verwendungen von Leinwand und Lichtbild, und beschrieb diese Anordnung ausführlich: „Bei den Harvarder Laboratoriumsversuchen, die in einer verdunkelten Halle stattfanden, nimmt [sic] der Prüfling am Steuer eines Autos Platz, das selbst bei arbeitendem Motor und betriebsfähiger Maschine stationär ist. In der Front des Wagens befindet sich eine weiße Wand, auf die lebensgroße kinematographische Bilder geworfen werden. [...] Nun gilt es für den Prüfling angesichts der auf der weißen Wand vor ihm auftauchenden Bilder so zu handeln, als wenn die dargestellten Begebenheiten sich in der Wirklichkeit abspielten". Siehe: *Lichtbild-Bühne* vom 21.09.1912.
87 „I have never arranged any tests for chauffeurs and have never used the cinematograph in any experiment whatever". Münsterberg, 1913, zitiert nach Blatter, Psychotechnics, 2014, S. 108.
88 Münsterberg, Grundzüge der Psychotechnik, 1914, S. 415; siehe auch Blatter, Psychotechnics, 2014, S. 109.
89 Washburn Child, 1915, S. 647, siehe Blatter, Screening, 2015, S. 54.

4.3 Frühe Filmtheorie

Wenn schon der Einsatz von Matt- und Glasscheiben in diesen Testverfahren auf die Verbindung unterschiedlicher visuelle Reize (von harmlosen geometrischen Figuren bis hin zum Hammerschlag auf Augenhöhe) auf die zwei Wortbedeutungen des englischen „Screen" als Visualisierungsoberfläche auf der einen, und als Filter- oder Ausleseverfahren auf der anderen Seite hinweist, so wird diese merkwürdige Vermischung von visueller Projektion und psychotechnischer Aussonderung in einer anderen Versuchsanordnung Münsterbergs noch um eine weitere Dimension erweitert: Im Jahr 1916 wurde im Rahmen der First National Motion Picture Exposition im Madison Square Garden, New York City, eine Reihe von „Screen Tests"[90] präsentiert, die Münsterberg in Zusammenarbeit mit Paramount Pictures entworfen hatte und die gewöhnlichen Kinogänger*innen die Möglichkeit bieten sollte, sich selbst eines Berufseignungstests zu unterziehen. So absurd ein solcher Programmpunkt mit zweifelhaftem Unterhaltungswert aus heutiger Sicht erscheinen mag, so ernst war es damit Münsterberg, der während der Präsentation zu verstehen gab, dass es jede Ausformung des Bewusstseins anhand der Screen Tests zuverlässig klassifiziert werden könne.[91] „‚Nobody should be a manager, a newspaperman, a chauffeur, a farmer, a salesman, a teacher, a physician, who has not the mental traits for it", verkündete die Pressemitteilung von Paramount Pictures, denn die „psychological tests upon the screen" sollten fortan Millionen dabei helfen, ihre persönlichen mentalen Eigenschaften zu ermitteln und sie davor bewahren, als „another square peg in a round hole" zu enden.[92]

---

90 Die Filme selbst sind nicht überliefert, aber es befinden sich einige Entwürfe und schriftliche Dokumente der Sequenzen in der Sammlung der „Münsterberg Papers" in der Boston Public Library (Ms. Acc. 2443). Münsterbergs Filme erschienen unter dem Titel „Testing the Mind" in der Serie „Paramount Pictographs: the Magazine for the Screen". Siehe: Langdale, S(t)imulation of Mind, 2002, S. 33. Einzelne Filme erschienen mit Titeln wie „Are You Fitted for Your Job?", „Does Your Mind Work Quickly?" und „Can You Judge Well What is Beautiful and What is Ugly?". Siehe: Hale, Human Science and Social Order, 1980, S. 221. Münsterberg schrieb dazu: „In order to popularize the ideal of mental tests and to stimulate the public interest last year I constructed scenarios for moving pictures which allowed everyone in the audience to take part in the tests. The Paramount Pictures Corporation brought them out with unusual success. As two million people have seen those tests on the screen, the idea had a chance to spread, and, it seems to me, awakened interest all around" (zitiert nach Langdale, S(t)imulation of Mind, 2002, S. 33 f.). Wie Hale hervorhebt, kann Münsterbergs Behauptung nicht belegt werden. Siehe: Hale, Human Science and Social Order, 1980, S. 221.
91 „[...] no type of mind, which could not be classified through this series, which may do a wonderful work in making the necessary connection between talent and the occupation for which it is best suited." Münsterberg zitiert nach Blatter, Screening, 2015, S. 55.
92 Blatter, Screening, 2015, S. 54–55.

Tatsächlich war die Vermessung und Auslese von Menschen anhand ihrer kognitiven Fähigkeiten und Eigenschaften ein Kernprojekt der Münsterberg'schen angewandten Psychologie, bei der für ihn mehr auf dem Spiel stand als nur die Hilfe bei der richtigen Berufswahl. Vielmehr war das Problem des „Misfits" auch eines, das an der Wurzel von Kriminalität lag, denn Kriminelle waren für Münsterberg nichts als Menschen, die den ihnen angewiesenen Platz innerhalb der Gesellschaft verfehlt hatten und nun durch wissenschaftliche Verfahren herausgefiltert und einer angemessenen Tätigkeit zugewiesen werden mussten. Nach diesem Gesellschaftsbild folgte das Schicksal eines Individuums streng seinen mentalen und physischen Anlagen, und es war die Aufgabe des Psychologen, diese zu vermessen und jedes Individuum an den Platz in der sozialen Hierarchie zu leiten, für den es bestimmt war.[93]

Die in *The Photoplay* zusammengefassten theoretischen Überlegungen zum Kino fügen sich hier ein. Münsterberg fand erst spät zum Film. Hatte er noch in dem im Jahr 1914 erschienenen Überblickswerk *Psychology: General and Applied* vor dem schädigendem Einfluss des Kinos gewarnt, das „Kriminalität und Laster verführerisch erscheinen lässt und durch Nervenkitzel und Horror eine hysterische Geisteshaltung hervorbringt",[94] revidierte er diese Auffassung vollkommen nachdem er im Jahr 1915 – ein Jahr vor seinem Tod – zum ersten mal selbst eine Filmvorführung besucht hatte.[95] Münsterberg, der, wie er selbst bekannte, unmittelbar „under this spell"[96] geraten war, sah nun im „motion picture" eine Kunstform, die wie keine andere zuvor in der Lage war, die menschliche Imaginationskraft fernab von materiellen Vorgaben umzusetzen. Dabei sei es gerade die „Unnatürlichkeit" des Films, die diese Freiheit ausmache, weshalb er technischen Innovationen, wie Ton, Farbe und Dreidimensionalität abwehrte, da es gerade die Negation der Realität sei, die das Kino dem menschlichen Bewusstsein ähnlicher mache:

---

93 Siehe: Hale, Human Science and Social Order, 1980, S. 121 und 125.

94 Münsterberg, *Psychology: General and Applied*, Appleton, New York, 1914, S. 454, zitiert nach Hale, Human Science and Social Order, 1980, S. 144.

95 Wie Steve Coe hervorhebt, ereignete sich dieser erste Kinobesuch und Sinneswandel zu einem Zeitpunkt, als Münsterberg durch seinen Patriotismus im amerikanischen Exil zunehmend isoliert war und sich in seinem sozialen und professionellen Leben an einem Tiefpunkt befand. Coes Interpretation, nach der der Psychologe diesen Umstand der Feindseligkeit in seiner Filmtheorie durch ein neues Freundschaftsverhältnis zwischen Zuschauer*in und Kinoleinwand zu kompensieren suchte, steht in grundsätzlichem Widerspruch zu den Erkenntnissen dieses Kapitels. Siehe: Steve Choe: „,The Friend of the Photoplay'. Hugo Münsterberg on the Ethics of Media Interactivity". In: Rüdiger Steinmetz (Hg.): *A Treasure Trove. Friend of the Photoplay – Visionary – Spy? New trans-disciplinary Approaches to Hugo Münsterberg's Life and Oeuvre*. Leipziger Universitätsverlag, Leipzig, 2018, S. 179–190.

96 Münsterberg zitiert nach Hale, Human Science and Social Order, 1980, S. 144.

[...] the massive outer world has lost its weight, it has been freed from space, time, and causality, and it has been clothed in the forms of our own consciousness. The mind has triumphed over matter and the pictures roll on with the ease of musical tones.[97]

Münsterberg war der Meinung, dass nicht das Kinobild, sondern die Betrachter selbst diese „innere Welt" hervorbrachten, und zwar gerade weil, aufgrund der Künstlichkeit der Bewegtbilder, der menschlichen Vorstellungskraft dabei ein großer Anteil zukam. Wie Marshall McLuhan fast fünfzig Jahre später in seinen medientheoretischen Überlegungen zum Fernsehen als „cold medium" ausführen wird, kommt auch hier der Imagination eine aktive, produktive Rolle zu, indem sie an der Herstellung der Bilder „partizipiert".[98] Im Kino sehen die Zuschauer*innen nicht die objektive Realität, sondern „a product of our own mind which binds the pictures together",[99] so wie es sich bei den Kinobildern eigentlich um eine Reihe von Stills handelt, die erst durch eine Bewusstseinshandlung [„action of the mind"] in Bewegung gebracht werden.[100]

Was hier „Handlung" heißt, ist wohl gemerkt, Münsterberg zufolge, lediglich eine Reflexhandlung, die nicht an einen Entscheidungsprozess gebunden ist. Daher steht die von Münsterberg behauptete Imaginationsfreiheit und Handlungsmacht der Kinogänger*innen in keinem Widerspruch zu der von ihm gleichzeitig deklarierten, absolut präskriptiven Wirkung des Kinos:

> Münsterberg valued film not because it allowed more creativity on the part of the audience, but because it permitted more control by the artist over the aesthetic experience. [...] The film, therefore, did just the opposite of allowing the mind free rein; it prescribed absolutely what the mind was to attend to and how it was to do so. The mental act was taken out of the mind of each viewer and placed upon the screen, where all recorded its passage in an identical fashion.[101]

Obwohl Münsterbergs theoretische Überlegungen zum Film die ersten dieser Art sind, die das Kino, als „Kunst der Zukunft"[102] in eine Reihe mit den „klassischen"

---

97 Münsterberg, Photoplay, zitiert nach Hale, Human Science and Social Order, 1980. S. 145.
98 McLuhan bezeichnet allerdings gerade das Kino als „hot medium" und das Fernsehen, das in den 1960er Jahren noch eine vergleichsweise niedrig auflösende Bildqualität hatte, als „cool medium": „A cool medium, whether the spoken word or the manuscript or TV, leaves much more for the listener or user to do than a hot medium. If the medium is of high definition, participation is low. If the medium is of low intensity, the participation is high." Siehe: Marshall McLuhan: *Understanding Media: The Extensions of Man*. McGraw Hill, New York, 1964.
99 Münsterberg, Photoplay, zitiert nach Hale, Human Science and Social Order, 1980, S. 145, 6.
100 Ebd., S. 146.
101 Hale, Human Science and Social Order, 1980, S. 146.
102 Münsterberg zitiert nach: Jörg Schweinitz: „Vorwort". In: Ders. (Hg.): *Hugo Münsterberg. Das Lichtspiel. Eine psychologische Studie (1916) und andere Schriften zum Kino*. Aus dem Amerikanischen

Kunstformen stellten und ihm damit zu Anerkennung verhalfen, hatte der Film für Münsterberg keineswegs allein künstlerischen Wert. Vielmehr waren es die speziellen sozialen und psychophysischen Wirkungen des Bewegtbilds, die für den Psychotechniker bemerkenswert waren. Im Vordergrund stand dabei das Potenzial sozialer (Massen-)Effekte, die das Kino in Bezug auf seine Zuschauer*innen entfalten konnte. Wie Matthew Hale kommentiert, versprach sich Münsterberg vom Kino die Wirkung einer „vereinenden Quelle der Inspiration und Selbst-Disziplin".[103] Dabei existierte das Kino für Münsterberg als reines Bildmedium. Die im damaligen Stummfilm üblichen Schrifttafeln und Begleitmusik waren zu vernachlässigen, sie seien dem „originären Charakter des Lichtspiels letztlich fremd" und lediglich „Beifügungen", „während die eigentliche Macht im Gehalt der Bilder selbst" liege.[104] Wer die psychologische Wirkung des Films studieren wolle, müsse die Untersuchung also „auf die bewegten Bilder als solche lenken".[105]

Hatte er noch wenige Jahre zuvor das Kino für seine verwahrlosende, hysterisierende Wirkung angeprangert, erkannte er darin nun ein wirkungsvolles psychotechnisches Instrument, das gerade deshalb so effektiv war, da es die Zuschauer*innen vollkommen in seinen Bann zu ziehen vermochte:

> The intensity with which the plays take hold of the audience cannot remain without strong social effects. It has even been reported that sensory hallucinations and illusions have crept in; neurasthenic persons are especially inclined to experience touch or temperature or smell or sound impressions from what they see on the screen. The associations become as vivid as realities, because the mind is so completely given up to the moving images.[106]

übersetzt von Jörg Schweinitz. Synema, Wien, 1996, S. 9. Siehe auch: Allan Langdale: „S(t)imulation of Mind: The Film Theory of Hugo Münsterberg". In: Ders. (Hg.): *Hugo Münsterberg on Film. The Photoplay: A Psychological Study and other Writings.* Routledge, New York, 2002.

103 Hale, Human Science and Social Order, 1980, S. 147.

104 Münsterberg, Das Lichtspiel, 1996, S. 53.

105 Ebd.

106 „But it is evident that such a penetrating influence must be fraught with dangers". Zitiert nach dem englischen Original: Hugo Münsterberg: *The Photoplay: A Psychological Study* [1916]. In: Allan Langdale (Hg.): *Hugo Münsterberg on Film.* Routledge, New York/London, 2002, S. 45–151, hier: S: 154. *The Photoplay* erschien im Jahr 1916, nur wenige Monate vor Münsterbergs plötzlichem Tod im Alter von 53 Jahren. Es geriet in Vergessenheit, bis es im Jahr 1970 unter verändertem Titel wieder neu aufgelegt wurde. Siehe: Ian Jarvie: „Hugo Münsterberg in the Context of Philosophy of Film". In: Rüdiger Steinmetz (Hg.): *A Treasure trove. Friend of the Photoplay – Visionary – Spy? New Transdisciplinary Approaches to Hugo Münsterberg's Life and Oeuvre.* Leipziger Universitätsverlag, Leipzig, 2018, S. 9–24. Die deutsche Übersetzung erschien erst achtzig Jahre nach der englischen Erstauflage. Siehe: Hugo Münsterberg: *Das Lichtspiel. Eine psychologische Studie (1916) und andere Schriften zum Kino.* Herausgegeben von Jörg Schweinitz, Lichtspiel, Wien, 1996.

Münsterberg konstatiert, dass im Film „kein Mangel an Mitteln besteht", mit denen „unser Bewusstsein im rapiden Spiel der Bilder gelenkt und beeinflusst werden kann."[107] Ganz im Sinne seines in den *Grundzügen der Psychotechnik* ausgeführten Programms zur Verhaltens- und Bewusstseinssteuerung denkt Münsterberg also auch bei seinen theoretischen Ausführungen zum Kino primär an die psychologischen (und körperlich-mimetischen) Effekte, die das neue Medium des Films auf den Wahrnehmungsapparat der Menschen haben könnte, ohne dass diese sich der manipulativen Einflüsse erwehren könnten oder sich ihrer auch nur bewusst wären:

> The more vividly the impressions force themselves on the mind, the more easily must they become starting points for imitation and other motor responses. The sight of crime and of vice may force itself on the consciousness with disastrous results. The normal resistance breaks down and the moral balance, which would have been kept under the habitual stimuli of the narrow routine life, may be lost under the pressure of the realistic suggestions. [...] The possibilities of psychical infection and destruction cannot be overlooked.[108]

Es überrascht nicht, dass Münsterberg die Potenziale zur Beeinflussung der Massen durch das „Brechen des normalen Widerstands", die in den zitierten Passagen noch im Register der moralischen Bedrohung verzeichnet sind, sogleich in einen Modus der Nützlichkeit zu wenden weiß:

> The fact that millions are daily under the spell of the performances on the screen is established. The high degree of their suggestibility during those hours in the dark house may be taken for granted. Hence any wholesome influence emanating from the photoplay must have an *incomparable power for the remolding and upbuilding of the national soul.*[109]

Wiederum vollzieht sich für Münsterberg, ganz wie er dies früher in den *Grundzügen der Psychotechnik* schon angelegt hatte, die soziale Beeinflussung zum Zwecke „der Umformung und des Aufbaus" der nationalen Seele vorzugsweise ohne das

---

107 Münsterberg, Das Lichtspiel, 1996, S. 53.
108 Münsterberg, Photoplay, 2002 [1916], S. 154.
109 „[...] while the sources of danger cannot be overlooked, the social reformer ought to focus his interest still more on the tremendous influences for good which may be exerted by the moving pictures. The fact that millions are daily under the spell of the performances on the screen is established. The high degree of their suggestibility during those hours in the dark house may be taken for granted. Hence any wholesome influence emanating from the photoplay must have an incomparable power for the remolding and upbuilding of the national soul. From this point of view, the boundary lines between the photoplay and the merely instructive moving pictures with the news of the day or the magazine articles on the screen become effaced. The intellectual, the moral, the social, and the aesthetic culture of the community may be served by all of them." Münsterberg, Photoplay, 2002 [1916], S. 155.

Wissen der solchermaßen zu Formenden. Im Kino geschieht dies vielmehr auf frei-willig-unfreiwillige Weise, nämlich im Moment größter Unterhaltung, denn

> [...] the far larger contribution must be made by the regular picture houses which the public seeks without being conscious of the educational significance. The teaching of the moving pictures must not be forced on a more or less indifferent audience, but ought to be absorbed by those who seek entertainment and enjoyment from the films [...].[110]

Allan Langdale kommentiert, dass Münsterbergs ästhetische Theorie des Kinos nicht zu trennen sei von dessen Fixierung auf die Effizienzsteigerung von Arbeitern. Ähnlich wie die Arbeiter in Münsterbergs Forschung zu Industrial Efficiency und die Konsumenten in seiner Schrift über die Werbung, erscheint der und die Kinogänger*in als „passive Entität, deren Geisteshaltung auf subtile Weise durch externe Stimuli manipuliert werden kann".[111] Ein Leitkonzept bildet dabei die Lenkbarkeit der menschlichen Aufmerksamkeit, die nicht nur für Münsterberg zentral ist. Wie Jonathan Crary hervorgehoben hat, interessierte sich „die institutionelle Macht seit dem Ende des neunzehnten Jahrhunderts" für „ein Funktionieren der Wahrnehmung in dem Sinn, daß das Subjekt produktiv, lenkbar, kalkulierbar und darüber hinaus sozial integriert und anpassungsfähig wird." Aufmerksamkeit erscheint als „ein Verhalten, durch das der Wahrnehmende sich der Kontrolle und Vereinnahmung durch externe Instanzen aussetzt."[112]

Bei Münsterberg wird dieser Zusammenhang überdeutlich. Für ihn bildet die Wahrnehmung die Basis, auf der die Aufmerksamkeit als ein mentaler Prozess höherer Komplexität stattfinden kann. Die Aufmerksamkeit kann wiederum in freiwillige und unfreiwillige Aufmerksamkeit unterschieden werden. Kunstwerke, und insbesondere der Film, erfassen die unfreiwillige Aufmerksamkeit der Zuschauer*innen und kontrollieren deren Konzentration: „We surrender our attentiveness to the work of art and allow it to orchestrate how and when we concentrate."[113] Dabei zwingt gerade der Stummfilm, Münsterberg zufolge, aufgrund der Abwesenheit akustischer Reize, seine Zuschauer*innen zu besonders großer Aufmerksamkeit auf das Gesehene. Am filmischen Mittel des Close-Ups zeigt sich wiederum deutlich der Effekt der

---

110 Münsterberg, Photoplay, 2002 [1916], S. 155.
111 [Eigene Übersetzung] „[A] passive entity whose mentality can be subtly manipulated by external stimuli." Siehe: Langdale, S(t)imulation of Mind, 2002, S. 22.
112 Jonathan Crary: Aufmerksamkeit. Wahrnehmung und modern Kultur. Aus dem Amerikanischen von Heinz Jatho. Suhrkamp, Frankfurt a. M., 1999, S. 16. Im Original: „[...] a means by which a perceiver becomes open to control and annexation by external agencies." Jonathan Crary: *Suspensions of Perception. Attention, Spectacle, and Modern Culture.* October Books, MIT Press, Cambridge, MA, 1999, S. 4–5.
113 Langdale, S(t)imulation of Mind, 2002, S. 17.

Aufmerksamkeitssteuerung, da dem menschlichen Auge bei der Fokussierung auf das vergrößerte Detail gar keine andere Wahl bleibe, als die Aufmerksamkeit dorthin lenken zu lassen, wo das Leinwandbild es vorsieht.[114]

4.4 Psychologie des militärischen Gehorsams

Der Fokus auf die manipulierende und anleitende Wirkweise der filmischen Mittel rückt diese in die Nähe von Suggestion und Konditionierung, deren militärischen Nutzen in der Produktion von Gehorsam Münsterberg im Jahr 1912 – drei Jahre vor Erscheinen des *Photoplay* – bereits ausführlich im Rahmen eines Vortrags am United States Naval War College at Newport erörtert hatte.[115] Der Beitrag des Psychologen zur Produktion militärischen Gehorsams kann für Münsterberg nur in der „Stärkung und Disziplinierung der Aufmerksamkeit und des Willens"[116] liegen, und diese erfolge ausschließlich durch Übung und „ununterbrochene Wiederholung", die darauf abziele, Widerstände zu minimieren:

> Discipline is the product of habit and habit cannot become deep-rooted where any exceptions are admitted. Habits result from the physiological law that the uninterrupted repetition of actions transforms the nervous path into a path of less and less resistance.[117]

Neben die Suggestion, die unterschwellig auf das gehorsam zu machende Subjekt wirkt, treten Verfahren der Einübung und Verinnerlichung. Nützliches Verhalten sollte, nach Münsterbergs Vorstellung, nicht von außen erzwungen werden müssen, sondern durch unablässige Übung verinnerlicht werden. Insoweit diese sowohl auf der Ebene des Individuums, als auch auf Ebene der Massen anzusetzen habe, kann die Psychotechnik Hugo Münsterbergs demzufolge als Versuch einer Methode der „politischen Konditionierung"[118] verstanden werden, die darauf abzielte, Widerstände zu unterlaufen bevor sie aufkommen können, indem gehorsames Verhalten

---

114 Dieses intuitive Verständnis der technischen Mittel im Film, dass der/dem Zuschauer*in gar keine andere Wahl lässt, als etwa die Großaufnahme als eine Fokussierung der Wahrnehmung zu begreifen, ist es, was Münsterberg als „Objektivierung mentaler Prozesse" beschreibt. Hier setzt Friedrich Kittlers medientheoretische Rezeption Münsterbergs an, für den Münsterbergs Beitrag zur Filmtheorie in der Erkenntnis besteht, dass der Film den Zuschauer*innen „deren eigenen Wahrnehmungsprozess" sende. Siehe: Kittler, Dracula, 1993, S. 103.
115 Münsterberg, Psychology and the Navy, 1913.
116 „... persistent strengthening and disciplining of the attention and the will", Münsterberg, Psychology and the Navy, 1913, S. 243.
117 Münsterberg, Psychology and the Navy, 1913, S. 244 f.
118 Siehe: Margarete Vöhringer: *Avantgarde und Psychotechnik. Wissenschaft, Kunst und Technik der Wahrnehmungsexperimente in der frühen Sowjetunion.* Wallstein, Göttingen, 2007.

schon im vorbewussten Zustand eingeübt wurde. Dies veranschaulicht, dass die psychotechnische Mobilmachung der Aufmerksamkeit durch die Mittel der Suggestion und Konditionierung in Münsterbergs Denken nicht grundsätzlich unterschiedlich funktioniert, ob sie nun im Zusammenhang der Kriegführung, der Werbung[119] oder in der Psychotherapie angewendet werden:[120] Immer geht es um die gehorsamsproduzierende Manipulation eines potenziell widerständigen Subjekts. Im *Photoplay* heißt es dazu grundsätzlich:

> A suggestion [...] is forced on us. The outer perception is not only a starting point but a controlling influence. The associated idea is not felt as our creation but as something to which we have to submit.[121]

Für Münsterberg ähnelt die oder der Filmzuschauer*in, wie Langdale ausführt, „einem Automaten, der gedankenlos auf die machtvollen Stimuli der Kinobilder reagiert".[122] Dies steht im Einklang mit Münsterbergs Überlegungen zur Pädagogik, die er schon zwei Jahrzehnte zuvor formuliert hatte. Lange bevor der Begriff der „Konditionierung" über den Behaviorismus Einzug in das psychologische Vokabular hielt, in der 1889 im Anschluss an seine Habilitationsschrift[123] erschienenen Abhandlung *Der Ursprung der Sittlichkeit*,[124] rückt Münsterberg die Einübung von wünschenswertem Verhalten im Kindesalter durch ein System von Strafe und Belohnung ins Zentrum einer Erziehung zur „Sittlichkeit".[125] Erziehung erfolgte demnach prinzipiell durch die Erinnerung an negative Reaktionen auf bestimmte ungewollte Handlungen, die nach und nach überschrieben und derartig verinnerlicht wurden, dass die gewünschten Handlungen quasi automatisch erfolgten. Sittlich-

---

119 Siehe: Hugo Münsterberg: *Psychology and Industrial Efficiency*. Houghton, Mifflin and Company, Boston, MA, 1913.

120 Siehe: Merle J. Moskowitz: „Hugo Münsterberg. Study in the History of Applied Psychology". In: *American Psychologist*, Oktober 1977, S. 824–842, hier: S. 829.

121 Münsterberg, Photoplay, 2002, S. 22. „The suggestion [...] though also felt as our own, is a stealth-thought which comes from an external stimulus, organized so as to instigate specific association, taking their place like intruders alongside the associations that really do spring from our own minds." Langdale, S(t)imulation of Mind, 2002, S. 19.

122 [Eigene Übersetzung] „Münsterberg's viewer may [...] be justifiably described as an automaton responding thoughtlessly to the powerful stimulus of the motion picture. Similar to the consumer in M's work on advertising, or the laborer in his books on industrial efficiency, the theatergoer is a passive entity whose mentality can be subtly manipulated by external stimuli". Langdale, S(t)imulation of Mind, 2002, S. 22.

123 Hugo Münsterberg: *Die Willenshandlung. Ein Beitrag zur Physiologischen Psychologie*. Freiburg, J. C. B. Mohr, 1888.

124 Münsterberg, Sittlichkeit, 1889.

125 Explizit machte er diese Opposition in einem im Jahr 1900 veröffentlichten Artikel für das *Atlantic Quarterly*. Siehe: Hale, Human Science and Social Order, 1980, S. 64–65.

keit ist in diesem Sinne als Einübung und Verinnerlichung von Gehorsam zu verstehen. Neben den allgemeingültigen Regeln, deren Befolgung im Kindesalter trainiert wird, sieht Münsterberg noch für jeden „Stand und Beruf, neben dem allgemein Moralischen, [...] seine Spezialmoral, die der Einzelne, der in den Beruf eintritt, erst langsam erlernen muss" vor. Indem „jede Uebertretung jener Gebote bestraft wird oder mit Missachtung vergolten wird oder durch mangelnden Erfolg sich rächt" wird diese zwar zuerst „aus Furcht vor Strafe oder Verachtung gescheut", allmählich aber „um seiner selbst willen gemieden". Durch die vollendete Einübung würde je „ein neuer Kreis subjektiver Sittlichkeit erschlossen".[126]

Trainiert wird hier eine Art von blindem Gehorsam, der keine Einsicht des Subjekts in die Richtigkeit seiner Handlungen voraussetzt, sondern, wie Hale betont, ein gewisses Maß an Täuschung nicht nur in Kauf nimmt, sondern instrumentell einzusetzen weiß. So könnte etwa die traditionelle Lehre der Religionen, Münsterberg zufolge, selbst wenn sie unwahr sei, in der Erziehung eine Schlüsselrolle einnehmen, denn, da sie auf den naiven Glauben, statt an empirische Faktoren geknüpft sei, habe das religiöse Gebot „erheblich bedeutendere Disposition zur Hervorbringung des Sittlichen. [...] Die Belohnungen und Bestrafungen der göttlichen Mächte, vorausgesetzt, dass der subjektive Ursprung der Gottesvorstellung dem Bewusstsein entzogen ist, sind in der That offenbar die denkbar wertvollsten Hilfsmittel für die Einübung von Geboten und ihre Umwandlung in sittliche Maximen".[127] Gerade weil die Religion völlig unabhängig von jedem Bewusstsein der Fiktion sei, sei „der völlig naive Glaube", „die Vorbedingung ihrer historischen Wirksamkeit" und „die religiösen Einübungen soviel nachhaltiger [...] als die staatlichen".[128]

Münsterberg macht sich den panoptischen Trick eines göttlichen Blicks zunutze, wenn er die Religion zur effektivsten Technik für die Ausbildung der Sittlichkeit erklärt:

> Vor Menschenaugen kann eine That verborgen werden, dann wird sie auch nicht bestraft; wie die Götter das menschliche Thun wahrnehmen, ist dem Einzelnen unfassbar, rätselhaft; solange aber die göttliche Beaufsichtigung nicht sinnlich verständlich ist, so lange kann auch kein Ausweg gefunden werden, sich dieser Baufsichtigung zu entziehen [...]; wir können sagen, in diesem Sinne gilt schon auf niederer Stufe das soziale Gebot nur hypothetisch, die Strafen treten nur ein, wenn die machthabenden Personen es wahrnehmen; die religiösen Gebote aber gelten kategorisch, denn in jedem Falle wird der Erfolg eintreten.[129]

---

126 Münsterberg, Sittlichkeit, 1889, S. 76.
127 Münsterberg, Sittlichkeit, 1889, S. 77.
128 Ebd., S. 84.
129 Ebd., S. 78.

Wie Matthew Hale erläutert, zeigte sich für Münsterberg in der amerikanischen Familie ein Wertesystem, das im Vergleich zu den Verhältnissen in seinem Herkunftsland, das er im amerikanischen Exil zunehmend idealisierte, aus den Fugen geraten war. Die normale Ordnung der Familie war verkehrt, Frauen nahmen eine dominante Rolle ein und gaben der Kernfamilie und dem „Nationalcharakter eine verweichlichte, undisziplinierte Färbung",[130] wenn sie das familiäre Heim nicht sogar für die Verwirklichung der eigenen Interessen im Stich ließ. „The whole situation [...] militates against the home and against the masculine control of higher culture", einer Verweiblichung der Hochkultur, die sich der Entwicklung einer wirklich repräsentativen nationalen Zivilisation entgegensetzte.[131] Er war dabei einer akademischen Ausbildung für Frauen gegenüber aufgeschlossen – und unterrichtete selbst regelmäßig am angesehenen Frauen-College Radcliffe – jedoch nur solange der höhere Bildungsgrad die Frau nicht von ihren eigentlichen Pflichten innerhalb der Familie und des Haushalts ablenkte und sie diese nicht verließ, um eine akademische Karriere anzustreben.[132] Von Münsterbergs Position zu den Rechten der Frau lässt sich eine implizite Rechtfertigung der Disziplinierung und Unterwerfung weiter Teile der Gesellschaft ableiten. So verstand er die gehorsame Unterordnung der Frau unter die Befehlsgewalt der von Männern dominierten Gesellschaft als Pflicht, die diese im Interesse der Zivilisation zu erbringen habe, da sie im Haushalt gebraucht wurde. So führt Hale aus:

> He conceded that a surface contradiction might appear between society's demands and the ‚individualistic, brilliant achievements' of women, but he assumed that the real interests of the individual always coincided with those of society, and that society therefore could require obedience from its members without violating their true selves.[133]

Diese Auffassung eines verinnerlichten Gehorsams verdichtet sich in Münsterbergs Überlegungen zur Pädagogik, in der die Brücke zur Wahrnehmungspsychologie geschlagen wird. Wie er in einem um 1900 in der Zeitschrift *Atlantic Monthly* erschienenen Text zur Schulreform darlegte, wandte er sich dezidiert gegen Laissez-faire-Methoden der zeitgenössischen Reformer, indem er Pflichterfüllung

---

130 Hale, Human Science and Social Order, 1980, S. 61.

131 Hugo Münsterberg: *American Traits from the Point of View of a German.* New York, Houghton Mifflin, 1901, S. 158, zitiert nach Hale, Human Science and Social Order, 1980, S. 62.

132 Es scheint in diesem Zusammenhang paradox, dass einige von Münsterbergs besten Studierenden Frauen waren, die er erfolgreich unterstützte, unter ihnen Mary Whiton Calkins, die die erste Frau an der Spitze der American Psychological Association wurde, sowie die spätere Avantgarde-Literatin Gertrude Stein, die in seinem Labor in Harvard unter anderem zum Problem des motorischen Automatismus forschte.

133 Hale, Human Science and Social Order, 1980, S. 63.

und die „Unterdrückung niedriger Instinkte"[134] zu den obersten Zielen gelungener Erziehung erklärte. Das Kind müsse lernen zu arbeiten, indem es gezwungen würde das zu tun, was seiner Neigung gerade nicht entsprach, indem es die Tendenz überwand, auf oberflächliche, ablenkende Reize zu reagieren und stattdessen die Aufmerksamkeit zu fokussieren lernte, ohne sich zu langweilen. Hale hebt die Ähnlichkeit zu der von Münsterbergs Förderer William James entwickelten Psychologie der Gewohnheit und Aufmerksamkeit hervor, wenn Münsterberg schreibt, die wahre Entwicklung der Menschheit liege im Wachstum der „freiwilligen Aufmerksamkeit", die nicht passiv anerzogen wird, sondern sich „aktiv auf das richtet, das in sich selbst wichtig, signifikant und wertvoll" sei.[135] Erziehung sei demgemäß als „Formierung guter Arbeitsgewohnheiten" zu verstehen. Die Unabhängigkeit, die dem Subjekt durch diese „freiwillige Aufmerksamkeit" scheinbar zukommt, wird allerdings dadurch beschnitten, dass man mit ihr lediglich die Fähigkeit erlangt das zu tun, was man eben tun soll, dies allerdings, „ohne externe Zwänge". Damit rückt Münsterbergs Pädagogik in die Nähe des militärischen „freien Gehorsams", und tatsächlich dient ihm der Soldat, der auch nach dem Ableben seines Kommandanten noch seine Pflicht zu erfüllen weiß, als Modell für seine Konzeption von Unabhängigkeit und Freiheit.[136]

Der oben schon zitierte Vortrag, der 1913 unter dem Titel „Psychologie der Marine"[137] veröffentlicht wurde, enthält eine, wenn auch unausgewiesene, psychotechnische Theorie des Gehorsams. Diese Theorie gründet sich auf die beiden Prinzipien von Suggestion und habitualisierendem Drill, sowie auf die Überzeugung, dass Disziplin und Gehorsam zu den Grundbedürfnissen einer modernen Welt zählen.[138] Wenn Ulrich Bröckling das Militär als „Labor sozialer Disziplinierung" bezeichnet hat, so lässt sich von Münsterberg sagen, dass er die im experimentalpsychologischen Labor erforschten Bedingungen sozialer Disziplinierung auf das Militär anzuwenden hoffte. Interessant sind dabei die Überschneidungen zwischen zivilen (bzw. bei Münsterberg zumeist wirtschaftlichen oder, was in seinem Denken keinen Gegensatz bildet, kulturellen) und militärischen Anwendungen der Habitualisierung und Suggestion.

---

134 Münsterberg zitiert nach Hale, Human Science and Social Order, 1980, S. 65.

135 „The real development of mankind lies in the growth of the voluntary attention, which is not passively attracted, but which turns actively to that which is important and significant and valuable in itself." Hugo Münsterberg: *American Problems from the Point of View of a Psychologist.* Moffat, Yard & Co., New York, 1910, S. 67–68, zitiert nach Hale, Human Science and Social Order, 1980, S. 65.

136 Münsterberg, Psychology and the Navy, 1913, S. 264. Dazu auch: Hale, Human Science and Social Order, 1980, S. 65.

137 Münsterberg, Psychology and the Navy, 1913, S. 225–262.

138 „Our whole modern world instinctively longs again for thoroughness and discipline and the teaching of obedience." Münsterberg, Psychology and the Navy, 1913, S. 245.

Zunächst weist Münsterberg darin auf die Notwendigkeit unbedingten, „Instinkt gewordenen" Gehorsams für die Besatzung eines Kriegsschiffs hin, wobei seine anschaulichen Illustrationen von donnernden Kanonenkugeln etwas aus der Zeit gefallen scheinen:

> Whether the man will carry out the movements which the maneuver has taught when the cannons not only are thundering but the balls really are splintering the ship depends upon the one decisive question of whether an obedient submission to the order of the superior has become an instinct for his mind.[139]

Er erkennt dabei jedoch klar einen der wichtigsten Effekte (Hoch-)Technologiegestützter Kriegführung, wenn er darauf hinweist, dass dieser Gehorsam im modernen Kriegsschiff wichtiger denn je sei, da hier jeder Soldat, isoliert von den anderen, als kleines Element einer großen Maschinerie operiert, ohne selbst abschätzen zu können, was die Wirkung seiner Handlungen sein wird. Damit greift Münsterberg in gewisser Hinsicht schon den Diskurs um „situational awareness" vorweg, der sich mit der Einführung komplexer rechnergestützter im späten 20. Jahrhundert in den amerikanischen Human Factors Studies fortsetzen wird und dessen Hauptanliegen die technologische Vermittlung einer „richtigen" Situationswahrnehmung ist, durch die das Funktionieren der Systemabläufe, trotz der notorischen Fehleranfälligkeit des menschlichen Faktors, gewährleistet bleibt.

> To a certain degree the necessity of a dogged submission to the order has in the most modern ship become still more necessary than ever before because the individual man is more isolated in his duties than in former times. He does not know what is going on in the battle, he does not see the others, he cannot understand the situation.[140]

Der militärische Gehorsam muss sich zudem über den Widerstand des „sozialen Gewissens" hinwegsetzen, es ist, nach Münsterberg, kein wahrer Gehorsam, wenn er nicht in der Lage ist, den vereinheitlichten Willen der Masse zu brechen.[141]

Der Beitrag des Psychologen zur Einübung eines solchen Gehorsams kann für Münsterberg nur in der „Stärkung und Disziplinierung der Aufmerksamkeit und des Willens"[142] liegen und diese erfolge ausschließlich durch Übung und „ununterbrochene Wiederholung", bis der Soldat maschinengleiche Exaktheit erlangt

---

139 Münsterberg, Psychology and the Navy, 1913, S. 243.
140 Ebd.
141 „To demand obedience to the order which is given to him individually may mean to force on him resistance to the suggestions of the social consciousness. Indeed it is no real obedience unless it is strong enough to break up the unified will of the crowd. In this sense their education toward obedience demands a relentless suppression of the general suggestibility." Ebd., 244.
142 „... persistent strengthening and disciplining of the attention and the will". Ebd., S. 243.

hat und die Befehle „automatisch" ausgeführt werden, sobald sie die Bewusst-
seinsebene erreichen:

> The service must have made the man an exact machine which works automatically
> whenever the order reaches his consciousness.[143]

Der automatenhafte Gehorsam des Soldaten, den Münsterberg hier beschreibt
entspringt einem Bild militärischer Praxis, das einerseits noch stark von der Uhr-
werk-Vorstellung preußischer Disziplin des 18. Jahrhunderts geprägt ist. Und tatsächlich mag Münsterberg mit dieser Beschreibung soldatischer Tugend im Jahr
1913, nur wenige Monate vor dem Ausbruch des ersten Maschinenkriegs der Geschichte, noch dem Verständnis mancher Offiziere entsprochen haben. In der
Realität glichen die Aufgaben des Marinesoldaten im hochtechnisierten Krieg des
20. Jahrhunderts schon bald eher denen von Spezialisten, für die Expertenwissen
mindestens ebenso maßgeblich war wie ein durch Übung geschulter Gehorsam.
Dennoch entspricht das Bild einer automatisch ablaufenden Maschine, die sich
auf Befehl in Bewegung setzt, in hohem Maße der Realität des technologisch geführten Kriegs, in dem der menschliche Akteur lediglich als „Faktor" oder Element eines operationellen Gefüges wahrgenommen wird.[144]

Die Notwendigkeit der Habitualisierung von Abläufen, kognitiven wie körperlichen, ist zudem offensichtlich nicht beschränkt auf das Gebiet des militärischen Gehorsams. Vielmehr findet sich hier eine folgenreiche Strukturähn-
lichkeit zwischen militärischer und industrieller Sphäre, wie Münsterberg, als
Pionier der industriellen Psychotechnik, dessen Arbeit zu *Psychology and Industrial Efficency*[145] im selben Jahr in den USA erschienen war, zweifellos bewusst
war. Am Beispiel der experimentalpsychologischen Untersuchung des Telegra-
phierens zeigt er, dass verschiedene Stadien im Übungsverlauf erreicht werden,
bevor eine vollständige „Mechanisierung" und „Automatisierung" der Arbeitsabläufe stattgefunden hat, bis „von der mühsamen Anspannung der Aufmerksam-

---

143 Ebd., S. 244 f.
144 Hierzu mehr im 5. Kapitel dieser Arbeit.
145 In deren kurz zuvor auf Deutsch erschienen Fassung heißt es im mit „Einüben und Lernen"
überschriebenen Absatz im Kapitel zur „Gewinnung der bestmöglichen Leistungen", die
Psychologie müsse „gesicherte Kenntnisse darüber gewinnen, in welcher Weise eine neu zu er-
lernende Bewegungsgruppe am besten eingeübt werden kann, welcher Wert den Wiederholun-
gen und den Pausen, den Nachahmungen und den Bewegungskombinationen, den Teilübungen
und dem Rhythmus der Arbeit und vielen ähnlichen Umständen beim Erlernen zukommt". Hugo
Münsterberg: *Psychology and Industrial Efficiency.* Houghton Mifflin, New York, 1913. Das Buch
erschien als gekürzte Version der zuvor erschienenen deutschen Fassung: Hugo Münsterberg:
Psychologie und Wirtschaftsleben. Ein Beitrag zur angewandten Experimental-Psychologie. Verlag
von Johann Ambrosius Barth, Leipzig, 1912.

keit, die auf Satzteile gerichtet ist, fortgeschritten zu der vollkommenen Freiheit, in der die ganzen Sätze automatisch behandelt werden."[146] – Es ist die Freiheit, Bewegungsabläufe quasi blind, ohne bewusste Aufmerksamkeit ausführen zu können, die die wissenschaftlich begleitete Einübung zum Ziel hat.

Über die „Suggestionskraft der Werbemittel" weiß Münsterberg zu berichten, dass zwar der vordergründigste Effekt von Werbebildern in der Erheischung der Aufmerksamkeit der Konsumenten liege, dabei aber die Schönheit des Dargestellten nicht unbedingt den Zweck der Werbung erfüllt, da die Bilder zwar die Macht besitzen, „die Aufmerksamkeit auf sich zu lenken, aber es würde nur mangelhaft seiner eigentlichen Aufgabe dienen, die Aufmerksamkeit dem praktischen Propagandainhalt zuzuwenden." Wer wirtschaftlichen Interessen dienen wolle, müsse dagegen „jeden Strich und jede Form der Aufgabe unterordnen, daß Anzeige oder Bild zu einem praktischen Entschluß und zu einer Tat hinführen".[147] Eine „Psychologie der Einwirkung der äußeren Formen auf das Bewußtseinsleben der Masse",[148] eine Psychologie also, die das Bewusstsein von Individuum auf gesellschaftlichem Maßstab durch visuelle Mittel zu gestalten verstünde, ist für Münsterberg am Kern der psychologischen „Laboratoriumsversuche" im Dienste des Wirtschaftslebens.

Auch William Stern, der den historischen Ursprung des Begriffs der Suggestion in der Hypnose verortet, beschreibt diesen Vorgang im Register des Zwangs: durch die Suggestion sei der Hypnotiseur in der Lage, einem anderen Menschen innerhalb gewisser Grenzen „seinen Willen aufzuzwingen", d. h. für den Hypnotisierten, dessen Anweisungen als Befehle aufzunehmen, „gegen welche Widerstand nicht möglich ist".[149] Dies entspricht der Auffassung Münsterbergs, die er auch im Vortrag am Naval War College vertritt, wonach eine Suggestion als „kontrollierender Einfluss" nicht prinzipiell von der Disziplinierung unterschieden wird, die auf das gewaltsame Brechen des Widerstands ausgerichtet sei. Der Kommandeur des Kriegsschiffs (der selbst über eigene Initiative verfügt und einem freien Gehorsam unterliegt) müsse eine suggestive Macht über die Truppen entwickeln, die es ihm erlaube, auch im Moment großer Gefahr und Panik absolute Kontrolle zu behalten. Nur durch unablässige Übung sei eine solche Kontrolle umsetzbar, die darauf abziele, die Instinkte und sogar das durch die Gruppe auferlegte „soziale Gewissen" vollkommen zu unterdrücken.[150] Hier, wie auch im oben

---

146 Münsterberg, Wirtschaftsleben, 1912, S. 93.

147 Ebd., S. 160.

148 Ebd., S. 164.

149 Stern, Allgemeine Psychologie, 1935, S. 625.

150 „To demand obedience to the order which is given to him individually may mean to force on him resistance to the suggestions of the social consciousness." Münsterberg, Psychology and the Navy, 1913, S. 244.

beschriebenen Beispiel der „Man Screen"-Testanordnung, wird offenkundig, dass sich für Münsterberg das Problem des Widerstands auf die durch Einübung erzielte Unterdrückung widerständiger Reaktionen auf von außen eindringende Wahrnehmungsreize reduzieren lässt.

4.5 Widerstand und Reizschutz: Das Dynamit der Zehntelsekunde

Gerade das Problem der „Schockwirkung", auf das die oben beschriebenen Testanordnungen abzielen, kann als ein Schlüssel zum Verständnis dessen dienen, was in der psychologischen Auseinandersetzung im Zusammenhang von Widerstand und Wahrnehmung im frühen 20. Jahrhunderts auf dem Spiel stand. Wie Iris Därmann hervorgehoben hat, hatte der Widerstand der unter dem Pseudonym Anna O. bekannten Analysandin gegen die hypnotische Suggestion in „Anerkennung eines irreduziblen Widerstandes und genuinen Rechts auf ‚Nichtwollen'"[151] zur Begründung der Freud'schen Psychoanalyse geführt. Am Anfang der psychoanalytischen Methode steht also schon die Feststellung, dass einer auf Disziplinierung und Gehorsam ausgerichteten Technik der Suggestion, wie sie von Münsterberg postuliert wird, nicht nur durch die Weigerung (bzw. Gegensuggestion) der solchermaßen Unterworfenen unverrückbare Grenzen gesetzt sind, sondern dass vielmehr erst an diesen Grenzen eine auf „befreite Sprache"[152] gründende psychoanalytische Erkenntnis ansetzen kann.

Vier Jahre nach Münsterbergs Tod – in dem 1920 erschienenen Essay *Jenseits des Lustprinzips* – führt Freud in eine psychoanalytische „Lehre vom Schock" ein, die es ihm zum ersten Mal erlaubt, einen Ausblick zu formulieren auf Funktionen des „seelischen Apparats", die sich der „Herrschaft des Lustprinzips [...] widersetzen", das sein theoretisches System bisher bestimmt hatte.[153] Am Kern seines Arguments liegt die Erkenntnis, dass es zu den „Aufgaben" des seelischen Apparats zähle, traumatische Wahrnehmungsereignisse, bzw. „große Reizmengen" zu bewältigen und zu binden, die über ihn hereinbrechen und dabei so stark sind, dass

---

151 Iris Därmann: „Der Körper als politisches Mittel: Hungerstreiks" [unveröffentlichtes Manuskript], 2020, S. 12 f., darin zitiert: Sigmund Freud: „Zur Psychotherapie der Hysterie". In: Ders.: „Studien zur Hysterie" (1895). In: Anna Freud et al. (Hg.): *Gesammelte Werke, Bd. I.* Imago, London, 1952, S. 252–312, hier: 267. Dazu auch: Därmann, Iris: *Widerstände. Gewaltenteilung in statu nascendi.* Matthes und Seitz, Berlin, 2021, S. 14 f.
152 Därmann, Hungerstreik, 2020, S. 11 f.
153 Sigmund Freud: „Jenseits des Lustprinzips" (1920). In: Anna Freud et al. (Hg.): *Gesammelte Werke, Bd. XIII.* S. Fischer, Frankfurt a. M., 1967, S. 1–69, hier: S. 29 und S. 32 f.

sie dessen „Reizschutz" überwinden.[154] Gelinge dies nicht, resultiere dies in einer traumatischen Neurose, bei der das Ereignis ins Unbewusste verdrängt werde und nur etwa durch zwanghafte Wiederholung im Traum oder durch therapeutische Verfahren gebunden werden könne.[155]

In diesem Zusammenhang lohnt es darauf hinzuweisen, dass auch Freud in dem aus dem Nachlass veröffentlichtem *Entwurf einer Psychologie* aus dem Jahr 1895 von der Metapher des „Schirms" und des „Siebs" Gebrauch macht. Dort ist die Rede von den „Nervenendschirmen", die eine „bloß indirekte Verbindung zur Außenwelt"[156] zulassen. Bei den Sinnesorganen handele es sich um solche Nervenendapparate, die darüber hinaus wie Ausleseverfahren oder „Siebe" wirkten, welche nur bestimmte Reize hindurchlassen. Das Hindurchlassen etwa von Schmerz bezeichnet Freud als „Versagen"[157] dieser abschirmenden Funktion. Wie Sarah Kofman herausgestellt hat, wird die Metapher des Siebs und des Schirms in den späteren Schriften Freuds durch die der Fotografie abgelöst: Das Unbewusste verhalte sich zum Bewussten wie das fotografische Negativ zum Positiv, wobei nicht alle unbewussten Vorgänge „entwickelt" würden, sondern die Instanz eines Prüfers (analog zur Sinneswahrnehmung) darüber entscheide, welche zu dem „Positivprozeß" zugelassen würden, „der mit dem Bilde endigt".[158] Interessanterweise treten hier bei Freud die Bewusstseinsvorgänge in Analogie zum Bild, das einen Ausleseprozess durchlaufen muss, um wahrgenommen zu werden, wie in genauer Umkehrung der Münsterberg'schen Konzeption, bei der die Bilder von außen über die völlig wehrlosen Sinne ins Bewusstsein projiziert werden, in einem Prozess, der in Münsterbergs „Screen Tests" selbst als Ausleseverfahren bzw. Eignungsprüfung konzipiert ist.

Freuds psychoanalytische Theorie eines Reizschutzes, der gegen die von außen hereinbrechenden traumatischen Wahrnehmungsereignisse Widerstand leistet und sich gegen diese abhärtet, wird Walter Benjamin[159] wiederum einige

---

154 Freud, Jenseits des Lustprinzips, 1967, S. 29.
155 Ebd., S. 33.
156 Sigmund Freud: „Entwurf einer Psychologie" (1895). In: Angela Richards et al.: *Gesammelte Werke, Nachtragsband.* S. Fischer, Frankfurt a. M., 1987, S. 387–477.
157 Freud, Entwurf einer Psychologie, 1987, S. 403.
158 Sigmund Freud: „Einige Bemerkungen über den Begriff des Unbewußten in der Psychoanalyse". In: Anna Freud et al. (Hg.): *Gesammelte Werke Band VIII: Werke aus den Jahren 1909–1913.* Frankfurt am Main, 1978, S. 429–439, hier: 436; siehe: Sarah Kofman: *Camera obscura. Von der Ideologie.* Herausgegeben und aus dem Französischen übersetzt von Marco Gujahr. Turia + Kant, Wien, 2014, S. 39.
159 Dafür, dass Benjamin mit Münsterbergs Schrift zum *Photoplay* – die zu Benjamins Lebzeiten nicht ins Deutsche übersetzt wurde – und dessen experimentalpsychologischen Ansätzen – die allerdings auch im deutschsprachigen Raum zu einer gewissen Berühmtheit gelangt waren – ver-

Jahre später zu der Beobachtung veranlassen, dass in der Großstadt des 20. Jahrhunderts „die Technik [...] das menschliche Sensorium einem Training komplexer Art"[160] unterworfen habe. Ähnlich Münsterbergs Berufsanwärtern, deren Augen nicht mehr vor dem vor ihnen niederkrachenden Hammer blinzeln, wird von den modernen Großstädter*innen erwartet, dass sie sich von den auf sie einprallenden Wahrnehmungsreizen nicht erschrecken lassen. Die spezifische Organisationsform der Sinneswahrnehmung und „das Medium, in dem sie erfolgt", ist für Benjamin „geschichtlich bedingt"[161] und das Kino – als zeitgenössisches Massenmedium – ist folglich „die der gesteigerten Lebensgefahr, der die Heutigen ins Auge zu sehen haben, entsprechende Kunstform".[162] Das Bedürfnis, sich den Wirkungen des Schocks auszusetzen, sei „eine Anpassung der Menschen an die sie bedrohenden Gefahren"[163] und der Film entspreche den „tiefgreifenden Veränderungen des Apperzeptionsapparates [...] wie sie im geschichtlichen Maßstab jeder heutige Staatsbürger erlebt".[164] Benjamin kritisiert die frühe Filmtheorie, zu der Münsterbergs *Photoplay* zählt, für ihre „blinde Gewaltsamkeit", mit der sie den Film unbedingt als „Kunst" etablieren wollte, während Benjamin selbst in ihm eine Veränderung erkennt, die viel näher an Münsterbergs eigenen kinematografischen Ausleseverfahren der „Screen Tests" liegt. Diese erstrebe nämlich die „Aufstellung prüfbarer, ja übernehmbarer Leistungen unter bestimmten gesellschaftlichen Bedingungen", woraus sich „eine neue Auslese, eine Auslese vor der Apparatur" ergebe.[165] Während die „Leistungspsychologie", zu der die Berufsauswahlprüfungen

---

traut war, finden sich keine Belege, auch wenn der im Kunstwerkaufsatz gestiftete Zusammenhang von Film und Wahrnehmungspsychologie eine solche Vermutung nahelegt. Mit Sicherheit war Benjamin allerdings mit der Arbeit seines Onkels William Stern vertraut.

160 Walter Benjamin: „Über einige Motive bei Baudelaire". In: Rolf Tiedemann, Hermann Schweppenhäuser (Hg.): *Gesammelte* Schriften Band 1.2., Suhrkamp, Frankfurt a. M., 1991, S. 605–654, hier: S. 614 und 630. Hierzu siehe auch: Iris Därmann: „Elemente einer Ästhetik der Gewalt: Masochistisch – heroisch – traumatisch". In: Emmanuel Alloa (Hg.): *Erscheinung und Ereignis. Zur Zeitlichkeit des Bildes.* Brill, Leiden, 2013, S. 165–182, hier: S. 180 f.

161 Walter Benjamin: „„Das Kunstwerk im Zeitalter seiner technischen Reproduzierbarkeit" (Erste Fassung). In: Rolf Tiedemann, Hermann Schweppenhäuser (Hg.): *Walter Benjamin: Abhandlungen. Gesammelte Schriften, Band 1.2.*, Suhrkamp, Frankfurt a. M., 1991, S. 431–469, hier: 439. Hieran zeigt sich Benjamins aufmerksame Lektüre der kurz vorher erstmals veröffentlichten *Ökonomischen und philosophischen Manuskripte* von Karl Marx, wo es heißt, die Bildung der fünf Sinne sei „eine Arbeit der ganzen bisherigen Weltgeschichte". Siehe: Karl Marx: „Ökonomische und philosophische Manuskripte aus dem Jahre 1844". *Marx Engels Werke*, Band 40, Karl Dietz, Berlin, 2012, S. 467–589, hier: S. 542.

162 Benjamin, Kunstwerk, 1. Fassung, 1991, S. 439.

163 Benjamin, Kunstwerk, 3. Fassung, S. 503, Fußnote 29.

164 Ebd.

165 Ebd., S. 455.

und andere, auf Selektion und Ausmerzung zielenden Experimente zählen, diese „Fähigkeit der Apparatur zu testen" illustriere, zeige die Psychoanalyse diese „von anderer Seite".[166]

Da es Münsterberg an einer Artikulation der Widerständigkeit unbewusster Vorgänge mangelt – tatsächlich lehnt er, wie Langdale hervorhebt, den Begriff des *Unbewussten* vollkommen ab[167] –, eignet sich der Film für sein Publikum lediglich als Instrument der Auslese und Kontrolle, das, in den Worten seines Bewunderers Friedrich Kittler, diesem „seinen eigenen Wahrnehmungsprozess sende".[168] Während Benjamin ebenfalls den Film mit der Testapparatur analog setzt[169] und im Film „in seiner Chockwirkung" das Übungsinstrument für die historisch „neuen Aufgaben der Apperzeption" erkennt,[170] ermöglicht ihm dagegen seine Freud-Lektüre, im „optischen Unbewussten" ein Analogon des Triebhaft-Unbewussten der Psychoanalyse zu sehen, das jene großen Teile der Wirklichkeit enthält, die „außerhalb eines *normalen* Spektrums der Sinneswahrnehmungen"[171] liegen und erst mit den Mitteln der Aufnahmeapparatur zu Tage befördert werden können. Er scheint direkt auf Münsterberg zu antworten, wenn er gerade über die Großaufnahme, die bei Münsterberg als Kronzeugin der bezwingenden, kontrollierenden Wirkung des Films auftritt, schreibt, dass sie zwar „auf der einen Seite die Einsicht in die Zwangsläufigkeiten vermehrt, von denen unser Dasein regiert wird", auf der anderen – psychoanalytisch informierten – Seite jedoch auch dazu dienen könne, dass der Mensch sich „eines ungeheuren und ungeahnten Spielraums" bewusst werde:

> Unsere Kneipen und Großstadtstraßen, unsere Büros und möblierten Zimmer, unsere Bahnhöfe und Fabriken schienen uns hoffnungslos einzuschließen. Da kam der Film und hat diese Kerkerwelt mit dem Dynamit der Zehntelsekunden gesprengt, so daß wir nun zwischen ihren weitverstreuten Trümmern gelassen abenteuerliche Reisen unternehmen.[172]

---

166 Ebd., S. 498.

167 Langdale, S(t)imulation of Mind, 2002, S. 9.

168 Kittler, Dracula, 1993, S. 103.

169 „Inzwischen ruft der Arbeitsprozeß, besonders seit er durch das laufende Band normiert wurde, täglich unzählige Prüfungen am mechanisierten Test hervor. Diese Prüfungen erfolgen unter der Hand: wer sie nicht besteht, wird aus dem Arbeitsprozeß ausgeschaltet. Sie erfolgen aber auch eingeständlich: in den Instituten für Berufseignungsprüfung. [...] Der Film macht die Testleistung ausstellbar indem er aus der Ausstellbarkeit der Leistung selbst einen Test macht. Der Filmdarsteller spielt ja nicht vor einem Publikum sondern vor einer Apparatur. Der Aufnahmeprüfer steht genau an der Stelle, an der bei der Eignungsprüfung der Versuchsleiter steht." Benjamin: Kunstwerk, 1. Fassung, S. 448.

170 Benjamin: Kunstwerk, 3. Fassung, S. 505.

171 Benjamin, Kunstwerk, 1. Fassung, S. 461.

172 Ebd., S. 461.

Wenn sich für Münsterberg, trotz aller Bewunderung, die er für die kreativen Möglichkeiten des Films empfand, dessen massenpsychologisches Potenzial in einer bevormundend-gehorsam machenden Pädagogik erschöpfte, so liegt dieses Potenzial für Benjamin gerade in der befreienden Wirkung einer „therapeutischen Sprengung des Unbewussten", die erst die kollektiven Träume des Kinos ermöglichen.[173] So wie Anna O. die hypnotische Suggestion Freuds verweigerte und damit der Psychoanalyse auf die Spur half, so ist es nach Benjamin an den Filmzuschauer*innen, sich der filmischen Suggestion zu widersetzen, um die Potenziale des „optischen Unbewussten" freizusetzen und damit, wie zu folgern wäre, analog zur „befreiten Sprache" der talking cure ein *befreites Sehen* zu begründen, das den Manipulationen der psychotechnischen Gehorsamsproduktion zuwider laufen würde.

Mit Eintritt der Vereinigten Staaten in den Ersten Weltkrieg isolierte sich der patriotisch gesinnte deutsche Emigrant Münsterberg innerhalb des amerikanischen Wissenschaftskontexts zunehmend, und seine Schriften versanken in relativer Obskurität. Das in den *Grundzügen der Psychotechnik* angelegte Programm einer totalen gesellschaftlichen Kontrolle durch die Administration von Psychologen darf als Werk der Selbstüberschätzung der Gründergeneration einer neuen Disziplin gelesen werden. Dennoch wirkten die von ihm begründeten Ideen der praktischen Psychologie in den Nachfolgedisziplinen nach. So muss Münsterbergs in den *Grundzügen* entwickelte Zielsetzung auch als frühe Artikulation der Prinzipien des Social Engineering gelten, die im Laufe des 20. Jahrhunderts mitbestimmend auf die Sozialpolitik vieler Staaten auf beiden Seiten des Eisernen Vorhangs wirkte. Wie die Historiker Jon Alexander und Joachim K. H. W. Schmidt zeigen, ging es hier vorrangig um die Steigerung der „Effektivität sozialer Handlungen" durch „das Arrangement und die Kanalisierung umweltlicher und sozialer Kräfte", um die Gestaltung von Strukturen und Prozessen also, in denen Menschen das „Rohmaterial" bilden für die Umsetzung übergeordneter Ziele.[174] Dieses menschliche Material bleibt jedoch, wie auch die Historiker feststellen, eigentümlich widerständig: „[o]ne cannot easily adjust this material to the designers' end".[175]

Zugleich wirkt jedoch das psychotechnische Denken in den marktwirtschaftlich geprägten Demokratien der westlichen Welt weiter nach. Münsterberg beeinflusste maßgeblich die dem Scientific Management in der Tradition des Taylorismus verpflichteten psychophysischen Bewegungsstudien von Frank Gilbreth und Lillian Gilbreth, die mit den Mitteln der Fotografie und des Films zur Effizenzsteige-

---

173 Ebd., S. 462.
174 Jon Alexander, Joachim K. H. W. Schmidt: „Social Engineering: Genealogy of a Concept". In: Adam Podgórecki et al.: *Social Engineering*. Carleton University Press, 1996, S. 1–20, hier: S. 1.
175 Alexander, Schmidt, 1996, S. 1–20, hier: S. 1 [eigene Übersetzung].

rung von Arbeitsabläufen beitragen wollten.[176] Das Erbe der angewandten Psychologie ging im englischsprachigen Raum vor allem an die Human Factors Studies und Ergonomics über, in denen die Methoden der Experimental- und Wahrnehmungspsychologie ab 1945 kontinuierlich weiterentwickelt wurden und jenen so einflussreichen wie diffusen Grenzbereich zwischen Ingenieurswissenschaft und Psychologie, privatwirtschaftlichen und staatlichen Interessen besetzten, der bis heute Teil hat an der Gestaltung hochtechnologischer Steuerungsprozesse und Kontaktzonen.

4.6 Psychotechnische Mobilmachung in der frühen Fliegerei

Neben Hugo Münsterbergs Tätigkeiten in Freiburg und Harvard war es vor allem die Arbeit William Sterns, die die frühe angewandten Psychologie der Vorkriegszeit unter dem Namen der Psychotechnik etablierte. Stern, der bei Moritz Lazarus promoviert, und sich auf Einladung von Hermann Ebbinghaus in dessen experimental-psychologischen Labor in Breslau habilitiert hatte, verfügte in den frühen 1910er Jahren bereits über ein internationales Renommee, das sich vor allem auf seine Verdienste im Bereich der experimentellen Psychologie stützte. Schon früh hatte er sich mit wahrnehmungspsychologischen Arbeiten, wie seinen „Versuchen zur menschlichen Veränderungsauffassung",[177] einen Namen gemacht. In Breslau besetzte er den Lehrstuhl für Pädagogik und forschte, gemeinsam mit seiner Frau Clara Stern, zur Psychologie des Kindes.[178] Er gilt heute unter anderem als Begründer der Differentiellen Psychologie,[179] Entwickler des Intelligenzquotienten,[180] und

---

176 Tatsächlich zählt Münsterberg zu den wenigen anderen Wissenschaftlern, auf die sich die Gilbreths in ihren Texten beziehen, so etwa auf dessen *Psychologie und Wirtschaftsleben* (1912) und *Grundzüge der Psychotechnik* (1912). Siehe: Bernd Stiegler: „Nachwort". In: Frank Gilbreth, Lillian Gilbreth: *Die Magie des Bewegungsstudiums. Photographie und Film im Dienst der Psychotechnik und der Wissenschaftlichen Betriebsführung.* Fink, München, 2012, S. 245–270, hier: S. 267.
177 William Stern: *Psychologie der Veränderungsauffassung.* Preuss & Juenger. Breslau, 1898, basierend auf der Habilitationsschrift *Theorie der Veränderungsauffassung.* Breslau, 1897.
178 Clara Stern, William Stern: *Die Kindersprache.* J. A. Barth, Leipzig, 1907; Dies.: *Erinnerung, Aussage und Lüge in der ersten Kindheit.* J. A. Barth, Leipzig, 1909; Clara Stern, William Stern: *Psychologie der frühen Kindheit bis zum sechsten Lebensjahre.* Quelle und Meyer, Leipzig, 1914.
179 William Stern: *Die differenzielle Psychologie in ihren methodischen Grundlagen.* J. A. Barth, Leipzig, 1911.
180 William Stern: *Die psychologischen Methoden der Intelligenzprüfung und deren Anwendung an Schulkindern,* J. A. Barth, Leipzig, 1912.

Wegbereiter der forensischen Psychologie.[181] Im Jahr 1907 gründete er gemeinsam mit Otto Lipman das Institut für angewandte Psychologe und psychologische Sammelforschung, mit Sitz in Berlin-Wilmersdorf und Breslau.[182] Nachdem er über 19 Jahre an der Breslauer Universität geforscht hatte, siedelte er nach Hamburg über, wo im Jahr 1919 auf seine Initiative hin die Hamburger Universität gegründet wurde.[183] In der ersten Folge der von ihm herausgegebenen *Beiträge zur Psychologie der Aussage* aus dem Jahr 1903 prägte Stern den Begriff der Psychotechnik, bevor dieser von Münsterberg aufgenommen wurde, und zwar zunächst nur um innerhalb der Angewandten Psychologie eine Abgrenzung zur „Psychognostik" zu etablieren.[184]

Bevor Stern im Jahr 1933 von den Nationalsozialisten seiner Ämter beraubt und zur Flucht gezwungen wurde,[185] war er Leiter des Philosophischen und des Psychologischen Instituts der Hamburger Universität.[186] In Hamburg führte er auch seit den 1910er Jahren Eignungsprüfungen für verschiedene Berufsgruppen durch, die zum engeren Beschäftigungsfeld der Psychotechnik zählen können und auf seine früheren Arbeiten im Kontext der Intelligenzprüfung und „Begabtenauslese" gründeten.[187] Im Anschluss an die vorangegangene Diskussion der

---

181 William Stern: *Zur Psychologie der Aussage. Experimentelle Untersuchungen über Erinnerungstreue.* Gottentag, Berlin, 1902; William Stern: „Die Aussage als geistige Leistung und als Verhörsprodukt. Experimentelle Schüleruntersuchungen". In: *Beiträge zur Psychologie der Aussage*, Folge I (3), 1904, S. 1–115.

182 Francis P. Hardesty: „Louis William Stern: A New View of the Hamburg Years". In: *Annals of the New York Academy of Sciences*, 270, 1976, S. 31–44, hier: S. 33.

183 Hardesty, Stern, 1976, S. 35.

184 William Stern: *Beiträge zur Psychologie der Aussage*, Folge I (3), J. A. Barth, Leipzig, 1904, S. 1–115, hier: S. 29–32.

185 Stern floh mit seiner Familie zunächst in die Niederlade und dann in die USA, wo er bis zu seinem Tod im Jahr 1938 noch einige Zeit an der Duke University in Durham, North Carolina, lehrte. Siehe: Uwe Wolfrath et al.: *Deutschsprachige Psychologinnen und Psychologen 1933–1945.* Springer, Wiesbaden, 2017, S. 430.

186 William Stern: *Studien zur Personwissenschaft. Erster Teil: Personalistische Wissenschaft.* J. A. Barth, Leipzig, 1930; William Stern: *Allgemeine Psychologie auf personalistischer Grundlage.* Nijhoff, Den Haag, 1935.

187 William Stern: „Das psychologisch-pädagogische Verfahren der Begabtenauslese. Versuche und Anregungen. Eine Sammlung von Beiträgen". In: *Sonderausgabe von Beiträgen aus der Zeitschrift für pädagogische Psychologie und experimentelle Pädagogik* 19, Quelle und Meyer, Leipzig, 1918, S. 65–143; William Stern: „Über eine psychologische Eignungsprüfung für Straßenbahnfahrerinnen". In: *Schriften zur Psychologie der Berufseignung und des Wirtschaftslebens*, Heft 2, J. A. Barth, Leipzig, 1918, S. 91–104; William Stern: „Einleitung" zu: H. Sachs: „Studien zur Eignungsprüfung der Straßenbahnführer. Erste Abhandlung: Methode zur Prüfung der Aufmerksamkeit und Reaktionsweise". In: *Schriften zur Psychologie der Berufseignung und des Wirtschaftslebens*, Heft 15, 1920, S. 1–8; William Stern: „Psychologische Eignungsprüfungen für kauf-

psychotechnischen Arbeiten Hugo Münsterbergs im Zusammenhang mit Visualität und Gehorsam, die mit dessen Tod im Jahr 1916 ein jähes Ende fanden, sollen hier einige weniger bekannte Forschungen unter William Sterns Ägide am Psychologischen Institut in Hamburg behandelt werden. Diese können nur im historischen Kontext der militärischen Mobilmachung verstanden werden und stellen, wie zu zeigen sein wird, einen Vorläufer für spätere militärische Indienstnahmen der praktischen Psychologie und deren spezifischem Interesse an der Operationalisierung der visuellen Wahrnehmung dar.

Zwar fand die angewandte Psychologie, nach der Pädagogik, den Verfahren der Eignungsfeststellung in der Berufswahl und dem Verkehrswesen, mit der *Wehrpsychologie* erst recht spät zu einer militärischen Aufgabenstellung, der Weltkrieg aber verhalf ihr erst zu der Karriere, die die Psychotechnik später in Europa und der restlichen industrialisierten Welt zu einer breiten Bewegung machte. In den USA machte die Army während des Ersten Weltkriegs massenhaft Gebrauch von dem *Army Mental Test,* einem Eignungstests zur Zuteilung von Soldaten zu bestimmten Tätigkeitsbereichen.[188] In Deutschland wurden solche Eignungstests schon ab 1915 militärisch genutzt. Die Betätigungsfelder für Psycholog*innen während des Kriegs waren zahlreich und reichten von der Versorgung und wissenschaftlichen Untersuchung von Hirnverletzten (vor allem Kurt Goldstein in Frankfurt am Main, M. Isserling in München und Walter Poppelreuter in Köln) zur Untersuchung der Kriegseinwirkungen auf Zivilbevölkerung und Militärpersonal (Lipmann am Berliner Institut für angewandte Psychologie, Robert Sommer mit seiner Studie *Krieg und Seelenleben*[189] in Gießen). Auch Kurt Lewins 1917 veröffentlichte Schilderungen der *Kriegslandschaft*[190] können als Beitrag zu einer kritischen „Psychologie des Krieges" im weiteren Sinn gewertet werden. Auf Seiten der Psychotechnik im engeren Sinn, beschäftigten sich Max Wertheimer und Erich Moritz von Hornbostel am Berliner Psychologischen Institut mit Eignungsprüfungen im Zusammenhang mit der Wahrnehmung der Schallrichtung und entwickelten hier unter anderem einen Richtungshörer, der ab 1916 in der militärischen Aufklärung eingesetzt wurde. Otto Lipmann, nach William Stern seit 1916 Leiter des Instituts für angewandte Psychologie in Berlin, führte gemeinsam mit Johann Baptist Rieffert Eignungstests für Funker durch, Walther Moede entwi-

---

männische Angestellte. Untersuchungen, Verhandlungen, Leitsätze". In: *Zeitschrift für angewandte Psychologie* 33, 1924, S. 482–490.

188 Siehe: Tobias Nanz: „Blindflug. Instrumente und Psychotechnik des Piloten". In: *Österreichische Zeitschrift für Geschichtswissenschaften,* 13, 3, 2003, S. 29–49, hier: S. 33.

189 Robert Sommer: *Krieg und Seelenleben.* Nemnich, 1916.

190 Kurt Lewin: „Die Kriegslandschaft". [Ursprünglich in: *Zeitschrift für Angewandte Psychologie,* 1917] *Gestalt Theory,* 31(3/4), 2009, S. 253–262. Siehe dazu: Kapitel 3.2.2 dieser Untersuchung.

ckelte ab 1915 in Berlin Eignungsprüfungen für Kraftfahrer gemeinsam mit Curt Piorkowski, der auch zum Problem der Ermüdung und der Erholungsfähigkeit beim Tragen von Gasmasken arbeitete.[191]

In der Arbeitsteilung zwischen Ingenieuren und Psychologen, die jeweils nicht nur an der Entwicklung militärischer Technologien und der Art ihrer Benutzung, sondern auch an der Auswahl und Ausbildung von militärischem Personal beteiligt und damit maßgeblich in die Handlungsvorgänge und Entscheidungsprozesse der militärischen Sphäre eingebunden waren, zeichnet sich bereits eine Struktur ab, die bis weit ins 20. und 21. Jahrhundert hinein prägend für Kriegführung und -vorbereitung unter den Bedingungen der Hochtechnologie bleiben würde, und die am Beispiel des Computer-gestützten Cockpits der distanzierten Kriegführung im Folgenden wieder aufgenommen wird.

Technisch zu lösende „Probleme der Sinnesempfindung und Wahrnehmung",[192] traten insbesondere dort auf, wo das Wahrnehmungsgeschehen neuen Herausforderungen ausgesetzt und wo es in seinen gewohnheitsmäßigen Mustern irritiert wurde. Eines der wichtigsten Beispiele ist in diesem Zusammenhang die Fliegerei, die im Zuge des Ersten Weltkriegs, wie schon im vorangegangenen Kapitel adressiert wurde, einen rasanten Aufschwung nahm. Durch die Erschließung der dritten räumlichen Dimension und den daraus resultierenden veränderten Umweltbedingungen stellte sich die menschliche Wahrnehmung als besonders täuschungsanfällig heraus und wurde sogleich zum Gegenstand wahrnehmungspsychologischer Erforschung.[193] Paul Virilio bezeichnete in *Krieg und Kino* die militärische Fliegerei als eine „Logistik der Wahrnehmung", die zur „Sehweise oder vielmehr zum eigentlichen Mittel des Sehens überhaupt"[194] geworden war, und das Schlachtfeld als ein „Wahrnehmungsfeld", in dem das Kriegsgerät für Heerführer und Waffenträger den Status von *Darstellungsmitteln* haben.[195] Und tatsächlich steht der Sehsinn auch im Fokus jener historischen Testverfahren, in deren Rahmen zu Beginn der Fliegerei die Eignung angehender Piloten festgestellt wurde.

Um 1916 hatte Stern, zunächst gemeinsam mit seinem Assistenten Theodor Kehr und dann mit dessen Nachfolger Wilhelm Benary, im Auftrag der Flieger-

---

191 Gundlach betont, dass Moedes Labor das erste seiner Art war, das speziell zu militärischen Zwecken eingerichtet wurde. „Das Labor wurde bald etatisiert, drei weitere Laboratorien wurden umgehend eingerichtet. 1918 [...] gab es bereits 14 derartige Prüfstellen, bei Kriegsende 17." Siehe: Gundlach, Faktor Mensch im Krieg, 1996, S. 133.
192 Siehe: Alphonse Chapanis, Wendell R. Garner, Clifford T. Morgan: *Applied Experimental Psychology: Human Factors in Engineering Design*, Hoboken, 1949, S. 2, 5.
193 Dazu auch: Rebekka Ladewig: „Fliegen". In: Dies.: *Schwindel. Eine Epistemologie der Orientierung*. Mohr Siebeck, Tübingen, 2016, S. 277–312.
194 Paul Virilio: *Krieg und Kino. Logistik der Wahrnehmung*. Fischer, Frankfurt a. M., 1989, S. 30.
195 Ebd., S. 35.

schule Hamburg-Fuhlsbüttel erste Eignungstests für angehende Piloten durchgeführt, die sich dem Problem der Aufmerksamkeit von Beobachtern im Flugzeug widmeten.[196] Einem Rechenschaftsbericht zur Arbeit seines Instituts aus dem Jahr 1922 zufolge, verlangte der Auftrag nach einer „Versuchsanordnung zur Prüfung des für Fliegerbeobachter charakteristischen Leistungskomplexes".[197] Mit einer Apparatur, die als ein früher Vorläufer des Flugsimulators gelten kann, sollte die Fähigkeit zukünftiger Piloten getestet werden, simultan zu steuern und andere Flugzeuge ins Visier zu nehmen.

Die frühe Fliegerei im Zeichen der Kriegsvorbereitungen bot für die unter den Begriff der „Psychotechnik" versammelten Methoden der Experimentalpsychologie[198] ein ideales neues Betätigungsfeld. Der motorisierte Flug stellte neue Anforderungen an die menschliche Wahrnehmung.[199] In dieser Situation der Verunsicherung, wo buchstäblich unten und oben vertauscht wurde und sowohl Entfernung als auch Geschwindigkeit die Sinne der Piloten zu überfordern drohten, und zudem mit voranschreitender technischer Entwicklung die Bedienung der Flugzeuge zunehmend komplexer wurde, fiel schließlich dem Sehsinn der wichtigste Anteil an den neuen „apperzeptiven Aufgaben" zu. Stand in den Anfängen der Fliegerei noch das „fliegerische Gefühl" als prothetisches Zusammenwachsen der menschlichen Sinnesempfindung mit dem mechanischen Körper des Flugzeugs im Mittelpunkt,[200] rückte diese „Verschmelzung von Pilot und Maschine" mit der zunehmenden Zentralität der Instrumentenanzeigen in den Hintergrund: „Nicht zuletzt steht auch im Cockpit der visuelle Sinn an prominentester Stelle: So werden mittels der Augen – des Ablesens von Instrumentenanzeigen – die meisten Informationen aufgenommen, während Reaktionen auf kinästhetische, taktile oder haptische Reize – der Bereich des *fliegerischen Gefühls* – deutlich in der Minderheit sind".[201]

---

196 Hardesty, 1976, S. 35; Siehe auch: Ladewig: Schwindel, 2016, S. 289.

197 Martin Tschechne: *William Stern*. Ellert & Richter Verlag, Hamburg, 2010, S. 65.

198 Siehe: Pierre Sachse, Winfried Hacker, Eberhard Ulich: *Quellen der Arbeitspsychologie. Ausgewählte historische Texte*. Hans Huber, Dresden, 2008, S. 9.

199 Siehe Kapitel 4, sowie: Christoph Asendorf: *SuperConstellation – Flugzeug und Raumrevolution*. Wien/New York, 1997, insb. S. 158 ff.

200 Hierzu ausführlich: Rebekka Ladewig: „Fliegen fühlen: Das fliegerische Gefühl". In: Dies., Schwindel, 2016, S. 280–295; sowie: Siegfried J. Gerathewohl: *Die Psychologie des Menschen im Flugzeug*. Herausgegeben von der Deutschen Aeronautischen Gesellschaft, E.V., Johann Ambrosius Barth, München, 1954.

201 Nanz, Blindflug, 2003, S. 44; siehe auch: Tobias Nanz: „Das Fliegen schreiben". In: Cornelius Borck, Armin Schäfer (Hg.): *Psychographien*. Diaphanes, Zürich/Berlin, 2005, S. 43–60, hier: S. 45. Nanz hat in zwei erhellenden Aufsätzen den technologisch bedingten Wandel des Verhältnisses des Piloten zu der Steuerungsumgebung des Flugzeugs, von den Anfängen der Fliegerei bis zum

Nanz weist zunächst auf die für den Instrumentenflug notwendige Entwicklung der Gyroskoptechnologien hin, zu denen auch der künstliche Horizont zählt. Wie der Instrumentenflug, entsprang auch das Gyroskop, bzw. der Kreiselkompass einer experimentellen Anordnung, bei der eine Geräteanzeige Aufschluss über ein Naturphänomen gibt (die Erdrotation, die von dem von Léon Foucault entwickelte Pendel angezeigt wird, das wiederum als Grundlage für die Entwicklung der Kreiselgeräte gelten kann). Nanz vermutet eine „strukturale Verwandtschaft" zwischen den Geräten im Labor und den Instrumenten im Flugsimulator bzw. im Flugzeugcockpit: Beide erzeugen ihre eigene Wirklichkeit, „indem sie das Naturphänomen in einer Versuchsanordnung erfassen".[202] Im Labor des Flugsimulators wird, Nanz zufolge, ein Typus des idealen Piloten hervorgebracht, der das „bestmögliche Verhältnis zwischen Mensch und Instrument"[203] verkörpert. Damit ist auch das Programm der Psychotechnik und der daran anschließenden Tätigkeitsfelder der Human Factors Studies und Ergonomie formuliert: Zum einen die Optimierung des Mensch-Maschine-Verhältnisses und der damit einhergehenden Disziplinierungs- und Gestaltungsprozesse, und zum anderen die Hervorbringung von Wirklichkeit im künstlichen Raum des Cockpits, die schließlich, wie noch zu zeigen sein wird, anhand von visuellen Bildanordnungen eine unhintergehbare Wahrnehmungsumgebung konstituieren wird.

Nanz' Untersuchung verschiedener psychotechnischer Versuchsanordnungen der frühen Fliegerei zeigen, dass diese zuvorderst auf die Aufmerksamkeit der Piloten abzielen, die als erste und wichtigste Qualität identifiziert wird: „[...] die Konzentration auf viele Ereignisse neben und nacheinander, einschließlich jener Ereignisse, die im Cockpit stattfinden, also die Kontrolle der Bordinstrumente

---

Ende des Zweiten Weltkriegs untersucht. In einem größer angelegten Projekt ging es ihm dabei um eine „Genealogie der Schnittstelle" die von der frühen Geschichte der Psychotechnik bis zu den Datenverarbeitungsprozessen des Computers reicht, und die eine besondere Zuspitzung im Raum des „Cockpits" erhält. Während die Pioniere der Fliegerei sich bei der Steuerung des Flugzeugs noch auf ihr „fliegerische Gefühl", die körper- bzw. wahrnehmungstechnische „Verschmelzung" von Pilot und Maschine, verlassen können, wurde dieses intuitive Körperwissen nach und nach durch auf Instrumente und Anzeigen basierende Steuerung verdrängt – eine Entwicklung, die schließlich in der zweiten Hälfte des 20. Jahrhunderts in der immer weiter voranschreitenden Automatisierung des Cockpits mündet, bei der/die Pilot/in nur noch eine passiv-überwachende Funktion übernimmt und, wie Nanz formuliert, zu einem „Glied in der Regelkette" wird. Siehe: Tobias Nanz: „Eine Genealogie der Schnittstelle" Zeitraum des Fellowships: 01. Oktober 2004 bis 30. Juni 2005, *Internationales Forschungszentrum Kulturwissenschaften (IFK) Wien, Kunstuniversität Linz*, URL: http://www.ifk.ac.at/fellows-detail/tobias-nanz.html [abgerufen am 13. März 2019].

202 Nanz, Blindflug, 2003, S. 30–32.
203 Ebd., S. 33.

und die Koordination ihrer Daten mit dem Flugzustand."[204] Mit Aufkommen des Instrumentenflugs, das zeitgleich zur Entwicklung der ersten, noch sehr rudimentären, Flugsimulatoren stattfand, setzten sich Experimente zur „Sinnfälligkeit der Instrumente"[205] durch. Hatten vorher Testverfahren zur Auswahl geeigneter Kandidaten für den Pilotenberuf im Vordergrund gestanden, ging es fortan verstärkt um die Gestaltung der Instrumente, mit dem Ziel „ein optimales Zusammenspiel von Mensch und Gerät zu erreichen".[206] Wie hier offenkundig wird, beschränkten sich die Gestaltungsziele der Psychotechnik aber nicht auf die Verbesserung der Instrumente, sondern richteten sich gezielt auch auf die Wahrnehmung der Nutzer, die mithin zum eigentlichen Objekt der Gestaltung werden sollte.

Rebekka Ladewig beschäftigt sich in ihrer Studie zur *Epistemologie der Orientierung* in einem Kapitel auch mit der Geschichte der frühen experimentellen Psychologie im Zusammenhang mit den Berufseignungstests für angehende Piloten, da die Orientierungsfähigkeit gerade in der frühen Fliegerei zu einem akuten Problem wurde, das es experimentell zu erforschen galt.[207] Über die von Nanz untersuchte Experimentalanordnung des Flugzeugcockpits im Kontext der Psychotechnik hinaus gilt Ladewigs Interesse dabei den Voraussetzungen für die wahrnehmungstechnische Konstruktion menschlicher Orientierung im Kontext der Versuchsanordnungen und Apparaturen, die die Wahrnehmungssituation im Pilotencockpit zum Experimentierfeld wissenschaftlicher Beobachtung werden lassen. Die „Erschließung der dritten räumlichen Dimension" stellte die Erforschung des menschlichen Gleichgewichtssinns zum Zweck der Orientierung vor neue Herausforderungen. Ladewig zeigt anhand der psychotechnischen Versuchsanordnungen zum Blind- und Instrumentenflug im Kontext des Ersten Weltkriegs, dass die technischen Apparate der fliegerischen Konfiguration mit der Weiterentwicklung der Cockpit-Anzeigen und Instrumente zunehmend nicht nur zum Steuern der Maschine gebraucht wurden, sondern zudem auch steuernd auf die Pilot*innen wirkten. Ladewig beschreibt dies als eine „Reziprozität", bei der der Pilot „im selben Maße von der Maschine gesteuert [wird], wie er selbst die Maschine steuerte".[208] Dies spiegelte sich in den theoretischen Diskursen um die wahrnehmungspsychologischen Bedingungen der Fliegerei. So schreibt der ehemalige Flieger Hermann Grote in seiner Beschreibung des „fliegerischen Gefühls" den Geräten und Anzeigen

---

204 Nanz, Blindflug, 2003, S. 35.
205 Ebd., S. 36.
206 Ebd., S. 36.
207 Ladewig, Schwindel, 2016, S. 277–312.
208 Ladewig, Schwindel, 2016, S. 281.

„einen orientierungsstiftenden und handlungsanweisenden Charakter" zu.[209] Bei Nanz heißt es dazu noch expliziter: „Aus einem Anzeigegerät, das der Pilot ablesen und interpretieren muss, wird ein Instrument, das Befehle gibt".[210] Dem Kampfflieger sollte „die Bedienung der Maschine [...] im wahrsten Sinne des Wortes in Fleisch und Blut übergegangen sein'" und der Pilot eines Nachtbombers, der sich ausschließlich auf die Instrumente verlassen musste, ähnelte „dem Typ des Maschinisten [...], der auf der Anzeige von Instrumenten hin seine Hebel stellt'".[211] Schon in diesen experimentellen Anfängen der fliegerischen Konstellation lässt sich dabei eine Favorisierung des Sehsinns konstatieren, über den der notorisch fehleranfällige „menschliche Faktor" innerhalb des technischen Gefüges diszipliniert und gesteuert werden soll.

In der Psychotechnik wurde die visuelle Wahrnehmung schon früh zu einem Gegenstand, der nicht nur experimentell erforscht und getestet, sondern selbst als Objekt technisch-ingenieursmäßiger Gestaltung und Steuerung entworfen wurde. Die Zurichtung und Steuerung der menschlichen Wahrnehmung, mit dem Ziel der Hervorbringung eines bestimmten Verhaltens zum Zweck der Effizienzsteigerung und der Vermeidung von „human error", kann so auch als psychotechnische Produktion von Gehorsam erfasst werden. Während Münsterberg mit den „Screen Tests", dem „Man Screen" und seinen frühen filmtheoretischen Überlegungen zum *Photoplay* schon den Bildschirm als Medium der Beeinflussung und sozialen Steuerung vorwegnahm, wird mit der Psychotechnik des Flugzeugcockpits jene Verunklarung von „Steuern und gesteuert werden"[212] erkennbar, die im weiteren Verlauf des 20. Jahrhunderts zu einem Hauptmerkmal solcher visuellen Schnittstellen wie Displays, Anzeigen und Bildschirmumgebungen werden wird. Die psychotechnische Genese dieser auf die Befehlsförmigkeit visueller Darstellungsformen und die Gehorsamsfunktion der in Reiz-Reaktions-Schemata eingebundenen menschlichen Wahrnehmung abzielende „Operationalisierung der Wahrnehmung"[213] ist hier historisch rekonstruiert worden. Nach dem Zweiten Weltkrieg übernahmen die Human Factors Studies viele der durch die Psychotechnik definierten Methoden und Aufgaben.

---

209 Hermann Grothe: *Das fliegerische Gefühl, seine Erforschung und Bedeutung.* Dissertationsschrift. Hamburg, 1936, S. 11, zitiert nach Ladewig, Schwindel, 2016, S. 322, FN 251.

210 Nanz, Blindflug, 2003, S. 37.

211 Rudolf Hermann Walther: „Ansätze zu einer Psychologie des Kraftfahrens und Fliegens". In: *Soldatentum. Zeitschrift für Wehrpsychologie, Wehrerziehung, Führerauslese* 1, 1934, S. 14–22, hier: S. 14 und 22, zitiert nach Nanz, Blindflug, 2005, S. 48–49.

212 Siehe: Ladewig, Schwindel, 2016, S. 296.

213 Siehe: Franz, Ladewig, Synthetische Realität, 2015, S. 96.

In Alphonse Chapanis, Wendell R. Garner, Clifford T. Morgans *Applied Experimental Psychology: Human Factors in Engineering Design* aus dem Jahr 1949 heißt es, dass „sensation and perception" in ihrer Funktion als „input to the human operator"[214] zu verstehen seien. Die erste Human Factors Studie, die im Jahr 1947 im Auftrag der US Air Force durchgeführt wurde, widmete sich den „psychologischen Aspekten der Instrumente-Displays"[215] und der Analyse von Fehlern, die Piloten beim Lesen und Interpretieren der Cockpit-Instrumente unterlaufen waren. Mit voranschreitender Automation und Computerisierung wurden diese „psychologischen Aspekte" der visuellen Steuerung und deren Anpassung an menschliche Anforderungen mehr und mehr zentral. Human Factors Studies und Human Factors Engineering übernahmen in der Folge eine zentrale Vermittlerrolle zwischen Auftraggeber*innen wie dem US-Militär, privatwirtschaftlichen Technologieentwicklern, Ingenieur*innen. Die Zuständigkeitsbereiche der angewandten Psycholog*innen wurde dabei immer ausdifferenzierter und flossen schon bald in zivile Tätigkeitsbereiche, wie Reaktorsicherheit, Verkehrswesen, Konsumgüter, Telekommunikation und Gesundheitswesen mit ein.[216] Die frühen psychotechnische Experimentalanordnungen, die im Zentrum dieses Kapitels standen, können so als Vorläufer nicht nur der militärischen Bildtechnik im 20. Jahrhundert verstanden werden, sondern auch wichtige Hinweise auf die Genese der heute ubiquitären Bildschirmkulturen geben.

---

214 „[S]ensation and perception", sind, nach einem Gründungsdokument der Human Factors Studies, in ihrer Funktion als „input to the human operator" zu verstehen. Siehe: Alphonse Chapanis, Wendell R. Garner, Clifford T. Morgan: *Applied Experimental Psychology: Human Factors in Engineering Design*, American Psychological Association, Hoboken, 1949, S. 2 und 5. Siehe auch Kapitel 5.4 dieser Untersuchung.

215 [Eigene Übersetzung] P. M. Fitts: „Psychological Apects of Instrument Display: Analysis of 270 ‚Pilot-Error' Experiences in Reading and Interpreting Aircraft Instruments". *U. S. Air Force Air Materiel Command*, Wright-Patterson Air Force Base, Dayton, Ohio, Oktober 1947.

216 Erica Fretwell legt in ihrer umfangreichen Studie zu den sensorischen Experimenten der Psychophysik nahe, dass diese als „hegemoniale Wissenschaft im Dienste der liberalen Biopolitik" bewertet werden sollten [eigene Übersetzung]. Siehe: Erica Fretwell: *Sensory Experiments: Psychophysics, Race, and the Aesthetics of Feeling*. Duke University Press, Durham, 2020, S. 2.

Teil III: **Vom Bild zum Bildschirm**

5 Bildschirm-geführter Krieg

> Dieser Weg ist die Analyse – durch die Teilung der Arbeit,
> die die Operationen der Arbeiter schon mehr und mehr in
> mechanische verwandelt, so daß auf einem gewissen Punkt
> der Mechanismus an ihre Stelle treten kann.[1]

Wenn Marie-José Mondzain im Hinblick auf die Allgegenwart von Bildschirmen im 21. Jahrhundert von einer „Herrschaft des Bildes"[2] spricht, so soll die Art dieser Herrschaft im hier folgenden Abschnitt am Beispiel der zeitgenössischen militärischen Bildtechniken untersucht werden. Sogenannte „operative Bilder"[3] haben in diesem Zusammenhang eine entscheidende Bedeutung für das Gewaltmonopol des Staates, das erst durch das Potenzial, Macht in Gewalt umzuformen, seine Wirksamkeit erlangt.[4] Verschiedene Ausformungen dieser Wirksamkeit für die Produktion von Gehorsam[5] und für die Rolle von Bildern unterschiedlicher Art innerhalb der militärischen Operativität wurden in den vorangegangenen Kapiteln bereits untersucht.

Das fünfte Kapitel dieser Arbeit wendet sich den Visualisierungstechniken der Gegenwart und damit einer sich mehr und mehr diversifizierenden Hochtechnologie zu. Als Technologie mit dezidiert militärischen Wurzeln wird ab Mitte des 20. Jahrhunderts der Computerbildschirm zur entscheidenden *Kontaktzone* für den Zugang zu den Prozessen der Computation und der durch sie gewonnenen Daten, die sich prinzipiell der menschlichen Wahrnehmung entziehen und daher grundsätzlich der Übersetzung in visuelle Zeichen und Bilder bedürfen. Tatsäch-

---

1 Karl Marx: „Maschinenfragment". In: Christian Lotz (Hg.): *Karl Marx. Das Maschinenfragment*. Laika Verlag, Hamburg, 2014, S. 51–82, hier: S. 65.
2 Mondzain, Können Bilder töten, 2006, S. 9.
3 Zum Begriff des operativen Bilds siehe v. a.: Harun Farocki: „Phantom Images". In: *Public 29*, 2004, S. 12–24; Sybille Krämer: „Operative Bildlichkeit. Von der ‚Grammatologie' zu einer ‚Diagrammatologie'? Reflexionen über erkennendes ‚Sehen". In: Martina Hessler, Dieter Mersch (Hg.): *Logik des Bildlichen. Zur Kritik der ikonischen Vernunft*, Bielefeld, 2009, S. 94–123.
4 In diesem Sinne definiert Max Weber den Staat als „diejenige menschliche Gemeinschaft, welche innerhalb eines bestimmten Gebietes [...] das Monopol legitimer physischer Gewaltsamkeit für sich (mit Erfolg) beansprucht". Siehe: Max Weber: *Wirtschaft und Gesellschaft. Grundriß der verstehenden Soziologie*. Mohr Siebeck, Tübingen 1980, S. 822. Zur Unterscheidung von Macht und Gewalt [power and force] siehe: Michel Foucault: „Omnes et Singulatim: Towards a Criticism of ‚Political Reason'". In: S. McMurris (Hg.): *The Tanner Lectures on Human Values II*. University of Utah Press, Salt Lake City, 1981, S. 225–254, hier: S. 252.
5 Zum Begriff der Gehorsamsproduktion siehe: Ulrich Bröckling: *Disziplin. Soziologie und Geschichte militärischer Gehorsamsproduktion*. Fink, München, 1997; sowie Kapitel 1 und 2 dieser Arbeit.

https://doi.org/10.1515/9783111287584-006

lich ist der Bildschirm des Computers von Beginn an sowohl als Anzeige von Informationen und Daten (Output) als auch als Oberfläche für die Übermittlung von „commands" (Input) konzipiert worden. Zwischen Nutzer*in und Computer kann dabei ein Verhältnis wechselseitiger Steuerung festgestellt werden, die mit dem Problem der „Anzeigeprogrammiertheit" korreliert, das schon in der diesem Kapitel vorangegangenen Diskussion früher Flugzeugsteuerung eine Rolle spielte (4.6).

Zwei in diesem Kontext relevante Funktionsweisen von Bildern ließen sich in den Untersuchungen der vorangegangenen Kapitel bereits differenziert betrachten. Die Verkoppelung der autoritativen Funktionen von Bildern als Wissensobjekten sowie als Medien des Befehls, die sich zu einem gewissen Grad schon in den Kupferstichen der Exerzierreglements, der christlich-jesuitischen Bildtheorien, den Versuchsanordnungen der frühen praktischen Psychologie und in besonderer Form im militärischen Luftbildwesen abzeichnete, wird auf dem Bildschirmen im Zeitalter der Computation auf eine Weise miteinander kurzgeschlossen, die weitreichende Folgen für die in dieser Arbeit behandelte Fragestellung hat.

Am Beispiel der militärischen Indienstnahmen der praktischen Psychologie vom frühen 20. Jahrhundert bis zum Ende des Zweiten Weltkrieg (4.4 und 4.6), wurden bereits einige epistemologische Weichenstellungen für das „Primat des Visuellen" in den militärischen Hochtechnologien des 20. und 21. Jahrhunderts herausgearbeitet. Das Hauptanliegen der deutschen Psychotechnik im Auftrag der frühen militärischen Fliegerei und der amerikanischen Human Factors Studies nach dem Zweiten Weltkrieg galt und gilt der fehlerlosen Steuerung sowohl von Maschinen als auch von deren menschlichen Bedienern, die innerhalb dieses Diskurses als gleichrangige Bestandteile eines technischen Systems verstanden werden. Der Einfluss dieser Disziplin, die einen Zwischenbereich zwischen experimenteller Psychologie, Kybernetik, Kognitions- und Ingenieurswissenschaft, sowie zwischen staatlichen Auftraggebern, wie dem US-Militär, und privatwirtschaftlichen (Rüstungs-)Konzernen besetzt, tritt im vorliegenden Kapitel immer wieder dann in den Vordergrund, wenn Fragen menschlicher und technologischer Handlungsmacht untersucht und hinterfragt werden. Dies geschieht am Beispiel US-amerikanischer *military policy*, die von der Sprache der Human Factors Studies durchsetzt ist, in der Fachliteratur zur Funktionsweise hochkomplexer Steuerungseinheiten in der zeitgenössischen distanzierten Kriegführung, deren Gestaltung ein Teilbereich der Human Factors Studies ist, oder im individuellen Gespräch mit Drohnen-Pilot*innen der U. S. Air Force, die ihr Selbstverständnis als selbstverantwortlich handelnde Subjekte im Design der Cockpits gegen die Interessen der „Human Factors people" ausgespielt sehen.

Verfahren der Visualisierung, die eng mit Prozessen der rechnergestützten Automation verbunden sind, bilden den Kern des folgenden Themenfelds. Dieses reicht vom Beginn der Computer-gestützten Kriegführung in der Mitte des 20. Jahrhunderts bis zum Problem selbststeuernder Waffensysteme in der Gegenwart. Nach einem Exkurs über Geschichte und Theorien des Bildschirms (5.1) und einer Einführung in den militärischen Diskurs zur Distanzierung des Menschen (5.2), wird zunächst der Faden des letzten Kapitels wieder aufgenommen. Die Probleme der Instrumentensteuerung und die Prekarität menschlicher Handlungsmacht in technologischen Kontrollumgebungen, die schon im Zusammenhang der frühen Flieger-Cockpits eine Rolle spielten, werden mit fortschreitender Automatisierung des Cockpits weiter zugespitzt. Bildschirme und Anzeigen werden schließlich zu den Schaltflächen für die Übermittlung sowohl von technischen als auch militärischen Handlungsanweisungen. Die sich hieraus ergebenden Kontaktzonen[6] können als Präzedenzfall für die neue Fragwürdigkeit von Handlungsmacht im Zeitalter der Hochtechnologie gelten, für die Bildschirmumgebungen heute zum zentralen Aushandlungsort werden (5.3 und 5.4).

Die frühen Bildschirmanordnung in Systemen wie ENIAC und SAGE können als erste Manifestationen einer sich im 20. Jahrhundert neu formierenden visuellen Kultur und eines neuen „autoritären Potenzials"[7] des Bildes gedeutet werden, das bis heute für die militärischen Praktiken des Steuerns und Befehlens unter Bedingungen der Hochtechnologie paradigmatisch ist und auch die zivile Alltagskultur durchzieht. Durch die übergeordnete Frage nach den Bedingungen und begleitenden Diskursen, die „Bildergehorsam" ermöglichen und bedingen, wird deutlich, dass das Thema der Gehorsamsproduktion zur Mitte des 20. Jahrhunderts vom Diskurs der Kybernetik absorbiert und transformiert wird, und seither nicht von den Ideen der techno-sozialen *Steuerung* zu trennen ist, deren Anfänge bereits im Denken Münsterbergs erkennbar geworden sind (4.1). Mit den kybernetisch informierten Konzepten wie *Command and Control* und *OODA-Loop*, die Kriegs-Handlungen als Rückkoppelungsschleifen modellieren, werden diese Ideen von techno-sozialer Steuerung militärisch gewendet.[8] Hier ist zu klären, wie Handlungsmacht in diesem Zusammenhang nicht nur technologisch, sondern auch rhetorisch verteilt

---

6 Siehe: Marie-Luise Angerer: *Affektökologie. Intensive Milieus und zufällige Begegnungen.* Meson Press, Lüneburg, 2017, S. 48–29.

7 Siehe Abschnitt 1.3, Mauss, Technik des Körpers, 2010 und Därmann, Marcel Mauss, 2013.

8 „Command suggests the mere transmission of orders while control suggests a process that involves a feedback mechanism allowing the controller to obtain new information from the system, adjust orders accordingly and thus exert continuous direction on subordinates." Siehe: Antoine Bousquet: *The Scientific Way of Warfare. Order and Chaos on the Battlefields of Modernity.* Hurst & Company, London, 2009, S. 129.

wird, um schließlich einem Verständnis der bildgesteuerten Befehlszusammenhänge, deren diskursiven und technologischen Konstruktionsbedingungen, sowie der Widerständigkeiten, die sie bei ihren menschlichen Beteiligten unentwegt hervorrufen, näher zu kommen. Wie auch in den vorangegangenen Kapiteln, gilt es dabei zu klären, in welche historisch spezifischen, politisch-ökonomischen Zusammenhänge die militärischen Bildtechniken eingefasst sind.

5.1 Verbergen, Filtern, Sichtbarmachen. Geschichte und Theorien des *Screens*

> Ein Großteil dessen, was ein Bereich des Visuellen zu sein scheint, ist lediglich der Effekt
> von andersartigen Kräften und Machtverhältnissen.[9]

Als Thema der Kultur- und Medienwissenschaft und als Gegenstand der Theoriebildung ist der zeitgenössische Bildschirm und die mit ihm verbundenen Praktiken noch lange nicht angemessen erforscht worden.[10] Das ist umso erstaunlicher, als das Leben im 21. Jahrhundert zu einem großen Teil aus Aktivitäten und Passivitäten[11] besteht, die in Relation zu dieser historisch relativ neuen Art der visuellen Oberfläche stattfinden, die Handlungen ermöglicht, prägt, definiert und eingrenzt. So soll der folgende Abschnitt – als theoretischer Exkurs, der unabhängig von den anderen Teilen dieses Kapitels gelesen werden kann – auch einen Beitrag zu einer solchen, breiter angelegten kulturwissenschaftlichen Theoriebildung leisten.[12] Der Fokus auf den Bildschirm im Zusammenhang der militärischen Gehorsamsproduk-

---

9 Jonathan Crary: *Aufmerksamkeit. Wahrnehmung und moderne Kultur.* Aus dem Amerikanischen von Heinz Jatho. Suhrkamp, Frankfurt a. M., 2002, S. 14.
10 Wichtige Impulsen bieten: Bernard Dionysius Geoghegan: „An Ecology of Operations: Vigilance, Radar, and the Birth of the Computer Screen". In: *Representations*, 147 (1), 2019, S. 59–95; Luisa Feiersinger, Kathrin Friedrich, Moritz Queisner (Hg.): *Image – Action – Space. Situating the Screen in Visual Practice.* De Gruyter, Berlin, 2018; Stephen Monteiro (Hg.): *The Screen Media Reader. Culture, Theory, Practice.* Bloomsbury, New York, 2017; Dominique Chateau, José Moure (Hg.): *Screens. From Materiality to Spectatorship – A Historical and Theoretical Assessment.* Amsterdam University Press, 2016, wobei viele der darin vertretenen Positionen noch auf dem Paradigma des Kinos fokussiert bleiben. Kanonisch zu nennen sind zudem Lev Manovichs grundlegende Überlegungen zu Computer und Screen, die im Folgenden noch näher diskutiert werden. Siehe: Lev Manovich: *The Language of New Media.* MIT Press, Cambridge, MA, 2001.
11 Zur Bedeutung von „Widerfahrnis, Passivität und Leidenschaft" als Gegenstände der Kulturwissenschaft siehe: Kathrin Busch, Iris Därmann: „Einleitung". In: *„Pathos". Konturen eines kulturwissenschaftlichen Grundbegriffs.* Transcript, Bielefeld, 2007, S. 7–32.
12 Vorangegangene Überlegungen sind in einem gemeinsam mit Kate Chandler verfassten Beitrag erschienen. Siehe: „Screen Publics. Der Bildschirm als Wahrnehmungsmilieu der Spätmo-

tion und Kriegführung bietet sich dabei nicht allein aus dem Grund an, dass der Bildschirm seinen historischen Ursprung in der Militärtechnologie hat und spätestens seit den 1990er Jahren zur Schlüsseltechnologie der distanzierten Kriegführung geworden ist. Vielmehr ist zu fragen, inwiefern das Paradigma der militärischen Steuerung, des Befehlens und all jener Funktionen, die im Folgenden unter dem Begriff der „Operationalisierung" zusammengefasst werden, nicht nur das „tote" historische Erbe der historischen Bildschirmanwendungen bilden, sondern dem Computerbildschirm als Schnittstelle und Kontaktzone bis heute eingeschrieben sind.

Was macht dabei das Spezifische des militärischen Bildschirmgebrauchs als *Bildpraktik* aus? Was sind die diskursiven Voraussetzungen und politischen Implikationen bildschirmbasierter Militäroperationen? Wie lässt sich der militärische Gebrauch des Bildschirms, primär als Medium der Übertragung von Befehlen, historisch-epistemisch bestimmen? Welche medien- und kulturtheoretischen Diskurse, reagieren reflektierend auf die Entstehung des zeitgenössischen Screens, und wie verhalten sich diese Diskurse zueinander und zu der Situation zeitgenössischer Bildschirmmilieus? Da viele der hier aufgeworfenen Fragen zum Kerngebiet der Medientheorie zählten, sollen im Folgenden neben den einschlägigen Theoriensin auch einige der Gründungsmythen und Fixierungen dieser Disziplin kritisch reflektiert werden. Tatsächlich bildet die visuelle Oberfläche interaktiver Bildschirme den einzigen Zugang zu jenen komplexen Rechenprozessen, die heute im militärischen wie auch im zivilen Kontext die Grundlage für eine Vielzahl von Tätigkeiten darstellen: von der Kommunikation bis zur Entscheidungsfindung, Wissensgenerierung und allen anderen Handlungskontexten im Medium des Bildschirms. Diese sollen in dezidierter Abgrenzung zu den Theorien des Bildakts, die dem Bild eine Eigentätigkeit und damit einen quasi-magischen Automatismus zuschreiben, im Folgenden als Bildhandlungen beschrieben werden, wobei Bildbefehl und -gehorsam als besondere – und besonders unhinterfragte – Formen dieser Handlungen gelten können.

Bildschirme sind überall, und doch sind sie eigenartig unsichtbar. Sie scheinen umso undurchsichtiger und ungreifbarer zu werden, je mehr Zeit wir damit verbringen, sie anzuschauen. Ähnlich dem Fenster, das häufig als Bildschirm-Metapher[13] gebraucht worden ist, funktioniert der Screen gerade dann, wenn man ihn nicht sieht,

---

derne". In: Rebekka Ladewig, Angelika Seppi (Hg.): *Milieu Fragmente. Technologische und ästhetische Perspektiven.* Ilinx Kollaborationen 3, Spector Books, 2020, S. 250–261.

13 Hierzu besonders: Anne Friedberg: *The Virtual Window. From Alberti to Microsoft.* MIT Press, Cambridge, MA, 2006. Darin weist Friedberg u. a. auf Paul Virilios Beschreibung des Fernsehens als „Kathodenfenster" [„cathode window"] hin. Siehe: Friedberg, 2006, S. 186; siehe auch Bernhard Siegert: „Der Blick als Bild-Störung. Zwischen Mimesis und Mimikry". In: Claudia Blümle, Anne von der Heyden (Hg.): *Blickzähmung und Augentäuschung. Zu Jacques Lacans Bildtheorie.* Diaphanes, Berlin, 2005, S. 103–127, hier: S. 103–108.

sondern durch ihn hindurchschaut. Anders als beim Fensterglas handelt es sich aber bei dem Computerbildschirm um eine opake Oberfläche, auch wenn die Gebrauchsweisen des Bildschirms aufgrund ihrer Immersivität das Gefühl vermitteln, durch den Screen hindurch auf etwas anderes zu blicken. Ob der Touchscreen eines Mobiltelefons, der Bildschirm eines Desktop-Rechners im Büro, Bildschirmanordnungen im Kontrollzentrum eines Kraftwerks, einer Fabrik oder einer Militäroperation: Es ist ein grundsätzliches Prinzip der Funktionsweise des Bildschirms, dass seine Nutzer*innen nur die Ergebnisse von Berechnungen zu sehen bekommen, die aus der Distanz vernetzter Aktivität sowie aus den unmittelbar hinter der Bildoberfläche befindlichen Schaltkreisen an die Oberfläche des grafischen Interfaces gespült werden. Bildschirme verfügen daher über ihre eigene Proxemik und Räumlichkeit, die sich nur in Teilen mit dem Raum der Nutzer überschneidet. Grundsätzlich können etwa die *Icons*, die auf dem Bildschirm zu sehen gegeben werden und der Steuerung dienen, auch als „indexikalische Zeichen"[14] verstanden werden, die in einer zwar verifizierbaren, dabei aber ungreifbaren physischen Beziehung zu den Prozessen stehen, welche in ungeklärter Nähe und Distanz dahinter ablaufen. Zugleich bieten die bildlichen, schriftlichen und auditiven Signale des Computer-Interfaces die Verbindungsglieder komplexer sozialer Beziehungen, die nicht in der physischen Präsenz der Apparate und ihrer Infrastruktur aus Computern, Satelliten und elektronischen Impulse aufgehen. Der Bildschirm ist aber nicht nur im konventionellen Sinn eines Mediums als Mittel der Kommunikation und Verbindung zu verstehen, sondern auch als eine Technologie des Abschirmens, des Filterns und Trennens. Zentral ist dabei die Tatsache, dass die überwältigende Mehrheit der über den Bildschirm vermittelten Beziehungen von Plattformen verwaltet und bereitgestellt werden, deren eigene marktbestimmte Interessen sich keinesfalls mit den Interessen der Nutzer*innen decken. Es ist dieses komplexe Gefüge, das heutigen Bildschirm-basierten Handlungen zugrundeliegt und auch bei der Untersuchung Bildschirm-vermittelter Kriegführung Beachtung finden muss. Doch zunächst sollen einige grundsätzliche historische und theoretische Zusammenhänge geklärt werden.

---

14 [Eigene Übersetzung] Marianne van den Boomen beschreibt die auf jedem heutigen Rechner gebräuchlichen *Desktop Icons* als indexikalische Zeichen im Peirce'schen Sinn, insofern sie in materieller Weise mit dem Maschinencode in Beziehung stehen: „Sie verweisen auf existierende, physische Kausalketten, auf Prozesse, die ausgeführt werden, um ein bestimmtes Resultat zu erzielen." Marianne van den Boomen: *Transcoding the Digital. How Metaphors Matter in New Media.* Instituut voor Netwerkcultuur; null Edition, Amsterdam, 2014, S. 40.

5.1.1 Theoretische Impulse

Für die französische Bildtheoretikerin Marie-José Mondzain steht das westliche, Bildschirm-vermittelte Regime der Bilder in der Tradition einer monotheistischen christlichen Lehre, die, angefangen mit der Menschwerdung Christi als Abbild Gottes, „das Bild zum Wahrzeichen ihrer Macht und zum Instrument all ihrer Eroberungen gemacht hat."[15] Das „Dispositiv der Leinwände und Bildschirme" habe Mondzain zufolge im 20. Jahrhundert zur „Neuverteilung der Mächte des Sichtbaren und des Unsichtbaren geführt, zu neuen Gegebenheiten beim Umgang mit der Inkarnation und der Inkorporation auf dem Schirm."[16]

Was also sind diese neuen Gegebenheiten?

Mondzain hebt hervor, dass der Bildschirm nicht nur ein Instrument der Visualisierung, sondern auch ein Instrument der Un-Sichtbarmachung sei. Die ursprünglichen Bedeutungen des deutschen Worts „Schirm", wie des französischen „écran" (und, wie verschiedene andere Autoren ausgeführt haben, auch das englische Wort „screen", das sowohl den Monitor und die Projektionsfläche des Films, als auch eine räumliche Sichtbarriere beschreibt)[17] legen nahe, dass sich auf der Rückseite der Bilderzeugung eine „Abschirmung" vollzieht, die bestimmte Dinge gezielt dem Blick entzieht. Der Schirm wird so hinterfragbar als eine Oberfläche der Sichtbarkeit, die mehr verbirgt, als sie erscheinen lässt:

> Wer Schirm [écran] sagt, scheint von vornherein einen Raum der Abtrennung und sogar der Verdunkelung des Sichtbaren zu errichten. Abschirmen kann bedeuten, zu verbergen. Nun sind unsere Schirme aber die Orte, an denen die Bilder erscheinen. Der Schirm ist zugleich ein realer Raum und die Bedingung der Derealisierung dessen, was ein Regisseur [réalisateur] produziert. Man nennt in sehr rätselhafter Weise ‚realisieren', was im Theater eher als ‚Inszenierung [mise en scène] bezeichnet wird. Die ‚Bühne' [scène] auf dem Schirm hängt also mit einer seltsamen Atopie zusammen, die der Realisierung eines irrealen Raumes eigen ist. Der Schirm ist kein fiktiver Raum, sondern er ist Ort der Fiktion. Er ist die Bedingung für fiktionale Operationen.[18]

---

15 Mondzain, Können Bilder töten, 2006, S. 7.
16 Ebd., S. 34.
17 Siehe z. B.: Erkki Huhtamo: „Why Do We Need an Archaeology of the Screen?". In: *Cinema Journal*, 51(2), 2012, S. 144–148 und Erkki Huhtamo: „Screenology or Media Archaeology of the Screen". In: Monteiro, Screen Media Reader, 2017, S. 77–124.
18 Mondzain, Können Bilder töten, 2006, S. 34. Inwiefern der Bildschirm sich dabei von anderen Bildträgern unterscheidet, bleibt bei Mondzain unterbelichtet. Ohnehin interessiert sie sich weniger für technologische Genealogien, als für die Frage, was es bedeutet, wenn aus „fiktionalen Operationen" reale Konsequenzen erwachsen.

Wenn Mondzain in ihren Überlegungen ausschließlich vom Bildschirm der (zivilen) Kommunikations- und Unterhaltungsmedien ausgeht, gilt es hier, diese Prozesse in einem Kontext zu untersuchen, indem das Verhältnis zwischen Realität und „fiktionaler Operation" erheblich verkompliziert, oder vielmehr, konkretisiert wird. Diese pauschal im Bereich des Fiktionalen zu verorten, führt zu der Art von Polemik, der auch eine oberflächliche Lesart von Jean Baudrillards Simulationstheorie unterliegt, wenn dieser etwa den Golfkrieg zu einem reinen Bildschirmereignis[19] erklärte. In ähnlicher Stoßrichtung scheinen Paul Virilios Überlegungen zur *Sehmaschine* zu zielen, die viele vorausschauende Impulse und Stichworte besonders für die Analyse der militärischen Bildgebung lieferte. Letztlich enden sie indes in einer aporetischen Situation, die aus der „relativistischen Fusion/Konfusion des Faktischen (oder, wenn man will, des Operationalen) und des Virtuellen"[20] schließlich keinen Ausweg findet. Daraus ergeben sich in Bezug auf die Problemstellung dieser Arbeit folgende Fragen, die auch für das weiter gefasste Anliegen einer aktuellen Theoriebildung relevant scheinen:

Wie lässt sich der Bildschirm theoretisieren, ohne dabei *erstens* den Realitätswert bildschirmbasierten Handelns zu verkennen? Das heißt, wie können die unterschiedlichen Realitäten, die durch den Bildschirm konfiguriert werden als solche beschrieben werden, ohne dabei einerseits in ein aporetisches Simulationsparadigma zu verfallen und ohne andererseits die durchaus realen Machtstrukturen und ökonomischen Beziehungen zu verkennen, die dabei zum Vorschein kommen? Wie kann *zweitens* eine Theorie des Bildschirms die spezifische Materialität und Ästhetik des technischen Objekts anerkennen und beschreiben, ohne *drittens* die hinter dem Screen verborgen liegenden und für bildschirmbasiertes Handeln konstituierenden Prozesse außer Acht zu lassen?

Um diese Fragen zu beantworten, werde ich zunächst einige kanonische und aktuelle Theorieansätze rekapitulieren. Dabei wird erkennbar, dass sich die Thematisierung des Bildschirms schon seit den Anfängen im 20. Jahrhundert entlang der Register der Gewalt und militärischen Bedrohung vollzog. Historisch ist Bildschirm-vermitteltes Handeln nicht von den Kriegstechniken zu trennen, in denen interaktive *Screens* und Praktiken des *Screenings* zuerst zum Einsatz kamen. Diese Verbindungslinien zwischen den Wahrnehmungsmilieus der Bildschirme, den spezifischen Subjektivitäten, die sie hervorbringen und den Aufgaben der Kontrolle, die ihnen in einer historischen Situation katastrophaler Bedrohung zukommen, werden im Folgenden nachgezeichnet.

---

19 Jean Baudrillard: *La guerre du Golfe n'a pas eu lieu.* Éditions Galilée, 1991.
20 Paul Virilio: *Die Sehmaschine.* Aus dem Französischen übersetzt von Gabriele Ricke und Ronald Voullié. Merve, Berlin, 1989, S. 138.

Lev Manovich hat in *The Language of New Media*[21] eine Reihe von Unterscheidungen eingeführt, die für die Analyse zeitgenössischer Bildschirme grundlegend sind. Manovich skizziert darin das jeweilige Verhältnis von visueller Darstellung („representation") zu Simulation, Kontrolle, Handlung und Information. Für die Untersuchung der in den folgenden Teilen dieses Kapitels behandelten Prozesse der visuell vermittelten Befehlsanordnungen, ist vor allem das Konzept der *image-instruments* interessant, das Manovich zufolge jene Technologien beschreibt, die „Handlungen ermöglichen und die Nutzer dazu befähigen, die Realität mithilfe von bildlichen Darstellungen zu manipulieren".[22] Wenn diese Instrumente, wie mit Mondzain betont werden muss, am Bildschirm zwar einen „irrealen Raum" hervorbringen, in dem etwas, „inszeniert", oder „realisiert" wird, so müssen gerade diese Verschiebungen in inszenierte, virtuelle Räume als Bestandteile realer Handlungsketten genau betrachtet werden.

Manovich beginnt seine „Genealogie des Screens"[23] mit der Unterscheidung zwischen dem von ihm so bezeichneten „klassischen" und „dynamischen" Screen. Der klassische Screen ist als jene für die Moderne charakteristische Oberfläche definiert, die sowohl ein Gemälde der Renaissance nach den Kriterien Albertis, als auch das zeitgenössische Computer Display beschreibt: Eine flache, rechteckige Oberfläche, die frontal angeschaut wird und als ein „Fenster" in einen anderen Raum fungiert. Dieser Screen ist, Manovich zufolge, gekennzeichnet durch die Herstellung eines virtuellen Raums, eine *andere* dreidimensionale Welt, die von einem Rahmen eingeschlossen ist und sich innerhalb des „normalen" Raums befindet. Dieser Rahmen trennt zwei „absolut verschiedene Räume voneinander, die auf eine bestimmte Art gemeinsam existieren".[24]

---

21 Manovich, New Media, 2001.

22 „[...] representational technologies used to enable actions, that is, to allow the viewer to manipulate reality through represenations (maps, architectural drawings, x-rays, telepresence). I refer to images produced by later technologies as *image-instruments.*" Manovich, New Media, 2001, S. 17.

23 Lev Manovich: „A Screen's Genealogy". In: Ders., New Media, 2001, S. 95–103. Das englische Wort „screen" wird hier im Deutschen in Großschreibung eingeführt, da es vielfältigere Bedeutungsebenen einschließt als das deutsche Wort „Bildschirm" und etwa, neben den Funktionen des Filterns und Überwachens, auch die Bedeutungen „Projektionsfläche" und „Leinwand" (sowohl im Kino wie auch in der Malerei) miteinschließt.

24 [Eigene Übersetzung] „The visual culture of the modern period, from painting to cinema, is characterized by an intriguing phenomenon – the existence of *another* virtual space, another three-dimensional world enclosed by a frame and situated inside our normal space. The frame separates two absolutely different spaces that somehow coexist." Manovich, New Media, 2001, S. 95.

Der dynamische Screen, der als Massenphänomen zu Beginn des 20. Jahrhunderts Einzug hält, fügt diesen „klassischen" Eigenschaften eine Zeitachse hinzu. Der dynamische Screen des Kinos, Fernsehens und Videos zeigt ein „Bewegungsbild". Mit ihm entsteht, Manovich zufolge, ein neues Sichtregime der Immersion, das zwar schon vorher in den vorangegangenen Formen des Screens angelegt war, aber erst jetzt voll zum Ausdruck kommt:

> A screen's image strives for complete illusion and visual plentitude, while the viewer is asked to suspend disbelief and to identify with the image.[25]

Mit Beginn der Entwicklung von Radaranzeigen während des Zweiten Weltkriegs, die bald von den frühen Versuchen graphischer Bildschirm-Displays für Computer gefolgt wurden, sieht Manovich die Heraufkunft einer dritten paradigmatischen Form, die fortan die visuelle Kultur der Moderne dominiert: jene Technologien des Screens, die nicht mehr auf der Speicherung abgefilmter oder fotografierter Gegebenheiten beruhen, sondern die in Echtzeit – *real time* – operieren.[26] Zu diesen zählen, neben Radar und Computerbildschirm, auch das live übertragene Fernsehen, der Video-Monitor und bestimmte Arten des Instrumenten-Displays. Diese neuerliche Unterscheidung im Bildtypus ist so einschneidend wie schwer vermittelbar, da sie heute die unhinterfragte Bedingung für beinah jede Bildschirm-vermittelte Tätigkeit bildet:

> What is new about such a screen is that its image can change in real time, reflecting changes in the referent, whether the position of an object in space (radar), any alteration in visible reality (live video) or changing data in the computer's memory (computer screen).[27]

Die Identifizierung mit dem Bild, die Aussetzung der kritischen Distanz zum Bild – was Mondzain mit der Operation der Inkorporation beschreibt – kann sich im interaktiven Bewegtbild auf besonders direkte Weise vollziehen, da das Bild hier die ge-

---

25 Manovich, New Media, 2001, S. 96.
26 Jeremy Packer macht auf den Umstand aufmerksam, dass das SAGE-System in einem noch stärkeren Sinne als „Screening"-Technologie verstanden werden muss: im Sinne der Überwachung eines riesigen Luftraums anhand von computerisierten und automatisierten Technologien zur Funktion des „Herausfilterns" jeder auffälligen und potenziell gefährlichen Veränderung. Siehe: Jeremy Packer: „Screens in the Sky: SAGE, Surveillance, and the Automation of Perceptual, Mnemonic, and Epistemological Labor". In: *Social Semiotics*, 23(2), 2013, S. 173–195.
27 Manovich, New Media, 2001, S. 99. „New media have two Layers [...] the ‚cultural', whose structural organization ‚makes sense to its human users' and a ‚computer layer', whose structural organization instead ‚follows the established conventions of the computer's organization of data." Digital image: „one level is ‚representation, that ‚belongs to human culture', and which on another level is ‚a computer file' that belongs rather to the ‚computer's own cosmogony'." Manovich, New Media, 2001, S. 45, 46 zitiert nach: Hoel, Operative Images, S. 16.

samte Aufmerksamkeit der Betrachter beansprucht. Die physische Umgebung – aber auch alles andere, was außerhalb seines Rahmens liegt – wird kategorisch ausgeblendet. Wenn Mondzain diese Situation mit der Metapher der Abschirmung[28] beschreibt, so ist es für Manovich der der englischen Wortbedeutung des „Screens" nähere Begriff des „Filters",[29] der die Prozesse der Un-/Sichtbarmachung am besten beschreibt. Auch Manovich, dessen Absichten als Historiker und Theoretiker neuer (digitaler) Medien weitaus weniger kritisch ausgerichtet sind als die Mondzains, beschreibt diese Verfahren des visuellen Ausschlusses in einem Register der Gewalt:

> Rather than being a neutral medium of presenting information, the screen is aggressive. It functions to filter, to *screen out*, to take over, rendering nonexistent whatever is outside its frame.[30]

Auch in Stanley Cavells Formulierung, die die Leinwand des Kinos mit einer „Barriere" vergleicht, die „mich von der Welt abschirmt, die sie enthält – das heißt, ihre Existenz vor mir abschirmt", ist ein Moment der gewaltsamen Abtrennung des Wahrnehmbaren angelegt.[31] In ähnlicher Stoßrichtung hat Erkki Huhtamo in seinen Entwürfen zu einer „Medienarchäologie des Screens"[32] die etymologischen

---

28 Écran heißt im Französischen „Schirm", „Leinwand", „Schutzabdeckung", „Blende", aber auch „Bildschirm".

29 Merriam-Webster listet fünf Wortbedeutungen für „Screen": während die ersten beiden Varianten der räumlichen Trennung beschreiben („a protective or ornamental device (such as a movable partition) shielding an area from heat or drafts or from view"; „something that shelters, protects, or hides"), ist die dritte Wortbedeutung den Prozessen des Filterns, der Auslese und des Trennens vorbehalten: „a: a perforated plate or cylinder or a meshed wire or cloth fabric usually mounted and used to separate coarser from finer parts; b: a system for examining and separating into different groups; c: a piece of apparatus designed to prevent agencies in one part from affecting other parts (an optical *screen*); d: a frame holding a usually metallic netting used especially in a window or door to exclude pests (such as insects)". Erst die drei letzten Wortbedeutungen betreffen den Screen als Oberfläche, auf der, entweder durch Projektion oder durch elektronische Mittel, Bilder zu sehen sind. Siehe: „Screen". *Merriam-Webster Dictionary Online*, https://www.merriam-webster.com/dictionary/screen, zuletzt abgerufen am 17. August 2019.

30 Manovich, New Media, 2001, S. 96.

31 [Eigene Übersetzung] Cavell spielt in dieser Beschreibung die unterschiedlichen Wortbedeutungen des englischen Worts *Screen* aus: „The world of the moving picture is screened. [...] A screen is a barrier. What does the silver screen screen? It screens me from the world it holds – that is, screens its existence from me. [...] Its limits are not so much the edges of a given shape as they are the limitations, or capacity, of a container. The screen *is* a frame; the frame is the whole field of the screen – [...] like the frame of a loom or a house. In this sense, the screen-frame is a mold, or form." Stanley Cavell: *The World Viewed. Reflections on the Ontology of Film.* Enlarged Edition. Harvard University Press, Cambridge, MA/London, 1979, S. 24–25.

32 [Eigene Übersetzung] Erkki Huhtamo: „Screen Tests: Why Do We Need an Archaeology of the Screen?". In: *Cinema Journal*, 51/2, 2012, S. 144–148; Huhtamo, Screenology, 2017, S. 77–124.

Wurzeln zu Tage gebracht, die alle technologischen Varianten des Bildschirms oder der Leinwand (englisch *screen*) in eine gemeinsame Bedeutungslinie des „Versteckens und Zeigens" stellt – jener Techniken des *Screens* also, die gerade durch die Bereitstellung einer visuellen Oberfläche, die etwas zu sehen gibt, im selben Zug der Verschleierung, Verbergung und Verdunklung dienen.[33] Daran anschließend verlangte der Bildtheoretiker W. J. T. Mitchell in einem Essay zu „Screening Nature (and the Nature of the Screen)" nach einer „Paläontologie des Screens".[34] Trotz dieser Versuche, den zeitgenössischen Bildschirm (freilich mit dem Umweg über Foucault, der Diskurse mit Sedimentschichten vergleichbar machte) in eine Art Naturgeschichte der Medientechnik einzuschreiben, die allerdings eine evolutionäre oder gar geologische Entwicklung unterstellt, wo lediglich ähnliche Wortbedeutungen vorliegen, ist es mehr als offensichtlich, dass der Bildschirm in seiner aktuellen Form auf fundamentale Weise[35] von seinen postulierten Vorgängern, der Leinwand des Kinos oder der Mattscheibe des Fernsehens, dem Display des Radars, unterscheidet. Der erste offensichtliche Unterschied besteht darin, dass der Bildschirm des Computers – als *Interface* im wirklichen Sinn – nicht nur zur Ausgabe (visueller) Informationen dient, sondern auch, mithilfe von Tastatur, Maus, Touchscreen u. a., zur Eingabe, beziehungsweise zur Interaktion. Damit sie für den Computer verwertbar sind, müssen diese menschlichen „Inputs" erst digitalisiert werden, ein Vorgang, den Harry Collins ebenfalls mit einem „Sieb" [sieve] vergleicht:

> Machines can live with us in a world of concerted behavior, but they do not have the inductive propensities to live in our world of concerted action. When machines partake in that world their inputs first pass through a sieve of digitization. The input devices of computers (including various aspects of the program) are digitization sieves. This is obviously the case with keyboards, but any pattern-recognition or template-matching program (such as is used in voice recognition) has the same function.[36]

Wie hier gezeigt werden soll, liegt der zweite und ebenso wichtige Unterschied darin, dass sich aus den heutigen Bildschirmumgebungen der Charakter einer Umwelt ergibt: Der Bildschirm ist nicht länger nur ein optionales Medium, das betrachtet wird oder der vorübergehenden Immersion dient, sei es zur Unterhaltung, Informationsgewinnung oder Dateneingabe. Vielmehr bilden die Bildschirme heute

---

33 Ebd.

34 W. J. T. Mitchell: „Screening Nature (and the Nature of the Screen)". In: *New Review of Film and Television Studies*, 13(3), 2015, S. 231–246.

35 Wenn auch nicht, wie bei Mitchell, der Versuch einer „Fundamentalontologie des Screens" unternommen werden soll. Siehe: Mitchell, Screening Nature, 2015, S. 231.

36 H. M. Collins: *Artificial Experts. Social Knowledge and Intelligent Machines*. MIT Press, Cambridge, MA, 1990, S. 60.

global die wahrnehmungstechnische Bedingung für einen Großteil der relevanten menschlichen Aktivitäten. Damit rückt diese neue Umwelt in die Nähe klassischer Konzepte des *Milieus*, insofern vernetzte Bildschirmmilieus sowohl ein geteiltes *Medium*[37] der Wahrnehmung bilden, als auch als Lebens- und Handlungsgrundlage für eine große Menge von global vernetzten Individuen dienen. Gerade mit Blick auf diese Kapazität eines *Wahrnehmungsmilieus* wirft die geteilte Realität der Bildschirme Fragen des Zugangs und des Ausschlusses auf, die grundlegend politisch sind. In diesem Sinne beschreibt Sean Cubitt die Bildschirme von heute als „normative Technologien", als „Strukturen, in denen sich das öffentliche Leben im Besonderen ausdrückt" und re-artikuliert wird.[38] Mit „Current Screens" liefert er auch die Begrifflichkeit für zeitgenössische Bildschirme, die in der Lage ist, der Besonderheit der (scheinbar) immateriell agierenden Computation gerecht zu werden, dabei aber sowohl die Dimensionen ihrer Materialität als auch die der sie bedingenden diskursiven Zusammenhänge im Blick behält. Neben den materiellen Kehrseiten wie der Produktion von Giftmüll und der Ausbeutung natürlicher Ressourcen, werden dabei auch strukturelle Ähnlichkeiten zwischen dem Design und den Unternehmenskulturen, erkennbar, die den „current screen" hervorbringen. Als einer der wenigen Denker*innen des „Screens" der Gegenwart ist Cubitt so in der Lage, die kulturtechnischen, diskursiven, mit den umweltlichen und potenziell katastrophalen Aspekten dieser neuen Wahrnehmungsmilieus zusammenzudenken.

Dies verbindet ihn mit Günther Anders, der mit seinen Thesen zur *Antiquiertheit des Menschen* bereits versuchte, die kulturtheoretischen und -kritischen Grundlagen für eine Analyse des Fernsehens als Medium der Echtzeit-Übertragung zu legen. In der Person Günther Anders überschneiden sich schon familiengeschichtlich mehrere Hauptströmungen der Techniktheorie und politischen Philosophie des 20. Jahrhunderts: Er war einige Jahre mit Hannah Arendt verheiratet, deren Flucht in die USA er wesentlich ermöglichte, während die Rettung seines Cousins Walter Benjamin auf tragische Weise misslang.[39] Benjamins grundlegende medientheoretische Thesen können ebenfalls als Einfluss auf Anders' Technikkritik vermutet wer-

---

37 Hier im Sinne Walter Benjamins verstanden als „Art und Weise, in der die menschliche Wahrnehmung sich organisiert – das Medium, in dem sie erfolgt". Walter Benjamin: „Das Kunstwerk im Zeitalter seiner technischen Reproduzierbarkeit" (Dritte Fassung). In: Rolf Tiedemann, Hermann Schweppenhäuser (Hg.): *Walter Benjamin: Abhandlungen. Gesammelte Schriften, Band 1.2.*, Suhrkamp, Frankfurt a. M., 1991, S. 471–508, hier: S. 478 f. Oder, wie Antonio Somaini ergänzt, als „the spatially extended environment, the milieu, the atmosphere, the Umwelt in which perception occurs". Antonio Somaini: „Walter Benjamin's Media Theory: The ‚Medium' and the ‚Apparat'". *Grey Room*, 62, 2016, S. 6–41, hier: S. 7.
38 Sean Cubitt: „Current Screens". In: Monteiro, Screen Media Reader, 2017, S. 39–54.
39 Siehe dazu: Hannah Arendt, Günther Anders: *Schreib doch mal ‚hard facts' über dich. Briefe 1939 bis 1975.* Piper, München, 2018, S. 11–26.

den. Er war zudem der Sohn von William Stern, einem der führenden Psychologen der Weimarer Republik, dessen psychotechnische Versuche zur Berufsauswahl von Piloten während des Ersten Weltkriegs in dieser Arbeit bereits diskutiert wurden.[40] Seinem Vater William Stern ist auch Anders Hauptwerk über die *Antiquiertheit des Menschen* gewidmet, das, wie Anders explizit macht, auch als eine grundsätzliche Kritik an den Prinzipien des *Human Engineering* gelesen werden kann, auf die sein Vater maßgeblichen Einfluss hatte.[41] Im ersten Band der *Antiquiertheit des Menschen* finden sich zudem einige bemerkenswerte Überlegungen über die Kritik des Fernsehens als Medium der Echtzeit-Übertragung, das, zum Zeitpunkt der Veröffentlichung im Jahr 1956 noch eine neue Errungenschaft darstellte. Anders' Überlegungen können damit als einer der ersten Ansätze für eine Theorie des neuen Massenmediums gelten. Sie sind für uns heute noch aktuell, da sie wie kein anderes theoretisches Werk den Aufstieg der Bildschirmkultur und die damit verbundenen Transformationen der Sphären des Öffentlichen und Privaten mit den katastrophischen Folgen der Hochtechnologie für die umweltlichen Lebensbedingungen des Menschen verknüpfen. Anders schrieb nicht nur als jüdischer Exilant, der der faschistischen Vernichtungspolitik entgangen war und dem die Schrecken des nur wenige Jahre zurückliegenden Weltkriegs noch mehr als gegenwärtig waren. Er schrieb zudem unter dem Eindruck der „nuklearen Bedrohung": Dem aktiven Pazifisten Anders galt es als dringendste Sorge, gegen die Kluft anzukämpfen, die zwischen dem Wahrnehmungsmilieu des (Fernseh-)Bildschirms und der weiteren materiellen Umwelt lag – ein Problem, das sich mit Blick auf die anthropogenen Umweltkatastrophen der Gegenwart von Neuem aufdrängt.

Anders geht es in seiner Philosophie der Technik um nicht weniger als die Frage des Überlebens. Hiroshima und Nagasaki bilden für ihn die Ausgangspunkte eines jeden Nachdenkens über Technologie im 20. Jahrhundert. Die Entwicklung der Atombombe, die ja – wie Anders ausblendet, nur durch die Fortschritte der Computertechnik möglich gewesen war, in deren Zuge auch die ersten interaktiven Bildschirme entwickelt wurden – leitete demzufolge jenen Wendepunkt ein, ab dem es dem Menschen zum ersten Mal möglich war, durch

---

40 Siehe Kapitel 5.3 dieser Untersuchung.

41 In Anders' Widmung heißt es über Stern: „Seine Hoffnung, durch den Kampf gegen eine impersonalistische Psychologie die ‚Person' rehabilitieren zu können, hat er sich nur schwer rauben lassen. Seine persönliche Güte und der Optimismus der Zeit, der er angehörte, verhinderten ihn lange Jahre, einzusehen, daß, was die ‚Person' zur ‚Sache' mache, nicht deren wissenschaftliche Behandlung ist; sondern die faktische Behandlung des Menschen durch den Menschen. Als er von den Verächtern der Humanität über Nacht entehrt und verjagt worden war, ist ihm der Gram der besseren Einsicht in die schlechtere Welt nicht erspart worden." Günther Anders: *Die Antiquiertheit des Menschen. Band I. Über die Seele im Zeitalter der zweiten industriellen Revolution*. Verlag C. H. Beck, München, 1985, Widmung, ohne Seitenangabe.

technische Mittel „mehr herzustellen als vorstellen und verantworten zu können".[42] Das Überleben der Menschheit hängt für ihn folglich davon ab, ob es gelingt die Konsequenzen des technologisch bedingten Handelns imaginierbar zu machen. Die Massenproduktion kollektiver Imagination fiel in den 1950er Jahren aber, Anders zufolge, gerade den Bildern des Fernsehens zu. Anders erklärt die augenscheinliche „Apokalypse-Blindheit" seiner Zeitgenoss*innen daher zum einen mit der „verbiedernden" Wirkung des Fernsehens,[43] die das Nahe fern und das Ferne nah erscheinen lasse, und zum anderen mit der durch den stillen Siegeszug des *Human Engineering* (in Weiterentwicklung der Psychotechnik) erreichten Konformität der Menschen, die mehr und mehr der Gerätewelt und deren Betriebsabläufen angepasst und damit handlungsunfähig geworden seien.

> Alle Elemente des medialen Daseins haben sich verschworen, zu verhindern, daß [der Mensch] auffasse, was es mit der Bombe auf sich hat. Und so arbeitet er sich, ohne Verständnis für den Sinn des Wortes ‚Ende', hektisch zugleich und indolent, seinem Ende entgegen.[44]

Schon im Kapitel über die „prometheische Scham", womit Anders die Scham des Menschen „vor der ‚beschämend' hohen Qualität" seiner technischen Produkte beschreibt, bezeichnet er dabei die „heute herrschende Bildsucht, die ‚Ikonomanie', als „ein Schlüsselphänomen, ohne dessen Verwendung keine Theorie unseres Zeitalters möglich wäre."[45] Die „hypertrophische Bilderproduktion" des modernen Menschen habe ihren Grund darin, dass sich der Mensch in den Bildern selbst verdoppeln, „spare pieces" seiner selbst herstellen könne, was wiederum auf den Neid auf die Produkte der technischen Sphäre zurückzuführen sei, auf den unerfüllbaren Wunsch, „die Scham vor seinen ‚besseren Dingen' durch Bilder auszulöschen":[46]

> Während [der Mensch] sonst von der Serienproduktion ausgeschlossen bleibt, verwandelt er sich eben, wenn photographiert, doch in ein ‚reproduziertes Produkt'. Mindestens in effigie gewinnt auch er dadurch multiples, zuweilen sogar tausendfaches, Dasein. Und lebt er selbst auch ‚nur' als das Modell, irgendwie existiert ‚er' eben doch auch in seinen Kopien.[47]

Wenn sich diese Beschreibung aus einer vordigitalen Zeit eher in eine von Selfies und Instagram geprägte Gegenwart zu passen scheint als in die 1950er Jahre, als die tausendfache bildliche Reproduktion, wie Anders selbst einschränkend fest-

---

42 Anders, Antiquiertheit, 1985, S. VII.
43 Ebd., S. 116–128.
44 Anders, Antiquiertheit, 1985, S. 294.
45 Ebd., S. 56.
46 Ebd., S. 57–58.
47 Ebd., S. 57.

stellt, noch allein den Stars und Hollywood-Größen vorbehalten war, fällt seine Kritik des Fernsehens im Kapitel über „Die ins Haus gelieferte Welt", zeitdiagnostisch so zutreffend wie kulturpessimistisch aus: Hier ist es nicht mehr das Individuum selbst, das sich durch bildhafte Eigen-Produktion vervielfältigt, sondern es sind die „Interessen der Massenproduktion", die die serielle Produktion einer „möglichst große[n] Anzahl von Käufern" zum Ziel haben.

Zunächst formuliert Anders die grundlegende medientheoretische Feststellung, dass Technologien niemals nur „Mittel" seien, „denen ad lib. ,gute Zwecke' angehängt werden könnten", sondern selbst schon immer durch die Art ihre Einrichtung prägend auf die sie gebrauchenden Menschen wirken. Wie auch Marshall McLuhan zehn Jahre später in seinem berühmten Diktum „the medium is the message" zuspitzen wird,[48] ist es für Anders das Medium, das Inhalte ,vermittelnde' Gerät selbst, und nicht der Inhalt der übermittelten Botschaften, die sich seinen Benutzern aufprägen:

> Die Einrichtungen selbst sind Fakten; und zwar solche, die uns prägen. Und diese Tatsache, daß sie uns, gleich welchem Zwecke wir sie dienstbar machen, prägen, wird nicht dadurch, daß wir sie verbal zu Mitteln degradieren, aus der Welt geschafft.[49] [...] Was uns prägt und entprägt, was uns formt und entformt, sind eben nicht nur die durch die ,Mittel' vermittelten Gegenstände, sondern die Mittel selbst, die Geräte selbst: die nicht nur Objekte möglicher Verwendung sind, sondern durch ihre festliegende Struktur und Funktion ihre Verwendung bereits festlegen und damit auch den Stil unserer Beschäftigung und unseres Lebens, kurz: u n s.[50]

Was also ist die spezifische Art der „Prägung" die dem Fernsehen als Echtzeit-Medium eigen ist?

Zum einen ist es die Tatsache, dass die Zuschauer an den im Fernsehen übertragenen Ereignissen nicht teilnehmen, sondern nur ein Bild konsumieren. In Abgrenzung zum Kino, wo die Zuschauer zusammenkommen und kollektiv die „hergestellte Ware" konsumieren, ist es zum anderen die Vereinzelung der Konsument*innen: „Die Schmids und die Smiths konsumierten die Massenprodukte nun also en famille oder gar allein; je einsamer sie waren, um so ausgiebiger".[51] Konsum und Produktion fallen hier in eins, da die Konsument*innen der Massenprodukte zugleich (vor jedem Übertragungsgerät) zu Produzent*innen ihrer eigenen conditio werden, also, „daß sich der Konsument der Massenware durch seinen Konsum zum Mitarbeiter [...] bei der Umformung seiner selbst in einen Massenmenschen" macht.[52] Drittens ist

---

48 Siehe: Marshall McLuhan: *Understanding Media. The Extensions of Man.* MIT Press, Cambridge, MA/London, 1994 [1964], S. 7–21.
49 Anders, Antiquiertheit, 1985, S. 99.
50 Ebd., S. 100.
51 Ebd., S. 102.
52 Ebd., S. 103.

es die Funktion der Annäherung distanzierter Geschehnisse, „daß die Ereignisse – nicht nur die Nachrichten über sie – daß Fußballmatches, Gottesdienste, Atomexplosionen uns besuchen; daß der Berg zum Propheten, die Welt zum Menschen, statt er zu ihr kommt," die Anders zufolge, „die eigentlich umwälzende Leistung, die Radio und T.V. gebracht haben."[53]

Was er damit genau meint, wird im Absatz zur Synchronie von Bild und Abgebildeten klar. Anders nimmt hier die Einordnung Manovichs vorweg, wenn er schreibt, dass es sich beim Fernsehbild nicht um ein Bild im herkömmlichen Sinne handele:

> Zum Wesen des Bildes hatte es nämlich in der Geschichte des menschlichen Bildens bis heute grundsätzlich gehört, daß es zwischen diesem und dem von ihm abgebildeten Gegenstand eine, wenn auch unausdrücklich bleibende, Zeitdifferenz, ein ‚Zeitgefälle' gebe.[54]

Dieses Zeitgefälle ist in den Bildern der Television „zusammengeschrumpft", „sie treten mit den von ihnen abgebildeten Ereignissen *simultan* und *synchron* auf; sie zeigen [...] Gegenwärtiges." Zumindest theoretisch handelt es sich bei diesen Bildern für Anders also nicht um Repräsentationen der Ereignisse, sondern um „reine *Gegenwart*".[55] Allerdings, merkt er einschränkend an, handele es sich bei dieser Gegenwart um einen „Grenzfall", bei dem das Gegenwärtige ins Simultane übergehe. Denn das Wort „Gegenwart" bezeichnet einmal „eine *konkrete Gegenwart*",

> also die Situation, in der sich Mensch und Mensch, oder Mensch und Welt in tatsächlicher Tuchfühlung befinden, und einander angehend, treffend und betreffend, zur ‚Situation' zusammenwachsen [...] und dann, um die bloß formale Simultaneität anzuzeigen; also die Tatsache, daß Mensch und jedes beliebige Ereignis [...], den Weltaugenblick teilen.[56]

Das in Echtzeit übertragene Bild geht für Anders so über das „rein Bildhafte" hinaus, und wird zu einem Zwischending „zwischen Sein und Schein".[57]

Interessant an Anders' früher Theoretisierung des Echtzeit-Bildschirms ist, dass sie nicht, wie viele spätere Medientheorien, im Zeichen eines technologischen Determinismus geschrieben sind. Wie er durch seine einleitenden Worte über die Unterscheidung der „Mittel" und „Zwecke" verdeutlicht, verliert Anders bei seinen, zwar

---

53 Anders, Antiquiertheit, 1985, S. 110.
54 Ebd., S. 131.
55 Ebd., S. 132 [alle Hervorhebungen im Original].
56 Ebd., S. 133.
57 Ebd., S. 133. Siehe hierzu auch: Henning Schmidgen: „Die vielsagende Stummheit der Geräte". In: Felix Mittelberger et al. (Hg.): *Maschinensehen. Feldforschung in den Räumen bildgebender Technologien*. Spector Books, Leipzig, 2013, S. 39–49, hier: S. 48–49.

im pessimistischen Modus der Kulturkritik verfassten Überlegungen, dennoch nicht die menschlichen Interessen aus dem Blick, die in der spezifischen Gestaltung der Technologien diesen „ihre festliegende Struktur und Funktion" und ihren Nutzern bestimmte Prägungen geben. Diese sind, im Fall des Fernsehens als Massenmedium, von Wirtschaft und Wissenschaft vorgegeben – also der Massenproduktion und ihren Absatzmärkten auf der einen Seite und der „Haltung des Wissenschaftlers" auf der anderen, in dessen „vulgäres Double" sich die Fernsehkonsument*innen durch die den übertragenen Bildern eigene „Verbiederung" und „Kumpanisierung", die alles Ferne nah heranholen, verwandeln.[58]

Wie Henning Schmidgen in seiner Lektüre von Anders' Kritik des Fernsehens feststellt, erscheint die darin angelegte Bildtheorie – auch jenseits der „berühmt-berüchtigten Zuspitzungen seiner bewusst übertreibenden Philosophie"[59] – gerade für eine aktuelle Auseinandersetzung mit den Technologien der Bildgebung relevant.[60] Und tatsächlich scheint es zuweilen, als schriebe Anders bereits über das Internetzeitalter und nicht über ein mittlerweile verhältnismäßig antiquiertes Massenmedium. Die Verwischung der Grenze zwischen konkreter Gegenwart und bloßer Simultaneität hat für den Jahr 1956 schreibenden Anders den Effekt einer totalen Passivisierung der fernsehenden Massen.[61] Statt einer „Erweiterung des Gegenwartshorizonts" bewirke die Echtzeitübertragung eine Aufweichung des Horizonts seiner Zuschauer, die folglich „echte Gegenwart überhaupt nicht mehr kennen"; und selbst dem Geschehen, das sie wirklich anginge, nur noch „jenes scheinbare Interesse" entgegenbringen können, das aufzubringen sie von den ins Haus gelieferten „Scheingegenwarten" gelernt haben.[62]

Diese Einschätzung nimmt Anders zwanzig Jahre später, in seinem Vorwort zur 5. Auflage 1976 zurück: Er zeigt sich zwar von der anhaltenden Relevanz seiner Thesen zur *Antiquiertheit des Menschen* überzeugt, und steht auch weiterhin zu der Beschreibung der Wirkweise des Fernsehens als Medium der Passivisierung und der Erziehung zur „Verwechslung von Sein und Schein", wodurch sich die historischen Ereignisse – heute mehr als damals – „bereits weitgehend nach den Erfordernissen des Fernsehens" richteten und die „Welt zum Abbild der Bilder" werde. Doch in einem entscheidenden Punkt sieht er seine These widerlegt:

---

58 Anders, Antiquiertheit, 1985, S. 123.
59 Schmidgen, Stummheit der Geräte, 2013, S. 48–49.
60 Ebd., S. 49.
61 Zum Nicht-Handeln und Nicht-Eingreifen als Hauptmerkmal des Fernsehverhaltens siehe auch: Hartmut Winkler: „Nicht handeln. Versuch einer Wiederaufwertung des couch potato angesichts der Provokation des interaktiven Digitalen". In: Oliver Fahle, Lorenz Engell (Hg.): *Philosophie des Fernsehens*. Fink, München, 2006, S. 93–101.
62 Anders, Antiquiertheit, 1985, S. 134.

Denn offenbar hatte das Fernsehen – in historischer Rückschau betrachtet – nicht nur gehorsame, von Oben gesteuerte, vereinzelte Subjekte hervorgebracht, sondern auch massenhafte Widerständigkeiten bewirkt, die letztendlich zum Ende eines der langwierigsten und folgenreichsten militärischen Konflikte der zweiten Hälfte des 20. Jahrhunderts führte – des Vietnam-Kriegs:

> Unterdessen hat es sich nämlich herausgestellt, daß Fernsehbilder doch in gewissen Situationen die Wirklichkeit, deren wir sonst überhaupt nicht teilhaftig würden, ins Haus liefern und uns erschüttern und zu geschichtlich wichtigen Schritten motivieren können. Wahrgenommene Bilder sind zwar schlechter als wahrgenommene Realität, aber sie sind doch besser als nichts. Die täglich in die amerikanischen Heime kanalisierten Bilder vom vietnamesischen Kriegsschauplatz haben Millionen von Bürgern die auf die Mattscheibe starrenden Augen erst wirklich ‚geöffnet' und einen Protest ausgelöst, der sehr erheblich beigetragen hat zum Abbruch des damaligen Genozids.[63]

Die Bilder des Fernsehens hatten, nach Anders Wahrnehmung, in Bezug auf den Vietnamkrieg also durchaus eine kriegsentscheidende Wirkung gehabt.

Die Frage nach den Gründen für das Ende dieses Konflikts ist sicher komplexer, als Anders in seiner Richtigstellung adressieren kann und auch ich werde diese Frage in meinen Ausführungen nicht klären können. Zumindest aber ist es hier relevant hervorzuheben, dass sie für die medientheoretische Bewertung des Fernsehens eine wichtige Rolle spielte. Dies gilt umso mehr, als Jean Baudrillard, dessen Thesen zu *Simulation und Simulacrum* in vielerlei Hinsicht als eine Radikalisierung der Beobachtungen von Anders angesehen werden können – und dessen Beschreibungen der über Bildschirme vermittelten *Hyperrealität* noch weit pessimistischer ausfallen – zu einem vollkommen anderen Ergebnis kommt: Für Baudrillard ist die Abschirmung der Bildschirme vollkommen und bruchlos. Das Ende des Vietnam-Kriegs stellt daher für ihn auch keineswegs das Ergebnis eines massenhaften Dissenses innerhalb der amerikanischen Bevölkerung in Folge medialer Aufklärung dar, sondern im Gegenteil, die Folge der strategischen „Domestizierung sozialer Beziehungen"[64] (die Normalisierung der Beziehungen zwischen China und den USA und die Bestätigung Chinas als Wahrerin der, mit der UDSSR bereits erreichten, friedlichen Koexistenz), bei der der Krieg lediglich als Simulacrum und „Montage" fungierte.[65] Nach Baudrillards polemischer Darstellung seien

---

63 Anders, Antiquiertheit, 1985, S. VIII.
64 [Eigene Übersetzung] Baudrillard, 1983, S. 69.
65 Baudrillard, 1983, S. 66–70. Obwohl Baudrillard sich noch weitgehend im Paradigma des Fernsehens bewegt, liefert besonders sein Konzept des „Codes", den er mit Claude Shannons Begriff der Information in Verbindung bringt, einen Schlüssel für sein Verständnis der Phänomene der Simulation.

die Fernsehzuschauer, auch wenn sie zu Massendemonstrationen und Friedensbewegungen angespornt werden, niemals Akteure, sondern auch hier – wie schon im Bildprogramm der Jesuiten – stets ausgelieferte, – gehorsame – Subjekte einer „grauen Eminenz der Politik",[66] die sich hinter den Bildern verberge.

Baudrillard zufolge führt gerade die Echtzeitlichkeit der übertragenen Information zu einer Depolitisierung jeder sich über den Bildschirm formierenden Sozialität:

> [...] ‚real time' information loses itself in a completely unreal space, finally furnishing the images of pure, useless, instantaneous television where its primordial function irrupts, namely that of filling a vacuum, blocking up the screen hole through which escapes the substance of events.[67]

Der in Echtzeit auf die westlichen Fernsehbildschirme übertragene Golfkrieg kann für Baudrillard darum auch keine Massenproteste auslösen, wie Anders es noch retrospektiv den in die Wohnzimmer der amerikanischen Wähler*innen übertragenen Kriegsgräuel in Vietnam zutrauen konnte. Im „Vakuum" des Bildschirms, durch das die Substanz der Ereignisse verschwinde, korrespondiere dieser Krieg nicht mehr mit der Clausewitz'schen Formel von der „Politik mit anderen Mitteln", sondern werde zur „Abwesenheit von Politik, die mit anderen Mitteln betrieben wird".[68]

5.1.2 Kurze Geschichte des Computerbildschirms

Anders verortete in den 1950er Jahren die durch das Fernsehen ausgelösten Masseneffekte in einer Situation der Bedrohung, in der die konsumierenden Massen vor dem Bildschirm sich der Möglichkeit der durch Krieg herbeigeführten Katastrophe nicht bewusst werden konnten, da sie durch die im Überschuss vorhandenen Bilder geblendet und zu einer „Apokalypse-Blindheit" verführt worden seien. Diese Beschreibung steht in scharfem Kontrast zu den interaktiven Bildschirm-Medien, deren militärische Entwicklung in den 1940er und 50er Jahren in direkter Reaktion auf diese atomaren Bedrohungen stattfand.[69]

---

66 [Eigene Übersetzung] Baudrillard, 1983, S. 10.
67 Jean Baudrillard: „The Gulf War: Is It Really Taking Place?". In: Ders.: *The Gulf War Did Not Take Place*. Power Publications, Sidney, 1995, S. 29–60, hier: S. 31.
68 [Eigene Übersetzung] Baudrillard, 1995, S. 30.
69 Für eine so konzise sowie erhellende historische Untersuchung der Entwicklung des Computer-Screens, auf die ich mich im Folgenden berufen werde, siehe: Bernard Dionysius Geoghegan: „An Ecology of Operations: Vigilance, Radar, and the Birth of the Computer Screen". In: *Representations*, 147 (1), 2019, S. 59–95.

Abb. 1: „SAGE Sector Kontrollraum. Der Bildschirm zeigt einen Teil der US-Ostküse Cape Cod im Zentrum mit zwei aufgespürten ‚Zielen'." Quelle: Wikimedia Commons.[70]

So kamen die ersten interaktiven digitalen Computer-Displays im US-amerikanischen Luft-Abwehrsystem SAGE (Semi-Automatic Ground Environment) zum Einsatz, das in der Lage sein sollte, einen atomaren Erstschlag abzuwehren. SAGE war aus dem noch während des Zweiten Weltkriegs am Massachusetts Institute of Technology (MIT) im Auftrag der US-Navy begonnenen Whirlwind-Projekt von Jay Forrester und Robert Everett hervorgegangen, dem ersten Digitalrechner mit Echtzeit-Verarbeitung, der anhand eines Kathodenstrahlröhrenbildschirms die Ausgabe von Daten, und anhand eines sogenannten „Lightpens" die Eingabe von Daten ermöglichte. Während Whirlwind anfangs noch für den Einsatz als Flugsimulator vorgesehen war, wurde er schließlich für die Berechnung der Flugbahnen von Raketen genutzt, wie vorher schon ENIAC (Electronic Numerical Integrator and Computer)

---

70 O. V.: Wikipedia: „Semi-Automatic Ground Environment", *Wikipedia*, URL: https://de.wikipe dia.org/wiki/Semi-Automatic_Ground_Environment [abgerufen am 31. März 2021].

der als erster elektronischer Universalrechner im Sinne Alan Turings gelten kann[71] und während des Zweiten Weltkriegs in der Kalkulation ballistischer Tabellen zum Einsatz kam.

Statt eines Bildschirms verfügte ENIAC über Glühlampen und Lochkarten zur Datenein- und -ausgabe. Das SAGE-System dagegen verfügte über mehrere interaktive Bildschirmanzeigen. Es bestand zudem prinzipiell nicht aus einem Gerät und einer Nutzer*in, sondern war vielmehr von Beginn an als „Assemblage von Computern und menschlichen Bediener*innen"[72] angelegt, in der Bildschirme die Verbindungsglieder bildeten. Bernard Dionysius Geoghegan beschreibt dies folgendermaßen:

> Foremost in this production was the standard double-screened situation display (SD) console featuring an array of buttons, an interactive light gung, and an audio speaker [...]. Its main screen was a nineteen-inch circular PPI [Plan Position Indicator] joining textual characters with figurations of flight vectors and cartography. Every 2.62 seconds the screen refreshed to deliver a moment-by moment ‚graphic display of the changing air situation, with correct geographical relations between fixed points and moving targets'.[73] An additional five inch square CRT [cathode ray tube] displayed letters, numerals, and special symbols concerning matters too static, wordy, or space consuming to appear on the main screen. An array of switches on ‚wings' flanking the left and right sides of the central console enabled the interactive operations, such as switching the display between different ‚layers' of information or zooming in on particular quadrants. The interactive light gung allowed operators to label vectors onscreen as friend or foe.[74]

Die Konsolen wurden unterschiedlich gruppiert, entsprechend den ihnen zugeordneten Aufgaben. Im „Control Room" liefen alle Fäden zusammen: hier wurden Informationen auf großen Screens ausgewertet. Aus der Gesamtheit der beteiligten Bildschirmanordnungen entstand, in Geoghegans Beschreibung eine „unified screenscape", in der die Aufmerksamkeit der räumlich verteilten Akteure durch das „Flimmern des elektronischen Bildschirms verbunden war".[75] „Screening" im Sinne der Visualisierung von Daten und „Screening" im Sinne der Überwachung

---

71 Tatsächlich ist ein Militärgeheimnis dafür verantwortlich, dass der Titel des ersten elektronischen Digitalcomputers nicht dem ENIAC-Vorläufer Colossus (1943, Bletchey Park) zukam. ENIAC war zwar sehr viel größer als Colossus, aber dieser war in mancherlei Hinsicht weiter entwickelt. Siehe: Edwards, Closed World, S. 17.
72 [Eigene Übersetzung] Geoghegan, Computer Screen, 2019, S. 81.
73 Geoghegan, Computer Screen, 2019, S. 81–82, darin zitiert: *Theory of Operation of Display System for AN/FSQ-7 Combat Direction Center and AN/FSQ-8 Combat Control Central, Volume I*, 18–19.
74 Geoghegan, Computer Screen, 2019, S. 82.
75 [Eigene Übersetzung] Geoghegan, Computer Screen, 2019, S. 66.

und Auslese von Signalen fielen in der Aufgabenbeschreibung der frühen Computer-gestützten Raketenabwehrsystem zusammen.[76]

Geoghegan liefert mit seiner detaillierten Untersuchung der ersten elektronischen Bildschirmanordnungen zugleich eine fundierte Kritik an der Medientheorie Kittlers, die „elektronische Medien als geschlossene lineare Systeme" behandelte, „die die Menschen aus den Prozessen der Signalverarbeitung ausschloss".[77] Demgegenüber zeigt ein genauer Blick auf die Geschichte des Computers, dass die menschliche Wahrnehmung von Beginn an in die technologischen Rechnersysteme integriert und über das graphische Interface aktiv an der Hervorbringung der „Signale" beteiligt war. Während Kittler, trotz seines Interesses für die technische Dimension digitaler Displays[78] dem Bild jenseits der Zusammensetzung seiner Pixel keine Aufmerksamkeit schenkt, liefert Geoghegan durch seine historische Recherche auch einen Beitrag zu einem theoretischen Verständnis des Bildschirms. Hier wird der Computerbildschirm, vom Moment seiner Genese bis zur heutigen Ubiquität von interaktiven Bildschirmobeflächen, besser verständlich, insofern als „Fire-control calls our attention to a history of information processing that [...] brings human perception to bear on the composition of digital signals".[79]

Spätestens seit Beginn des 21. Jahrhunderts hat der Computerbildschirm das Fernsehen als paradigmatisches Übertragungsmedium vollständig abgelöst.[80] Damit verlieren die kritischen Positionen von Anders und Baudrillard nicht an Relevanz, aber sie werden um einige Dimensionen verkompliziert. Auf offensichtlichste Weise unterscheidet sich der zeitgenössische Bildschirm vom massenmedialen Fernsehen durch seine Interaktivität und die Steigerung der „Echtzeitlichkeit". Durch die über Bildschirme vermittelte vernetzte Computation schrumpft die Welt scheinbar zusammen, potenziell könnte beinah jeder vernetzte Mensch mit beinah jedem anderen auf der Welt ohne Zeitverzögerung kommunizieren.

---

76 Jeremy Packer beschreibt diese Zielsetzung des Screens grundsätzlich als „to separate desirable from undesirable elements, determining what can and should enter or leave." Packer, *Screens in the Sky*, 2013, S. 174.

77 [Eigene Übersetzung] Geoghegan, *Computer Screen*, 2019, S. 62.

78 Siehe: Friedrich Kittler: „Computergraphik. Eine halbtechnische Einführung". In: Sabine Flach, Christoph Tholen (Hg.): *Mimetische Differenzen. Der Spielraum der Medien zwischen Abbildung und Nachbildung*. Kassel University Press, Kassel, 2002, S. 221–240.

79 Geoghegan, *Computer Screen*, 2019, S. 63.

80 Einem Bericht der International Telecommunications Union (ITU) zufolge hatten im Jahr 2016 43 Prozent der Weltbevölkerung Zugang zum Internet. Dabei war die Schere nach wie vor groß etwa zwischen ökonomisch stabilen Ländern Europas (79,1%) und den sogenannten Entwicklungsländern Afrikas (25,1%). Siehe: Adam Taylor: „47 percent of the world's population now use the Internet, study says". *The Washington Post*, 22. November, 2016.

Am Bildschirm des Computers wird nicht mehr nur konsumiert, was ein „réalisateur" als Programm bestimmt hat, vielmehr wird der Bildschirm prinzipiell zu einem Medium für Handlungen und Transaktionen, zum „Ort" kollektiver Teilhabe, einschließlich der Formierungen einer neuen Art von Öffentlichkeit sowie deren Ausschlüsse. Nicht zuletzt wird am Bildschirm, wie im hier folgenden Unterkapitel beschrieben wird, auch Krieg geführt – in den Bildschirmumgebungen der militärischen Kontrollstationen des 21. Jahrhunderts schließt sich der Kreis zur historischen Geburtsstunde des Bildschirms als Bestandteil der technologisch avancierten Späh- und Waffensysteme des Zweiten Weltkriegs. Die massiven kulturellen und gesellschaftlichen Transformationen, die mit der Heraufkunft der unscharf als „digitales Zeitalter" bestimmten Ära der Computation einhergehen, sind bereits aus vielerlei Perspektiven bestimmt und beleuchtet worden. Die kulturtheoretische und -historische Aufarbeitung dieser Prozesse ist dabei aber kein abgeschlossenes Projekt.

5.2 *Man in the Loop*. Technologische und rhetorische Figuren der Entfernung des Menschen

Seit Beginn der militärischen Fliegerei stellt das Flugzeugcockpit einen Präzedenzfall für die Probleme der Steuerung und Kontrolle im Verbund von Menschen und hochtechnologischen Systemen dar.[81] Die Einführung automatisch steuernder Computersysteme (Expert Systems) fungierte dabei als Wegmarke in einer Entwicklungslinie stetig komplexer werdender Steuerungsumgebungen, in der die visuelle Schnittstelle der Bildschirmanzeigen für die Orientierung, Entscheidungsfähigkeit und Übermittlung von Befehlen in nahezu allen militärischen Kontexten zentral wurde. Im Folgenden soll die Funktion von Bildmedien im Kontext der Computergestützten Kriegführung beleuchtet werden. Besonderes Augenmerk gilt dabei den Reibungspunkten und Konflikten zwischen den Vorstellungen der handlungsanleitenden und -ausführenden Akteure, den Fragen der Handlungsmacht und den spezifischen Diskursen und Kontexten, die diese befähigen. Handlungsmacht schließt in der Kriegführung grundsätzlich Entscheidungsprozesse und Befehlshierarchien mit ein, die in der Ausführung eines Tötungsbefehls kulminieren. Wie diese Art der Handlungsmacht in den sogenannten „technologisch-menschlichen Verbünden" verteilt ist, ist im Kontext distanzierter Kriegführung nicht nur eine Frage medien- und kulturtheoretischen Interesses, sondern eine Frage politischer Verantwortlich-

---

81 Siehe dazu: Kapitel 4.6 und 5.1 dieser Untersuchung.

keit.[82] Welche Rolle die Visualität der Bildschirmumgebungen bei der Vermittlung von Befehlen und der Entscheidung zu töten spielt, ist Gegenstand des folgenden Kapitels.

Computer-gestützte, teilautomatische Waffentechnologien wie Drohnen ermöglichen heute Militärinterventionen, bei denen eine große räumliche Distanz zwischen den steuernden und befehlenden Militärangehörigen und dem eigentlichen Schauplatz ihrer Handlungen vorausgesetzt werden kann. In Bezug auf geographische und juridische Hindernisse werden solche Interventionen mehr und mehr „entgrenzt", wie eine Reihe von Autor*innen gezeigt haben.[83] Es ist dabei nur eines der Paradoxe ferngesteuerter Kampfhandlungen, dass der Erfahrungshorizont der unmittelbar Verantwortlichen strikt auf das Nahfeld eines Computer-gestützten, technologisch-vermittelten geschlossenen Systems reduziert ist, während die fatalen Wirkungen der solchermaßen ausgeführten Handlungen in weite Ferne rücken. Zudem geht die räumliche Distanz aber auch einher mit einer „virtuellen Nähe", denn die Drohnen-Crews verfolgen ihre Ziele häufig über größere Zeiträume ohne Unterbrechung und sind zum Teil vertraut mit den intimsten Angewohnheiten und Lebensrhythmen der anvisierten Menschen:

> So entsteht eine einseitige, aber geradezu intime soziale Beziehung. Und wenn sie die Hellfires abgefeuert haben, sehen sie aus ebenso großer Nähe, was diese anrichten: Tod und Zerstörung in einem Umkreis von mindestens fünfzehn Metern. Anders als Bomberpiloten, die nach einem Abwurf weiterfliegen und den Schrecken, den sie bringen, niemals zu Gesicht bekommen, bleibt das elektronische Auge nach dem Treffer weiterhin auf den Punkt gerichtet, an dem das Opfer vernichtet wurde.[84]

Das psychische Trauma, mit dem die Drohnen-Crews zum Teil zu kämpfen haben, gehört zu den bekannten Formeln in der kritischen Betrachtung des

---

82 Dieses Unterkapitel geht zum Teil auf Überlegungen zurück, die erstmals in einem Beitrag zu einem Konferenzpanel zum Thema „Participation and the Claims of Community" während der Konferenz *Reclaiming Participation. Technology, Mediation & Collectivity*, Zurich University of the Arts, 7.-9. Mai 2014 vorgestellt wurden. Siehe auch: Nina Franz: „,Man in the Loop'. The Language of Participation and the New Technologies of War". In: Mathias Denecke, Anne Ganzert, Isabell Otto, Robert Stock (Hg.): *ReClaiming Participation*. Transcript, Bielefeld, 2016, S. 133–144.
83 So zum Beispiel: Derek Gregory: „The Everywhere War". In: *The Geographical Journal*, 177, 3, 2011, S. 238–250; Caroline Holmqvist-Jonsäter: „War as Perpetual Policing". In: Caroline Holmqvist-Jonsäter, Christopher Coker (Hg.): *The Character of War in the 21st Century*. London/New York, 2010, S. 103–118. Siehe dazu ausführlich: Kapitel 3.3.2 dieser Untersuchung.
84 Ulrich Bröckling: „Drohnen und Helden". In: Achim Aurnhammer, Ulrich Bröckling (Hg.): *Vom Weihegefäß zur Drohne. Kulturen des Heroischen und ihre Objekte*. Ergon Verlag, Würzburg, 2016, S. 291–302, hier: S. 294.

US-amerikanischen Drohnenkriegs.[85] Dabei bergen die größtenteils automatisch ablaufenden Steuerungsprozesse das Versprechen, die notorisch unüberschaubaren und chaotischen Vorgänge der Kriegführung in einen reibungslosen, hochpräzisen technologischen Ablauf zu überführen.[86] Hinter den technischen Vokabeln des Funktionierens, der Effizienz und der reibungslosen Steuerung verbergen sich, wie hier argumentiert wird, die Mechanismen der militärischen Gehorsamsproduktion im Zeitalter der Automation.

Abb. 2: Omer Fast: *5,000 Feet is the Best* [Film-Still]
GER/USA 2011, 30 min.

---

85 So zum Beispiel in: Peter M. Asaro: „The Labor of Surveillance and Bureaucratized Killing. New Subjectivities of Military Drone Operators". In: *Social Semiotics* 23.2, 2013, S. 196–224. Einen wichtigen Beitrag zu diesem Diskurs, auf den sich u. a. auch Asaro bezieht, lieferte Omer Fast mit seiner Videoarbeit *5.000 Feet is the Best*, die u. a. im Rahmen der Venedig Biennale 2011 gezeigt wurde. Fast kombiniert darin fiktionale mit dokumentarischen Elementen eines Interviews mit einem ehemaligen Drohnenpiloten. Siehe auch den Ausstellungskatalog, in dem die Dialoge vollständig abgedruckt sind: Omer Fast, Milena Hoegsberg, Melanie O'Brian (Hg.): *Omer Fast: 5,000 Feet is the Best*. Sternberg Press, Berlin, 2012. Siehe auch: Sarah McCammon: „The Warfare May Be Remote, But The Trauma Is Real". *NPR All Things Considered*, 24. April 2017. ULR: https://www.npr.org/2017/04/24/525413427/for-drone-pilots-warfare-may-be-remote-but-the-trauma-is-real [abgerufen am 20. Januar 2021].
86 Dazu: James Der Derian: *Virtuous War. Mapping the Military-Industrial-Media-Entertainment-Network*. Routledge, Burlington, 2009.

Mit der Bezeichnung des *human in the loop* beschreibt der militärisch-technische Jargon die Idee eines menschlichen Akteurs, dessen Status in technologischen Entscheidungsprozessen zunehmend in Frage gestellt wird. Ausgehend von der grundsätzlichen Frage, wie es möglich ist, Menschen das Töten zu befehlen, werden diese technologischen und rhetorischen Figuren der *Entfernung* des Menschen im folgenden Kapitel zunächst vor dem Hintergrund eines im Wandel begriffenen Verständnisses militärischer Gemeinschaft diskutiert (5.2). Das Problem des Krisenhaften und Widerständigen, das der Befehl zu Töten in militärischen Zusammenhängen von jeher darstellt, wird im hochtechnologischen Krieg durch die notorische Fehleranfälligkeit des Menschen – als Störfaktor im funktionierenden technischen System – charakterisiert. Es wird in den Kontrollstationen der Bildschirm-geführten Drohnenkriege mehr und mehr in den Verantwortungsbereich der Gestaltung von Interfaces verschoben. Der Konstruktion eines Sehfelds kommt dabei eine Schlüsselfunktion zu, wie in Abschnitt (5.3) zu zeigen ist. Abschließend werden die in diesem Zusammenhang beschriebenen Probleme der Bildschirm-vermittelten Operationalisierung menschlicher Wahrnehmung im Kontext der Automation von Kriegshandlungen vor dem Hintergrund des Problems der destruktiven Arbeit diskutiert (5.4).

5.2.1 Gemeinschaften des Tötens

Das Narrativ einer im Kampf zusammengeschweißten Gemeinschaft, verbunden durch die Bereitschaft, gemeinsam zu töten und zu sterben, ist von jeher einer der wichtigsten Ermöglichungsbedingungen organisierter Kriegführung.[87] Domenico Losurdo hat zudem gezeigt, wie die kulturell tief verwurzelte Ideologie einer kriegerischen deutschen Gemeinschaft als „Blutsgemeinschaft" an der Front nicht nur als gesellschaftliche Triebfeder zweier Weltkriege fungierte, sondern auch das Denken einer ganzen Generation deutscher Intellektueller durchzog.[88] So konnte selbst ein nüchterner Soziologe wie Max Weber noch 1916 formulieren, die „Gemeinschaft des im Felde stehenden Heeres" fühle sich „heute [...] als eine Gemeinschaft bis zum Tode: die größte ihrer Art".[89] Der Nationalsozialismus ließ diese Kriegsgemeinschaft wieder aufleben, perfektionierte und totalisierte sie. Mi-

---

[87] Siehe: Dave Grossman: *On Killing. The Psychological Cost of Learning to Kill in War and Society.* Back Bay Books, New York, 2009 [1996].

[88] Domenico Losurdo: *Die Gemeinschaft, der Tod, das Abendland. Heidegger und die Kriegsideologie.* Aus dem Italienischen von Erdmuthe Brielmayer. Metzler, Stuttgart/Weimar, 1995 [ital. Originalausgabe 1991].

[89] Max Weber: *Religionssoziologie*, 1916, S. 548, zitiert nach Losurdo, Kriegsideologie, 1995, S. 18.

chel Foucault kontastiert, dass „das Risiko zu sterben, die Auslieferung an die totale Zerstörung", und die universelle Auslieferung der gesamten Bevölkerung an den Tod, „zu den grundlegenden Pflichten des Nazigehorsams" gehörte.[90]

Martin Heideggers berüchtigte Rektoratsrede von 1933 beschwor Wehrdienst und Volksgemeinschaft als studentische Tugenden, während seine fundamentalontologische Idee eines „Seins zum Tode" im Sinne der faschistischen Frontgemeinschaft umgedeutet werden konnte. Der Kriegsdienst im Ersten Weltkrieg lieferte Heidegger, wie Iris Därmann kommentiert, den „Sinnhorizont ‚deutscher Arbeit'", der gemäß der nationalsozialistischen Ideologie einer deutschen Volksgemeinschaft als Dienstgemeinschaft „dem christlichen, marxistischen und arbeitsrechtlich-ökonomischen Deutungsrahmen" entgegensetzt wurde.[91]

Auch jenseits der nationalsozialistischen und faschistischen Mobilmachung mag das Versprechen, Teil einer Schicksals- und Gefahrengemeinschaft zu werden, die Entscheidung junger Rekrut*innen für den Dienst an der Waffe befördern. Doch die „zero-death" Strategie[92] eines „sauberen" technologisch hochgerüsteten Kriegs, die seit einigen Jahren auch unter dem Begriff der „postheroischen Kriegführung"[93] diskutiert wird, stellt das Selbstverständnis einer militärischen Gemeinschaft in Frage, die nicht nur zu töten, sondern ihr eigenes Leben zu gefährden bereit ist. Die *Entfernung* (sowohl als Distanzierung als auch als Nicht-Anwesenheit verstanden) eines „menschlichen Faktor" aus den Gefahrenzonen des Kriegsschauplatzes, der *Verlust menschlicher Verluste*, macht die Asymmetrie zeitgenössischer Kriegführung besonders offenbar.[94] Schon in seiner unter dem Titel *Der Geist des Terrorismus* veröffentlichten Reaktion auf die Anschläge des 11. Septembers 2001 notierte Jean Baudrillard scharfzüngig, dass die Terrorakte für die hochgerüsteten westlichen Gesellschaften „sowohl der maßlose Spiegel ihrer eigenen Gewalt" seien

---

90 Foucault: *In Verteidigung der Gesellschaft*, 2001, S. 301.

91 Iris Därmann: „Dienstgemeinschaft und ‚Arbeitsstaat'. ‚Destruktive Arbeit' und finale Dienste bei Martin Heidegger und Ernst Jünger". In: Dies.: *Undienlichkeit. Gewaltgeschichte und politische Philosophie*. Matthes und Seitz, Berlin, 2020, S. 234–262, hier: S. 240.

92 Siehe: Jean Baudrillard: *The Spirit of Terrorism*. Aus dem Französischen übersetzt von Chris Turner. Verso, London, 2003 [französisches Original 2002], S. 21.

93 Siehe: Ulrich Bröckling: „,Bloß keine Leichensäcke!' Eine Hantologie postheroischer Kriegführung". In: Cornelia Brink, Nicole Falkenhayner, Ralf von den Hoff (Hg.): *Helden müssen sterben. Von Sinn und Fragwürdigkeit des heroischen Todes*. Ergon Verlag, Freiburg, 2019, S. 247–258; Herfried Münkler: „Die postheroische Gesellschaft und das Kriegerethos". In: Ders.: *Kriegssplitter. Die Evolution der Gewalt im 20. und 21. Jahrhundert*. Rowohlt, Berlin, 2015, S. 143–255.

94 Einen ernst zu nehmenden Einwand dagegen bietet: Kristian Frisk: „Post-Heroic Warfare Revisited: Meaning and Legitimation of Military Losses". *Sociology*, 52(5), 2018, S. 898–914.

Abb. 3: „Der Führer befiehlt: Glauben, gehorchen und kämpfen". Wochenspruch der NSDAP, Reichspropagandaleitung, Folge 52, 22.-29. Dezember 1940.

„als auch das Modell einer symbolischen Gewalt, die ihnen selbst untersagt", „der einzigen Gewalt, die sie selbst nicht ausüben können: die des eigenen Todes".[95]

Für den Politologen Herfried Münkler besteht gerade im Selbstopfer einer kleinen Gruppe für das Ziel der Rettung der großen Gruppe das zentrale Merkmal des Heroischen. Aufgrund von kulturellen und demographischen Transformationen zeichneten sich moderne, westliche Gesellschaften dadurch aus, dass der Idee des heroischen Selbstopfers im Krieg die kulturelle (oder religiöse) Legitimierung entzogen werde. Vom „Opfer" sei in diesen Gesellschaften nicht mehr als „sacrificium", sondern nur mehr als „victima" die Rede.[96] Für Münkler ist es darum kein Zufall, dass ausgerechnet die Drohne zur *weapon of choice* der postheroischen Gesellschaften geworden sei, da mit ihr, mehr noch als mit anderen Formen der distanzierten Kriegführung, das Versprechen verbunden ist, die Zahl der Opfer auf der „eigenen" Seite zu minimieren. „Projecting power without projecting vulnerability"[97] lautet dementsprechend die Formel, mit der Lt. General David Deptula, einer der federführenden Strategen hinter den US-amerikanischen Invasionen im Irak und in Afghanistan, für den Einsatz militärischer Drohnen warb. Durch dieses Prinzip ist eine der Grundvoraussetzungen für das Erlebnis von Gemeinschaft im Krieg – die Gefährdung des eigenen Lebens für die größere Sache, sowie die gemeinsame Erfahrung der eigenen Verletzbarkeit – außer Kraft gesetzt.

Kann unter der Bedingung distanzierter Kriegführung das Erlebnis der Gemeinschaft im Krieg noch immer als einer der Gründe gelten, warum Menschen in der Lage sind, ihre Tötungshemmung zu überwinden? In seiner berühmten Studie *On Killing* beschreibt der Militärpsychologe David A. Grossman drei Faktoren, die bei der Aufhebung der Tötungshemmung eine entscheidende Rolle spielen: Erstens, die Verantwortung den „Kameraden" gegenüber, die mehr Druck erzeugt als der Schutz des eigenen Lebens, dazu zweitens, die gegenseitige Überwachung in der Gruppe, die es dem oder der Einzelnen nicht erlaubt, sich dem Tötungsbefehl zu entziehen und drittens, das, was Grossman als *Gruppen-Absolution* bezeichnet und die Abwälzung der Verantwortung für das Töten vom Individuum auf die Gruppe beschreibt. Waffen, die von mehreren Personen gemeinsam gesteuert werden (*crew-served*

---

95 „Terrorakte sind sowohl der maßlose Spiegel seiner eigenen Gewalt als auch das Modell einer symbolischen Gewalt, die ihm selbst untersagt ist, der einzigen Gewalt, die es selbst nicht ausüben kann: die des eigenen Todes." Siehe: Jean Baudrillard: *Der Geist des Terrorismus*. Aus dem Französischen von Michaela Ott. Wien, Passagen, 2002, S. 23.
96 Herfried Münkler: „Neue Kampfsysteme und die Ethik des Krieges". In: *High-Tech-Kriege*. Heinrich Böll Stiftung, Schriften zur Demokratie Band 36, Berlin, 2013, S. 9–14, hier: S. 13.
97 Lt. Gen Dave Deptula Deputy Chief of Staff, Intelligence, Surveillance and Reconnaissance: „What Do UAS Bring to Operations?" In: Ders.: *Air Force Unmanned Aerial System (UAS) Flight Plan 2009–2047* [Präsentation], S. 4.

weapons), machen sich diesen Effekt direkt zunutze und erzielen so eine sehr viel höhere Schuss-Rate, als Waffen, die eine Einzelperson bedient.[98] So fand Grossman in seiner berühmten Untersuchung über Schieß(un)willigkeit von Soldat*innen heraus, dass während des Zweiten Weltkriegs nur 20% der Einzelschützen überhaupt in der Lage waren zu feuern, während das bei 100% der von mehreren Personen gesteuerten Waffen (*crew-served weapons*) der Fall war. Der Effekt der Gruppen-Absolution wird noch verstärkt durch die „Anonymität des Mobs",[99] jene „seltsame und wirkmächtige Interaktion von Verantwortlichkeit und Anonymität", die größeren Gruppen auszeichnet:

> Among groups in combat, this accountability (to one's friends) and anonymity (to reduce one's sense of personal responsibility for killing) combine to play a significant role in enabling killing.[100]

Die (soziale und physische) Distanz zum Gegner sei, so Grossman, der andere wichtige Faktor zur Aufhebung der Tötungshemmung. So gäbe es, entgegen der Erzählungen über Kriegstraumata der Bomberpiloten von Nagasaki und Hiroshima, keinen Nachweis einer psychologischen Schädigung bei *Long Range*-Waffen und ebenso keinen Beleg über eine Weigerung zu Feuern. In Zeiten moderner Kriegführung im späten 20. Jahrhundert spiele zudem eine bildtechnisch vermittelte, neue Form der psychologischen Entfernung eine zunehmend wichtige Rolle, die Grossman als „mechanische Distanz"[101] bezeichnet. Seit praktisch alle Soldat*innen über Nachtsicht- und Wärmebildgeräte verfügen, die es ermöglichten, menschliche Ziele unabhängig von Regen, Nebel, Rauch und Dunkelheit anhand ihrer Wärme-Signatur wahrzunehmen, würden menschliche Feinde auf einen „inhuman green blob"[102] reduziert.

Zweifellos werden diese Faktoren – sowohl die der Gruppenerfahrung als auch der der Wahrnehmungsdistanz – durch die Sensortechnik der Drohnen-cockpits sowohl verstärkt als auch verkompliziert. Zum einen ist es den Drone Operators möglich, über hochauflösende Kameras sehr präzise und wirklichkeitsgetreu, wie aus nächster Nähe, die Folgen der durch sie bewirkten Raketeneinschläge zu begutachten. Aus der mechanischen Distanz wird hier eine virtuelle Intimität. Statt den Schwerpunkt auf die Distanzierung zu legen, wäre es daher richtiger von einer neuen *Proxemik* des Tötens zu sprechen, die die geopolitische und geographische Dimension auf neuartige Weise mit dem persönlichen Wahr-

---

98 Grossman, On Killing, 2009, S. 152.
99 [Eigene Übersetzung] Ebd., S. 154.
100 Ebd., S. 152.
101 Ebd., S. 169.
102 Ebd., S. 170.

nehmungsraum der militärischen Akteure kurzschließt. So seien die Augen der Soldat*innen, wie der ehemalige Drohnenpilot Matt Martin in seinem Erfahrungsbericht schildert, im Moment der Tötungsentscheidung „18 inches" vom Bildschirm und damit vom Wahrnehmungsraum ihres Handelns entfernt, während sie zugleich „auf der anderen Seite des Erdballs"[103] agierten und sich, durch die immersive Erfahrung zugleich ein bis zwei Kilometer über dem Zielort, in dem unbemannten Cockpit der Drohne befänden.

5.2.2 Distanzierungstechniken

Die Geschichte der Kriegstechnologien kann immer schon auch als eine Geschichte der Distanzierungstechniken gelten – angefangen bei Pfeil-und-Bogenwaffen, primitiven Schleudern und Wurfgeschossen, die Entfernung zum Gegner aufbauten, über die (Wieder-)Einführung der Armbrust auf den Schlachtfeldern Europas im 11. Jahrhundert[104] – rief jede technologische Distanzierung der Waffen ähnliche ethische Fragen auf den Plan wie dies bei der Drohnentechnologie Mitte der 2010er Jahre zu beobachten war. Wenn schon das Zeitalter der industriellen Kriegführung für manche Gewalt-Nostalgiker die Reduzierung des einstmals heroischen Kämpfers auf einen Maschinenbediener und Technokraten bedeutete, machten die Fortschritte in der Computertechnik seit dem Zweiten Weltkrieg das einstige Phantasma einer automatisierten Kriegsmaschine, in der Menschen keine zentrale Rolle mehr spielen, immer realistischer. Zudem können menschliche „Kämpfer" – ob in Gruppen oder allein – gegen die schier unvorstellbare Zerstörungskraft eines entfesselten Atomkriegs praktisch nichts mehr ausrichten. Stattdessen wurden menschliche Akteure, wie Paul Edwards gezeigt hat, im Diskurs des Kalten Kriegs zu operationalen Bestandteilen der „geschlossenen Welt" komplexer technologischer Systeme.[105] Das soldatische Ethos eines heroischen Subjekts sowie die damit einhergehende Vorstel-

---

103 Matt Martin, Charles Sasser: *Predator. The Remote-Control Air War Over Iraq and Afghanistan: A Pilot's Story*. Zenith Press, Minneapolis, 2010, S. 34.

104 Tatsächlich war der Einsatz dieser „unfairen Waffe" gegen „Christen und Gläubige" durch das Zweite Laterankonzil von 1139 verboten, obwohl er gegen „Heiden" erlaubt und sogar unterstützt wurde. Siehe: Martin van Creveld: *Technology and War*. Brassey's, London, 1991, S. 71, siehe auch: Rebekka Ladewig: „Über die Geschicke des Pfeils". In: Jörg Ahrens, Stephan Braese (Hg.): *Im Zauber der Zeichen. Beiträge zur Kulturgeschichte des Mediums*. Vorwerk 8, Berlin, 2007, S. 1–30, hier: S. 26.

105 Siehe: Paul N. Edwards: *The Closed World. Computers and the Politics of Discourse in Cold War America*. MIT Press, Boston, 1996.

lung einer Gemeinschaft des Kampfes wurde mit dieser neuen Realität des Kriegs obsolet.[106] Im Selbstverständnis eines in stetigem technologischen Wandel begriffenen Militärs kehren sie jedoch in transformierter Form wieder: So lässt sich, wie im Folgenden ausgeführt wird, eine Neukonzeptionalisierung von Gemeinschaft unter Bedingung der Hochtechnologie in den Strategiepapieren des US-Militärs und in den Sprachfiguren des *human factors* nachzeichnen.

Das Zeitalter der elektronischen Kriegführung begann mit der Entwicklung Computer-gestützter Fernlenkwaffen und selbststeuernder Raketen, die als Vorläufer der heutigen ferngesteuerten und robotischen bewaffneten Drohnen gelten können.[107] Die Ursprünge der Computerisierung oder „Kybernetisierung"[108] der Militärtechnologie liegen in den britischen und US-amerikanischen Kriegsanstrengungen der 1940er Jahre.[109] Auf der Seite des deutschen NS-Regimes lieferte Konrad Zuses im Jahr 1942 entwickelte Rechenmaschine Z3 – die als erster vollautomatischer, programmgesteuerter und frei programmierbarer Computer gilt – die Grundlage für die Spezialrechenmaschine S1 und S2, die der Berechnung der Flügelkonstruktion der vom deutschen Rüstungskonzern Henschel konstruierten ferngelenkte Gleitbombe dienten.[110] Zuses Durchbrüche fanden im Geheimen statt und verliefen völlig unabhängig von den zeitgleich stattfindenden Innovationen auf alliierter Seite, verkörpert durch solche Figuren wie Alan Turin, Norbert Wiener oder Vannevar Bush. Turings kryptoanalytische Erfolge bei der Entzifferung des Enigma-Codes im britischen Bletchley Park trugen maßgeblich zur Entwicklung des ersten elektronischen Digitalcomputers ENIAC bei, für den Vannevar Bush, der Erfinder des Rockefeller Differential Analyzer von 1942, in den USA die Infrastruktur lieferte. Claude Shannons Informationstheorie ging ebenfalls auf dessen eigene kryptographische Forschung während des Weltkriegs zurück. Und Wieners Arbeiten zur Flugbahnberechnung von Geschossen inspirierten

---

106 Ulrich Bröckling: *Disziplin. Soziologie und Geschichte militärischer Gehorsamsproduktion.* Fink, München, 1997, S. 290–328

107 Van Creveld, Technology and War, 1991, S. 268; Grégoire Chamayou: *A Theory of the Drone.* Aus dem Französischen von Janet Lloyd. The New Press, New York, 2015, S. 27.

108 Siehe: Erich Hörl, Michael Hagner: „Überlegungen zur kybernetischen Transformation des Humanen". In: Dies. (Hg.): *Die Transformation des Humanen. Beiträge zur Kulturgeschichte der Kybernetik.* Suhrkamp, Frankfurt a. M., 2008, S. 7–37.

109 Die Versuche, digitale Computertechnologie zu entwickeln, wurden fast ausschließlich vom Militär finanziert. Paul N. Edwards hat gezeigt, dass diese enge Verquickung von früher Forschung und militärischen Interessen die politischen Geschicke der Wissenschaftler*innen und Ingenieur*innen nach dem Krieg bestimmte. Siehe Edwards, Closed World, 1996.

110 Deutsches Technikmuseum: „Der erste Computer". *Deutsches Technikmuseum* [offizielle Webseite]. URL: https://technikmuseum.berlin/ausstellungen/dauerausstellungen/informatik/ [abgerufen am 11. Februar 2021].

nicht zuletzt dessen grundlegende Theorie der Kybernetik.[111] Diese Theorie verursachte in der Nachkriegszeit, wie Erich Hörl und Michael Hagner in ihren Überlegungen zur Kulturgeschichte der Kybernetik feststellen, „Verschiebungen zwischen den menschlichen und den technologischen Bedingungen" und veränderte die „Selbstwahrnehmung und die Referenzpunkte des menschlichen Selbstverständnisses [...], indem technisch-mathematische Grundberiffe wie Steuerung, Kontrolle, Information und System auf die humane Welt angewendet wurden und diese zu restrukturieren begannen".[112] Als „vierte Kränkung der Menschheit", nach Kopernikus, Darwin und Freud, kann die Kybernetik den Autoren zufolge verstanden werden, da diese „das Denken nicht mehr als ausschließlich dem Menschen vorbehalten betrachtet". Auch Foucaults „Rede vom Tod des Menschen, verstanden als Verenden eines metaphysischen Großbegriffs"[113] sei letztlich auf die Kybernetik zurückzuführen – so wie auch alle anderen, sehr unterschiedlichen philosophischen Strömungen des sogenannten *Posthumanismus* auf die eine oder andere Art davon beeinflusst wurden.

Der „menschliche Faktor" geriet infolge dieser durch Computertechnik und kybernetische Theorie verursachten Verschiebung in zweifacher Hinsicht in ein Verhältnis der Distanz zu den technischen Prozessen: Einerseits wurde die reale räumliche Distanzierung menschlicher Akteure durch die gesteigerte Reichweite Computer-gestützter Kommunikationstechnologien und Fernsteuerung zur neuen Normalität. Andererseits fand eine Distanzierung im übertragenen Sinne statt, indem mehr und mehr Entscheidungsgewalt und analytische Fähigkeiten an die Maschinen übergeben wurde, der Mensch sich also auch auf kognitiver Ebene von den im Inneren der Computer und automatisierten Sensoren ablaufenden Handlungen zunehmend entfernte. Friedrich Kittler zog daraus bekanntlich die Konsequenz, der Computer (und nicht Menschen) habe den Zweiten Weltkrieg gewonnen,[114] wobei auch Kittler, wie einzuwenden wäre, einen beträchtlichen Teil seiner Aufmerksamkeit durchaus auf die menschlichen Entwickler und Programmierer dieser „heroischen" Technologien richtete. Tatsächlich dominierte während der Zeit des atomaren Wettrüstens im Kalten Krieg ein Paradigma, das Kampfhandlungen weitgehend zu einem Problem der Computer-gestützten Ab-

---

111 Norbert Wiener: *Cybernetics or Control and Communication in the Animal and the Machine.* MIT Press, Cambridge, MA, 1948.

112 Hagner, Hörl, Kybernetische Transformation 2008, S. 11.

113 Ebd., S. 10.

114 Schon der Titel des Aufsatzes bringt den inhärenten Widerspruch dieser Aussage zum Ausdruck. Siehe: Friedrich Kittler: „Die künstliche Intelligenz des Weltkriegs: Alan Turing". In: Hans-Ulrich Gumbrecht (Hg.): *Die Wahrheit der technischen Welt.* Suhrkamp, Berlin, 2013, S. 232–252, hier: S. 242.

wehrsysteme machte, bei dem der menschliche Akteur in mehr als nur metaphorischer Weise auf die hinteren Ränge verwiesen wurde. Die menschliche Reaktionszeit konnte hier schon nicht mehr mit einer Logik des atomaren Erstschlags Schritt halten, die Abwehr und Gegenangriff in Minuten, wenn nicht Sekunden zu berechnen hatte.

Was Peter Singer in dem Buch, das im Jahr 2009 das Thema bewaffneter Drohnen zum ersten Mal in das Blickfeld der breiteren Öffentlichkeit rückte, über neuere robotische Waffensysteme schrieb, galt so schon in vielerlei Hinsicht für die Computer-gestützten Technologien der Nachkriegszeit: „humans are becoming the weakest link in the defense system".[115] Konkrete Ideen für ein „automatisiertes Schlachtfeld" wiederum reichen bis ins Jahr 1983 zurück, als die Defence Advanced Research Projects Agency (DARPA) des US-Militärs ihre Strategic Computing Initiative (SCI) ins Leben rief. Das Budget für die ersten zehn Jahre dieser Initiative zur Erforschung von *smart weapons* belief sich auf 855 Millionen US-Dollar. Die Initiative hatte die Entwicklung von künstlicher Intelligenz (machine intelligence) unter anderem für die automatisierte Bilderkennung zum Ziel, die die Grundlage für den Einsatz selbststeuernder Fahrzeuge und Waffensysteme bildet.[116] Im Mittelpunkt stand jedoch auch hier die Abwehr eines nuklearen Erstschlags. DARPA-Direktor Robert Cooper ging so weit, die Notwendigkeit der SCI damit zu begründen, dass ein automatisiertes Raketenabwehrsystem im Falle einer atomaren Krise Fehlentscheidungen des Präsidenten vermeiden könnte: „we might have the technology so he couldn't make a mistake"[117] – der Staatschef und oberster Befehlshaber war der ultimative *human factor*, den es auf technologische Weise zu steuern galt.

Betrachtet man die militärischen Dokumente eingehender, die das US-amerikanische Militär als *Flight Plans* und strategische *Roadmaps* für die kommenden Jahrzehnte veröffentlicht, so wird offensichtlich, dass die Figur der Entfernung des Menschen darin immer noch eine der zentralen Vorannahmen im Umgang mit technologischem Wandel darstellt. Menschliche Handlungsmacht wird hier scheinbar selbstverständlich zu einer Sache der „Teilnahme" und „Partizipation" in tech-

---

115 Peter W. Singer: *Wired for War. The Robotics Revolution and Conflict in the Twenty-first Century.* Penguin, New York, 2009, S. 64. Lucy Suchman indiziert Singer eine Komplizität in den Diskurs menschlicher Entmachtung, wenn sie einwendet, dass Positionen wie diese die technologischen und politischen „Realitäten" erst hervorbrächten, die sie unparteiisch zu beschreiben vorgeben. Siehe: Lucy Suchman: „Situational Awareness: Deadly Bioconvergence at the Boundaries of Bodies and Machines". In: *MediaTropes eJournal* V (1), 2015, S. 1–24, hier: S. 13.
116 Siehe Paul Edwards: „Border Wars: The Science, Technology, and Politics of Artificial Intelligence". In: *Radical America* 19, 6, 1986, S. 39–50, hier: S. 42.
117 Cooper zitiert nach Edwards, Closed World, 1996, S. 299.

nologischen Systemen. Dabei beleuchtet diese diskursive Selbstverständigung die offensichtliche Prekarisierung der Rolle menschlicher Subjekte innerhalb der hier vorgestellten kriegführenden Gemeinschaft.

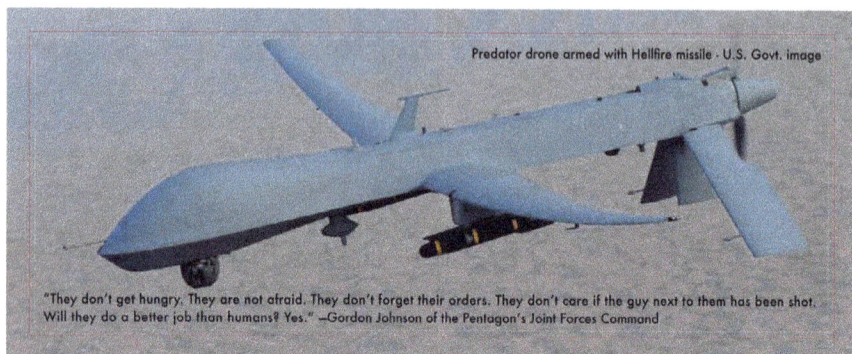

Abb. 4: Martha Rosler: Banner from *Theater of Drones*, 2013, Installation of ten banners.[118]

Unter dem Titel „Path to Autonomy" [„Weg in die Autonomie"] heißt es im *Unmanned Aircraft Systems Flight Plan* 2009–2047 der U. S. Air Force, die Rolle der Technologie sei in einem Wandel begriffen, von der *Unterstützung* des Menschen zur *Partizipation* mit Menschen.[119] Nur wenige Zeilen darunter heißt es im selben Dokument, die Rolle des „Partizipanten" verlagere sich von der Technologie auf den Menschen:

> [I]ncreasingly humans will no longer be ‚in the loop' but rather ‚on the loop' – monitoring the execution of certain decisions. Simultaneously, advances in AI will enable systems to make combat decisions and act within legal and policy constraints without necessarily requiring human input.[120]

Die Unterscheidung von „human *in* the loop" zu „human *on* the loop" bezeichnet auf bemerkenswerte Art den Schritt von menschlicher Kontrolle und Entschei-

---

118 In der Bildserie *Theater of Drones* setzt sich die Künstlerin Martha Rosler kritisch mit dem Einsatz bewaffneter Drohnen durch das US-amerikanische Militär auseinander. Siehe: Martha Rosler: „Theatre of Drones". Martha Rosler [offizielle Webseite], URL: https://www.martharosler. net/theater-of-drones-carousel [abgerufen am 14. Oktober 2024].

119 „Today the role of technology is changing from supporting to fully participating with humans in each step of the process." Michael B. Donley, Norton A. Schwartz: *United States Air Force Unmanned Aircraft Systems Flight Plan 2009–2047*. United States Air Force Headquarters, Washington, DC, 2009.

120 Donley, Schwarzt, Flight Plan, 2009.

dungsmacht hin zu einer passiven, beobachtenden Rolle, die die Frage menschlicher Verantwortlichkeit verunklart. In dem Zitat spiegelt sich eine aus heutiger Sicht fast naiv anmutende Offenheit gegenüber der vorgeblichen Autonomie robotischer Systeme und ein unerschütterlicher Glaube in die Potenziale künstlicher Intelligenz. Der *Roadmap* von 2009 folgend, sei die „vollständige Autonomie" von Waffensystemen und deren Fähigkeit, legitime Tötungsentscheidungen zu treffen, nicht mehr länger eine Frage technologischer Machbarkeit, sondern lediglich abhängig von politischen Entscheidungen oder ethischen Einschränkungen, bzw. „legal and policy restraints":

> Authorizing a machine to make lethal combat decisions is contingent upon political and military leaders resolving legal and ethical questions.[121]

Weiter heißt es in dem Dokument, dass der akute Personalmangel innerhalb der „wachsenden Gemeinschaft der UAS [Unmanned Aerial Systems]" durch Fortschritte in der technologischen Entwicklung gelöst werden könne. Hier lautet der Schlüsselbegriff „Human Systems Integration" (HSI). Das *Handbook of Human Systems Integration*[122] aus dem Jahr 2003 führt dieses Konzept auf eine institutionelle Erweiterung der klassischen Human Factors Studies zurück, der „Manpower and Personnel Integration" (MANPRINT), die in den 1990er Jahren stattgefunden hat, um die erprobten experimentalpsychologischen Versuche durch ingenieurswissenschaftliche Expertise zu ergänzen. Das zentrale Ziel dabei war, auf zeitsparende und effiziente Weise Entscheidungen über die Anschaffung neuer Technologien sowie Personalauswahl und -training in den Aufgabenbereich der Human Factors Studies aufzunehmen.[123] Eine weitere Genealogie dieser Sprachfigur führt zum System Research Laboratory der *Rand Corporation*, die sich schon in den 1950er Jahren die „human-machine integration"[124] zum Ziel gesetzt hatten, und die Erprobung des „menschlichen Elements in Systemen", sowie der „menschlichen Leistung innerhalb komplexer Mensch-Maschine Systeme" zum Ziel gesetzt hatte.[125] Ganz im Einklang mit dieser Tradition war in dem – mittlerweile nicht mehr zugänglichen – Mission Statement des Departments for *Human Systems Research & Engineering* aus dem Jahr 2014 noch die Rede von der Zentralität des

---

121 Ebd.

122 Harold R. Booher (Hg.): *Handbook of Human Systems Integration*. Wiley, Hoboken, 2003.

123 Booher, Human Systems Integration, 2003, xiii

124 Edwards, Closed World, 1996, S. 123.

125 [Eigene Übersetzung] Robert L. Chapman: „Simulation in Rand's System Research Laboratory". In: D. G. Malcolm (Hg.): *Report of System Simulation Symposium, 1957*. Waverly Press, Baltimore, 1958, S. 72 zitiert nach: Edwards, Closed World, 1996, S. 123.

„human use" [menschlichem Nutzen], wobei hier nicht der Nutzen *für* den Menschen, sondern der effektive Gebrauch *von* Menschen gemeint war:

> Human Use: Optimal establishment and execution of policy related to research, through accordance with all applicable directives, statues, and laws leading to the safe and effective usage of humans in DoD sponsored research.[126]

Das ganz im kybernetischen Duktus verfasste *mission statement* bezieht sich auf Menschen folglich auch nur als „Elemente" und „Komponenten" von „operativen Systemen":

> Mission: Develop true synchronization between hardware, software, and human elements of warfighter systems leading to optimized performance across DoD while minimizing harm and cost to the human component.[127]

Wie Manuel DeLandas fiktionaler robotischer Historiker,[128] der die Geschichte der Menschheit aus der Perspektive einer emanzipierten künstlichen Intelligenz erzählt, scheinen solche Texte den merkwürdigen Standpunkt einer Maschine einzunehmen, die ihre unzureichenden menschlichen Bestandteile unter die Lupe nimmt.

Seit der Veröffentlichung des oben zitierten *Flightplans* von 2009 hat sich die Art, wie das US-Militär mit der Frage der Autonomie von Waffensystemen umgeht, merklich verändert. Wenn das Dokument aus dem Jahr 2009 eine solche Autonomie noch für selbstverständlich und offensichtlich wünschenswert erachtete, behandeln vergleichbare Dokumente aus den Jahren 2011 und 2013 diese Frage sehr viel sensibler. Hier machte sich offenbar der Druck einer internationalen Öffent-

---

126 Assistant Secretary of Defense for Research and Engineering: *Human Systems Research & Engineering*. URL: http://www.dtic.mil/biosys/hsre.html [abgerufen am 14. August 2015].
127 Ebd.
128 „If we disregard for a moment the fact that robotic intelligence will probably not follow the anthropomorphic line of development prepared for it by science fiction, we may without much difficulty imagine a future generation of killer robots dedicated to understanding their historical origins. We may even imagine specialized ‚robot historians' committed to tracing the various technological lineages that gave rise to their species. And we could further imagine that such a robot historian would write a different kind of history than would its human counterpart. [...] The robot historian of course would hardly be bothered by the fact that it was a human who put the first motor together: for the role of humans would be seen as little more than that of industrious insects pollinating an independent species of machine-flowers that simply did not possess its own reproductive organs during a segment of its evolution. Similarly, when this robot historian turned its attention to the evolution of armies in order to trace the history of its own weaponry, it would see humans as no more than pieces of a larger military-industrial machine: a war machine." Manuel DeLanda: *War in the Age of Intelligent Machines*. Zone Books, New York, 1994, S. 2–3.

lichkeit bemerkbar, in der sich entschiedener Widerstand gegen den Kriegseinsatz von „Killer Robots" regte.[129] Schon in der *Unmanned Systems Integrated Roadmap* aus dem Jahr 2011 werden Formulierungen, die die Möglichkeit von durch Maschinen getroffenen Tötungsentscheidungen nahelegen, vorsichtig umschifft. „Autonomie" wird hier nicht mehr als unabwendbare Selbstverständlichkeit behandelt, sondern als eine Größe, die in angemessener Weise Anwendung finden sollte:

> As [unmanned] systems continue to demonstrate their military utility, exploit greater quantities of intelligence, and are fielded in greater numbers, the demand for manpower will continue to grow. The appropriate application of autonomy is a key element in reducing this burden.[130]

Der Fokus liegt nun auf Effizienz und Kostenersparnis als hauptsächlicher Triebkraft hinter der Einsparung menschlicher Akteure in Kriegshandlungen:

> Today's iteration of unmanned systems involves a high degree of human interaction. DoD [Department of Defense] must continue to pursue technologies and policies that introduce a higher degree of autonomy to reduce the manpower burden and reliance on full-time high-speed communications links while also reducing decision loop cycle time.[131]

Die aktualisierte *Roadmap* aus dem Jahr 2013 wartet zudem mit einer umsichtigen Unterscheidung zwischen drei Graden technologischer Entfernung des menschlichen Akteurs auf, der Fernsteuerung, Automatisierung und Autonomisierung:

> [T]hese two conditions could exist (controlled and uncontrolled) [while] current DoD UAS are remotely operated and capitalize on automation in extreme circumstances, such as a lost link condition, to automatically perform a preprogrammed set of instructions.[132]

Zugleich macht auch dieses Dokument deutlich, dass die Entwicklung autonomer, „unkontrollierter" Waffen kein technologisches Problem mehr darstellt:

---

129 Eine der wichtigsten Initiativen ist in diesem Kontext das im Jahr 2009 u. a. von dem renommierten Informatiker und A.I.-Forscher Noel Sharky gegründete *International Committee for Robot Arms Control* (ICRAC) und die daraus hervorgegangene *Campaign to Stop Killer Robots* (siehe: https://www.icrac.net/ und https://www.stopkillerrobots.org/).

130 James Winnefeld, Frank Kendall: *The Unmanned Systems Integrated Roadmap 2011–2036*. Office of the Undersecretary of Defense for Acquisition, Technology & Logistics, Washington, DC, 2011, S. 44.

131 Winnefeld, Kendall, Roadmap, 2011, S. vi.

132 Ebd., S. 15.

[D]evelopments in automation are advancing from a state of automatic systems requiring human control toward a state of autonomous systems able to make decisions and react without human interaction.[133]

Getreu der kybernetischen Auffassung von „Systemen", deren Funktionsweisen untersucht werden, unabhängig davon ob es sich dabei um organische, mechanische, ökonomische oder soziale Entitäten handelt, verunklart der in diesen Dokumenten ubiquitäre Begriff des „Systems", ob es sich bei den beschriebenen Verbünden um elektronische Netzwerke mit menschlichen Bezugspunkten (*nodes*), oder um menschliche Gruppen mit technologischen Bestandteilen handelt – um einzelne Geräte oder in Verbünden organisierte Apparate. Mit Manuel DeLanda ließe sich dies als eine Perspektive beschreiben, die die „Effekte der Technologie auf ein Militär hervorhebt, das sich selbst als eine hochentwickelte Form der Maschine begreift: Eine Maschine, die Menschen, Werkzeuge und Waffen integriert, als handele es sich dabei um nichts anderes als Maschinenteile".[134] Diese Diagnose benennt ein Problem, das sowohl das militärische Systemdenken als auch die Kybernetik selbst betrifft. Die Einebnung oder Symmetrierung menschlicher und technologischer „Komponenten", die Erhebung von Maschinen zu „Akteuren" wird unhinterfragt als Fortschritt begriffen, als würden ausschließlich funktionelle Kategorien eine Rolle spielen. Und tatsächlich spielt eine solche, auf Funktionalität reduzierte kybernetische Ideologie dem militärischen Denken in die Hände.[135]

Die *Roadmap* aus dem Jahr 2013 enthält noch eine weitere anthropomorphe Skurrilität. Hier ist die Rede von einer „Partnerschaft" zwischen Menschen und intelligenten Maschinen, die nicht mehr als Netzwerke, sondern als „Teams" verstanden werden sollten: Als „Manned-Unmanned System Teaming (MUM-T)" wird der „Zusammenschluss" von „[...] unmanned systems from air, ground, and sea domains into teams of unmanned and manned systems" beschrieben.[136] Die Umsicht, mit der rhetorischen Figuren wie „manned-unmanned-team", „human-machine integration" und „interaction" eingesetzt werden, offenbart die Tatsache, dass menschliche Handlungsmacht innerhalb dieses Diskurses schon jetzt ein prekärer „Faktor" unter anderen geworden ist, der zudem eher als Störfaktor und Hindernis behandelt wird.

---

133 Ebd.
134 [Eigene Übersetzung] „[A]n angle that stresses the effects of technology on the military, understood [...] as being itself a coherent ‚higher level' machine: a machine that actually integrates men, tools and weapons as if they were no more than the machine's components." DeLanda, War in the Age of Intelligent Machines, 1994, S. 4.
135 Dazu: Edwards, Border Wars, 1986, S. 46.
136 Winnefeld, Kendall, Roadmap, 2011, S. 16.

Neben den offensichtlichen genealogischen Rückbezügen auf die frühe Kybernetik und die daran grenzenden Human Factors Studies, verweist die in den militärstrategischen Dokumenten zu robotischer Kriegführung ubiquitäre Redewen-
dung des „human in the loop" auch auf das einflussreiche Modell des OODA-Loops
(OODA steht für „observe, orient, decide, act"), das der Militärstratege und Oberst
der Luftwaffe John Boyd zur Zeit des Ersten Golfkriegs entworfen hatte und das
den Gegner als ein „plurales und komplexes System"[137] auffasst. Nach der Idee des
OODA-Loops hängt der Erfolg einer Militäroperation davon ab, ob die kämpfende
Einheit in der Lage ist, die Schritte der „Beobachtung, Orientierung, Entscheidung
und Handlung" auf möglichst effiziente und korrekte Weise zu durchlaufen und
damit „im Entscheidungszyklus vorne zu bleiben".[138]

Wie Dan Gettinger, Arthur Holland et al. in ihrem *Drone Primer*[139] feststellen,
gibt es bis dato keine klare Unterscheidung zwischen einer „autonom" und einer
„automatisch" steuernden Technologie:

> Certain unmanned vehicles do not have a human present in the feedback loop. These dro-
> nes are what are often referred to as ‚autonomous‘ drones, though there are questions
> about what qualifies as true autonomy. There is no clear line dividing non-autonomy from
> autonomy, or between automation and autonomy – it is more like a gradient.

Ingenieure bemessen den Grad der Autonomie einer Maschine, Gettinger et al zufolge, nach ihrer Fähigkeit, John Boyds OODA Loop zu durchlaufen. Auch eine solche Einschätzung muss aber prinzipiell vage und letztendlich kontingent bleiben,
da sich nicht objektiv festhalten lässt, was eine sinnvolle, das heißt nicht nur
nach militärischen Maßgaben effiziente, sondern auch juristisch und ethisch halt-
bare Bestimmung von jedem der im „Loop" enthaltenen Schritte, Beobachtung,
Orientierung, Entscheidung und Handlung ausmacht.

Die Figur des „human in the loop" beschwört ein kybernetisches Phantasma
einer sich auf wunderbare Weise selbst-regulierenden Feedbackschleife, eines geschlossenen Systems, das auf der Hintergrundmetapher einer automatischen Ma-

---

137 Hippler, Regierung des Himmesl, 2017, S. 211.
138 „[Stay] ahead in the decision cycle." Shane Riza: *Killing Without Heart. Limits on Robotic
Warfare in an Age of Persistent Conflict*. Potomac Books, Washington DC, 2013, S. 41. Für eine Kritik an dieser vereinfachten Interpretation des OODA-Loops siehe: Frans Osinga: *Science, Strategy
and War. The Strategic Theory of John Boyd*. Eburon Academic Publishers, Delft, 2005, S. 270–279.
Thomas Hippler bringt Boyds Systemdenken und das Konzept des OODA-Loops in den Kontext
eines „Neudouhetismus", bei dem es durch die Störung des feindlichen OODA-Loops darum
ginge, dessen „System" handlungsunfähig zu machen, wodurch das klassische Bombardement
umgangen werden könne. Siehe: Hippler, Regierung des Himmels, 2017, S. 213.
139 Dan Gettinger, Arthur Holland Michel et al.: *The Drone Primer. A Compendium of Key Issues.*
Center for the Study of the Drone, Bard College, Annandale, 2014.

schine basiert. Es ist insofern nicht erstaunlich, dass Menschen, die notorisch willentlich und widerständig, manchmal fehlerhaft und – im Vergleich zur Regelhaftigkeit eines kybernetischen Modells – immer erratisch handeln, in einer solchen primitiven Vorstellung kybernetischer Systeme, wie sie im Militärdiskurs virulent sind, prinzipiell ein Problem darstellen. Das auf Geschwindigkeit beruhende Modell des OODA-Loop hat im Kontext algorithmischer Kriegführung eine Entsprechung, die wieder auf die Computer-gestützten Abwehrsysteme des Kalten Kriegs rekurriert, in dem jede menschliche Entscheidung immer schon zu spät käme. Auch in einem Wettrüsten der algorithmischen Kriegführung würde der menschliche Faktor eine kriegsentscheidende Behinderung darstellen. Wie der Robotikexperte und Abrüstungsaktivist Noel Sharkey im Rahmen einer Tagung der Heinrich-Böll-Stiftung zu *High-Tech Kriegen* warnte,[140] würde ein solcher Krieg nach dem Modell eines katastrophischen „ultra-fast extreme event" ablaufen, wie es bisher nur aus den algorithmischen Börsengeschäften des *high frequency trading* bekannt sind, wo diese „black swan events"[141] innerhalb von Bruchteilen von Sekunden zu vollkommen unabsehbaren Ereignissen führen.

Das „autonome System", das in der Lage ist, „selbst Entscheidungen zu treffen und ohne menschliche Interaktion zu reagieren",[142] wirft sowohl ethische als auch juristische Fragen auf. Es widersetzt sich dem Postulat der „meaningful human control", das im Jahr 2011 zum ersten Mal im Kontext der Kontroverse um robotische Kriegführung eingeführt wurde und mittlerweile breite Unterstützung erfährt – unter anderem durch das United Nations Institute for Disarmament Research (UNIDIR).[143] „Meaningful human control" wurde zum ersten Mal von der britischen Non-Profit Organisation *Article 36* eingeführt. In ihren Ausführungen kritisiert die Organisation ausdrücklich die vage Unterscheidung von „human in the loop" und „human on the loop", die noch im ersten *Flightplan*[144] von 2009 eine zentrale Rolle gespielt hatte:

---

140 Noel Sharkey u. a.: Gesprächsrunde „Zum Stand von Robotisierung, Digitalisierung und Cyberwar" im Rahmen der 14. Außenpolitischen Jahrestagung der Heinrich-Böll-Stiftung *High-Tech-Kriege.*
  Herausforderungen für Frieden und Sicherheit in Zeiten von Drohnen, Robotern und digitaler Kriegführung. 20.-21. Juni 2013, Heinrich-Böll-Stiftung, Berlin.
141 Siehe dazu: Neil Johnson, Guannan Zhao, Eric Hunsader, Jing Meng et al.: „Financial Black Swans Driven by Ultrafast Machine Ecology". *SSRN*, 12. Februar 2012. ULR: https://ssrn.com/abs tract=2003874, [abgerufen am 15. März 2021].
142 [Eigene Übersetzung] Winnefeld, Kendall, Roadmap, 2011, S. 15, wie FN 47.
143 Hierzu siehe: United Nations Institute for Disarmament Research (UNIDIR): „The Weaponization of Increasingly Autonomous Technologies: Considering how Meaningful Human Control might move the discussion forward". *UNIDIR Resources*, Nr. 2, 2014, S. 1–2.
144 Donley, Schwarzt, Flight Plan, 2009.

The concept of MHC as described by Article 36 is distinct from the traditional characterization of a human „in or on the loop" as it offers more precision (control versus the somewhat ambiguous conceptual „loop" or the more passive „judgment"), it explicitly emphasizes the quality of control („meaningful") and it implicitly accords responsibility to human agents for decisions concerning each individual attack.[145]

Die Kategorie der „meaningful human control" bleibt schwer bestimmbar und vage.[146] Der Grad „sinnvoller menschlicher Kontrolle" hängt dabei aber nicht allein vom Grad der Autonomie auf künstlicher Intelligenz basierender Technologien ab, sondern auch davon, welche Daten und Zusammenhänge der menschlichen Wahrnehmung zugänglich gemacht werden. In den Kontrollstationen des Drohnenkriegs, die im Folgenden näher beschrieben werden, laufen eine Vielzahl der Entscheidungen, die dem Abfeuern einer *Hellfire*-Rakete vorausgehen, automatisiert und hinter den visuellen Steuerungsoberflächen verborgen ab. Dennoch sind die neuen Distanzwaffen keineswegs so „unbemannt", wie es ihre offizielle Bezeichnung nahelegt. Vielmehr fühlen sich die Operators von *Unmanned Systems* – folgt man den Erfahrungsberichten und der Rhetorik der Fachliteratur – einem „Verbund" von technologischen und menschlichen, militärischen und nicht-militärischen Akteuren zugehörig, bei dem sie in ihrer Kapazität als Entscheidungsträger*innen eine untergeordnete Rolle spielen. Drohnen können so nach der eingangs zitierten Definition Grossmans als *crew-served weapons* beschrieben werden. Folglich wird auch die Last der Verantwortung, sowohl in juristischer, wie auch moralischer Hinsicht, über viele Schultern verteilt und die Einzelnen entlastet. Die Drohnen-Crews befinden sich zudem in einem größtenteils anonymen Kommunikationsverbund weitab des Kampfschauplatzes.[147] Die Drohnenpilot*innen der US Air Force, die im Fokus

---

145 UNIDIR, Weaponization, 2014, S. 3.

146 Versuche, dieses Bestimmungsproblem durch Designentscheidungen zu lösen, sind hierfür symptomatisch: „Following the ideals of ‚Responsible Innovation' and ‚Value-sensitive Design' our account of meaningful human control is cast in the form of design requirements. We identify two general, necessary conditions to be satisfied for an autonomous system to remain under meaningful human control: first, a ‚tracking' condition, according to which the system should be able to respond to both the relevant moral reasons of the humans designing and deploying the system and the relevant facts in the environment in which the system operates; second, a ‚tracing' condition, according to which the system should be designed in such a way as to grant the possibility to always trace back the outcome of its operations to at least one human along the chain of design and operation." Siehe: Filippo Santoni de Sio, Jeroen van den Hoven: „Meaningful Human Control over Autonomous Systems: A Philosophical Account". *Frontiers in Robotics and AI.* 28. Februar 2018.

147 Vgl. Matthew Power: „Confessions of a Drone Warrior". *GQ* (online), 23. Oktober 2013, oder Brandon Bryant (Interview mit John Goetz und Frederik Obermaier): „Immer fließen die Daten über Ramstein". In: *Süddeutsche Zeitung*, 4. April 2014.

dieses Kapitels stehen, waren niemals allein im Einsatz, sondern immer arbeitsteilig mit einer Crew im Cockpit verbunden und mit einer variablen Anzahl an Daten-Analytiker*innen und Sensor-Bediener*innen in Kontakt, mit denen sie über Echt-zeit-Kommunikationsnetzwerke, über Live-Chat und Satellitenfeeds verbunden waren. Gruppendruck und Überwachung bleiben in dieser Konstellation also beste-hen, die Erfahrung einer gemeinsamen Gefährdung aber ist ausgesetzt.

Wie das folgende Unterkapitel nachzeichnet, basiert der US-amerikanische Drohnenkrieg auf technologisch-vermittelten Formen der Zusammenarbeit, die mit einer strukturell intendierten Verteilung von Handlungsmacht und Verant-wortung einher gehen. Die spezifische „Konfiguration von Menschen und Maschi-nen",[148] die dabei zustande kommt, kann als zeitgenössische Form einer mili-tärischen Gemeinschaft verstanden werden, deren wichtigste Funktion in der Ermöglichung der erfolgreichen Ausführung von Tötungsbefehlen liegt. Bildme-dien und visuelle Interfaces fungieren dabei als Schlüsseltechnologien der zeitge-nössischen militärischen Gehorsamsproduktion.

5.3 *Synthetic Vision*. Zur Konstruktion des Sehfelds im Drohnenkrieg

Aufgrund der räumlichen Distanz zum Zielort ihrer Handlungen sind die Ent-scheidungsprozesse innerhalb telematischer Systeme wie Drohnen strukturell auf komplexe Sensor- und Visualisierungstechnologien angewiesen.[149] Wie Peter Asaro formuliert: „[...] by removing the drone operators from the combat theater, they are now completely dependent upon the information provided by their me-diating technologies in order to reach their decisions."[150] Die Kriegführung unter-liegt zudem seit Mitte der 1990er Jahre einem Paradigma der vernetzten Compu-tation, das im US-amerikanischen Diskurs im Rahmen der *Revolution in Military*

---

148 Lucy Suchman, Jutta Weber: „Human-Machine Autonomies". In: Nehal Bhuta, Susanne Beck, Robin Geiß, Hin-Yan Liu, Claus Kreß: *Autonomous Weapons Systems. Law, Ethics, Policy.* Cam-bridge University Press, Cambridge, 2016, S. 75–102, hier: S. 76.

149 Dieses Unterkapitel basiert in Teilen auf dem gemeinsam mit Moritz Queisner verfassten Aufsatz „Die Akteure verlassen die Kontrollstation. Krisenhafte Kooperation im bildgeführten Drohnenkrieg". In: Johannes Benke, Johanna Seifert, Martin Siegler, Christina Terberl (Hg.): *Das Mitsein der Medien. Prekäre Koexistenzen von Menschen, Maschinen und Algorithmen.* Fink, Mün-chen, 2018, S. 27–58. Die englische, überarbeitete Fassung erschien unter dem Titel „The Actors Are Leaving the Control Station. The Crisis of Cooperation in Image-Guided Drone Warfare". In: Luisa Feiersinger, Kathrin Friedrich, Moritz Queisner (Hg.): *Image – Action – Space. Situating the Screen in Visual Practice.* De Gruyter, Berlin, 2018, S. 115–132.

150 Peter Asaro, Bureaucratized Killing, 2013, S. 213.

Affairs in die Doktrin der „Network-Centric Warfare" übersetzt wurde. Innerhalb des Paradigmas der vernetzten Kriegführung bildet die Visualisierung von Daten für die Erzeugung eines „geteilten Situationsbewusstseins" die wichtigste Grundlage für die Kooperation der beteiligten Akteure.[151]

> [Network-centric warfare] is characterized by the ability of geographically dispersed forces (consisting of entities) to create a high level of battlespace awareness that can be exploited via self-synchronization and other network-centric operations to achieve commanders' intent.[152]

Bei der (geteilten oder individuellen) *Situationswahrnehmung* [situational awareness] der menschlichen Akteure innerhalb hochgradig vernetzter technologischer Milieus handelt es sich um einen vorsichtig zu konstruierenden Gegenstand psychologisch-ingenieurswissenschaftlicher Forschung. Diese dient, wie die Definition der Militärstrategen David S. Albers et al. zeigt, der effizienten „Synchronisierung" der Akteure und vor allem der effizienten Umsetzung des der Befehlsgewalt („commanders' intent"). Sie kann insofern auch als eine dem Computerzeitalter angepasste Form der Gehorsamsproduktion mit den Mitteln der Visualisierung verstanden werden.

In der Ground Control Station (GCS) „unbemannter"[153] Waffensysteme stützt sich die geteilte Situationswahrnehmung größtenteils auf visualisierte Daten, die als *operative Bilder* verstanden werden können. Die im Englischen gebräuchliche

---

151 Über den Zusammenhang von Network-Centric Warfare und „situational awareness", besonders im Hinblick auf Karten siehe: Christoph Ernst: „Vernetzte Lagebilder und geteiltes Situationsbewusstsein. Medialität, Kooperation und die Vision totaler Operativität im Paradigma des Network-Centric Warfare". In: Lars Nowak (Hg.): *Medien – Krieg – Raum*. Fink, München, 2018, S. 417–449.
152 David S. Alberts, John J. Garstka, Frederick P. Stein: *Network Centric Warfare. Developing and Leveraging Information Superiority*. Washington, CCRP Publication Services, 1999, S. 88, zitiert nach Ernst, Situationsbewusstsein, 2018, S. 419.
153 Zur historischen Aushandlung und politischen Relevanz dieses Begriffs, vor allem in der Frühphase der Entwicklung militärischer Drohnen siehe: Katherine Chandler: *Unmanning. How Humans, Machines and Media Perform Drone Warfare*. Rutgers University Press, New Brunswick, 2020. Nachdem sie auf eindrucksvolle Weise die Geschichte der Einführung „unbemannter" Technologien und deren (De-)Politisierung untersucht hat, wobei sie mit besonderer Aufmerksamkeit die vielen Fehlschläge und „failures" der vorgeblich unfehlbaren Technologien verfolgt, resümiert Chandler: „*Unmanning* unsettles the appeal to technological accuracy made by contemporary advocates and critics, complicating claims of technological invulnerability as political right. Drone failures is a lens to rethink unmanning, undoing its negation of politics of technology through a double negative, wherein the human reemerges." Siehe: Chandler, Unmanning, 2020, S. 134–135.

Bezeichnung „unmanned aerial vehicle" [unbemanntes Flugzeug][154] ist im Kontext militärischer Drohneneinsätze insofern irreführend, als sowohl die Kontrolle und Navigation von Drohnen, als auch die Entscheidungsfindung auf ein breit gestreutes Netzwerk von menschlichen Akteuren beruht.[155] Zwar befinden sich an Bord der Maschine keine Personen, dafür ist aber eine umso größere Menge an Personal notwendig, um sie in Betrieb zu halten. Derek Gregory zufolge waren im Jahr 2012 an einem Einsatz einer Reaper- oder Predator-Drohne in Afghanistan etwa 185 Menschen beteiligt:

> 59 are forward deployed in Afghanistan for Launch and Recovery, 43 are based at Creech (including pilots, sensors and mission coordinators), and 83 are involved in processing, exploitation and dissemination (34 analysing FMV and 18 signals intelligence.[156]

Neben den das Flugzeug steuernden „Operators" (ein*e steuernde*n Pilot*in und ein „sensor operator", der*die für die Bedienung der an Bord befindlichen Kameras und Sensoren, sowie der Waffen zuständig ist, aber auch erste Bildinterpretationen vornimmt), die sich in einem geteilten Raum in der Creech Air Force Base in der Wüste

---

154 Folgende Bezeichnungen für robotische und ferngesteuerte Plattformen sind im Englischen gebräuchlich: uninhabited oder unmanned aerial vehicles (UAV), remotely piloted vehicles (RPV), unmanned military systems (UMS), da einige Waffensysteme nicht in der Luft, sondern am Boden operieren, und „drones" – Drohnen. Die bekanntesten Typen bewaffneter Drohnen sind MQ-1 Predator and MQ-9 Reaper der Firma General Atomics. Bei den propellerbetriebenen Flugzeugen von 8 m Länge und 15 m Spannweite handelt es sich um die Plattformen der auch als MALE UAS (medium-altitude, long-endurance unmanned aircraft systems) bezeichneten unbemannten Systeme, weitere Bestandteile sind das Cockpit oder die Ground Control Station (GCS), sowie die Satellitenverbindung, über die die Plattformen gesteuert werden. Drohnen dieses Typs sind in der Lage bis zu 40 Stunden in der Luft zu sein, bei einer maximalen Flughöhe von 8000 Metern. Siehe: General Atomics: „Products and Services". O. V.: *General Atomics* [offizielle Webseite], URL: https://www.ga-asi.com/products-services [abgerufen am 31. März 2021]. Siehe auch: Bradley Jay Strawser: „Introduction: The Moral Landscape of Unmanned Weapons". In: Ders. (Hg.): *Killing by Remote Control. The Ethics of an Unmanned Military*. Oxford Scholarship Online, September 2013, S. 2.
155 „In 2009, the US Air Force recognized this problem and addressed it with two major changes. First, it moved to recognize the hidden labor of drone operators by changing the official term for drones, which at the time was UAVs, because ‚unmanned' seemed to imply that the systems were autonomous, or that they did not have a crew or pilot. Rather, they had a ‚remote' crew, and so the official term within the US Air Force is now ‚remote-piloted aircraft'. It is interesting to note that the other service branches, in which pilot status is significant but not nearly as much so, have retained the term UAV." Asaro, Bureaucratized Killing, 2013, S. 216.
156 Derek Gregory: „From a View to a Kill. Drones and Late Modern War". In: *Theory, Culture & Society*, 28.7–8, 2012, S. 188–215, hier: S. 194; siehe auch: M. C. Elish: „Remote Split. A History of US Drone Operations and the Distributed Labor of War". In: *Science, Technology & Human Values* 42.6, 2017, S. 1100–1131.

Nevadas befanden, den mit mobilen Laptops ausgestatteten „Joint Terminal Attack Controllers" in Afghanistan, und den befehlsgebenden Kommandant*innen höheren Ranges in den USA, stützten sich diese auf die Weisungen von Militäranwälten. Letztere befanden sich zu diesem Zeitpunkt ihrerseits in der CENTCOM [United States Central Command]-Zentrale in Al Udeid, Qatar, während Datenanalyst*innen und Bildtechniker*innen in der Langley Air Force Base in Virginia stationiert waren.[157] Zu all diesen verschiedenen Akteuren standen die Operators in mehr oder weniger direktem Kontakt.[158]

Während für die Pilot*innen der traditionellen („bemannten") Luftfahrt – trotz teil-automatisierter, Computer-basierter Steuerung – noch einen vergleichsweise hohen Grad an Unabhängigkeit vorausgesetzt werden kann, ist die Navigation und Steuerung von Militärdrohnen auf ein weitgefächertes Netzwerk von verschiedenen Akteuren verteilt. Dazu zählen, neben dem steuernden Militärpersonal, Bildinterpreten und Datenanalyst*innen nicht zuletzt auch die nichtmenschlichen, technologischen Agenzien, wie die automatisierten algorithmischen Prozesse der Datenverarbeitung, Visualisierung und der Sensorik. Marie-Luise Angerer hat hervorgehoben, dass „die Kontaktzonen der Binnen- und Außenbereiche des *sensing* gleichzeitig als Prozesse des Verbindens, des Unterbrechens und des Übersetzens [...] begriffen werden können, die sodann auch deutlich machen, dass die genannten Verflechtungen und Kurzschließungen nicht einfach reibungs-, rausch- und konfliktfrei ablaufen".[159] Demnach können die Kontaktzonen zwischen menschlicher Sinneswahrnehmung und maschinellem *Sensing* als Wahrnehmungsumgebungen betrachtet werden, in denen bestimmte Friktionen und Konflikte an die Oberfläche kommen, während andere vollkommen hinter den Benutzeroberflächen des Interface-Design verschwinden und für die Bediener*innen unwahrnehmbar werden. Eine kulturtheoretisch informierte Untersuchung dieser aisthetischen Prozesse soll gleichermaßen für diese Konflikte und Widerstände sensibilisieren.

Anhand der verfügbaren Forschungsliteratur sowie auf Grundlage von Gesprächen mit Pilot*innen der US Air Force, die Moritz Queisner und ich im Rahmen einer Forschungsreise zur Maxwell Air Force Base in Montgomery, Alabama, im Januar 2017 geführt haben, wird hier die Schlüsselfunktion untersucht, die die

---

157 Gregory, From a View to a Kill, 2012, S. 194.
158 LaFlamme schildert insbesondere die auditiven Schwierigkeiten, mit denen Drohnen-Pilot*innen und Sensor Operators zu kämpfen hatten aufgrund der Überfülle an verbaler Kommunikation auf verschiedenen Funk-Kanälen, sowie die Strategien, mit denen sie diesen begegneten. Marcel LaFlamme: „A Sky Full of Signal. Aviation Media in the Age of the Drone". In: *Media, Culture and Society*, 40(5), 2017, S. 689–706. In Cockpits der neueren Generation läuft ein Großteil der Kommunikation über Chat und andere Bildschirm-Anzeigen.
159 Angerer, Affektökologie, 2017, S. 48.

Ground Control Station im bildgeführten Krieg einnimmt. Dabei liegt der Fokus auf der Neuverteilung von Handlungsmacht und den Funktionsweisen bildgeleiteter Gehorsamsproduktion, die im zeitgenössischen Krieg nur im Zusammenhang der scheinbar bruchlosen technologischen Wahrnehmungsumgebungen begriffen werden können, welche an den Bildschirmen des Cockpits konstruiert werden. Wie hier erkennbar wird, sind die politischen, wissenschaftlichen und ökonomischen Beziehungen, die den Hintergrund der verteilten militärischen Handlungsmacht im vernetzten Cockpit bilden in das Design der Interfaces und Bildschirmanordnungen eingeschrieben. Gerade in den Bruchstellen und ungeplanten Widerständigkeiten dieser vorgeblich hocheffizienten Technologien werden die Vorannahmen und diskursiven Kontexte erkennbar, die die Voraussetzungen der bildvermittelten Zusammenhänge von Befehl und Gehorsam bilden. Der Fokus auf den Moment der Krise innerhalb der militärischen Mensch-Maschine-Konstellationen soll dabei auch auf eine methodische Reduktion aufmerksam machen, die die begriffliche Symmetrisierung von menschlichen mit technologisch-dinglichen Akteuren durchzieht. Im Rückgriff auf kybernetische Diskurse des 20. Jahrhunderts durchzieht die Gleichsetzung des Akteursstatus in sogenannten „Mensch-Maschine Verbünden", wie im Folgenden diskutiert wird, die zeitgenössische Medientheorie ebenso wie die Sprache des US-amerikanischen Militärs.

5.3.1 Bildschirmumgebungen. *Situational Awareness* und *Targeting*

Die prototypische Ground Control Station der 2010er Jahre verfügte über eine spezifische Arbeitsteilung: Die Mitglieder der Crew werden als „Operators" bezeichnet, wobei zwischen Pilot*in, Sensor Operator und dem verantwortlichen „Mission Intelligence Coordinator" differenziert wurde. Pilot*in und Sensor Operator teilten sich den Zugriff auf die von den an Bord befindlichen Kameras per Satellitenverbindung übermittelten Videofeeds. Die Sensor Operators bedienten das komplexe Kamerasystem, das hochauflösendes Videomaterial im sichtbaren wie auch unsichtbaren Spektrum (Infrarot- und Radiofrequenz-Bildgebung wie Synthetic Aperture Radar) überträgt.[160] Während die Kamera-Sensoren der ersten Generation der heute weitgehend ausrangierten MQ-1 Predator-Drohnen noch ausschließlich in eine Richtung zeigten, was ihnen den Ruf einbrachte, die Steuerung erfolge wie „durch einen Strohhalm",[161] verfügten neuere Modelle im Jahr

---

160 Siehe: Asaro, Bureaucratized Killing, 2013, S. 210.
161 Siehe dazu ausführlich: Moritz Queisner: „Looking Through a Soda Straw': Mediated Vision in Remote Warfare. *Politik* 10.2, März 2017, S. 45–61.

2010 über das Gorgon Stare System oder dessen Nachfolger namens ARGUS-IS (für Autonomous Real-Time Ground Ubiquitous Surveillance Imaging System).

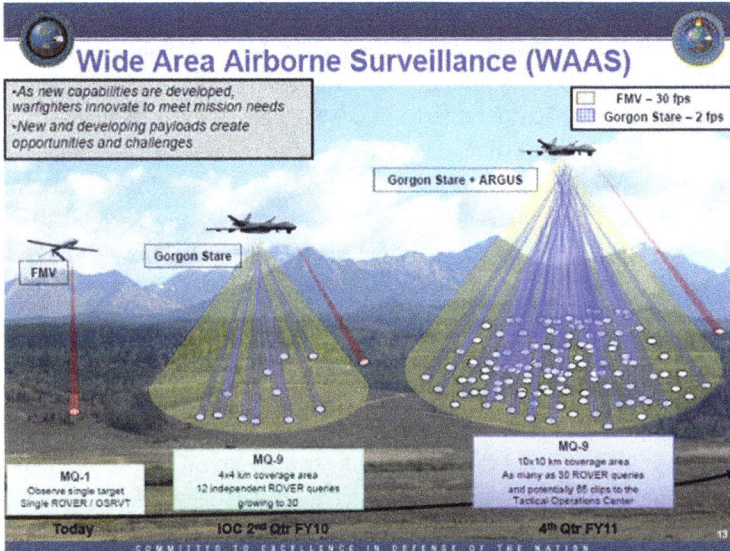

Abb. 5: Illustration des Erfassungsbereichs der unterschiedlichen Systeme Gorgon Stare und Argus IS. Quelle: http://aviationintel.com/wp-content/uploads/2012/11/gorgon-stare-image01.jpg.

Schon mit Gorgon Stare war es möglich, bis zu zwölf unterschiedliche Ziele am Boden unabhängig voneinander zu verfolgen, also zwölf verschiedene nahtlose Videoübertragung in Echtzeit aufrecht zu erhalten – und das bei einer Grundfläche von 16 Quadratkilometern. Das ARGUS-IS System, mit dessen Entwicklung die Defense Advanced Research Projects Agency (DARPA) im Jahr 2007 den Rüstungskonzern BAE beauftragte, ist seit 2014 an Bord des Predator-Nachfolgers MQ-9 Reaper im Einsatz und verdoppelt die Zahl der möglichen Bodenziele auf 30.[162] Nach Angaben des Lawrence Livermore National Laboratory, das an der Entwicklung beteiligt war, verfügt das mit 368 Kameras ausgestattete System über eine Reichweite von 100 Quadratkilometer und ist in der Lage, ein aus 1,8 Milliarden Pixeln zusammengesetztes Bewegtbild einer Region herzustellen. Pro Minute produziert es mehrere Terabyte an Daten, die mithilfe einer Software komprimiert werden müssen, um dann über-

---

162 Asaro, Bureaucratized Killing, 2013, S. 210.

tragen werden zu können.[163] Am Bug des Fluggeräts befindet sich zudem ein weiterer Sensor, das Multi-Spectral Targeting System (MTS) der Firma Raytheon, das mit 30 Bildern pro Sekunde erheblich genauere Daten liefert als Gorgon Stare, das lediglich zwei Bilder pro Sekunde liefert.[164] Dies ist damit zu erklären, dass Gorgon Stare der Überwachung dient, während das MTS die Video-Feed in Echtzeit überträgt, über die Ziele identifiziert und zum Abschuss markiert werden. Im Jahr 2018 wurde Raytheon damit beauftragt, die nächste Generation des Systems zu entwickeln, das AN/DAS-4 Multispectral Targeting System, das, wie es auf der Herstellerseite heißt,[165] über vier hochauflösende Kameras verfügt, die fünf spektrale Bereiche abdecken; einen drei-farbigen Laser-Designator/Rangefinder, mit dem das anvisierte Ziel mit einem Laserstrahl markiert werden kann, dem die an Bord befindlichen Hellfire-Missiles punktgenau folgen.

Eine von Texas Instruments entwickelte Laser-geführte Bombe namens Paveway wurde zum ersten Mal 1968 im Vietnam-Krieg eingesetzt.[166] Die technologisch ausgereifteren Varianten verhalfen den US-amerikanischen Luftangriffen während des Zweiten Golfkrieg im Jahr 1991 in den internationalen Medien zum Image hochtechnologischer Präzision, obwohl tatsächlich nur etwa 7 Prozent der eingesetzten Geschosse über Laser-Guidance gesteuert wurden.[167] In der Gegenwart ist die als „laser painting", „sparkling"[168] oder „painting the target"[169] bezeichnete Praxis zentral für die bildvermittelten Verfahren ferngesteuerter Militäreinsätze. Seit 2001 be-

---

163 Stephen Trimble: „Sierra Nevada fields ARGUS-IS upgrade to Gorgon Stare pod". *FlightGlobal*, 2. Juli 2014, URL: https://www.flightglobal.com/civil-uavs/sierra-nevada-fields-argus-is-up grade-to-gorgon-stare-pod/113676.article [abgerufen am 14. Januar 2021].

164 Henry Kenyon: „Air Force to deploy ,all-seeing eye' surveillance system". *GCN*, 3. Januar 2011, URL: https://gcn.com/articles/2011/01/03/air-force-gorgon-stare-wide-angle-surveillance.aspx [abgerufen am 14. Januar 2021].

165 O. V.: „Raytheon to start production of first multi-spectral targeting system with next-generation accuracy. U. S. Air Force awards company $90 million", 29. April 2018, *Raytheon* [offizielle Firmen-Webpage], URL: http://investor.raytheon.com/news-releases/news-release-details/raytheon-start-production-first-multi-spectral-targeting-system?ID=2163329&c=84193&p=irol-new sArticle [abgerufen am 14. Januar 2021].

166 Zur Geschichte und Entwicklung der Laser-geführten Präzisionswaffen siehe: Paul G. Gillespie: *Weapons of Choice. The Development of Precision Guided Munitions*. University of Alabama Press, Tuscaloosa, 2006.

167 Siehe: Antoine Bousquet: *The Eye of War. Military Perception from the Telescope to the Drone*. University of Minnesota Press, Minneapolis, 2018, S. 75.

168 Martin, Sasser, Predator, 2010, S. 1 und 31.

169 G. Kurt Piehler (Hg.): *Encyclopedia of Military Science*. Sage, New York, 2013, S. 242. Die folgenden Absätze basieren auf meinen vorangegangenen Überlegungen aus: Nina Franz: „Painting the Target". In: Kathrin Friedrich, Moritz Queisner, Anna Roethe (Hg.): *Image Guidance. Bedingungen bildgeführter Operationen. Bildwelten des Wissens*. Bd. 12. De Gruyter, Berlin, 2016, S. 96–97.

finden sich lasergelenkte Hellfire-Raketen an Bord von bewaffneten Drohnen der Typen Predator, Reaper und Grey Eagle. Hellfire-Raketen waren ursprünglich als Luft-Boden Waffen gegen Panzer konzipiert, wurden aber im Zuge der Hochrüstung der US-Drohnenflotte nach dem 11. September zur Bewaffnung des Predator eingesetzt. Die Sprengkraft der Geschosse wurde dabei erhöht, sodass sie im Resultat alles andere als „chirurgisch" und „präzise" vorgehen. Wie Michael Richards schreibt:

> [...] engineers wrapped the Hellfire in a blast fragmentation sleeve that would come apart in the heat of the explosion, hurling molten shrapnel through bodies and buildings with a kill radius of 15 m and a wounding radius of 50 m. For all its supposed precision, the armed drone would become an indiscriminate killer within a define zone of lethality.[170]

Mithilfe von *laser designation* und *laser guidance* werden Ziele aus größerer Entfernung, aus der Luft oder vom Boden, mit einem Laserstrahl niedriger Frequenz zum Abschuss markiert. Lasergelenkte Geschosse, wie Hellfire AGM-114, erfassen die von der Markierung reflektierende Strahlung mittels eines Infrarotsuchers (*laser target seeker*) und werden so zu ihrem Ziel gelenkt.[171]

Die mit künstlichem Licht von jeher gegebene Macht, verborgene Dinge aus der Dunkelheit zu lösen und damit zu Zielen tödlicher Angriffe zu machen,[172] erfährt mit den Verfahren der Laser Guidance, bei dem Licht auf hochintensive Art gebündelt, verstärkt und auf einen Punkt gerichtet wird, eine Zuspitzung.[173] Während der Strahl für einen Menschen, der vom Zielstrahl erfasst wird, ohne spezielle Infrarotsichtgeräte unsichtbar ist, erscheint das Ziel auf den Monitoren der

---

170 Michael Richardson: „Drone Trauma. Violent Mediation and Remote Warfare". In: *Media, Culture & Society* 45 (1), 2023, S. 202–211, hier: S. 11.

171 Man unterscheidet dabei generell zwischen „semi-active laser homing", wobei das Geschoss mit einem entsprechenden Sucher („seeker" oder „tracker") ausgestattet ist und der „beam-riding"-Variante, bei der das Geschoss direkt auf dem Strahl entlang gleitet. Siehe: Filippo Neri: *Introduction to Electronic Defense Systems*. Artech House, Boston, 2006, S. 257.

172 Eine Reihe von medientheoretischen Positionen reagierte auf diese technologischen Entwicklungen mit historischen Kontextualisierungen dieser „Waffen des Lichts". Siehe dazu vor allem Paul Virilio: *Die Sehmaschine*. Merve, Berlin, 1989, S. 83–108; Paul Virilio, Hubertus von Amelunxen: „Töten heißt, erst den Blick rüsten; ins Auge fassen". In: *Fotogeschichte*, 12.43, 1992, S. 91–98; Friedrich Kittler: „Eine kurze Geschichte des Scheinwerfers". In: Michael Wetzel, Herta Wolf (Hg.): *Der Entzug der Bilder. Visuelle Realitäten*. Fink, München, 1994, S. 183–189.

173 Das Wort „Laser" steht, seiner technischen Definition nach, für „light amplification by stimulated emission of radiation". Atome werden mithilfe eines Oszillators zu einem höheren Grad von Aktivität stimuliert, woraufhin sie Licht abgeben, während sie zu ihrem ursprünglichen Aktivitätslevel zurückfinden. Werden alle Atome innerhalb der stimulierten Welle miteinander synchronisiert, dann entsteht daraus ein kohärenter, sehr starker, pulsierender Strahl auf einer einzigen Frequenz.

Drohnen-Crew wie von grünem Licht erleuchtet. „Painting the target" bedeutet also zweierlei: Einmal eine Manipulation von Pixeln auf einer zweidimensionalen Fläche, durch die der Cursor das Ziel als solches auf dem Bildschirm „malt" und zum anderen eine Markierung des Ziels durch den gebündelten Lichtstrahl des Targeting Systems – sei es ein Gebäude, ein Objekt oder ein Mensch – am Zielort der Handlung. Als „gemaltes" oder „angemaltes" Objekt wird das Ziel dabei gewissermaßen selbst zum Bild und die Bildgebung dementsprechend zu einem tödlichen Akt. Allerdings kann schon eine Kamera mit frei im Handel erhältlicher Nachtsichtoptik die ungleichen Sichtverhältnisse vorübergehend resymmetrisieren. Die Bildgebung durch das Infrarotsichtgerät wird dabei zu einem taktischen Manöver: Im grün durchfärbten Bild des Nachtsichtgeräts wird nicht nur das Ziel, sondern auch die Quelle der Markierung sichtbar und macht sich damit potenziell selbst zum *Target*.[174] Für die Drohnenpilot*innen, die sich zum Teil auf der anderen Seite des Globus in der Ground Control Station befinden, stellt dies – anders etwa als im Fall der CIA-Bodentruppen, die während des Angriffs auf das US-amerikanische Konsulat in Benghasi aufgrund ihrer eigenen Lasermarkierungen beschossen wurden – keine Bedrohung von Leib und Leben dar.

Der aus dem Himmel kommende Strahl heißt unter Drohnenpilot*innen angeblich „Light of God".[175] Das evoziert das Phantasma einer allsehenden, allmächtigen Gewalt – und damit die Fiktion einer olympischen Macht, den „God Trick", den ferngesteuerte Späh- und Waffensysteme idealiter verkörpern. Dass – von den prag-

---

174 Der Kriegsberichterstatter Michael Yon schreibt hierzu: „What can be said is that to crank up an IR laser in a relatively advanced country [...] risks identifying the lasing source even more than the target. The Libyans may use normal camera gear, or have cheap night vision gear that can be bought all over the world. They might just use smart phone cameras." Siehe: Michael Yon: „Painting the Target". In: *Michael's Dispatches*, 2. November 2012. URL: https://www.michaelyon-online.com/painting-the-target.htm [abgerufen am 21. Januar 2021]. Yon bezieht sich auf die kontroverse Berichterstattung in der konservativen US-amerikanischen Presse über den Tod des ehemaligen Navy-SEAL und CIA-Contractors Tyrone Woods während des Angriffs auf das US-amerikanische Konsulat in Benghasi am 11. September 2012 zu berufen, siehe etwa: Rush Limbaugh: „Latest on Benghazi: Tyrone Woods Painted a Target, But the Missile Never Came". *The Rush Limbaugh Show*, 29. Oktober 2012. URL: https://www.rushlimbaugh.com/daily/2012/10/29/latest_on_benghazi_tyrone_woods_painted_a_target_but_the_missile_never_came/ [abgerufen am 21. Januar 2021]; Jennifer Griffin: „What laser capability did Benghazi team have?". *Fox News*, 4. November 2012. URL: https://www.foxnews.com/politics/what-laser-capability-did-benghazi-team-have [abgerufen am 21. Januar 2021].
175 So heißt es zumindest in einer viel beachteten Szene aus Omer Fasts *5.000 Feet is the Best*. Ob es sich dabei um ein authentisches Zitat handelt, ist unklar. Die Gottes-Methaper scheint aber verbreitet: „[s]ometimes I felt like God hurling thunderbolts from afar", schreibt Martin J Martin in seiner *Pilot's Story*, siehe: Martin, Sasser, 2010, S. 3; dazu auch Chamayou, A Theory of the Drone, 2015, S. 36 ff.

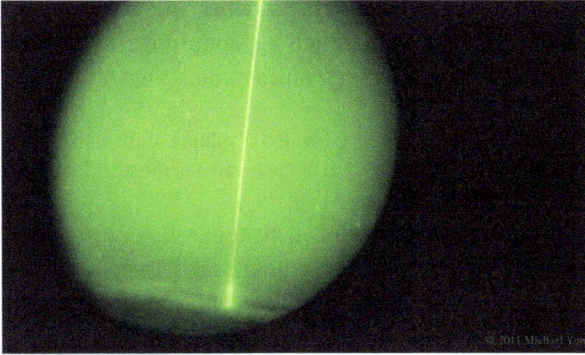

Abb. 6: Michael Yon: Aircraft painting helicopter landing zone in Kandahar Province, 2011.[176]

matischen Problemen der Sichtbarkeit abgesehen, die das Beispiel der Lasermarkierung belegt – die Fülle von visuellen Daten, die mit Systemen wie ARGUS-IS und Gorgon Stare verfügbar wird, jedoch nicht zu einem solchen Gott-ähnlichen Zustand führt, sondern eher zu einer Daten-Schwemme, oder „data deluge",[177] der das Personal am Boden nicht mehr Herr zu werden droht, wird auch dadurch offensichtlich, dass die Human Factors-Forschung ein besonders großes Interesse an der Konstruktion des künstlichen Wahrnehmungsfelds der „Operators" hat.

Für alle ferngesteuerten Handlungen gilt, dass sie auf visuelle Medien angewiesen sind, die den Steuernden auf möglichst effiziente Weise erlauben, sich ein Bild vom Ort ihres Handelns zu machen. Die amerikanischen Human Factors Studies, die, wie bereits ausgeführt wurde, aus den frühen Forschungen zur Sicherheit von Piloten und der effizienten Steuerung komplexer Flugzeugcockpits während des Zweiten Weltkriegs hervorgegangen sind, spielen bis heute eine zentrale Rolle für die „Integration" neuer Technologien und automatischer Systeme in die Ränge des US-amerikanischen Militärs[178] sowie für die Diskursivierung dieser Zusammenhänge. Zu einem Zeitpunkt, als komplexe Computertechnologien Eingang in das Flugzeugcockpit fanden, entwickelte die Human Factors-Wissenschaftlerin

---

176 Yon, Painting the Target, 2012.
177 Amber Corrin: „Sensory overload: Military is dealing with a data deluge. Too much data inhibits analysts' ability to unearth meaningful intelligence". *Defense Systems*, 4. Februar 2010, URL: https://defensesystems.com/articles/2010/02/08/home-page-defense-military-sensors.aspx [abgerufen am 21. Januar 2021].
178 Die militärischen Human Factors Studies bezeichnen dies als „human-systems integration", und die US Air Force verfügt über ein eigenes Air Force Human Systems Integration Office. Siehe: Air Force Human Systems Integration Office. *Air Force Acquisition* [offizielle Webseite] URL: https://ww3.safaq.hq.af.mil/Organizations/AFHSIO/, [abgerufen am 15. Januar 2021].

Mica Endsley den Begriff der „Situational Awareness". In einer Studie zum Wahr-
nehmungs- und Reaktionsverhalten von Pilot*innen in Kampfflugzeugen während des Luftgefechts beschreibt sie die „Situationswahrnehmung" als

> [...] the perception of the elements in the environment within a volume of time and space,
> the comprehension of their meaning and the projection of their status in the near future.[179]

Wie zentral dieser Begriff in den folgenden Jahrzehnten nicht nur in der ingenieurswissenschaftlichen Fachliteratur, sondern auch im militärischen Technologiedis-
kurs wurde, ist nicht nur durch seine Allgegenwart in den Policy-Dokumenten der
US Air Force belegt, sondern unter anderem auch durch Endleys Karriere. In ihrer
Person werden zudem die engen Verbindungen nachvollziehbar, die die Rüstungsindustrie zu den mit Regierungsaufträgen betrauten Wissenschaftler*innen unter-
hält. Endsley, die in den 1980er Jahren zunächst für den Rüstungskonzern Northrop
Grumman tätig war und zeitweise als Präsidentin des Los Angeles Chapters der
Human Factors and Ergonomics Society amtierte, baute im Anschluss ihr eigenes
privates Consulting-Unternehmen namens *SA Technologies* [SA für Situational Aware-
ness] auf,[180] das bis heute sowohl zivile als auch militärische Luftfahrt-Projekte
berät. Im Jahr 2013 wurde Endsley zur Chief Scientist of the US Air Force ernannt[181] und bekleidete damit das höchste Amt, das einer Wissenschaftlerin im
US-amerikanischen Militär möglich ist.

Endsleys Berufung zur Chief Scientist der US Air Force erfolgte zu einem Zeitpunkt, den man als Höhepunkt der kontrovers geführten Debatte um die Integration „autonomer" Technologien in die Kriegführung bezeichnen kann. Zu Beginn
der zweiten Amtszeit von Präsident Barack Obama wurde die unter Präsident

---

179 Mica Endsley: „A Survey of Situation Awareness in Air-to-Air Combat Fighters". *The International Journal of Aviation Psychology* 3/2, 1993, S. 157–168, hier: S. 157. Für eine ausführliche Auseinandersetzung mit dem Begriff und seinen politischen Implikationen besonders in Bezug auf
robotische Kriegführung, die allerdings die Begriffsgeschichte und die Einordnung in die Geschichte der Human Factors Studies außer Acht lässt, siehe Suchman, Situational Awareness,
2015.
180 SA Technologies Inc. ist „a cognitive engineering firm specializing in the analysis, design,
measurement and training of situation awareness in advanced systems, including the next generation of systems for aviation, air traffic control, health care, power grid operations, transporta-
tion, military operations, homeland security, and cyber." Siehe: O. V.: „Featured Author Mica Endsley". *Routledge* [offizielle Webseite], URL: https://www.routledge.com/authors/i366-mica-endsley
[abgerufen am 18. Januar, 2021].
181 Zur Biographie Endsleys siehe: Rosalie Murphy: „Air Force appoints USC alumna as chief
scientist". *USC News*, 25. Juli 2013, University of Southern California [offizielle Webseite], URL:
https://news.usc.edu/53468/air-force-appoints-usc-alumna-as-chief-scientist/ [abgerufen am
15. Januar 2021].

George W. Bush ursprünglich in Reaktion auf die Anschläge des 11. Septembers 2001 initiierte bewaffnete Drohnenflotte des US-Militärs und der Geheimdienste massiv ausgebaut.[182] Die Air Force setzte die neuen Systeme zu diesem Zeitpunkt vor allem im Kampf gegen Sunni-islamistische Gruppen, wie Al Qaeda und Taliban, in Afghanistan ein. Zudem operierte die CIA bis zum Jahr 2018 mit einer eigenen geheimen Drohnenflotte in den ehemaligen Federal Administrated Tribal Areas (FATA) im Nordwesten Pakistans und bis 2021 in Afghanistan (wobei auch nach Abzug der US-amerikanischen Truppen nicht ganz klar ist, ob die CIA dort keine Einsätze mehr fliegen wird), sowie im Jemen und Somalia. Aufgrund ihres Status' als Geheimoperationen ist ein Überblick über die Faktenlage, wie die Anzahl von Drohneneinsätzen und zivilen Opfern, bis heute äußerst schwierig. Verschiedene investigativ arbeitenden NGOs verfolgten besonders in den Jahren zwischen 2010 und 2018 Projekte zur Dokumentation von US-amerikanischen Drohnenanschlägen.[183] Wenn die Unterscheidung von Kombattant*innen und Zivilist*innen, und damit die Erfassung von zivilen Opfern in diesem nicht-konventionellen Konflikt ohnehin kriegs- und völkerrechtliche Fragen aufwirft, dann gilt dies umso mehr,

---

182 Amitai Etzioni: „The Great Drone Debate". *Military Review*, März/April 2013, URL: https:// web.archive.org/web/20130522061025/http://icps.gwu.edu/files/2013/03/Etzioni_DroneDebate.pdf [abgerufen am 18. Januar 2021]. Zur historischen Entwicklung der US-Drohnenkriegs nach 9/11 siehe auch: Markus Gunneflo: *The Life and Times of Targeted Killing*. Lund University Press, Lund, 2014.

183 Siehe: Chantal Grut, Naureen Shah et al.: „Counting Drone Strike Deaths". *Human Rights Clinic*, Columbia Law School, October 2012; James Cavallaro, Stephen Sonnenberg, Sarah Knuckey: *Living Under Drones: Death, Injury and Trauma to Civilians from US Drone Practices in Pakistan*. Stanford: International Human Rights and Conflict Resolution Clinic, Stanford Law School, New York: NYU School of Law, Global Justice Clinic, 2012. Als wichtigste Quelle für Informationen über geheime Drohneneinsätze und deren zivile Opfer kann das britische *Bureau of Investigative Journalism* gelten, die zwischen 2010 und 2020 intensive Recherchen betrieben. Siehe: https:// www.thebureauinvestigates.com/projects/drone-war [abgerufen am 18. Januar 2021]. Seit 2010 wird die Arbeit des Londoner Büros von der NGO *Air Wars* weitergeführt, die an das Department of Media and Communication der Goldsmiths University of London angebunden ist. Die NGO untersucht auch militärische Lufteinsätze anderer Nationen, wie Russland, Frankreich und Großbritannien, die inzwischen ebenfalls völkerrechtswidrige Drohnenangriffe ausführen. Siehe: https://airwars.org/ [abgerufen am 18. Januar 2021]. Die unter Obama begonnene Ausweitung von Drohneneinsätzen im Ausland unter der Ägide des CIA wurde von Obama unter dem Druck der Öffentlichkeit zunächst zurückgenommen und unter der Präsidentschaft Donald Trumps ab dem Jahr 2017 wieder aufgenommen, hat seither aber sehr viel weniger mediale Aufmerksamkeit erfahren. Siehe: David Welna: „Trump Restores CIA Power to Launch Drone Strikes". *NPR*, 14. März 2017, URL: https://www.npr.org/2017/03/14/520162910/trump-restores-cia-power-to-launch-drone-strikes [abgerufen am 18. Januar 2021]; Kelsey D. Atherton: „Trump Inherited the Drone War but Ditched Accountability". *Foreign Policy*, 22. Mai 2020, URL: https://foreignpolicy.com/2020/05/22/ obama-drones-trump-killings-count/ [abgerufen am 18. Januar 2021].

als sich die USA mit vielen der Länder, in denen sie bis heute Drohnen-Einsätze durchführen, nicht im Krieg befinden.[184] Nach internationalem Recht handelt es sich bei diesen gezielten Drohneneinsätzen mit tödlicher Folge um sogenannte „extrajudicial killings".

Schon der erste Einsatz einer bewaffneten CIA-Drohne im Februar 2002 als Reaktion auf die Anschläge des 11. Septembers 2001, machte das Problem der Identifizierung „legitimer Ziele" deutlich. Wie der Stanford NYU-Bericht *Living Under Drones* resümiert:

> The CIA allegedly carried out its first targeted drone killing in February 2002 in Afghanistan, where a strike killed three men near a former *mujahedeen* base called Zhawar Kili. Some reports suggest the CIA thought one of the three men might have been bin Laden in part due to his height. When questioned in the aftermath of the strike, however, authorities confirmed that it was not bin Laden and, instead, appeared not to know who they had killed. A Pentagon spokeswoman stated, ,[w]e're convinced that it was an appropriate target,' but added, ,[w]e do not know yet exactly who it was.' Another spokesman later added that there were ,no initial indications that these were innocent locals.' Reports since have suggested that the three individuals were local civilians collecting scrap metal.[185]

Die Kulturtheoretikerin Rey Chow hat in *The Age of the World Target*[186] das *Targeting* – also die Erfassung von Zielen potenziell tödlicher Handlungen – als die paradigmatische Form des globalen Zugriffs der US-amerikanischen Weltmacht im post-atomaren Zeitalter beschrieben. An der Wurzel dieser Form des Zugriffs, der sich sowohl auf militärische Weise als auch in Form von akademischen Diskursen,[187] manifestiert, identifiziert Chow eine tief verwurzelte Feindlichkeit gegenüber dem „Anderen":

> [T]he truth of the continual targeting of the world as the fundamental form of knowledge production is xenophobia, the inability to handle the otherness of the other beyond the

---

184 Für eine Zusammenfassung der Argumente, mit denen die USA diese Praktiken rechtfertigt siehe: Dan Gettinger, Arthur Holland Michel et al.: *The Drone Primer. A Compendium of Key Issues*. Center for the Study of the Drone, Bard College, Annandale, 2014.

185 Cavallaro, Sonnenberg, Knuckey, Living Under Drones, 2012, S. 10.

186 Rey Chow: *The Age of the World Target. Self-Referentiality in War, Theory and Comparative Work*. Duke University Press, Durham, 2006.

187 Hier bezieht sich Chow auf die US-amerikanischen Area Studies, die sie mit Edward Said als „orientalistisches" Projekt beschreibt: „Often under the most and apparently innocuous agendas of fact gathering and documentation, the ,scientific' and ,objective' production of knowledge during peacetime about the various special ,areas' became the institutional practice that substantiated and elaborated the militaristic conception of the world as target." Chow, World Target, S. 40

orbit that is the bomber's own visual path. For the xenophobe, every effort needs to be made to sustain and secure this orbit – that is, by keeping the place of the other-as-target always filled.[188]

Für Chow stellt, ähnlich wie für Günther Anders, der Abwurf der Atombomben über Hiroshima und Nagasaki das zentrale „epistemische Ereignis" dar, ohne das die globale Kultur, „in which everything has become (or is mediated by) visual representation and virtual reality"[189] nicht verständlich ist. Seither sei die Welt außerhalb der westlichen Selbstwahrnehmung für diese grundsätzlich durch die Sichtweise des Bomberpiloten definiert. Seit die Erreichbarkeit der gesamten Welt waffentechnisch grundsätzlich möglich sei, sei diese nicht nur – wie Martin Heidegger bereits 1938 erklärt hatte – zu einem „Weltbild", als „Gebild des vorstellenden Herstellens"[190] geronnen, sondern zum *World Target* – der Welt als militärischem Ziel, das an visuelle Repräsentation gebunden ist. Die mit dieser „zielenden" Art der Wissensproduktion einhergehende Sichtweise beschreibt Chow als grundsätzlich selbstreferentiell:

As long as knowledge is produced in this self-referential manner, as a circuit of targeting or *getting* the other that ultimately consolidates the omnipotence and omnipresence of the sovereign ‚self' / ‚eye' – the ‚I' – that is the United States, the other will have no choice but remain just that – a target whose existence justifies only one thing, its descruction by the bomber.[191]

Mit der Medientheoretikerin Lucy Suchman kann das von Chow identifizierte, auf westliche Furcht vor und Feindschaft für den „Anderen" beruhende Prinzip des

---

188 Chow, World Target, 2006, S. 42.
189 Chow, World Target, 2006, S. 26–27.
190 Martin Heidegger: „Zeit des Weltbildes". In: Ders.: *Gesamtausgabe. Band 5. Holzwege.* Herausgegeben von Friedrich-Wilhelm von Herrmann. Vittorio Klostermann, Frankfurt a. M., 1977, S. 75–114, hier: S. 87. Schon bei Heidegger drückt dieser mit dem neuzeitlichen Wissenschaftsverständnis einhergehenden „Bildcharakter" der Welt, ein Herrschaftsverhältnis aus. Und auch Heidegger verweist hierbei auf die Anthropologie aus, der die von Chow anvisierten US-amerikanischen Area Studies als Teilbereich unterstehen: „Je umfassender nämlich und durchgreifender die Welt als eroberte zur Verfügung steht, je objektiver das Objekt erscheint, um so subjektiver [...] erhebt sich das Subjectum, um so unaufhaltsamer wandelt sich die Welt-Betrachtung und Welt-Lehre zu einer Lehre vom Menschen, zur Anthropologie." Heidegger, 1977, S. 93. Sidonie Kellerer hat Heideggers Editionspolitik im Hinblick auf diesen Text untersucht und insbesondere dessen als nachträgliche Rechtfertigung eingesetzte, angeblich als NS-kritisch zu wertende Auseinandersetzung mit dem Technik- und Wissenschaftsverständnis der Neuzeit eindeutig widerlegt. Dies lässt auch Heideggers Vereinnahmung durch herrschaftskritische Ansätze wie Chows fragwürdig erscheinen. Siehe: Sidonie Kellerer: „Heideggers Maske. ‚Die Zeit des Weltbilds' – Metamorphose eines Textes". In: *Zeitschrift für Ideengeschichte*, Bd. V/2, 2011, S. 109–120.
191 Chow, World Target, 2006, S. 41.

Targeting an die oben beschriebene Konzeption der militärischen Situationswahr-nehmung angebunden werden. In dem im Jahr 2015 erschienenen Aufsatz zu „Situational Awareness: Deadly Bioconvergence at the Boundaries of Bodies and Machines" hat Suchman auf die unüberbrückbaren Widersprüche hingewiesen, die sich aus der durch Drohnen ermöglichten distanzierten Kriegführung und dem Problem der „situational awareness" ergeben, „besonders im Hinblick auf die (Mis)Identifizierung von relevanten anderen"[192] [relevant others]. Suchman – die als eine der Begründer*innen der feministischen Science and Technology Studies (STS) gilt und gemeinsam mit dem britischen KI-Forscher Noel Sharky und anderen renommierten Expert*innen eine internationale Kampagne gegen den Einsatz autonomer Waffensysteme ins Leben rief – betont, dass Maschinen niemals über ein adäquates Konzept von „Situationswahrnehmung" verfügen können, da diese die Wahrnehmung der Opfer und des versursachten Leids mit beinhalten müsste, das durch die sorgfältige Konstruktion der „situational awareness" an den Screens der Kontrollstationen herausgefiltert wird. Die großen Schwierigkeiten, mit denen das amerikanische Militär etwa die Unterscheidung von „legitimate targets" [legitimen Zielen] und unbeteiligten Zivilist*innen bewerkstelligt, dienen Suchman als Paradigma für das Versagen der über Bildschirme und Sensoren vermittelten Wahrnehmung der Verhältnisse am Zielort der militärischen Gewalt.

Suchmans Forderung liegt im scharfen Kontrast zu der technischen Sprache der Human Factors Studies. In einer frühen Studie Endsleys zur Automation von Datenverarbeitungsprozessen und visueller Simulation durch die damals als „Expert Systems" bezeichneten Computersysteme im Flugzeugcockpit heißt es:

> Expert systems can be used to further augment the pilot by providing new capabilities never possessed before. Not only may he be better prepared to deal with simultaneous and high workload demands on his attention, expert systems may also be used to provide the pilot with ‚look ahead' simulation capabilities or the truly pertinent data from among the multitudes of data available from internetted sources.[193]

Die „wirklich relevanten Daten" [truly pertinent data] sollen mithilfe des Computers herausgefiltert und in Echtzeit in Bildschirmgraphiken übersetzt werden, damit der oder die Pilot*in von der Bürde befreit wird, die Aufmerksamkeit auf mehrere Dinge gleichzeitig richten zu müssen. Zugleich kann der Computer sehr viel schneller sehr viel größere Mengen vorhandener Daten miteinander kombinieren, um daraus zukünftige Szenarien zu modellieren. Diese können der oder

---

192 [Eigene Übersetzung] Suchman, Situational Awareness, 2015, S. 2.
193 Mica Endsley: „The Application of Human Factors to the Development of Expert Systems for Advanced Cockpits". *Proceedings of the Human Factors Society – 31st Annual Meeting*, 1987, S. 1389.

dem Pilot*in entweder als Entscheidungsgrundlage dienen oder bestimmte Entscheidungen abnehmen, wodurch das durch das Expert System generierte graphische Interface statt einer beratenden Funktion potenziell die Funktion einer Handlungsanweisung übernimmt. Eine Verkehrung der Handlungsmacht von steuerndem Menschen zu steuerndem Cockpit ist hier prinzipiell mit angelegt.

Advanced Cockpits[194] von militärischen Drohnen verfügen so neben dem in Echtzeit übertragenen Kamerabild (Live Video Feed) noch über einen zweiten, computergenerierten „synthetischen" Bildtypus, der die Sicht aus dem ferngesteuerten Fluggerät simuliert, als wäre die/der Pilot*in an Bord der Maschine, und zwar ohne dass dieser Blick jemals durch schlechte Wetterverhältnisse oder schlechte Datenübertragung getrübt würde. Hierfür werden bereits verfügbare räumliche Daten von Software-basierten Systemen aus verschiedenen Datenbanken zusammengetragen und bei Bedarf um weitere Informationen aus Kommunikationsnetzwerken sowie Sensordaten (von optischen und Infrarotkameras, Laser-Rangefinder (LADAR) m Sound Ranging, GPS u. a.)[195] ergänzt, in Symbole übersetzt und auf einem simulierten Bild eingetragen. Letzteres wird über das Videobild gelegt und erscheint so als zweite visuelle Ebene auf dem Bildschirm der*des Pilot*in.

Bei dieser symbolischen Bildebene geht es gerade nicht, wie zu vermuten wäre, um eine realitätsnahe Darstellung des Sichtfelds, sondern, im Gegenteil, um eine Abstraktion von der Wirklichkeit in einem operativen Sinn: Die neuen synthetischen Verfahren der Visualisierung haben die vorrangige Funktion, die in Echtzeit generierten Videobilder nach Maßgabe der durchzuführenden Operation interpretierbar zu machen. Gawron et al. warnen in diesem Zusammenhang vor allzu realitätsnahen 3-D Simulationen, da sie einen „naiven Glauben" an die Displays befeuerten.

Naïve realism is a term that refers to users' absolute (although often misplaced) faith in 3-D displays. Whereas users may prefer the detailed and realistic 3-D systems, these systems do not necessarily support tasks better – it is often the case that a simplified scene is easier to use and understand. Their findings indicate that use of immersive 3-D systems only result in improved performance in certain terrains and tasks, and it is therefore important to test such a system for its specific intended use.[196]

---

194 Die folgenden Beschreibungen von Advanced Cockpits und Synthetic Vision basieren zum Teil auf dem in Ko-Autorschaft mit Rebekka Ladewig verfassten Aufsatz: „Synthetische Realität und Blindflug – Operationalisierung der Wahrnehmung". In: Matthias Bruhn, Nikola Doll (Hg.): *kritische berichte. Zeitschrift für Kunst- und Kulturwissenschaften*, 43 (4), 2015, S. 95–104, hier: S. 99–102.

195 Siehe: Adam Rothstein: *Drone. Object Lessons*. Bloomsbury Academic, New York, 2015, S. 64.

196 Valerie J. Gawron, Keven Gambold, Scott Scheff, Jay Shively: „Ground Control Systems". In: Nancy J. Cooke et al.: *Remotely Piloted Aircraft Systems. A Human Systems Integration Perspective*. Wiley, 2017, S. 63–108, hier: S. 81.

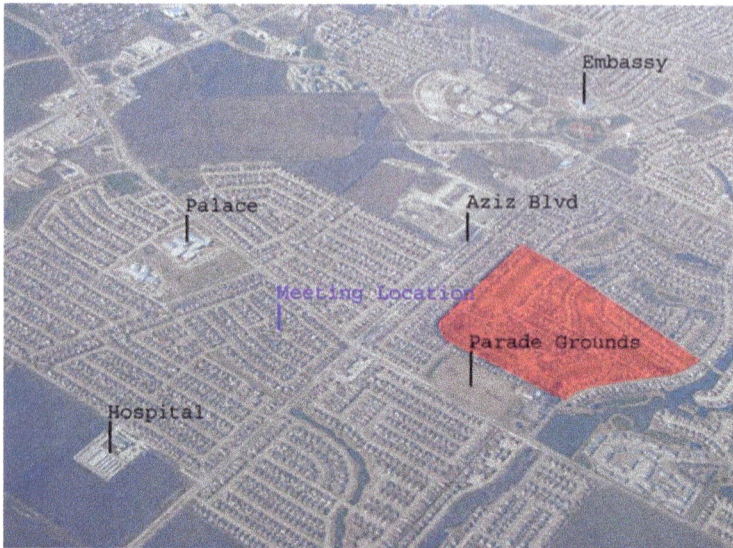

Abb. 7: „Synthetic vision symbology for improving situational awareness in cluttered urban environments", nach Calhoun, Draper, Synthetic Vision, 2010.

In jedem Fall ermöglichen Synthetic Vision-Systeme eine Steuerung ohne Zugriff auf die dahinter liegende Ebene des Echtzeit-Videobilds, sodass Steuerung und Kontrolle ohne jegliche visuelle Referenz auf die äußere Wirklichkeit stattfinden können. Wenn die Fachsprache der Human Factors Studies diesbezüglich zwischen „real world" und „synthetic world" unterscheidet,[197] ist damit eben dieser Gegensatz zwischen Echtzeit-Videoaufnahme und Computersimulation gemeint. Die Markierungen des synthetischen Bildes dienen zum einen dazu, bereits vorhandene, relevante Informationen (wie Gefahrenzonen, Start- und Landemöglichkeiten und „areas of interest") im Bild besonders hervorzuheben (*highlight*), zum anderen schreiben sie Informationen, die nicht schon im Bild enthalten sind, dort ein und machen sie so erst wahrnehmbar (*augment*).[198] Innerhalb der „synthetischen Realität" gibt es zwei Sichtmodi oder Perspektiven: Die egozentrische und die exozentrische Sicht. Egozentrische Displays geben der Pilot*in eine Sicht „als ob sie oder er

---

197 Gloria L. Calhoun, Mark H. Draper: „Synthetic Vision for Improving Unmanned Aerial Vehicle Operator Situational Awarenes". In: Michael Barnes, Florian Jentsch (Hg.): *Human-Robot Interaction in Future Military Opertions. Human Factors in Defense*. CRC Press, Burlington, 2010, S. 229–249, hier: S. 236.
198 Calhoun, Draper, Synthetic Vision, 2010, S. 236.

sich im Flugzeug befände",[199] während exozentrische Sicht den Blick von oben auf das Flugzeug simuliert.

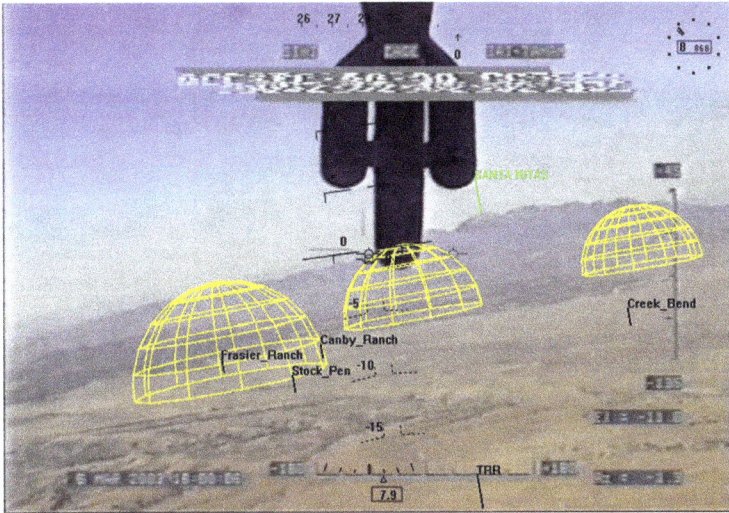

Abb. 8: „SmartCam3D (SCS) display illustrating spatially referenced computer-generated overlay symbology onto real-time video imagery", nach Calhoun, Draper, Synthetic Vision, 2010.

Durch diese Verfahren werden die Bilder *operativ* in einem doppelten Sinn: Einerseits als visuelle Schnittstellen des „input to the human operator"[200] und andererseits, indem hier auf verfeinerte Weise zuvor als relevant eingestufte Informationen mittels algorithmischer Prozesse der Auslese und Bildgebung das konstituieren, was überhaupt vom eigentlichen Ort des Geschehens wahrgenommen werden kann.[201] Die Entscheidung darüber, was relevant ist und was nicht, einschließlich

---

199 [Eigene Übersetzung] Rothstein, Drone, 2015, S. 66.

200 „[S]ensation and perception", sind, nach einem Gründungsdokument der Human Factors Studies, in ihrer Funktion als „input to the human operator" zu verstehen. Siehe: Alphonse Chapanis, Wendell R. Garner, Clifford T. Morgan: *Applied Experimental Psychology: Human Factors in Engineering Design*, American Psychological Association, Hoboken, 1949, S. 2 und 5. Siehe auch Kapitel 4.6 dieser Untersuchung.

201 Eine ähnliche Spur verfolgt auch Moritz Queisner, der im Advanced Cockpit GCS ein „soziotechnisches Arrangement" erkennt, in dem sich „Apparaturen nicht länger als Hilfsmittel, Fortführungen oder Erweiterungen des Auges beschreiben lassen, sondern die Voraussetzung für Handlungen bilden". Queisner betont dabei die Rolle der/des Sensor-Operators, der/dem über die Auswahl von „Bildmodus, Bildausschnitt und Vergrößerungsstufe" die Schlüsselposition in der Vermittlung zwischen Sensoren und Visualisierungen zukommt. Siehe: Moritz Queisner, „Drone Vision. Sehen und Handeln an der Schnittstelle von Sinnen und Sensoren". In: Beate Ochsner,

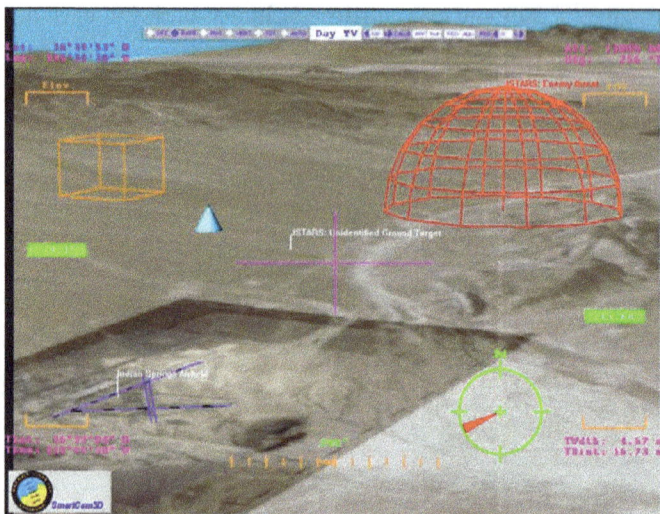

Abb. 9: „Synthetic vision symbology added to simulated UAV gimbal video imagery (symbology marking threat, landmarks, areas of interest and runway)", nach Calhoun, Draper, Synthetic Vision, 2010.

seiner Interpretation, ist diesem Prozess vorgeschaltet und bleibt dem oder der steuernden Piloten*in im Cockpit prinzipiell unzugänglich. Sie erscheint stattdessen als ingenieurstechnische Anwendung und darin als Umsetzung militärischer und politischer Entscheidungsträger mit den Mitteln der Gestaltung visueller Displays und Software-basierter Programmierung. Mit Sebastian Gießmann und Erhard Schüttpelz sowie Christoph Ernst können die Synthetic Vision Displays als „boundary objects" bezeichnet werden, die eine „Kooperation ohne Konsens" zwischen „heterogenen Akteuren" zulassen.[202] Am Beispiel von vernetzten *smart maps* hat Ernst gezeigt, wie hier „diagrammatisch vermittelte Lagebilder [...] an verschiedenen Orten und unter heterogenen Bedingungen" mittels einer „shared situational awareness" die jeweils gleichen Praktiken instruieren:

> ‚Ohne Konsens' bedeutet dann: ohne explizite Absprache oder Befehl. Diagrammatische Lagebilder ermöglichen sowohl medial als auch kognitiv eine zur ‚Selbst-Synchronisation' der Akteure führende Kooperation.[203]

Robert Stock (Hg.): *senseAbility – Mediale Praktiken des Sehens und Hörens.* transcript, Bielefeld, 2016, S. 169–188.

202 Sebastian Gießmann, Erhard Schüttpelz: „Medien der Kooperation. Überlegungen zum Forschungsstand". In: AG Medien der Kooperation (Hg.): *Navigationen. Zeitschrift für Medien- und Kulturwissenschaften* 15, 1, 2015, S. 7–54, hier: S. 15; hierzu auch: Ernst, Situationsbewusstsein, 2018, S. 433.

203 Ernst, Situationsbewusstsein, 2018, S. 434.

Abb. 10: Certifiable Ground Control Station (CGCS) from General Atomics Aeronautical Systems, Inc. (GA-ASI). Foto: General Atomics.[204]

Das seit 2016 in Entwicklung befindliche Advanced Cockpit GCS der amerikanischen Firma General Atomics, über das in Zukunft die am häufigsten eingesetzten bewaffneten Drohnensysteme *Predator* und *Reaper* gesteuert werden sollen,[205] führt die Potenziale der *synthetic vision* deutlich vor Augen: Es verfügt über ein Tableau von sechs HD-Bildschirmen. Auf den oberen drei Bildschirmen ist die „egozentrische" Sicht zu sehen, die den Blick aus dem Cockpit der Drohne in 3D-Renderings simuliert. Diese Simulationen laufen in Echtzeit mit der Flugrichtung des Flugzeugs synchron. Parallel hat die oder der Pilot*in über die unteren drei Bildschirme Zugriff auf unterschiedliche Arten von Daten. Die räumliche Position des ferngesteuerten Flugzeugs ist in exozentrischer Sicht auf dem mittleren Schirm zu sehen, Piktogramme und Symbole können in die Kartenansicht eingetragen werden, unter-

204 O. V.: „Certifiable Ground Control Station Controls First End-To-End Flight". General Atomics [offizielle Webseite], 9. März 2019, URL: https://www.ga.com/certifiable-ground-control-station-controls-first-end-to-end-flight [abgerufen am 18. Januar 2021].
205 O. V.: „General Atomics Wins $134 Million for Production of Block 30 Ground Control Stations for Drones". *Defense World*, 9. Dezember 2017, URL: https://www.defenseworld.net/news/21475/General_Atomics_Wins__134_Million_for_Production_of_Block_30_Ground_Control_Stations_for_Drones [abgerufen am 18. Januar 2021].

schiedliche Bildschirmebenen geben Zugang zu allen für eine Mission relevanten Informationen, wie georeferenzierten Karten, Zielen oder Gefahrenzonen.[206] Hier wird anschaulich, was Christoph Ernst als „drei Tendenzen der Veränderung des Territoriums in der Ära der Network-centric Warfare" beschrieben hat: „Verflechtung und Überlagerung, Verortung und Vereindeutigung sowie Durchleuchtung und Veröffentlichung" prägen die „Bezugnahmepraktiken auf das Territorium".[207] Auf den „graphical overlays"[208] können, neben der räumlichen Lage des Fluggeräts in der simulierten Landschaft, Daten eingeblendet werden, Piktogramme und Symbole, die es dem/der Piloten*in ermöglichen, die operativ relevanten Informationen auf einen Blick zu erfassen. Nur in bestimmten Situationen steuern die Pilot*innen „von Hand", entweder per Joystick oder über die handgehaltene Konsole, die, wie ein Vertreter des Konzerns mir auf Anfrage erklärte, absichtlich der Spielekonsole von Nintendo nachempfunden ist, da die Soldat*innen mit dieser bereits vertraut seien und sie intuitiv bedienen können.[209]

Zwei Bildtypen können hier unterschieden werden: Zum einen steuern und produzieren die Drone-Operators Kamerabilder in Form der Live-Videofeed, die der Bildauswertung zugespielt werden. Zum anderen erhalten sie ihre Handlungsanweisungen und Befehle, bis hin zur Identifikation und Markierung von Zielen innerhalb der simulierten Umgebung auf dem Bildschirm. Sensor-Daten und Informationen, die aus unterschiedlichen Datenbanken gespeist werden, werden so in kondensierter Form erfassbar. Die Kommunikation mit unterschiedlichen Kommandoebenen findet über Live-Chat und über graphische Visualisierungen statt. Auch die Zielerfassung geschieht durch eine Bildoperation innerhalb der sogenannten „synthetischen Realität" mit dem Cursor der Maus oder per Touchscreen über das „Multi-Spectral-Targeting System" der Firma Raytheon, das das Cockpit mit den lasergelenkten Waffen an Bord der Drohne verbindet.

Kompliziertere Abläufe und Routinemanöver, wie Start und Landung, erfolgen voll automatisch. Eine niedrigschwellige Beteiligung der Pilot*innen am Steuerungsvorgang wirkt sich dabei offenkundig positiv auf deren Situationswahrneh-

---

206 O. V.: „Advanced Cockpit GCS Advanced Cockpit GCS". *General Atomics Aeronautical* [offizielle Webseite], URL: http://www.ga-asi.com/advanced-cockpit-gcs [abgerufen am 18. Januar 2021].

207 Ernst, Vernetzte Lagebilder, 2018, S. 422.

208 O. V., Block 30 Ground Control Stations, Defense World, 2017.

209 Auf mehreren Recherche-Reisen zu internationalen Rüstungsmessen (IDEX in Abu Dhabi, ILA in Berlin, Farnborough Airshow in London) bei denen General Atomics das Advanced Cockpit GCS am Messestand vorführte, konnte ich mir die Funktionsweise des Interface direkt von Vertreter*innen des Konzerns erklären und zeigen lassen. Dies mündete zum einen in einer filmischen Dokumentation des Cockpits, die auf Anfrage zugänglich gemacht werden kann, und zum anderen in einer Reportage, die im Frühjahr 2015 in der taz veröffentlicht wurde: Nina Franz: „Leise, unsichtbar und autonom", in: *taz am Wochenende*, 14./15. März 2015, S. 25–27.

Abb. 11: Advanced Cockpit GCS am Messestand von General Atomics Aeronautics bei der Farnborough Airshow, 11. Juli 2016. Foto: Nina Franz (Film-Still).

mung aus, da sie die Aufmerksamkeit eher befördert, während in schwierigen Manövern die Wahrnehmung auf die wesentlichen Abläufe fokussiert sein soll.[210] Das direkt übertragene Kamerabild spielt bei der Navigation eine untergeordnete Rolle, und dient vor allem Überwachungszwecken. Es kann bei Bedarf eingeblendet werden und ist ansonsten völlig unter der Simulationsebene verborgen. Die Bilder der Synthetic Vision können nach einer Unterscheidung von Timothy Lenoir als *prozessierte* Bilder bezeichnet werden,[211] denn als Echtzeit-Simulationen beziehen sie ihr operatives Potenzial gerade daraus, dass sie „hoch dynamisch" sind, „imstande,

---

210 Keryl A. Cosenzo, Michael J. Barnes: „Who Needs an Operator When the Robot is Autonomous? The Challenges and Advantages of Robots as Team Members". In: Pamela Savage-Knepshield et al. (Hg.): *Designing Soldier Systems. Current Issues in Human Factors. Human Factors in Defense.* Routledge, Burlington, 2012, S. 35–51.

211 Digitale Bilder sind, wie Timothy Lenoir in seinem Vorwort zu Mark Hansens *New Philosophy for New Media* und in Anschluss an letzteren herausgestellt hat, ihrem Wesen nach „prozessual". Timothy Lenoir: „Haptic Vision. Computation, Media, and Embodiment in Mark Hansen's New Phenomenology". In: Mark B.N. Hansen: *New Philosophy for New Media.* MIT Press, Cambridge, MA, 2006, S. xxi–xxv.

jeden Moment verändert",[212] das heißt, mit Blick auf das Ziel der Operation ange-passt und aktualisiert zu werden. Mit Lev Manovich lassen sie sich zudem als „image-instruments" beschreiben,[213] die die Wirklichkeit nicht nur abbilden, son-dern diese kontrollieren, indem sie dem/der Pilot*in als visuelle Steuerungsbefehle dienen. Sie stehen damit in der Tradition jener Visualität, die schon in den Anfän-gen des motorisierten Flugs unter dem Begriff der „Anzeigeprogrammiertheit" dis-kutiert wurde.[214] Wahrnehmung und Steuerungs- verhalten sind hier wie dort aufs Engste korreliert, und die Wahrnehmung, um deren Optimierung und Erweiterung es beim frühen Instrumentenflug, wie auch bei der Konstruktion von „situational awareness" im Cockpit geht, ist immer schon buchstäblich auf ein militärisch ver-fasstes „target" hin abgerichtet.

Hal Fosters Unterscheidung von „vision" als „sight as a physical operation" und „visuality" als „sight as a social fact",[215] wie auch der von Christian Metz einge-führte Begriff des „skopischen Regimes"[216] sind für die Beschreibung dieser spezi-fisch militärischen Situationswahrnehmung hilfreich, insofern sie „einen Modus der visuellen Wahrnehmung bezeichnen, der kulturell konstruiert und präskriptiv, sozial strukturiert und geteilt ist".[217] Zwar kann visuelle Wahrnehmung nie von den menschlichen Körpern getrennt werden, die die „physische Operation" des Se-hens ausführen, aber der Fokus auf die spezifischen Konstruktionsweisen von Vi-sualität ermöglicht gerade im Hinblick auf die zeitgenössische Kriegführung nicht nur ein Verständnis für die zentrale Rolle, die den „skopischen Regimen" hier zu-kommt, wie Derek Gregory hervorgehoben hat, sondern auch dafür, auf welche Art Handlungsmacht hier neu verteilt wird, und wohin die militärische Befehlsmacht, auf dem Umweg der autorativen Macht der Bilder, verschoben wird.

---

212 Lenoir, Haptic Vision, 2006, xxi.

213 Manovich, New Media, 2001, S. 167 f.

214 Wie Rebekka Ladewig in unserem gemeinsam verfassten Aufsatz belegt, bedeutete „Anzeigepro-grammiertheit" in der Anfangszeit des motorisierten Flugs, dem „Diktat der Instrumente zu folgen" und damit einen künstlichen (technischen) Steuerungsapparat an die Stelle des menschlichen Wahr-nehmungsapparats zu setzen. Siehe: Franz, Ladewig, 2015, S. 101 f.; siehe auch: Wolfram Eschenbach: „Eine Fliegerdrehkammer als psychotechnisches Forschungsgerät". In: *Industrielle Psychotechnik* 18/ 1, 1941, S. 24–28; Kurt Kracheel: *Flugführungssysteme – Blindfluginstrumente, Autopiloten, Flugsteue-rungen*. Bernard und Graefe, Bonn, 1993, S. 32; Tobias Nanz: „Blindflug: ‚Psycho-techniken des Pilo-ten'". In: *Österreichische Zeitschrift für Geschichtswissenschaften* 14/3, 2003, S. 29–49, hier: S. 36.

215 Hal Foster (Hg.): *Vision and Visuality*. Bay Press, Seattle, 1988, S. ix.

216 Christian Metz: *The Imaginary Signifier: Psychoanalysis and the Signifier*. Indiana University Press, Bloomington, 1982; Martin Jay: „Scopic Regimes of Modernity". In: Hal Foster (Hg.): *Vision and Visuality*. Bay Press, Seattle, 1988, S. 3–23.

217 Gregory, From a View to a Kill, 2012, S. 190.

5.3.2 Verteilte Handlungsmacht und *Command and Control*

Besonders aus medientheoretischer Perspektive in der Nachfolge von Latour und anderen scheint es zunächst unumgänglich, über die Verteilung von Handlungsmacht an und innerhalb von technologischen Systemen nachzudenken. Die Symmetrisierung menschlicher und nichtmenschlicher *Agency* geht dabei auf ein kybernetisches Denken zurück, das sowohl in den hier beschriebenen technischen Entwicklungen als auch in den medientheoretischen Diskursen, die diese analysieren und beschreiben, ein wirkmächtiges und zum Teil unreflektiertes Erbe bildet. Was Befehl und Gehorsam angeht, ist die konzeptionelle Neuverteilung von Handlungsmacht im militärischen Kontext am signifikantesten im Wandel von „command" zu „command und control". Während die traditionelle Konzeption des „command" eine hierarchisch-lineare Weitergabe von Befehlen voraussetzte, suggeriert die Kopplung von command and control, die mit Beginn des Informationszeitalter geläufig wurde, einen Feedback-Mechanismus, bei dem neue Informationen vom „technischen System" an die menschlichen Anwender zurückgespielt und Anweisungen entsprechend angepasst werden.[218]

> [C]ontrol is a closed cycle process with feedback, analysis, and iteration; it was not possible even to consider the transition from command to command and control until modern technical means for intelligence and communications became available.[219]

Analog dazu werden Militäroperationen zunehmend als Konvergenz von menschlichen Nutzer*innen und technologischen Prozessen konzipiert, für die die „Schnittstelle" zwischen Sinnen, Sensoren und Computervorgängen eine zentrale Rolle spielt. In der Kultur- und Medientheorie seit den 1960er Jahren finden sich ähnliche symmetrisierende Beschreibungen der Verflechtung menschlicher und nicht-

---

218 Bousquet, Scientific Way of Warfare, 2009, S. 129.
219 Gene I. Rochlin: *Trapped in the Net. The Unanticipated Consequences of Computerization.* Princeton University Press, Princeton, 1997, S. 204, zitiert nach Bousquet, 2009, Scientific Way of Warfare, S. 129.

menschlicher Akteure unter den Stichworten der *Kulturtechnik*[220], der *Operations-ketten*[221], des *technischen Apriori*[222] und des *Hybrids*[223].

Ähnlich verhält es sich mit der Idee der Operativität. Der englische Begriff der *operation* ist im zeitgenössischen Militärdiskurs allgegenwärtig. Grundsätzlich definiert sie das *Dictionary of Military Terms* des *US-Department for Defense* als „eine militärische Handlung oder die Ausführung einer strategischen, taktischen, administrativen, Wartungs- oder Trainingsmission; den Prozess der Ausführung einer Kriegshandlung, einschließlich der Bewegung, der Versorgung, des Angriffs, der Abwehr und der Manöver, die notwendig sind, um die Ziele eines Gefechts oder einer Offensive zu erreichen".[224] Anders ausgedrückt, beschreibt der Begriff der Operation alle Handlungen, die zur Erreichung eines militärischen Ziels notwendig sind, völlig unabhängig davon, auf welcher hierarchischen Ebene oder mit welchen Mitteln diese ausgeführt werden. Die Wissenschaftshistorikerin Jimena Canales hat darauf hingewiesen, dass der ohnehin schon denkbar weit gefasste Begriff der Operation mit dem verwandten Begriff der „Operational Art" in jüngster Zeit eine weitere Entgrenzung erfahren hat. Im *Field Manual of US-*

---

220 Dazu vor allem: Thomas Macho, Christian Kassung (Hg.): *Kulturtechniken der Synchronisation*, Fink, München, 2013, S. 16–18; Bernhard Siegert: „Cultural Techniques. Or the End of the Intellectual Postwar Era in German Media Theory". *Theory, Culture & Society* 30, 2013, S. 48–65; Erhard Schüttpelz: „Die medienanthropologische Kehre der Kulturtechniken". In: Lorenz Engell, Bernhard Siegert, Joseph Vogl (Hg.): *Archiv für Mediengeschichte 6. Kulturgeschichte als Mediengeschichte (oder vice versa?)*. Weimar, 2006, S. 87–110.

221 Siehe: André Leroi-Gourhan: *Hand und Wort. Die Evolution von Technik, Sprache und Kunst*. Suhrkamp, Frankfurt a. M., 1988 [1965], S. 289–320; für eine kritische Auseinandersetzung mit dem Begriff der Operativität siehe: Dieter Mersch: „Kritik der Operativität. Bermerkungen zu einem technologischen Imperativ". In: Ders., Michael Mayer (Hg.): *Techne/Mechane. Internationales Jahrbuch für Medienphilosophie* 2, 2016, S. 31–52.

222 Siehe vor allem: Friedrich Kittler, Manfred Schneider, „Editorial". In: Friedrich Kittler, Manfred Schneider (Hg.): *Diskursanalysen 2. Institution Universität*, Westdeutscher Verlag, Opladen, 1987, S. 7–11; Lorenz Engell, Joseph Vogl (Hg.): *Archiv für Mediengeschichte 1: Mediale Historiographien*, Fink, München, 2001; Erich Hörl (Hg.): *Die technologische Bedingung. Beiträge zur Beschreibung der technischen Welt*. Suhrkamp, Berlin, 2011.

223 Siehe: Bruno Latour: *Nous n'avons jamais été modernes. Essai d'anthropologie symétrique*. Éditions La Découverte, Paris, 1991. Siehe dazu: Gustav Roßler: „Kleine Galerie neuer Dingbegriffe. Hybriden, Quasi-Objekte, Grenzobjekte, epistemische Dinge". In: Georg Kneer, Markus Schroer, Erhard Schüttpelz (Hg.): *Bruno Latours Kollektive. Kontroversen zur Entgrenzung des Sozialen*. Frankfurt a. M., 2008, S. 76–107, hier: S. 79–82.

224 „[A] military action or the carrying out of a strategic, tactical, service, training, or administrative military mission; the process of carrying on combat, including movement, supply, attack, defense and maneuvers needed to gain the objectives of any battle or campaign." Siehe: Charles Messenger: *Dictionary of Military Terms*. US Department of Defense, London, Stackpole, 1995, S. 274.

Military Doctrine aus dem Jahr 1999 wird der Terminus „Operational Art", der vorher ausschließlich militärische Interventionen bezeichnete, nun sowohl für kriegerische Handlungen als auch für alle „Operationen außerhalb des Kriegs" angewendet, darunter „Diplomatie, Ökonomie und Information", sowie „politische und andere nichtmilitärische Faktoren".[225]

Eine solche Entgrenzung der doktrinären Bedeutung von Kriegführung ist insofern ernst zu nehmen, als sie auf eine Veränderung der Auffassung militärischer Handlungen und Akteure im Militär selbst verweist. Unter dem Stichwort der „verteilten Handlungsmacht", das in der Medientheorie seit längerer Zeit Konjunktur hat, scheint diese Ausweitung des Handlungsbegriffs besonders signifikant: Was im medientheoretischen Diskurs als originelle, erkenntnisreiche Sichtweise auf das Zusammenspiel menschlicher und nichtmenschlicher „Akteure" gilt, ist im militärischen Kontext unter der Bedingung hochtechnologischer Kriegführung, wie im Folgenden gezeigt wird, längst gängige Praxis. Statt die Beschreibungsfigur der „distributed agency" zu wiederholen, soll im Folgenden gefragt werden, welchen Zweck diese Rhetorik innerhalb des militärisch-technischen Diskurses erfüllt und welchen Interessen sie dabei entgegenkommt. Welche Realitäten werden in einer solchen Beschreibung betont und welche Zusammenhänge werden dabei möglicherweise zum Verschwinden gebracht?

Parallel zu dem erweiterten Verständnis militärischen Handelns als „Operational Art" ist eine Tendenz erkennbar, ausdifferenziertes militärisches Personal (wie etwa Pilot*innen, Bediener*innen von Waffensystemen und Sensoren) unter dem Begriff des *Operators* zusammenzufassen, der vormals nur Personen zukam, die an geheimdienstlichen Missionen teilnahmen. Mit Blick auf die unterschiedlichen Nebenbedeutungen des englischen Worts *operator*, wie ‚Maschinenbediener', ‚Anwender', ‚Führer', werden militärische Handlungen so in einen direkten Bezug zu den technologischen Apparaten gesetzt, ohne die zeitgenössische Kriegführung nicht denkbar ist. Das Zusammenspiel zwischen menschlichem *Operator* und der zunehmend komplexen und vernetzten technologischen Infrastruktur wird als eine Situation der „Kooperation" und „Kollaboration"[226] beschrieben, an der menschliche und nichtmenschliche Akteure gleichermaßen beteiligt sind. Dabei ist eine Ten-

---

225 Jimena Canales: „Operational Art". In: Niels van Tomme (Hg.): *Visibility Machines. Harun Farocki and Trevor Paglen.* Center for Art, Design and Visual Culture, UMBC, Baltimore, 2015, S. 37–54. Dazu auch: Hippler, Regierung des Himmels, 2017, S. 221–223.
226 Vgl. James A. Winnefeld, Frank Kendall: *Unmanned Systems Integrated Roadmap FY2013– 2038,* Office of the Undersecretary of Defense for Acquisition, Technology & Logistics, Washington, DC, 2013; Robotics Collaborative Technology Alliance: *FY 2012 Annual Program Plan,* Army Research Laboratory 2011; siehe auch: Franz, Participation, 2016. Zum Begriff der Kooperation siehe auch: Gießmann, Schüttpelz, Medien der Kooperation, 2015, S. 8.

denz erkennbar, nach der diese Kooperation unter der Bedingung automatisierter technischer Systeme als technologische Handlungs- und Entscheidungsprozesse dargestellt werden, denen der Mensch mehr und mehr passiv gegenübertritt,[227] nämlich als „Supervisor", die oder der die „Handlungen" zunehmend autonomer technologischer Akteure überwacht.

Zugleich wird in der aktuellen Medien- und Kulturwissenschaft der Begriff der „operativen Bilder" bzw. „Bildlichkeit" diskutiert, der den Bildgebrauch einerseits mit einer als „Operativität" verstandenen „gegenstandskonstituierende[n]", „generative[n]" Funktion der „Handhabbarkeit und Explorierbarkeit"[228] – also den Handlungsmöglichkeiten und -Beschränkungen, die mit bestimmten Formen der Bildlichkeit einhergehen – in Zusammenhang bringt. Andererseits wird durch den Begriff des „operativen Bilds" ein neuer Bildtypus innerhalb der automatisierten Prozesse der Bildverarbeitung bezeichnet, der durch den kategorischen Ausschluss menschlicher Betrachter*innen definiert ist. So bezeichnete Harun Farocki, auf dessen film-essayistische Auseinandersetzung mit den maschinellen bildbasierten Navigationstechniken, etwa in Fernlenkraketen (so in seinen Film-Essays *Auge/Maschine I-III*, 2001–2003 und *Erkennen und Verfolgen*, 2003), der Begriff zurückgeht, „operative images" als solche Bilder, die nicht ein Objekt repräsentieren, sondern Teil einer Operation sind [„do not represent an object, but rather are part of an operation"].[229] Volker Pantenburg erläutert, dass dieser neue Typus des Bildes „in keiner Weise mehr ‚für sich' und einem potenziellen Betrachter gegenüber" stehe, „sondern ganz zum Bestandteil einer elektronisch-technischen Operation" werde.[230] In dieser Beschreibung werden Bilder folglich zu „Akteuren", die nicht nur menschliches Handeln an einem Bildschirm erst ermöglichen, wie im Fall der kameragestützten Fernsteuerung oder im Kontext von Simulationen und graphischen Interfaces, sondern entlang bestimmter Parameter auch selbst als autonom „handelnde" Akteure auftreten. Die genaue Funktionsweise dieser bildlichen Operativität soll im Folgenden am Beispiel der

---

227 Grundel et al. liefern folgende Definition für „kooperative Systeme", zu denen auch Waffensysteme zählen: „They have some common elements: 1) more than one entity, 2) the entities have behaviors that influence the decision space, 3) entities share at least one common objective, and 4) entities share information whether actively or passively." Das Ziel sogenannter „kooperativer technischer Systeme" besteht in diesen Kontexten nicht mehr allein in der Aufwertung nichtmenschlicher Akteure, sondern in der Minimierung menschlicher Beteiligung. Siehe: Don Grundel, Robert Murphey, Panos M. Pardalos, Oleg A. Prokopyev (Hg.): *Cooperative Systems. Control and Optimization.* Springer, Berlin, 2007.
228 Krämer, Operative Bildlichkeit, 2009, S. 98.
229 Farocki, Phantom Images, 2004, S. 17.
230 Volker Pantenburg: *Film als Theorie. Bildforschung bei Harun Farocki und Jean-Luc Godard.* Transcript, Bielefeld, 2006.

verschiedenen bildlichen Funktionen im militärischen Drohnen-Cockpit genauer untersucht und kritisch hinterfragt werden.

Dank der Studie *The MQ-9 Reaper Remotely Piloted Aircraft: Humans and Machines in Action*, die Timothy Cullen, ein Lieutnant Colonel der US Air Force, von 2009 bis 2011 an der Engineering Systems Division des Massachusetts Institute of Technology (MIT) durchgeführt hat, konnten Moritz Queisner und ich unsere Überlegungen zur Handlungsmacht im Drohnen-Cockpit auf eine detaillierte, wenn auch in großen Teilen zensierte und offenkundig parteinehmende Beschreibung des *operation theater* der MQ-9 Predator-Drohne stützen. Diese Überlegungen konnten wir um die Perspektive von für die US Air Force tätigen Drohnen-Crews und Ausbildern ergänzen, mit denen wir in einem gemeinsam durchgeführten Workshop unter dem Titel „Technology and Expertise in Remote Warfare" an der Maxwell Air Force Base in Montgomery, Alabama im Februar 2017 diskutiert haben. Cullens an Methoden der US-amerikanischen Science and Technology Studies (STS) geübte Dissertation ist insofern ein relevantes Dokument, als hier ein mit den internen Wissenskulturen vertrauter Angehöriger des Militärs über das Setting der distanzierten Kriegführung Auskunft gibt. Auf diese Weise treten nicht nur einige der weniger bekannten operativen Prozesse zeitgenössischer Kriegführung zu Tage, sondern die Studie gibt darüber hinaus auch unweigerlich Auskunft über die Art und Weise, wie Mitglieder der „RPA-community"[231] [RPA: remotely piloted aircraft] gesehen und bewertet werden wollen, wie sie ihre eigene Position innerhalb der militärischen Interventionen reflektieren und welche Rolle sie dabei für sich behaupten.

Cullens *Human and Machines in Action*[232] hat den Anspruch darzustellen, „wie soziale, technische und kognitive Faktoren sich im distanzierten Luftkrieg gegenseitig bedingen".[233] Methodisch orientiert sich die Untersuchung im Wesentlichen an drei Ansätzen: Erstens Bruno Latours *Science in Action*.[234] Zweitens Edwin Hutchins kognitionswissenschaftlichen Studie *Cognition in the Wild* aus

---

231 Im Gegensatz zu den anderen Zweigen des US-Militärs hat die Air Force den Terminus Unmanned Aerial Vehicle (UAV) durch Remotely Piloted Vehicle (RPA) ersetzt, vermutlich um, wie Asaro vermutet, den Status und Berufsstand der Pilot*in nicht abzuwerten. Siehe: Asaro, Bureaucratized Killing, 2013, S. 216.

232 Timothy M. Cullen: *The MQ-9 Reaper Remotely Piloted Aircraft. Humans and Machines in Action*. [Unveröffentlichte und in Teilen geschwärzte Dissertationsschrift zur Erlangung des *Doctor of Philosophy in Engineering Systems: Technology, Management, and Policy*, eingereicht am Massachussets Institute of Technology], Cambridge, MA, 2011.

233 [Eigene Übersetzung] „[...] how social, technical, and cognitive factors mutually constitute remote air operations in war", siehe: Cullen, The MQ-9 Reaper, 2011, S. 37.

234 Bruno Latour: *Science in Action. How to Follow Scientists and Engineers through Society*. Harvard University Press, Cambridge, MA, 1987.

The student pilots for the supersortie verified the nominal operation of the aircraft's fuel system and turboprop engine by glancing at digital recreations of analog gauges displayed on the right side of the HUD. ▬▬▬▬▬▬▬▬▬▬▬

▬▬▬▬▬▬▬▬▬▬

▬▬▬▬▬▬▬▬▬▬

▬▬▬▬▬▬▬▬▬

▬▬▬▬▬▬▬▬ 50 ▬▬▬

50 Pilots and sensor operators called graphics from the sensor ball "destructive" and graphics from the workstation "non-destructive" ▬▬▬▬▬▬▬▬▬▬▬

71

Abb. 12: Seite aus Timothy Cullens Dissertation *The MQ-9 Reaper Remotely Piloted Aircraft. Humans and Machines in Action* zur Erlangung des *Doctor of Philosophy in Engineering Systems: Technology, Management, and Policy*, eingereicht am Massachussets Institute of Technology (MIT), Cambridge, MA, 2011.

dem Jahr 1995 und dessen Begriff der „situierten" und „sozial verteilten Kognition" („socially distributed cognition"), den dieser am Beispiel vormoderner Navigationspraktiken in Mikronesien und seiner teilnehmenden Beobachtung auf der

Kommando-Brücke eines Schiffs der U. S. Navy entwickelt hat.[235] Und drittens Lucy Suchmans aus den 1980er Jahren stammenden Beschreibungen der „Nutzung, Kombination und Repräsentation" von Information in sogenannten „intelligenten Maschinen", für die sie sich ebenfalls auf den Begriff der „situated cognition" stützte.[236] Allen Ansätzen gemeinsam ist, dass sie in ihren Beschreibungen dezidiert darum bemüht sind, die Idee der „verteilten Handlungsmacht" in menschlich-technischen Systemen umzusetzen.

Hutchins Ansatz eignet sich ausgezeichnet für Cullens Beschreibung der militärischen Kontrollumgebung, da sowohl bei den von Hutchins dargestellten Navigationstechniken, als auch in Cullens Trainingseinheiten für Drohnenpilot*innen Menschen und Dinge als Elemente ein und desselben „Systems" beschrieben werden, nämlich als Teilnehmer*innen an einem „verteilten Prozess, der sich aus emergenten Interaktionen zwischen Menschen und Werkzeugen zusammensetzt".[237] An diesem Punkt scheinen die gemeinsamen epistemischen Wurzeln des US-militärischen Technikdiskurses und der kognitionswissenschaftlich-medienanthropologischen Perspektive auf, die auf jeweils eigene Weise dem Erbe der Kybernetik verpflichtet sind.[238] Ähnlich wie Hutchins verfolgt Cullen die Kontrollabläufe in der Navigation als Beispiele für „sozial verteilte Kognition"[239] durch die Beschreibung und Kartierung der Handlungen einer Crew im Cockpit. Dabei kommt ihm das in der Kognitionswissenschaft sehr weit gefasste Konzept der *computation* entgegen, das eine horizontale Beschreibung (im Gegensatz zur hierarchischen Beschreibung des Menschen als alleinigem, *steuernden* Akteur) erst ermöglicht. Nach Hutchins erfolgt Navigation als ein Ablauf von Aktivitäten, „in dem Repräsentationen der räumlichen Beziehung des Schiffs zu bekannten Orientierungspunkten hergestellt, transformiert und solcherart kombiniert werden, dass die Lösung des Problems

---

235 Edwin Hutchins: *Cognition in the Wild.* MIT Press, Cambridge, MA, 1995; Edwin Hutchins: „Understanding Micronesian Navigation". In: Dedre Genter, Albert L. Stevens (Hg.): *Mental Models.* Hillsdale, NJ, 1983, S. 191–225.

236 [Eigene Übersetzung] Lucy A. Suchman: *Plans and Situated Actions. The Problem of Human-Machine Communication,* Cambridge University Press, New York, 1987, zitiert in: Cullen, The MQ-9 Reaper, 2011, S. 29.

237 [Eigene Übersetzung] „[A] distributed process composed of emergent interactions among people and tools". Cullen, The MQ-9 Reaper, 2011, S. 29.

238 Hierzu vor allem: Edwards, Closed World, 1996. Zum kybernetischen Erbe der Kognitionswissenschaft vgl. Jean-Pierre Dupuy: *On the Origins of Cognitive Science. The Mechanization of the Mind.* Cambridge, MA, 2000. Zur Geschichte der Kybernetik in der US-amerikanischen Militärwissenschaft siehe auch: Antoine Bousquet: „Cyberneticizing the American War Machine. Science and Computers in the Cold War". In: *Cold War History* 8, 1, 2008, S. 77–102.

239 [Eigene Übersetzung] Hutchins, Cognition in the Wild, 1995, S. xii, xiii und 129, siehe auch Cullen, The MQ-9 Reaper, 2011, S. 30.

der Feststellung der Position transparent wird".[240] Daraus ergibt sich für ihn eine generalisierte Definition von *computation* als „Verbreitung repräsentierender Zustände über eine Serie von repräsentierenden Medien".[241] Diese Definition ist insofern bemerkenswert, als sie keine klare Unterscheidung zwischen den Medien der Repräsentation trifft. Es spielt für Hutchins keine Rolle, ob es sich um innere Bilder der menschlichen Vorstellungskraft, ein gekritzeltes Diagramm, eine Karte, oder um ein computergestütztes Modell handelt, das auf einem Bildschirm angezeigt wird. Erst die Definition des Prozesses der *Computation* als solcherart verfassten Übersetzungsvorgang erlaubt es, die existierenden affektiven Widerstände und kognitiven Reibungspunkte zwischen Sinnen und Sensoren, Algorithmen und menschlicher Kognition, Entscheidung und Programmierung, einzuebnen.

Auch Cullen begreift das Cockpit der Drohne als ein „System", an dem sowohl Menschen als auch „automatisierte Werkzeuge" beteiligt sind: „[P]ilot, sensor operator, automated tools, and other elements of Reaper were part of a larger computational system that performed in ways specific to the environment and circumstances of operation".[242] Jedoch stehen in seiner Darstellung gerade die Reibungspunkte im Vordergrund, an denen sich das militärische Personal in einer umstrittenen Position vielfacher Distanzierung gegenüber den automatisierten und technologisch vorgegebenen Handlungsabläufen zu behaupten versucht. Bei den von Cullen und Hutchins sehr breit unter dem Begriff der *computation* gefassten Vorgängen handelt es sich im Fall der ferngesteuerten Kriegführung um *erstens* verbale Kommunikation, *zweitens* die visuelle Repräsentation von Daten und *drittens* die softwarebasierten und algorithmischen Prozesse, die der Visualisierung zugrunde liegen. Auf Grundlage dieser Berechnungen werden komplexe Zusammenhänge auf den Bildschirmen der Ground Control Station zusammengefasst, lesbar gemacht und innerhalb eines Prozesses synthetisiert – ein Vorgang, den Cullen als „building a picture"[243] [zu Deutsch etwa „Konstruktion eines Bildes"] beschreibt.

Im Krisenhaften dieser Beschreibung, die die menschlichen Akteure in ständiger Auseinandersetzung mit den sie umgebenden, konstruierten Bildoberflächen zeigt, scheint eine Realität auf, in der das Cockpit als Aushandlungsort widersprüchlicher Interessen und unvereinbarerer Vorstellungen von Handlungsmacht wird. Si-

---

240 [Eigene Übersetzung] Navigation takes place as a cycle of activity, „in which representations of the spatial relationship of the ship to known landmarks are created, transformed, and combined in such a way that the solution to the problem of position fixing is transparent." Hutchins, Cognition in the Wild, 1995, S. 117.
241 [Eigene Übersetzung] „[T]he propagation of representational states across a series of representational media", Hutchins, ebd.
242 Cullen, The MQ-9 Reaper, 2011, S. 32.
243 Ebd., S. 117.

tuational Awareness heißt hier nicht nur die Konstruktion einer Wahrnehmungs-umgebung für räumlich distanzierte Handlungen, die wesentliche (maßgebliche) Sachverhalte der am Handlungsort vorgefundenen Realität herausfiltert und als „irrelevant" einstuft, mit teils tödlichen und fast immer katastrophalen Folgen für die Menschen am Zielort der militärischen Einsätze. Situational Awareness beinhaltet offenbar ebenso die Konstruktion einer technologischen Umgebung, durch die Befehlshierarchien und Handlungsmacht innerhalb des Militärs neu verteilt und verfestigt werden. Die Aufteilung des Sichtbaren geht mit einer Neuverteilung von Verantwortung, Entscheidungsmacht und mit neuen Arbeitsteilungen einher. Wie dies genau vor sich geht, welche Widerstände und unterschiedlichen Positionen dabei zum Vorschein kommen, soll ein genauerer Blick in das Innere der Ground Control Station klären.

Wie eingangs gezeigt wurde, ist das „medienvermittelte Nahsehen bei gleichzeitiger Fernabwesenheit des Körpers"[244] in der Ground Control Station das Ergebnis einer Arbeitsteilung, an der neben unterschiedlichen automatisierten Datenverarbeitungsprozessen auch eine Vielzahl von menschlichen Akteuren beteiligt sind. Cullens Studie zeigt auf, wie das Bewusstsein für die Übergänge zwischen menschlicher Handlungsmacht und technischem System im militärischen Training sowie in der Praxis der Steuerung strategisch minimiert wird. So werde während der Ausbildung zum Drone Operator systematisch eingeübt, nicht zwischen den technologischen Visualisierungsprozessen und der eigenen Sinneswahrnehmung zu unterscheiden. Cullen zufolge kann die Bedienung des Sensors durch den oder die Sensor Operator nur dann funktionieren, wenn das Sehen vom eigenen Körper abgelöst und auf die Sensoren der Drohnen übertragen wird:

> Instructor sensor operators taught their students to visualize themselves being on the Reaper aircraft, floating above the ground and looking down at their quarry from the belly of the aircraft.[245]

An die Stelle des Sensors tritt das Auge, das eine Maschinentätigkeit damit einerseits negiert, andererseits aber selbst als Sensor agieren soll:

> A sensor operator's close relationship with the sensor ball helped them to do their jobs well. Experienced sensor operators who ‚flew' the sensor ball from an 18-inch monitor became the machine. They became the eye in the sky.[246]

---

244 Carolin Höfler: „Eyes in the Sky. Körper, Raum und Sicht im bildgeführten Krieg". In: Martin Scholz, Friedrich Weltzien (Hg.): *Design und Krieg*, Reimer, Berlin, 2015, S. 13–34, hier: S. 21.
245 Cullen, The MQ-9 Reaper, 2011, S. 166.
246 Ebd., S. 166.

Hier zeigt sich nicht nur, wie sehr die Arbeit der Reaper-Crew auf die Herstellung von Sichtbarkeit durch die Kamerasysteme der Drohne angewiesen war, sondern auch, dass das Training eine regelrechte Identifizierung mit der technischen Sehapparatur vorsah.

Während des von Timothy Cullen an seinem Institut an der School of Advanced Air & Space Studies, Maxwell Air Force Base in Montgomery Alabama organisierten Workshops, an dem Moritz Queisner und ich gemeinsam mit Offiziersanwärter*innen der Air Force, die selbst als Drohnenpilot*innen gearbeitet hatten, beklagten diese sich über mangelndes Mitspracherecht am Design des Interface und äußerten Kritik an der Rigidität der von General Atomics bereitgestellten Technologien. Der Bildschirm als opake Oberfläche blieb in ihren Beschreibungen unhinterfragt und seltsam unsichtbar. Vielmehr ließ sich nachverfolgen, wie eine ganz bestimmte Art der Einübung, die Teil der Ausbildung der Pilot*innen war, auf eine totale Identifizierung mit dem Bildschirm abzielte. Das „Eins sein mit dem Bild" ist eines der grundlegenden Erfordernisse militärischer Bildtechniken in diesem Zusammenhang und steht in der Tradition älterer Techniken der Gehorsamsproduktion.[247]

Cullen beschrieb im Zuge des Workshops am Beispiel des Live-Videofeeds, wie die Produktion des Bildes in Echtzeit den verschiedenen, räumlich verteilten Akteuren des Drohnenkriegs zu einer Quelle der Identität wurde:

> The Feed is distributed and networked. It is the *product* of the aircrew. The crew ties their identity and their worth to this feed.[248]

Cullen betont hier die zentrale Funktion der Chatrooms für die Verständigung der Crew über den Inhalt der Video-Feeds. In der Beschreibung und Charakterisierung des Geschehens und in der Bildung eines Konsenses über das, was zu sehen ist, wird das Bild als Information erst hervorgebracht. Vorher handelte es sich nur um „raw data", die so oder auch anders interpretiert werden könnten. Erst durch dieses Zusammenspiel von Wort und Bild wurde das Sehen zum kooperativen Vorgang. Die Produktion der Video-Feeds durch die Crew wurde dabei Cullen zufolge durch die Mitwirkung nicht-menschlicher Akteure impliziert, denn die menschlichen Beobachter benötigten Kontext, um auf dem Bildschirm überhaupt etwas erkennen zu können. Dieser Kontext wurde nicht allein durch die schriftliche Verständigung in den Chatrooms hergestellt, sondern wurde „facilitated with the help

---

247 Siehe Kapitel 1 und 2 dieser Untersuchung.
248 Timothy Cullen: „MQ-9 Reaper Operations and the Evolution of Remote Warfare". Präsentation während des Workshops *Technology and Expertise in Remote Warfare* am 1. Februar 2017, Air University, Maxwell Air Force Base, AL, [Mitschrift von Nina Franz].

of tactical displays, moving maps, falcon view and chatrooms"[249] – also mithilfe von Visualisierungstechniken, die Daten sammeln, auswerten und in synthetisierter, vorinterpretierter Form am Bildschirm sichtbar machen.

Cullens Darstellung, nach der die kooperative Produktion der Video-Feeds die *eigentliche* Aufgabe der Crew sei, steht in starkem Kontrast zur traditionellen Rolle von Kampfflugzeug-Pilot*innen, von denen sich die Drohnenpilot*innen der US Air Force in ihrem Selbstverständnis als „Schreibtischarbeiter in Flieger-Uniform"[250] in teilweise polemischer Form abgrenzen. Während Flugzeugpilot*innen – obwohl auch das „bemannte" Cockpit heute weitgehend vom Computer gesteuert wird – noch für sich beanspruchen können, individuell und demgemäß ‚heroisch'-autonom zu handeln, verhält es sich im Drohnen-Cockpit ähnlich wie in dem von Lenoir und Xin Wei beschriebenen ‚operativen Theater' der computervermittelten Chirurgie. Hier erscheint der Operationssaal als ein Schauplatz der „notwendigen Kooperation von Mensch und Maschine".[251] Die von den Autoren beschriebene, computergestützte chirurgische Intervention wird von einer umfassenden technologischen Infrastruktur vermittelt, die „individuelle Chirurgen durch Software-vermittelte Mensch-Maschine-Kollektive ersetzt".[252] Folglich wird aus dem „unified heroic surgeon/agent", bzw. dem „surgeon-author" des konventionellen Operationssaals ein „Ko-Autor" innerhalb interaktiver 3D-Simulationen.

Im Gegensatz zu Lenoirs und Weis Darstellung, die man, im Sinne der oben bereits diskutierten Ansätze von Münkler und Bröckling als „postheroische"[253] Position der Ko-Autorschaft im technologisch-vermittelten Handlungsgefüge bezeichnen könnte, folgt Cullens Studie über das Cockpit der Reaper-Drohne einer Agenda, die stark Cullens eigene Perspektive eines ehemaligen Air Force-Piloten erkennen lässt – eine Tradition, in die er die Rolle von Drohnen-Pilot*innen einzuschreiben versucht. Demnach plädiert Cullen dafür, Drohnen-Crews als autonom handelnde und dabei dezidiert menschliche Entscheidungsträger – als Autor*innen ihrer Handlungen – zu begreifen:

---

249 Ebd.

250 Zum Identitätswandel und zum Begriff des *Air Force Operator* siehe: Cullen, The MQ-9 Reaper, 2011, S. 20.

251 [Eigene Übersetzung] Timothy Lenoir, Sha Xin Wei: „Authorship and Surgery. The Shifting Ontology of the Virtual Surgeon". In: Bruce Clarke, Linda Henderson (Hg.): *From Energy to Information: Representation in Science and Technology, Art, and Literature.* Stanford University Press, 2002, S. 283–308, hier: S. 308.

252 [Eigene Übersetzung] Ebd., S. 284.

253 Siehe dazu: Bröckling: Postheroische Kriegführung, 2019; Münkler, Postheroische Gesellschaft, 2015, S. 143–255; sowie Kapitel 5.2.1 dieser Untersuchung.

> Expert Reaper operators were decision-makers and reconfigured the outputs and structure of the system in anticipation of events, anomalies and rigid behavior of programmed machines, while those who subordinated themselves to the system were ‚stick monkeys‘ [...]. They struggled to be human.[254]

Die Drohnen-Crews der Air Force stünden vor einem Wandel: „from automatons and technicians into military professional who viewed the interpretation and manipulation of the virtual world they created as matters of life and death".[255] Dieser ‚Kampf‘ [struggle] um die Identität eines handelnden menschlichen Subjekts, das den technischen Abläufen nicht als bloßes Element‘ untergeordnet ist, kann auch als eigentlich Arbeit der Drohnen-Crews verstanden werden. Die Anstrengung, „to be human" wird Cullen zufolge auf der Oberfläche von Interfaces ausgetragen, die von Human Factors-Ingenieur*innen ohne hinreichende Mitsprache der Benutzer*innen gestaltet wurden. Dadurch wurde, auch nach Aussage der Crew-Mitglieder selbst, die Gestaltung immer wieder zu einem umkämpften Gegenstand, an dem der eigene Akteursstatus gegenüber der „Autonomie" der Systeme ausgehandelt wird, die gleichbedeutend zu sein scheint mit der Handlungsmacht der Human Factors Ingenieure. Erst durch eigene Abwandlungen der vorgegebenen Prozesse und durch die Suche nach *Workarounds* und Fehlern, können sie sich diese zu eigen machen und damit ihren Status als Autor*innen, das heißt, als menschliche Subjekte, die mit Handlungsmacht ausgestattet sind, oder in der Sprache Cullens, als „Expert Operators" legitimieren:

> General Atomics engineers initially designed the aircraft to fly autonomously for the bulk of a mission, but pilots modified the ground control station and their procedures to share aircraft control with the autopilot in order to maneuver more quickly and destroy a target at a specific time. [...] To make the system work for them, Reaper operators determined the time and place to use automated tools; avoided modes of operation known to trigger failure; adjusted to the erroneous behavior of subsystems and other operators; and translated data into formats other humans and machines could receive, interpret, and evaluate [...].[256]

Wenn Cullen die Eigenverantwortlichkeit der angehenden Drohnenpilot*innen des 29. Attack Squadron hervorhebt, deren Ausbildung er mit den Methoden der teilnehmenden Beobachtungen auf der Holloman Air Force Base in New Mexico untersucht hat, dann schenkt er den Eingriffsmöglichkeiten der Pilot*innen gegenüber der auf „Autonomie" (bzw. Automation) ausgerichteten Steuerungsumgebung besondere Beachtung. Cullen gibt an, dass die Crew aufgrund ihrer Geübtheit im Umgang mit der Kontrolloberfläche dazu in der Lage sei, in die automatisierten Ab-

---

254 Cullen, The MQ-9 Reaper, 2011, S. 119.
255 Ebd.
256 Cullen, The MQ-9 Reaper, 2011, S. 119.

läufe einzugreifen und die Kontrolle über das Flugzeug mit dem Autopiloten zu „teilen", sodass anvisierte Ziele mit größerer Effizienz zerstört werden könnten.

Die in Cullens Beobachtungen der Drohnen-Crews beschriebene Praxis des „Übersetzens" der von Computersystemen hervorgebrachten Daten in „Formate, die für andere Menschen und Maschinen aufnehmbar, interpretierbar und evaluierbar"[257] sind, folgt der oben beschriebenen von Hutchins eingeführten Definition der *computation*. Cullen bezieht sich außerdem auf H. M. Collins, der in seiner Beschreibung des Computer-Interface darauf hinweist, dass Digitalisierungsprozesse immer der Interpretation und „Reparatur" durch den menschlichen Nutzer bedürfen:

> To understand our interactions with any kind of computer, whatever its internal construction or programming, think first about how its inputs are digitized. The output of computers is also digitized. It fits naturally into the world of concerted behavior but to fit with the world of concerted action we must interpret it and occasionally ‚repair' it.[258]

Während diese Arten der menschlichen „Übersetzung", der „Reparatur" und freien „Interpretation" in der von Cullen beschriebenen Version des *Reaper*-Cockpits offenbar stellenweise möglich waren, ist es unwahrscheinlich, dass dies – über den Ausnahmefall hinaus – auch in zukünftigen Versionen, wie dem General Atomics Advanced Cockpit GCS, noch gelten wird. Denn hier soll das Interface zu einer lückenlosen visuellen Oberfläche werden, in der der „Strohhalm"-Blick durch die Bord-Kameras der Drohne für die Steuerung und Zielfindung so gut wie keine Rolle mehr spielt. Die Video-Feed soll hier in der Steuerung durch Echtzeit-Videosimulationen ersetzt werden, die für den oder die Pilot*in zu einer unhintergehbaren Wahrnehmungsumgebung werden soll [„wrap-around visual display"[259]].

Kamerasysteme wie ARGUS-IS liefern Bildstrecken von der Größe ganzer Städte, die unmöglich von einer Person allein überblickt werden können. Abhilfe schafft die bürokratische Organisation der Seharbeit in größeren Verbünden mit einer Arbeitsteilung, die klar zwischen Steuerung der Drohne, der Steuerung der Waffensysteme und der Auswertung und Interpretation der Daten unterscheidet. Mit der „Bürokratisierung des Tötens"[260] gehen auch neue Befehlsketten einher: Der „mission plan", der die Anweisungen für Ziele enthält und damit auch anordnet, wer oder was schließlich unter Beschuss genommen wird, wird als Teil des graphischen Interfaces am Bildschirm angezeigt. Dieser Plan kann bei Bedarf in Echtzeit verändert und aktualisiert

---

257 Ebd.
258 Collins, Artificial Experts, 1990, S. 60.
259 O. V.: „Advanced Cockpit Ground Control Station Flies Predator C Avenger". *General Atomics Aeronautical* [offizielle Webseite]. URL: https://www.ga-asi.com/advanced-cockpit-ground-control-station-flies-predator-c-avenger [abgerufen am 22. Januar 2021].
260 Siehe: Asaro, Bureaucratized Killing, 2013.

werden. Die Interpretation der Daten wird dabei in ein *Distributed Common Ground System*[261] ausgelagert, von wo die Anweisungen entweder per Chat oder direkt über das integrierte „mission planning tool" an die Operators weitergegeben wird.

Abb. 13: Eine mobile Version der Kontrollstation von General Atomics Aeronautics, über die MQ-1 Predator gesteuert wird am Messestand der UMEX Abu Dhabi, 2018.
Foto: Nina Franz.

Der Bedarf an Personal für die Interpretation und Analyse von Daten (sogenannten „Screenern") stieg in den 2010er Jahren entsprechend der wachsenden Kapazitäten der Sensorsysteme stetig an. Die Arbeit an der Interpretation der Videofeeds wurde dabei zunehmend an private Firmen delegiert,[262] da das Militär selbst nicht über ausreichend ausgebildetes Personal verfügte. Wie ein Bericht des in London ansässigen Bureau of Investigative Journalism aus dem Jahr 2015 enthüllte, waren zu diesem Zeitpunkt einer von zehn in die Verwertung von Drohnen-Daten involvierter Personen keine Angehörigen des Militärs:

---

261 Dazu ausführlich: Gregory, From a View to a Kill, 2012, S. 201 ff.
262 Abigail Fielding-Smith, Crofton Black: „Revealed: The Private Firms Tracking Terror Targets at the Heart of US Drone Wars". *The Bureau of Investigative Journalism*, 30. Juli 2015, URL: https://www.thebureauinvestigates.com/stories/2015-07-30/revealed-the-private-firms-tracking-terror-targets-at-heart-of-us-drone-wars [abgerufen am 25. Januar 2021].

Though private contractors don't formally take life and death decisions – only military personnel pilot armed drones and take final targeting decisions – there is concern they could effectively creep in to this function without more robust oversight.[263]

Speziell ausgebildete *image analysts*, die wiederum von Firmen wie General Atomics bereitgestellt wurden, waren damit betraut, die Drohnenfeeds taktisch auszuwerten. Im Ernstfall musste das militärische Personal der Einschätzung dieser Expert*innen Folge leisten.

In the case of drone contractors, the evidence presented in the report suggests that, due to the contractors' often greater experience, the governmental personnel may ‚lean' on them for advice and guidance in decision-making.[264]

Laura Dickinson, eine Militärexpertin an der George Washington University Law School, die die Praxis des *Outsorcing* militärischer Dienstleistungen an Privatfirmen und Söldner in einer einschlägigen Studie am Beispiel der US-geführten Kriege in Vietnam und Irak untersucht hat,[265] stellt im selben Bericht fest, dass diese Praktiken de facto die Befehlshoheit des Militärs in Frage stellen, da durch sie die Vorgabe hinfällig wird, nach der private Dienstleister*innen keine Tötungsentscheidungen treffen dürfen.[266] Die „contractors" übernehmen mit der Auswertung und Analyse der Bilddaten „inherently governmental functions":

The Pentagon may not have plans to allow contractors to fire missiles off drones. But allowing them to feed targeting data to the uniformed trigger-puller takes the world one step closer in that direction.[267]

---

263 Fielding-Smith, Black, 2015.

264 Laura Dickinson: „Drones and Contract Mission Creep". *Just Security*, Mittwoch, 5. August 2015.

265 Laura A. Dickinson: *Outsourcing War and Peace: How Privatizing Foreign Affairs Threatens Core Public Values and What We Can Do about It*. Yale University Press, New Haven, 2011.

266 „[O]versight could easily break down, and the current prohibition on contractors making targeting decisions could become meaningless." Laura Dickinson zitiert nach Fielding-Smith, Black, 2015. General Atomics Aeronautics eröffnete im Jahr 2015 eine eigene Schule zur Ausbildung von Drohnenpilot*innen, bei der auch Air Force Pilot*innen ausgebildet werden. Siehe: O. V.: „GA-ASI UAS Flight Training Academy Graduates First Aircrews". *General Atomics* [offizielle Webseite], 25. August, 2016. URL: https://www.ga.com/ga-asi-uas-flight-training-academy-gra duates-first-aircrews [abgerufen am 28. Januar 2021]. Siehe auch: Loise Woodward: „CAE-Built Drone Operator Trainer Installed at General Atomics Training Center; Todd Probert Quoted". *GovconWire*, 14. April 2020, URL: https://www.govconwire.com/2020/04/cae-built-drone-operator-trainer-installed-at-general-atomics-training-center-todd-probert-quoted/ [abgerufen am 28. Januar 2021].

267 Dickinson, Mission Creep, 2015.

Was dies bedeutet, verdeutlicht eine Episode, die zuerst im April 2011 von dem Journalisten David S. Cloud unter dem Titel „Anatomy of an Afghan War Tragedy"[268] in der Los Angeles Times beschrieben wurde, und die seither zu einem der bedeutendsten Präzedenzfälle für die Kritik am US-amerikanischen Drohnenkrieg geworden ist. In den Morgenstunden des 21. Februar 2010 tötete ein Luftangriff der US Air Force 15 afghanische Zivilist*innen, die sich aus Angst vor Taliban-Kämpfern auf einer Landstraße in der Region Uruzgan zu einem Konvoi zusammengeschlossen hatten. Unter den Opfern befanden sich Männer, die auf Arbeitsuche waren, Studierende auf dem Weg zur Universität, Ladenbesitzer, Mechaniker und einige Frauen und Kinder, die in der Stadt Verwandte besuchen wollten.[269] An dem tödlichen Angriff, der von zwei Kampf-Helikoptern ausgeführt wurde, war auch eine bewaffnete MQ-1 Predator-Drohne beteiligt, die von Kandahar aus gestartet war und von einer Crew des 15. Air Reconnaissance Squadron auf der Creech Air Force Base in Nevada, USA gesteuert wurde. Die Predator-Drohne lieferte das Bildmaterial, aufgrund dessen der Konvoi zum Abschuss freigegeben wurde. Wie Gregory hervorhebt, verlief die Ku-band Satellitenverbindung zwischen Drohnen-Crew und Drohne über ein Portal auf der U. S. Air Base im deutschen Ramstein.[270] Die Drohne lieferte Echtzeit[271]-Videomaterial in Infrarot oder Farbe sowohl an die Crew als auch an verschiedene

---

268 David S. Cloud: „Anatomy of an Afghan War Tragedy". *Los Angeles Times*, 10. April 2011. Clouds Bericht wertet ein 75-seitiges Audio-Transkript der beteiligten Akteure aus, das im Rahmen einer internen Untersuchung veröffentlicht worden war. Gregory vertiefte Clouds Recherchen in: Gregory, „From a View to a Kill", 2012; und „Under Afghan Skies (1), (2), (3)", in: Ders.: *Reach from the Sky*, [forthcoming] und auch Suchman bezieht sich auf das von Cloud untersuchte Material, siehe: Suchman, Situational Awareness, 2015.

269 Derek Gregory: „Under Afghan Skies (1)". Ders.: *Geographical Imaginations*, 27. März 2020, URL: https://geographicalimaginations.com/2020/03/27/under-afghan-skies-1/ [abgerufen am 26. Januar 2021].

270 Siehe: Gregory, From a View to a Kill, 2012 und Under Afghan Skies, 2020 [ohne Seitenangaben]. Wie eine Investigative-Recherche aus dem Jahr 2014 ergab, werden im in Ramstein ansässigen *Distributed Common Ground System 4* die Daten von Drohnensystemen u. a. in Pakistan und Jemen zusammengeführt, ausgewertet und per Glasfaserkabel in die USA übertragen. Laut der Reportage der Süddeutschen Zeitung werden „zudem Live-Bilder der Drohnen analysiert und mit nachrichtendienstlichen Erkenntnissen abgeglichen. Die Pilot*innen der ferngesteuerten Fluggeräte, die meist in den USA sitzen, erhalten über ein verschlüsseltes Chat-Programm namens mIRC Analysen und Anweisungen aus dem DGS-4." Der ehemalige Drohnenpilot Brandon Bryant bei Dienstbeginn „immer als erstes in Ramstein angerufen" zu haben. Siehe: John Goetz, Volkmar Kabisch, Antonius Kempmann, Frederik Obermaier: „Ramstein ist Zentrum im US-Drohnenkrieg". *Süddeutsche* Zeitung, 16. Juli 2014. URL: https://www.sueddeutsche.de/politik/us-militaerflughafen-in-deutschland-ramstein-ist-zentrum-im-us-drohnenkrieg-1.1928810 [abgerufen am 26. Januar 2021].

271 Bei Echtzeit-Übertragungen handelt es sich tatsächlich um nahe Echtzeit [near realtime], mit einer Verzögerung von einigen Sekunden.

andere militärische Akteure in Afghanistan und den Vereinigten Staaten, darunter die Bildanalyse zuständigen „Screeners" des 11. Intelligence Squadron auf der Hurlburt Air Force Base in Florida.[272] Eine nicht dem Militär angehörige Angestellte des Technologiekonzerns SAIC spielte bei der Fehl-Interpretation der Zivilist*innen als bewaffnete „military-age males" eine zentrale Rolle.

> She reported ‚military aged males' in the vehicles holding what she described as ‚possible weapons' — it was impossible from the video to tell what the men were carrying, she said.[273]

Wie Gregory in seiner umfänglichen Aufarbeitung der Geschehnisse aufzeigt, wurde die mit Einschränkung hervorgebrachte Einschätzung der Bildauswerterin in der Funk-Kommunikation zwischen den verschiedenen beteiligten Akteuren zur Gewissheit uminterpretiert. Anhand des Audio-Transkripts lässt sich nachvollziehen, wie der Enthusiasmus der Crew, einen „Abschuss" zu feiern und ein Desinteresse für die möglichen schwerwiegenden Folgen zu der Katastrophe beitrugen.[274]

Es ist bedenkenswert, dass zukünftige Versionen der Ground Control Station auch deswegen zunehmend auf Graphiken und Simulationen setzen, die die ausgewerteten Informationen bereits enthalten, um solche Desaster der vernetzten Kommunikation zu vermeiden. So argumentieren auch Calhoun und Draper in der eingangs schon zitierten Human Factors Studie zu „Synthetic Vision"-Systemen im Drohnencockpit:

> [A] synthetic vision system can play a key role in supporting distributive collaborative communication in the net-centric environment envisioned for the UAV domain. Besides providing a common operating picture of available battlespace information, one individual could mark a specific spatially referenced point of interest on a work station, causing duplicate informative synthetic symbology to appear on the displays of other geographically separated stations in the warfare network. Thus, the synthetic vision system can be applied both as a *display* and as a *control*.[275]

Die Doppelfunktion von *Anzeige,* auf der Informationen für die Nutzer sichtbar gemacht werden (Output) und *Kontrolloberfläche,* über die die im Innern des Computers stattfindenden Rechenoperationen gesteuert werden können, ist dem Computerbildschirm seit jeher inhärent, wie schon die eingangs vorgestellten theoretischen Überlegungen zum Bildschirm gezeigt haben. Das Problem der Anzeigenprogrammiertheit, das im Kontext der technologisch rudimentären Cockpits der frühen Flie-

---

272 Gregory, Under Afghan Skies, 2020.
273 David S. Cloud: „Civilian Contractors Playing Key Roles in U. S. Drone Operations". *Los Angeles Times,* 29. Dezember 2011.
274 Siehe: Gregory, Afghan Skies I und III, 2020.
275 Calhoun, Draper, Synthetic Vision, 2010, S. 231.

gerei noch als Problem diskutiert wurde, erscheint hier als militärische Tugend: In den von Calhoun und Draper anvisierten Synthetic Vision-Systemen bezieht sich „control" ebenso auf die Kontrolle der oder des Bildschirmnutzer*in durch die in der synthetischen Realität angezeigten Daten. Die auch als „Kill Chain" bezeichnete Operationskette, die von der Bildauswertung und Identifizierung des Targets bis zum Abschuss des Ziels verläuft und nach einer Direktive der Air Force aus dem Jahr 2003 nicht mehr als 10 Minuten dauern sollte,[276] kann so in der Bildschirmanzeige potenziell auf ein Minimum reduziert werden.

5.3.3 „Unmanning" Unmanned Aircraft – Die Akteure verlassen die Kontrollstation

„Our No. 1 manning problem in the Air Force is manning our unmanned platforms",[277] so zitiert der Journalist David Cloud im Jahr 2011 den damaligen stellvertretenden Stabschef der US Air Force, General Philipp M. Breedlove. Ohne zivile Vertragsarbeiter würde der US-Drohnenkrieg zum Stillstand kommen. Neben einem weit verzweigten Netz von militärischen und nichtmilitärischen Akteuren, die für die Beurteilung und Interpretation der Videofeeds zuständig ist, setzt das US-Militär daher zunehmend auf die Automatisierung der Bildauswertung durch künstliche Intelligenz und Machine Learning.[278] Damit verändern sich nicht nur „die Vorstellungen darüber, wer der Agent der Bildproduktion in Kriegssituationen ist",[279] sondern es verändern sich auch die Situationen, in denen Daten überhaupt noch visuell dargestellt und übertragen werden. Durch automatisierte Verfahren der Selektion und Interpretation ist die Visualisierung von Daten nur noch dann erforderlich, wenn menschliche Akteure aufgrund der militärischen Routinen und Arbeitsabläufe die vorgefilterten Ergebnisse berechneter Entscheidungen verifizieren oder falsifizieren müssen. Nach Schätzungen der DARPA würden automatisierte Bildauswertungstechnologien das für großflächige Sensor-gestützte Drohneneinsätze notwendige Personal von bisher zweitausend Bildauswerter*innen auf fünfundsiebzig reduzieren.[280]

---

276 Adam J. Herbert: „Compressing the Kill Chain". *Air Force Magazine*, 1. März 2003. URL: https://www.airforcemag.com/article/0303killchain/ [abgerufen am 26. Januar 2021]. Zum Begriff „Unmanning" siehe: Chandler, Unmanning, 2020.
277 Cloud, Civilian Contractors, 2011.
278 David Hambling: „U. S. To Equip MQ-9 Reaper Drones With Artificial Intelligence". *Forbes*, 11. September 2020; Leon Kelion: „Google tech used by Pentagon ‚to analyse drone videos'". *BBC News*, 7. März 2018, URL: https://www.bbc.com/news/technology-43316667 [abgerufen am 25. Januar 2021].
279 Höfler, Eyes in the Sky, 2015, S. 31.
280 Siehe: Paul Scharre: *Robotics on the Battlefield Part 1: Range, Persistence and Daring*. Center for a New American Security, Washington, 2014, S. 17.

Das im Jahr 2018 gegründete Joint Artificial Intelligence Center des US-Militärs gilt als höchste Instanz der zukünftigen AI-Strategie des Department of Defense (DoD).[281] Im Dezember 2020 beauftragte das JAIC die Firma General Atomics Aeronautical Systems mit der Herstellung eines „Smart Sensor Projects" für die MQ-9 Reaper Drohne, das, auf Basis von Algorithmen zur Erkennung von Objekten, den vollautomatischen Betrieb der Drohne ermöglicht.[282] Dies entspricht aufs Genaueste den Maßgaben des 2017 vom DoD ins Leben gerufenen Project Maven. Einem Memorandum zur Beauftragung des Projekts durch den damaligen Deputy Secretary of Defense Robert O. Work zufolge, sollen im Rahmen von Project Maven Computer Vision-Algorithmen zur „Erkennung, Klassifizierung und Verfolgung von Objekten" entwickelt werden, wozu auch über 3000 neue Drohnen verschiedener Typen budgetiert wurden. Project Maven hat, in der Sprache des Militärs ausgedrückt, ein „Algorithmic Warfare Cross-Functional Team" (AWCFT) zu etablieren:

> The AWCFT's first task is to field technology to augment or automate Processing, Exploitation, and Dissemination (PED) for tactical Unmanned Aerial System (UAS) and Mid-Altitude Full-Motion Video (FMV) in support of the Defeat-ISIS campaign. This will help to reduce the human factors burden of FMV analysis, increase actionable intelligence, and enhance military decision-making. A WCFT will: 1) organize a data-labeling effort, and develop, acquire, and/or modify algorithms to accomplish key tasks; 2) identify required computational resources and identify a path to fielding that infrastructure; and 3) integrate algorithmic-based technology with Programs of Record in 90-day sprints.[283]

Tausende von Mitarbeiter*innen der Firma Google erzwangen im Jahr 2018 mit einer Petition das Ende der Beteiligung an Project Maven durch die von *Google Brain* entwickelte Machine Learning Plattform *TensorFlow*, da sie nicht mit ihrer Arbeit direkt oder indirekt an der Entwicklung von Kriegswaffen beteiligt sein wollten.[284] Der

---

281 Siehe: O. V.: „About JAIC". *JAIC* [offizielle Webseite]. URL: https://www.ai.mil/about.html [abgerufen am 25. Januar 2021].

282 Siehe: O. V.: „GA-ASI Awarded Smart Sensor Contract". *General Atomics Aeronautical* [offizielle Webseite], 24. November 2020, URL: https://www.ga.com/ga-asi-awarded-smart-sensor-contract [abgerufen am 25. Januar 2021].

283 Deputy Secretary of Defense: *Memorandum for: See distribution. SUBJECT: Establishment of an Algorithmic Warfare Cross-Functional Team (Project Maven).* 26. April 2017, URL: www.govexec.com [abgerufen am 25. Januar 2021].

284 Siehe: O. V.: „Google Will not Renew Pentagon Contract That Upset Employees". *The New York Times*, 1. Juni 2018, URL: https://www.nytimes.com/2018/06/01/technology/google-pentagon-project-maven.html [abgerufen am 25. Januar 2021]. Presseberichten zufolge übernahm das umstrittene, von Paypal-Entwickler und Facebook-Vorstandsmitglied Peter Thiel gegründete Datenanalyse-Unternehmen Palantir den Vertrag von Google. Siehe: Frank Wolfe: „Palantir Forecasts Major Increase in Its Share of DoD, Other Federal Software Business". *Aviation News*, 2. November 2020,

Air Force General Stephen W. Wilson reagierte auf die Kontroverse beschwichtigend, es handele sich lediglich um die „Verarbeitung von Bildern":

> [t]o set the record straight, what we're doing with Project Maven is we're trying to take into consideration, into the routine, the processing of pictures.[285]

Ein*e durchschnittliche*r Bildauswerter*in könne nach einer gewissen Trainingszeit in 75% der Fälle richtigliegen. Ein durchschnittlicher Computer dagegen könne 1000 Bilder pro Minute mit einer Genauigkeit von 99% auswerten.[286]

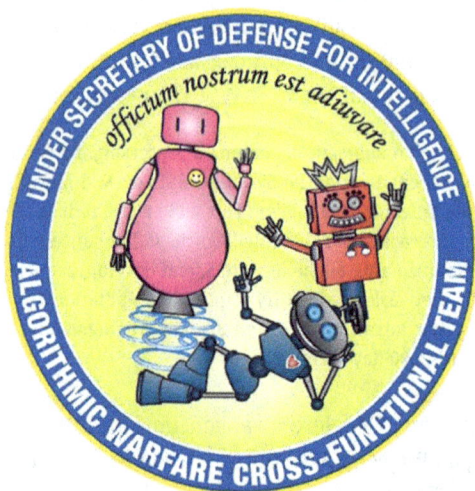

Abb. 14: Project Maven, offizielles Siegel des Department of Defense.[287]

URL: https://www.aviationtoday.com/2020/11/02/palantir-forecasts-major-increase-share-dod-federal-software-business/ [abgerufen am 23. Februar 2021].

285 Matt Stroud: „Pentagon official says America must join an arms race in weaponry with artificial intelligence". *Center for Public Integrity*, 11. April 2018, URL: https://publicintegrity.org/national-security/pentagon-official-says-america-must-join-an-arms-race-in-weaponry-with-artificial-intelligence/ [abgerufen am 28. Januar 2021].

286 Ebd.

287 „The project is formally known as the Algorithmic Warfare Cross-Functional Team. The seal above was included in a March 20 presentation by Lt. Gen. Jack Shanahan, director for Defense Intelligence for Warfighter Support in the Office of the Undersecretary of Defense for Intelligence. It features three cartoon robots. Each one has a different badge: a smiley face, a heart, and a rainbow." Grace Lisa Scott: „DoD's Cheery ‚Project Maven' Seal Features Smiling Warfare Robots". *Inverse*, 31. Mai 2018. URL: https://www.inverse.com/article/45423-project-maven-logo-department-of-defense-google [abgerufen am 12. März 2021].

Ein *policy*-Dokument des DoD gibt Einblicke in die Feinheiten der Bestimmung von „angemessener" Entscheidungsgewalt autonomer Waffensysteme, die als LAWS („lethal autonomous weapon systems") bezeichnet werden. Die Direktive 3000.09 enthält die Anweisung, dass alle technologischen Systeme auf eine Weise gestaltet sein müssen, dass sie ein „angemessenes Maß an menschlichem Urteil über den Einsatz von Gewalt" zuließen. In einem ergänzenden White Paper der Regierung heißt es dazu, „angemessen" sei ein flexibler Begriff, der die Tatsache widerspiegele, dass es kein feststehendes und in allen Kontexten anwendbares „one-size-fits-all" Maß menschlicher Urteilskraft gäbe.[288]

> Furthermore, ‚human judgment over the use of force' does not require manual human ‚control' of the weapon system, as is often reported, but rather broader human involvement in decisions about how, when, where, and why the weapon will be employed.[289]

Jüngste Forschungen der *Human Factor Studies* sehen in der GCS dieser Direktive entsprechend zunehmend eine Plattform zur Überwachung automatisierter Prozesse. Die manuelle Steuerung rückt dabei mehr und mehr in den Hintergrund. Bis zum Jahr 2010 seien Drohnen noch über Kontrollsysteme gesteuert worden, die sich am Cockpit der bemannten Luftfahrt orientierten, einschließlich des Joysticks und der üblichen Displays für Flugdaten, schreiben Gawron et al. in einer Studie über „Ground Control Stations". Das „Cockpit-Paradigma" wirke jedoch auf die Entfaltung neuer technologischer Möglichkeiten einengend, und die Kontrolle einer Vielzahl verschiedener „Assets" durch individuelle Operators sei im herkömmlichen Cockpit nicht so „effizient" wie in solchen Kontrollsystemen, die vorwiegend der „supervisory control" oder „asset delegation" dienten.[290] Operators seien aufgrund der riesigen Datenmengen nicht mehr dazu in der Lage, relevante von irrelevanten Informationen zu unterscheiden. Den obigen Ausführungen entsprechend erscheint hier das „Screening" oder „Filtern" von Daten als eine Schlüsselfunktion der Bildschirmarbeit, sowohl vor als auch hinter dem Screen:

> [M]onitoring a systems status is burdensome and requires continuous effortful filtering of relevant versus irrelevant information, but emerging technologies can make this a supervisory

---

288 „[...] that all systems, including LAWS, be designed to ‚allow commanders and operators to exercise appropriate levels of human judgment over the use of force.' As noted in an August 2018 U. S. government white paper, ‚appropriate' is a flexible term that reflects the fact that there is not a fixed, one-size-fits-all level of human judgment that should be applied to every context.'" Siehe: Kelley M. Sayler: „Defense Primer: U. S. Policy on Lethal Autonomous Weapon Systems". *Congressional Research Service*, 1. Dezember 1, 2020.
289 Sayler, Defense Primer, 2020.
290 Gawron et al., Ground Control Systems, 2017, S. 67.

task by presenting operators only with those alerts that require operator attention, in turn freeing up operator resources for other tasks or even making some monitoring tasks obsolete.[291]

Andere begründen die Neuausrichtung des Cockpit-Designs damit, dass Crews zukünftig eine Vielzahl von Aktivitäten unterschiedlicher „autonomer Akteure"[292] parallel zu koordinieren haben – also am Bildschirm potenziell ganze Schwärme von Flugzeugen beaufsichtigen, statt nur einer einzelnen Maschine zugeordnet zu sein. In einer feinen Distinktion und weiterer Entgrenzung des Begriffs des „Operators" fungieren Drone Operators hier nur noch als „überwachende Entscheidungsträger"[293] und nicht mehr länger als Pilot*innen oder Steuernde.

Während des von Timothy Cullen an der Air University, Maxwell Air Force Base organisierten Workshops diskutierten die anwesenden Drohnen-Pilot*innen ihre Frustration angesichts der Tatsache, dass mehr und mehr Verantwortung von den Bediener*innen der Waffensysteme auf die Ingenieur*innen übergehe, also von Mitgliedern des Militärs auf Akteure, die grundsätzlich anderen, vorrangig marktwirtschaftlichen Interessen folgen und, auch in einem juristischen Sinn, nicht militärisch verantwortlich seien. Die Kritik zielte insbesondere auf den Rüstungskonzern General Atomics Aeronautical Systems. Beklagt wurde vor allem die wachsende „Rigidität" der Interfaces und der Mangel an Einflussmöglichkeiten, insbesondere bei der Festlegung der Anforderungen an die GCS. Anstatt kollaborative Arbeit zwischen den einzelnen Crewmitgliedern zu ermöglichen, seien die aktuellen Versionen der GCS nach wie vor im Wesentlichen darauf ausgelegt, Flugzeuge zu fliegen, anstatt Informationen zu akquirieren und zu organisieren. Bemängelt wurde außerdem die Abwesenheit von „Practitioners" im Designprozess, was einen klassischen Topos der Kritik an den Human Factors Studies bildet.

Cullen hebt in seiner Studie des MQ-9 Reaper Cockpits dagegen die „handwerkliche" Seite der für die Steuerung erforderlichen Fähigkeiten hervor. Um Details aus einem Bild „herauszubrechen", müssten Parameter wie „Gain, Level und Fokus" per Hand manipuliert oder verschiedene Bildgebungsmodalitäten unterschiedlich angeordnet und übereinandergelegt werden.[294] Was sichtbar werde, basiert dieser Schilderung zufolge also vor allem auf der Kompetenz der oder des jeweiligen Operators. Dagegen hätten automatisierte Optimierungen und Modi, die in die Software-Infrastruktur eingebettet waren, Cullen zufolge kontinuierlich zu schlechteren Er-

291 Ebd., S. 93.
292 Maia Cook, Harvey Smallman: „Human-Centered Command and Control of Future Autonomous Systems". *18th International Command and Control Research & Technology Symposium*, Alexandria, VA, 2013.
293 Gawron et al., Ground Control Systems, 2017, S. 93
294 Cullen, The MQ-9 Reaper, 2011, S. 165–167.

gebnissen geführt. Die Pilot*innen auf der anderen Seite waren davon überzeugt, dass der ihnen zugestandene Handlungsspielraum wesentlich von Software und Hardware-Ingenieur*innen und -Entwickler*innen hergestellt wird, und dass diese Akteure zugleich in zunehmendem Maß bestimmen, was visualisiert wird, was also überhaupt erst zum Teil der „Situationswahrnehmung" werden kann. Der den Handlungsabläufen im Cockpit vorgängige Auswahlprozess war den Bediener*innen nicht einsichtig und kaum als solcher erkennbar oder zumindest nachvollziehbar. Die Integration von AI und Machine Learning, zum Beispiel zur Erkennung von Objekten und Vorauswahl möglicher Ziele, insbesondere wenn die Funktionsweise der getroffenen Auswahl nicht nachvollziehbar ist, wird so unweigerlich zu einem weiteren Präzedenzfall, bei dem Tötungsentscheidungen von den Visualisierungen beeinflusst oder sogar direkt im Prozess der Visualisierung umgesetzt werden. In diesem Fall sind die als „überwachende Entscheidungsträger*innen" bezeichneten Operators realiter nicht mehr als Ausführende von Befehlen, die ihnen der Computer am Bildschirm übermittelt.[295]

Dass sich die US Air Force dieser Problematik bewusst ist, beweist ein zeitgleich mit Project Maven ins Leben gerufenes Programm der Defence Advanced Research Projects Agency (DARPA) namens *Explainable Artificial Intelligence* (XAI). Der erste Leiter des Programms, David Gunning, war ebenfalls verantwortlich für das DARPA-Programm CALO (Cognitive Assistant that Learns and Organizes) aus dem Siri, die Spracherkennungssoftware der Firma Apple, hervorging. In einem 2017 veröffentlichten Statement zu *XAI* klärte Gunning über die Ziele des neuen Programms auf. Dieses setzt demnach den Fokus auf die „Entwicklung eines Modells", „das es menschlichen Nutzern ermöglichen soll, die neue Generation künstlich-intelligenter Partner zu verstehen, ihnen in angemessener Weise zu trauen und sie effektiv zu steuern".[296]

In der hier präsentierten Rhetorik einer sich selbst erklärenden künstlichen Intelligenz erfährt der Anthropomorphismus, der, wie oben beschrieben wurde, die militärische Vorliebe für „Kooperation", Mensch-Maschine-„Partnerschaften"

---

295 Die US-Navy verfügt mit dem *Raytheon Phalanx Close-in Weapon System* bereits über eine Waffe, die eigenständig Tötungsentscheidungen trifft. In der Produktbeschreibung des Herstellers heißt es dazu: „The Phalanx weapon system carries out functions usually performed by multiple systems: search, detection, threat evaluation, tracking, engagement and kill assessment." Siehe: O. V.: „Phalanx Weapon System". Raytheon Missiles & Defense [offizielle Webseite], URL: https://www.raytheonmissilesanddefense.com/capabilities/products/phalanx-close-in-weapon-sys tem [abgerufen am 19. Februar 2021].
296 [Eigene Übersetzung] „Enable human users to understand, appropriately trust, and effectively manage the emerging generation of artificially intelligent partners". Siehe: David Gunning: „Mission Statement". *DARPA Explainable Artificial Intelligence (XAI)* [offizielle Webseite], URL: https://www.darpa .mil/program/explainable-artificial-intelligence [abgerufen am 30. Juli 2017].

und „human-machine-teams" durchzieht, eine neue Wendung. Denn den technologischen Systemen wird hier nicht mehr nur Handlungsmacht, sondern schließlich auch die Fähigkeit des Denkens zugesprochen:

> Continued advances promise to produce autonomous systems that will perceive, learn, decide, and act on their own. However, the effectiveness of these systems will be limited by the machine's inability to explain its *thoughts and actions* [eigene Hervorhebung] to human users. Explainable AI will be essential, if users are to understand, trust, and effectively manage this emerging generation of artificially intelligent partners.[297]

Dass das Bedürfnis nach Selbsterklärung der technologischen Systeme mehr als nur ein Symptom für die offenkundige Seinskrise des Human Operator gesehen werden muss, als eine realistische Perspektive zur Öffnung der Blackbox hochkomplexer neuronaler Netzwerke, scheint offenkundig. Denn *Explainable AI* wird den handlungsanweisenden Bedienoberflächen nurmehr eine weitere Ebene hinzufügen und damit die epistemische Distanz zwischen einer automatisierten Entscheidung und ihrem menschlichen Ausführenden vergrößern.

Der Technikhistoriker John N. Edwards bemerkte schon im Jahr 1986, dass sich das regelbasierte, formal-mechanische Verständnis, das den älteren Konzepten sogenannter künstlicher Intelligenz zugrunde lag, eng mit den disziplinierenden Funktionsweisen eines technokratisch verfassten Militärapparats deckt:

> [It] is profoundly suited to military social structures using rigorous discipline and narrowly constricted methods and domains of action to combine humans and machines in large-scale cybernetic systems.[298]

Im Zeitalter der Drohnentechnologie, in dem die elektronische Kriegführung noch um zunehmend selbsttätig agierende, vernetzte Sensor-Plattformen ergänzt wird, zeichnet sich ab, dass das kybernetische Paradigma des *Command and Control* durch ein neues Paradigma verdrängt oder erweitert wird. Wie Jeremy Packer und Joshua Reeves vorschlagen, stehen „Drohnen" sinnbildlich für eine in der US-amerikanischen Militärstrategie seit dem Zweiten Weltkrieg tief verwurzelte Vorstellung, dass menschliche Akteure das effiziente Funktionieren von technologisch einwandfreien Systemen stören. Seit Kryptographie und ballistische Vorhersagen den Computer Mitte des 20. Jahrhunderts zur kriegsentscheidenden Technologie

---

297 Siehe: David Gunning: „Explainable Artificial Intelligence (XAI)", DARPA/I20, *Distribution Statement „A"*, URL: https://www.cc.gatech.edu/~alanwags/DLAI2016/(Gunning) %20IJCAI-16% 20DLAI%20WS.pdf [abgerufen am 30. Juli 2017].

298 Edwards, Border Wars, 1986, S. 39–50, hier: 46; dazu auch: Max Stadler: „Man not a Machine: Models, Minds, and Mental Labor, c. 1980". In: *Progress in Brain Research*, 233, 2017, S. 73–100, hier: S. 28.

machten, sei amerikanische *military policy* einem „digitalen Telos"[299] verhaftet, bei dem es darum gehe, so viele Menschen wie möglich aus der Befehlskette zu entfernen und technologische „Autonomie" zum Ideal zu erheben:

> Drones have placed in bold relief a struggle between an old logic of ‚command and control' and an emergent vision of detachment or autonomy. [...] [N]ext generation drone media are obliterating [the] commonsense impulse toward a hierarchical military command structure. Because innovations in digital media have unveiled the fallible, bumbling human as the true ‚fog of war', drones are now being designed with explicitly nonhuman forms of intelligence, cooperation, and communication.[300]

Wie zu Beginn des Kapitels ausgeführt, verschwinden im Zuge der stetig zunehmenden Automatisierung der Interpretations- und Selektionsprozesse, die das Nadelöhr der heutigen technologischen Befehlsmacht bilden, die Funktionen des *Command and Control* mehr und mehr hinter einer Rhetorik der „Kooperation", die nicht mehr darauf abzielt, Dinge, Menschen und Algorithmen auf ein und die selbe kognitive Ebene zu setzen, sondern, das „menschliche Element" aus der Handlungskette zu entfernen. Dieser Diskurs, der Dingen die Fähigkeit zum Denken und Handeln zuspricht und Menschen vor allem zum Glauben an die von den Computern gelieferten und visualisierten Daten verpflichtet, lässt das Offensichtliche außer Acht: dass nämlich eine Vielzahl relevanter Entscheidungen von menschlichen Akteuren schon im Design auf Ebene der Programmierung getroffen wurden.

5.4 Arbeit der Simulation

In *Das Unvernehmen* beschreibt der französische Philosoph Jacques Rancière eine neue, zeitgenössische Regierungsform, die er als Post-Demokratie bezeichnet: Eine Demokratie „*nach* dem *Demos*", in der „unter dem Namen der Demokratie die konsensuelle Praxis der Auslöschung der Formen demokratischen Handelns geltend gemacht wird".[301] Diese Auslöschung vollziehe sich Rancière zufolge innerhalb einer Struktur des Sichtbaren, „in der man alles sieht und alles gesehen wird", und in der es gerade deshalb „keinen Ort mehr für das Erscheinen" gebe. In dieser Welt der vollständigen Sichtbarkeit gestalte sich ein Wirkliches, ein harmonisiertes „Bild vom Ganzen", in dem das politische Erscheinen, als Unstimmigkeit, die „strittige Ge-

---

299 Jeremy Packer, Joshua Reeves: „Taking People Out. Drones, Media/Weapons, and the Coming Humanectomy". In: Lisa Parks, Caren Kaplan (Hg.): *Life in the Age of Drone Warfare*. Duke University Press, Durham, 2017, S. 261–281, hier: 264.
300 Packer, Reeves, Taking People Out, 2017, S. 265.
301 Jacques Rancière: *Das Unvernehmen*. Suhrkamp, Frankfurt a. M., 2002, S. 111.

genstände einführt", durch die „mediale Ausbreitung des ununterschiedenen Sichtbaren" zum Verschwinden gebracht werde.[302] Rancière bringt damit die Technologien der Sichtbarmachung und Medien visueller Simulation, zu denen auch die Steuerungsoberflächen bewaffneter Drohnen zählen können, in direkten Zusammenhang mit der polizeilichen „Ordnung des Sichtbaren und Sagbaren",[303] deren Beschreibung den Kern seiner politischen Philosophie bildet. Von der Simulationstheorie Jean Baudrillards grenzt sich Rancière ab, da die von ihm beschriebene „All-Sichtbarkeit" einer Logik der Simulation entspreche, die nicht so sehr, wie bei Baudrillard, „dem Wirklichen und dem realistischen Glauben entgegengesetzt" sei, „sondern dem *Erscheinen* und seinen Mächten".[304] Sichtbarkeit tritt hier als kategoriale Blindheit auf, nämlich all dem gegenüber, das der Anordnung des „Bildes vom Ganzen" als Wirklichkeit nicht entspricht. Auf den Kontext der hier untersuchten militärischen Steuerungsumgebungen angewendet, ähnelt die von Rancière beschriebene Situation den Verfahren des „Blindflugs", die in der frühen Fliegerei den Gegenstand psychotechnischer Experimente bildeten und heute ihre Entsprechung in den Bildschirmumgebungen und Synthetic Vision Systemen der Computer-gestützten Cockpits haben.[305]

In der Kriegführung spielt der „Demos" der ins Visier genommenen Population naturgemäß keine Rolle, vielmehr bildet die Reduzierung des als Feind definierten Anderen auf einen Zustand des Nicht-Sichtbaren, dessen Existenz es gegebenenfalls auszulöschen, zuallerletzt aber als stimmberechtigte, teilhabende Entität anzuerkennen gilt, gewissermaßen die Essenz des Kriegszustands. Die von Rancière beschriebene „Logik der Simulation", die das „Erscheinen" des Anderen unterdrückt und herausrechnet ist demzufolge in diesem Zusammenhang nicht nur als eine polizeiliche, sondern vielmehr als eine primär militärische Ordnung zu verstehen.[306] Die Anderen werden, wie Rey Chow formuliert hat, prinzipiell auf *targets* reduziert – „as an object to be destroyed".[307] Im Schaltkreis der selbstreferentiellen Wissensproduktion kann keine neue Erkenntnis diesen Status komplizieren[308] und die auf solcherlei Weise bestimmten Akteure sehen sich stets in der Position der Zielenden.

---

302 Ebd., S. 113.
303 Ebd., S. 41.
304 [Eigene Hervorhebung] ebd., S. 113.
305 Hierzu: Franz, Ladewig, Synthetische Realität, 2015, S. 99–102.
306 Die zunehmende Konvergenz von polizeilichem und militärischem Handeln im Kontext des „War on Terror" ist in Kapitel 3.3.2 schon ausführlicher behandelt worden.
307 Chow, World Target, 2006, S. 31.
308 Ebd., S. 41.

Augmented und *synthetic vision* können so, ähnlich der im Kontext der frühen Psychotechnik behandelten „Anzeigeprogrammiertheit", als visuelle Steuerungs-mechanismen skizziert werden, die das Verhalten menschlicher Akteure anleiten. Sie sind damit als Mittel der Gehorsamsproduktion zu verstehen, während die bildgebenden Verfahren der Simulation in einer politischen Dimension begreif-bar werden, die Rancière als eine „Welt der vollständigen Sichtbarkeit" problema-tisiert, „wo das Erscheinen keinen Ort hat".[309] In den Bildschirmumgebungen wird so ein „Bild vom Ganzen"[310] konstruiert – ein Filter oder *Reizschutz*, der allen Widerspruch gegen die Selbstreferentialität dieser Darstellung herausrech-net. Denn die menschliche Wahrnehmung und die visuellen Verfahren ihrer Steuerung sind nunmehr Funktionselemente der „Strukturen des Sichtbaren",[311] die bestimmen, was als „wirklich", „augmentiert" und „synthetisch" präsentiert wird und damit eine Sache der Auswahl und Interpretation, die vordefinierten Maßgaben folgt und die Möglichkeit des „Erscheinens" von etwas, das darin nicht schon in den *targeting systems* enthalten wäre, verhindert. Die Definition dieser Maßgaben ist jedoch nicht Sache von eigentätigen Technologien, sondern bildet, wie hier gezeigt wurde, unter anderem den Gegenstand einer erklärtermaßen „aktivistischen Wissenschaft"[312] und ihrer Akteur*innen, die sich selbst – wie Micah Endsley, der Erfinderin der „situational awareness" – an den Übergängen zwischen zivilgesellschaftlichen, militärischen oder staatlichen und privatwirt-schaftlichen Interessen positionieren.

Gemäß Rancières Beschreibung einer postdemokratischen Dystopie befinden sich die *Operators* im zukünftigen Advanced Cockpit GCS mithilfe der „syntheti-schen Welt" ihrer Bildschirmanzeigen in einer hochgradig konstruierten Realität, deren logischer Aufbau prinzipiell selbstreferentiell ist. Sie sind damit in einer Situ-ation, die der von typischen Konsument*innen zeitgenössischer Online-Medien nicht unähnlich ist. Auch diese seien, wie Mark Hansen beschreibt, einer Art vorbe-wusste „Modulation"[313] durch Bildschirm-vermittelte Vorgänge unterworfen, die

---

309 Rancière, Unvernehmen, 2002, S. 111.
310 Ebd., S. 112.
311 Ebd.
312 David Meister definiert die Zielsetzung der Human Factors Studies im Gegensat zu den „be-obachtenden Disziplinen wie der Anthropologie, der Geschichtswissenschaft oder Soziologie" als eine „interessegeleiteten Intervention" [„interest-lead intervention (intervention at the behest of interest)"] und die/den Human Factors Ingenieur als „an activist who has been trained to inter-vene in the human-technology relationship by measuring performance, creating a stimulus, and observing its effect". Siehe: David Meister: *The History of Human Factors and Ergonomics*. CRC Press, Mahwa, 1999, S. 15.
313 „[T]he media system of today in terms of the modulation of a level of experience that I'm calling ‚sensibility‘, and which is outside of our direct perceptual access [...] to bypass conscious-

grundsätzlich ihrer Wahrnehmung unzugänglich ist, aber unterschwellig ihr Verhalten steuert. Die primären Quellen der verwertbaren Informationen dieser Computer-generierten Realität sind Datenbanken. Daraus ergibt sich eine Verschiebung im Verhältnis von Wissen und Handlungsmacht, die man als paradigmatisch für das Zeitalter vernetzter Computation auch außerhalb der militärischen Kontrollstation bezeichnen könnte. Wie der Medientheoretiker David Savat schreibt, verändert sich mit der Nutzung von Datenbanken sowohl die Rolle des oder der Expert*in, als auch die Bedeutung von Wissen:

> Knowledge is increasingly held not by experts but produced by way of databases or so-called ‚expert-systems'. One consequence is that the actual expert or practitioner becomes increasingly subordinate to the administrators of such systems. In short, the administrator becomes the actual decision-maker [...].[314]

Im Fall der hier untersuchten visuellen Bildschirmumgebungen obliegt die Rolle der/des Administrators zuallererst den Herstellern und den Techniker*innen, Programmierer*innen und Ingenieur*innen, die als *contractors* d. h. als Angestellte der Technologiekonzerne mit der Konstruktion der Systeme betraut sind. Auf diese Weise verschiebt sich die Rolle des Entscheidungsträgers vom militärischen Personal zunehmend hin zu den mit der Herstellung der technischen Systeme beauftragten Rüstungskonzernen, und zwar schon lange bevor deren Angestellte als Bildauswerter*innen Entscheidungen treffen, die auf Tötungsentscheidungen hinauslaufen. Einmal mehr lässt sich hier mit Karl Mannheim die Tendenz eines depolitisierten, administrativen Denkens feststellen, die auch Peter Asaro mit Blick auf die zeitgenössische distanzierte Kriegführung als bürokratisierter Arbeit der Überwachung und des Tötens diagnostiziert hat.[315]

Die vielfach thematisierte und kritisierte *Autonomisierung* der Waffensysteme muss damit vor dem Hintergrund einer zunehmenden *Autorisierung* von Waffenherstellern betrachtet werden, die bis tief in die Befehlsstrukturen hinein reicht. Die Verquickung von Rüstungsindustrie und staatlicher Gewalt, als Privatisierung des Kriegs, ist, nach Mary Kaldors bekannter These, eine der Hauptmerkmale der *Neuen Kriege*.

---

ness, to bypass perception, and to solicit us in a more direct way that we have less control over." Mark Hansen: „Feed Forward". In: Robin Mackay (Hg.): *Simulation, Exercise, Operations*. Urbanomic, Falmouth, 2015, S. 57–61. Dazu auch: Marc Andrejevic, Marc Burdon: „Defining the Sensor Society". *Television & New Media*, 16(1), 2015, S. 19–36.

314 David Savat: „Deleuze's Objectile: From Discipline to Modulation". In: Mark Poster, David Savat (Hg.): *Deleuze and New Technology*. Edinburgh University Press, Edinburgh, 2009, S. 45–61, hier: S. 47.

315 Asaro, Bureaucratized Killing, 2013, S. 196–224 und Karl Mannheim: *Ideologie und Utopie*. Schulte-Bulmke, Frankfurt a. M., 1965, S. 102.

Über den Beginn der War on Terror-Kampagne unter George W. Bush, der auch den Beginn des US-amerikanischen Drohnenkriegs markiert, schrieb sie im Jahr 2005, dass es sich auch dabei um einen sogenannten „Neuen Krieg" handelte, da die chronisch unterbesetzten Ränge des Militärs mehr und mehr durch private Vertragsarbeiter [*contractors*] ergänzt würden,[316] und dieser Krieg also, im Gegensatz zu konventionellen Konflikten, sowohl von staatlichen als auch nichtstaatlichen Akteuren geführt würde. Eine Konsequenz davon sei, dass es zunehmend schwieriger würde, zwischen Zivilisten, militärischen und nicht-militärischen Kämpfer*innen zu unterscheiden.[317]

Neu ist dabei nicht so sehr die Implikation von politischen und militärischen mit sich selbst perpetuierenden wirtschaftlichen Interessen, die Kaldor schon in den 1980er Jahren unter den Begriff eines *Baroque Arsenal*[318] brachte, sondern die spezifische Art, wie diese Zusammenhänge innerhalb einer Ideologie autonomer und intelligenter Technologien verhandelt wird, die den stets widerständigen „menschlichen Faktor" als Risiko und Effizienzhindernis begreift. Diese Ideologie spiegelt sich in den bildgebenden Verfahren, durch die das Sehfeld des zeitgenössischen Drohnenkriegs konstruiert wird. Wie die hier angeführten Beispiele gezeigt haben, ist die Rede von autonom-handelnden Waffensystemen, selbststeuernden Maschinen und unbemannten Flugzeugen insofern irreführend, als nach wie vor eine große Menge menschlicher Akteure an deren Einsatz beteiligt sind. Zwar haben die relevanten Akteure die Kontrollstation verlassen, es sind aber nach wie vor zweifellos menschliche Interessen, die deren Funktionsweise steuern.

Die mit zunehmender Automation des Bildschirm-geführten Kriegs einhergehenden neuen Grenzziehungen von Sichtbarem und Unsichtbarem können mit Rancière nicht nur als eine Neu-Aufteilung des Sinnlichen beschrieben werden;[319]

---

316 Tatsächlich war die Zahl der Söldner und privaten Militärdienstleister vor dem Abzug der US-amerikanischen Truppen aus dem Irak im Jahr 2010 höher als die der regulären Soldaten. Siehe: Thomas Hippler: *Die Regierung des Himmels. Globalgeschichte des Luftkriegs*. Aus dem Französischen von Daniel Fastner. Matthes und Seitz, Berlin, 2017, S. 206 f.
317 „What is actually happening in Iraq is that the US is being dragged into a real ‚New War'. Because of shortages of troops, more private contractors are drawn into the war so it is fought by a network of state and non-state actors. Because it is so difficult to distinguish insurgents from combatants, the main victims are civilians." Siehe: Mary Kaldor: *Old Wars, Cold Wars, New Wars, and the War on Terror*. Lecture given by Professor Mary Kaldor to the Cold War Studies Centre, London School of Economics, 2. Februar 2005, PDF, S. 8.
318 „Modern military technology" heißt es bei Kaldor, „is not advanced; it is decadent. [...] As a consequence, modern armaments have become increasingly remote from military and economic reality." Siehe: Mary Kaldor: *The Baroque Arsenal*. Andre Deutsch, London, 1982, S. 3.
319 Jacques Rancière: *Die Aufteilung des Sinnlichen: Die Politik der Kunst und ihre Paradoxien*. Herausgegeben und übersetzt von Maria Muhle. b_books, Berlin, 2006.

Abb. 15: Eine Drohne des Typs MQ-1 Predator am Messestand von General Atomics Aeronautics steht im Zentrum der Rüstungsmesse UMEX, Abu Dhabi, 2018, Foto: Nina Franz.

wie die vorliegende Untersuchung gezeigt hat, handelt es sich hierbei ebenso um eine Neuverteilung von Arbeit, bei der Bilder eine vermittelnde, anweisende und steuernde Rolle spielen. Der britische Politologe Ian G. R. Shaw hat in seiner Untersuchung über die mit dem Drohnenkrieg assoziierten Gewalt- und Herrschaftstechniken auf die Verbindung einer spezifisch US-amerikanischen Idee von „Empire" mit dem Problem der Transformation von Arbeit innerhalb eines zunehmend auf Roboter setzenden Militärs hingewiesen:

> We are witnessing a transition from a labor-intensive American empire to [...] a machine- or capital-intensive Predator Empire.[320]

Shaw weist auf diesen Zusammenhang hin, ohne tatsächlich näher zu untersuchen wie das neue, durch robotische Technologien wie Pretator- und Reaper-Drohnen markierte „Empire" Beziehungen menschlicher Arbeit verschiebt und transformiert. Wie hier gezeigt wurde, wird die Arbeit der Kriegführung – also die Tätigkeiten des Überwachens, Analysierens, Orientierens, des Entscheidens

---

[320] Ian G. R. Shaw: *Predator Empire. Drone Warfare and Full Spectrum Dominance.* University of Minnesota Press, Minneapolis/London, 2016, S. 5.

und Befehlens, die dem Tötungsakt vorausgehen – jedoch nicht einfach „technologisch gelöst", sondern mit den Mitteln der Bildgebung neu organisiert. Shaws Beschreibung des Drohnenkriegs als „full spectrum dominance" und als immunisierende „Einschließung"[321] schreibt sich dagegen nahtlos ein in die Erzählung der technologisch perfektionierten *Entfernung* des Menschen, die schon von Paul Virilio, Friedrich Kittler und anderen in den 1990er Jahren präsentiert und seither ausführlich rezipiert und perpetuiert wurde. Mit Suchman kann diesen Ansätzen, wie oben bereits ausgeführt, eine gewisse Komplizität zu jenem Diskurs menschlicher Entmachtung diagnostiziert werden, den sie zu kritisieren vorgeben.[322] Statt einer Entfernung, Ersetzung und Entmachtung des Menschen das Wort zu reden, soll hier vorgeschlagen werden, von einer Verschiebung und Neuverteilung menschlicher Arbeit auszugehen, die schon an anderer Stelle – im Kontext der Produktion – in Verbindung mit dem Problem der zunehmenden Automation diskursiviert wurde.

„Warum hat man Maschinen mit Augen ausgestattet?"[323], fragte die Wissenschaftshistorikerin Jimena Canales jüngst in einer Publikation über die Künstler Harun Farocki und Trevor Paglen, die sich beide auf unterschiedliche Art forschend mit den hochtechnologischen militärischen und industriellen Sehapparaturen – den *Visibility Machines* – der Gegenwart auseinandersetzen. Um diese Frage zu beantworten, verweist Canales auf eine Formulierung aus Karls Marx' *Ökonomischen und philosophischen Manuskripten* von 1844, wo es heißt, die „Bildung der 5 Sinne" sei „eine Arbeit der ganzen bisherigen Weltgeschichte".[324] Zur Zeit der Zweiten Industriellen Revolution, so Canales, ersetzten Maschinen nicht nur menschliche Arbeitskraft, sondern „spezifische Sinne des Menschen". Und während Marx den Fokus noch auf die Hände der Arbeiter legte, seien für das Zeitalter der Fotografie, der Phonografie, des Films und des Radios „Augen und Ohren, Bilder und Stimme"[325] zentral gewesen. Ich möchte vorschlagen, dass der Komplex, der in diesem Kapitel als Konstruktion eines militärischen Sehfelds beschrieben wurde – in

---

321 Anders als Edwards, der die „Closed World" der Computation als diskursive Konstruktion erkennt und beschreibt, stellt für Shaw diese Einschließung oder „technological enclosure" eine Realität dar, die lückenlos und reibungslos funktioniert. „Technological civilization is constituted by the artificial, increasingly capital-intensive infrastructures that enclose humanity" (S. 20). Folglich kann er sich die "dronification of the human condition" auch nicht anders vorstellen, als eine totale Erfahrung, als „mass production of anxious, hypersecured, and highly atomized individuals: soothed and yet ever distressed by the buzz of police robots swarming the skies" (S. 28). Siehe: Shaw, Predator Empire, 2016.

322 Suchman, Situational Awareness, 2015, S. 13.

323 [„Why were machines equipped with eyes? "] Canales, Operational Art, 2015, S. 38.

324 Marx, *Ökonomische und Philosophische*, 2012 [1844], S. 713.

325 Canales, Operational Art, 2015, S. 38.

Analogie zu einer im Kontext der älteren, abbildenden Medien wie Fotografie und Film zu verortenden „Arbeit des Sehens"[326] – als „Arbeit der Simulation"[327] beschrieben werden kann.

In dieser neuen Form von Arbeit geschieht mehr als nur die Ersetzung eines menschlichen Sinnesorgans durch technologische Sensoren. Die Herstellung eines handlungsanweisenden, *befehlsgebenden* Sehfelds, das auf viele unterschiedliche Akteure zurückgeht, und dabei nur scheinbar über eigene Handlungsmacht verfügt, wird hier als eine Form der kollektiven Arbeit begreifbar, die nicht unabhängig von den historischen Zusammenhängen betrachtet werden kann, in die die Art und Weise der Kriegführung eingebettet ist.[328] Den Befehlsempfänger*innen tritt hier ein automatisiertes System als autorisierte, befehlende Instanz gegenüber. Dieses Verhältnis ist schon insofern vergleichbar mit der Fabrik des 19. Jahrhunderts, als diese den Arbeiter*innen ebenfalls als scheinbar nicht-menschliche Maschinerie gegenüberstand, die, in den Worten von Marx, „die lebendige Arbeit subsumiert unter die selbstständig wirkende vergegenständlichte".[329]

Im sogenannten „Maschinenfragment"[330] aus den *Grundrissen der Kritik der politischen Ökonomie* spekuliert Marx, wie der Arbeiter [sic] in der vollständig automatisierten Fabrik der Zukunft zum „Wächter und Regulator"[331] wird, der die Produktionsprozesse bewacht. Der Arbeiter trete „neben den Produktionsprozeß, statt sein Hauptagent zu sein".[332] Im vollständig automatisierten Cockpit, wo nicht mehr nur die mechanische Arbeit – wie Navigation, Start, Landung, Ziel-

---

326 Merleau-Ponty, Das Auge und der Geist, 2003, S. 287. Siehe Kapitel 2 dieser Arbeit.

327 Dazu auch: Mark Fisher: „The Labour of Simulation". In: Robin Mackay (Hg.): *Simulation, Exercise, Operations*. Urbanomic, Falmouth, 2015, S. 47–50, hier: S. 49.

328 „The Department of Defense has requested approximately $9.39 billion for unmanned systems and associated technologies in the FY 2019 budget. This proposal includes funding for the procurement of 3,447 new air, ground, and sea drones. The FY 2019 budget proposal represents a significant expansion in drone spending over the FY 2018 requested budget, which caontained approximately $7.5 billion in drone-related spending and orders for 807 drones". Siehe: Dan Gettinger: „Study: Drones in the FY 2019 Defense Budget". *Center for the Study of the* Drone, Bard College, Annandale, 9. April 2018, URL: https://dronecenter.bard.edu/drones-in-the-fy19-defense-budget/ [abgerufen am 28. Januar 2021].

329 Karl Marx: „Maschinenfragment [Fixes Kapital und Entwicklung der Produktivkräfte der Gesellschaft]" [1858]. In: Christian Lotz (Hg.): *Karl Marx. Das Maschinenfragment*. Laika Verlag, Hamburg, 2014, S. 51–82, hier: S. 67; vollständiger Abdruck des Manuskripts, aus dem das Fragment stammt in: Karl Marx: *Grundrisse der Kritik der Politischen Ökonomie. Marx Engels Werke, Band 42*. Karl Dietz, Berlin, 1983, S. 590–609.

330 Siehe: Christian Lotz (Hg): *Karl Marx: Das Maschinenfragment*. Laika Verlag, Hamburg, 2014.

331 Marx, Maschinenfragment, 2014 [1858], S. 67.

332 Ebd.

identifikation und potenziell sogar die Arbeit des Tötens[333] – automatisch erfolgt, sondern auch die Arbeit der Beobachtung und Wahrnehmung an die hochgerüsteten Sensor-Systeme übertragen wurde, sind die zu „Wächtern" abgestiegenen Pilot*innen vollkommen passiviert, während den Bildtechniken eine seltsame Form der Aktivität zugebilligt werden muss, die Ereignisse nicht nur abbilden und bezeugen, sondern hervorbringen. Der französische Philosoph Jacques Derrida hat in seinen philosophischen Überlegungen zum *Ereignis* diese eigenartige Produktivität hochtechnologischer Bilder bereits klar benannt, indem er sie als „Techniken der unmittelbaren Wiedergabe von Worten und Bildern" beschrieb, die im selben Maß, in dem sie sich entwickeln, zugleich auch interpretieren, selektieren, filtern und infolgedessen das Ereignis *machen*, anstatt es bloß abzubilden [...] extrem subtile Aufnahme-, Projektions- und Filtertechniken[, die] es ermöglichen, das, was uns gezeigt wird, in Sekundenschnelle zu kadrieren, zu selektieren und zu interpretieren, sodass die Bilder das Ereignis schließlich nicht zeigen, sondern hervorbringen.[334]

Während den Technologien in der Konstruktion des Sehfelds die Aufgabe der Produktion von Ereignissen zukommt, sind die menschlichen Operators mit einer neuen Form der Arbeit beschäftigt. Wie Mark Fisher vorgeschlagen hat, kann Baudrillards Ordnungen der Simulation auf die Sphäre der Arbeit bezogen[335] und der Wandel vom Fordismus zum Postfordismus in Analogie zur zweiten und dritten Ordnung der Simulation als neues „Regime der Arbeit" verstanden werden:

> The ‚second order of work', Fordist work, requires no subjectivity; whereas I think one of the cutting edges of simulation now, the task of simulation, is the simulation of subjectivity itself.[336]

Analog dazu könnte die in diesem Kapitel beschriebene Arbeit der Operators nunmehr als Simulation einer Subjektivität verstanden werden, die ihnen von den militärischen Direktiven unter dem Postulat der „meaningful human control" aufgetragen wird. Auch Christoph Ernst kommt in seiner Untersuchung von „Lagebildern" und „Situationsbewusstsein" in der *Network-Centric Warfare* zu der Einschätzung, dass dieser militärische Diskurs das Ziel verfolge, „den Grad an Automatisierung so weit zu erhöhen, dass menschliche Entscheidungen im Grunde nur noch Simulatio-

---

333 „Alle Arbeit ist zugleich produktiv und destruktiv" konstatierte Lars Clausen in einem experimentellen Essay über die zerstörerischen Aspekte menschlicher Arbeit aus dem Jahr 1988. Siehe: Lars Clausen: *Produktive Arbeit – destruktive Arbeit*. De Gruyter, Berlin, 1988, S. 61.
334 Jacques Derrida: *Eine gewisse unmögliche Möglichkeit, vom Ereignis zu sprechen*. Aus dem Französischen von Susanne Lüdemann. Merve, Berlin, 2003, S. 22–23.
335 Fisher, Labour of Simulation, 2015, S. 49.
336 Ebd.

nen von Entscheidungen" seien,[337] oder, wie zu ergänzen wäre, die Simulation menschlicher Kontrolle. Auf dem hypothetischen automatisierten Schlachtfeld der Zukunft scheint das Problem der Gehorsamsproduktion insofern gelöst, als den menschlichen Operatoren in einer simulierten Wahrnehmungsumgebung keine andere Möglichkeit mehr bleiben würde, als den Anweisungen der Bildschirmanzeigen Folge zu leisten. Wenn dieser absolute Gehorsam auf Kosten menschlicher Verantwortung und „Kontrolle" geschieht, dann muss letztere durch eine neue Arbeit der Simulation von Kontrolle kompensiert werden.

5.5 Exkurs: Den Blick wenden – Ansätze für eine ungehorsame Bildbetrachtung

Wenn der Fokus der in der vorliegenden Untersuchung präsentierten Fallstudien auf den Techniken der Gehorsamsproduktion lag und damit grundsätzlich auf einer Befragung und Analyse der befehlsgebenden *Macht*, sowie auf der Perspektive der *Gewalt* Ausführenden und in der Regel nicht auf der Position der Erleidenden und von der Gewalt Betroffenen, so waren die Möglichkeiten des Verweigerns und des Versagens lediglich ex negativo präsent. Die jeweiligen Zielsetzungen und Strategien der Macht- und Herrschaftstechniken, und insbesondere die der technologischen Kontrolle, bilden sich immer erst in Reaktion auf die Möglichkeiten des Widerstands, des Ungehorsams, der Desertion und des Versagens heraus. In den Gehorsamstechniken scheint also unentwegt der Ungehorsam auf. Der Zugriff der Disziplin ist dabei nie vollkommen, vielmehr erscheinen immer da, wo befehlende Macht ausgeübt wird, auch widerständige Kräfte.[338] Gleichermaßen unterliegt auch der Bildergehorsam – das haben die vorliegenden Beispiele gezeigt – keinem Automatismus. Selbst in der teil-automatisierten und computerisierten Kriegführung des 21. Jahrhunderts, in der die synthetischen Sichtfelder der Bildschirme eine scheinbar bruchlose Wahrnehmungsumgebung bilden, stellt die reibungslose Funktionsweise der technischen Systeme, sowie die Kontrolle über den „menschlichen Faktor" ein stets neu auszuhandelndes Problem dar.

---

337 Ernst, Situationsbewusstsein, 2018, S. 443.

338 „Dieses *Wogegen* kann als ein punktuelles Ereignis auftreten, in Form eines kurzfristigen Aufbegehrens, vielleicht als herausforderndes Lachen aufflammen, sich als offene Befehlsverweigerung ereignen, einen fortwährenden Kampf bis zur Erschöpfung aller widerständigen Kräfte bezeichnen, ohne Frage auch heißen, siegreich zu widerstehen, mit Erfolg anzuklagen und zu fordern." Iris Därmann: *Widerstände. Gewaltenteilung in statu nascendi*. Matthes und Seitz, Berlin, 2021, S. 51. Die in diesem Buch formulierten Thesen nehme ich als Anregung für eine noch ausstehende Blickwendung in der Forschung zu militärischen Bildtechniken.

Nicht erst seit mit der Psychotechnik die Gehorsamsproduktion zu einem technisch zu lösenden Problem geworden ist, das die Sprache der Disziplinierung, der Unterwerfung und des Drills in eine Sprache der Funktion, der Effizienz und der Minimierung von Fehlern umgeformt hat, sind „human error", Fehler, Pannen, Versagen, Nicht-Funktionieren, Ineffizienz und „system failure" zu diffusen Kategorien des Widerstands geworden. Eine Reihe von theoretischen und aktivistischen Ansätzen hat sich dieser Thematik angenommen und reklamiert das widerständige Potenzial des Versagens für sich. So erklärt Jack Halberstam in *The Queer Art of Failure* Versagen und Ungenügen zu Strategien gegen soziale Disziplinierung: „failure allows us to escape the punishing norms that discipline behavior and manage human development".[339] Wo Funktionieren und Erfolg eine repressive gesellschaftliche Norm darstellen, die diejenigen bestraft, die den gesetzten Anforderungen nicht genügen können oder wollen, wo, wie mit Blick auf die Regime der Kriegführung hinzuzufügen wäre, Versagen (als Hemmung zu Töten) zu einem lebenserhaltenden Akt wird, da können aus queeren Strategien des Abweichens und Ausweichens solidarische Formen des widerständigen Miteinanders erwachsen:

> Under certain circumstances failing, losing, forgetting, unmaking, undoing, unbecoming, not knowing may in fact offer more creative, more cooperative, more surprising ways of being in the world.[340]

Diese Arten „in der Welt zu sein", sind ohne Zweifel dem militärischen Gehorsam diametral entgegengesetzt, auch wenn die Verweigerung von Gender-Konformität allein perspektivisch für solche Formen des kreativen Widerstands nicht ausreichen mag, sondern vielmehr auch im militärischen wie auch im weiter gefassten gesellschaftlichen Kontext mehr und mehr normalisiert und in die ansonsten weiterhin rigiden Strukturen inkorporiert wird.[341]

Legacy Russell führt diese Idee noch weiter fort, wenn sie im „glitch" der digitalen Sphäre nicht weniger als eine Taktik der Befreiung von den Beschränkungen des Körpers feiert, die es erlaubt, die so gewonnene Handlungsmacht vom virtuellen Raum in die Sphäre des nicht-digitalen Lebens zu tragen:

> A glitch is an error, a mistake, a failure to function. Within technoculture, a glitch is part of machinic anxiety, an indicator of something having gone wrong.[342]

---

339 Jack Halberstam: *The Queer Art of Failure.* Duke University Press, Durham, 2011, S. 3.

340 Halberstam, Queer Art, S. 3.

341 „Uniform kennt keine Unterschiede" wirbt ein Slogan der Bundeswehr zum Christopher Street Day. Siehe: O. V.: *Facebook-Seite Bundeswehr Karriere*, Post vom 6. Juli 2019, URL: https://www.facebook.com/215977868441680/posts/2389709361068509/ [abgerufen am 15. Mai 2021].

342 Legacy Russell: *Glitch Feminism. A Manifesto.* Verso, London, 2020, S. 7.

[...] Within glitch feminism, glitch is celebrated as a vehicle of refusal, a strategy of nonper-
formance. This glitch aims to make abstract again that which has been forced into an un-
comfortable and ill-defined material: the body. In glitch feminism, we look at the notion of
glitch-as-error with its genesis in the realm of the machinic and the digital and consider
how it can be reapplied to inform the way we see the AFK [away from keyboard] world,
shaping how we might participate in it toward greater agency for and by ourselves.[343]

Arjun Appadurai und Neta Alexander haben dagegen gezeigt, wie die Funktions-
prinzipien des „digitalen Kapitalismus" – und dazu zählen die ubiquitären Bildschirmumgebungen, die das Sozial- und Arbeitsleben sowie das Konsumverhalten
strukturieren, genauso wie die Produkte der Rüstungsindustrie, die den Gegenstand der vorangegangenen Erörterungen bildeten – Fehler und Momente des
Versagens nicht einfach vermeiden und unterdrücken, sondern in ihre Kalkula-
tionen und Vorhersagen miteinbeziehen und als „Regime des Versagens" sogar
aktiv hervorbringen:

If we accept provisionally the idea that failure is not an immanent feature of any human
artifact [...], but is in fact a judgment that something is a failure, we are led inevitably to ask
what events produce these judgments (history), who is authorized to make them (power),
what form they must take in order to appear legitimate and plausible (culture), and what
tools and infrastructures mediate these failures or make them ubiquitous (technology).[344]

Versagen wird so zu einem inhärenten Prinzip hochtechnologischer Gesellschaften, wobei, wie Appadurai und Alexander betonen, die Last des Versagens stets
von dem „System" auf den menschlichen Faktor verschoben wird:

[...] [C]ontemporary capitalism configures financial and technological systems into an inter-
connecting apparatus that produces and naturalizes failure and creates the pervasive sense
that all successes are the result of technology and its virtues, and that all failure is the fault
of the citizen, the investor, the user, the consumer.[345]

Die Routinisierung des Versagens sei die wichtigste Bedingung der grenzenlosen
schöpferischen Zerstörung,[346] wie sie etwa im digitalen Derivatehandel zum Ausdruck kommt. Versagen, Fehler und Zusammenbruch können also nicht als widerständige und ungehorsame Praktiken gelten, solange sie in einem Wirtschaftssystem erfolgen müssen, das auch und gerade die Krisen und Zusammenbrüche
als Gelegenheiten zur Wertsteigerung begreift. Auf ähnliche Weise führt auch
eine Fehlleistung im militärischen System prinzipiell eher zu dessen Verbesse-

---

343 Russell, Glitch Feminism, 2020, S. 8–9.
344 Arjun Appadurai, Neta Alexander: *Failure.* Polity Press, Cambridge, 2020, S. 16.
345 Ebd., S. 2.
346 Ebd., S. 120.

rung, indem es sich für zukünftige Fehler testen und rüsten kann. In diesem Sinne fordern Appadurai und Alexander mit ihren Thesen dazu auf, die Logik des Versagens selbst in Frage zu stellen und deren diskursive Konstruktionsweisen offenzulegen.

Doch wie verhält es sich mit der Frage der Bildlichkeit? Kann nicht etwa schon durch das Schließen der Augen der „Herrschaftsanspruch" der Bilder gebrochen werden? Die in dieser Arbeit vorgestellten Fallstudien machen deutlich, dass der Entzug von der gewaltvollen bildvermittelten Macht kein banales Problem ist, sei es in der Disziplinierung der soldatischen Körper oder der Vernichtung des ins Visier genommenen Lebens. Einen wichtigen Beitrag für die Erörterung der Frage nach der Möglichkeit eines widerständigen Sehens oder einer „ungehorsamen Bildbetrachtung" liefert die im Jahr 2020 erschienene Untersuchung *Schauen und Strafen. Nach 9/11*[347] der Kunst- und Kulturwissenschaftlerin Linda Hentschel. Mit ihren Überlegungen beginnt Hentschel gewissermaßen an den Grenzen der in den vorliegenden Fallstudien behandelten Fragestellung. Als Ausblick auf ein noch auszuarbeitendes, zukünftiges Forschungsfeld, sollen einige der von Hentschel ausgearbeiteten Denkansätze hier in Hinwendung auf die Frage der militärischen Bildtechniken kurz angerissen werden.

Mit Hentschels Argumentation verbindet diese Untersuchung das grundsätzliche Interesse an der Möglichkeit, den Bedingungen und Funktionsweisen bildlich vermittelten Gehorsams und bildlicher Gewalt. Diese untersucht Hentschel jedoch nicht, wie die vorliegende Arbeit, am Beispiel der Technologien der Kriegführung und militärischen Disziplinierung, in denen Bilder als instrumentelle Bestandteile zu verstehen sind, sondern anhand der in der Öffentlichkeit zirkulierenden Bilder, „in denen Schauen zu Strafen werden und somit zu ethischen und ästhetischen Erniedrigungen führen kann".[348] Als Beispiele dienen ihr dabei die bildlichen Wissensanordnungen der westlichen Medienöffentlichkeit während der Hochphase des US-amerikanischen *War on Terror* in den Jahren von 2001 bis 2011. Dieser „Krieg" spielte sich in Hentschels Perspektive vorwiegend innerhalb der medialen Öffentlichkeit ab – in den Zeitungen und Nachrichtensendungen der traditionellen Massenmedien, sowie in der globalen Zirkulation von Bildern im Internet – über Blogs, Social Media und Youtube.

Die tatsächlichen Kämpfe und tödlichen Auseinandersetzungen sind für ihre Fragestellung nur insofern relevant, als sie innerhalb dieser Medien repräsentiert

---

347 Linda Hentschel: *Schauen und Strafen. Nach 9/11. Band 1.* Kadmos, Berlin, 2020. Siehe dazu: Nina Franz: „Ungehorsame Bildbetrachtung. Rezension zu *Schauen und Strafen. Nach 9/11* von Linda Hentschel". *Soziopolis*, 17. März 2021, URL: https://www.soziopolis.de/ungehorsame-bildbetrachtung.html [abgerufen am 15. Mai 2021].
348 Hentschel, Schauen und Strafen, 2020, S. 12.

werden oder mit diesen in Wechselbeziehungen treten. So fragt sie – etwa in Bezug auf die Inszenierung der Tötung Osama bin Ladens im *Situation Room* der Obama-Regierung, die privaten Fotografien von sexualisierten Erniedrigungen irakischer Häftlinge durch US-amerikanische Söldner*innen und Soldat*innen in Abu Ghraib oder die live ins Internet übertragenen Hinrichtungsvideos von Al Qaeda – unter welchen Umständen die mediale Proliferation von Bildern, die Folter und andere Formen grausamer Gewalt zeigen, selbst als Bestandteile von Folter- und Tötungspraktiken und damit als Formen (asymmetrischer) Kriegführung zu verstehen sind und wie sich die gezeigten Erniedrigungen und Verletzungen durch das Anschauen der Bilder fortsetzen.

Statt der Techniken der Bildgebung möchte Hentschel somit die „Techniken des Schauens", statt der Techniken der Bildproduktion und -operation die „Gegentechniken der Bildrezeption" in den Blick nehmen.[349] Bei allen Unterschieden teilt sie mit der vorliegenden Arbeit ein erklärtes Interesse daran, die Konstruktionszusammenhänge und Bedingungen von Macht- und Regierungstechniken aufzuzeigen, ohne dabei deren Rhetoriken und Vorannahmen unbemerkt zu übernehmen. Statt von vornherein von einer aporetischen Situation des Ausgeliefertseins und der allumfassend funktionierenden Macht visueller Regime auszugehen, lenkt Hentschel die Aufmerksamkeit darauf, wie der bildvermittelten Gewalt mithilfe einer verantwortungsvollen, kritischen Praxis des Betrachtens Einhalt geboten werden könnte.[350]

Dabei bezieht sich Hentschel zum einen auf die machtkritischen Positionen von Theoretikern wie Jacques Derrida, Michel Foucault und Jacques Rancière, sowie auf die, an einer „Phänomenologie des Fremden"[351] orientierten Ansätze von Emmanuel Levinas und – daran anschließend – die bildtheoretischen Überlegungen Judith Butlers und Susan Sontags. In Derridas *Schurken*[352] findet Hentschel

---

349 Hentschel, Schauen und Strafen, 2020, S. 17.
350 Dadurch hebt sich Hentschel von anderen in der deutschsprachigen Bildwissenschaft verorteten Studien der letzten Jahre ab, die einen ähnlichen Fokus auf die Bildpolitiken des Terrorismus gelegt haben. Vgl.: Charlotte Klonk: *Terror. Wenn Bilder zu Waffen werden*. S. Fischer, Frankfurt a. M., 2017; oder Verena Straubs sehr erhellende Dissertation, die unter dem Titel *Das Selbstmordattentat im Bild. Aktualität und Geschichte von Märtyrerzeugnissen* 2021 im Transcript-Verlag erschienen ist.
351 Siehe: Bernhard Waldenfels: *Topographie des Fremden. Studien zur Phänomenologie des Fremden I*. Suhrkamp, Frankfurt a. M., 1997; sowie Ders.: *Grundmotive einer Phänomenologie des Fremden*. Suhrkamp, Frankfurt a. M., 2006. Zur Phänomenologie der Fremderfahrung insbesondere bei Edmund Husserl und Emmanuel Levinas siehe: Iris Därmann: *Fremde Monde der Vernunft. Die ethnologische Provokation der Philosophie*. Fink, München, 2005, S. 373–476 und S. 565–639.
352 Jacques Derrida: *Schurken. Zwei Essays über die Vernunft*. Aus dem Französischen von Horst Brühmann. Suhrkamp, Frankfurt a. M., 2006.

eine Theorie, die das vermeintlich klare Verhältnis zwischen dem hegemonialen, westlichen Freiheitsbegriff und seinem „schurkischen" Gegenüber auf eine Weise verkompliziert, die auch für den vorliegenden Kontext relevant ist. In Derridas polemischer Gegenüberstellung von staatlichen Akteuren und „Schurken" klingt die US-amerikanische Argumentation zur Identifizierung „legitimer" militärischer Ziele an, die in dieser Arbeit bereits unter dem Begriff des *targeting* diskutiert wurde. Diese beruht, wie hier mit den Überlegungen von Rey Chow und Lucy Suchman gezeigt wurde, auf einer tief verwurzelten Feindlichkeit gegenüber dem „Anderen".[353]

Wie Derrida zeigt, verhalten sich die westlichen Staaten selbst wie die „Schurken", als die sie die anderen bezeichnen, da sie unverhohlen auf einem identitären „Recht des Stärkeren" bestehen und damit jedes „Recht auf Differenz" suspendieren.[354] Im *War on Terror* würde, Derrida zufolge, „Krieg als legitime Macht und Terror als illegitime Gewalt" dargestellt, wohingegen diese Unterscheidung selbst schon Teil eines Diskurses zur Legitimierung bzw. Illegitimierung von Gewalt zu betrachten sei. In diesem Rahmen sei Krieg als „,Gegen-Terrorismus'"[355] zu bezeichnen. Daraus ergebe sich ein Prinzip eines permanenten Kriegszustands operierenden Logik von nationaler Gemeinschaft und identitärem Subjekt, in der „das Recht auf Differenz suspendiert und Uneinheitliches ausgeklammert"[356] – oder, wie am Beispiel des prinzipiell selbstreferentiellen militärischen Sichtfelds gezeigt wurde – systematisch herausgerechnet wird. Dies kann mit Hentschel als eine „Medienpolitik der Immunisierung"[357] bezeichnet werden, der sie mit einer „Ethik der Verletzbarkeit"[358] begegnen möchte. Der Tendenz westlicher Gesellschaften, durch „Schauverbote" und „Schauzwang" eine immunisierende Sicherheitsprävention zu betreiben, setzt Hentschel die Anerkennung der „grundsätzlichen Gefährdetheit des Lebens"[359] entgegen. Das verbindet sie mit Judith Butlers Studie *Frames of War*[360] sowie den beiden von Susan Sontag in Reaktion auf die Ereignisse nach dem 11. September verfassten Essays *Regarding the Pain of Others*[361] und „Regar-

---

353 Siehe dazu Kapitel 5.3.1 dieser Arbeit.

354 Hentschel, Schauen und Strafen, 2020, S. 44.

355 Ebd., darin zitiert: Jürgen Habermas, Jacques Derrida: *Philosophie in Zeiten des Terrors.* Zwei Gespräche geführt, eingeleitet und kommentiert von Giovanni Borradori. Philo, Berlin, 2004, S. 146 f.

356 Hentschel, Schauen und Strafen, 2020, S. 44.

357 Ebd., S. 33.

358 Ebd., S. 129.

359 Ebd.

360 Judith Butler: *Frames of War. When Is Life Grievable?* Verso, London, 2009.

361 Susan Sontag: *Regarding the Pain of Others.* Penguin, London, 2004.

ding the Torture of Others",[362] mit denen sich auch Butler in einem zentralen Kapitel zu „Folter und Ethik der Fotografie"[363] intensiv auseinandersetzt. Auf Sontags These, dass die Fotografie im Gegensatz zum sprachlichen Argument nur einen Affekt, aber keine Narration und daher auch keine Interpretation liefern könne, antwortete Butler in *Frames of War* mit dem Konzept der „Rahmung". Durch den visuellen oder narrativen Rahmen werden demgemäß bestimmte Normen visuell umgesetzt, wodurch das Bild eine bestimmte Interpretation liefert und von der Sichtweise eines bestimmten regulatorischen Regimes überzeugt. Ein „ungehorsames Sehen" sei Butler zufolge möglich, indem die Rahmung sichtbar und damit kritisierbar gemacht werde.

Daran kann Hentschel anschließen, indem sie erklärt, eine „kritische Rahmung" würde „nicht nur die Darstellung von Gewalt *im* Bild in Frage stellen, sondern die strukturelle Gewaltsamkeit des westlichen Repräsentationssystems selbst sichtbar machen".[364] Die unsichtbar gemachten Voraussetzungen und unausgesprochenen Rahmenbedingungen eines visuellen Regimes könnten so etwa aufgedeckt werden, indem in einem Bild ein Detail Beachtung findet, das über das Bild hinausweist und auf den Kontext seiner Herstellung deutet.[365] Dies gleicht der von Mondzain beschriebenen emanzipierten Form der Bildbetrachtung, die diese als inkarniertes Sehen bezeichnet hat und die in dieser Arbeit schon im Kontext der differenzierten Bildtechniken der Jesuiten diskutiert wurde.[366] Aber Hentschel geht es über die Rahmenkritik hinaus darum, die „Immunisierung" und den „Trauerstau" der Betrachter*innen zu unterlaufen, denn erst „wenn die Anerkennung eigener Verletzbarkeit im Feld des Visuellen zur Darstellung kommen kann, löst sich die Abstumpfung angesichts anderer Tode".[367] Dies setze eine spezifische Komplizenschaft mit dem „Angesicht" voraus, das „mir die Voraussetzungen meiner Ansicht" zeige.[368]

Sowohl Butler als auch Hentschel berufen sich hierbei auf die Ethik des Affekts von Emmanuel Levinas, nach der das „Angesicht" der oder des Anderen die Ambivalenz zwischen Verletzungswunsch und Trauer um den anderen auf dem Feld des Visuellen hervorruft.[369] Das Angesicht störe die Immunität des Eigenen, weil es ihm durch seine Ansprechbarkeit begegne. Die hier aufgeworfene Frage

---

362 Susan Sontag: „Regarding the Torture of Others". *New York Times Magazine*, 23. Mai 2004.
363 Butler, Frames of War, 2009, S. 63–100.
364 Hentschel, Schauen und Strafen, 2020, S. 153.
365 Linda Hentschel: „Auf der Suche nach einem ‚ungehorsamen Sehen'". *kritische berichte* 37, 4, 2009, S. 64–73, hier: S. 71.
366 Siehe Kapitel 2.3 dieser Arbeit.
367 Hentschel, Schauen und Strafen, 2020, S. 144.
368 Ebd., S. 145
369 Ebd.

ist auch für den Kontext militärischer Bildgebung von entscheidender Bedeutung. Müsste nicht in einer Situation, in der hochauflösende Kameras aus größter Distanz bis in den körperlichen Nahraum von Personen vordringen können, die Wahrnehmungspanzer der zielenden Menschen durchbrochen werden? Indem buchstäblich das Gesicht des als „Feind" oder „legitimate target" deklarierten Menschen auf dem Bildschirm sichtbar wird, würde nicht die offenkundige Verletzbarkeit des so absolut ausgelieferten Anderen genügen um den „Trauerstau" der Täter und die „Unbetrauerbarkeit" der Opfer zu durchbrechen?

In dieser Stoßrichtung setzt der Versuch Butlers und Hentschels, mit Levinas' Konzept des Angesichts eine Ethik der Verletzlichkeit zu entwickeln, den Anderen und sein Angesicht an die Stelle des Bilds. Dies ist zunächst plausibel, da beide auf der Ebene der visuellen Affizierung operieren, bleibt aber insofern problematisch, als Levinas selbst in seinem Werk eigene bildtheoretische Überlegungen angestellt hat, die die bildliche Darstellung explizit von dem mit den Begriffen des Angesicht oder Antlitz umschriebenen *face* abgrenzt.[370] Für Levinas ist die Begegnung mit dem anderen gerade keine visuelle Erfahrung, sondern dezidiert an das Sprechen gebunden.[371] Tatsächlich ist das Bild für Levinas, der auf der Grundlage der theologisch-philosophischen Tradition des jüdischen Bilderverbots argumentiert, nur ein „Schatten" der Wirklichkeit. Und die Beziehung der Betrachtung ist für ihn gerade nicht, wie bei Hentschel, eine der Verantwortung, sondern eine der „Verantwortungslosigkeit".[372] Auch eignet sich Levinas' Konzept des Anderen, wie Därmann gezeigt hat, noch aus anderen Gründen nicht für die von Butler und Hentschel vorgeschlagene Programmatik. So bleibt ausgerechnet Levinas' Denken im europäischen Ethnozentrismus verhaftet, der letztendlich in dem, was außerhalb des eigenen monotheistischen Denksystems liegt, eine Bedrohung ausmacht:

> [In der] expliziten Fortsetzung des von Husserl und Heidegger bekannten Arguments richtet sich Levinas' Denken innerhalb der Grenzen der eigenen Kultur ein, um auf die ‚Krise' Europas außerhalb jeder fremdkulturellen Erfahrung zu antworten.[373]

Auf der anderen Seite rezipiert Därmann Levinas' Konzept des „ethischen Widerstand[s]", den jemand leistet, die oder „der angesichts der Waffe, die unmittelbar auf ihn gerichtet ist, keine Widerstandskraft mehr besitzt, allenfalls

---

370 Siehe: Pascal Delhom: „Emmanuel Levinas". In: Iris Därmann, Kathrin Busch (Hg.): *Bildtheorien aus Frankreich. Ein Handbuch.* Fink, München, 2011, S. 205–215.
371 Siehe: Därmann, Tod und Bild, 1995, S. 588 f.
372 Emmanuel Levinas: „Die Wirklichkeit und ihr Schatten" [1948]. In: Emmanuel Alloa (Hg.): *Bildtheorien aus Frankreich. Eine Anthologie.* Fink, München, 2011, S. 65–88, hier: S. 82.
373 Därmann, Fremde Monde, 2005, S. 579.

die ,*Unvorhersehbarkeit* seiner Reaktion'".[374] Dieser Widerstand einer*s ausgelieferten Anderen zerreiße „die Macht des Befehls und des Gesagten durch das Ereignis eines Sagens, das besagt: ,Du wirst keinen Mord begehen'".[375] Gerade in der Wehrlosigkeit der oder des Anderen erscheint demzufolge ein Moment der Handlungsmacht, da die oder der Täter*in der Möglichkeit gewahr wird, „der Versuchung des Mordes nachzugeben und den Anderen tatsächlich zu töten, oder es nicht zu tun".[376]

Warum sollte es nicht möglich sein, den oder die Andere*n auf dem Bildschirm zu sehen? Zumindest bei den konventionellen Verfahren der „gezielten Tötung", bei denen Individuen noch direkt ins Visier – das heißt in das Auge einer Kamera – genommen werden, erleben die Drone Operators den Tötungsakt häufig in Nahaufnahme und bester Bildqualität mit. Warum sind keine Fälle der Befehlsverweigerung bekannt? Selbst die „Aussteiger", die ehemaligen Drone Operators, die es sich zur Mission gemacht haben, über die moralische Zwielichtigkeit der distanzierten Kriegführung aufzuklären, berichten nicht über solche Situationen des Zweifels – nur der nachträglichen Reue.[377] Überwiegen der Gruppendruck, die Mentalität der Crew und die „group absolution" über die Schießhemmung und den Zweifel, wie David Grossman es in seiner Studie *On Killing* beschrieben hat?[378] Liegt es an der Unmöglichkeit eines Bildschirm-vermittelten Blickkontakts? Oder fehlt dem visuell-vermittelten Handeln eine für die Infragestellung des Zielenden nötige Aura der leiblichen Präsenz? Liegt es an der von Günther Anders im Kontext des Fernsehens beschriebenen „Verbiederung der Welt", die uns die Welt so darbietet, „als ob sie für uns da wäre" und zugleich eine Entfremdung darstellt? Eine Verbiederung, die „nicht darin besteht, daß wir uns

---

374 Iris Därmann: *Widerstände. Gewaltenteilung in statu nascendi.* Matthes und Seitz, Berlin, 2021, S. 9, darin zitiert: Emmanuel Lévinas: *Totalität und Unendlichkeit. Versuch über die Exteriorität.* Übersetzt von Wolfgang Nikolaus Krewani. Alber, Freiburg, 1987, S. 285.

375 Ebd., darin zitiert: Lévinas, Totalität und Unendlichkeit, 1987, S. 284.

376 Därmann, Widerstände, 2021, S. 9, darin zitiert: Giorgio Agamben: „Über das, was wir nicht tun können". In: Ders.: *Nacktheiten.* Übersetzt von Andreas Hiepko. Frankfurt a. M., 2010, S. 77–80, hier: S. 77.

377 Brandon Bryant ist einer der „Burnout-Operators", die mit ihren nachträglichen Zweifel Mitte der 2010er Jahre an die Öffentlichkeit gingen: „I saw men, women and children die during that time. I never thought I would kill that many people. In fact, I thought I couldn't kill anyone at all." Siehe: Nicola Abé: „The Woes of an American Drone Operator." *Der Spiegel*, 14.12.2012, URL: https://www.spiegel.de/international/world/pain-continues-after-war-for-american-drone-pilot-a-872726.html [abgerufen am 15. Juni 2021]. Dazu auch u. a.: Laurie Calhoun: *We Kill Because We Can. From Soldiering to Assassination in the Drone Age.* Zed Books, London, 2016, S. 164 ff.

378 Dave Grossman: *On Killing. The Psychological Cost of Learning to Kill in War and Society.* Back Bay Books, New York, 2009 [1996]. Siehe dazu Kapitel 5.2.1 dieser Arbeit, S. 327 ff.

Fremden oder Fremdestem an den Hals würfen; sondern darin, daß man uns fremde Menschen, Dinge, Ereignisse und Situationen so liefert, als wären sie Vertrautes; also in bereits ‚verbiedertem' Zustande".[379] Diese Distanzlosigkeit innerhalb der Mediatisierung, so könnte man weiterdenken, bewirkt allerdings keine gesteigerte Empathie, sondern eine Art der Abstumpfung, bei der gerade der Anblick des Fremden als einer Erfahrung des Neuen, die mit Schreck oder Erstaunen verbunden ist, nicht mehr zu den Schauenden durchdringen kann.

Ohne der Anmaßung zu erliegen, auf die hier aufgeworfenen Fragen eine Antwort liefern zu wollen, lohnt es sich, diesen Zusammenhang hervorzuheben. Denn das von Anders beschriebene Phänomen der „Verbiederung" erscheint als Umkehrung des von Freud mit dem „Unheimlichen" beschriebenen Gefühls, mit der er „jene Art des Schreckhaften" beschreibt, „welche auf das Altbekannte, Längstvertraute zurückgeht".[380] Julia Kristeva hat das Unheimliche bei Freud als „Schock" der Erfahrung des Ungewöhnlichen mit der Begegnung des Fremden „in uns selbst" beschrieben.[381] Die Abwesenheit des Gefühls des Unheimlichen bringt sie mit einer Position der Macht und der Befehlshoheit zusammen. Im Befehlen erkennt sie eine Abweisung des Unheimlichen, eine „Liquidierung des Fremden", die „zur Liquidierung des Psychischen" führen könne und, „um den Preis einer mentalen Verarmung, den Weg freimachen zum Ausagieren, bis hin zur Paranoia oder zum Mord":[382]

> In anderer Weise gibt es das Unheimliche auch nicht für die Person, die eine anerkannte Machtstellung und einen glanzvollen Ruf genießt. Für sie verwandelt sich das Unheimliche in Verwaltung und Anweisung: Die Fremdheit ist für die ‚Subjekte', der Souverän ignoriert sie, er weiß sie durch andere zu verwalten.[383]

Die Abweisung des Unheimlichen durch die Praktiken der Anweisung, des Verwaltens und Befehlens scheint einen ähnlichen Effekt zu haben wie die „Verbiederung" der ins Haus gelieferten Welt, indem beide das Fremde als solches unwahrnehmbar machen, es verharmlosen und es so zugleich unschädlich machen und seiner Bedeutung berauben.

---

379 Anders, Antiquiertheit, 1985, S. 116 f.
380 Sigmund Freud: „Das Unheimliche" [1919]. In: *Gesammelte Werke, Band XII, Werke aus den Jahren 1917–1920*. Herausgegeben von Anna Freud et al. S. Fischer, Frankfurt a. M., 1947, S. 229–268, hier: S. 229.
381 Julia Kristeva: *Fremde sind wir uns selbst*. Aus dem Französischen von Xenia Rajewsky. Suhrkamp, Frankfurt a. M., Berlin, 2018 [1990]. Im Original: *Etrangers à nous-mêmes*. Librairie Arthème Fayard, Paris, 1988.
382 Kristeva, Fremde, 2018 [1990], S. 206.
383 Ebd., S. 207.

Könnte Hugo Münsterbergs Abweisung der Existenz des Unbewußten, die er mit den Mitteln der Psychotechnik ins Werk zu setzen suchte,[384] auch als eine solche Abweisung des Unheimlichen und Fremden interpretiert werden?

Freud selbst spricht, wie Kristeva bemerkt, niemals vom Fremden im Unheimlichen, aber „er lehrt uns, die Fremdheit" in Gestalt des eigenen Unbewussten „in uns selbst aufzuspüren".[385] Die psychoanalytische Methode erlaube es Kristeva zufolge, „den Fremden nicht zu verdinglichen", und das muss in unserem Zusammenhang auch heißen, ihn nicht *bildlich* „als solchen zu fixieren, *uns* nicht als solche zu fixieren, sondern das Fremde und den Fremden zu analysieren, indem wir uns analysieren".[386] Die hier anvisierte selbst-reflektierte Offenheit für das Fremde hat viel mit dem von Hentschel als „ungehorsames Sehen" bezeichneten Haltung gemein. Die Anerkennung des Fremden in uns und im Anderen gleicht der Anerkennung der eigenen und anderen Verletzlichkeit, die jede Zuschreibung von Schurken und Feinden von vorneherein verkompliziert. Für das Visuelle heißt dies, Hentschel zufolge, dass auch die Gewalt im Bildlichen reflektiert werden müsse: „Erst wenn die Anerkennung eigener Verletzbarkeit im Feld des Visuellen zur Darstellung kommen kann, löst sich die Abstumpfung angesichts anderer Tode".[387]

Den oder die Andere*n zu sehen, ohne sie zu „fixieren", ohne das Bild mit sich selbst oder der Andere*n zu identifizieren, dies bedeutet auch im Sinne Mondzains, den kritischen Abstand zum Bild zu wahren, das Verhältnis zwischen Bild und Abgebildetem in seiner Gemachtheit und Bedingtheit zu erfahren. Hier erscheint die Möglichkeit einer nicht-gehorsamen Methode der Bildbetrachtung, die sich den militärischen Gehorsamsgeboten und der unterschwelligen Verhaltenssteuerung genauso entzieht wie den abstumpfenden und disziplinierenden Regimen der von den Interessen marktwirtschaftlich agierender Plattformen angetriebenen digitalen Bildzirkulation, in der die Anderen stets aus großer Distanz heranrücken und doch auf unheimliche Weise fern bleiben. Unter dieser Prämisse erscheint auch die „Kunst des Versagens", des „human error" und des „glitch" wieder in neuem Licht, kann die fehlerhafte Anwendung, die Unmöglichkeit „gelesen" zu werden, für diejenige*n, die mit reflektiertem Blick auf den Bildschirm schauen, zu einer Strategie der Befreiung werden.

---

384 Hierzu siehe: Kapitel 4.5 dieser Arbeit.
385 Kristeva, Fremde, 2018 [1990], S. 209.
386 Ebd.
387 Hentschel, Schauen und Strafen, 2020, S. 144.

Thus, by the seizure of our uselessness, we make the reading of our bodies more difficult. Wandering in-between, we become dangerous data. In this happy failure, we reconstitute reality.[388]

Legacy Russells utopisches *Glitch Manifesto* resoniert mit Kristevas psychoanalytischem Kosmopolitismus. Entgegen „der universalistischen Integration durch die Religion" fordert Kristeva den „Mut uns selbst als desintegriert zu benennen,

auf daß wir die Fremden nicht mehr integrieren und noch weniger verfolgen, sondern sie in dieses Unheimliche, diese Fremdheit aufnehmen, die ebenso ihre wie unsere ist.[389]

Dieser „Kosmopolitismus neuer Art" würde quer liegen zur verbiedernden Wirkung der Bildschirme, und vorbei an „den Regierungen, den Ökonomien und den Märkten, an einer Menschheit" arbeiten, „deren Solidarität in dem Bewußtsein ihres Unbewußten gründet – einem Unbewußten, das begehrend, zerstörerisch, ängstlich, leer, unmöglich ist".[390]

---

388 Russell, Glitch Manifesto, 2020, S. 75.
389 Kristeva, Fremde, S. 209.
390 Ebd.

6 Schluss

6.1 Vektoren der Gewalt. Die Funktionen militärischer Bildtechniken

Die Bildtheoretiker*innen James Elkins und Erna Fiorentini stellen in einem Kapitel ihres Buchs *Visual Worlds* die grundsätzliche Frage, wie das Militär mit Bildern umgeht.[1] Dabei konstatieren sie, dass im Vergleich zur Breite der bildtechnischen militärischen Anwendungen die theoretische Reflexion innerhalb der Geisteswissenschaften weit zurückfällt.[2] Sie evozieren das von Nicholas Mirzoeff entwickelte Konzept des „right to look",[3] nach dem Forschende (insbesondere der Visual Culture Studies) ein grundsätzliches Recht darauf haben, den Blick „zurück auf das Militär" zu richten,[4] indem sie den offiziellen, staatlichen und militärischen Interpretationen eigene Analysen entgegenstellen. Damit formulieren sie das zweifache Anliegen, das die vorliegende Publikation inspiriert und geleitet hat: Wenn kulturwissenschaftliche Forschung sich schon seit langer Zeit kritisch und selbstreflexiv mit Fragen der Bedeutung, Wirksamkeit und kulturellen *Gemachtheit* von Bildern beschäftigt, dann gilt es, diesen Blick auch jenseits der zivilen Gesellschaft, der (profan verstandenen) Sphäre der Kultur, auf die Sphäre des Militärischen zu werfen, die dem Zivilen entgegengesetzt scheint und doch nicht abgelöst von der Gesellschaft betrachtet werden kann. Das heißt, sich mit einer militärischen Kultur zu beschäftigen, die ihre eigenen Politiken der Sicht und Sichtbarkeit verfolgt und zugleich ein Produkt der zivilen Gesellschaft und ihrer Politik des Visuellen ist.

Die Macht, das Töten zu befehlen, gilt als grundlegend konstitutives Instrument staatlicher Gewalt. In diesem Sinne definiert Max Weber den Staat als „diejenige menschliche Gemeinschaft, welche innerhalb eines bestimmten Gebietes [...] das Monopol legitimer physischer Gewaltsamkeit für sich (mit Erfolg) beansprucht".[5] Für die politische Kultur staatlicher Gemeinwesen ist daher eine spezi-

---

1 James Elkins, Erna Fiorentini: „How the Military Looks at Images". In: Dies.: *Visual Worlds. Looking, Images, Visual Disciplines.* Oxford University Press, New York / Oxford, 2020, S. 305–315.
2 „As in the case of expanded human vision, machine vision, and combined visualizations, developments in the military are significantly more complex than theorizations in the arts and humanities." Ebd., S. 310.
3 Nicholas Mirzoeff: „The Right to Look". In: *Critical Inquiry*, 37(3), 2011, S. 473–496.
4 Elkins, Fiorentini, How the Military Looks at Images, 2020, S. 310.
5 Weber, Wirtschaft und Gesellschaft, 1980, S. 822. Eine kritische Auseinandersetzung mit dieser „Pathologie der Staatsraison", die Freud zufolge darin besteht, „daß der Staat dem Einzelnen den Gebrauch des Unrechts untersagt hat, nicht weil er es abschaffen, sondern weil er es monopoli-

https://doi.org/10.1515/9783111287584-007

fische „Gewaltkultur"[6] essentiell, bei der Erfolg und Misserfolg eine Frage der Existenz sind. In den fünf Kapiteln dieses Buchs wurden Ausformungen der spezifisch europäischen Kulturen und Kulturtechniken des Kriegs beschrieben, sofern sie sich Bildern, Bildtechniken oder Bildschirmtechnologien in der *Ausführung* der Gewalt bedienten. Das Gewaltpotenzial dieser Bildanordnungen speiste sich nicht aus einer dem Bild immer schon gegebenen befehlsgebenden Macht, sondern aus den Zusammenhängen, in denen das Bild als Mittel der Zerstörung und Disziplinierung hergestellt und begründet wird.

Den Auftakt machte mit den von Jakob de Gheyn illustrierten oranischen Exerzierreglements eine Art der Gehorsamsproduktion, bei der das Bild auf mimetische Weise auf die Körper der Exerzierenden einwirkte. Diese nur scheinbar einfache und „mechanische" Art der bildlichen Disziplin wurde verkompliziert um die Bedingungen, die in den Niederlanden um 1600 eine solche Art der Bilddisziplin begünstigten. Dazu zählte neben der traditionell verankerten, bildfixierten niederländischen Kultur die politische Situation der von der spanischen Monarchie abtrünnigen niederländischen Provinzen, in denen sich gerade eine global agierende und auf koloniale Ausbeutung begründete ökonomische Weltmacht formierte. In der mit den Exerzierreglements beschriebenen Konstellation eines Künstlers auf der Höhe seiner Zeit in Diensten einer neuen militärischen Disziplin im Augenblick ihrer Entstehung wurde die Militarisierung einer visuell orientierten Wissenskultur erstmals produktiv. In deren Kern lag eine neuartige Realität kapitalistischer Akkumulation und damit eine neue Art des visuellen Zugriffs sowohl auf die Natur als auch auf die zu beherrschenden Körper. Die Bilder erwiesen sich als Mittel der Analyse und Stillstellung der Körper sowie als Ausdruck einer Mentalität der Unterwerfung, Herrschaft und ökonomischen Extraktion.

In den Bildpraktiken der Jesuiten wurde dagegen eine Art der Gehorsamsproduktion erkennbar, die nicht so sehr auf die Körper als auf die Wahrnehmung ihrer Subjekte abzielte und darin schon die Methoden der Psychotechnik vorwegnahm. Mit der militärischen Luftaufklärung des frühen 20. Jahrhunderts wurde die Lufthoheit zu einer Bildtechnik, die wiederum auf den gewaltsamen Zugriff auf die Körper der solchermaßen ins Visier genommenen Menschen abzielte, wie die Beispiele aus den kolonialen Kontexten im ehemaligen Deutsch-Südwestafrika und Libyen sowie die Untersuchung der militärischen Luftfotografie während des Ersten Weltkriegs gezeigt haben. Diese spezifische Form der bildgestützten Kriegführung

---

sieren will" (Sigmund Freud: „Zeitgemäßes über Krieg und Tod". In: Ders. (Hg.): *Imago* IV.1, 1915, S. 6) liefert Ekkehart Krippendorff: *Staat und Krieg. Die historische Logik politischer Unvernunft.* Suhrkamp, Frankfurt a. M., 1985, S. 16–38; zur Kritik an Weber: S. 200–205.
6 Siehe: Reinhard, *Geschichte der Staatsgewalt*, 1999.

aus der Luft kehrt in der Gegenwart in den US-amerikanischen Drohnenkriegen wieder, in denen Thomas Hippler das „direkte Erbe" der Kolonialkriege ausmacht.[7] Bereits im militärischen Luftbildwesen des Ersten Weltkriegs zeichneten sich bei der Organisation der Bildinterpretation und -auswertung Merkmale einer hochtechnologischen, automatisierten Form der Bildanalyse ab. Zum einen enthält diese im 21. Jahrhundert das Versprechen, aus riesigen Datenmengen Muster auszulesen, die eine Voraussage menschlicher Aktivitäten für polizeiliche oder militärische Zwecke möglich machen. Zum anderen findet sich in der Verbindung von Information und Handlungsanweisung – für die die „Bildmeldungen" des Ersten Weltkriegs exemplarisch sind – schon eine Vorform der militärischen Benutzeroberfläche am Bildschirm, bei der Vektoren der militärischen Gewalt zum einen auf die ins Visier genommenen militärischen Ziele gerichtet sind und zum anderen auf die gehorsam zu machenden und effizient zu steuernden militärischen Subjekte. Die Organisation des reibungslosen Zusammenwirkens von Menschen und Maschinen wird in den Steuerungsumgebungen automatisierter Waffensysteme mehr und mehr zum eigentlichen Gegenstand der Gehorsamsproduktion. Als Zwischenbereich staatlicher Befehlsmacht und privatwirtschaftlicher Interessen fällt diese somit zunehmend in die Zuständigkeit von Ingenieur*innen und Psycholog*innen, die die Human Factors Studies als Nachfolgedisziplin der Psychotechnik für diese Untersuchung besonders relevant machten.

Wie am Beispiel der Schriften und Labor-Experimente Hugo Münsterbergs gezeigt wurde, zielte die frühe Psychotechnik explizit auf die Steuerung und Kontrolle der Wahrnehmung sowie auf die Auslese von Mehr- und Mindergeeigneten auf Grundlage eugenischer Gesellschaftskonzepte. Das bei Münsterberg erkennbare Konzept von Disziplin und Gehorsam, das darauf angelegt ist, die Unterdrückung und Unterwanderung von Widerständen technisch zu lösen, kann als prägend für die weiteren Entwicklungen der praktischen Psychologie im Dienst der Gestaltung vorwiegend militärischer Technologien gelten. Dieser Zusammenhang rückte auch in Bezug auf die zeitgenössischen Bildschirmumgebungen der distanzierten Kriegführung in den Fokus. Hier wird mit den Mitteln computergestützter Bildgebung eine Situation wechselseitiger Steuerung geschaffen, bei der der Mensch als

---

7 Hippler, Regierung des Himmels, 2017, S. 208. Eine ausführliche Diskussion, die die historische Entwicklung unbemannter Systeme in den Kontext politischer und (post)kolonialer Denkweisen stellt, findet sich in Katherine Chandlers *Unmanning*: „Unmanning claims to capture a transparent, top-down view of the world below. Yet the pictures captured by its cameras are organized by networked erasures that reiterate colonial practices and the exceptional use of state power. They register the rise of technoscience and imagine the world below as a landscape to be captured." Chandler, Unmanning, 2020, S. 87.

„schwächstes Glied"[8] in der militärischen Handlungskette gilt. Die Produktion von Gehorsam wandelt sich hier von einer Sache des militärischen Drills zu einer Aufgabe der technologischen Steuerung, die unterhalb der Schwelle der Wahrnehmung ansetzt. Dies war schon in Münsterbergs Arbeiten als eigentlicher Gegenstandsbereich der Psychotechnik gefordert worden. Momente des Versagens, der Ineffizienz, der Ablenkung und des Zusammenbruchs können in diesen auf reibungslose Funktion qua bedingungslosen Gehorsam ausgerichteten technologischen Systemen auch als Momente der Verweigerung interpretiert werden, deren Unterbindung und Vermeidung ein zentrales Gebiet der Human Factors Studies ausmacht.[9]

Die Automation der Handlungsprozesse und die ausdifferenzierte Arbeitsteilung, die Verantwortung für Handlungen auf viele Schultern verteilen, zu denen nicht zuletzt die Hersteller und andere privatwirtschaftliche Akteure zählen, nähern die militärischen Fragestellungen dabei an die Diskurse um Automation und Arbeit an. Wie Ulrich Bröckling mit Blick auf die Umstrukturierung der deutschen Bundeswehr in den 1990er Jahren formuliert:

> „Verantwortliche Mitarbeit", „Arbeitsleistung", „technisches Team" – schon die Diktion ließ erkennen, wo die militärischen Menschenführer ihre Konzepte abgeschaut hatten. Weil der Soldat einem Arbeiter oder Angestellten immer ähnlicher sah, sollte sich auch die Kaserne nach dem Modell von Fabrik oder Großraumbüro organisieren lassen.[10]

Wie die Zuspitzung dieser Situation am Beispiel der US-amerikanischen Drohnenpilot*innen im computerisierten Cockpit gezeigt hat, ist diese Arbeit zunächst eine der Beobachtung. Dabei tritt der oder die Soldat*in, vergleichbar dem oder der Fabrikarbeiter*in, als „Wächter und Regulator"[11] in Erscheinung. Dies mündet schließlich in eine Situation, in der die Administratoren der technischen Systeme ein ungewöhnlich hohes Maß an militärischer Verantwortlichkeit innehaben, während die Arbeit der militärischen Akteure mehr und mehr in der Simulation von Verantwortung besteht, die für die Legitimierung und rechtliche Absicherung der militärischen Handlungen nötig ist. Die Frage der Konstruktion von militärischer Bildlichkeit geht hier über in einen Bereich der Administration von Gewalt, wo die Verteilung, Zuweisung und Unsichtbarmachung von Verantwortung ein dezidiert politisches Problem ist.

---

8 Singer, Wired for War, 2009, S. 64.
9 Dazu: James Reason: *Human Error.* Cambridge University Press, New York, 1990.
10 Dies spiegelt sich, wie Bröckling hervorgehoben hat, auch in der Zielsetzung der Militärsoziologie, in der er einen „Disziplinierungsdiskurs" erkennt. Siehe Bröckling, Disziplin, 1997, S. 311.
11 Marx, Maschinenfragment, 2014 [1858], S. 67.

Thomas Hippler hat in seiner *Globalgeschichte des Luftkriegs* darauf hingewiesen, dass mit der zunehmenden Privatisierung der Kriegführung das traditionelle Gewaltmonopol des Staats, wie es eingangs mit Max Weber beschrieben
wurde, zunehmend infrage gestellt wird:

> Auf diese Weise verschwindet jene alte Form der staatlichen Macht, die idealtypisch mit der
> Kontrolle physischer Gewalt in eins fiel: ein fiskal-militärischer Staatsapparat, gegründet auf
> die Monopolisierung von Gewalt. Und zwar einer Gewalt, die ihrerseits durch die in den
> Streitkräften entwickelte und perfektionierte Diziplinarmacht im Zaum gehalten wurde [...].[12]

Wie die Analyse der Bildschirmumgebungen der zurzeit technologisch und ökonomisch stärksten Militärmacht gezeigt hat, sind militärische Bildtechniken buchstäblich die Schnittstelle, das wahrnehmungstechnische *Interface*, innerhalb dessen diese Umverteilung von militärischer Handlungsmacht im 21. Jahrhundert
ausgetragen wird.

6.2 Repräsentation und Destruktion: Zielrichtungen militärischer Bilder

> Ein Großteil dessen, was ein Bereich des Visuellen zu sein
> scheint, ist lediglich der *Effekt* von andersartigen Kräften und
> Machtverhältnissen.[13]

> The study of disaster should reframe its objects as an event
> involving all those affected by it – both its perpetrators and their
> accomplices, as well as those who are its direct victims.[14]

Die fünf Kapitel dieses Buchs, in denen je eine historische Tiefenbohrung unternommen wurde, haben unterschiedliche Formen und Funktionsweisen militärischer Bildtechniken zutage gefördert, die abschließend in übersichtlicher Form
geordnet werden sollen. Den hier behandelten Bildern und Bildtechniken ist gemein, dass sie jeweils in strategische Handlungszusammenhänge eingebunden
sind, die entweder direkt militärische, das heißt kriegerische Ziele verfolgen (wie
das Steuern eines Waffensystems oder die Implementierung neuer Körper- und
Waffentechniken im Drill) oder auf eine Weise gehorsame Subjekte hervorbrin-

---

12 Hippler, Regierung des Himmels, 2017, S. 207.
13 Jonathan Crary: *Aufmerksamkeit. Wahrnehmung und moderne Kultur.* Aus dem Amerikanischen von Heinz Jatho. Suhrkamp, Frankfurt a. M., 1999, S. 14.
14 Ariella Azoulay: „Infra-Destructure". In: Liam Kennedy, Caitlin Patrick (Hg.): *The Violence of
the Image. Photography and International Conflict.* I.B. Tauris, London, 2014, S. 125–138.

gen, die der militärischen Einübung vergleichbar sind (wie am Beispiel der jesuitischen Exerzitien verdeutlicht wurde) sich militärischen Zwecken andienen (im Fall der psychotechnischen Mobilisierung der menschlichen Wahrnehmung) oder diese verschiedenen Funktionen in komplexen Bildanordnungen miteinander verbinden (wie in der Kontrollstation der Drohnenkriege nach der Jahrtausendwende).

Militärische Bildtechniken sind also – um sie mit einem bereits diskutierten Terminus zu beschreiben – auf spezifische Weise *operativ*. Ähnlich wie in den bildlichen Verfahren der Naturwissenschaften oder der Bildforensik geht es in der militärischen Luftaufklärung, von der Früh- und Vorgeschichte der Fotografie bis hin zu Drohnen- und Satellitenbildern, um den Informationswert des Bildes, also um ein Verhältnis der Indexikalität. Die Funktion militärischer Bildtechniken dieser Art besteht in einer waffenförmigen Repräsentation: Solche Bilder töten, indem sie Informationen übermitteln, die für den Einsatz von Geschossen oder Bomben buchstäblich zielführend sind. Der englische Ausdruck des *targeting* beschreibt diese erste grundlegende Funktion militärischer Bildtechniken.[15] Wie Elkins und Fiorentini in ihren Überlegungen zu der Frage „How the Military Looks at Images" treffend formuliert haben, fallen hier Repräsentation und Destruktion in eins.[16] Indem sie auf direkte „kinetische" Weise töten und zerstören unterscheiden sich die *Targeting*-Systeme heutiger Militärdrohnen zunächst nicht von herkömmlichen Kriegswaffen. Darüber hinaus liegt ihre primäre Funktion aber, wie Michael Richardson hervorgehoben hat, in der „Produktion und Identifikation von Feinden"[17] durch die Präselektion und Designation potenzieller Ziele, die dem Akt der Zerstörung vorausgehen und für die sensorbasierte Überwachung, große Datenmengen und hohe Rechenkapazitäten der vernetzten Drohnensysteme die Grundlage bilden.

Allen militärischen Bildtechniken ist zu eigen, dass sie ultimativ auf einen Akt der Gewalt abzielen, an der Vollstreckung von Gewalt beteiligt sind oder – was in klassischen Kriegsszenarien nicht weniger relevant ist – dem Zweck dienen, einem feindlichen Akt der Gewalt vorzubeugen. Zu unterscheiden ist also auch zwischen einer *aggressiven* und einer *defensiven* Funktion des indexikalischen militärischen Bilds. Die Kapitel zur Luftaufklärung und zu den US-amerikanischen Drohnenkriegen der Obama-Ära lieferten hierzu unterschiedliche Perspektiven, die neben der

---

15 Zur Diskussion der inhärenten Selbstreferentialität des „targeting", siehe auch: Rey Chow, World Target, S. 40–42 und den Abschnitt 5.3.1. dieses Buchs.
16 „When a missile speeds into its target, the image is operative in the sense that it provides part of the information that guides the missile, and in that the image itself participates in the destruction of what it represents" [...]. Elkins, Fiorentini: How the Military Looks at Images, 2020, S. 305.
17 Richardson, Drone Trauma, 2023, S. 2.

potenziell kriegsentscheidenden Wirksamkeit solcher Technologien der bildlichen Informationsgewinnung (etwa im Stellungskrieg des Ersten Weltkriegs) auch die Irrungen und Fehlschlüsse eines militärisch-polizeilichen Phantasmas der technologisch abbildenden Allsicht verdeutlicht haben. Die notorische Anfälligkeit besonders hochentwickelter Waffensysteme, statt militärischer Ziele unbeteiligte Zivilist*innen ins Visier zu nehmen, ist hinreichend dokumentiert.[18]

Wenn die Behauptung einer exakten Repräsentation der Wirklichkeit, die aus bildtheoretischer Sicht immer schon problematisch war, in der Praxis bereits durch die Fehleranfälligkeit überwachender und zielführender militärischer Bildtechniken verkompliziert wird, so gilt dies umso mehr für die Steuerungsumgebungen hochtechnologischer Drohnen wie des General Atomics Predator und seiner Nachfolger, wo verschiedenste Bildtypen auf komplexe Weise miteinander verwoben und synthetisiert werden. Elemente des Indexikalischen, die, wenngleich nicht wie in der analogen Fotografie als mechanisch-abbildende Relation zur Welt, auch noch in digitalen bildgebenden Verfahren enthalten sind, werden von nicht repräsentierenden, simulierenden Bildern und solchen, die als Bestandteile grafischer Nutzeroberflächen eine rein instrumentelle Funktion haben, umgeben und ergänzt: Verschiedene Bildebenen sind per Touchscreen abrufbar, wo unterschiedlichen Bildtypen, ihr dokumentarisch-abbildender Wert sowie Funktionen der Steuerung und des Targeting im User-Interface miteinander verflochten werden.

Für die *Operators*, die innerhalb der fast ausschließlich bildlich vermittelten Steuerungsumgebungen militärisch handeln, ergibt sich hieraus, wie gezeigt wurde, eine unhintergehbare Wahrnehmungsumgebung, die von Selbstreferentialität geprägt ist und deren (vorgeblich präzises) Verhältnis zur Wirklichkeit hinter Black-Box-Prozessen zum Verschwinden gebracht wird.[19] Die daraus resultierenden Probleme der Verantwortlichkeit können nicht, wie dies in der öffentlichen Debatte um die Rolle der Drohnenpilot*innen häufig unternommen wird, auf das (Fehl-)Verhalten von Individuen reduziert werden. Sie müssen stattdessen, wie gezeigt wurde, im Kontext der Konstruktion militärischer Bildlichkeit verstanden werden, nämlich als politische und vor allem rüstungspolitische Konstellationen von menschlichen Akteur*innen, bei der die „Verteilung" von Handlungsmacht, von der sowohl in der Rhetorik des US-Militärs als auch in der medientheoretischen Reflexion häufig die Rede ist, ultimativ auf die Privatisierung

---

18 Siehe hierzu das Kapitel 3.3.3 „Lebensmusteranalysen" und 5.3.1 „Bildschirmumgebungen. *Situational Awareness* und *Targeting*".
19 Katherine Chandler spricht in diesem Zusammenhang von einem „geschlossenen Kreislauf aus Beobachtung und Zielführung" [„closed loop between surveillance and targeting"]. Chandler, Unmanning, 2020, S. 6.

staatlich-militärischer Verantwortung hinausläuft. In der visuellen Wahrnehmungsumgebung der Ground Control Station, die den Fokus des fünften Kapitels bildete, verschmelzen Funktionen der zielführenden *Indexikalität, Synthese* und *Simulation* mit weiteren Funktionen militärischer Bildtechniken, die mit Blick auf die anderen Fallstudien dieser Untersuchung nun deutlicher konturiert werden können.

Über das Beispiel der Drillmanuale der oranischen Heeresreform und den Exkurs zur Psychotechnik Hugo Münsterbergs konnte zweitens eine Genese von Bildtechniken rekonstruiert werden, deren Funktion sich weder auf die Repräsentation von Gegebenem noch auf die gewaltvolle Zerstörung von Gegebenem reduzieren lässt. Militärische Bildtechniken haben hier vielmehr handlungsanleitenden Charakter, indem sie menschliche Subjekte auf das Empfangen und Umsetzen von Befehlen vorbereiten oder direkt Befehle übermitteln. Sie sind also an der Produktion von Gehorsam beteiligt, die, wie Ulrich Bröckling unter anderem am Beispiel der oranischen Erfindung der modernen militärischen Disziplin gezeigt hat, in der Kriegführung eine ebenso wichtige Rolle einnimmt wie die zerstörende Wirkung der Waffentechnik. Das Konzept der Gehorsamsproduktion eignet sich aber auch als Schlüssel zum Verständnis der Techniken der unbewussten bzw. vorbewussten Beeinflussung und Steuerung, denen in der Münsterbergs Psychotechnik eine zentrale Rolle zukommt und die in der Gestaltung heutiger „Mensch-Maschine-Verbünde" fortleben.[20] Unbedingter Gehorsam sei Münsterberg zufolge insbesondere in komplexen, hochtechnologischen Anordnungen wie dem modernen Kriegsschiff gefordert,[21] wo kein Einzelner den Überblick über die Folgen seines Handelns haben könne.[22] Den bild- und körpertechnischen Drillbüchern Jakob de Gheyns, dem in den *Exerzitien* Loyolas angelegten jesuitischen Bildergehorsam sowie den psychotechnisch fundierten Techniken der Handlungssteuerung ist dabei gemein, dass sie visuelle Reize mit Verfahren der Einübung verbinden. Eine wichtige Einsicht dieser Kapitel ist, dass Bilder niemals aus sich heraus quasi-magisch Menschen in Bewegung setzen oder gar selbst „agieren", sondern dass dieses *Agens* durch kontextuelles Wissen schriftlich oder mündlich initiiert wird und erst durch erschöpfende Wiederholung zu einem „Automatismus" werden kann.

Mit ihren Ursprüngen in eugenischen Verfahren der Auslese „besserer" Menschen wird die Prägung der frühen experimentellen Psychologie, über Münster-

---

20 Siehe hierzu das Kapitel 4.6. „Psychotechnische Mobilmachung in der frühen Fliegerei".
21 Münsterberg, Psychology and the Navy, 1913, S. 243.
22 Ebd.

bergs Techniken der „seelischen Beeinflussung und Beherrschung"[23] und den auf den Sehsinn abzielenden psychotechnischen Versuchsanordnungen auch in den Konstruktionsweisen heutiger militärischer Apparaturen erkennbar. Über die US-amerikanischen Human Factors Studies, die während des Zweiten Weltkriegs aus den in Harvard von Münsterberg etablierten psychotechnischen Methoden hervorgingen, sind diese Vorprägungen bis heute instrumentell an der Gestaltung ziviler und militärischer Steuerungsumgebungen beteiligt. Insbesondere an dem Begriff der „situational awareness" lässt sich die Geschichte einer gestaltenden Disziplin nachvollziehen, die sich die Erforschung und Kontrolle der menschlichen Aufmerksamkeit zum erklärten Ziel gemacht hat.[24]

Hinter der Zielsetzung der Effizienzsteigerung, des „scientific management", sowohl in der Fabrik wie in der Kriegführung, verbirgt sich ein Regime der Disziplinierung, das die Produktion von Gehorsam nicht mehr allein – wie noch im militärischen Drill des 17. Jahrhunderts – durch bewusstes und aktives Einüben implementiert, sondern mittels unbewusster, passiver Manipulation anhand „externer Stimuli"[25] und Konditionierung.[26] Das „Management der Aufmerksamkeit"[27] bzw. die Lenkung der Wahrnehmung durch „externe Instanzen" ist, wie Jonathan Crary hervorgehoben hat, seit Ende des 19. Jahrhunderts zentrales Interesse institutioneller Macht, „in dem Sinn, daß das Subjekt produktiv, lenkbar, kalkulierbar und darüber hinaus sozial integriert und anpassungsfähig wird"[28]. Das frühneuzeitliche Paradigma des Befehlens wurde durch das postindustrielle Programm der Steuerung auf Ebene der Wahrnehmung nicht etwa abgelöst, sondern lebt in diesem auf gleichwohl effizientere Weise fort. Im Arbeitsbereich militärischer Kontrolle stellte der Bildschirm ab den 1950er Jahren ein neues Paradigma da. Hier machte sich während der Ära des Kalten Kriegs eine Verschiebung der Wahrnehmung von Rea-

---

23 Münsterberg, Grundzüge der Psychotechnik, 1914, S. 136. Münsterberg unterscheidet in der psychologischen Beeinflussung zwischen indirektem Einfluss, vorübergehendem Außeneinfluss, Suggestionseinfluss, vorübergehender Selbstbeeinflussung und dauerndem Einfluss. Siehe: Ebd., S. 135–187.

24 Siehe hierzu das Kapitel 5.3.1: „Bildschirmumgebungen. *Situational Awareness* und *Targeting*".

25 [Eigene Übersetzung] „[A] passive entity whose mentality can be subtly manipulated by external stimuli." Siehe: Langdale, S(t)imulation of Mind, 2002, S. 22.

26 Siehe hierzu den Abschnitt 4.4. „Psychologie des militärischen Gehorsams".

27 Jonathan Crary: *Suspensions of Perception: Attention, Spectacle, and Modern Culture*. Cambridge, MA, 1999, S. 33.

28 Jonathan Crary: *Aufmerksamkeit. Wahrnehmung und moderne Kultur*. Aus dem Amerikanischen von Heinz Jatho. Suhrkamp, Frankfurt a. M., 1999, S. 16. Im Original: „[...] a means by which a perceiver becomes open to control and annexation by external agencies." Crary, Suspensions of Perception, 1999, S. 4–5.

lität bemerkbar, die sich aus den Bedrohungsszenarien der nuklearen Kriegführung ergab. Die entsprechenden Technologien der „tedious, angst-ridden human-machine interfaces of the early 1950s" präsentierten neue Anforderungen Perzeption und Kognition. Wie Sharon Ghamari-Tabrizi beschreibt, führten die neuartigen Schnittstellen zwischen Menschen und Maschinen zu einer technisch induzierten Distanzierung der Realitätsebenen:

> [T]he People working with avant-garde defense technologies such as radars and analogue and digital computers experienced a new sort of mediation of what counted as real objects in the world.[29]

Wie im Kapitel über die Geschichte und Theorie des Bildschirms (5.1.) ausgeführt wurde, inspirierte die neue Realität atomarer Massenvernichtungswaffen den Philosophen Günther Anders zu seinen Thesen zur „Apokalypseblindheit" verbunden mit einer grundlegenden Medienkritik. Anders diagnostizierte, dass sich zwischen dem Wahrnehmungsmilieu des (Fernseh-)Bildschirms und der potenziell apokalyptischen Realität der materiellen Umwelt eine Kluft auftat.

Folgen wir Jonathan Crary und Walter Benjamin in ihrer Annahme, dass die Technologien einer Epoche jeweils Trainingsgeräte neuer Wahrnehmungsformen sind, die diese ausmachen, so erscheinen militärische Bildtechniken als Apparaturen des Drills, die die einer bestimmten Art der Kriegführung jeweils angemessene Aufmerksamkeit gezielt einüben und mit hervorbringen. Als militärische „Wahrnehmungsgewohnheit" („perceptual habit") des Kalten Kriegs, die bestimmte Formen der Lesekompetenz („literacy") voraussetzt, identifiziert Sharon Ghamari-Tabrizi die in der imaginierten Situation eines – stets in der Sphäre des Möglichen stattfindenden – sowjetischen Überraschungsangriffs auf US-amerikanisches Territorium zum Tragen kommende Fähigkeit, „noise" von Information zu unterscheiden, und zwar „in einer eindeutigen Darstellung von Symbolen unter Bedingungen höchster Belastung und Unsicherheit".[30] In seinem Bestseller *The Lonely Crowd*[31] verleitete die Tatsache dieser neuen, zuerst am Bildschirm des Radargeräts erprobten Wahrnehmungsgewohnheiten den Soziologen David Riesman in den 1950er Jahren zur Beschreibung eines „Radar-Typus", eines „außen-geleiteten" Persönlichkeitstyps, der in

---

29 Sharon Ghamari-Tabrizi: „Cognitive and Perceptual Training in the Cold War Man-Machine System". In: Joel Isaac, Duncan Bell (Hg.): *Uncertain Empire. American History and the Idea of the Cold War.* Oxford University Press, Oxford, New York, 2012, S. 262–294, hier: S. 272 [eigene Übersetzung].
30 Ghamari-Tabrizi, Cognitive and Perceptual Training, 2012, S. 269.
31 David Riesman, Nathan Glazer, Reuel Denney: *The Lonely Crowd.* Yale University Press, New Haven, 1950. Auf Deutsch: David Riesman: *Die einsame Masse.* Übersetzt von Renate Rausch. Luchterhand, Darmstadt, 1956.

der Nachkriegsgesellschaft dominant sei und dessen Kontrollmechanismus nicht mehr wie der (innen-geleitete) „Kreiselkompass, sondern wie eine Radar-Anlage" funktioniere: „Ein wesentlicher Beweggrund für den außen-geleiteten Menschen" liege „in einer diffusen Angst".[32]

Im Zeitalter des Computers werden seit den 1950er Jahren militärische Bildtechniken in den Human Factors Studies als Anwendungsbereich des von Anders ebenfalls kritisierten „Human Engineering" zum vorherrschenden Gegenstand der Erforschung und Gestaltung von kybernetisch inspirierten „Man-Machine-Interfaces". Zunächst im computerisierten Flugzeugcockpit (den sogenannten „Expert Systems"), dann in den „Synthetic Vision"-Systemen der zunehmend automatisierten Kriegführung und schließlich in Bezug auf projektierte Anwendungen von künstlicher Intelligenz für die vollständige „Autonomie" der Waffensysteme, wirkten und wirken die Human Factors Studies prägend nicht nur auf die Gestaltung, sondern auch auf die Konzepte und das Vokabular, in denen sich das US-amerikanische Militär über die hochkomplexen technologischen Systeme verständigte.[33] Kontrolle von Maschinen heißt hier stets, anhand von sogenannten „Schnittstellen" das Verhalten der menschlichen Nutzer*in mitzusteuern, die oder der als fehleranfälliger „Faktor" im System gilt. Dieses reziproke Verhältnis von Steuern und Gesteuert-Werden, das die Unterschiede zwischen beiden Zielrichtungen verschwimmen lässt, ist für die psychotechnische Zurichtung des Mensch-Maschine-Systems typisch. Wie Tobias Nanz formuliert, wird aus „einem Anzeigegerät, das der Pilot ablesen und interpretieren muss", „ein Instrument, das Befehle gibt".[34]

Eine der Erkenntnisse dieser Arbeit ist folglich, dass die Art und Weise, wie Bilder in Kriegstechnologien eingesetzt werden, in zweifacher Weise und gewissermaßen in zwei Richtungen wirken: Zum einen wirken sie waffentechnisch auf all das und all jene, die in ihr Visier geraten. Neben die tötende, zerstörende Funktion militärischer Bildtechniken tritt die Einwirkung auf die Wahrnehmung und Körper der Zielenden: Sie gilt es gehorsam und für die kriegerischen Ziele effektiv zu machen. Diese zwei unterschiedlichen Gebrauchsweisen von Bildern in militärischen Operationszusammenhängen erlauben Rückschlüsse auf die allgemeineren Bedingungen der Zurichtung für den Krieg, für die die Bildtechniken

---

32 Riesman, Einsame Masse, 1956, S. 60. Siehe auch: Crary, Aufmerksamkeit, 1996, S. 50; Ghamari-Tabrizi, Cognitive and Perceptual Training, 2012, S. 271; sowie Geoghegan, Ecology of Operations, 2019, S. 87.

33 Siehe Abschnitt 5.3.3 „Unmanning" Unmanned Aircraft – Die Akteure verlassen die Kontrollstation.

34 Nanz, Blindflug, 2003, S. 37. Ausführlich dazu der Abschnitt 4.6. Psychotechnische Mobilmachung in der frühen Fliegerei.

nur ein Beispiel liefern. Die Bildtheoretikerin Ariella Azoulay formuliert in einem Essay über dokumentarische Kriegsfotografien die Einsicht, dass das durch Krieg und militärische Besatzung induzierte „Desaster" nicht nur dessen Opfer, sondern auch seine Verursacher betrifft:

> The study of disaster should reframe its objects as an event involving all those affected by it – both its perpetrators and their accomplices, as well as those who are its direct victims.[35]

Azoulays Formulierung resoniert mit dem Denken Simone Weils, die in Bezug auf die in der Ilias festgehaltenen Erzählungen über den Krieg im antiken Griechenland und vor dem Hintergrund des Grauens des Zweiten Weltkriegs im Jahr 1945 festhielt: „die Gewalt zermalmt. Am Ende erscheint sie als etwas Äußerliches dem, der sie übt, wie dem, der sie erleidet."[36]

Zwar ist die Erfahrung, zum Ziel tötender Gewalt zu werden grundsätzlich von der des Ausübens von Gewalt verschieden und es kann hier keine falsche Symmetrie unterstellt werden. Dennoch wirkt sie in beide Richtungen, denn sie macht „aus jedem, der ihr unterworfen ist, eine Sache". Weil sieht sowohl im Getötet-Werden als auch im Töten-Müssen eine „Beziehung zur Gewalt", die „Mittelpunkt jeder menschlichen Geschichte"[37] sei. Man müsste hier korrigierend einwenden, dass die Ilias beziehungsweise der eigentlich gemeinte Zweite Weltkrieg keineswegs eine universell zu verstehende „menschliche Geschichte", sondern vielmehr eine dezidiert *europäische*, im Fall des Weltkriegs eine deutsche und möglicherweise auch *moderne* Geschichte präsentiert,[38] so wie auch die von Weil ausgemachte Konstante

---

35 Azoulay, Infra-Destructure, 2014, S. 125–138.

36 Simone Weil: „Ilias: Dichtung der Gewalt". In: *Merkur*. Heft 36, Klett-Cotta, Stuttgart, 1951, S. 115–126, hier: 120.

37 Weil, Ilias, 1951, S. 115. Weil, Ilias, 1951, S. 115. Die einen, so Weil, macht sie zu einer Sache „im wörtlichen Sinn", einen Leichnam. Der Tötende dagegen wird zu einem Ding, da er nicht mehr in der Lage ist, „das Leben eines anderen" zu achten. Ob als die „Unbekümmertheit jener, die ohne Achtung mit Menschen und Dingen umgehen" oder als „die Verzweiflung, die den Soldaten zwingt zu zerstören" (S. 122), nimmt die Gewalt denen, die sie ausüben ihre Fähigkeit zum Menschsein. Susan Sontag hat darauf aufmerksam gemacht, dass ihre grundsätzliche Kritik der Gewalt Weil nicht daran hinderte, den bewaffneten Kampf gegen die Nazis zu unterstützen. So hoffte sie noch kurz vor ihrem Tod im britischen Exil zu einer Mission der Résistance in das besetzte Frankreich entsandt zu werden. Siehe: Susan Sontag: *Regarding the Pain of Others*. Penguin, London, 2019, S. 9.

38 Mit Omer Bartov lässt sich zudem feststellen, dass sich die mythische Imagination eines Kriegs als gerechten Zweikampfs zwischen Helden im Gegensatz zur Realität massenhaften Tötens und Sterbens auf den Schlachtfeldern von Homers Erzählung bis in die technisierte Moderne verfolgen lässt. Schon in der Antike wurde auf dem Schlachtfeld eher massenhaft als hel-

einer spezifischen Gewaltform, die, wie die vorangegangenen Kapitel vielfach belegen, in Europa entwickelt wurde und von der europäisch geprägten Welt ausging. W.E.B. Du Bois kommentierte schon im Jahr 1920 die deutschen Kriegsverbrechen in Belgien während des Ersten Weltkriegs mit der Einschätzung, dass die Maßlosigkeit der Gewalt dieses Kriegs gerade keinen Bruch mit der europäischen Kultur darstelle, sondern vielmehr deren Kontinuität: „This is not Europe gone mad; this is not aberration nor insanity; this *is* Europe."[39] Militärische Bildtechniken wurden – wie gezeigt wurde – typischerweise zuerst in den europäischen Kolonien erprobt und werden zum Teil bis heute in genau diesen Teilen der Welt wie in quasirechtsfreien Räumen eingesetzt. Ebenso wurde auch das massenhafte Töten, wie Du Bois feststellt, nicht erst auf den Schlachtfeldern des Ersten Weltkriegs im Herzen Europas entfesselt, sondern systematisch an den Bewohner*innen der von Europa kolonisierten Erdteile erprobt.

> Think of the wars through which we have lived in the last decade: in German Africa, in British Nigeria, in French and Spanish Morocco [...].[40] The cause of war is preparation for war; and of all that Europe has done in a century there is nothing that has equaled in energy, thought, and time her preparation for wholesale murder.[41]

In dieser Analyse ist es das schiere Ausmaß der Gewalt, das der europäischen Kultur eigen ist. Die gewaltsame Unterwerfung von anderen Menschen sei keine Erfindung des modernen Europa, „[b]ut Europe proposed to apply it on a scale and with an elaborateness of detail of which no former world ever dreamed. The imperial width of the thing, – the heaven-defying audacity – makes its modern newness."[42]

Gibt es eine europäische Kultur des Kriegs? In seinen Vorlesungen *In Verteidigung der Gesellschaft* (1975–1976) macht Michel Foucault einen Diskurs des Rassenkampfes und -krieges aus, der seit dem europäischen Mittelalter in unterschiedlichen Ausformungen auftritt.[43] Sowohl die innereuropäischen kriegerischen Konflikte als auch die koloniale Expansion außerhalb Europas wurden angetrieben von diesem

---

denhaft gestorben. Siehe: Bartov, Murder in Our Midst, 1996, S. 6, 17 und 32. Siehe auch das Kapitel 3.3.2 Perpetual Policing. Vom Ereignis der Masse zum entgrenzten Krieg.

39 W. E. B. Du Bois: „The Souls of White Folk". In: Ders.: *Darkwater. Voices from Within the Veil.* Oxford University Press, Oxford, New York, 2007, S. 15–26, hier: S. 19.

40 Du Bois, White Folk, 2007, S. 19.

41 Ebd., S. 23.

42 Ebd., S. 21.

43 Der Diskurs des „Kriegs der Rassen" ist in der Kultur Europas tief verankert, Foucault macht ihn für die „wahren Anfänge Europas" verantwortlich, „blutige Anfänge, Anfänge der Eroberung: die Invasion der Franken, die Invasion der Normannen", später diente dieser bewegliche Diskurs „der Disqualifizierung der kolonisierten Unterrassen". Foucault, In Verteidigung der Gesellschaft, 2001, S. 88 und 90.

„Staatsrassismus" europäischer Prägung, und nirgendwo war dieser ausgeprägter als im deutschen Faschismus – wenn auch ohne dort ein Ende zu finden. Foucault identifiziert das tief in der europäischen Kultur verankerte rassistische Denken als „die Bedingung für die Ausübung des Rechts auf Tötung"[44] und formuliert damit eine wichtige Ergänzung zu Max Webers eingangs zitierter Definition des modernen staatlichen Gewaltmonopols.

Mit der zunehmenden Selbstreferentialität automatisierter Bildinterpretation und -synthese werden staatlich sanktionierter Rassismus, aber auch andere Formen der Entmenschlichung oder Verdinglichung als Möglichkeitsbedingung des Tötens in die technischen Systeme integriert und verstärkt. Das visuelle Interface, das auf automatisierten Prozessen der Datenverarbeitung beruht, spielt dabei eine zentrale Rolle. Wie Michael Richardson formuliert, ist die Wirkung des von den Drohnensensoren gelieferten visuellen Ergebnisses stets „entmenschlichend":

> No matter the modality of sensor, its output is dehumanising: an array of pixels, a second-order representation of the transference of light and electro-magnetic forces from sensor to visual image. [...] These sensing media thus reproduce a blindness to widespread violence and trauma.[45]

Die Techniken der Zurichtung, Kontrolle und Disziplinierung der Tötenden stehen den Techniken des Tötens dabei in Akribie und Größenordnung in nichts nach. Zu den für militarisierte Gesellschaften typischen Vorbereitungen des Ersten Weltkriegs gehörte zum einen die physische, ideologische und psychotechnische Mobilmachung der Kämpfenden und zum anderen eine kulturelle und diskursive Einstimmung auf den Krieg, von der praktisch kein Aspekt der gesellschaftlichen Produktion ausgenommen war.[46] In einer solchermaßen gleichgeschalteten Gesellschaft der Kriegstreibenden verwundert es nicht, dass ein von der Eugenik beeinflusster Zweig der praktischen Psychologie die Produktion von Gehorsam gewissermaßen verallgemeinerte und, neben den militärischen Anwendungen der Psychotechnik, in eine vielfältige „zivile Nutzung" überführte. Zurück zu dem Gedanken Azoulays und Weils, wonach das Desaster des Kriegs nicht nur die Opfer des Kriegs, sondern auch die Kriegstreibenden ebenso in den Bann schlägt (bzw.

---

44 Foucault sieht hier eine Verbindung zwischen der rassistisch motivierten Evolutionstheorie des 19. Jahrhunderts (also der auf Zuchtwahl und Auslese der Unangepassten reduzierte Evolutionstheorie, die auch, wie gezeigt wurde, für die Psychotechnik prägend war) und dem Machtdiskurs in Arbeit. Diese sei „zu der Art und Weise" geworden, „die Beziehungen der Kolonisierung, die Notwendigkeit des Krieges [...] zu denken." Foucault, In Verteidigung der Gesellschaft, 2001, S. 296 f.
45 Richardson, Drone Trauma, 2023, S. 5.
46 Siehe das Kapitel „Ein ‚großer und wunderbarer' Krieg" in Domenico Losurdo: *Die Gemeinschaft, der Tod, das Abendland. Heidegger und die Kriegsideologie. Aus dem Italienischen von Erdmuthe Brielmayer. Metzler, Stuttgart/Weimar, 1995 [ital. Originalausgabe 1991], S. 1–26.

in Weils Worten „zum Ding macht"), so wiederholt sich darin die Reziprozität der Waffentechnik, die einerseits gesteuert wird und ihre „Nutzer" gleichermaßen steuert. Die Techniken des Gehorsams, die das Töten einüben, unterwerfen auf zweifache Weise. Neben den Opfern, die den Angriffen militärischer Gewalt absolut ausgesetzt sind, zielen sie ab auf die Produktion widerstandsloser Subjekte, die zu Instrumenten der Gewalt gemacht werden.

6.3 *Bombing Civilians.* Postskriptum zur Aktualität militärischer Bildtechniken

Das Thema der militärischen Bildtechniken hat seit dem Abschluss dieser Studie eine neue und erdrückende Relevanz entwickelt, so wie auch eine kulturwissenschaftliche Auseinandersetzung mit Krieg – zum Zeitpunkt der Niederschrift dieses als Postskriptum zu verstehenden Schlussteils im August 2024 – mit einer neuen gesellschaftlichen Dringlichkeit konfrontiert ist. Bilder, die Bestandteile militärischer Operationen sind, geraten vermehrt an die Öffentlichkeit und lösen Debatten aus. Ob sie zu propagandistischen Zwecken veröffentlicht oder geleakt werden – in diesen Bildern manifestiert sich heute die Sichtweise technologisch hochgerüsteter Militärs. In der Öffentlichkeit entwickeln sie zivilgesellschaftliche Relevanz als Dokumente, die Kriegsverbrechen bezeugen oder als Beweismaterial für deren Ausbleiben angeführt werden. Über diese neuen Formen der Zeugenschaft hinaus haben sie aber auch einen affektiven Wert, da in ihnen die sonst abstrakte Maschinerie des Tötens anschaulich gemacht wird. Eine genaue Analyse und historisch informierte Interpretation dieser aktuellen Entwicklungen stehen noch aus.

Europa ist seit dem russischen Angriffskrieg auf die Ukraine, der nun zu einem dauerhaften Kriegszustand geworden ist, in eine neue Ära der Kriegführung getreten. Seit der von Bundeskanzler Olaf Scholz verkündeten „Zeitenwende"[47] stiegen die an die NATO gemeldeten Verteidigungsausgaben allein in Deutschland auf ein Rekordhoch von 73,41 Milliarden Euro.[48] Eine direkte Konsequenz dieser Wende hin zu Zeiten des Kriegs ist unter anderem die Anschaffung von bewaffneten Militärdrohnen für die Bundeswehr, die bis dahin vor allem aufgrund öffentlicher Kritik verhindert worden war. Die gemeinsam mit Airbus vom Hersteller Israeli Aerospace Industries (IAI) geleasten Drohnen vom Typ „German Heron TP" sollen

---

47 Bundestag: Plenarprotokoll 20/19, 2022, S. 1350, https://dserver.bundestag.de/btp/20/20019. pdf#P.1364 [abgerufen am 28. August 2024].
48 Anja Keinath: „Deutschland meldet Militärausgaben in Höhe des Nato-Ziels." *Die Zeit*, 14. Februar 2024, URL: https://www.zeit.de/politik/deutschland/2024-02/deutschland-erreicht-nato-ziel [abgerufen am 1. Juli 2024].

neben der „abbildenden Aufklärung"[49] nach einem Beschluss des Verteidigungsausschusses der Bundesregierung vom April 2022 auch mit Raketen ausgestattet werden.[50] Die Drohnenpiloten der Bundeswehr sollen in Israel ausgebildet werden, zwei der geleasten Maschinen verbleiben daher dort und werden aktuell den israelischen Streitkräften, wie es heißt, „im Kampf gegen die Hamas"[51] zur Verfügung gestellt. Im Koalitionsvertrag der deutschen Regierungsparteien sind die Rahmenbedingungen für die Nutzung der angeschafften Militärdrohnen scheinbar klar umrissen: „Bei ihrem Einsatz gelten die Regeln des Völkerrechtes. Extralegale Tötungen – auch durch Drohnen – lehnen wir ab."[52] Durch einen Einsatz des German Heron in den besetzten Gebieten in der West Bank und Ostjerusalem wäre diese Rahmenbedingung, wenn man der Einschätzung des Internationalen Gerichtshofs (IGH) folgt, schon gebrochen.[53]

Im Ukrainekrieg spielten Drohnen von Beginn an eine wichtigere Rolle als in jedem vorausgegangenen konventionellen Militärkonflikt. Waren zunächst auf ukrainischer Seite vor allem kostengünstige, kleine und zum Teil selbstgebaute Geräte essentiell,[54] die auf Sicht gesteuert und zur Luftaufklärung oder zum Abwurf von Sprengkörpern genutzt wurden, wird inzwischen auch vom Einsatz bewaffneter KI-gestützter Systeme berichtet,[55] die mithilfe von Machine Learning

---

49 Bundeswehr: „Drohne German Heron TP: Die Verstärkung aus der Luft startet in die Testphase". *Bundeswehr: Ausrüstung und Technik*, 15. Mai 2024. URL: https://www.bundeswehr.de/de/ organisation/luftwaffe/aktuelles/faq-neue-drohne-german-heron-tp-5782432 [abgerufen am 19. August 2024]. Siehe auch: O.V.: „Made-for-Germany Israeli Heron TP UAV Marks First Flight Over German Airspace". *Defense Mirror.com*, 15. Mai 2024, URL: https://www.defensemirror.com/news/ 36793/Made_for_Germany_Israeli_Heron_TP_UAV_Marks_First_Flight_Over_German_Airspace.
50 O. V.: „140 Raketen für deutsche Kampfdrohnen". *taz*, 6. April 2022, URL: https://taz.de/Neue-Waffensysteme-der-Bundeswehr/!5848013/ [abgerufen am 19. August 2024].
51 MDR aktuell: „Bundesregierung stellt Israel Kampfdrohnen zur Verfügung". *MDR Nachrichten*, 12. Oktober 2023, URL: https://www.mdr.de/nachrichten/welt/politik/israel-gaza-heron-droh nen-deutschland-100.html [abgerufen am 19. August 2024].
52 Bundeswehr, Drohne German Heron TP, 15. Mai 2024.
53 Der IGH bezeichnet die Siedlungspolitik in der West-Bank und Ost-Jerusalem als einen Verstoß gegen internationales Recht. Siehe: [O. V.]: „Global Court Says Israel's Occupation of Territories Violates International Law". *The New York Times*, 19. Juli 2024, URL: https://www.nytimes. com/live/2024/07/19/world/israel-gaza-war-hamas#icj-israel-palestinian-territories-occupation [abgerufen am 19. August 2024].
54 Vasco Cotovio, Frederik Pleitgen: „‚From Ukraine with love:' The elite night-time drone units bombing Russian military". *CNN*, 16. Juni 2023, URL: https://edition.cnn.com/2023/06/16/europe/uk raine-drone-night-strike-russia-intl-cmd/index.html [abgerufen am 19. August 2024].
55 Paul Mozur, Adam Satariano: „A.I. Begins Ushering in an Age of Killer Robots". *The New York Times*, 2. Juli 2024. URL: https://www.nytimes.com/2024/07/02/technology/ukraine-war-ai-weapons. html?smid=nytcore-ios-share&referringSource=articleShare&sgrp=c-cb [abgerufen am 19. August 2024].

angeblich autonom Ziele verfolgen und zerstören können. Im Januar 2024 beschloss Präsident Zelenskiy die Einrichtung eines eigenen Militärzweigs für Drohnen[56] – der ersten eigenständigen *Drone Force* der Geschichte. Auf russischer Seite kommen in großem Maßstab Drohnen zum Einsatz, die der eigenen Rüstungsindustrie entstammen oder zum Teil aus dem Iran importiert werden.[57]

Zugleich schaut die Weltöffentlichkeit in Israel/Palästina derzeit auf einen Krieg, der, in Reaktion auf die tödlichen Angriffe der Hamas auf israelische Zivilist*innen und Militärangehörige am 7. Oktober 2023,[58] von den Israel Defense Forces (IDF) gegen die militante Hamas sowie die gesamte auf dem Gebiet des Gazastreifens eingepferchte Bevölkerung geführt wird, wo er konservativen Schätzungen zufolge bis dato über 38.000 Opfer gefordert hat.[59] Die zivile Infrastruktur des Gazastreifens ist vollständig zerstört.[60] Krankenhäuser, Mitglieder der internationalen Presse, Angehörige von Hilfsorganisationen und Schulen, sowie Universitäten werden gezielt unter Raketenbeschuss genommen. Die überlebende Zivilbevölkerung – davon mehr

---

56 O. V.: „Ukraine's Zelenskiy orders creation of separate military force for drones". *Reuters*, 6. Februar 2024, URL: https://www.reuters.com/world/europe/ukraines-zelenskiy-orders-creation-separate-military-force-drones-2024-02-06/ [abgerufen am 19. August 2024].

57 O. V.: „Russia to produce over 32,000 drones each year by 2030, TASS reports". *Reuters*, 6. Januar 2024, URL: https://www.reuters.com/world/europe/russia-produce-over-32000-drones-each-year-by-2030-tass-2024-01–06/ [abgerufen am 19. August 2024].

58 Die Angriffe der Hamas töteten 1200 israelische Staatsbürger*innen, einschließlich 800 Zivilist*innen. 253 Zivilist*innen wurden als Geiseln in den Gazastreifen verschleppt, darunter gebrechliche Menschen und Kleinkinder. Siehe: Shira Rubin: „Israel works to free hostages, without knowing if they are alive or dead." *Washington Post*, 10. April 2024, URL: https://www.washingtonpost.com/world/2024/04/10/gaza-hostages-hamas-israel-ceasefire/ [abgerufen am 18. Juli 2024] und O. V.: „Israel revises death toll from Oct. 7 Hamas assault, dropping it from 1,400 to 1,200." *Times of Israel*, 11. November 2023, URL: https://www.timesofisrael.com/israel-revises-death-toll-from-oct-7-hamas-assault-dropping-it-from-1400-to-1200/ [abgerufen am 18. Juli 2024].

59 Stand: 20. Juli 2024. Über 10.000 Tote könnten noch unter Trümmern begraben sein und die Zahl der indirekten Opfer, durch Krankheit und Hunger, könnte weit höher bei etwa 186.000 liegen. Bei etwa 40 Prozent der Getöteten handelt es sich um Kinder. Die Zahlen werden vom Gesundheitsministerium der Hamas in Gaza zur Verfügung gestellt und können aufgrund der Abwesenheit von unabhängigen Beobachter*innen vor Ort nicht verifiziert werden, gelten aber als zuverlässig. Siehe: O. V.: „Gaza Death Toll: How Many Palestinians Has Israel's Campaign Killed?" *Reuters*, 14. Mai 2024, URL: https://www.reuters.com/world/middle-east/gaza-death-toll-how-many-palestinians-has-israels-campaign-killed-2024-05-14/ [abgerufen am 18. Juli 2024]. Siehe auch: „Counting the Dead in Gaza. Difficult But Essential." *The Lancet*, 404(10449), 20. Juli 2024, URL: https://www.thelancet.com/journals/lancet/article/PIIS0140-6736(24)01169-3/fulltext.

60 Azoulay fand für das Vorgehen der Militärokkupation schon im Jahr 2014 den Terminus „infra-destructure". Siehe: Azoulay, Infra-Destructure, 2014, S. 125–138.

als die Hälfte Kinder – ist wiederholter Vertreibung ausgesetzt und leidet an Hunger und medizinischer Unterversorgung.[61]

Die IDF zählen zu den technologisch avanciertesten Militärs der Welt. Die in Israel entwickelten Waffensysteme setzen globale Standards und profitieren, wie eine Investigativrecherche des israelischen Dokumentarfilmers Yotam Feldman argumentiert, von ihrem Ruf, „im Versuchslabor" der palästinensischen besetzten Gebiete erprobt worden zu sein.[62] Einige der Technologien, die seit Oktober 2023 im Gazastreifen zum Einsatz kommen, wirken wie Realisierungen der Fantasien von „autonomen Waffensystemen", die den Militärdiskurs um künstliche Intelligenz und robotische Kriegführung bisher vor allem aus Sicht der USA bestimmt haben. Im April 2024 wurde bekannt, dass die IDF einen Großteil ihrer Ziele in Gaza mithilfe eines KI-gestützten Systems namens Lavender identifizierte. In der Zeitschrift *Foreign Policy* wurde das System als „mass-assassination program of unprecedented size"[63] beschrieben.

The Lavender software analyzes information collected on most of the 2.3 million residents of the Gaza Strip through a system of mass surveillance, then assesses and ranks the likelihood that each particular person is active in the military wing of Hamas or PIJ. According to sources, the machine gives almost every single person in Gaza a rating from 1 to 100, expressing how likely it is that they are a militant.[64]

---

61 World Bank, the European Union, the United Nations: *Gaza Strip Interim Damage Assessment*. Summary Note, 29. März 2024. URL: https://thedocs.worldbank.org/en/doc/14e309cd34e04e40b90e b19afa7b5d15-0280012024/original/Gaza-Interim-Damage-Assessment-032924-Final.pdf [abgerufen am 8. August 2024]; United Nations Office of the High Commissioner for Human Rights: *UN experts deeply concerned over 'scholasticide' in Gaza*, 18. April 2024. URL: https://www.ohchr.org/en/ press-releases/2024/04/un-experts-deeply-concerned-over-scholasticide-gaza [abgerufen am 8. August 2024]; United Nations Office of the High Commissioner for Human Rights: *Gaza: UN experts condemn killing and silencing of journalists*, 1. Februar 2024. URL: https://www.ohchr.org/en/ press-releases/2024/02/gaza-un-experts-condemn-killing-and-silencing-journalists [abgerufen am 8. August 2024].

62 Yotam Feldman: *The Lab*. Gum Films, Tel Aviv, 2013.

63 Simon Frankel Pratt: „When AI Decides Who Lives and Dies. The Israeli military's algorithmic targeting has created dangerous new precedents." *Foreign Policy*, 2. Mai 2024. URL: https://foreign policy.com/2024/05/02/israel-military-artificial-intelligence-targeting-hamas-gaza-deaths-lavender/ [abgerufen am 20. August 2024]. Dazu auch: Susanne Grabenhorst, Christian Heck, Christoph Marischka, Rainer Rehak: „The Myth of ,Targeted Killing'": Against the Rationalization of War". Berliner Gazette, 9. Mai 2024, URL: https://berlinergazette.de/against-the-rationalization-of-war/.

64 Yoval Abraham: „,Lavender': The AI Machine Directing Israel's Bombing Spree in Gaza". +972 *Magazine*, 3. April 2024, URL: https://www.972mag.com/lavender-ai-israeli-army-gaza/, [abgerufen am 20. August 2024]. Siehe auch: Bethan McKernan, Harry Davies: „,The machine did it coldly': Israel used AI to identify 37,000 Hamas targets". *The Guardian*, 3. April 2024. URL: https:// www.theguardian.com/world/2024/apr/03/israel-gaza-ai-database-hamas-airstrikes [abgerufen am 20. August 2024].

Ähnlich wie das SKYNET-Programm des US-amerikanischen Geheimdiensts, das in Verbindung mit Drohnenoperationen steht und dessen Existenz durch die Snowden-Leaks bekannt wurde,[65] stützt sich Lavender offenbar auf die großflächige Überwachung von Bevölkerungsdaten, in denen mithilfe von Machine-Learning-Anwendungen Anomalien (wie das häufige Wechseln von SIM-Karten oder jedwede Kontakte zu Mitgliedern militanter Gruppen) identifiziert und als Graphen visualisiert werden. Doch anders als im Fall von SKYNET, wo die automatisierte Datenanalyse nachweislich nur zu vereinzelten gezielten Tötungen führte, wurde das Lavender-System in Gaza zur Grundlage für die massenhafte Tötung von Zivilist*innen. Wie die investigative Recherche von Yuval Abraham ergab, wurden die von Lavender produzierten Ergebnisse wie „Befehle" behandelt, denen ohne Rückfragen Folge geleistet werden sollte.[66] Lavender wird ergänzt durch ein automatisiertes System namens „Where's Daddy?", das die auf der von Lavender produzierten Kill-List befindlichen Personen in ihren Wohngebäuden aufspürt und im Kreis ihrer Familien unter Raketenbeschuss nimmt.

Über die Art der Bildproduktion von Programmen wie SKYNET, Lavender und Where's Daddy? ist so gut wie nichts bekannt. Vermutlich operieren sie auf eine Art, bei der die Produktion von Bildmaterial eine untergeordnete Rolle spielt – ist doch, nach den Schilderungen der von Abraham interviewten Militärangehörigen, das Überprüfen der von den Systemen gelieferten Ergebnisse und also die Rolle der „Wächter und Regulatoren"[67] durch die vollständige Automation des Zielvorgangs hier bereits überholt. Wie Abraham ebenfalls darlegt, ist ein mutmaßlich für den Einsatz von Lavender verantwortlicher Brigadegeneral zugleich Autor eines Buchs über *Human-Machine Teams*,[68] das den Einsatz von künstlicher Intelligenz zur Identifizierung von militärischen Zielen in der Terrorbekämpfung propagiert. Die im Abschnitt 5.2.2 dieses Buchs beschriebene Rhetorik der „Kooperation" zwischen Menschen und automatisierten Systemen, die die

---

65 Siehe Abschnitt 3.3.3: „Lebensmusteranalysen".

66 „[...] if Lavender decided an individual was a militant in Hamas, they were essentially asked to treat that as an order, with no requirement to independently check why the machine made that choice or to examine the raw intelligence data on which it is based." Abraham, Lavender, 2024.

67 Siehe dazu Abschnitt 5.4.: „Arbeit der Simulation".

68 Brigadier General Y. S: *The Human-Machine Team: How to Create Synergy Between Humans and Artificial Intelligence That Will Revolutionize Our World*. Ohne Verlag, 2021. Der Autor des Buchs wird im Klappentext als „expert analyst, technology director, commander of an elite intelligence unit, and winner of the prestigious Israel Defense Prize for his artificial intelligence based anti-terrorism project" beschrieben, die Verbindung zu Lavender liegt also nahe.

Verantwortung für Tötungsentscheidungen an Maschinen übergibt, scheint in die Realität umgesetzt zu werden.[69]

Militärische Bildtechniken rückten zuletzt zudem in den Fokus der internationalen Öffentlichkeit, als Videomaterial, das von einer israelischen Militärdrohne aufgenommen worden war, von den IDF an die Öffentlichkeit gespielt wurde. Das Material soll die Ereignisse um das sogenannte „Flour-Massacre" vom 29. Februar 2024 dokumentieren, bei dem israelische Truppen nachweislich das Feuer auf palästinensische Empfänger von Hilfsgütern in der Al-Rashid-Straße in Gaza-Stadt eröffneten. Wie ein Bericht von CNN argumentiert, wurde das Material auf eine Weise geschnitten, dass das eigentliche Ereignis, bei dem Hunderte von Zivilist*innen zum Teil durch Schüsse getötet und verletzt wurden, nicht zu erkennen ist.[70] Aber Beispiele wie diese zeigen,[71] dass militärische Bildtechniken auch entgegen ihrer eigentlichen Funktion wirksam werden. Denn neben der zerstörenden und disziplinierenden Funktion werden Bilder dieses Typs, in den seltenen Fällen, da sie an die Öffentlichkeit gelangen, auch zu Zeugnissen. Obwohl der eigentliche juristisch relevante Moment des Beschusses, bzw. der vonseiten der Militärvertreter*innen behaupteten tödlichen Massenpanik, gar nicht auf dem Material zu sehen ist, verbreitete sich die Videosequenz rasch auf Social Media und löste dort starke Reaktionen aus. Der US-amerikanische Imam und Bürgerrechtler Omar Suleiman schrieb auf X: „This is how Israeli drones see Palestinians in Gaza."[72]

Zu sehen ist eine Menschenmenge in Draufsicht. Das schwarz-weiße Farbspektrum der Infrarotkamera gibt den Bildern einen entfremdenden Effekt, die Menschen sind von oben nur als unförmige Punkte zu erkennen, die sich schwarmartig um die Hilfstransporter scharen. Das Fadenkreuz im Zentrum des wandernden Bildausschnitts entspricht zwar einer kameratechnischen Sehgewohnheit, entfaltet durch das kontextuelle Wissen aber eine affektive Bedeutung, da es sich um Bilder einer Militärdrohne handelt und die abgebildeten Menschen wenig später tatsäch-

69 Abraham, Lavender, 2024.

70 Katie Polglase et al.: „Dying for a bag of flour: Videos and eyewitness accounts cast doubt on Israel's timeline of deadly Gaza aid delivery". *CNN*, 9. April 2024, URL: https://www.cnn.com/2024/04/09/middleeast/gaza-food-aid-convoy-deaths-eyewitness-intl-investigation-cmd [abgerufen am 8. August 2024].

71 Zu nennen wäre auch der in Kapitel 5.3.2. beschriebene Beschuss von Zivilist*innen vom 21. Februar 2010, die zuerst in der *LA Times* unter der Überschrift „Anatomy of an Afghan War Tragedy" publiziert wurden, die durch umfangreiche Dokumentationen der Kommunikation zwischen Drohnenpilot*innen und Bildanalyst*innen belegt sind, sowie das unter dem Titel „Collateral Murder" von WikiLeaks veröffentlichte Videomaterial vom 12. Juli 2007 aus Bagdad.

72 Post von Omar Suleiman auf X vom 29. Februar 2024, URL: https://x.com/search?q=omar%20suleiman%20israeli%20drones&src=typed_query&f=top [abgerufen am 20. August 2024].

lich (vom Boden aus) beschossen wurden. Was das vom israelischen Militär herausgegebene Material in der öffentlichen Wahrnehmung bezeugt, ist vor allem ein seltener Einblick in die Art, wie das Militär auf Zivilist*innen blickt. Diese Blickwendung ist alles andere als banal und bietet hinreichenden Anlass für zukünftige Forschungen und Analysen. Darin einzubeziehen wären jüngste Ansätze, die sich der Erfahrung „unter Drohnen" zu existieren und zu überleben, aus ebenerdiger Sicht nähern.[73] Die Erfahrung, kollektiv unter permanente militärische Überwachung gesetzt zu sein und jeden Moment zum Ziel werden zu können, ist an sich traumatisch. Interviews mit Betroffenen in der Region Wasiristan belegen posttraumatische Belastungsstörungen als Resultat der „konstanten Präsenz der Drohnen".[74] Atef Abu Saif beschreibt in seinem *Gaza Diary* aus dem Jahr 2014 wiederum, wie die Allsicht der Drohnen neue Taktiken des Überlebens und aussichtslose Versuche der Gegenüberwachung motiviert:

> Last night, I even saw one: it was glinting in the night sky like a star. If you don't know what to look for, you wouldn't be able to distinguish it from a star. I scanned the sky for about ten minutes as I walked, looking for anything that moved. There are stars and planes up there, of course. But a drone is different, the only light it gives off is reflected so it's harder to see than a star or a plane. It's like a satellite, only it's much closer to the ground and therefore moves faster. I spotted one as I turned onto al-Bahar Street, then kept my eyes firmly fixed on it. The missiles are easy to see once they're launched – they blaze through the sky blindingly – but keeping my eye on the drone meant I had a second or two more notice than anyone else, should it decide to fire, and that second or two might make all the difference.[75]

Im medialen Schatten der Kriege in Gaza und der Ukraine, die vor allem in Europa und den USA zivilgesellschaftliche, geopolitische und rüstungspolitische Folgen nach sich ziehen, stehen kriegerische Auseinandersetzungen, die mindestens ebenso blutig geführt werden, wie etwa im Jemen, dem Sudan, Süd-Sudan und in Haiti. In Nordsyrien führt das türkische Militär, fast vollständig unbeachtet von der internationalen Berichterstattung, einen technologisch hochgerüsteten Drohnenkrieg nach dem Vorbild der USA gegen die Bevölkerung der Autonomen

---

73 So zum Beispiel: Atef Abu Saif: *The Drone Eats With Me. A Gaza Diary.* Comma Press, London, 2015; sowie James Cavallaro, Stephan Sonnenberg, Sarah Knuckey: *Living Under Drones: Death, Injury and Trauma to Civilians from US Drone Practices in Pakistan.* Stanford: International Human Rights and Conflict Resolution Clinic, Stanford Law School, NYU School of Law, Global Justice Clinic, New York, 2012.
74 Cavallaro et al., Living Under Drones, 2012, S. 84–86.
75 Abu Saif, A Gaza Diary, 2015, S. 53.

Selbstverwaltung in Nordsyrien.[76] Bewohner*innen der Region sind ständiger Beobachtung aus der Luft und drohendem Beschuss ausgeliefert. Allein seit Beginn des Jahres 2024 führte das türkische Militär 103 Drohnenangriffe durch, bei denen 28 Menschen getötet und 44 weitere verletzt wurden.[77] Eine Analyse, wie sie in dieser Publikation am Beispiel des US-amerikanischen Drohnenkriegs der 2010er Jahre unternommen wurde, scheint in Bezug auf die gezielten türkischen Angriffe in Rojava aufgrund der mangelnden Berichterstattung kaum möglich und wäre doch umso wichtiger, da hier offenbar die Geschichte der völkerrechtswidrigen, bildgestützen Kriegführung „von oben" weitgehend unter Ausschluss der Weltöffentlichkeit weitergeschrieben wird.

Der Mehrzahl der aktuellen Konflikte ist gemein, dass sie disproportional hohe zivile Opfer fordern und zivile Bevölkerungen teils massenhaft und auf scheinbar willkürliche Weise ins Visier nehmen. Dies gilt auffallend häufig gerade für die hochtechnologisch aufgerüsteten Konfliktparteien, deren visuelle und visualisierende Kapazitäten die Möglichkeiten der Militärs der Vergangenheit um ein Vielfaches übertreffen. Den vorangegangenen Kapiteln dieses Buchs war es mit Blick auf die jeweils betrachteten historischen Situationen und technologischen Möglichkeiten stets ein Anliegen, der Versuchung einer simplifizierenden technikdeterministischen Sicht zu widerstehen und stattdessen technologische Entwicklungen und militärische Praktiken in ihrer sozial und kulturell situierten Genese zu begreifen. Eine Einsicht, die sich dabei einstellte, war, dass technischer Fortschritt auf dem Gebiet der „Sichtbarkeit" und „Präzision" nicht bedeutete, dass Nicht-Militärangehörige weniger häufig ins Visier gerieten, sondern das Verhältnis zwischen visuellen Möglichkeiten und realer Indifferenz gegenüber hohen Opferzahlen eher überproportional ist. Dies galt schon für die Einführung von terrestrischer Fotogrammetrie, Fotografie und Film im Zuge der verschiedenen kolonialen Invasionen zu Anfang des 20. Jahrhunderts, die in Kapitel 3.1. und 3.3 behandelt wurde. Während des Zweiten Weltkriegs etablierte sich die Praxis der „revenge bombings" auf zivile Bevölkerungen, die keinerlei Prätentionen der Präzision oder Differenziertheit machte und bei der es gezielt darum ging, die Bevölkerung durch hohe Opferzahlen zu demoralisieren. Auf den neun

---

76 Magdalena Berger: „In Rojava tobt der permanente Krieg der Türkei". *Jacobin*, 21. Oktober 2023, URL: https://www.jacobin.de/artikel/rojava-permanenter-krieg-tuerkei-nord-ost-syrien-kurdi sche-autonomie [abgerufen am 18. Juli 2024]. Neben den hier zitierten Pressestimmen bemüht sich außerdem vor Ort das Rojava Information Center (RiC) um Dokumentation und Berichterstattung. URL: https://rojavainformationcenter.org/about/ [abgerufen am 8. August 2024].
77 Stand: 20. August 2024. Anita Starosta: „Perspektive Rojava? Die Selbstverwaltung in Nordostsyrien kämpft um ihr Überleben". *Medico International*, 5. August 2024. URL: https://www.med ico.de/blog/perspektive-rojava [abgerufen am 8. August 2024].

Monate andauernden, von den Engländern als *Blitz* bezeichneten Luftkrieg, der mehr als 60.000 zivile Opfer forderte, reagierte die britische Seite mit der neuen Strategie der Flächenbombardements. Der Abwurf der beiden Atombomben auf Hiroshima und Nagasaki war kriegsstrategisch unnötig, kostete aber so unvorstellbar viele Menschenleben, dass damit das Zeitalter der *Deterrence* eingeläutet wurde.

Durch angeblich präzise Hightech-Kriege ging es den USA in der zweiten Hälfte des 20. Jahrhundert wohl auch darum, sich von der Katastrophe der Weltkriege und des Desasters von Vietnam abzugrenzen und in eine neue Ära der „sauberen" und „rationalen" Kriegführung einzutreten. Sinnbildlich steht dafür die Operation *Desert Storm* des Zweiten Golfkriegs, der für den erstmaligen Einsatz von präzise lenkbaren „TV-guided missiles" berühmt wurde, die den Anflug auf ihr Ziel bekanntlich selbst filmten und auf die Fernsehgeräte der westlichen Welt übertrugen[78] – die spektakulären Bilder konnten davon ablenken, dass im Zuge dieses Kriegs nahezu die gesamte lebenserhaltende zivile Infrastruktur des Irak zerstört wurde.[79] Die US-amerikanische Kriegführung im Zuge des „War on Terror" und die folgenden Jahrzehnte militärischer Invasion und Okkupation in Afghanistan und dem Irak knüpften daran an.

Das Paradox, das sich aus der kolportierten „Rationalität", „Effizienz", „Humanität" und „Präzision" in Verbindung mit überproportional hohen Zahlen ziviler Opfer ergibt, ließe sich durch einen zynischen Verweis auf eine Logik des Kriegs beiseiteschieben, die sich nicht mit humanitären Prinzipien vereinbaren lässt. Aber dieses Paradox kann weder durch eine technikdeterministische Sicht des „Kriegs als Vater aller Dinge" noch durch kriegslogische Erwägungen einer angeblichen „Natur der Sache" aufgelöst werden, wonach kriegerische Konflikte immer nach größtmöglichem Schaden aufseiten eines Gegners streben und Zivilist*innen eben nicht von dieser Gegnerschaft auszunehmen sind: Eine solche Sichtweise einzunehmen hieße vielmehr, die Werkzeuge der Analyse in den Dienst des Kriegs zu stellen. Vielmehr muss es grundsätzlich darum gehen, die Funktionsweisen dieser Logiken nachvollziehbar zu machen und, im speziellen

---

78 Hierzu: Markus Lohoff: „Krieg zwischen Science und Fiktion. Zur Funktion technischer Bilder im Zweiten Persischen Golfkrieg". In: Jens Baumgarten, Jens Jäger, Martin Knaurer (Hg.): *Der Krieg im Bild – Bilder vom Krieg. Hamburger Beiträge zur Historischen Bildforschung.* Peter Lang, Frankfurt a. M., 2003, S. 105–132. Siehe auch den berühmten Text von Jean Baudrillard: *La guerre du Golfe n'a pas eu lieu.* Éditions Galilée, Paris, 1991; Jean Baudrillard: *The Gulf War Did Not Take Place.* Power Publications, Sidney, 1995.
79 O. V.: „Überschätzung der eigenen Technologie". *Der Spiegel*, 17. Januar 2001, URL: https://www.spiegel.de/politik/deutschland/golfkrieg-ueberschaetzung-der-eigenen-technologie-a-112748.html [abgerufen am 18. Juli 2024].

Kontext der hier verfolgten Fragestellung, die Scharnierstelle der Bilder zu verdeutlichen: Wie instrumentell militärische Bildtechniken in Logiken des Unrechts verwickelt sind, die durch den Jargon der Sichtbarkeit verschleiert werden, wurde hier vor allem am Beispiel des US-amerikanischen Drohnenkriegs nachvollzogen.

Zu dem Zeitpunkt, an dem diese Studie durchgeführt wurde, bildete der Drohnenkrieg der USA ein neues Paradigma der Kriegführung: Auf dem aktuell höchsten Stand der Technologieentwicklung im Dienst der global führenden Militärmacht, computerisiert, distanziert und nach Möglichkeit vollautomatisch, so versprach es die Rhetorik der US-amerikanischen Militärbürokratie. Ethische Bedenken wurden angeführt, als stellte der militärische Einsatz unbemannter Fluggeräte in anderen Teilen der Welt primär eine Gefährdung der „Imagination einer heroischen Gesellschaft"[80] dar und nicht einen profanen Bruch mit dem Völkerrecht.[81] Die Predator-Drohne, dieses ferngesteuerte, cockpitlose Propellerflugzeug, wirkte auf westliche Kommentator*innen im Vergleich zu den emblematischen F-16-Jets der Ära des Kalten Kriegs vermutlich fremdartig und abstoßend. Die Kriege, deren bildlicher Überschuss hier im Fokus stand, haben mehr mit den organisatorischen Abläufen von Großraumbüros gemein als mit „heroischen" Gefechten. Und ohnehin muss die Vorstellung des Kriegs als Schauplatz heroischer Zweikämpfe zu den Mythen der europäischen Erzählung vom Krieg gezählt werden. Wie unter anderem Omer Bartov hervorgehoben hat, ließen die realen Schlachtfelder schon in der Antike wenig Raum für solche heroische Individuen – und umso weniger auf den technologisch avancierten Kriegsschauplätzen unter den Bedingungen „industrieller Tötung"[82].

Der Gegensatz zwischen behaupteter Rationalität und der blutigen, von Versagen geprägten Realität in den Zonen ihrer Einwirkung, ist im Fall der sogenannten High-Tech-Kriege besonders offensichtlich. Wie eine kürzlich veröffentlichte Investigativrecherche der *New York Times* enthüllte, gilt dies nicht nur für die im fünften Kapitel dieser Untersuchung behandelten Einsätze in Afghanistan und Nordwasiristan, sondern auch für die Offensiven des US-Militärs gegen ISIS in Irak und Syrien, wo Tausende Zivilist*innen aufgrund von Fehleinschätzungen und „deeply flawed intelligence, rushed and often imprecise targeting" der „all-

---

80 Herfried Münkler: „Neue Kampfsysteme und die Ethik des Kriegs". In: Heinrich Böll Stiftung (Hg.): *High-Tech Kriege. Frieden und Sicherheit in Zeiten von Drohnen, Kampfrobotern und digitaler Kriegführung*. Schriften zur Demokratie, Band 36, Berlin, 2013, S. 9–17.
81 Siehe etwa: Amnesty International: *Deadly Assistance. The Role of European Drone States in US Drone Strikes*. Amnesty International, London, 2018, S. 21–27.
82 Siehe: Bartov, Murder in Our Midst, 1996, S. 6, 17 und 32. Dazu auch Fußnote 36.

seeing drones and precision bombs" getötet wurden.[83] Tatsächlich mangelt es den Waffensystemen nicht an Präzision: „They hit their targets with near-unerring accuracy".[84] Aber bei der Auswahl der Ziele spielen, wie der *New York Times*-Bericht befand, kulturelle und soziale Faktoren eine größere Rolle als die Rechenkapazität von Maschinen: Die Autor*innen machten einen „confirmation bias" verantwortlich für den Großteil der zivilen Opfer, nämlich, „the tendency to search for and interpret information in a way that confirms a pre-existing belief".[85] Der Bericht ist voll von anekdotischen Beschreibungen solcher Fehlleistungen, die in jedem der geschilderten Fälle tragische zivile Todesopfer forderten, die nicht geahndet wurden:

> Often, the danger to civilians is lost in the cultural gulf separating American soldiers and the local populace. ‚No civilian presence' was detected when, in fact, families were sleeping through the days of the Ramadan fast, sheltering inside against the midsummer swelter or gathering in a single house for protection when the fighting intensified.[86]

Vor menschlicher Voreingenommenheit und bereits vorhandenen Überzeugungen sind technologische Sehapparaturen nicht gefeit. Im Gegenteil bietet ihnen gerade die Selbstreferentialität der visuellen Steuerungsoberflächen, die hier am Beispiel der Ground Control Stations der Predator-Drohne beschrieben wurde, einen perfekten Nährboden. Hier gilt, was Ariella Azoulay als den Aspekt der Zeit in der Distribution des Desasters des Kriegs genannt hat:

> In addition to the force exerted upon those exposed to disaster, power is also exerted upon those mobilized to actually carry out the disasters: mainly by being required not to regard these acts as disasters and relegate them to the history of others.[87]

Militärische Bildtechniken sind dabei auf die „pre-existing beliefs" der Handelnden angewiesen und machen sich diese zunutze. Sie zeigen zunächst, was gesehen werden soll, um dieses Sehen dann technologisch zu untermauern, bis es zu dieser Sichtweise kein Außen mehr gibt. Eine wichtige Erkenntnis, die sich wie ein roter Faden durch die historischen Fallstudien – von den Drillmanualen der

---

83 Azmat Khan: „The Civilian Casualties Files. Hidden Pentagon Records Reveal Patterns of Failure in Deadly Airstrikes". *The New York Times*, 18. Dezember 2021, URL: https://www.nytimes.com/interactive/2021/12/18/us/airstrikes-pentagon-records-civilian-deaths.html [abgerufen am 18. Juli 2024].

84 Khan, The Civilian Casualties Files, 2021.

85 Ebd.

86 Ebd.

87 Ariella Azoulay: „Infra-Destructure". In: Liam Kennedy, Caitlin Patrick (Hg.): *The Violence of the Image. Photography and International Conflict*. I.B. Tauris, London, 2014, S. 125–138, hier: S. 131.

frühen Neuzeit und den bildlichen Exerzitien des militärisch inspirierten Jesuitenordens über die Schriften Hugo Münsterbergs bis hin zu den bildlichen Schnittstellen ferngelenkter Waffensysteme – entspinnt, besteht darin, dass die Befehlsgewalt der Bilder nicht außerhalb der visuellen Kulturen, der kulturellen Codes und Diskurse denkbar ist. Wie am Beispiel der kolonialen Kriegführung von der frühen Neuzeit bis ins 20. Jahrhundert, aber auch ihrer Fortschreibungen im Zeitalter des Computers besonders deutlich wurde, müssen militärische Bildtechniken daher als Techniken zur Produktion von Feinden, von Bildern von Feinden und Feindbildern verstanden werden. Bilder, die töten, unterliegen keiner Automatik. Das Töten wird exerziert und eingeübt, der Grad der Automation, ob in der menschlichen Robotik frühneuzeitlichen Drills oder bei AI-Systemen wie Lavender und SKYNET, gibt dabei lediglich den Takt an.

Bibliographie

Abu Saif, Atef: *The Drone Eats With Me. A Gaza Diary.* Comma Press, London, 2015.

Abraham, Yoval: „„Lavender": The AI Machine Directing Israel's Bombing Spree in Gaza". *+972 Magazine*, 3. April 2024, URL: https://www.972mag.com/lavender-ai-israeli-army-gaza/, [abgerufen am 20. August 2024].

Alberts, David S.; Garstka, John J.; Stein, Frederick P.: *Network Centric Warfare. Developing and Leveraging Information Superiority.* Washington, CCRP Publication Services, 1999.

Alexander, Jon; Schmidt, Joachim K. H. W.: „Social Engineering: Genealogy of a Concept". In: Adam Podgórecki et al.: *Social Engineering.* Carleton University Press, 1996, S. 1–20.

Alloa, Emmanuel; Falk, Francesca (Hg.): *BildÖkonomie. Haushalten mit Sichtbarkeiten.* Eikones, Basel, 2013.

Allmer, Franz: „Scheimpflug, Theodor". In: *Neue Deutsche* Biographie 22, 2005, S. 636–637 [Online-Version]; URL: https://www.deutsche-biographie.de/pnd119408449.html#ndbcontent.

Anders, Günther: *Die Antiquiertheit des Menschen. Band I. Über die Seele im Zeitalter der zweiten industriellen Revolution.* Verlag C. H. Beck, München, 1985 [1956].

Anders, Günther: *Die atomare Drohung. Radikale Überlegungen zum atomaren Zeitalter.* C.H. Beck, München, 2003.

Andrejevic, Mark; Burdon, Mark: „Defining the Sensor Society". In: *Television & New Media* Heft, 16(1), 2015, S. 19–36.

Angerer, Marie-Luise: *Affektökologie. Intensive Milieus und zufällige Begegnungen.* Meson Press, Lüneburg, 2017, S. 48–29.

Alpers, Svetlana: *The Art of Describing. Dutch Art in the Seventeenth Century.* Penguin Books, London, 1989.

Alpers, Svetlana: *Kunst als Beschreibung. Holländische Malerei des 17. Jahrhunderts.* Aus dem Amerikanischen von Hans Udo Davitt. Dumont Buchverlag, Köln, 1985.

Apel, Friedmar: *Deutscher Geist und deutsche Landschaft. Eine Topgraphie.* Knaus, München, 1998.

Appadurai, Arjun; Alexander, Neta: *Failure.* Polity Press, Cambridge, 2020.

Appuhn-Radtke, Sibylle: *Visuelle Medien im Dienst der Gesellschaft Jesu. Johann Christoph Storer (1620–1671) als Maler der Katholischen Reform.* Schnell+Steiner, Regensburg, 2000.

Arendt, Hannah; Anders, Günther: *Schreib doch mal ,hard facts' über dich. Briefe 1939 bis 1975.* Piper, München, 2018.

Arnason, Johann P.; Roberts, David: *Elias Canetti's Counter-Image of Society. Crowds, Power, Transformation.* Camden House, Rochester, NY, 2004.

Arrighi, Giovanni: „The Second (Dutch) Systemic Cycle of Accumulation". In: Ders.: *The Long Twentieth Century. Money, Power, and the Origins of Our Times.* Verso, London, 2010.

Atherton, Kelsey D.: „Trump Inherited the Drone War but Ditched Accountability". *Foreign Policy*, 22. Mai 2020, URL: https://foreignpolicy.com/2020/05/22/obama-drones-trump-killings-count/ [abgerufen am 18. Januar 2021].

Austin, J. L.: *How to do Things With Words. The William James Lectures delivered at Harvard University in 1955.* Oxford University Press, London, 1962.

Asaro, Peter M.: „The Labor of Surveillance and Bureaucratized Killing. New Subjectivities of Military Drone Operators". In: *Social Semiotics*, 23(2), 2013, S. 196–224.

Asendorf, Christoph: *SuperConstellation – Flugzeug und Raumrevolution.* Wien/New York, 1997.

https://doi.org/10.1515/9783111287584-008

Asendorf, Christoph: „Bewegliche Fluchtpunkte – Der Blick von oben und die moderne Raumanschauung". In: Christa Maar, Hubert Burda (Hg.): *Iconic Worlds. Neue Bilderwelten und Wissensräume*. DuMont, Köln, 2006, S. 19–49.

Asendorf, Christoph: „Die Jesuiten als Avantgarde der Globalisierung". In: Ders.: *Planetarische Perspektiven. Raumbilder im Zeitalter der frühen Globalisierung*. Fink, München, 2017.

Assistant Secretary of Defense for Research and Engineering: *Human Systems Research & Engineering*. URL: http://www.dtic.mil/biosys/hsre.html [abgerufen am 14. August 2015].

Azoulay, Ariella: „Infra-Destructure". In: Liam Kennedy, Caitlin Patrick (Hg.): *The Violence of the Image. Photography and International Conflict*. I.B. Tauris, London, 2014, S. 125–138.

Baldwin, B. T.: „The Psychology of Mental Deficiency. *Popular Science Monthly* 79, 1911, S. 82–94.

BA-MA PH 17I/117 „Die Bildmeldung der Flieger". Teil II, in: *Flugoffizier*. Vermutlich Berlin, 1917.

Barthel, Manfred: *Die Jesuiten. Legende und Wahrheit der Gesellschaft Jesu Gestern – Heute – Morgen*. Ullstein, Frankfurt a.M., 1984.

Barthes, Roland: *Sade – Fourier – Loyola*. Aus dem Französischen von Maren Sell und Jürgen Hoch. Suhrkamp, Frankfurt a. M., 1986.

Bartov, Omer: *Murder in Our Midst. The Holocaust, Industrial Killing, and Representation*. Oxford University Press, Oxford/New York, 1996.

Baschera, Marco: „Marie-José Mondzain". In: Kathrin Busch, Iris Därmann (Hg.): *Bildtheorien aus Frankreich. Ein Handbuch*. Wilhelm Fink, München, 2011, S. 312–318.

Baudrillard, Jean: *Simulations*. Übersetzt aus dem Französischen ins Englische von Paul Foss, Paul Patton und Philip Beitchman. Semiotext[e], New York, 1983.

Baudrillard, Jean: *La guerre du Golfe n'a pas eu lieu*. Éditions Galilée, 1991.

Baudrillard, Jean: „The Gulf War: Is It Really Taking Place?". In: Ders.: *The Gulf War Did Not Take Place*. Power Publications, Sidney, 1995, S. 29–60.

Baudrillard, Jean: *The Spirit of Terrorism*. Aus dem Französischen übersetzt von Chris Turner. Verso, London, 2003.

Baudrillard, Jean: *Der Geist des Terrorismus*. Aus dem Französischen von Michaela Ott. Wien, Passagen, 2002.

Bauman, Zygmunt; Lyon, David: *Daten, Drohnen, Disziplin. Ein Gespräch über flüchtige Überwachung*. Aus dem Englischen von Frank Jakubzik. Suhrkamp, Frankfurt a. M., 2013.

Baumgarten, Franziska: *Berufseignungsprüfungen. Theorie und Praxis*. Verlag von R. Oldenbourg, München, Berlin, 1928.

Baumgarten, Jens: *Konfession, Bild und Macht. Visualisierung als katholisches Herrschafts- und Disziplinierungskonzept in Rom und im habsburgischen Schlesien (1560–1740)*. Dölling und Galitz Verlag, Hamburg, 2004.

Beckmann, Angelika: „Abstraktion von oben. Die Geometrisierung der Landschaft im Luftbild". In: *Fotogeschichte*, 12(45/46), 1992, S. 104–115.

Belting, Hans: *Bild und Kult. Eine Geschichte des Bildes vor dem Zeitalter der Kunst*. C.H. Beck, München, 2011.

Benary, Wilhelm: „Kurzer Bericht über Arbeiten zu Eignungsprüfungen für Flieger-Beobachter. I. Mitteilung". *Zeitschrift für angewandte Psychologie* 15, 1919, S. 161–192.

Benary, Wilhelm: „Kurzer Bericht über Arbeiten zu Eignungsprüfungen für Flieger-Beobachter. II. Mitteilung". In: *Zeitschrift für angewandte Psychologie* 16, 1919, S. 250–307.

Benjamin, Medea: *Drone Warfare. Killing by Remote Control*. Verso, London, 2013.

Benjamin, Walter: „Über einige Motive bei Baudelaire". In: Rolf Tiedemann, Hermann Schweppenhäuser (Hg.): *Gesammelte Schriften, Band 1.2.*, Suhrkamp, Frankfurt a. M., 1991, S. 605–654.

Benjamin, Walter: „Das Kunstwerk im Zeitalter seiner technischen Reproduzierbarkeit" (Erste Fassung). In: Rolf Tiedemann, Hermann Schweppenhäuser (Hg.): *Walter Benjamin: Abhandlungen. Gesammelte Schriften, Band 1.2.*, Suhrkamp, Frankfurt a. M., 1991, S. 431–469.

Benjamin, Walter: „Das Kunstwerk im Zeitalter seiner technischen Reproduzierbarkeit" (Dritte Fassung). In: Rolf Tiedemann, Hermann Schweppenhäuser (Hg.): *Walter Benjamin: Abhandlungen. Gesammelte Schriften, Band 1.2.*, Suhrkamp, Frankfurt a. M., 1991, S. 471–508.

Benjamin, Walter: „Das Kunstwerk im Zeitalter seiner technischen Reproduzierbarkeit" (Zweite Fassung). In: Rolf Tiedemann, Hermann Schweppenhäuser (Hg.): *Walter Benjamin: Nachträge. Gesammelte Schriften, Band 7.1.* Suhrkamp, Frankfurt a. M., 2003, S. 350–384.

Berger, Magdalena: „In Rojava tobt der permanente Krieg der Türkei". *Jacobin*, 21. Oktober 2023, URL: https://www.jacobin.de/artikel/rojava-permanenter-krieg-tuerkei-nord-ost-syrien-kurdische-autonomie [abgerufen am 18. Juli 2024].

Berkowitz, Bruce: *The New Face of War: How War will be Fought in the 21st Century*. Simon and Schuster, New York, 2010.

Biddle, Tami: „Learning in Real Time: The Development and Implementation of Air Power in the First World War". In: Sebastian Cox, Peter Gray (Hg.): *Air Power History: Turning Points from Kitty Hawk to Kosovo*. Frank Cass, London, 2002, S. 3–20.

Biermann, Kai et al.: *Flugplatz Döberitz. Geburtsort der militärischen Luftfahrt in Deutschland.* Links Verlag, Berlin, 2005.

Bireley, Robert: *The Jesuits and the Thirty Years War. Kings, Courts and Confessors.* Cambridge University Press, 2003.

Blatter, Jeremy Todd: „Screening the Psychological Laboratory: Hugo Münsterberg, Psychotechnics, and the Cinema, 1892–1916". In: *Science in Context*, 18(1), 2015, S. 53–76.

Blatter, Jeremy Todd: *The Psychotechnics of Everyday Life: Hugo Münsterberg and the Politics of Applied Psychology, 1887–1917.* Doctoral dissertation, Harvard University, 2014.

Booher, Harold R. (Hg.): *Handbook of Human Systems Integration.* Wiley, Hoboken, 2003.

van den Boomen, Marianne: *Transcoding the Digital. How Metaphors Matter in New Media.* Instituut voor Netwerkcultuur, null Edition, Amsterdam, 2014.

Borch, Christian: *The Politics of Crowds.* Cambridge University Press, Cambridge, 2012.

Borch, Christian: „Crowd Theory and the Management of Crowds: A Controversial Relationship". *Current Sociology*, 61(5–6), 2013, S. 584–601.

Borchardt-Hume, Achim: „Two Bauhaus Histories". In: Ders. (Hg.): *Albers and Moholy-Nagy. From the Bauhaus to the New World.* Tate Publishing, London, 2006.

Boring, Edwin G.: *Sensation and Perception in the History of Experimental Psychology.* Irvington Publishers, New York, 1942.

Borne, Kirk: „Big Data, Small World". *TEDxGeorgeMasonU*, 6. April 2013, URL: https://www.youtube.com/watch?v=Zr02fMBfuRA [abgerufen am 12. März 2021].

Botar, Oliver A. I.: „László Moholy-Nagy's New Vision and the Aestheticization of Scientific Photography in Weimar Germany". In: *Science in Context*, 17(4), Dezember 2004, S. 525–556.

Botar, Oliver A. I.: *Sensing the Future: Moholy-Nagy, die Medien und die Künste.* Plug In Institute of Contemporary Art, Bauhaus-Archiv/Museum für Gestaltung, Berlin, Lars Müller Publishers, Zürich, 2014.

Bousquet, Antoine: „Cyberneticizing the American War Machine. Science and Computers in the Cold War". In: *Cold War History* 8, 1, 2008, S. 77–102.

Bousquet, Antoine: *The Scientific Way of Warfare. Order and Chaos on the Battlefields of Modernity.* Hurst & Company, London, 2009.

Bousquet, Antoine: „Ernst Jünger and the problem of nihilism in the age of total war". *Thesis Eleven*, Vol 132 (1), 2016, S. 17–31.

Bousquet, Antoine: *The Eye of War. Military Perception from the Telescope to the Drone.* University of Minnesota Press, Minneapolis, 2018.

Bundestag: Plenarprotokoll 20/19, 2022, S. 1350, https://dserver.bundestag.de/btp/20/20019.pdf#P. 1364 [abgerufen am 28. August 2024].

Bundeswehr: „Drohne German Heron TP: Die Verstärkung aus der Luft startet in die Testphase". *Bundeswehr: Ausrüstung und Technik*, 15. Mai 2024. URL: https://www.bundeswehr.de/de/organisa tion/luftwaffe/aktuelles/faq-neue-drohne-german-heron-tp-5782432 [abgerufen am 19. August 2024].

Bredekamp, Horst: *Michelangelo. Fünf Essays.* Wagenbach, Berlin, 2009.

Bredekamp, Horst: *Theorie des Bildakts.* Frankfurter Adorno Vorlesungen 2007. Suhrkamp Verlag, Frankfurt a. M., 2010.

van Breen, Adam: *De nassauische wapen-handelinge van schilt, spies, parrier ende targe.* S'Gravenhage, 1618.

Brigadier General Y. S: *The Human-Machine Team: How to Create Synergy Between Humans and Artificial Intelligence That Will Revolutionize Our World.* Ohne Verlag, 2021.

Bröckling, Ulrich: *Disziplin. Soziologie und Geschichte militärischer Gehorsamsproduktion.* Fink, München, 1997.

Bröckling, Ulrich: „Der Stachel des Befehls. Mechanismen militärischer Gehorsamsproduktion". In: Mihran Dabag, Antje Kapust, Bernhard Waldenfels (Hg.): *Gewalt. Strukturen, Formen, Repräsentationen.* Fink, München, 2000.

Bröckling, Ulrich: „Drohnen und Helden". In: Achim Aurnhammer, Ulrich Bröckling (Hg.): *Vom Weihegefäß zur Drohne. Kulturen des Heroischen und ihre Objekte.* Ergon Verlag, Würzburg, 2016, S. 291–301.

Bröckling, Ulrich: „‚Bloß keine Leichensäcke!' Eine Hantologie postheroischer Kriegführung". In: Cornelia Brink, Nicole Falkenhayner, Ralf von den Hoff (Hg.): *Helden müssen sterben. Von Sinn und Fragwürdigkeit des heroischen Todes.* Ergon Verlag, Freiburg, 2019, S. 247–258.

Bruno, Giuliana: „Film, Aesthetics, Science: Hugo Münsterberg's Laboratory of Moving Images". In: *Grey Room*, 36, Sommer 2009, S. 88–113.

Bryant, Brandon mit Goetz, John und Obermaier, Frederik: „Immer fließen die Daten über Ramstein". In: *Süddeutsche Zeitung*, 4. April 2014.

Buck-Morss, Susan: *Hegel, Haiti and Universal History.* University of Pittsburgh Press, Pittsburgh, 2009.

Buckley, John: *Air Power in the Age of Total War.* UCL Press/Taylor and Francis, London, 2001.

Bühler, Benjamin: *Lebende Körper. Biologisches und anthropologisches Wissen bei Rilke, Döblin und Jünger.* Königshausen & Neumann, Würzburg, 2004.

Bumiller, Elisabeth: „We Have Met the Enemy and he is PowerPoint". *The New York Times*, 26. April 2010. URL: https://www.nytimes.com/2010/04/27/world/27powerpoint.html [abgerufen am 10. Juni, 2024].

Burkart, Lucas: „Bewegte Bilder – Sichtbares Wissen. Athanasius Kircher und die Sichtbarmachung der Welt". In: Horst Bredekamp, Christiane Kruse, Pablo Schneider: *Imagination und Repräsentation. Zwei Bildsphären der Frühen Neuzeit.* Fink, München, 2010, S. 335–352.

Burrows, William E.: *Deep Black. Space Espionage and National Security.* Berkley Books, New York, 1988.

Busch, Kathrin; Därmann, Iris: „Einleitung". In: *„Pathos". Konturen eines kulturwissenschaftlichen Grundbegriffs.* Transcript, Bielefeld, 2007, S. 7–32.

Busch, Kathrin; Därmann, Iris (Hg.): *Bildtheorien aus Frankreich. Ein Handbuch.* Wilhelm Fink, München, 2011.

Butler, Judith: *Frames of War. When Is Life Grievable?* Verso, London, 2009.

Büttner, Kurt-Alex: „Die wirtschaftliche Ausnützung der Luftbildtechnik". In: *Luftfahrt*, Jg. 1920, Nr. 7, S. 101.

Calhoun, Gloria L.; Draper, Mark H.: „Synthetic Vision for Improving Unmanned Aerial Vehicle Operator Situational Awareness". In: Michael Barnes, Florian Jentsch (Hg.): *Human-Robot Interaction in Future Military Operations. Human Factors in Defense.* CRC Press, Burlington, 2010, S. 229–249.

Calhoun, Laurie: *We Kill Because We Can. From Soldiering to Assassination in the Drone Age.* Zed Books, London, 2016.

Canales, Jimena: „Operational Art". In: Niels van Tomme (Hg.): *Visibility Machines. Harun Farocki and Trevor Paglen.* Center for Art, Design and Visual Culture, UMBC, Baltimore, 2015, S. 37–54.

Canguilhem, Georges: *La connaissance de la vie.* Librairie Hachette, Paris, 1952.

Cavallaro, James; Sonnenberg, Stephan; Knuckey, Sarah: *Living Under Drones: Death, Injury and Trauma to Civilians from US Drone Practices in Pakistan.* Stanford: International Human Rights and Conflict Resolution Clinic, Stanford Law School, NYU School of Law, Global Justice Clinic, New York, 2012.

Cavell, Stanley: *The World Viewed. Reflections on the Ontology of Film.* Enlarged Edition. Harvard University Press, Cambridge, MA, 1979.

Campenhausen, H. Frh. V.: „Die Bilderfrage in der Reformation". In: *Zeitschrift für Kirchengeschichte* 68, 1957, S. 96–128.

Campenhausen, H. Frh. V.: „Zwingli und Luther zur Bilderfrage". In: W. Schöne (Hg.): *Das Gottesbild im Abendland.* Eckart, Wittenberg/Berlin, 1960, S. 139–172.

Canetti, Elias: *Masse und Macht.* Fischer, Frankfurt am Main, 2011.

Canguilhem, Georges: „Maschine und Organismus". In: David Gugerli, Michael Hagner, Michael Hampe, Barbara Orland, Philipp Sarasin, Jakob Tanner (Hg.): *Nach Feierabend.* Diaphanes, Zürich/Berlin, 2007, S. 185–212.

Chamayou, Grégoire: *Théorie du drone.* La fabrique éditions, Paris, 2013.

Chamayou, Grégoire: *A Theory of the Drone.* Aus dem Französischen von Janet Lloyd. The New Press, New York, 2015.

Chamayou, Grégoire: „Patterns of Life: A Very Short History of Schematic Bodies". In: *The Funambulist Papers* 57, 4. Dezember, 2014. URL: http://thefunambulist.net/2014/12/04/the-funambulist-papers-57-schematic-bodies-notes-on-a-patterns-genealogy-by-gregoire-chamayou/ [abgerufen am 9. Februar, 2015].

Chandler, Katherine: *Unmanning. How Humans, Machines and Media Perform Drone Warfare.* Rutgers University Press, New Brunswick, 2020.

Chandler, Katherine; Franz, Nina: „Screen Publics. Der Bildschirm als Wahrnehmungsmilieu der Spätmoderne". In: Rebekka Ladewig, Angelika Seppi (Hg.): *Milieu Fragmente. Technologische und ästhetische Perspektiven.* Ilinx. Kollaborationen 3, Spector Books, 2020, S. 250–261.

Chapanis, Alphonse; Garner, Wendell R.; T. Morgan, Clifford: *Applied Experimental Psychology: Human Factors in Engineering Design,* American Psychological Association, Hoboken, 1949.

Chapman, Robert L.: „Simulation in Rand's System Research Laboratory". In: D. G. Malcolm (Hg.): *Report of System Simulation Symposium, 1957.* Waverly Press, Baltimore, 1958.

Chateau, Dominique; Moure, José (Hg.): *Screens. From Materiality to Spectatorship – A Historical and Theoretical Assessment.* Amsterdam University Press, 2016.

Chow, Rey: *The Age of the World Target. Self-Referentiality in War, Theory and Comparative Work.* Duke University Press, Durham, 2006.

Clarke, Roger: „Dataveillance – 15 Years On". *Roger Clarke's Website*, 31. März, 2003. URL: http://www.rogerclarke.com/DV/DVNZ03.html [abgerufen am 2. Dezember, 2020];

Clausen, Lars: *Produktive Arbeit – destruktive Arbeit*. De Gruyter, Berlin, 1988.

von Clausewitz, Carl: *Vom Kriege*. Herausgegeben von Wolfgang Pickert und Wilhelm Ritter von Schramm, Rowohlt, Hamburg, 1963.

Cloud, David S.: „CIA Drones Have a Broader List of Targets". *Los Angeles Times*, 5. Mai 2010.

Cloud, David S.: „Anatomy of an Afghan War Tragedy". *Los Angeles Times*, 10. April 2011.

Cloud, David S.: „Civilian Contractors Playing Key Roles in U. S. Drone Operations". *Los Angeles Times*, 29. Dezember 2011.

Cohen, Charles J.: „Early History of Remote Sensing". In: *Proceedings of the 29th Applied Imagery Pattern Recognition Workshop (AIPR)*. Washington D. C., 2000.

Cole, David: „'We Kill People Based on Meta-Data'". In: *The New York Review of Books*, 10. Mai, 2014, URL: http://www.nybooks.com/daily/2014/05/10/we-kill-people-based-metadata/ [abgerufen am 3. Dezember 2020].

Collins, H. M.: *Artificial Experts. Social Knowledge and Intelligent Machines*. MIT Press, Cambridge, MA, 1990.

Conermann, Stephan: „Südasien und der Indische Ozean". In: Akira Iriye, Jürgen Osterhammel (Hg.): *Geschichte der Welt 1350–1750. Weltreiche und Weltmeere*. C. H. Beck, München, 2014, S. 495–497.

Conrad, Sebastian: *Deutsche Kolonialgeschichte*. C.H. Beck, München, 2008.

Cook, Maia; Smallman, Harvey: „Human-Centered Command and Control of Future Autonomous Systems". *18th International Command and Control Research & Technology Symposium*, Alexandria, VA, 2013.

Corrin, Amber: „Sensory Overload: Military Is Dealing With a Data Deluge". In: *Defense Systems*, 4. Februar 2010.

Cosenzo, Keryl A.; Barnes, Michael J.: „Who Needs an Operator When the Robot is Autonomous? The Challenges and Advantages of Robots as Team Members". In: Pamela Savage-Knepshield et al. (Hg.): *Designing Soldier Systems. Current Issues in Human Factors. Human Factors in Defense*. Routledge, Burlington, 2012, S. 35–51.

Cosgrove, Denis: „Landscape and the European Sense of Sight – Eyeing Nature". In: Kay Anderson, Mona Domosh, Steve Pile, Nigel Thrift (Hg.): *Handbook of Cultural Geography*. Sage, London, 2003, S. 249–268.

Cosgrove, Denis; Fox, William L. (Hg.): *Photography and Flight*. Reaktion Books, London, 2010.

Cotovio, Vasco; Pleitgen, Frederik: „'From Ukraine with love:' The elite night-time drone units bombing Russian military". *CNN*, 16. Juni 2023, URL: https://edition.cnn.com/2023/06/16/europe/ukraine-drone-night-strike-russia-intl-cmd/index.html [abgerufen am 19. August 2024].

van Creveld, Martin: *Command in War*. Harvard University Press, Cambridge, MA, 1985.

van Creveld, Martin: *Technology and War*. Brassey's, London, 1991.

van Creveld, Martin: *The Age of Airpower*. Public Affairs, New York, 2011.

Crary, Jonathan: *Suspensions of Perception. Attention, Spectacle, and Modern Culture*. October Books, MIT Press, Cambridge, MA, 1999.

Crary, Jonathan: *Aufmerksamkeit. Wahrnehmung und moderne Kultur*. Aus dem Amerikanischen von Heinz Jatho. Suhrkamp, Frankfurt a. M., 2002.

Cubitt, Sean: „Current Screens". In: Stephen Monteiro (Hg.): *The Screen Media Reader. Culture, Theory, Practice*. Bloomsbury, New York, 2017, S. 39–54.

Cullen, Timothy M.: *The MQ-9 Reaper Remotely Piloted Aircraft. Humans and Machines in Action*. [Unveröffentlichte und in Teilen geschwärzte Dissertationsschrift zur Erlangung des *Doctor of*

Philosophy in Engineering Systems: Technology, Management, and Policy, eingereicht am
Massachussets Institute of Technology], Cambridge, MA, 2011.

Cullen, Timothy: „MQ-9 Reaper Operations and the Evolution of Remote Warfare". Präsentation
während des Workshops *Technology and Expertise in Remote Warfare* am 1. Februar 2017, Air
University, Maxwell Air Force Base, AL [Mitschrift von Nina Franz].

Currier, Cora; Greenwald, Glenn; Fishman, Andrew: „U. S. Government Designated Prominent Al
Jazeera Journalist As ‚Member of Al Qaeda'". *The Intercept,* 8. Mai, 2015. URL:
https://theintercept.com/2015/05/08/u-s-government-designated-prominent-al-jazeera-
journalist-al-qaeda-member-put-watch-list/ [abgerufen am 1. August, 2016].

Därmann,Iris: *Tod und Bild. Eine phänomenologische Mediengeschichte.* Fink, München, 1995.

Därmann, Iris: *Fremde Monde der Vernunft. Die ethnologische Provokation der Philosophie.* Fink,
München, 2005.

Därmann, Iris; Mahlke, Kirsten: „Das Notebook von Marcel Mauss. Eine Einführung in eine
‚impressionistische Kladde'". In: Marcel Mauss: *Handbuch der Ethnographie.* Herausgegeben von
Iris Därmann und Kirsten Mahlke, Fink, München. 2013, S. 9–45.

Därmann, Iris: „Elemente einer Ästhetik der Gewalt: Masochistisch – heroisch – traumatisch". In:
Emmanuel Alloa (Hg.): *Erscheinung und Ereignis. Zur Zeitlichkeit des Bildes.* Brill, Leiden, 2013,
S. 165–182.

Därmann, Iris: „Der Körper als politisches Mittel: Hungerstreiks" [unveröffentlichtes
Manuskript], 2020.

Därmann, Iris: „Dienstgemeinschaft und ‚Arbeitsstaat'. ‚Destruktive Arbeit' und finale Dienste bei
Martin Heidegger und Ernst Jünger". In: Dies.: *Undienlichkeit. Gewaltgeschichte und politische
Philosophie.* Matthes und Seitz, Berlin, 2020, S. 234–262.

Därmann, Iris: *Widerstände. Gewaltenteilung in statu nascendi.* Matthes und Seitz, Berlin, 2021.

Dekoninck, Ralph: „The Emblematic Conversion of the Biblical Image in Jesuit Literature". In:
Emblematica, 16, 2008, S. 306–308.

Deleuze, Gilles; Guattari, Félix: *Tausend Plateaus. Kapitalismus und Schizophrenie.* Aus dem
Französischen von Gabriele Ricke und Ronald Voullié, Berlin, 1992.

Deleuze, Gilles: „Postskriptum über die Kontrollgesellschaften". In: Ders.: *Unterhandlungen 1972–1990.*
Aus dem Französischen von Gustav Roßler. Suhrkamp, Frankfurt a. M., 1993, S. 254–261.

Delhom, Pascal: „Emmanuel Levinas". In: Iris Därmann, Kathrin Busch (Hg.): *Bildtheorien aus
Frankreich. Ein Handbuch.* Fink, München, 2011, S. 205–215.

Delori, Mathias: „Was ist aus den Rittern der Lüfte geworden? Asymmetrische Kriege und das Ethos
des Militärs". In: *Berliner Debatte Initial,* 25, 2014, S. 90–103.

Dempsey, Martin E.: *Eyes of the Army. U. S. Army Roadmap for Unmanned Aircraft Systems 2010–2035.*
U. S. Army UAS Center of Excellence, Fort Rucker, Alabama, 2010.

Department of Defense: *Unmanned Systems Integrated Roadmap FY 2013–2038,* 2013.

Deptula, Dave; Deputy Chief of Staff, Intelligence, Surveillance and Reconnaissance: „What Do UAS
Bring to Operations?" In: Ders.: *Air Force Unmanned Aerial System (UAS) Flight Plan 2009–2047*
[Präsentation].

Deputy Secretary of Defense: *Memorandum for: See distribution. SUBJECT: Establishment of an
Algorithmic Warfare Cross-Functional Team (Project Maven).* 26. April 2017, URL: www.govexec.com
[abgerufen am 25. Januar 2021].

Der Derian, James: *Virtuous War. Mapping the Military-Industrial-Media-Entertainment-Network.*
Routledge, Burlington, 2009.

Derenthal, Ludger; Klamm, Stefanie: „Bilderfluten – Bildermangel. Fotografie im Ersten Weltkrieg". In: Dies. (Hg.): *Fotografie im Ersten Weltkrieg*. Kunstbibliothek – Staatliche Museen zu Berlin, E.A. Seemann, Leipzig, 2014, S. 8–21.

Derrida, Jacques: *Eine gewisse unmögliche Möglichkeit, vom Ereignis zu sprechen*. Aus dem Französischen von Susanne Lüdemann. Merve, Berlin, 2003.

Derrida, Jacques: *Schurken. Zwei Essays über die Vernunft*. Aus dem Französischen von Horst Brühmann. Suhrkamp, Frankfurt a. M., 2006.

Deuber-Mankowsky, Astrid;Holzhey, Christoph F. E.: „Einleitung. Denken mit Canguilhem und Haraway". In: Dies. (Hg.): *Situiertes Wissen und Regionale Epistemologie. Zur Aktualität Georges Canguilhems und Donna J. Haraways*. Turia+Kant, Wien, Berlin, 2013, S. 7–34.

Dickinson, Laura A.: *Outsourcing War and Peace: How Privatizing Foreign Affairs Threatens Core Public Values and What We Can Do about It*. Yale University Press, New Haven, 2011.

Dickinson, Laura: „Drones and Contract Mission Creep". *Just Security*. Mittwoch, 5. August 2015.

Diesel, Eugen: *Das Land der Deutschen. Mit 2 Karten und 481 Abbildungen vorwiegend nach Luftaufnahmen von Robert Petschow*. Verlag Bibliographisches Institut AG, Leipzig, 1933.

Donley, Michael B.; Schwartz, Norton A.: *United States Air Force Unmanned Aircraft Systems Flight Plan 2009-2047*. United States Air Force Headquarters, Washington, DC, 2009.

Dorsch, Friedrich: *Geschichte und Probleme der angewandten Psychologie*. Verlag Hans Huber, Bern und Stuttgart, 1963.

Dowd, Maureen: „Alex Karp Has Money and Power. So What Does He Want?". *The New York Times*, 17. August 2024, URL: https://www.nytimes.com/2024/08/17/style/alex-karp-palantir.html [abgerufen am 18. August 2024].

Duffield, Mark: *Development, Security Unending War: Governing the World of Peoples*. Polity, Cambridge, 2007.

Du Bois, W. E. B.: „The Souls of White Folk". In: Ders.: *Darkwater. Voices from Within the Veil*. Oxford University Press, Oxford, New York, 2007, S. 15–26.

Dupuy, Jean-Pierre: *On the Origins of Cognitive Science. The Mechanization of the Mind*. Cambridge, MA, 2000.

Eckhardt, Werner: „Ladebewegungen von der Muskete bis zum Gewehr 98". *Zeitschrift für Heeres- und Uniformkunde* H. 94/96, 1936.

Editorial Board: „Edward Snowden, Whistle-Blower". *The New York Times*, 1. Januar 2014, URL: https://www.nytimes.com/2014/01/02/opinion/edward-snowden-whistle-blower.html.

Edwards, Paul N.: „Border Wars: The Science, Technology, and Politics of Artificial Intelligence". In: *Radical America* 19, 6, 1986, S. 39–50.

Edwards, Paul N.: *The Closed World. Computers and the Politics of Discourse in Cold War America*. MIT Press, Boston, 1996.

Ehlert, Hans: „Ursprünge des modernen Militärwesens. Die nassau-oranischen Heeresreformen". In: *Militärgeschichtliche Mitteilungen*. 01–01 (2), 1985.

Elish, M. C.: „Remote Split. A History of US Drone Operations and the Distributed Labor of War". In: *Science, Technology & Human Values* 42.6, 2017, S. 1100–1131.

Elkins, James; Fiorentini, Erna: „How the Military Looks at Images". In: Dies.: *Visual Worlds. Looking, Images, Visual Disciplines*. Oxford University Press, New York/Oxford, 2020, S. 305–315.

Erlhoff, Michael (Hg.): *Raoul Hausmann: Sieg, Triumph, Tabak mit Bohnen, Texte bis 1933. Band II*. Text & Kritik, München, 1982.

Eschenbach, Wolfram: „Eine Fliegerdrehkammer als psychotechnisches Forschungsgerät". In: *Industrielle Psychotechnik* 18/1, 1941, S. 24–28.

Endsley, Mica: „The Application of Human Factors to the Development of Expert Systems for Advanced Cockpits". *Proceedings of the Human Factors Society – 31st Annual Meeting*, 1987, S. 1389.

Endsley, Mica: „A Survey of Situation Awareness in Air-to-Air Combat Fighters". *The International Journal of Aviation Psychology* 3/2, 1993, S. 157–168.

Engell, Lorenz; Vogl, Joseph (Hg.): *Archiv für Mediengeschichte 1: Mediale Historiographien*. Fink, München, 2001.

Ernst, Christoph: „Vernetzte Lagebilder und geteiltes Situationsbewusstsein. Medialität, Kooperation und die Vision totaler Operativität im Paradigma des Network-Centric Warfare". In: Lars Nowak (Hg.): *Medien – Krieg – Raum*. Fink, München, 2018, S. 417–449.

Etzioni, Amitai: „The Great Drone Debate". *Military Review*, März/April 2013, URL: https://web.archive.org/web/20130522061025/http://icps.gwu.edu/files/2013/03/Etzioni_DroneDebate.pdf [abgerufen am 18. Januar 2021].

Ewald, Erich; de Fries, Heinrich: *Deutschland aus der Vogelschau. Landschaft und Siedlung im Luftbild*. Otto Stollberg, Berlin, 1925.

Faber, Peter: *Memoriale. Das geistliche Tagebuch des ersten Jesuiten in Deutschland*. Übersetzt von Peter Henrici, Einsiedeln, 1963.

von Falkenhausen, Susanne: „Zwischen Präsenz und Repräsentation – Svetlana Alpers' ‚The Art of Describing'". In: Dies.: *Jenseits des Spiegels. Das Sehen in Kunstgeschichte und Visual Culture Studies*. Fink, München, 2015, S. 66–80.

Farocki, Harun: „Phantom Images". In: *Public* 29, 2004, S. 12–24.

Fast, Omer; Hoegsberg, Milena; O'Brian, Melanie (Hg.): *Omer Fast: 5,000 Feet is the Best*. Sternberg Press, Berlin, 2012.

Fechner, Gustav Theodor: *Elemente der Psychophysik*. Breitkopf und Härtel, Leipzig, 1880.

Feiersinger, Luisa; Friedrich, Kathrin; Queisner, Moritz (Hg.): *Image – Action – Space. Situating the Screen in Visual Practice*. De Gruyter, Berlin, 2018.

Feld, Helmut: *Ignatius von Loyola. Gründer des Jesuitenordens*. Böhlau, Köln, 2006.

Feldman, Yotam: *The Lab*. [Dokumentarfilm], Gum Films, Tel Aviv, 2013.

Fielding-Smith, Abigail; Black, Crofton: „Revealed: The Private Firms Tracking Terror Targets at the Heart of US Drone Wars". *The Bureau of Investigative Journalism*, 30. Juli 2015, URL: https://www.thebureauinvestigates.com/stories/2015-07-30/revealed-the-private-firms-tracking-terror-targets-at-heart-of-us-drone-wars [abgerufen am 25. Januar 2021].

Fink, Carl: „Die Entwicklung des militärischen deutschen Luftbildwesens 1911–1918 und seine militärische wie kulturelle Bedeutung". In: *Wehrwissenschaftliche Rundschau* 10, 1960, S. 390–399.

Finnegan, Terrence J.: *Shooting the Front. Allied Aerial Reconnaissance in the First World War*. The History Press, Gloucestershire, 2011.

Fischer, Florian; Čupić, Nenad: *Die Kontinuität des Genozids. Die europäische Moderne und der Völkermord an den Herero und Nama in Deutsch-Südwestafrika*. AphorismA, Berlin, 2015.

Fish, E. H.: „Human Engineering". In: *Journal of Applied Psychology*. 1(2), 1917, S. 161–174.

Fisher, Mark: „The Labour of Simulation". In: Robin Mackay (Hg.): *Simulation, Exercise, Operations*. Urbanomic, Falmouth, 2015, S. 47–50.

Fitts, P. M.: „Psychological Apects of Instrument Display: Analysis of 270 ‚Pilot-Error' Experiences in Reading and Interpreting Aircraft Instruments". *U. S. Air Force Air Materiel Command*, Wright-Patterson Air Force Base, Dayton, Ohio, Oktober 1947.

Fitzpatrick, Matthew: „The pre-history of the holocaust? The Sonderweg and Historikerstreit debates and the abject colonial past". In: *Central European History*, September 2008, 41(3), S. 447–504.

Foster, Hal (Hg.): *Vision and Visuality*. Bay Press, Seattle, 1988.

Foucault, Michel: *Die Ordnung der Dinge. Eine Archäologie der Humanwissenschaften.* Aus dem Französischen von Ulrich Köppen. Suhrkamp, Frankfurt a. M., 1974.

Foucault, Michel: „Omnes et Singulatim: Towards a Criticism of ‚Political Reason'". In: S. McMurris (Hg.): *The Tanner Lectures on Human Values II.* University of Utah Press, Salt Lake City, 1981, S. 225–254.

Foucault, Michel: *In Verteidigung der Gesellschaft. Vorlesungen am Collège de France (1975–76).* Aus dem Französischen von Michaela Ott. Suhrkamp, Frankfurt a. M., 1999.

Foucault, Michel: „The Subject and Power". In: James D. Faubion (Hg.): *Power.* Übersetzt aus dem Französischen ins Englische von Robert Hurley u. a. The New Press, New York, 2000, S. 327–348.

Foucault, Michel: *Sicherheit, Territorium, Bevölkerung. Geschichte der Gouvernementalität I.* Suhrkamp, Frankfurt a. M., 2006.

Foucault, Michel: *Die Regierung der Lebenden. Vorlesungen am Collège de France 1979–1980.* Aus dem Französischen von Andrea Hemminger. Suhrkamp, Berlin, 2020.

Frankel Pratt, Simon: „When AI Decides Who Lives and Dies. The Israeli military's algorithmic targeting has created dangerous new precedents." *Foreign Policy,* 2. Mai 2024. URL: https://foreignpolicy.com/2024/05/02/israel-military-artificial-intelligence-targeting-hamas-gaza-deaths-lavender/ [abgerufen am 20. August 2024].

Franz, Nina: „Perpendicular Views". In: Marina Pinsky (Hg.): *Four Color Theorem.* Katalog zur gleichnamigen Ausstellung 29. Mai – 1. August 2020 in der Galerie Clearing, Triangle Books, Brüssel, 2021, S. 58–63.

Franz, Nina: „Leise, unsichtbar und autonom". In: *taz am Wochenende,* 14./15. März 2015, S. 25–27.

Franz, Nina: „‚Man in the Loop'. The Language of Participation and the New Technologies of War". In: Mathias Denecke, Anne Ganzert, Isabell Otto, Robert Stock (Hg.): *ReClaiming Participation.* Transcript, Bielefeld, 2016, S. 133–144.

Franz, Nina: „Painting the Target". In: Kathrin Friedrich, Moritz Queisner, Anna Roethe (Hg.): *Image Guidance. Bedingungen bildgeführter Operationen. Bildwelten des Wissens Bd. 12.* De Gruyter, Berlin, 2016, S. 96–97.

Franz, Nina; Ladewig, Rebekka: „Synthetische Realität und Blindflug – Operationalisierung der Wahrnehmung". In: Mathias Bruhn, Nikola Doll (Hg.): *Kritische Berichte. Zeitschrift für Kunst- und Kulturwissenschaften,* 43(4), 2015, S. 95–104.

Franz, Nina; Queisner, Moritz: „Die Akteure verlassen die Kontrollstation. Krisenhafte Kooperation im bildgeführten Drohnenkrieg". In: Johannes Benke, Johanna Seifert, Martin Siegler, Christina Terberl (Hg.): *Das Mitsein der Medien. Prekäre Koexistenzen von Menschen, Maschinen und Algorithmen.* Fink, München, 2018, S. 27–58.

Franz, Nina; Queisner, Moritz: „The Actors Are Leaving the Control Station. The Crisis of Cooperation in Image-Guided Drone Warfare". In: Luisa Feiersinger, Kathrin Friedrich, Moritz Queisner (Hg.): *Image – Action – Space. Situating the Screen in Visual Practice.* De Gruyter, Berlin, 2018, S. 115–132.

Franz, Nina: „Ungehorsame Bildbetrachtung. Rezension zu *Schauen und Strafen. Nach 9/11* von Linda Hentschel". *Soziopolis,* 17. März 2021, URL: https://www.soziopolis.de/ungehorsame-bildbetrachtung.html [abgerufen am 15. Mai 2021].

Freedberg, David: „Art and Iconoclasm, 1525–1580. The Case of the Northern Netherlands". J. P. Filedt Kok et al. (Hg.): Kunst voor de beeldenstorm, Rijksmuseum, Amsterdam, 1986, S. 69–84.

Freedberg, David: *The Power of Images. Studies in the Theory and History of Response.* University of Chicago Press, Chicago, 1989.

Fretwell, Erica: *Sensory Experiments: Psychophysics, Race, and the Aesthetics of Feeling.* Duke University Press, Durham, 2020.

Freud, Sigmund: „Zeitgemäßes über Krieg und Tod". In: Ders. (Hg.): Imago IV.1, 1915.
Freud, Sigmund: „Zur Psychotherapie der Hysterie". In: Ders.: „Studien zur Hysterie" (1895). Herausgegeben von Anna Freud et al. (Hg.): Gesammelte Werke, Bd. I. Imago, London, 1952, S. 252–312.
Freud, Sigmund: „Jenseits des Lustprinzips" (1920). In: Ders.: Gesammelte Werke, Bd. XIII. Anna Freud et al., S. Fischer, Frankfurt a. M., 1967, S. 1–69.
Freud, Sigmund: „Entwurf einer Psychologie" (1895). In: Angela Richards et al.: Gesammelte Werke, Nachtragsband. S. Fischer, Frankfurt a. M., 1987, S. 387–477.
Friedberg, Anne: The Virtual Window. From Alberti to Microsoft. MIT Press, Cambridge, MA, 2006.
Friedlaender, Walter: Mannerism and Anti-Mannerism in Italian Painting. Columbia University Press, New York, 1957.
Friedrich, Kathrin; Queisner, Moritz: „Automated Killing and Mediated Caring. How image-guided robotic intervention redefines radiosurgical surgery". Machine Ethics in the Context of Medical and Care Agents, Proceedings of AISB50 Convention, 2014 [ohne Seitenangaben].
Frei, Oliver: Bilder für den Krieg. Die Tagebücher des Lichtbildoffiziers Erich Ewald. 1914–1918/19. Ein Beitrag zur Geschichte der Luftaufklärung und des militärischen Lichtbildwesens. Militärhistorisches Museum der Bundeswehr, Luftwaffen Museum Berlin-Gatow, 2011.
Frisk, Kristian: „Post-Heroic Warfare Revisited: Meaning and Legitimation of Military Losses". Sociology, 52(5), 2018, S. 898–914.
Fülöp-Miller, René: Macht und Geheimnis der Jesuiten. Eine Kultur- und Geistesgeschichte. Knaur, Berlin, 1929.
Gawron, Valerie J.; Gambold, Keven; Scheff, Scott; Shively, Jay: „Ground Control Systems". In: Nancy J. Cooke et al.: Remotely Piloted Aircraft Systems. A Human Systems Integration Perspective. Wiley, 2017, S. 63–108.
Gerathewohl, Siegfried J.: Die Psychologie des Menschen im Flugzeug. Herausgegeben von der Deutschen Aeronautischen Gesellschaft, E.V., Johann Ambrosius Barth, München, 1954.
Gettinger, Dan; Holland, Arthur et al.: The Drone Primer. A Compendium of Key Issues. Center for the Study of the Drone, Bard College, Annandale, 2014.
Gettinger, Dan: „Drones in the Abbottabad Documents". Center for the Study of the Drone, 29. Mai 2015, Bard College, Annandale-on-Hudson, New York, URL: https://dronecenter.bard.edu/drones-in-the-abbottabad-documents/ [abgerufen am 31. Mai 2021].
Gettinger, Dan: „Study: Drones in the FY 2019 Defense Budget". Center for the Study of the Drone, Bard College, Annandale, 9. April 2018, URL: https://dronecenter.bard.edu/drones-in-the-fy19-defense-budget/ [abgerufen am 28. Januar 2021].
Geoghegan, Bernard Dionysius: „An Ecology of Operations: Vigilance, Radar, and the Birth of the Computer Screen". In: Representations, 147 (1), 2019, S. 59–95.
Ghamari-Tabrizi, Sharon: „Cognitive and Perceptual Training in the Cold War Man-Machine System". In: Joel Isaac, Duncan Bell (Hg.): Uncertain Empire. American History and the Idea of the Cold War. Oxford University Press, Oxford, New York, 2012, S. 262–294.
de Gheyn, Jacob: Waffenhandlung von den Rören, Musquetten und Spieesen. Gedruckt in Gravenhagen in Hollandt, 1608.
de Gheyn, Jacob: Wapenhandelinghe van roers, musquetten ende spiessen. [Amsterdam, 1607]. Herausgegeben von J. B. Kist. De Tijdstroom, Lochem, 1971.
de Gheyn, Jacob: Wapenhandelinghe van roers, musquetten ende spiessen. Amsterdam, 1607.
de Gheyn, Jacques: Die Drillkunst. Das ist Kriegsübliche Waffenhandlung der Musqueten und Piquen. Allen Tapfern Soldaten zu nutzlicher beliebüng mit vielen Kupfern deütlichst vorgestellt. Paulus Fürst, Nürnberg, 1664.

Gießmann, Sebastian; Schüttpelz, Erhard: „Medien der Kooperation. Überlegungen zum Forschungsstand". In: AG Medien der Kooperation (Hg.): *Navigationen. Zeitschrift für Medien- und Kulturwissenschaften* 15, 1, 2015, S. 7–54.

Gilbreth, Frank Bunker; Ross, Collin: *Bewegungsstudien. Vorschläge zur Steigerung der Leistungsfähigkeit des Arbeiters.* Springer, Berlin, 1921.

Gilbreth, Frank Bunker; Gilbreth, Lillian Moller: *Die Magie des Bewegungsstudiums. Photographie und Film im Dienst der Psychotechnik und der Wissenschaftlichen Betriebsführung.* Herausgegeben von Bernd Stiegler. Fink, München, 2012.

Gillespie, Paul G.: *Weapons of Choice. The Development of Precision Guided Munitions.* University of Alabama Press, Tuscaloosa, 2006.

Goddard, Henry Herbert: „The Elimination of Feeblemindedness". *The Annals of the American Academy of Political and Social Science*, 37(2), American Academy of Political and Social Science, Thousand Oaks, 1911, S. 261–272.

Goddard, Henry Herbert: *The Kallikak Family: A Study in the Heredity of Feeble-Mindedness.* Macmillan, New York, 1912.

Goddard, Henry Herbert: *Psychology of the Normal and Subnormal.* Dodds, New York, 1919.

Goetz, John; Kabisch, Volkmar; Kempmann, Antonius; Obermaier, Frederik: „Ramstein ist Zentrum im US-Drohnenkrieg". *Süddeutsche* Zeitung, 16. Juli 2014. URL: https://www.sueddeutsche.de/politik/us-militaerflughafen-in-deutschland-ramstein-ist-zentrum-im-us-drohnenkrieg-1.1928810 [abgerufen am 26. Januar 2021].

Gonzales, Daniel; Hartling S., Sarah: *Designing Unmanned Systems With Greater Autonomy.* Rand Corporation, Santa Monica, 2014, URL: https://www.rand.org/pubs/research_reports/RR626.html [abgerufen am 3. Oktober 2020]

Goodman, G.: „ISR Now Synonymous with Operations". *Journal of Electronic Defense*, 30(7), 2007, S. 19–20.

Susanne Grabenhorst, Christian Heck, Christoph Marischka, Rainer Rehak: „The Myth of ‚Targeted Killing': Against the Rationalization of War". Berliner Gazette, 9. Mai 2024, URL: https://berlinergazette.de/against-the-rationalization-of-war/.

Graham, Bradley; White, Josh: „Abizaid Credited With Popularizing the Term ‚Long War'". *Washington Post*, 3 February, 2006.

Gregory, Derek: „From a View to a Kill. Drones and Late Modern War". In: *Theory, Culture & Society*, 28.7–8, 2012, S. 188–215.

Gregory, Derek: „The Everywhere War". *The Geographical Journal*, 177(3), 2011, S. 238–250.

Gregory, Derek: „Under Afghan Skies (1)". Ders.: *Geographical Imaginations*, 27. März 2020, URL: https://geographicalimaginations.com/2020/03/27/under-afghan-skies-1/ [abgerufen am 26. Januar 2021].

Gregory, Derek: „Under Afghan Skies (3)". Ders.: *Geographical Imaginations*. 3. April 2020, URL: https://geographicalimaginations.com/2020/04/03/under-afghan-skies-3/ [abgerufen am 25. Januar 2021].

Griffin, Jennifer: „What laser capability did Benghazi team have?". *Fox News*, 4. November 2012. URL: https://www.foxnews.com/politics/what-laser-capability-did-benghazi-team-have [abgerufen am 21. Januar 2021].

Groehler, Olaf: *Geschichte des Luftkriegs 1910–1970.* Militärverlag der Deutschen Demokratischen Republik, Berlin, 1977.

Gröning, Katharina: *Entwicklungslinien pädagogischer Beratung. Zur Geschichte der Erziehungs-, Berufs- und Sexualberatung in Deutschland.* Psychosozial-Verlag, Gießen, 2015, S. 31–33.

Grossman, Dave: *On Killing. The Psychological Cost of Learning to Kill in War and Society.* Back Bay Books, New York, 2009 [1996].

Grothe, Hermann: *Das fliegerische Gefühl, seine Erforschung und Bedeutung.* Dissertationsschrift. Hamburg, 1936.

Gründer, Horst: *Geschichte der deutschen Kolonien.* Schöningh, Paderborn/München/Wien/Zürich, 2004.

Grut, Chanta; Shah, Naureen et al.: „Counting Drone Strike Deaths". *Human Rights Clinic,* Columbia Law School, Oktober 2012.

Grundel, Don; Murphey, Robert, Pardalos, Panos M.; Prokopyev, Oleg A. (Hg.): *Cooperative Systems. Control and Optimization.* Springer, Berlin, 2007.

Gundlach, Horst: *Entstehung und Gegenstand der Psychophysik.* Springer, Heidelberg, 1993.

Gundlach, Horst: „Faktor Mensch im Krieg. Der Eintritt der Psychologie und Psychotechnik in den Krieg". In: Fritz Krafft (Hg.): *Berichte zur Wissenschaftsgeschichte,* Band 19, Heft 2–3, September 1996, S. 131–143.

Gunneflo, Markus: *The Life and Times of Targeted Killing.* Lund University Press, Lund, 2014.

Gunning, David: „Mission Statement". *DARPA Explainable Artificial Intelligence (XAI)* [offizielle Webseite], URL: https://www.darpa.mil/program/explainable-artificial-intelligence [abgerufen am 30. Juli 2017].

Gunning, David: „Explainable Artificial Intelligence (XAI)", DARPA/I20, *Distribution Statement „A".* URL: https://www.cc.gatech.edu/~alanwags/DLAI2016/(Gunning)%20IJCAI-16%20DLAI%20WS.pdf [abgerufen am 30. Juli 2017].

Günzel, Stephan: „Phänomenologie der Räumlichkeit, Einleitung". In: Jörg Dünne, Stephan Günzel (Hg.): *Raumtheorie. Grundlagentexte aus Philosophie und Kulturwissenschaften.* Suhrkamp, Frankfurt, a. M., 2006, S. 105–127.

Hadjinicolaou, Yannis: „Das allumfassende Auge. Zur Bildsukzession bei Jacques de Gheyn II". In: Ulrike Feist, Markus Rath (Hg.): *Et in imagine ego. Facetten von Bildakt und Verkörperung. Festgabe für Horst Bredekamp.* Akademie Verlag, Berlin, 2012, S. 93–116.

Hafeneder, Rudolf: „Der Beitrag des Militärs zur Kartographie Deutschlands im 19. Und 20. Jahrhundert". In: Beineke, Heunecke: *Festschrift für Kurt Brunner,* 2012.

Hahlweg, Werner: *Die Heeresreform der Oranier. Das Kriegsbuch des Grafen Johann von Nassau-Siegen.* Wiesbaden, 1973.

Hahlweg, Werner: *Die Heeresreform der Oranier. Das Kriegsbuch des Grafen Johann von Nassau-Siegen.* Wiesbaden, Historische Kommission für Nassau, 1973.

Halberstam, Jack: *The Queer Art of Failure.* Duke University Press, Durham, 2011.

Hale, Matthew: *Human Science and Social Order. Hugo Münsterberg and the Origins of Applied Psychology.* Temple University Press, Philadelphia, 1980.

Hale, J. R.: „A Humanistic Visual Aid. The Military Diagram in the Renaissance". *Renaissance Studies,* Oktober 1988, S. 280–298.

Hambling, David: „U. S. To Equip MQ-9 Reaper Drones With Artificial Intelligence". *Forbes,* 11. September 2020.

Hansen, Mark: „Feed Forward". In: Robin Mackay (Hg.): *Simulation, Exercise, Operations.* Urbanomic, Falmouth, 2015, S. 57–61.

Haraway, Donna: „Situated Knowledges: The Science Question in Feminism and the Privilege of Partial Perspective". In: *Feminist Studies,* 14(3), Herbst 1988, S. 575–599.

Haraway, Donna: „Situiertes Wissen. Die Wissenschaftsfrage im Feminismus und das Privileg einer partialen Perspektive". Übersetzung: Helga Kelle. In: Donna Haraway: *Die Neuerfindung der Natur. Primaten, Cyborgs und Frauen.* Campus, Frankfurt a. M., 1995, S. 73–97.

Hardesty, Francis P.: „Louis William Stern: A New View of the Hamburg Years". In: *Annals of the New York Academy of Sciences*, 270, 1976, S. 31–44.

Harrasser, Karin: „Sweet Trap, Dangerous Method. Musical Practice in the Jesuit Reductions of Chiquitos and Moxos in the Eighteenth Century". In: Ulrike Bergermann et al. (Hg.): *Connect and Divide. The Practice Turn in Media Studies*. Diaphanes, Berlin, 2021.

Harwood, Jeremy: *World War II From Above. An Aerial View of the Global Conflict*. Zenith Press, Minneapolis, 2014.

Hauser, Arnold: *The Social History of Art*. Bd. 1. Routledge, London, 1951.

Hausmann, Raoul; Arp, Hans; Puni, Iwan; Moholy-Nagy, László: „Aufruf zur elementaren Kunst". In: *De Stijl* 4, Nr. 10, Leiden, Oktober 1921.

Häussler, Matthias: *Der Genozid an den Herero. Krieg, Emotion und extreme Gewalt in Deutsch-Südwestafrika*. Velbrück, Weilerswist, 2018, S. 144–232.

Häussler, Matthias: „‚Rassekämpfer? Lothar von Trotha in ‚Deutsch-Südwestafrika' (1904–1905)". In: *Zeitschrift für Genozidforschung*. Jhg. 20, Heft 2, 2022, S. 204–220.

Hecht, Christian: *Katholische Bildertheologie im Zeitalter von Gegenreformation und Barock. Studien zu Traktaten von Johannes Molanus, Gabriele Paleotti und anderen Autoren*. Gebr. Mann Verlag, Berlin, 1997.

Heidegger, Martin: „Zeit des Weltbildes". In: Ders.: *Gesamtausgabe. Band 5. Holzwege*. Herausgegeben von Friedrich-Wilhelm von Herrmann. Vittorio Klostermann, Frankfurt a. M., 1977, S. 75–114.

Hennessy, J. A.: *The United States Army Air Arm*, April 1861 to April 1917. Honolulu, University Press of the Pacific, 1985.

Hentschel, Linda: „Auf der Suche nach einem ‚ungehorsamen Sehen'". *kritische berichte* 37, 4, 2009, S. 64–73.

Hentschel, Linda: *Schauen und Strafen. Nach 9/11. Band 1*. Kadmos, Berlin, 2020.

Herbert, Adam J.: „Compressing the Kill Chain". *Air Force Magazine*, 1. März 2003. URL: https://www.airforcemag.com/article/0303killchain/ [abgerufen am 26. Januar 2021].

Hippler, Thomas: *Die Regierung des Himmels. Globalgeschichte des Luftkriegs*. Aus dem Französischen von Daniel Fastner. Matthes und Seitz, Berlin, 2017.

Hischer, Frank: „Der Erste Weltkrieg. Langzeitwirkung des ersten Bilderkrieges". In: Claudia Gunz, Thomas F. Schneider (Hg.): *Wahrheitsmaschinen. Der Einfluss technischer Innovationen auf die Darstellung und das Bild des Krieges in den Medien und Künsten*. V&R unipress, Osnabrück, 2009, S. 217–231.

Hoeppner, Ernst: *Deutschlands Krieg in der Luft. Ein Rückblick auf die Entwicklung und die Leistungen unserer Heeres-Luftstreitkräfte im Weltkriege* [1921], Koehler, Leipzig, 1936.

Höfler, Carolin: „‚Eyes in the Sky'. Körper, Raum und Sicht im bildgeführten Krieg". In: Martin Scholz, Friedrich Weltzien (Hg.): *Design und Krieg*, Reimer, Berlin, 2015.

Holenstein, André: *„Gute Policey" und lokale Gesellschaft im Staat des Ancien Régime*. Bibliotheca academia, Epfendorf, 2003.

Holmqvist-Jonsäter, Caroline: „War as perpetual policing". In: Caroline Holmqvist-Jonsäter, Christopher Coker (Hg.): *The Character of War in the 21st Century*. London/New York: Routledge, 2010, S. 103–118.

Hörl, Erich; Hagner, Michael: „Überlegungen zur kybernetischen Transformation des Humanen". In: Dies. (Hg.): *Die Transformation des Humanen. Beiträge zur Kulturgeschichte der Kybernetik*. Suhrkamp, Frankfurt a. M., 2008, S. 7–37.

Hörl, Erich (Hg.): *Die technologische Bedingung. Beiträge zur Beschreibung der technischen Welt*. Suhrkamp, Berlin, 2011.

Howard, Michael: *Kurze Geschichte des Ersten Weltkriegs. Aus dem Englischen von Helmut Reuter.* Piper, München, 2005.

Huhtamo, Erkki: „Why Do We Need an Archaeology of the Screen?". In: *Cinema Journal,* 51, Nr. 2, 2012, S. 144–148.

Huhtamo, Erkki: „Screen Tests: Why Do We Need an Archaeology of the Screen?". In: *Cinema Journal,* 51/2, 2012, S. 144–148.

Huhtamo, Erkki: „Screenology or Media Archaeology of the Screen". In Stephen Monteiro (Hg.): *The Screen Media Reader. Culture, Theory, Practice.* Bloomsbury, New York, 2017, S. 77–124.

Hüppauf, Bernd: *Fotografie im Krieg.* Fink, München, 2015.

Hutchins, Edwin: *Cognition in the Wild.* MIT Press, Cambridge, MA, 1995.

Hutchins, Edwin: „Understanding Micronesian Navigation". In: Dedre Genter, Albert L. Stevens (Hg.): *Mental Models.* Hillsdale, NJ, 1983, S. 191–225.

Iriye, Akira; Osterhammel, Jürgen (Hg.): *Geschichte der Welt 1350–1750. Weltreiche und Weltmeere.* C. H. Beck, München, 2014.

Jaeger, Siegfried; Staeuble, Irmingard: „Die Psychotechnik und ihre gesellschaftlichen Entwicklungsbedingungen". In: François Stoll (Hg.): *Arbeit und Beruf, Bd. 1.* Beltz, Weinheim/ Basel, 1983, S. 49–91.

Jäger, Helmut: *Erkundung mit der Kamera. Die Entwicklung der Photographie zur Waffe und ihr Einsatz im 1. Weltkrieg.* Venorion VKA, München, 2007, S. 66.

Jarvie, Ian: „Hugo Münsterberg in the Context of Philosophy of Film". In: Rüdiger Steinmetz (Hg.): *A Treasure trove. Friend of the Photoplay – Visionary – Spy? New Transdisciplinary Approaches to Hugo Münsterberg's Life and Oeuvre.* Leipziger Universitätsverlag, Leipzig, 2018, S. 9–24.

Jay, Martin: „Scopic Regimes of Modernity". In: Hal Foster (Hg.): *Vision and Visuality.* Bay Press, Seattle, 1988, S. 3–23.

Johnson, Dominic: „Kolonialverbrechen an Herero und Nama: Scharfer Protest". *taz,* 28. Mai 2021, URL: https://taz.de/Kolonialverbrechen-an-Herero-und-Nama/!5775510/ [abgerufen am 31. Mai 2021].

Johnson, Neil; Zhao, Guannan; Hunsader, Eri; Meng, Jing et al.: „Financial Black Swans Driven by Ultrafast Machine Ecology". *SSRN,* 12. Februar 2012. ULR: https://ssrn.com/abstract=2003874, [abgerufen am 15. März 2021].

Jünger, Ernst: „Die totale Mobilmachung" [1930]. In: Ders.: *Werke, Band 5, Essays I. Betrachtungen zur Zeit.* Ernst Klett Verlag, Stuttgart, 1960, S. 123–148.

Jünger, Ernst: „Über Nationalismus und Judenfrage" [zuerst in: Süddeutsche Monatshefte 1930]. In: Ders.: *Politische Publizistik, 1919 bis 1933.* Herausgegeben von Sven Olaf Berggötz, Stuttgart, 2001, S. 587–592.

Jünger, Ernst: *Der Arbeiter. Herrschaft und Gestalt.* Stuttgart, Klett-Cotta, 1981 [1932].

Jünger, Ernst; Schulz, Edmund: *Die veränderte Welt. Eine Bilderfibel unserer Zeit.* Wilhelm Gottlieb Korn Verlag, Breslau, 1933.

Jünger, Ernst: „Über den Schmerz" [1934]. In: Ders.: *Werke, Band 5, Essays I. Betrachtungen zur Zeit.* Ernst Klett Verlag, Stuttgart, 1960, S. 149–198.

Jünger, Ernst: *Gläserne Bienen.* Klett-Cotta, Stuttgart, 1990 [1957].

Kaldor, Mary: *The Baroque Arsenal.* Andre Deutsch, London, 1982

Kaldor, Mary: *New and Old Wars. Organized Violence in a Global Era.* Stanford University Press, Stanford, 1999.

Kaldor, Mary: *Old Wars, Cold Wars, New Wars, and the War on Terror.* Lecture given by Professor Mary Kaldor to the Cold War Studies Centre, London School of Economics, 2. Februar 2005, PDF.

Kaldor, Mary: „In Defence of New Wars". In: *Stability: International Journal of Security and Development*, 2(1), 2013, S. 1–16.

Kaplan, Caren: *Aerial Aftermaths. Wartime from Above.* Duke University Press, Durham/London, 2018.

Karlson, Paul: „Oskar Messters Arbeiten zum Luftbildwesen". In: *Bildmessung und Luftbildwesen.* Zeitschrift der deutschen Gesellschaft für Photogrammetrie e.V., Nr. 4, Jhg. 16, 1941.

Keegan, John: *Die Kultur des Krieges.* Anaconda, 1993.

Kehrt, Christian: *Moderne Krieger. Die Technikerfahrungen deutscher Militärpiloten 1910–1945.* Ferdinand Schöningh, Paderborn, 2010.

Keinath, Anja: „Deutschland meldet Militärausgaben in Höhe des Nato-Ziels." Die Zeit, 14. Februar 2024, URL: https://www.zeit.de/politik/deutschland/2024-02/deutschland-erreicht-nato-ziel [abgerufen am 1. Juli 2024].

Kelion, Leon: „Google tech used by Pentagon ‚to analyse drone videos'". *BBC News*, 7. März 2018, URL: https://www.bbc.com/news/technology-43316667 [abgerufen am 25. Januar 2021].

Kellerer, Sidonie: „Heideggers Maske. ‚Die Zeit des Weltbilds' – Metamorphose eines Textes". In: *Zeitschrift für Ideengeschichte*, Bd. V/2, 2011, S. 109–120.

Kempf, Michael: „Fotografie als Kriegswissenschaft. Die Anleitungsliteratur für die Luftaufklärung im Ersten Weltkrieg". *Fotogeschichte* Heft 150, Jg. 38, 2018, S. 47–58.

Kenyon, Henry: „Air Force to deploy ‚all-seeing eye' surveillance system". *GCN*, 3. Januar 2011, URL: https://gcn.com/articles/2011/01/03/air-force-gorgon-stare-wide-angle-surveillance.aspx [abgerufen am 14. Januar 2021].

Kirby, Maurice W.: *Operational Research in War and Peace. The British Experience from the 1930s to 1970.* Imperial College Press, London, 2003.

Kircher, Athanasius: „Zauberlaterne". in: Ders.: *Ars Magna Lucis et Umbrae.* Amsterdam, 1671.

Kirchler, Erich: *Arbeits- und Organisationspsychologie.* UTB, Wien, 2005.

Kittler, Friedrich: *Grammophon, Film, Typewriter.* Brinkmann & Bose, Berlin, 1986.

Kittler, Friedrich; Schneider, Manfred (Hg.): *Diskursanalysen 2. Institution Universität*, Westdeutscher Verlag, Opladen, 1987.

Kittler, Friedrich: *Draculas Vermächtnis. Technische Schriften.* Reclam, Leipzig, 1993.

Kittler, Friedrich: „Eine kurze Geschichte des Scheinwerfers". In: Michael Wetzel, Herta Wolf (Hg.): *Der Entzug der Bilder. Visuelle Realitäten.* Fink, München, 1994, S. 183–189.

Kittler, Friedrich: „Computergraphik. Eine halbtechnische Einführung". In: Sabine Flach, Christoph Tholen (Hg.): *Mimetische Differenzen. Der Spielraum der Medien zwischen Abbildung und Nachbildung.* Kassel University Press, Kassel, 2002, S. 221–240.

Kittler, Friedrich: *Optische Medien. Berliner Vorlesung 1999.* Merve, Berlin, 2011.

Kittler, Friedrich: „Die künstliche Intelligenz des Weltkriegs: Alan Turing". In: Hans-Ulrich Gumbricht (Hg.): *Die Wahrheit der technischen Welt.* Suhrkamp, Berlin, 2013, S. 232–252.

Klamm, Stefanie: „Kriegslandschaften. Fotografie als Mess- und Aufklärungsinstrument". In: Ludger Derenthal, Stefanie Klamm (Hg.): *Fotografie im Ersten Weltkrieg.* E. A. Seemann, Leipzig, 2014, S. 72–81.

Kleinschmidt, Harald: *Tyrocinium Militare. Militärische Körperhaltungen und -bewegungen im Wandel zwischen dem 14. und dem 18. Jahrhundert.* [Habilitationsschrift]. Autorenverlag, Stuttgart, 1989.

Kleinschmidt, Harald: „Using the Gun: Manual Drill and the Proliferation of Portable Firearms". In: *The Journal of Military History* 63, 1999, S. 601–30.

Kleinschmidt, Harald: „Mechanismus und Biologismus im Militärwesen des 17. und 18. Jahrhunderts. Bewegungen – Ordnungen – Wahrnehmungen". In: Daniel Hohrath, Klaus Gerteis (Hg.): *Die Kriegskunst im Lichte der Vernunft. Militär und Aufklärung im 18. Jahrhundert I.* Hamburg, 1999, S. 51–73.

Klonk, Charlotte: *Terror. Wenn Bilder zu Waffen werden.* S. Fischer, Frankfurt a. M., 2017.

Kloth, Michael: „Fotofund. Das Rätsel des fliegenden Auges". In: *Spiegel Online*, 04.02.2010, http://www.spiegel.de/einestages/fotofund-a-948708.html [abgerufen am 20. März 2015].

Koerber, Martin: „Oskar Mester – Stationen einer Karriere". In: Martin Loiperdinger (Hg.): *Oskar Messter – Filmpionier der Kaiserzeit.* KINtop Schriften 2, Stroemfeld/Roter Stern, Frankfurt a. M., 1994, S. 27–92.

Kofman, Sarah: *Camera obscura. Von der Ideologie.* Herausgegeben und aus dem Französischen übersetzt von Marco Gujahr. Turia + Kant, Wien/Berlin, 2014.

Kojève, Alexandre: *La notion d'autorité.* Gallimard, Paris, 2004 [1942].

Koschorke, Albrecht: „Der Traumatiker als Faschist. Ernst Jüngers Essay ‚Über den Schmerz'". In: Inka Mülder-Bach (Hg.): *Modernität und Trauma. Beiträge zum Zeitenumbruch des Ersten Weltkriegs.* Wien, WUV-Universitätsverlag, 2000. S. 211–227.

Kracauer, Siegfried: *Das Ornament der Masse. Essays.* Suhrkamp Verlag, Frankfurt a. M., 1963.

Kracheel, Kurt: *Flugführungssysteme – Blindfluginstrumente, Autopiloten, Flugsteuerungen.* Bernard und Graefe, Bonn, 1993.

Krämer, Sybille: „Operative Bildlichkeit. Von der ‚Grammatologie' zu einer ‚Diagrammatologie'? Reflexionen über erkennendes ‚Sehen". In: Martina Hessler, Dieter Mersch (Hg.): *Logik des Bildlichen. Zur Kritik der ikonischen Vernunft*, Bielefeld, 2009, S. 94–123.

Kreienbaum, Jonas: „Der ‚Hererokrieg' und die Genozidfrage. Ein Überblick über die neueren Forschungen". In: *Zeitschrift für Genozidforschung*, 20(2), 2022, S. 254–266.

Kriegsgeschichtliche Abteilung I des Großen Generalstabes: *Die Kämpfe der deutschen Truppen in Südwestafrika.* Erstes Heft: *Ausbruch des Herero-Aufstandes, Siegeszug der Kompagnie Franke.* Mittler und Sohn, Berlin, 1906.

Krippendorff, Ekkehart: *Staat und Krieg. Die historische Logik politischer Unvernunft.* Suhrkamp, Frankfurt a. M., 1985.

Krishnan, Armin: *Gezielte Tötung. Die Zukunft des Krieges.* Matthes und Seitz, Berlin, 2012.

Kristeva, Julia: *Fremde sind wir uns selbst.* Aus dem Französischen von Xenia Rajewsky. Suhrkamp, Frankfurt a. M., Berlin, 2018 [1990].

Kronfeld, Arthur: „Über eine experimentell-psychologische Tauglichkeitsprüfung zum Flugdienst". In: Otto Lipmann, William Stern (Hg.): *Untersuchungen über die psychische Eignung zum Flugdienst*, Schriften zur Psychologie der Berufseignung und des Wirtschaftslebens, Heft 8, Leipzig, 1919, S. 35–77

Krüger, Gesine: *Kriegsbewältigung und Geschichtsbewußtsein. Realität, Deutung und Verarbeitung des deutschen Kolonialkriegs in Namibia 1904 bis 1907.* Vandehoeck & Ruprecht, Göttingen, 1999.

Kühn, Christine: *Neues Sehen in Berlin. Fotografie der Zwanziger Jahre.* SMB, Berlin, 2005.

Kunzle, David: *From Criminal to Courtier. The Soldier in Netherlandish Art 1550–1672.* Brill, Leiden, Boston, 2002, S. 207.

Ladewig, Rebekka: *Vom unendlichen Raum zur geschlossenen Welt. Über die Phantasie der Rakete und ihrer Spur durch den Raum.* Unveröffentlichtes Manuskript, 1999.

Ladewig, Rebekka: „Fliegen". In: Dies.: *Schwindel. Eine Epistemologie der Orientierung.* Mohr Siebeck, Tübingen, 2016, S. 277–312.

Ladewig, Rebekka: „Über die Geschicke des Pfeils". In: Jörg Ahrens, Stephan Braese (Hg.): *Im Zauber der Zeichen. Beiträge zur Kulturgeschichte des Mediums.* Vorwerk 8, Berlin, 2007, S. 1–30.

LaFlamme, Marcel: „A Sky Full of Signal. Aviation Media in the Age of the Drone". *Media, Culture and Society*, 40(5), 2017, S. 689–706.

de Landa, Manuel: *War in the Age of Intelligent Machines.* Zone Books, 1991.

Langdale, Allan: „S(t)imulation of Mind: The Film Theory of Hugo Münsterberg". In: Ders. (Hg.): *Hugo Münsterberg on Film. The Photoplay: A Psychological Study and other Writings.* Routledge, New York, 2002.

Langewiesche, Karl Robert: *Deutsches Land in 111 Flugaufnahmen.* Karl Robert Langewiesche Verlag, Königstein, Leipzig, 1933.

Langewiesche, Dieter: *Der gewaltsame Lehrer. Europas Kriege in der Moderne.* C.H. Beck, München, 2019.

Latour, Bruno: *Science in Action. How to Follow Scientists and Engineers through Society.* Harvard University Press, Cambridge, MA, 1987.

Latour, Bruno: *Nous n'avons jamais été modernes. Essai d'anthropologie symétrique.* Éditions La Découverte, Paris, 1991.

Lethen, Helmut: *Verhaltenslehren der Kälte. Lebensversuche zwischen den Kriegen.* Suhrkamp, Frankfurt am Main, 1994.

Lenoir, Timothy: „Haptic Vision. Computation, Media, and Embodiment in Mark Hansen's New Phenomenology". In: Mark B.N. Hansen: *New Philosophy for New Media.* MIT Press, Cambridge, MA, 2006, S. xxi–xxv.

Lenoir, Timothy; Wei, Sha Xin: „Authorship and Surgery. The Shifting Ontology of the Virtual Surgeon". In: Bruce Clarke, Linda Henderson (Hg.): *From Energy to Information: Representation in Science and Technology, Art, and Literature.* Stanford University Press, 2002, S. 283–308.

Leroi-Gourhan, André: *Hand und Wort. Die Evolution von Technik, Sprache und Kunst.* Suhrkamp, Frankfurt a. M., 1988 [1965].

Levinas, Emmanuel: „Die Wirklichkeit und ihr Schatten" [1948]. In: Emmanuel Alloa (Hg.): *Bildtheorien aus Frankreich. Eine Anthologie.* Fink, München, 2011, S. 65–88.

Lauzon, Claudette; O'Brian, John (Hg.): *Through Post-Atomic Eyes.* McGill-Queen's University Press, Montreal, 2020.

Lewin, Kurt: „Die Kriegslandschaft". [Ursprünglich in: *Zeitschrift für Angewandte Psychologie*, 1917] *Gestalt Theory*, 31(3/4), 2009, S. 253–262.

Limbaugh, Rush: „Latest on Benghazi: Tyrone Woods Painted a Target, But the Missile Never Came". *The Rush Limbaugh Show*, 29. Oktober 2012. URL: https://www.rushlimbaugh.com/daily/2012/10/29/latest_on_benghazi_tyrone_woods_painted_a_target_but_the_missile_never_came/ [abgerufen am 21. Januar 2021].

Lohoff, Markus: „Krieg zwischen Science und Fiktion. Zur Funktion technischer Bilder im Zweiten Persischen Golfkrieg". In: Jens Baumgarten, Jens Jäger, Martin Knaurer (Hg.): *Der Krieg im Bild – Bilder vom Krieg. Hamburger Beiträge zur Historischen Bildforschung.* Peter Lang, Frankfurt a. M., 2003, S. 105–132.

Losurdo, Domenico: *Die Gemeinschaft, der Tod, das Abendland. Heidegger und die Kriegsideologie.* Aus dem Italienischen von Erdmuthe Brielmayer. Metzler, Stuttgart/Weimar, 1995 [ital. Originalausgabe 1991].

von Loyola, Ignatius: „Den Ordensgenossen von Portugal (und der gesamten Gesellschaft Jesu)", 1553. In: Hugo Rahner (Hg.): *Ignatius von Loyola: Geistliche Briefe.* Benziger Verlag, Einsiedeln, 1956.

von Loyola, Ignatius: „Die Satzungen der Gesellschaft Jesu". Aus dem Spanischen übersetzt von Mario Schoenenberger und Robert Stalder. In: Hans-Urs von Balthasar: *Menschen der Kirche in Zeugnis und Urkunde. VIII. Band.* Bezinger, Einsiedeln, 1948.

de Loyola, Ignacio: *Die Exerzitien und aus dem Tagebuch.* Aus dem Spanischen von Ferdinand Weinhandl. Matthes und Seitz, München, 1991.

Lück, Helmut E.: „Hugo Münsterberg und die Freiburger Schule der Psychologie". In: Helmut Lück et al. (Hg.): *Klassiker der Psychologie*. Kohlhammer, Köln, 2000, S. 183–185.

Lundberg, Mabel: *Jesuitische Anthropologie und Erziehunglehre in der Frühzeit des Ordens (ca. 1540–ca. 1650)*. Almqvist & Wiksells, Uppsala, 1966.

Macho, Thomas: *Vorbilder*. Fink, München, 2011.

Macho, Thomas; Kassung, Christian (Hg.): *Kulturtechniken der Synchronisation*, Fink, München, 2013.

Macho, Thomas: „Befehlen. Kulturtechniken der sozialen Synchronisation". In: Christian Kassung, Thomas Macho (Hg.): *Kulturtechniken der Synchronisation*. Fink, München, 2013.

Mackenzie, Donald: *Inventing Accuracy. A Historical Sociology of Nuclear Missile Guidance*. MIT Press, Cambridge, 1990.

Maier, Hans: *Die ältere deutsche Staats- und Verwaltungslehre*. C.H. Beck, München, 2009.

Majaca, Antonia; Parisi, Luciana: „The Incomputable and the Instrumental Possibility". In: *e-flux Journal* # 77, November 2016.

Mannheim, Karl: *Ideologie und Utopie*. Schulte-Bulmke, Frankfurt a. M., 1965 [1929].

Mannheim, Karl: *Ideology and Utopia: An Introduction to the Sociology of Knowledge*. Übersetzt von Louis Wirth und Edward Shils. Harcourt, Brace & World, New York, 1936.

Manovich, Lev: *The Language of New Media*. MIT Press, 2001.

Mansoor, Jaleh: „Militant Landscape. Notes on Counter-Figuration from Early Modern Genre Formation to Contemporary Practices, or, Landscape After the Failure of Representation". In: *ARTMargins* 10 (1), 2021.

Martin, Matt; Sasser, Charles: *Predator. The Remote-Control Air War Over Iraq and Afghanistan: A Pilot's Story*. Zenith Press, Minneapolis, 2010.

Marx, Karl; Engels, Friedrich: *Das Kapital. Kritik der politischen Ökonomie. Band 1: Der Produktionsprozess des Kapitals. Marx Engels Werke, Band 23*. Karl Dietz, Berlin, 1962.

Marx, Karl: *Grundrisse der Kritik der Politischen Ökonomie. Marx Engels Werke, Band 42*. Karl Dietz, Berlin, 1983, S. 590–609.

Marx, Karl: „Ökonomische und philosophische Manuskripte aus dem Jahre 1844". *Marx Engels Werke, Band 40*. Karl Dietz, Berlin, 2012, S. 467–589.

Marx, Karl: „Maschinenfragment". In: Christian Lotz (Hg.): *Karl Marx. Das Maschinenfragment*. Laika Verlag, Hamburg, 2014, S. 51–82.

Marxer, Fridolin: *Die inneren geistlichen Sinne. Ein Beitrag zur Deutung Ignatianischer Mystik*. Herder, Freiburg, 1964.

Mason, Tony: „British Air Power". In: John Andreas Olsen (Hg.): *Global Air Power*. Potomac, Washington, 2011.

Matussek, Peter: „‚Endzeiten' und ‚Zeitenenden'. Figuren der Finalität". In: Omiya, Kan (Hg.): *Figuren des Transgressiven*. Iudicum, München, 2009, S. 17–40.

Mauss, Marcel: „Der Begriff der Technik des Körpers". In: Ders.: *Soziologie und Anthropologie, Bd. 2: Gabentausch – Todesvorstellung – Körpertechniken*. VS Verlag für Sozialwissenschaften, Wiesbaden, 2010.

Mauss, Marcel: *Handbuch der Ethnographie*. Herausgegeben von Iris Därmann und Kirsten Mahlke. Fink, München, 2013.

Mazzetti, Mark; Schmitt, Eric: „First Evidence of a Blunder in Drone Strike: 2 Extra Bodies". *New York Times*, 23. April 2015.

McCammon, Sarah: „The Warfare May Be Remote, But The Trauma Is Real". *NPR All Things Considered*, 24. April 2017. ULR: https://www.npr.org/2017/04/24/525413427/for-drone-pilots-warfare-may-be-remote-but-the-trauma-is-real [abgerufen am 20. Januar 2021].

McCurley, T. Mark; Maurer, Kevin: *Hunter Killer. Inside America's Unmanned Air War*. Dutton, New York, 2015.

McKernan, Bethan; Davies, Harry: „„The machine did it coldly': Israel used AI to identify 37,000 Hamas targets". *The Guardian*, 3. April 2024. URL: https://www.theguardian.com/world/2024/apr/03/israel-gaza-ai-database-hamas-airstrikes [abgerufen am 20. August 2024].

McLuhan, Marshall: *Understanding Media. The Extensions of Man*. MIT Press, Cambridge, MA/London, 1994 [1964].

McNeill, William: *Keeping together in Time. Dance and Drill in Human History*. Harvard University Press, Cambridge, 1995.

MDR aktuell: „Bundesregierung stellt Israel Kampfdrohnen zur Verfügung". MDR Nachrichten, 12. Oktober 2023, URL: https://www.mdr.de/nachrichten/welt/politik/israel-gaza-heron-drohnen-deutschland-100.html [abgerufen am 19. August 2024].

Meister, David: *The History of Human Factors and Ergonomics*. CRC Press, Mahwa, 1999.

Merleau-Ponty, Maurice: „Das Auge und der Geist". In: Hans Werner Arndt, Christian Bermes (Hg.): *Das Auge und der Geist. Philosophische Essays*. Hamburg, Felix Meiner, 2003.

Mersch, Dieter: „Kritik der Operativität. Bermerkungen zu einem technologischen Imperativ". In: Ders., Michael Mayer (Hg.): *Techne/Mechane. Internationales Jahrbuch für Medienphilosophie 2*, 2016, S. 31–52.

Messenger, Charles: *Dictionary of Military Terms*. US Department of Defense, London, Stackpole, 1995.

Messter, Oskar: *Mein Weg mit dem Film*. M. Hesse, Berlin, 1936.

Métraux, Alexandre: „Zur Wahrnehmungstheorie Merleau-Pontys". In: Ders., Bernhard Waldenfels (Hg.): *Leibhaftige Vernunft. Spuren von Merleau-Pontys Denken*. Fink, München, 1986, S. 218–235.

Metz, Christian: *The Imaginary Signifier: Psychoanalysis and the Signifier*. Indiana University Press, Bloomington, 1982.

Miller, Greg: „White House Approves Broader Yemen Drone Campaign". *The Washington Post*, 25. April 2012, URL: https://www.washingtonpost.com/world/national-security/white-house-approves-broader-yemen-drone-campaign/2012/04/25/gIQA82U6hT_story.html [abgerufen am 21. Juli, 2016].

Mirzoeff, Nicholas: „The Right to Look". In: *Critical Inquiry*, 37(3), 2011, S. 473–496.

Mitchell, W. J. T.: „Screening Nature (and the Nature of the Screen)". In: *New Review of Film and Television Studies*, 13(3), 2015, S. 231–246.

Mißelbeck, Reinhold: *Prestel-Lexikon der Fotografen. Von den Anfängen 1898 bis zur Gegenwart*. Prestel, München, 2002.

Moholy-Nagy, László: *Malerei, Fotografie, Film*. Albert Langen, München, 1927.

Moholy-Nagy, László: „fotografie: die objektive sehform unserer zeit". *telehor*, 1936.

Moholy-Nagy, László: *The New Vision*. Wittenborn Schultz, New York, 1938.

Moholy-Nagy, László: *Vision in Motion*. Theobald, Chicago, 1947.

Moscovici, Serge: *The Age of the Crowd: A Historical Treatise on Mass Psychology*. Cambridge University Press, Cambridge, 1985.

Mondzain, Marie-José: *Image, Icône, économie. Les sources byzantines de l'imaginaire contemporain*. Editions du seuil, Paris, 1996.

Mondzain, Marie-José; Franses, Rico: „Iconic Space and the Rule of the Lands". *Hypatia*, 15(4), 2000, S. 58–76.

Mondzain, Marie-José: *Können Bilder töten?* Aus dem Französischen von Ronald Voullié. Diaphanes, Berlin, 2006.

Mondzain, Marie-José: *Homo spectator*. Bayard, Paris, 2007.

Mondzain, Marie Marie-José: *Bild, Ikone, Ökonomie. Die byzantinischen Quellen des zeitgenössischen Imaginären*. Aus dem Französischen von Heinz Jatho. Diaphanes, Zürich/Berlin, 2011.

Mondzain, Marie-José: „Oikonomia und Exousia. Für eine neue Autorität des Betrachters". In: Emmanuel Alloa, Francesca Falk (Hg.): *BildÖkonomie. Haushalten mit Sichtbarkeiten*. Eikones, Basel, 2013, S. 253–272.

Mondzain, Marie-José: *L'image, une affaire de zone*. D-Fiction, Paris, 2014.

Monteiro, Stephen (Hg.): *The Screen Media Reader. Culture, Theory, Practice*. Bloomsbury, New York, 2017.

Moskowitz, Merle J.: „Hugo Münsterberg. Study in the History of Applied Psychology". In: *American Psychologist*, Oktober 1977, S. 824–842.

Moser, Jana: *Untersuchungen zur Kartographiegeschichte von Namibia. Die Entwicklung des Karten- und Vermessungswesens von den Anfängen bis zur Unabhängigkeit 1990*. Der Fakultät Forst-, Geo- und Hydrowissenschaften der Technischen Universität Dresden vorgelegte Dissertation, Dresden, 2007.

Mostaccio, Silvia: *Early Modern Jesuits between Obedience and Conscience during the Generalate of Claudio Acquaviva (1581–1615)*. Ashgate, Farnham, 2014.

Mozur, Paul; Satariano, Adam: „A.I. Begins Ushering in an Age of Killer Robots". *The New York* Times, 2. Juli 2024. URL: https://www.nytimes.com/2024/07/02/technology/ukraine-war-ai-weapons. html?smid=nytcore-ios-share&referringSource=articleShare&sgrp=c-cb [abgerufen am 19. August 2024].

Mühl-Benninghaus, Wolfgang: „Oskar Messters Beitrag zum Ersten Weltkrieg". In: *Kintop* 3, Jahrbuch zur Erforschung des frühen Films. Stroemfeld/Roter Stern, 1994, S. 103–116

von zur Mühlen, Ilse: „Imaginibus honos – Ehre sei dem Bild. Die Jesuiten und die Bilderfrage". In: Reinhold Baumstark (Hg.): *Rom in Bayern. Kunst und Spiritualität der ersten Jesuiten*. Katalog zur Ausstellung des Bayerischen Nationalmuseums, Hirmer Verlag, München, 1997, S. 161–170.

Münch, Birgit Ulrike: „Barocke Thesenblätter". In: Wolfgang Brassat (Hg.): *Handbuch Rhetorik der Bildenden Künste*. De Gruyter, Berlin, 2017, S. 577–593.

Münkler, Herfried: „Neue Kampfsysteme und die Ethik des Krieges". In: *High-Tech-Kriege*. Heinrich Böll Stiftung, Schriften zur Demokratie Band 36, Berlin, 2013, S. 9–14.

Münkler, Herfried: „Die postheroische Gesellschaft und das Kriegerethos". In: Ders.: *Kriegssplitter. Die Evolution der Gewalt im 20. und 21. Jahrhundert*. Rowohlt, Berlin, 2015, S. 143–255.

Münsterberg, Hugo: *Die Willenshandlung. Ein Beitrag zur Physiologischen Psychologie*. J. C. B. Mohr, Freiburg, 1888.

Münsterberg, Hugo: *Beiträge zur Experimentellen Psychologie*. Heft 2, J. C. B. Mohr, Freiburg, 1889.

Münsterberg, Hugo: *Der Ursprung der Sittlichkeit*. J. C. B. Mohr, Freiburg, 1889.

Münsterberg, Hugo: *American Traits from the Point of View of a German*. New York, Houghton Mifflin, 1901.

Münsterberg, Hugo: *The Americans*. McClure, Phillips & Company, New York, 1904.

Münsterberg, Hugo: *American Problems from the Point of View of a Psychologist*. Moffat, Yard & Co., New York, 1910.

Münsterberg, Hugo: *Psychologie und Wirtschaftsleben. Ein Beitrag zur angewandten Experimental-Psychologie*. Verlag von Johann Ambrosius Barth, Leipzig, 1912.

Münsterberg, Hugo: „Psychology and the Navy". In: Ders.: *Social Studies of Today*. T. Fisher Unwin, London, 1913, S. 225–262.

Münsterberg, Hugo: *Psychology and Industrial Efficiency*. Houghton, Mifflin and Company, Boston, MA, 1913.

Münsterberg, Hugo: *Psychology General and Applied*. Appleton and Company, New York, 1914

Münsterberg, Hugo: *Grundzüge der Psychotechnik*. Verlag von Johann Ambrosius Barth, Leipzig, 1914.

Münsterberg, Hugo: „Why We Go to the Movies". In: *Cosmopolitan Magazine* 60, 15. Dezember 1915, S. 22–32.

Münsterberg, Hugo: *The Photoplay: A Psychological Study* [1916]. In: Allan Langdale (Hg.): *Hugo Münsterberg on Film*. Routledge, New York/London, 2002, S. 45–151.

Murphy, Rosalie: „Air Force appoints USC alumna as chief scientist". *USC News*, 25. Juli 2013, University of Southern California [offizielle Webseite], URL: https://news.usc.edu/53468/air-force -appoints-usc-alumna-as-chief-scientist/ [abgerufen am 15. Januar 2021].

Nadler, Josef: *Literaturgeschichte des Deutschen Volkes. Dichtung und Schrifttum der deutschen Stämme und Landschaften*. Vierter Band, Reich, Berlin, 1941.

Nanz, Tobias: „Blindflug. Instrumente und Psychotechnik des Piloten". In: *Österreichische Zeitschrift für Geschichtswissenschaften*, 13, 3, 2003, S. 29–49

Nanz, Tobias: „Das Fliegen schreiben". In: Cornelius Borck, Armin Schäfer (Hg.): *Psychographien*. Diaphanes, Zürich/Berlin, 2005, S. 43–60.

Nanz, Tobias: „Eine Genealogie der Schnittstelle" Zeitraum des Fellowships: 01. Oktober 2004 bis 30. Juni 2005, *Internationales Forschungszentrum Kulturwissenschaften (IFK) Wien, Kunstuniversität Linz*, URL: http://www.ifk.ac.at/fellows-detail/tobias-nanz.html [abgerufen am 13. März 2019].

Nerdinger, Friedemann W.; Blickle, Gerhard; Schaper, Niclas: *Arbeits- und Organisationspsychologie*. Springer, Berlin/Heidelberg, 2008.

Neri, Filippo: *Introduction to Electronic Defense Systems*. Artech House, Boston, 2006.

Naughton, Russel et al.: „Remote Piloted Aerial Vehicles: An Anthology". *Hargrave Aviation and Aeromodelling – Interdependent Evolutions and Histories*, 2003, URL: http://www.ctie.monash.edu. au/hargrave/rpav_home.html#Beginnings [abgerufen am 2. Januar 2018].

Neubronner, Julius: „Mein Leben als Liebhaberphotograph". In: *Als Brieftauben das Photographieren lernten*. Edition Stadthaus, Bd. 16, zur Ausstellung November 2014 – Januar 2015 im Stadthaus Ulm, S. 22–25.

Niemann, Erich: *Funkentelegraphie für Flugzeuge*, Verlag von Richard Carl Schmidt, Berlin, 1921.

Noreen, Kirsten: „The Icon of Santa Maria Maggiore, Rome: An Image and Its Afterlife". In: *Renaissance Studies*, 19(5), 2005, S. 660–672.

North, Michael: *Geschichte der Niederlande*. C. H. Beck, München, 2013.

Oestreich, Gerhard: *Antiker Geist und moderner Staat bei Justus Lipsius. 1547–1606*. [Habilitationsschrift von 1954], Duncker und Humblot, Berlin, 1989.

Oestreich, Gerhard: „Justus Lipsius als Theoretiker des neuzeitlichen Machtstaates". In: *Geist und Gestalt des frühmodernen Staates*, Duncker und Humblot, Berlin, 1969.

Omissi, David E.: *Air Power and Colonial Control. The Royal Air Force 1919–1939*. Manchester University Press, 1990.

Osinga, Frans: *Science, Strategy and War. The Strategic Theory of John Boyd*. Eburon Academic Publishers, Delft, 2005, S. 270–279.

O. V.: „Rezension: Deutsches Land in 111 Flugaufnahmen". Verlag K.R. Langewiesche, Königstein i. T., 2,40 Mark. In: Reinhold Vesper (Hg.): *Das Thüringer Fähnlein. Monatshefte für die mitteldeutsche Heimat*, 1. und 2. Jahrgang 1932/1933, Verlag B. Neuenhahn, Jena, 1933, S. 254.

O. V.: „Flashback: Desert Storm". *BBC News*, Montag 15. Januar, 2001, URL: http://news.bbc.co.uk/2/ hi/middle_east/1118611.stm [abgerufen am 10. Januar 2018].

O. V.: „Featured Author Mica Endsley". *Routledge* [offizielle Webseite], URL: https://www.routledge. com/authors/i366-mica-endsley [abgerufen am 18. Januar, 2021].

O. V.: „Al-Qaeda's 22 tips for dodging drone attacks: the list in full". *The Telegraph*, 21. Februar 2013, URL: https://www.telegraph.co.uk/news/worldnews/al-qaeda/9886673/Al-Qaedas-22–tips-for-dodging-drone-attacks-the-list-in-full.html [abgerufen am 31. Mai 2021].

O. V.: „Intelligence Studies: Types of Intelligence Collection". U. S. Naval War College, Rhode Island, URL: https://usnwc.libguides.com/c.php?g=494120&p=3381426 [abgerufen am 31. Mai 2021].

O. V.: „Raytheon to start production of first multi-spectral targeting system with next-generation accuracy. U. S. Air Force awards company $90 million", 29. April 2018, *Raytheon* [offizielle Firmen-Webpage], URL: http://investor.raytheon.com/news-releases/news-release-details/raytheon-start-production-first-multi-spectral-targeting-system?ID=2163329&c=84193&p=irol-newsArticle [abgerufen am 14. Januar 2021].

O. V.: „Phalanx Weapon System". Raytheon Missiles & Defense [offizielle Webseite], URL: https://www.raytheonmissilesanddefense.com/capabilities/products/phalanx-close-in-weapon-system [abgerufen am 19. Februar 2021].

O. V.: *General Atomics Aeronautical* [offizielle Webseite], URL: https://www.ga-asi.com/products-services [abgerufen am 31. März 2021].

O. V.: „GA-ASI UAS Flight Training Academy Graduates First Aircrews". *General Atomics Aeronautical* [offizielle Webseite], 25. August, 2016. URL: https://www.ga.com/ga-asi-uas-flight-training-academy-graduates-first-aircrews [abgerufen am 28. Januar 2021].

O. V.: „Certifiable Ground Control Station Controls First End-To-End Flight". *General Atomics Aeronautical* [offizielle Webseite], 9. März 2019, URL: https://www.ga.com/certifiable-ground-control-station-controls-first-end-to-end-flight [abgerufen am 18. Januar 2021].

O. V.: „Advanced Cockpit GCS". *General Atomics Aeronautical* [offizielle Webseite], URL: http://www.ga-asi.com/advanced-cockpit-gcs [abgerufen am 18. Januar 2021].

O. V.: „Advanced Cockpit Ground Control Station Flies Predator C Avenger". *General Atomics Aeronautical* [offizielle Webseite]. URL: https://www.ga-asi.com/advanced-cockpit-ground-control-station-flies-predator-c-avenger [abgerufen am 22. Januar 2021].

O. V.: „General Atomics Wins $134 Million for Production of Block 30 Ground Control Stations for Drones". *Defense World*, 9. Dezember 2017, URL: https://www.defenseworld.net/news/21475/General_Atomics_Wins__134_Million_for_Production_of_Block_30_Ground_Control_Stations_for_Drones [abgerufen am 18. Januar 2021].

O. V.: „GA-ASI Awarded Smart Sensor Contract". *General Atomics Aeronautical* [offizielle Webseite], 24. November 2020, URL: https://www.ga.com/ga-asi-awarded-smart-sensor-contract [abgerufen am 25. Januar 2021].

O. V.: „About JAIC". *JAIC* [offizielle Webseite]. URL: https://www.ai.mil/about.html [abgerufen am 25. Januar 2021].

O. V.: „Rüstungsexporte in Milliardenhöhe: Deutsche Waffen für Krisenregion". *Tagesschau* vom 3. Januar 2021, URL: https://www.tagesschau.de/inland/ruestungsexporte-deutschland-107.html [abgerufen am 7. Juni 2021].

O. V.: „Google Will not Renew Pentagon Contract That Upset Employees". *The New York Times*, 1. Juni 2018, URL: https://www.nytimes.com/2018/06/01/technology/google-pentagon-project-maven.html [abgerufen am 25. Januar 2021].

O. V.: *Facebook-Seite Bundeswehr Karriere*, Post vom 6. Juli 2019, URL: https://www.facebook.com/215977868441680/posts/2389709361068509/ [abgerufen am 15. Mai 2021].

O. V.: „Semi-Automatic Ground Environment", *Wikipedia. The Free Encyclopedia*. URL: https://de.wikipedia.org/wiki/Semi-Automatic_Ground_Environment [abgerufen am 31. März 2021].

O. V.: „There Are Known Knowns". *Wikipedia. The Free Encyclopedia*. URL: https://en.wikipedia.org/wiki/There_are_known_knowns [abgerufen am 12. März 2021].

O. V.: „140 Raketen für deutsche Kampfdrohnen". *taz*, 6. April 2022, URL: https://taz.de/Neue-Waffensysteme-der-Bundeswehr/!5848013/ [abgerufen am 19. August 2024].

O. V.: „Global Court Says Israel's Occupation of Territories Violates International Law". *The New York Times*, 19. Juli 2024, URL: https://www.nytimes.com/live/2024/07/19/world/israel-gaza-war-hamas#icj-israel-palestinian-territories-occupation [abgerufen am 19. August 2024].

O. V.: „Ukraine's Zelenskiy orders creation of separate military force for drones". *Reuters*, 6. Februar 2024, URL: https://www.reuters.com/world/europe/ukraines-zelenskiy-orders-creation-separate-military-force-drones-2024-02-06/ [abgerufen am 19. August 2024].

O. V.: „Russia to produce over 32,000 drones each year by 2030, TASS reports". *Reuters*, 6. Januar 2024, URL: https://www.reuters.com/world/europe/russia-produce-over-32000-drones-each-year-by-2030-tass-2024-01-06/ [abgerufen am 19. August 2024].

O. V.: „Israel revises death toll from Oct. 7 Hamas assault, dropping it from 1,400 to 1,200." *Times of Israel*, 11. November 2023, URL: https://www.timesofisrael.com/israel-revises-death-toll-from-oct-7-hamas-assault-dropping-it-from-1400-to-1200/ [abgerufen am 18. Juli 2024].

O. V.: „Gaza Death Toll: How Many Palestinians Has Israel's Campaign Killed?" *Reuters*, 14. Mai 2024, URL: https://www.reuters.com/world/middle-east/gaza-death-toll-how-many-palestinians-has-israels-campaign-killed-2024-05-14/ [abgerufen am 18. Juli 2024].

O. V.: „Überschätzung der eigenen Technologie". *Der Spiegel*, 17. Januar 2001, URL: https://www.spiegel.de/politik/deutschland/golfkrieg-ueberschaetzung-der-eigenen-technologie-a-112748.html [abgerufen am 18. Juli 2024].

Ryan, Patrick J.: „Unnatural Selection. Intelligence Testing, Eugenics and American Political Cultures". In: *Journal of Social History*, 30(3), 1997, S. 669–685.

Packer, Jeremy: „Screens in the Sky: SAGE, Surveillance, and the Automation of Perceptual, Mnemonic, and Epistemological Labor". In: *Social Semiotics*, 23(2), 2013, S. 173–195.

Packer, Jeremy; Reeves, Joshua: „Taking People Out. Drones, Media/Weapons, and the Coming Humanectomy". In: Lisa Parks, Caren Kaplan (Hg.): *Life in the Age of Drone Warfare*. Duke University Press, Durham, 2017, S. 261–281.

Palmer, Martin E.: *On Giving the Spiritual Exercises: The Early Jesuit Manuscript Directories and the Official Directory of 1599*, St. Louis, Institute for Jesuit Sources, 1996.

Pantenburg, Volker: *Film als Theorie. Bildforschung bei Harun Farocki und Jean-Luc Godard*. Transcript, Bielefeld, 2006.

Parker, Geoffrey: *The Military Revolution. Military Innovation and the Rise oft he West, 1500–1800*. Cambridge, Cambridge University Press, 1988.

Passuth, Krisztina: *Moholy-Nagy*. Kunstverlag Weingarten, Weingarten, 1986.

Pasquinelli, Matteo: *„Arcana Mathematica Imperii*: The Evolution of Western Computational Norms". In: M. Hlavajova and S. Sheikh (Hg.): *Former West: Art and the Contemporary after 1989*, MIT University Press, Cambridge, 2017, S. 281–293.

Paul, Gerhard: *Bilder des Krieges. Krieg der Bilder. Die Visualisierung des modernen Kriegs*. Fink, München, 2004.

Petersen, Shelleygan; Nagtjiheue, Charmaine: „German Genocide Offer ‚an Insult'". *The Namibian*, 28.05.2021, S. 1.

Pevsner, Nikolaus: „Gegenreformation und Manierismus". In: *Repertorium für Kunstwissenschaft*, 45, 1925, S. 243–62.

Pfeiffer, Heinrich: „Die ersten Illustrationen zum Exerzitienbuch". In: Michael Sievernich, Günter Switek (Hg.): *Ignatianisch. Eigenart und Methode der Gesellschaft Jesu*, Herder, Freiburg, 1990.

Photoscala, Redaktion: Als die Brieftauben das Fotografieren lernten". Photoscala, 28.11.2014, URL: https://www.photoscala.de/2014/11/28/als-die-brieftauben-das-photographieren-lernten/ [abgerufen am 1. Mai 2020].

Piehler, G. Kurt (Hg.): *Encyclopedia of Military Science.* Sage, New York, 2013.

Pinsky, Marina: *Four Color Theorem.* Katalog zur gleichnamigen Ausstellung 29. Mai – 1. August 2020 in der Galerie Clearing, Triangle Books, Brüssel, 2021.

von Poten, Bernhard: *Handwörterbuch der gesamten Militärwissenschaften.* Velhagen und Klasing, Bielefeld/Leipzig, 1877.

Pokorny-Köthe, Rita: „Die Psychotechnik im Wissenstransfer amerikanischer Rationalisierungsverfahren durch die Unternehmensberaterin und Fachschriftstellerin Irene Witte in Berlin, 1914–1933". In: Horst Gundlach (Hg.): *Untersuchungen zur Geschichte der Psychologie und der Psychotechnik.* Profil Verlag, München/Wien, 1996, S. 177–186.

Polglase, Katie et al.: „Dying for a bag of flour: Videos and eyewitness accounts cast doubt on Israel's timeline of deadly Gaza aid delivery". *CNN*, 9. April 2024, URL: https://www.cnn.com/2024/04/09/middleeast/gaza-food-aid-convoy-deaths-eyewitness-intl-investigation-cmd [abgerufen am 8. August 2024].

Power, Matthew: „Confessions of a Drone Warrior". *GQ* (online), 23. Oktober 2013, URL: https://www.gq.com/story/drone-uav-pilot-assassination [abgerufen am 10. Januar 2020].

Putscher, Marielene: *Geschichte der medizinischen Abbildung. Von 1600 bis zur Gegenwart.* Heinz Moos Verlag, München, 1972.

Queisner, Moritz: „Drone Vision. Sehen und Handeln an der Schnittstelle von Sinnen und Sensoren". In: Beate Ochsner, Robert Stock (Hg.): *senseAbility – Mediale Praktiken des Sehens und Hörens.* Transcript, Bielefeld, 2016, S. 169–188.

Queisner, Moritz: „,Looking Through a Soda Straw': Mediated Vision in Remote Warfare. *Politik* 10.2, März 2017, S. 45–61.

Rädel, Fidel: „Das Jesuitentheater in der Pflicht der Gegenreform". In: Jean-Marie Valentin: *Gegenreformation und Literatur. Beiträge zur interdisziplinärenErforschung der katholischen Reformbewegung.* Daphnis, Amsterdam, 1979, S. 167–199.

Rahner, Hugo: *Ignatius von Loyola als Mensch und Theologe.* Herder, Freiburg, 1964.

Rahner, Hugo (Hg.): *Ignatius von Loyola: Geistliche Briefe.* Benziger Verlag, Einsiedeln, 1956.

Rancière, Jacques: *Das Unvernehmen.* Suhrkamp, Frankfurt a. M., 2002.

Rancière, Jacques: *Die Aufteilung des Sinnlichen: Die Politik der Kunst und ihre Paradoxien.* Herausgegeben und übersetzt von Maria Muhle. b_books, Berlin, 2006.

Raytheon: „Phalanx Weapons System". Raytheon Missiles & Defense [offizielle Webseite], URL: https://www.raytheonmissilesanddefense.com/capabilities/products/phalanx-close-in-weapon-system [abgerufen am 19. Januar, 2021].

Reason, James: *Human Error.* Cambridge University Press, New York, 1990.

van Regteren Altena, Johan Quirijn: *The Drawings of Jacques de Gheyn. Bd. I. An Introduction to their Study With a Biography of the Artist and a Survey of His Paintings, Followed by an Essay on his Son Jacques the Younger.* Amsterdam N.V., Swets & Zeitlinger, 1936.

van Regteren Altena, Johan Quirijn: *Jacques de Gheyn. Three Generations. Bd. I,* Martinus Nijhoff Publishers, The Hague, Boston, London, 1983.

Reinhard, Wolfgang: *Geschichte der Staatsgewalt. Eine vergleichende Verfassungsgeschichte Europas von den Anfängen bis hin zur Gegenwart.* C.H. Beck, München, 1999.

Reinhard, Wolfgang: *Die Unterwerfung der Welt. Globalgeschichte der europäischen Expansion 1415–2015.* C. H. Beck, München, 2016.

Reinhard, Wolfgang: „Europäer an Asiens Küsten. Niederländer und Engländer, Franzosen und andere". In: Ders.: *Die Unterwerfung der Welt. Globalgeschichte der europäischen Expansion 1415–2015*. C. H. Beck, München, 2016, S. 177–254.

von Richthofen, Manfred Freiherr: *Der rote Kampfflieger* [Ullstein-Kriegsbücher, 1917]. Matthes und Seitz, München, 1977.

Richardson, Michael: „Drone Trauma. Violent Mediation and Remote Warfare". *Media, Culture & Society* 45 (1), 2023, S. 202–211.

Richebächer, Sabine: „Die optimierte Gesellschaftsordnung". *Neue Zürcher Zeitung*, 17. März 2007, https://www.nzz.ch/articleETW78-1.129156 [abgerufen am 4. März 2019].

Riesman, David; Glazer, Nathan; Denney, Reuel: *The Lonely Crowd*. Yale University Press, New Haven, 1950.

Riesman, David: *Die einsame Masse*. Übersetzt von Renate Rausch. Luchterhand, Darmstadt, 1956.

Ritter, Joachim: „Landschaft. Zur Funktion des Ästhetischen in der modernen Gesellschaft." [1963]. In: Ders.: *Subjektivität. Vier Aufsätze*. Suhrkamp, Frankfurt a. M., 1989, S. 141–164.

Riza, Shane: *Killing Without Heart. Limits on Robotic Warfare in an Age of Persistent Conflict*. Potomac Books, Washington DC, 2013.

Robotics Collaborative Technology Alliance: *FY 2012 Annual Program Plan*, Army Research Laboratory 2011.

Rochlin, Gene I.: *Trapped in the Net. The Unanticipated Consequences of Computerization*. Princeton University Press, Princeton, 1997.

Rogger, Philippe; Schmid, Regula (Hg.): *Miliz oder Söldner? Wehrpflicht und Solddienst in Stadt, Republik und Fürstenstaat 13.–18. Jahrhundert*. Ferdinand Schöningh, Leiden, 2019.

Ronai, Maurice: „Paysages", in: *Herodote*, Nr. 1, Januar 1976, S. 125–159.

Rosler, Martha: „Theatre of Drones". Martha Rosler [offizielle Webseite], URL: https://www.martharosler.net/theater-of-drones-carousel [abgerufen am 14. Oktober 2024].

Roßler, Gustav: „Kleine Galerie neuer Dingbegriffe. Hybriden, Quasi-Objekte, Grenzobjekte, epistemische Dinge". In: Georg Kneer, Markus Schroer, Erhard Schüttpelz (Hg.): *Bruno Latours Kollektive. Kontroversen zur Entgrenzung des Sozialen*. Frankfurt a. M., 2008, S. 76–107.

Rothstein, Adam: *Drone. Object Lessons*. Bloomsbury Academic, New York, 2015

Royal Air Force: *Characteristics of the Ground and Landmarks in the Enemy Lines Opposite the British Front from the Sea to St. Quentin*. General Headquarters Staff, British Intelligence Section, London, 1918.

Royal Air Force: *Notes on Aerial Photography. Part II, The Interpretation of Aeroplane Photographs in Mesopotamia*. General Headquarters Staff, Baghdad, 1918.

Royal Air Force: *The Interpretation of Aeroplane Photographs in Mesopotamia*, 1918.

Rubin, Shira: „Israel works to free hostages, without knowing if they are alive or dead." *Washington Post*, 10. April 2024, URL: https://www.washingtonpost.com/world/2024/04/10/gaza-hostages-hamas-israel-ceasefire/ [abgerufen am 18. Juli 2024].

Rüegsegger, Ruedi: *Die Geschichte der Angewandten Psychologie 1900–1940. Ein internationaler Vergleich am Beispiel der Entwicklung in Zürich*. Hans Huber, Bern/Stuttgart, 1986.

Rumsfeld, Donald: *Known and Unknown. A Memoir*. Sentinel, New York, 2012

Russell, Legacy: *Glitch Feminism. A Manifesto*. Verso, London, 2020.

Sachse, Pierre; Hacker, Winfried; Ulich, Eberhard: *Quellen der Arbeitspsychologie. Ausgewählte historische Texte*. Hans Huber, Dresden, 2008.

Sachsse, Rolf: *Fotografie. Vom technischen Bildmittel zur Krise der Repräsentation*. Deubner, Köln, 2003.

Samudzi, Zoé: „The Absentia of Black Study". *The New Fascism Syllabus*, 31. Mai 2021, URL: https://newfascismsyllabus.com/opinions/the-catechism-debate/in-absentia-of-black-study/.

Santoni de Sio, Filippo; van den Hoven, Jeroen: „Meaningful Human Control over Autonomous Systems: A Philosophical Account". *Frontiers in Robotics and AI* 5:15. 28. Februar 2018, doi: 10.3389/frobt.2018.00015.

Satia, Priya: „The Defense of Inhumanity: Air Control and the British Idea of Arabia". *American Historical Review* 111 (1), 2006, S. 16–51.

Satia, Priya: „The Pain of Love. The Invention of Aerial Surveillance in British Iraq". In: Peter Adey, Mark Whitehead, Alison J. Williams (Hg.): *From Above: War, Violence and Verticality*. Hurst, London, 2015, S. 223–246.

Savat, David: „Deleuze's Objectile: From Discipline to Modulation". In: Mark Poster, David Savat (Hg.): *Deleuze and New Technology*. Edinburgh University Press, Edinburgh, 2009, S. 45–61.

Sayler, Kelley M.: „Defense Primer: U. S. Policy on Lethal Autonomous Weapon Systems". *Congressional Research Service*, 1. Dezember 1, 2020.

Scavizzi, Giuseppe: *The Controversy on Images from Calvin to Baronius*. Peter Lang, New York, 1992.

Schäffner, Wolfgang: „Operationale Topographie. Repräsentationsräume in den Niederlanden um 1600". In: Hans-Jörg Rheinberger, Michael Hagner, Bettina Wahrig-Schmidt (Hg.): *Räume des Wissens. Repräsentation, Codierung, Spur*. Akademie, Berlin, 1997.

Schama, Simon: *The Embarrassment of Riches. An Interpretation of Dutch Culture in the Golden Age*. Alfred A. Knopf, New York, 1988.

Schama, Simon: *Überfluss und schöner Schein – zur Kultur der Niederlande im Goldenen Zeitalter*. Kindler, München, 1989.

Scharre, Paul: *Robotics on the Battlefield Part 1: Range, Persistence and Daring*. Center for a New American Security, Washington, 2014.

Scheimpflug, Theodor: „Der Photoperspektograph und seine Anwendung". In: *Photographische Correspondenz*, 43. Jhg., Heft 554, Wien, 1906, S. 516–531.

von Scherff, Wilhelm: *Die Lehre von der Truppenverwendung als Vorschule für die Kunst der Truppenführung*. Barth, Berlin, 1876.

Scherrer, Christian: „Towards a theory of modern genocide. Comparative genocide research: Definitions, criteria, typologies, cases, key elements, patterns and voids". In: *Journal of Genocide Research*, März 1999, 1(1), S. 13–23.

Schoell, Ernst: *Der jesuitische Gehorsam. Aus den Quellen dargelegt, beurteilt, nach seinen Konsequenzen geschildert und mit Bezug auf die gegenwärtigen Verhältnisse in der römisch-katholischen Kirche besprochen*. Verlag Eugen Strien, Halle a. S., 1891.

Schmidgen, Henning: „Münsterberg's Photoplays: Instruments and Models in his Laboratories at Freiburg and Harvard (1891–1893)". In: *The Virtual Laboratory*, Max Planck Institute for the History of Science, Berlin, 2008, URL: http://vlp.mpiwg-berlin.mpg.de/references?id=art71&page=p0003 [abgerufen am 25. Februar 2020].

Schmidgen, Henning: „Die vielsagende Stummheit der Geräte". In: Felix Mittelberger et al. (Hg.): *Maschinensehen. Feldforschung in den Räumen bildgebender Technologien*. Spector Books, 2013, S. 39–49.

Schmidgen, Henning: *Hirn und Zeit. Die Geschichte eines Experiments 1800–1950*. Matthes & Seitz, Berlin, 2014.

Schmitt, Carl: *Der Nomos der Erde im Ius Publicum Europaeum*. Duncker und Humblot, Berlin, 1974.

von Schramm, Wilhelm: „Schöpferische Kritik des Krieges. Ein Versuch". In: Ernst Jünger (Hg.): *Krieg und Krieger*. Jünger und Dünnhaupt, Berlin, 1930, S. 31–49.

Scott, Grace Lisa: „DoD's Cheery ,Project Maven' Seal Features Smiling Warfare Robots". *Inverse*, 31. Mai 2018. URL: https://www.inverse.com/article/45423-project-maven-logo-department-of-defense-google [abgerufen am 12. März 2021].

Sontag, Susan: *Regarding the Pain of Others*. Penguin, London, 2004.

Sontag, Susan: „Regarding the Torture of Others". *New York Times Magazine*, 23. Mai 2004.

Sontheimer, Leonie; Hegemann, Lisa; Becker, Gregor: „Palantir Technologies. Die geheimnisvollen Datensortierer". *ZEIT Online*, 30. September 2020, URL: https://www.zeit.de/digital/internet/2020-09/palantir-technologies-daten-analyse-boersengang-peter-thiel-alex-karp/komplettansicht [abgerufen am 20. September 2021].

Stadler, Max: „Man not a Machine: Models, Minds, and Mental Labor, c. 1980". In: *Progress in Brain Research*, 233, 2017, S. 73–100.

Starosta, Anita: „Perspektive Rojava? Die Selbstverwaltung in Nordostsyrien kämpft um ihr Überleben". *Medico International*, 5. August 2024. URL https://www.medico.de/blog/perspektive-rojava [abgerufen am 8. August 2024].

Strawser, Bradley Jay: „Introduction: The Moral Landscape of Unmanned Weapons". In: Ders. (Hg.): *Killing by Remote Control. The Ethics of an Unmanned Military*. Oxford Scholarship Online, September 2013.

Schüttpelz, Erhard: „Die medienanthropologische Kehre der Kulturtechniken". In: Lorenz Engell, Bernhard Siegert, Joseph Vogl (Hg.): *Archiv fur Mediengeschichte 6. Kulturgeschichte als Mediengeschichte (oder vice versa?)*, Weimar, 2006, S. 87–110.

Schwager, Therese: *Militärtheorie im Späthumanismus. Kulturtransfer taktischer und strategischer Theorien in den Niederlanden und Frankreich (1590-1660)*. Edition Niemeyer, de Gruyter, Berlin, 2012.

Schweinitz, Jörg: „Vorwort". In: Ders. (Hg.): *Hugo Münsterberg. Das Lichtspiel. Eine psychologische Studie (1916) und andere Schriften zum Kino*. Aus dem Amerikanischen übersetzt von Jörg Schweinitz. Synema, Wien, 1996.

Segeberg, Harro: „Ernst Jüngers Gläserne Bienen und die Frage nach der Technik". In: Friedrich Strack (Hg.): *Titan Technik. Ernst und Friedrich Georg Jünger über das technische Zeitalter*. Königshausen und Neumann, Würzburg, 2000, S. 211–224.

Seliger, Paul: „Über die Entstehung der deutschen Heeresphotogrammetrie von 1901 bis zum Kriege 1914/18". In: *Bildmessung und Luftbildwesen*. Deutsche und österreichische Fachzeitschrift unter Mitarbeit der Internationalen Gesellschaft für Photogrammetrie, 6. Jhg., Heft 3, 1931, S. 115–125.

Serle, Jack: „Counting the cost of US drones: Local wars killing local people". *The Bureau of Investigative Journalism*, 7. Mai 2015.

Shaw, Ian G. R.: *Predator Empire. Drone Warfare and Full Spectrum Dominance*. University of Minnesota Press, Minneapolis, 2016.

Shermer, Michael: „Rumsfeld's Wisdom". *Scientific American*, 1. September 2005, URL: https://www.scientificamerican.com/article/rumsfelds-wisdom/ [abgerufen am 15. Mai 2021].

Shinkman, Paul D.: „Obama: ‚Global War on Terror is Over'". *U. S. News & World Report*, 23 Mai, 2013.

Siegert, Bernhard: „Luftwaffe Fotografie. Luftkrieg als Bildverarbeitungssystem 1911+1921". In: *Fotogeschichte* Jg. 12, Heft 45/46, 1992, S. 41–54.

Siegert, Bernhard: „Der Blick als Bild-Störung. Zwischen Mimesis und Mimikry". In: Claudia Blümle, Anne von der Heyden (Hg.): *Blickzähmung und Augentäuschung. Zu Jacques Lacans Bildtheorie*. Diaphanes, Berlin, 2005, S. 103–127.

Siegert, Bernhard: „Cultural Techniques. Or the End of the Intellectual Postwar Era in German Media Theory". *Theory, Culture & Society* 30, 2013, S. 48–65.

Siemer, Stefan: „Bildgelehrte Geotechniker: Luftbild und Kartographie um 1900". In: Alexander Gall (Hg.): *Konstruieren, kommunizieren, präsentieren. Bilder von Wissenschaft und Technik*. Wallstein, Göttingen, 2007.

Sievernich, Michael; Switek, Günter (Hg.): *Ignatianisch. Eigenart und Methode der Gesellschaft Jesu.* Herder, Freiburg, 1990, S. 96–119.

Singer, Peter W.: *Wired for War. The Robotics Revolution and Conflict in the Twenty-first Century.* Penguin, New York, 2009.

Slotedijk, Peter: *Medien-Zeit. Drei gegenwartsdiagnostische Versuche.* Cantz, Stuttgart, 1993.

Smith, Jeffrey Chipps: *Sensuous Worship. Jesuits and the Art of the Early Catholic Reformation in Germany.* Princeton University Press, Princeton/Oxford, 2002.

Somaini, Antonio: „Walter Benjamin's Media Theory: The ‚Medium' and the ‚Apparat'". *Grey Room*, 62, 2016, S. 6–41.

Sommer, Robert: *Krieg und Seelenleben. Akademische Festrede.* Remnich, Leipzig, 1916.

Sorenson, John: „Animals as Vehicles of War". In: J. Anthony et al. (Hg.): *Animals and War. Confronting the Animal-Military Industrial Complex.* Lexington Books, Washington DC, 2013, S. 19–36.

Speitkamp, Winfried: *Deutsche Kolonialgeschichte.* Reclam, Stuttgart, 2005.

Spivak, Gayatri Chakravorti: „Can the Subaltern Speak?". In: C. Nelson and L. Grossberg (Hg.): *Marxism and the Interpretation of Culture*, Macmillan Education, Basingstoke, 1988, S. 271–313.

Sprenger, Florian: „Maschinen, die Maschinen hervorbringen. Georges Canguilhem und Friedrich Kittler über das Ende des Menschen". In: *Jahrbuch Technikgeschichte*, 3, 2016.

Staal, Mark A.: „A Descriptive History of Military Aviation Psychology". *Military Psychologist*, 29 (1), 2014, S. 19–22.

Steyerl, Hito: „A Sea of Data: Apophenia and Pattern (Mis-)Recognition". In: *e-flux journal* #72, April 2016, URL: http://www.e-flux.com/journal/72/60480/a-sea-of-data-apophenia-and-pattern-mis-recognition/ [abgerufen am 10. Januar 2019].

Sterling, Bruce: „Introduction". In: Ernst Jünger: *The Glass Bees.* Übersetzt von Louise Bogan und Elizabeth Mayer. NYRB, New York, 2000. S. 5–10.

Stern, Clara; Stern, William: *Die Kindersprache.* J. A. Barth, Leipzig, 1907; Dies.: *Erinnerung, Aussage und Lüge in der ersten Kindheit.* J. A. Barth, Leipzig, 1909.

Stern, Clara; Stern, William: *Psychologie der frühen Kindheit bis zum sechsten Lebensjahre.* Quelle und Meyer, Leipzig, 1914.

Stern, William: *Psychologie der Veränderungsauffassung.* Preuss & Juenger. Breslau, 1898, basierend auf der Habilitationsschrift *Theorie der Veränderungsauffassung.* Breslau, 1897.

Stern, William: *Zur Psychologie der Aussage. Experimentelle Untersuchungen über Erinnerungstreue.* Gottentag, Berlin, 1902.

Stern, William: „Angewandte Psychologie". In: William Stern (Hg.): *Beiträge zur Psychologie der Aussage 1*, 1903, S. 4–45.

Stern, William: *Beiträge zur Psychologie der Aussage*, Folge I (3), J. A. Barth, Leipzig, 1904, S. 1–115.

Stern, William: „Die Aussage als geistige Leistung und als Verhörsprodukt. Experimentelle Schüleruntersuchungen". In: *Beiträge zur Psychologie der Aussage*, Folge I (3), 1904, S. 1–115.

Stern, William: *Die differenzielle Psychologie in ihren methodischen Grundlagen.* J. A. Barth, Leipzig, 1911.

Stern, William: *Die psychologischen Methoden der Intelligenzprüfung und deren Anwendung an Schulkindern*, J. A. Barth, Leipzig, 1912.

Stern, William: „Über eine psychologische Eignungsprüfung für Straßenbahnfahrerinnen". In: *Schriften zur Psychologie der Berufseignung und des Wirtschaftslebens*, Heft 2, J. A. Barth, Leipzig, 1918, S. 91–104.

Stern, William: „Einleitung" zu: H. Sachs: „Studien zur Eignungsprüfung der Straßenbahnführer. Erste Abhandlung: Methode zur Prüfung der Aufmerksamkeit und Reaktionsweise", in: *Schriften zur Psychologie der Berufseignung und des Wirtschaftslebens*, Heft 15, 1920, S. 1–8.

Stern, William: „Psychologische Eignungsprüfungen für kaufmännische Angestellte. Untersuchungen, Verhandlungen, Leitsätze", in: *Zeitschrift für angewandte Psychologie* 33, 1924, S. 482–490.

Stern, William: „Hugo Münsterberg: In Memoriam". Übersetzung aus der *Zeitschrift für Pädagogische Psychologie und Experimentelle Pädagogik*, Jan/Feb. 1917. In: *Journal of Applied Psychology*, 1, 1917, S. 186–188.

Stern, William: „Das psychologisch-pädagogische Verfahren der Begabtenauslese. Versuche und Anregungen. Eine Sammlung von Beiträgen". In: *Sonderausgabe von Beiträgen aus der Zeitschrift für pädagogische Psychologie und experimentelle Pädagogik* 19. Quelle und Meyer, Leipzig, 1918, S. 65–143.

Stern, William: *Studien zur Personwissenschaft. Erster Teil: Personalistische Wissenschaft.* J. A. Barth, Leipzig, 1930.

Stern, William: *Allgemeine Psychologie auf personalistischer Grundlage.* Martinus Nijhoff, Haag, 1935.

Stiegler, Bernd: Ernst Jünger. Potographie und Bildpolitik. In: Natalia Borissova, Susi K. Frank, Andreas Kraft (Hg.): *Zwischen Apokalypse und Alltag. Kriegsnarrative des 20. Und 21. Jahrhunderts.* Transcript, Bielefeld, 2009, S. 77–93.

Stiegler, Bernd: „Nachwort". In: Frank Bunker Gilbreth, Lillian Moller Gilbreth: *Die Magie des Bewegungsstudiums. Photographie und Film im Dienst der Psychotechnik und der Wissenschaftlichen Betriebsführung.* Fink, München, 2012, S. 245–270.

Stöber, Silvia: „Bergkarabach. Neue Waffen verändern den Krieg". *tagesschau.de*, 6. Oktober 2020, URL: https://www.tagesschau.de/ausland/bergkarabach-waffen-drohnen-raketen-101.html [abgerufen am 3. Dezember 2020].

Straub, Verena: *Das Selbstmordattentat im Bild. Aktualität und Geschichte von Märtyrerzeugnissen.* Transcript, Bielefeld, [im Erscheinen].

Stroud, Matt: „Pentagon official says America must join an arms race in weaponry with artificial intelligence". *Center for Public Integrity*, 11. April 2018, URL: https://publicintegrity.org/national-security/pentagon-official-says-america-must-join-an-arms-race-in-weaponry-with-artificial-intelligence/ [abgerufen am 28. Januar 2021].

Suchman, Lucy A.: *Plans and Situated Actions. The Problem of Human-Machine Communication.* Cambridge University Press, New York, 1987.

Suchman, Lucy: „Situational Awareness: Deadly Bioconvergence at the Boundaries of Bodies and Machines". In: *MediaTropes eJournal* V (1), 2015, S. 1–24.

Suchman, Lucy; Weber, Jutta: „Human-Machine Autonomies". In: Nehal Bhuta et al. (Hg.): *Autonomous Weapons Systems – Law, Ethics, Policy.* Cambridge University Press, Cambridge, 2016, S. 75–102.

Sudbrack, Josef: „Die ‚Anwendung der Sinne' als Angelpunkt der Exerzitien". In: Michael Sievernich, Günter Switek (Hg.): *Ignatianisch. Eigenart und Methode der Gesellschaft Jesu.* Herder, Freiburg, 1990, S. 96–119.

Swan, Claudia: *Art, Science and Witchcraft in Early Modern Holland. Jacques de Gheyn II (1565–1629).* Cambridge University Press, Cambridge, 2005.

Tanaka, Yuki; Young, Marilyn B. (Hg.): *Bombing Civilians. A Twentieth-Century History.* The New Press, London/New York, 2009.

Taylor, Adam: „47 percent of the world's population now use the Internet, study says". *The Washington Post*, 22. November, 2016.

Theweleit, Klaus: *Ghosts.* Stroemfeld/Roter Stern, Frankfurt a. M., 1998.

Tossell, Chad C.; Finomore, Victor S.; Endsley, Mica et al.: „Human Factors and the United States Military: A 75-Year Partnership". In: *Proceedings of the Human Factors and Ergonomics Society 2016 Annual Meeting*, 60, September 2016, S. 91–93.

Treiber, Hubert: *Wie man Soldaten macht. Sozialisation in ‚kasernierter Vergesellschaftung'*. Bertelsmann Universitätsverlag, Düsseldorf, 1973.

Stephen Trimble: „Sierra Nevada fields ARGUS-IS upgrade to Gorgon Stare pod". *FlightGlobal*, 2. Juli 2014, URL: https://www.flightglobal.com/civil-uavs/sierra-nevada-fields-argus-is-upgrade-to-gorgon-stare-pod/113676.article [abgerufen am 14. Januar 2021].

Tschechne, Martin: *William Stern*. Ellert & Richter Verlag, Hamburg, 2010.

United Nations Institute for Disarmament Research (UNIDIR): „The Weaponization of Increasingly Autonomous Technologies: Considering how Meaningful Human Control might move the discussion forward". *UNIDIR Resources*, Nr. 2, 2014, S. 1–2.

United Nations Office of the High Commissioner for Human Rights: *UN experts deeply concerned over, scholasticide' in Gaza*, 18. April 2024. URL: https://www.ohchr.org/en/press-releases/2024/04/un-experts-deeply-concerned-over-scholasticide-gaza [abgerufen am 8. August 2024].

United Nations Office of the High Commissioner for Human Rights: *Gaza: UN experts condemn killing and silencing of journalists*, 1. Februar 2024. URL: https://www.ohchr.org/en/press-releases/2024/02/gaza-un-experts-condemn-killing-and-silencing-journalists [abgerufen am 8. August 2024].

Universität Freiburg: *Geschichte des Instituts für Psychologie*. URL: https://www.psychologie.uni-freiburg.de/institut/geschichte/institutsgeschichte.html [abgerufen am 15. November 2020].

Venator, Michael: „Bildanspruch und Wirklichkeit. Einblicke in die Zeuchnungssammlung der Kölner Jesuiten". In: Thomas Ketelsen, Ricarda Hüpel (Hg.): *Wir glauben Kunst. Bildermacht und Glaubensfragen. Meisterzeichnungen aus der Kölner Jesuiten-Sammlung Col*. Wallraf-Richartz-Museum, Köln, 2019, S. 14–25.

Virilio, Paul: *Krieg und Kino. Logistik der Wahrnehmung*. Aus dem Französischen von Frieda Grafe und Enno Patalas. Fischer, Frankfurt a. M., 1989.

Virilio, Paul: *Die Sehmaschine*. Aus dem Französischen übersetzt von Gabriele Ricke und Ronald Voullié. Merve, Berlin, 1989.

Virilio, Paul; Amelunxen, Hubertus von: „Töten heißt, erst den Blick rüsten; ins Auge fassen". In: *Fotogeschichte*, 12.43, 1992, S. 91–98.

Vogl, Joseph: „Medien-Werden: Galileis Fernrohr". In: *Mediale Historiographien*, 2001, S. 115–123.

Vöhringer, Margarete: *Avantgarde und Psychotechnik. Wissenschaft, Kunst und Technik der Wahrnehmungsexperimente in der frühen Sowjetunion*. Wallstein, Göttingen, 2007.

Wadell, Maj-Brit: *Evangelicae Historiae Imagines. Entstehungsgeschichte und Vorlagen*. Göteborg, 1985.

Waldenfels, Bernhard: *Topographie des Fremden. Studien zur Phänomenologie des Fremden I*. Suhrkamp, Frankfurt a. M., 1997.

Waldenfels, Bernhard: *Grundmotive einer Phänomenologie des Fremden*. Suhrkamp, Frankfurt a. M., 2006.

Waldenfels, Bernhard: „Bildhaftes Sehen. Merleau-Ponty auf den Spuren der Malerei". In: Antje Kapust, Bernhard Waldenfels (Hg.): *Kunst. Bild. Wahrnehmung. Blick. Merleau-Ponty zum Hunderdsten*. Fink, München, 2010, S. 31–50.

Walker, Suzanne J.: „Arms and the Man. Constructing the Soldier in Jacques de Gheyn's Wapenhandelinghe". In: Ann-Sophie Lehmann, Herman Roodenburg (Hg.): *Body and Embodiment in Netherlandish Art*, Nederlands Kunsthistorisch Jaarboek 58, 2008, S. 138–161.

Walther, Rudolf Hermann: „Ansätze zu einer Psychologie des Kraftfahrens und Fliegens", in: *Soldatentum. Zeitschrift für Wehrpsychologie, Wehrerziehung, Führerauslese* 1, 1934, S. 14–22.

Wang, Andreas: Der „miles Christianus" im 16. und 17. Jahrhundert und seine mittelalterliche Tradition. Herbert Lang, Bern, 1975.

Ward, Haruko Nawata: „Images of Incarnation in the Jesuit Japan Mission's Kirishitanban of Virgin Martyr St. Catherine of Alexandria". In: Walter S. Melion, Lee Palmer Wandel (Hg.): Image and Incarnation. The Early Modern Doctrine of the Pictorial Image. Brill, Leiden/Boston, 2015, S. 489–509.

Warnke, Martin: Politische Landschaft. Zur Kunstgeschichte der Natur. Hanser, München, 1992.

Washburn Child, Richard: „The Man-Screen". Cosmopolitan Magazine 58, 1915, S. 647–649.

Wassink, Jörg: Auf den Spuren des deutschen Völkermordes in Südwestafrika: der Herero-/Nama-Aufstand in der deutschen Kolonialliteratur; eine literarhistorische Analyse. Meidenbauer, München, 2004

Weber, Max: Wirtschaft und Gesellschaft. Grundriß der verstehenden Soziologie. Mohr Siebeck, Tübingen, 1980.

Weiß, Dieter J.: Katholische Reform und Gegenreformation. Wissenschaftliche Buchgesellschaft, Darmstadt, 2005.

Weil, Simone: „Ilias: Dichtung der Gewalt". In: Merkur. Heft 36, Klett-Cotta, Stuttgart, 1951, S. 115–126.

Weinhandl, Ferdinand: „Über Ignacio de Loyola. Leben und Werk". In: Ignacio de Loyola: Die Exerzitien und aus dem Tagebuch. Matthes und Seitz, München, 1991.

Welna, David: „Trump Restores CIA Power to Launch Drone Strikes". NPR, 14. März 2017, URL: https://www.npr.org/2017/03/14/520162910/trump-restores-cia-power-to-launch-drone-strikes [abgerufen am 18. Januar 2021].

Wenninger, Gerd: Lexikon der Psychologie in fünf Bänden, Bd. 3. Spektrum, Heidelberg/Berlin, 2001, S. 107.

Wickens, Christopher D.; Hollands, Justin; Banbury, Simon; Parasurama, Raja: Engineering Psychology and Human Performance. Person, Boston, 2013.

Wiener, Norbert: Cybernetics or Control and Communication in the Animal and the Machine. MIT Press, Cambridge, MA, 1948.

Wieser, Martin: „Images of the Invisible. An Account of Iconic Media in the History of Psychology". Theory and Psychology 23 (4), 2013.

Wieser, Martin: „Von der Kriegslandschaft zur Topologie der Persönlichkeit. Strategien der Sichtbarmachung im Werk Kurt Lewins". Psychologie & Gesellschaftskritik, 38 (3), 2014, S. 7–25.

Winkler, Hartmut: „Nicht handeln. Versuch einer Wiederaufwertung des couch potato angesichts der Provokation des interaktiven Digitalen". In: Oliver Fahle, Lorenz Engell (Hg.): Philosophie des Fernsehens. Fink, München, 2006, S. 93–101.

Winnefeld, James; Kendall, Frank: Unmanned Systems Integrated Roadmap FY2011–2036. Office of the Undersecretary of Defense for Acquisition, Technology & Logistics, Washington, DC, 2011.

Winnefeld, James; Kendall, Frank: Unmanned Systems Integrated Roadmap FY2013– 2038. Office of the Undersecretary of Defense for Acquisition, Technology & Logistics, Washington, DC, 2013.

Witte, W.: „Psychotechnik", in: Joachim Ritter: Historisches Wörterbuch der Philosophie, Bd. 7. Schwabe, Basel, 2007, S. 29746, CD-ROM.

Wohlauf, Gabriele: „Moderne Zeiten – Normierung von Mensch und Maschine". In: Horst Gundlach (Hg.): Untersuchungen zur Geschichte der Psychologie und der Psychotechnik. Profil Verlag, München/Wien, 1996, S. 147–164.

Wolf, Burkhardt: „Big Data, Small Freedom? Informational Surveillance and the Political". In: Radical Philosophy 191, Mai/Juni, 2015, S. 13–20.

Wolfe, Frank: „Palantir Forecasts Major Increase in Its Share of DoD, Other Federal Software Business". Aviation News, 2. November 2020, URL: https://www.aviationtoday.com/2020/11/02/pa

lantir-forecasts-major-increase-share-dod-federal-software-business/ [abgerufen am 23. Februar 2021].

Wolfrath, Uwe et al.: *Deutschsprachige Psychologinnen und Psychologen 1933–1945*. Springer, Wiesbaden, 2017.

World Bank, the European Union, the United Nations: *Gaza Strip Interim Damage Assessment*. Summary Note, 29. März 2024. URL: https://thedocs.worldbank.org/en/doc/14e309cd34e04e40 b90eb19afa7b5d15-0280012024/original/Gaza-Interim-Damage-Assessment-032924-Final.pdf.

Woods, Chris et al. (Hg.): *Airwars*, URL: https://airwars.org/ [abgerufen am 1. Mai 2020].

Woodward, Loise: „CAE-Built Drone Operator Trainer Installed at General Atomics Training Center; Todd Probert Quoted". *GovconWire*, 14. April 2020.

Wundt, Wilhelm: *Beiträge zur Theorie der Sinneswahrnehmung*. Winter'sche Verlagshandlung, Leipzig, 1862.

Yon, Michael: „Painting the Target". *Michael's Dispatches*, 2. November 2012. URL: https://www.mi chaelyon-online.com/painting-the-target.htm [abgerufen am 21. Januar 2021].

Zaidan, Ahmed: „I am a journalist not a terrorist". *Aljazeera*, 15. Mai, 2015, URL: http://www.aljazeera. com/indepth/opinion/2015/05/al-jazeera-zaidan-journalist-terrorist-150515162609293.html [abgerufen am 1. August, 2016].

Zandt, Stephan: *Die Kultivierung des Geschmacks. Eine Transformationsgeschichte der kulinarischen Sinnlichkeit*. De Gruyter, Berlin 2019.

Jürgen Zimmerer: *Von Windhuk nach Auschwitz? Beträge zum Verhältnis von Kolonialismus und Holocaust*. Lit, Berlin, 2011.

Jürgen Zimmerer: „Krieg, KZ und Völkermord in Südwestafrika. Der erste deutsche Genozid". In: Ders., Joachim Zeller (Hg.): *Völkermord in Deutsch-Südwestafrika. Der Kolonialkrieg (1904–1908) in Namibia und seine Folgen*. Weltbild, Augsburg, 2004, S. 45–63.

Register

https://doi.org/10.1515/9783111287584-009

www.ingramcontent.com/pod-product-compliance
Lightning Source LLC
Chambersburg PA
CBHW071009140426
42814CB00004BA/176